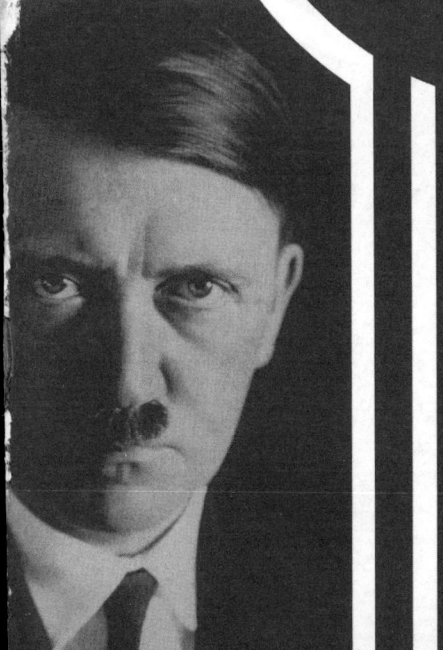

# DESUMANIDADES

## Interpretações Nazistas da Cultura Ocidental

# David B. Dennis

# Desumanidades

## Interpretações Nazistas da Cultura Ocidental

*Tradução:*
**João Barata**

Publicado originalmente em inglês sob o título *Inhumanities: Nazi Interpretations of Western Culture*, por Cambridge University Press.
© 2012, David B. Dennis.
Todos os direitos reservados.
Direitos de edição e tradução para o Brasil.
Tradução autorizada do inglês.
© 2014, Madras Editora Ltda.

*Editor:*
Wagner Veneziani Costa

*Produção e Capa:*
Equipe Técnica Madras

*Tradução:*
João Barata

*Revisão da Tradução:*
Soraya Borges de Freitas

*Revisão:*
Maria Cristina Scomparini
Silvia Massimini Felix
Neuza Rosa

---

**Dados Internacionais de Catalogação na Publicação (CIP)**
**(Câmara Brasileira do Livro, SP, Brasil)**

Dennis, David B.
Desumanidades: interpretações nazistas da cultura ocidental/David B. Dennis; tradução João Barata. – São Paulo: Madras, 2014.
Título original: Inhumanities.

ISBN 978-85-370-0906-2

1. Alemanha – História – 1918-1933 2. Alemanha – História – 1933-1945 3. Alemanha – Século 20 – Civilização 4. Civilização Ocidental 5. Facismo e cultura – Alemanha 6. Guerra Mundial, 1939-1945 – Propaganda 7. Imprensa e política – Alemanha – História – Século 20 8. Partido Nacional-Socialista dos Trabalhadores Alemães 9. Propaganda nazista – Alemanha 10. Völkischer Beobachter (Munique, Alemanha: 1920) I. Título. I. Título.

14-02661          CDD-909.09821

Índices para catálogo sistemático:
1. Civilização ocidental 909.09821

---

É proibida a reprodução total ou parcial desta obra, de qualquer forma ou por qualquer meio eletrônico, mecânico, inclusive por meio de processos xerográficos, incluindo ainda o uso da internet, sem a permissão expressa da Madras Editora, na pessoa de seu editor (Lei nº 9.610, de 19.2.98).

Todos os direitos desta edição, em língua portuguesa, reservados pela

**MADRAS EDITORA LTDA.**
Rua Paulo Gonçalves, 88 – Santana
CEP: 02403-020 – São Paulo/SP
Caixa Postal: 12183 – CEP: 02013-970
Tel.: (11) 2281-5555 – Fax: (11) 2959-3090
www.madras.com.br

*Para Mariko e Cecília*

*Os piores leitores são aqueles que agem como soldados saqueadores: eles pegam algumas coisas que podem usar, sujam e desarrumam o restante e profanam o todo.*

FRIEDRICH NIETZSCHE, *Humano, demasiado humano: um livro para espíritos livres*, vol. 2, aforismo 137.

*É um fato da história que essas ideias foram adotadas por muitos homens comuns. É importante lembrar que os nazistas obtiveram seu maior apoio das pessoas respeitáveis e educadas.*

GEORGE L. MOSSE, *German Jews Beyond Judaism*, I.

# ÍNDICE

Ilustrações ................................................................................. 11
Agradecimentos ...................................................................... 15
Introdução ............................................................................... 19

Parte 1 – Fundamentos da História Cultural Nazista .............. 39

1 – As Origens "Germânicas" da Cultura Ocidental ............... 41
2 – A Voz do Povo ................................................................... 69
3 – A Tradição Ocidental Política e Patriótica ........................ 87
4 – A Tradição Ocidental Antissemita................................... 129
5 – O Arqui-Inimigo Encarnado ............................................ 155

Parte II – Cegos perante a Luz .............................................. 177

6 – O Classicismo Romantizado ........................................... 179
7 – Intolerância ao Iluminismo .............................................. 197
8 – Forjando o Romantismo de Aço...................................... 237
9 – A Música Romântica Como "Nosso Maior Legado"...... 263

Parte III – Dilemas Modernos............................................... 287

10 – O Paradoxo Realista e a Confusão Expressionista........ 289

11 – Os Existencialistas Nórdicos e os Fundadores Nacionalistas.... 321
12 – A Música Depois de Wagner.................................................. 345

Parte IV – Guerra "Santa" e a "Crise" de Weimar......................... 367
13 – Arautos da Experiência no *Front* ............................................ 369
14 – As Guerras Culturais de Weimar I: Defendendo o Espírito
Alemão da "Circuncisão" ................................................................ 389
15 – As Guerras Culturais de Weimar II: Combatendo a
"Degeneração" ................................................................................ 417

Parte V – Soluções Nazistas............................................................ 453
16 – "Honrai Vossos Mestres Alemães"........................................... 455
17 – A "Renascença" Nazista ......................................................... 481
18 – *Kultur* em Guerra ................................................................... 505

Conclusão........................................................................................ 563
Índice Remissivo............................................................................. 577

# Ilustrações

Figura 1.1 Página em tributo a Leonardo da Vinci "O Fausto italiano", 30 de abril de 1944 do *Völkischer Beobachter* ............................................... 45

Figura 1.2 Michelangelo, "Rondanini Pietà" (1564), no museu de arte antiga no castelo de Sforza, Milão, Itália.................................................................... 47

Figura 1.3 Rembrandt, "O boi abatido" (1655), Museus e Galerias de Glasgow, Reino Unido ........................... 50

Figura 2.1 Albrecht Altdorfer, "São Jorge na floresta" (1510), Antiga Pinacoteca, Munique, Alemanha .................... 74

Figura 2.2 Albrecht Altdorfer, "O nascimento da virgem" (1525), Antiga Pinacoteca, Munique, Alemanha .................... 75

Figura 2.3 Albrecht Dürer, "Cavaleiro, Morte e o Diabo" (1513) ............................................................. 77

Figura 2.4 Albrecht Dürer, "Melancolia" (1514) ...................... 78

Figura 2.5 Albrecht Dürer, "São Jerônimo em seu escritório" (1514) .................................................... 80

Figura 2.6 Albrecht Dürer, "Fortuna" (1501) ............................. 81

Figura 3.1   Albrecht Dürer, "Jesus aos 12 anos no templo" (entre 1494-1497), Gemäldegalerie, Dresden, Alemanha .................................................................. 100
Figura 3.2   Albrecht Dürer "Autorretrato" (aos 13 anos) (1484) ................................................. 101
Figura 3.3   *Völkischer Beobachter*, página em tributo a Beethoven: "Na comemoração dos 150 anos do nascimento do mestre alemão", 20 de janeiro de 1921 ................................. 114
Figura 4.1   Albrecht Altdorfer, "A sinagoga de Regensburg" (1519) ................................................. 136
Figura 4.2   Charge do *Völkischer Beobachter*, "O agiota francês na região do Ruhr", 5 de abril de 1923 .......... 142
Figura 4.3   *Völkischer Beobachter*, artigo-tributo a Richard Wagner: "Sobre o ressurgimento alemão: A vontade política de Richard Wagner", 22 de maio de 1938 ..................................... 151
Figura 7.1   Andreas Schlüter "Guerreiro Moribundo" (1698-1705), Zeughaus, Berlim, Alemanha .............. 201
Figura 7.2   *Völkischer Beobachter*, página-tributo a Friedrich Schiller, 10 de novembro de 1934 .............. 226
Figura 10.1  Adolph Menzel, "Concerto de flautas" (1852) Antiga Galeria Nacional, Berlim, Alemanha .............. 310
Figura 10.2  Franz von Lenbach, "Otto von Bismarck com uniforme de cavalaria"(1890), Lenbachhaus, Munique, Alemanha ................................................. 311
Figura 10.3  Arnold Böcklin, "Silêncio na floresta" (1896), Museu Nacional, Poznan, Polônia ............................. 313
Figura 10.4  Arnold Böcklin, "A ilha dos mortos" (1883), Antiga Galeria Nacional, Berlim, Alemanha .............. 314
Figura 10.5  Arnold Böcklin, "Centauro na forjaria da vila" (1897), Museu de Belas-Artes de Budapeste, Hungria ................................................................. 315
Figura 10.6  Arnold Böcklin, "Susanna no banho" (1888), Museu de história da arte e cultura de Oldensburg, Alemanha ............................................................. 316
Figura 10.7  Edvard Munch, um detalhe de "Alma Mater" (1910), Universidade de Oslo, Oslo, Noruega ................. 318
Figura 10.8  Edvard Munch, "Friedrich Nietzsche" (1906), Museu Munch, Oslo, Noruega .............................. 319

Figura 11.1  *Völkischer Beobachter*, artigo sobre Nietzsche: "O que é Nietzsche para nós hoje? Ele era um combatente contra a insanidade da democracia", 24 de agosto de 1930 .................................................. 331

Figura 15.1  Pablo Picasso, "Menino conduzindo um cavalo" (1906), Museu de Arte Moderna de Nova York, Estados Unidos ........................................................... 438

Figura 15.2  George Grosz, "A efusão do Espírito Santo" (1927) ............................................................................ 440

Figura 15.3  *Völkischer Beobachter*, artigo sobre Grosz e charge – Siegert: "'Você esteve pessoalmente envolvido na guerra?' George Grosz: 'Não!' *Cale a boca e siga em frente!*", 12 de junho de 1930 .............................. 443

Figura 16.1  Detalhe do cartão-postal oficial da colocação da pedra fundamental do monumento nacional a Richard Wagner em Leipzig, em 6 de março de 1934 .................................................................. 476

Figura 17.1  Arno Breker, "O Exército" (1939) ............................ 503

Figura 18.1  Albrecht Dürer, "Fortaleza sitiada" (1527) ................ 509

Figura 18.2  Albrecht Dürer, "O encontro de Maximiliano I e Henrique VII (do arco do triunfo de Maximiliano) (1515) .................................................................. 509

Figura 18.3  Albrecht Dürer, "A morte e o Landesknecht" (1510) .................................................................. 510

Figura 18.4  Albrecht Dürer, "São Jorge no cavalo" (1508) ........... 511

Figura 18.5  Albrecht Dürer, Ilustrações de luta de "*Ring- und Fechtbuch*" (1512) .................................. 513

Figura 18.6  Rembrandt, "O Acordo do Estado" (1640-1641), Museu Boijmans van Beuningen, Rotterdam, Holanda ............................................................... 520

Figura 18.7  Leonardo da Vinci, "Um dilúvio" (cerca de 1515), Biblioteca Real, Windsor, Reino Unido ..................... 541

Figura 18.8  Phillip Otto Runge, "Os pais do artista" (1806), Kunsthalle, Hamburgo, Alemanha ............................ 543

Figura 18.9  Phillip Otto Runge, "As crianças Hülsenbeck" (1805-1806), Kunsthalle, Hamburgo, Alemanha ........ 544

Figura 18.10 Rembrandt, "*Autorretrato como Zeuxis*" (cerca de 1662), Museu Wallraf-Richartz, Colônia, Alemanha .............................................................. 546

Figura 18.11 Rembrandt, "A vigia noturna" (1642), Museu Rijks, Amsterdã, Holanda ..................................................... 547
Figura 18.12 Francisco Goya, "Batalha de rua em Puerto del Sol, 2 de maio de 1808" (1814), Museu do Prado, Madri, Espanha ......................................................... 548
Figura18.13 Francisco Goya, "Três de maio" (1814) Museu do Prado, Madri, Espanha ................................................. 549
Figura 18.14 Francisco Goya, "Isso é pior", da coleção *Os Horrores da Guerra* (1810-1815) ......................... 550
Figura 18.15 Francisco Goya, "A família de Carlos IV" (1800), Museu do Prado, Madri, Espanha ............................... 551
Figura 18.16 Matthias Grünewald, "Retábulo do altar de Isenheim" (entre 1510-1516), Museu Unterlinden, Colmar, França ....................................................................... 554
Figura 18.17 Max Klinger, "Esboço para escultura de Nietzche" (1902) ......................................................................... 559
Figura C.1 "Catedral de Luz", reunião em Nuremberg (1937) ................................................................. 564
Figura C.2 Cartão-postal da convenção de Nuremberg de 1937 ....................................................... 566

# Agradecimentos

É conveniente que um livro sobre as interseções entre o melhor e o pior da história ocidental fosse escrito com algumas das experiências mais bonitas e desafiantes que a vida oferece. Claro, não poderia ser diferente. Tentando aderir à versão acadêmica da máxima favorita de Beethoven, *"nulla dies sine linea"*, é o caminho do acadêmico, praticado para obter e compartilhar as maravilhas que a vida traz. Mas, como os familiares, colegas e amigos sabem, tanto o júbilo como a luta aparecem nesse caminho. Por dividirem esse caminho comigo, estendo meu caloroso obrigado aos amigos e familiares. Enquanto estiverem lendo esta lista de agradecimentos, por favor, saibam que a minha gratidão por seu afeto – manifestado de maneiras tão diferentes – vai além das palavras.

A cada etapa de trabalho deste projeto, tive o apoio compreensivo de meu pai, James M. Dennis, de meu irmão, John Dennis, e de meu colega Robert Bucholz. Cada um deles deu recomendações fundamentais acerca de cada aspecto do livro, bem como conselhos sobre como gerenciar este processo fosse o que fosse. Em uma conjuntura especial, John Slavney provou-se um legítimo amigo em espírito e ação por sua leitura e revisão cuidadosas do manuscrito, por adicionar introspecção, claridade e polidez ao todo. A cada um, meus profundos agradecimentos.

Por sempre me encorajar e inspirar, em um nível pessoal e como modelos acadêmicos, dedicados às mais altas façanhas nas pesquisas interdisciplinares, escrita e ensino, sou profundamente grato a Robert Wohl, Glenn Watkins, Otto Dann e, *in memoriam*, a Eugen Weber e George L. Mosse.

Por sua contínua camaradagem e orientação em questões acadêmicas, técnicas e existenciais, fico grato a todos os meus colegas na Universidade Loyola em Chicago, principalmente, mas de modo nenhum restrito, a Lew Erenberg, Tim Gilfoyle, Susan Hirsch, Konstantin Läufer, Brian Lavelle, Barbara Rosenwein, George Thiruvathukal e, *in memoriam*, Paul Messbarger e Joe Gagliano.

Pelas gentilezas que provam que nossas vidas continuam maravilhosamente interdependentes, ainda que existam a distância e o tempo que nos separam, eu gostaria de agradecer a Robert Bast, à família Birschbach, Laurie Bucholz, Jim Burnett, David Cerda, à família Chiericozi, Richard Christian, à família Conley, George Freeman, Gloria Gonzalez, John Hall, Phyllis Hall, Harry Haskell, Stefan Hersh, Cathy Hug, à família Iwano, Peter Kazor, Hans-Georg Knopp, Dare Law, Laurel Lueders, Jim Loy, Leon Mangasarian, Peter Neagle, Duane Nelsen, Alexander Platt, Chuck Polenz, à família Rock, à família Scaggs, Stefan Sanderling, Alex Shibicky, à família Siebuhr, Jon Smoller, Nicholas Vazsonyi, minhas filhas maravilhosas, Mariko e Cecilia – a quem este livro é dedicado –, sua mãe, Amy Iwano, e, em carinhosa memória, a Claudia Dennis.

Pela ajuda técnica e generosidade no preparo das ilustrações, devo a Jim Dennis, John Dennis, aos funcionários da StudioActiv8, e a Tom Capparelli em Kriegcards.com. Pelos serviços de pesquisa, sou grato às bibliotecas da Universidade Loyola em Chicago, principalmente aos funcionários do serviço de empréstimo entre bibliotecas e a sala de periódicos da biblioteca Lewis, bem como as bibliotecas Newberry, Regestein, além das bibliotecas do Centro para Pesquisa e a biblioteca de arte Kohler da Universidade de Wisconsin-Madison.

Por "ficar de olho" neste projeto por muitos anos, além de me convencer que era o momento de completá-lo e finalmente me motivar a tornar este livro mais acessível para o grande público, expresso um agradecimento especial a Michael Watson, da Cambridge University Press. Recomendações construtivas inestimáveis dos leitores contribuíram para melhor organizar e apresentar este vasto material. O gerenciamento profissional dos estágios finais de edição e produção foi feito por Chloe Howell, Sarah Robert e Lyn Flight.

## Agradecimentos

Durante os anos de trabalho neste livro, a Loyola University em Chicago me deu licenças na primavera de 2001 e no outono de 2005, um ordenado de verão em 2007, um desconto em um curso na primavera de 2008 e uma assistência para a publicação de um manuscrito, que pagou metade dos custos das ilustrações. Agradeço por essas formas de auxílio financeiro, bem como o subsídio NEH que recebi no verão de 2007.

Parte do material incorporado neste livro apareceu primeiro em "Honor your German Masters: The Use and Abuse of 'Classical' Composers in Nazi Propaganda", *Journal of Political and Military Sociology*, vol. 30(2), 2002; "The Most German of all German Operas: *Die Meistersinger* Through the Lens of the Third Reich", em Nicholas Vazsonyi (ed.), *Wagner's Meistersinger: Performance, History, Representation* (Editora da Universidade de Rochester, 2003); "Nietzsche Reception as Philosopher of *Führermenschen* in the Main Nazi Newspaper", International Journal of the Humanities, vol. 5(7), 2007; e *Beethoven in German Politics: 1870-1989* (Editora da Universidade de Yale, 1996). Fico muito grato a essas publicações e editoras por sua permissão para revisitar esse material aqui.

# INTRODUÇÃO

À medida que conflitos culturais e políticos se intensificavam na República de Weimar, o editor-chefe do jornal oficial do partido nazista, o *Völkischer Beobachter* (*O Observador do Povo*), publicou um editorial em sua capa celebrando o centenário da morte de Ludwig van Beethoven em 26 de março de 1927. Nele, Alfred Rosenberg declarou que, naquela época de "batalha espiritual", os seguidores de Adolf Hitler poderiam considerar a música de Beethoven uma poderosa fonte de inspiração. Quem entendesse o espírito do movimento nacional-socialista em especial, segundo Rosenberg, sabia que "um impulso semelhante ao que Beethoven personificava vivia em todos os seus membros": principalmente o "desejo de atacar as ruínas de um mundo dilacerado, a esperança da vontade de remodelar o mundo e o forte sentimento de júbilo oriundo da superação de um ardente pesar". Quando os nazistas obtivessem suas vitórias na Alemanha e pela Europa, Rosenberg sugeriu, eles gozariam de uma "consciência confortante" de que "o Beethoven alemão dominou os outros povos do Ocidente". Eles então lembrariam que Beethoven transmitiu aos nacional-socialistas a "vontade da criação alemã". Vivendo nessa "*Eroica* do povo alemão", os nazistas "queriam fazer uso" dessa força de vontade.[1]

---

1 ROSENBERG, A. "Beethoven", *Völkischer Beobachter*, 26 de março de 1927.

Essa evocação inspiradora de um herói histórico-cultural no jornal nazista era completamente consistente com as declarações de Hitler de que, para a revolução nacional-socialista ter "efeito transformador", seus porta-vozes teriam de "esforçar-se por todos os meios disponíveis" para convencer os alemães a "acreditar em sua missão com convicção". Acima de tudo, o líder nazista insistiu, isso exigia "demonstrar sua distinção cultural". Em tempos de "fé enfraquecida" nos "altos méritos" da Alemanha, era necessário reviver a confiança do povo [*Volk*] "invocando palavras que permaneciam intocadas pelos problemas políticos e econômicos", isto é, recorrer às grandes obras da cultura ocidental em nome de seus ideais.[2]

Este livro revela como o partido de Hitler continuamente adotou essas metas de propaganda por meio de seu maior instrumento de comunicação de massas, o *Völkischer Beobachter*, o jornal de maior circulação na Alemanha nazista. Este estudo analisa como os editores, jornalistas e colaboradores do jornal apresentaram a história da literatura, filosofia, pintura, escultura e música da Europa de acordo com suas crenças nacional-socialistas. Os líderes nazistas viam seu movimento como o ápice da cultura ocidental, e esse exame de sua publicação diária mostra como eles e seus seguidores buscaram fundamentar suas propostas tendo como referência a história intelectual e cultural. Por meio da investigação dos principais artigos sobre cultura publicados no *Völkischer Beobachter*, demonstra-se como os nazistas escreveram principalmente sobre os que consideravam como os grandes criadores alemães (incluindo Lutero, Dürer, Goethe, Beethoven, Wagner, Nietzsche e muitos outros), sobre não alemães que eram considerados de espírito "germânico" (como Sócrates, Leonardo da Vinci, Michelangelo e Rembrandt) e sobre seus já consagrados "inimigos" (entre eles Heine, Einstein e Thomas Mann). Como tal, este livro é o primeiro estudo abrangente dos termos que os propagandistas nazistas utilizaram para se apropriar de grandes nomes da arte e do pensamento europeus, expondo como o partido os relacionou por meio da retórica com a ideologia e a política nazistas. Observando precisamente o que os escritores do *Völkischer Beobachter* afirmavam sobre seus mestres favoritos e os desprezados, ficará claro como o partido tentou convencer seus leitores de que o nazismo oferecia não somente a renovação política como um avanço cultural, mas também advogava a destruição dos judeus com outros vistos como inimigos.

---

2 HITLER, A. Speech, *Bei der Kulturtagung des Reichsparteitages*, 11 de setembro de 1935.

A compreensão da "identidade alemã" nos séculos XIX e XX comprova com coerência que as belas-artes tinham um papel crucial no desenvolvimento do simbolismo dessa nação moderna. Os ativistas que buscavam fortalecer a unidade política alemã enfatizavam concepções comuns de beleza. Movimentos políticos rivais buscavam consolidar sua respeitabilidade por demonstrar que os heróis culturais – *Meister* ou mestres – poderiam ser alinhados às suas respectivas ideologias. Consequentemente, como George L. Mosse observou, a política alemã e a alta cultura penetravam uma à outra: filosofia, literatura, pintura, escultura, arquitetura e música, todas vieram a ser percebidas como símbolos de atitudes políticas.³ Nos últimos anos, trabalhos excelentes foram produzidos para traçar as conexões entre as artes e a política na Alemanha moderna. Em particular, na área da "cultura nazista", os pesquisadores têm investigado como os líderes culturais e algumas organizações colaboraram na produção da propaganda estatal e do partido. Com grande efeito, os acadêmicos vêm se concentrando nas biografias dos criadores alemães e nas histórias administrativas das instituições culturais.⁴

---

3 As obras de Fritz Stern – *The Politics of Cultural Despair: A Study in the Rise of the Germanic Ideology* (Berkeley: University of California Press, 1961) – e de George L. Mosse – *The Nationalization of the Masses: Political Symbolism and Mass Movements in Germany from the Napoleonic Wars through the Third Reich* (New York: Howard Fertig, 1975) – desbravaram o caminho para a agora predominante ênfase nas abordagens interdisciplinares à arte e política alemãs. Exposições gerais sobre os "estudos culturais germânicos" incluem BURNS, Rob (ed.), *German Cultural Studies: An Introduction* (Oxford University Press, 1995), e DENHAM, Scott, KACANDES, Irene e PETROPOULOS, Jonathan (eds.), *A User's Guide to German Cultural Studies* (Ann Arbor, MI: University of Michigan Press, 1997).
4 Ver RABINBACH, Anson e BIALAS, Wolfgang (eds.), *Nazi Germany and the Humanities* (Oxford: Oneworld, 2007); HUENER, Jonathan e NICOSIA, Francis R. (eds.), *The Arts in Nazi Germany: Continuity, Conformity, Change* (New York: Berghahn Books, 2006); APPLEGATE, Celia, *Bach in Berlin: Nation and Culture in Mendelssohn's Revival of the St. Matthew Passion* (Ithaca, NY: Cornell University Press, 2005); KATER, Michael H. e RIETHMÜLLER, Albrecht, *Music and Nazism: Art Under Tyranny, 1933-1945* (Laaber: Laber-Verlag, 2003); ETLIN, Richard A. (ed.), *Art, Culture, and Media under the Third Reich* (University of Chicago Press, 2002); APPLEGATE, Celia e POTTER, Pamela M. (eds.), *Music and German National Identity* (University of Chicago Press, 2002); PETROPOULOS, Jonathan, *The Faustian Bargain: The Art World in Nazi Germany* (Oxford University Press, 2000); Pamela M. Potter, *Most German of the Arts: Musicology and Society from the Weimar Republic to the End of Hitler's Reich* (New Haven, CT: Yale University Press, 1998); KATER, Michael H., *The Twisted Muse: Musicians and their Music in the Third Reich* (Oxford University Press, 1997); PETROPOULOS, Jonathan, *Art as Politics in the Third Reich* (Chapel Hill, NC: University of North Carolina Press, 1996); CUOMO, Glenn R. (ed.), *National Socialist Cultural Policy* (New York: St. Martin's Press, 1995); STEINWEIS, Alan, *Art, Ideology and Economics in Nazi Germany: The Reich Chambers of Music, Theater, and the Visual Arts* (Chapel Hill, NC: University of North Carolina

Mas os estudos acadêmicos direcionados à análise do pano de fundo biográfico e institucional das políticas culturais nazistas (*Kulturpolitik*) funcionam somente como um primeiro passo para responder à questão central desse campo: como obras de arte, literatura e música foram interpretadas e utilizadas como ferramentas da política nazista? Devemos levar nossa investigação além de determinar quem foi responsável por politizar a cultura para compreender precisamente como o cânone nazista retroativamente alinhou alguns criadores específicos com os princípios dos nacional-socialistas.[5]

A pesquisa nessa direção se encaixa na historiografia da recepção cultural, que se concentra nos significados obtidos das artes ou vinculados a elas, uma vez publicadas, exibidas e representadas. A história da recepção cultural nos círculos políticos da Alemanha indica como as formas artísticas são associadas ao desenvolvimento sociopolítico: não necessariamente como um resultado direto da intenção dos criadores, mas

---

Press, 1993); LEVI, Erik, *Music in the Third Reich* (New York: St. Martin's Press, 1994); GILLIAM, Bryan Randolph, *Music and Performance during the Weimar Republic* (Cambridge University Press, 1994); MEYER, Michael, *The Politics of Music in the Third Reich* (New York: Peter Lang, 1991); TAYLOR, Brandon e VAN DER WILL, Wilfried, *The Nazification of Art: Art, Design, Music, Architecture, and Film in the Third Reich* (Winchester: Winchester Press, Winchester School of Art, 1990); HEISTER, Hans-Werner e KLEIN, Hans-Günte (eds.), *Musik und Musikpolitik im faschistischen Deutschland* (Frankfurt am Main: Fischer Taschenbuch, 1984); WULF, Joseph, *Musik im Dritten Reich: Eine Dokumentation* (Frankfurt am Main: Ullstein, 1983); e PRIEBERG, Fred K., *Musik im NS-Staat* (Frankfurt am Main: Fischer Taschenbuch, 1982).

5 Avaliações recentes da literatura sobre os papéis que as elites acadêmicas e artísticas tiveram na exploração nazista das humanidades notaram a proeminência das histórias biográficas e institucionais em vez de uma análise do próprio "cânone nazista". Georg Bollenbeck escreveu, por exemplo, que "o papel das elites acadêmicas antes e depois de 1933 ou a continuidade e descontinuidade nas 'eras de transição' têm sido analisados por três perspectivas até agora: uma biográfica, focada nos perpetradores e vítimas; uma orientada na direção da história institucional e focada nas disciplinas e em suas redes; e uma orientada para a história da pesquisa e focada em tópicos, temas e métodos": BOLLENBECK, G. "The Humanities in Germany after 1933: Semantic Transformation and the Nazification of the Disciplines", in RABINBACH e BIALAS (eds.), *Nazi Germany and the Humanities*, 3. Nenhuma dessas "perspectivas", mesmo a terceira, envolveu extensas análises do que eles escreveram precisamente sobre artistas, compositores, escritores e suas obras específicas. Ver também a análise de Richard S. Levy de *Art, Ideology, and Economics in Nazi Germany* de Alan E. Steinweis. Enquanto exaltava o valor excelente do livro como uma história institucional, ele lembra "que o leitor aprenderá pouco aqui sobre os cânones nazistas de bom gosto ou só o que tornava "decadente" a arte decadente para Hitler. Em vez disso, um exame minucioso dos arquivos, o uso judicioso das estatísticas e anedotas escolhidas a dedo revelam o controle das artes pelo regime, seus métodos, propósitos e consequências (*German Studies Review*, 18(1), 1995, 176-177).

manifestado com frequência nas respostas do público.⁶ A apropriação da história intelectual pelos nacional-socialistas é um exemplo assombroso desse processo. Em meu livro sobre Beethoven na política alemã, por exemplo, tracei a história da recepção atribuída a esse compositor por ativistas políticos entre 1870 e 1989.⁷ Lá, examinei como os alemães, em um espectro político completo, interpretaram a música de Beethoven para justificar suas ideias e ações, transformando assim o compositor e suas composições em símbolos para os principais partidos políticos. Enquanto eu discutia as afiliações feitas tanto pela extrema direita quanto pela esquerda, seções significativas daquele livro foram dedicadas a descrever as maneiras pelas quais os nazistas exploravam esse "mestre" como parte de sua propaganda. Como o exemplo citado indica, para descrever a maneira pela qual Beethoven foi "nazificado", dei atenção especial a como o *Völkischer Beobachter* o promoveu. Todavia, ao pesquisar especificamente a literatura recente sobre a política musical dos nazistas e a política cultural em geral, percebi algumas referências ao *Völkischer Beobachter* ou a outras publicações nazistas direcionadas ao grande público. A maioria dos trabalhos acadêmicos concentra-se nos periódicos, incluindo publicações sobre arte, música e literatura direcionadas a um público especializado.⁸ Alguns estudos de tópicos ou de indivíduos

---

6 Os estudos acadêmicos sobre a recepção das principais figuras culturais vêm crescendo nos últimos anos, mas apenas alguns estudos focaram na politização que tem sido tão importante na cultura alemã. Para alguns exemplos mais representativos, ver: SCHWERIN-HIGH, Friedrike von, *Shakespeare, Reception and Translation: Germany and Japan* (New York: Continuum, 2004); KÖPKE, Wulf, *The Critical Reception of Alfred Döblin's Major Novels* (Rochester, NY: Camden House, 2003); FREIFELD, Alice, *East Europe reads Nietzsche* (New York: Columbia University Press, 1998); FARRELLY, Daniel J., *Goethe in East Germany, 1949-1989: Toward a History of Goethe Reception in the GDR* (Rochester, NY: Camden House, 1998); GOEBEL, Robert Owen, *Eichendorff's Scholarly Reception: A Survey* (Rochester, NY: Camden House, 1993); GELBER, Mark H., *The Jewish Reception of Heinrich Heine* (Tübingen: M. Niemeyer, 1992); GASKILL, Howard e MCPHERSON, Karin, *Neue Ansichten: The Reception of Romanticism in the Literature of the GDR* (Amsterdã: Rodopi, 1990); BAUSCHINGER, Sigrid, *Nietzsche Heute: die Rezeption seines Werks nach 1968* (Berna: Francke Verlag, 1998); e MARSHALL, Alan, *The German Naturalists and Gerhart Hauptmann: Reception and Influence* (New York: Peter Lang, 1982).
7 DENNIS, D. B. *Beethoven in German Politics, 1870-1989* (New Haven, CT: Yale University Press, 1996).
8 Muito pouca literatura foi dedicada ao estudo do *Völkischer Beobachter*: MÜHLBERGER, D. *Hitler's Voice: The Völkischer Beobachter, 1920-1933* (New York: Peter Lang, 2004), que é para muitos uma útil coleção de artigos extraídos do jornal; e LAYTON, Roland, "*Völkischer Beobachter*, 1925-33. A study of the Nazi Party Newspaper in the Kampfzeit" (Tese de Doutorado, University of Virginia, 1965), são as únicas avaliações gerais. Como Mühlberger afirmou: "Os materiais relativamente limitados publicados sobre

específicos fizeram referência a artigos do diário do partido. Por exemplo, Jeffrey Herf avaliou com cuidado os artigos da primeira página e as manchetes do *Völkischer Beobachter* em seu trabalho sobre a propaganda antissemita durante a Segunda Guerra Mundial.[9] Mas os instrumentos de publicidade mais significativos requerem nada menos do que uma análise abrangente; sem isso, nossas histórias sobre o Nacional-Socialismo ficariam incompletas.

Como foi examinado em uma variedade de estudos, o *Völkischer Beobachter* foi uma publicação quinzenal menor antes de ser comprado pelo Partido Nacional-Socialista dos Trabalhadores Alemães (Nationalsozialistische Deutsche Arbeiterpartei – NSDAP) em 1920.[10] Hitler em pessoa promoveu esse esforço desde o começo, argumentando que "para um movimento ter sucesso no esclarecimento das massas, então os encontros, as noites de discussão e os cursos de instrução política não serão adequados ao longo do tempo,

---

o *Völkischer Beobachter* e a falta de análise de conteúdo do jornal surpreendem dada [sua] indubitável importância" (18). Sobre a crítica cultural no jornal, muito menos apareceu: uma dissertação de um nazista comprometido, Gerhard Koehler, "Kunstanschauung und Kunstkritik in der nazionalsozialistischen Presse: Die Kritik im Feuilleton des *Völkischer Beobachters* 1920-1932" (Tese de Doutorado Ludwig-Maximilians-Universität, Munique, Zentralverlag der NSDAP, 1937) e uma dissertação de mestrado em História da Arte por Barbara L. Bao, "The Development of the German National Socialist Point of View on Art and Art Criticism as Seen in the *Völkischer Beobachter,* 1920-1927" (Dissertação de Mestrado: Arizona State University, 1985). Bao cobriu afirmações genéricas no *Völkischer Beobachter* sobre a política nazista para as artes visuais e a crítica da arte, mas ela não abordou artigos que analisaram atentamente os artistas individualmente e suas obras.

9 HERF, J. *The Jewish Enemy: Nazi Propaganda during World War II and the Holocaust* (Cambridge, MA: Harvard University Press, 2006), p. 8. Herf faz mais de 40 referências diretas a importantes artigos que apareceram entre 1933 e 1945 no *Völkischer Beobachter* e, com outras fontes de propaganda, "apresentou a Segunda Guerra Mundial e a intenção de eliminar os judeus europeus como componentes de uma guerra de defesa contra um ato de agressão lançado, intensificado e depois conduzido a um desfecho vitorioso por uma conspiração internacional poderosíssima", p. 10.

10 Ver Layton, "*Völkischer Beobachter,* 1925-33", p. 17-29. Como Layton relatou: "Não é surpreendente descobrir que os escritórios do *Völkischer Beobachter* eram o centro do movimento nesse período (1920-1923). Hanfstaengel disse que o costume diário de Hitler no início da década de 1920 era tomar o café da manhã e então ir à sede do *Völkischer Beobachter,* onde falava com visitantes. Por isso Hanfstaengel considerava os escritórios do *Völkischer Beobachter* o melhor lugar para acompanhar os acontecimentos (...) De acordo com uma estenógrafa, 'As redações do *Völkischer Beobachter* sempre tinham cenas de atividade frenética'. Ela descreve o lugar como 'cheio de confusão: telefones tocando, editores ditando, visitantes, o zumbido de vozes (...)' Oficiais de um posto do exército da mesma rua passavam seu tempo livre na sala dos funcionários, fofocando e mexendo em suas armas. Os jornalistas mal podiam trabalhar por causa das interrupções deles". (88).

pois eles são acessíveis somente a um pequeno círculo de ouvintes. A propaganda para o povo deve também servir totalmente ao uso da mais poderosa arma: a imprensa".[11] Sob a liderança de Max Amann e Dietrich Eckart, o que Hitler depois nomeou de "a melhor arma"[12] do partido tornou-se um jornal diário em fevereiro de 1923. Depois do fracassado golpe da Cervejaria de Munique, o jornal foi banido até março de 1925. Entretanto, uma vez restabelecido, sua distribuição cresceu estável – para 30 mil em 1929 – e uma edição berlinense foi lançada em 1930. Na época da guerra, o *Völkischer Beobachter* tornou-se o primeiro jornal alemão com circulação diária superior a 1 milhão de cópias. De 1923 a 1938, Alfred Rosenberg foi o editor-chefe;[13] depois disso, ele foi substituído por Wilhelm Weiss até 1945.[14] Tanto sob a liderança de Rosenberg como de Weiss, o jornal sempre foi o principal órgão de publicidade de Hitler.[15] Nenhuma outra publicação se compara em importância na história da propaganda nazista. Tratava-se de um escoadouro oficial do partido por toda a sua existência e definitivamente tinha uma posição dominante em relação aos outros jornais.[16] Sendo assim, era indubitavelmente o mais representa-

---

11 HITLER, Adolf. "Ist die Errichtung einer die breiten Massen erfassenden Völkischen Zeitung eine nationale Notwendigkeit?, *Völkischer Beobachter*, 27 de janeiro de 1921 e 30 de janeiro de 1921, apud MÜHLBERG, D., *Hitler's Voice,* 21.

12 HITLER, A. "Onward to a New Struggle", *Völkischer Beobachter*, 22 de maio de 1928, apud MÜHLBERG, D., *Hitler's Voice*, 20 n. 27.

13 Como descrito por Herf, "Rosenberg, conhecido como um dos principais ideólogos antissemitas no partido nazista, tornou-se o editor do jornal. Ele permaneceu nesse cargo até 1938. Seu trabalho pseudoacadêmico, *Der Mythos des 20. Jahrhunderts*, expressou uma mistura de ideias racistas, antissemíticas e místicas. Sob sua liderança, a circulação do *Völkischer Beobachter* cresceu para 330 mil cópias diárias em 1933, excedeu 1 milhão em 1940 e vendia em torno de 1,7 milhão em 1944": HERF, J. *The Jewish Enemy*, p. 26. Ver também LAYTON, R. *"Völkischer Beobachter,* 1925-33", p. 57-69 e MÜHLBERG, D. *Hitler's Voice*, p. 30 n. 24.

14 Weiss, que perdeu uma perna na Primeira Guerra Mundial, entrou no jornal em 1927 e substituiu Rosenberg em 1933. Ele "permaneceu editor do *Völkischer Beobachter* até a interrupção de suas atividades em abril de 1945. Nessa função, ele, com respeito e persistência, transformava as diretivas da imprensa diária em manchetes em vermelho e negro e histórias de capa que foram elementos centrais das campanhas antissemíticas do regime e na tradução da ideologia nazista em uma narrativa contínua de eventos antissemitas": HERF, *The Jewish Enemy*, p. 26. Ver também LAYTON, R. *"Völkischer Beobachter,* 1925-33", p. 70.

15 Como colocado por Barbara Rao: "apesar de Rosenberg ser o editor chefe do *Völkischer Beobachter* (...) [o jornal] deve ser visto como sua ligação direta com seus seguidores e potenciais seguidores": RAO, B. *Art and Art Criticism as Seen in the Völkischer Beobachter,* p. 37.

16 A *Nationalsozialistische Monatshefte* apareceu em 1930; *Der Angriff* foi fundado em 1933; *Der Schwarze Korps* foi publicado pela primeira vez em 1935. Alguns poderiam perguntar se

tivo instrumento da propaganda nazista, incluindo aquela voltada para o avanço das interpretações culturais nazistas.[17]

Em cada parte do *Völkischer Beobachter*, incluindo suas páginas iniciais (com seus títulos chamativos em preto e vermelho), as seções de negócios e esportes (a última costumava enfatizar os *Kampfsport* [esportes de batalha] como o boxe e o hóquei no gelo), até mesmo propagandas e palavras cruzadas (em forma de suástica), pode-se aprender como os meios de comunicação nazistas apresentavam eventos, políticas e ideologia para o grande público. Mas também é possível concluir do *Völkischer Beobachter* detalhes importantes sobre o tratamento das questões culturais pelo partido. Desde sua compra pelo NSDAP em 1920, o jornal incluía uma seção de cultura que apareceu todos os dias até abril de 1945 (ainda que sob uma variedade de títulos, incluindo Folhetim, Arte e Cultura e Cultura).[18] Essa seção incluía resenhas sobre concertos,

---

o *Der Angriff* de Goebbels era comparável em importância. Mas sua circulação limitava-se a Berlim, enquanto o *Völkischer Beobachter* tinha distribuição nacional. Além disso, o *Völkischer Beobachter* fazia uma cobertura mais extensa das questões culturais do que o jornalismo especificamente político do *Der Angriff*. Layton afirmou que "como órgão oficial do partido, o *Völkischer Beobachter* era a fonte oficial de notícias e visões e os editores de outros jornais nazistas foram especificamente instruídos para observar as posições do *Völkischer Beobachter* vinculadas às questões contemporâneas": LAYTON, R. *"Völkischer Beobachter, 1925-33"*, p. 142. Ao considerar os jornais que foram subsequentemente tomados pelo partido, pode-se questionar sobre as tensões entre políticas editoriais prévias e políticas promulgadas sob a direção nazista, mas no caso do *Völkischer Beobachter* há pouca dúvida de que possa ser encontrada uma linha ideológica consistente e concentrada. Medidas rigorosas usadas para regulamentar a imprensa, incluindo a Lei dos Editores implementada depois de 1933, não foram necessárias para manter o *Völkischer Beobachter* sob controle. Ver HALE, O. J. *The Captive Press in the Third Reich* (Princeton University Press, 1964), p. 168-170. Herf estipula que, pelo menos de1937 a 1945, muito do conteúdo de sua primeira página "transmitia os temas principais de propaganda que emanavam das conferências de imprensa de Dietrich [o Chefe da Propaganda do Reich, Otto]": HERF, J. *The Jewish Enemy*, p. 26. Mas é claro que o controle era completo a partir de 1920. Ver também WELCH, David, "Nazi Film Policy: Control, Ideology, and Propaganda", in CUOMO (ed.), *National Socialist Cultural Policy*, p. 26-27; e HERF, J. "The 'Jewish War': Goebbels and the Antisemitic Campaigns of the Nazi Propaganda Ministry", *Holocaust and Genocide Studies* vol. 19(1), 2005, p. 51.

17 Nas palavras de Herf: "Era um jornal pelos e para os adeptos nazistas e para qualquer um que quisesse saber quais eram as políticas oficiais do regime": HERF, J. *The Jewish Enemy*, p. 26.

18 Layton observou que "a seção cultural [*Kulturteil*] é muito mais importante no jornal alemão do que naqueles de outras terras. Por dedicar muito espaço aos artigos culturais, o *Völkischer Beobachter* não era exceção (...) Sua contribuição cultural lidava com arte, literatura, música, cinema, drama, religião, história, educação e outros campos. Quase sempre os artigos culturais manifestavam bastante a visão de mundo nazista [*Weltanschauung*]": LAYTON, R. *"Völkischer Beobachter, 1925-33"*, p. 227-228.

livros e exposições, artigos sobre tópicos culturais de interesse geral e especialmente artigos celebrando datas comemorativas, principalmente o nascimento e morte (*Todestage*), de importantes criadores e pensadores da história das artes e filosofia ocidentais. Todos esses artigos apresentam informações valiosas sobre como os ideólogos do partido apresentaram a história intelectual e cultural do Ocidente aos seus leitores em um esforço para apropriar-se de seus "camaradas espirituais".

Durante minha pesquisa, examinei cada página do *Völkischer Beobachter* de janeiro de 1920 a abril de 1945, buscando os principais artigos do jornal sobre literatura, filosofia, pintura, escultura, arquitetura e música.[19] Ao fazer isso, coletei mais de 1.600 artigos. Depois de examinar com cuidado cada item procurando menções sobre grandes criadores e obras, extraí e traduzi todas as passagens nas quais os jornalistas e editores utilizaram criadores e suas obras-primas de arte, literatura e música como ferramentas da ideologia nazista. Neste livro, teci esses exemplos em uma tapeçaria temática e cronológica das interpretações culturais nazistas, examinando como eles relacionaram as doutrinas do partido com a tradição ocidental das humanidades ou cultura [*Kultur*].[20] Muito pouco do material investigado foi abordado pela

---

19 Por artigos principais quero dizer artigos que avaliaram em uma obra ou um criador com alguma profundidade, não só resenhas críticas, ao menos que estas tratassem dessas questões de modo único ou abordassem espetáculos associados com marcos como a celebração de nascimento ou morte ou outros eventos cruciais da história alemã.

20 Seu foco não estava na "civilização" ocidental, mas na tradição da *Kultur* como identificada na sociedade alemã (e nas eras e regiões da Europa ocidental reivindicadas por alguns como germânicas) a partir do período romântico. A evolução dessa distinção precedeu suas mais famosas descrições feitas por Thomas Mann, de que, por exemplo: "a tradição alemã é cultura, alma, liberdade, arte, e não civilização, sociedade, direito de voto e literatura": MANN, T. *Reflections of a Non Political Man*, trad. Walter D. Morris (New York: Frederick Ungar, 1983), p. 17. Herf descreveu assim essa distinção à medida que ela se tornou predominante pela época nazista: "O cerne da justaposição de seu nacionalismo era o da *Kultur* e da *Zivilisation*. De um lado estava o *Povo* como uma comunidade de sangue, raça e tradição cultural. Do outro estava a ameaça do *Amerikanismus*, liberalismo, comércio, materialismo, parlamento e partidos políticos e a república de Weimar. O nacionalismo serviu como uma religião secular que prometia uma alternativa a um mundo que sofria de excesso de racionalização capitalista e comunista. Os alemães nacionalistas elevaram a posição geográfica da Alemanha entre o Leste e o Oeste a uma identidade também político-cultural. A "nação cultural" [*Kulturnation*] escaparia dos dilemas de uma modernidade cada vez mais desalmada": HERF, J. *Reactionary Modernism: Technology, Culture, and Politics in Weimar and the Third Reich* (Cambridge University Press, 1984), p. 35. Richard Wolin salientou do mesmo modo sua rejeição da "civilização": "Sua crítica desmoralizante da modernidade, sua acusação das supostas ideias 'ocidentais' de razão, liberalismo, individualismo e assim por diante – em suma, de uma civilização [*Zivilisation*] burguesa decadente e moribunda (forçada aos alemães pelos vitoriosos aliados) – contribuiu para solapar a credibilidade da

academia alemã antes e menos ainda foi traduzido para a língua inglesa. Sendo assim, espero que isso seja do interesse de colegas acadêmicos, professores, estudantes e qualquer um curioso sobre como a alta cultura pode ser apropriada e manipulada por um regime político.

Na primeira parte, "Fundamentos da História Cultural Nazista", trato da fundamentação conceitual da ideologia nazista promovida por esses artigos, isto é, estabelecer que as maiores figuras eram de origem racial germânica, ressaltando os impulsos etnocêntricos por trás até mesmo da alta cultura, enfatizando a importância política e nacionalista de tais trabalhos, e, mais intensamente, por insistir que o antissemitismo era uma corrente majoritária na tradição cultural ocidental. Esses temas centrais da perspectiva nazista foram reforçados por meio de repetidas referências às grandes figuras da cultura ocidental até durante a era romântica. Entre os que eram repetidamente invocados, temos Lutero, Dürer, Rembrandt, Shakespeare, Bach, Mozart, Schiller, Goethe e Beethoven. Em muitos desses cadernos o exemplo máximo era o de Richard Wagner. Registros da recepção de Wagner no *Völkischer Beobachter* confirmam a posição elevada do compositor na cultura nacional-socialista: poucos temas eram abordados no jornal sem alguma referência às supostas visões aprobatórias de Wagner sobre o assunto.

Tendo estabelecido essas fundações temáticas na parte I, providenciei então uma pesquisa cronológica da cobertura do jornal sobre os exemplos dados, permitindo aos leitores acompanhar a direção da tradição ocidental de acordo com o ponto de vista nazista. Assim, a parte II, "Cegueira diante da Luz", relata como o *Völkischer Beobachter* abordou a tradição racionalista ocidental dos antigos até a Revolução Francesa e suas consequências, fechando com uma discussão da promoção do jornal da cultura romântica como alternativa superior à "civilização" ocidental. Por todo o seu tratamento do Romantismo, o jornal menosprezava qualquer aspecto "protomodernista" do movimento, enquanto ressaltava elementos nacionalistas, militaristas e racistas. Finalmente, o legado cultural mais celebrado por Hitler e seu movimento, de acordo com o *Völkischer Beobachter,* era a tradição musical romântica – principalmente os dramas musicais de Wagner.

---

democracia alemã novata durante o fim da década de 1920 e o início da seguinte". Ver WOLIN, R. *The Seduction of Unreason: The Intellectual Romance with Fascism from Nietzsche to Postmodernism* (Princeton University Press, 2004), p. 154. Ver também MOSSE, G. L. *The Crisis of German Ideology* (New York: Grosset & Dunlap, 1964), p. 6, 68-69, 94-96, entre muitas outras discussões sobre essa questão.

A parte III, "Dilemas Modernos", aborda como as referências à história da cultura de meados do século XIX ao início do século XX feitas pelo *Völkischer Beobachter* propagavam atitudes paradoxais em relação às expressões modernas das artes relacionadas aos debates ocorridos durante oTerceiro Reich. Por um lado, ridicularizou o "realismo socialista" e se distanciou da "superficialidade" impressionista. Mas, por outro lado, o jornal identificava características "etnocêntricas" em outras representações das classes mais baixas do século XIX. Da mesma forma, o jornal se identificava com as facetas "românticas" de alguns criadores simbolistas e expressionistas, enquanto rejeitava outros por serem niilistas egocêntricos. Na busca pelo "existencialismo nórdico", o jornal celebrava Søren Kierkegaard, mas sua recepção de Friedrich Nietzsche foi hesitante, sugerindo definitivamente que este deixou de ser o "filósofo nazista" por não ter compreendido a real seriedade da ameaça judia. Com maior coerência, o jornal promoveu teóricos etnocêntricos como as vozes do futuro nazista. A cobertura da música do século XIX envolvia essencialmente determinar aonde a música poderia ir após Wagner: os românticos tardios eram colocados em oposição à "doença francesa" e à "psicopatia musical", manifestada nos estilos modernistas.

A parte IV, "Guerra 'Santa' e a Crise de Weimar", cobre o tratamento nazista da literatura da Primeira Guerra Mundial e pesquisa os ataques do jornal contra a política e a cultura nos anos da república de Weimar. Até mesmo antes de a controvérsia de "Nada de Novo no Front Ocidental Acontecer", o *Völkischer Beobachter* apresentava o que considerava os verdadeiros "arautos da experiência no front", fazendo oposição aos passivos covardes. A parte IV então pesquisa os constantes ataques do *Völkischer Beobachter* à política e cultura da república de Weimar. Essa parte demonstra, inicialmente, como o jornal articulou seu desdém pela república ao reclamar das maneiras pelas quais as figuras histórico-culturais antigas (cobertas nas partes I a III) foram ignoradas ou desonradas pelas autoridades de controle cultural "esquerdistas" ou "judaicas" do período, seja em celebrações, na academia ou pelas políticas educacionais. O *Völkischer Beobachter* também insinuava que as grandes figuras do passado cultural da Alemanha e do Ocidente teriam compartilhado dessa atitude crítica diante das condições específicas da Alemanha pós-Primeira Guerra. Então, tendo instaurado sua justificativa para suas posições em questões contemporâneas, o jornal lançou ataques diretos aos proeminentes representantes "modernistas" da cultura de Weimar. De acordo com o *Völkischer Beobachter*, a "crise" de Weimar manifestou-se culturalmente nos escritos dos "criminosos de novembro" e "literatos de asfalto", como Bertold Brecht, Alfred Döblin e os irmãos Mann. O julgamento de George Grosz por suas charges blasfemas foi também combustível para o engenho antimodernista do jornal, mas seus ataques principais eram direcionados às músicas de Schoenber e Weill.

Por fim, a parte V, "Soluções Nazistas", cobre a alegação do *Völkischer Beobachter* de que uma grande mudança na história cultural alemã ocorreu com a "tomada nazista do poder". Assim como o tratamento do material da república de Weimar, essa parte inicia com uma discussão de como o jornal associou os "mestres" antigos com eventos e políticas adotados pelo regime, especialmente nos artigos comemorativos que alegavam que foi só durante o regime nazista que esses criadores foram finalmente compreendidos com exatidão (de acordo com os temas principais da ideologia nazista) e convenientemente honrados (em festivais, espetáculos e programas educacionais). Daí em diante, a parte V cobre algumas das alternativas "aceitáveis" para a decadência de Weimar que o jornal propôs a partir da chamada "era de luta" (*Kampfzeit*) e por todo oTerceiro Reich. Apesar de não ser exaustiva, essa seção indica que muitos esforços foram feitos para melhorar a reputação de figuras que hoje são amplamente esquecidas. Com a guerra, o tema mais enfatizado na cobertura cultural no *Völkischer Beobachter,* é claro, foi o militarismo. A parte V conclui com uma retrospectiva de como algumas figuras culturais reverenciadas do passado foram objetos de escrutínio por indicações de que tinham se engajado ou contemplado conflitos e combates, demonstrando em suas obras e biografias que eles tinham "naturezas combativas", que podiam servir de inspiração para o povo alemão em guerra.

Pretendo com essa estrutura produzir uma síntese de análises temáticas e uma cobertura cronológica que ressalte os conceitos que transcenderam os artistas no simbolismo ideológico do partido, enquanto aproxima o fluxo que os leitores do jornal teriam tido com a cobertura cultural do jornal. Rever a constante repetição desses temas por meio de diversas referências às maiores figuras da cultura ocidental pode ser penoso. Mas foi precisamente pela incessante reiteração que esses "princípios" pareciam "inabaláveis" [*unerschütterlich*] e "forçosos" [*bindend*] aos leitores do jornal. Como Hitler colocou em *Mein Kampf*: "a propaganda eficiente deve se limitar a alguns pontos e deve utilizar repetidamente esses slogans até o último membro do público entender o que você deseja que ele compreenda".[21]

---

21 HITLER, Adolf. *Mein Kampf,* trad. Ralph Mannheim (Boston, MA: Houghton Mifflin, 1971), p. 179-181.

Em um sentido imediato, este livro contribui para o estudo da propaganda nazista. O *Völkischer Beobachter* faz muitas referências a si mesmo como um "jornal de combate" [*Kampfblatt*], pois – pelo menos até 1933 – sua cobertura cultural fazia parte de uma competição publicitária com outros partidos alemães para comunicar os pontos principais de sua plataforma e demonstrar que cada um de seus pontos era consistente com os valores da alta cultura.[22] Em *Beethoven and German Politics*, eu cobri a luta específica pelo legado de Beethoven, mostrando como todos os principais partidos políticos, da extrema esquerda à direita, "lutaram com unhas e dentes" para reivindicá-lo, de modo retrospectivo, como seu companheiro de lutas. Neste livro, veremos como o lado nacional-socialista dessa luta batalhou pelos direitos a outros "mestres" da música (junto com Beethoven) e outros líderes de outros gêneros criativos.[23] Por ser um nazista empenhado que produziu uma tese de doutorado (publicada depois pela editora do NSDAP) sobre a função da seção cultural do jornal até a "tomada de poder" de 1933, a avaliação de Gerhard Köhler sobre a "guerra" jornalística é digna de leitura: "O trabalho crítico-cultural dos editores e colaboradores do *Völkischer Beobachter* foi em grande parte determinado por uma atitude de batalha que via o jornal adotando um lado na luta político-cultural entre o nacional-socialismo, o liberalismo e o marxismo".[24] Os editores, funcionários e colaboradores *freelancers* – os últimos dos quais, como será discutido na conclusão a seguir, eram autores em sua maioria[25] – sabiam que sua tarefa era convencer os outros das posições dos nacional-socialistas.

---

22 Como Taylor e Van der Will colocaram, o jornal fazia parte de "uma guerra ideológica contínua" que foi "travada de modo a produzir, se não um consenso entre a massa, então ao menos um amplo consentimento para as ações públicas do regime: TAYLOR, B. e VAN DER WILL, W. *The Nazification od Art*, p. 23.

23 Os esforços nacional-socialistas para se apropriar da tradição cultural ocidental não funcionavam em um vácuo, como podem sugerir várias referências do *Völkischer Beobachter* à opinião da "oposição". Nos estágios iniciais deste projeto, comparei as interpretações do *Völkischer Beobachter* da música clássica com aquelas que apareceram nas principais publicações dos concorrentes políticos, incluindo *Vorwärts*, o *Sozialistische Monatshefte*, o *Rothe Fahne* e publicações estrangeiras semelhantes, como os jornais franceses e revistas sobre música, bem como outras publicações nazistas, como o *Der Angriff* e o *Nationalsozialistische Monatshefte*. Entretanto, cobrir as interpretações da literatura, arte e outros gêneros além da música exigia focar em um partido e uma fonte. Estudos acadêmicos posteriores deveriam ser dedicados a mostrar como os jornais dos outros partidos principais competiam sobre a tradição ocidental dessa maneira.

24 KÖHLER, G. "Kunstanschauung und Kunstkritik", p. 29.

25 Ver a Conclusão para a discussão da variedade de colaboradores para a cobertura cultural do *Völkischer Beobachter*, bem como suas motivações (no limite da possibilidade de nossas estimativas).

É claro, dentro da comunidade nazista imaginada [*Gemeinschaft*], havia visões conflitantes sobre todos esses assuntos. Não havia apenas uma formulação monolítica da história cultural do Ocidente e de seus componentes, mas esse tipo de argumento era usado para justificar as posições e políticas do regime nesse importante fórum.[26] No *Völkischer Beobachter*, estudaremos os esforços publicitários manifestados em um discurso de alta cultura direcionado pelo meio de comunicação mais proeminente e de maior distribuição, buscando atingir o maior número de leitores.[27] Em sua análise sobre a propaganda nazista, David Welch insistiu na importância do estudo desse material: "Não posso me furtar a usar esses discursos [ou, nesse caso, artigos]; eles representam não só o pensamento "oficial" sobre o assunto, e assim a racionalização necessária para as medidas tomadas, mas, o que é também importantíssimo, o contato direto entre o *Führer*, seu ministro de propaganda e o povo alemão". Sendo assim, "eles servem de exemplos da propaganda em ação, uma fusão entre teoria e prática que lança uma importante luz na mentalidade nazista"[28] – ou, mais precisamente, o que os nazistas gostariam que a mentalidade alemã fosse.[29]

---

26 Para a discussão do fato de que, embora "nenhuma versão da 'ideologia nazista' tenha se tornado hegemônica no Terceiro Reich", certos temas comuns eram predominantes a ponto de ter um "status quase litúrgico" e, por isso, "satisfaziam as funções que associamos com a ideologia", ver RABINBACH, A. & BIALAS, W. (eds.), *Nazi Germany and the Humanities*, p. xv-xviii. Ver também ETLIN (ed.), *Art, Culture, and Media under the Third Reich*, p. xviii; e KOONZ, Claudia. *The Nazi Conscience* (Cambridge, MA: Belknap Press, 2003), p. 2.
27 Como Rao afirmou: "A crítica de arte no *Völkischer Beobachter*, um tabloide que buscava alcançar as massas", era "uma crítica ideológica na qual ele promovia as ideias morais e políticas dos nacional-socialistas. A última dessas classificações provavelmente se adequa melhor aos escritos sobre arte no *Völkischer Beobachter*": RAO, B. "Art and Art Criticism as Seen in the *Völkischer Beobachter*", p. 116.
28 WELCH, D. *The Third Reich: Politics and Propaganda* (London: Routledge, 2002), p. 6. Ver também STEINWEIS, A. E. "Nazi Historical Scholarship and the 'Jewish Question'", in RABINBACH, A. e BIALAS, W. (eds.), *Nazi Germany and the Humanities*, p. 399; e KOONZ, C. *The Nazi Conscience*, p. 12.
29 Ver TAYLOR, B.; VAN DER WILL, W. *The Nazification of Art*, p. 15; MARCHAND, S. "Nazism, Orientalism and Humanism", in RABINBACH, A. e BIALAS, W.(eds.), *Nazi Germany and the Humanities*, p. 269; e em ETLIN (ed.), *Art, Culture, and Media under the Third Reich*, p. 22-24 para saber mais sobre a manipulação das humanidades para propósitos políticos. Steinweis identifica três níveis de propaganda antissemita em particular: "Primeiro, formas crassas no jornal *Stürmer*, o filme *Jud Süss* e inúmeros discursos feitos por líderes nazistas. Estes foram direcionados às massas menos instruídas dos alemães. Um grau acima da propaganda mais simples estava um discurso conservador, que buscava assegurar a respeitabilidade social e intelectual ao antissemitismo na classe média educada alemã. Esse gênero normalmente tomava a forma de livros de não ficção voltados para o público em geral e os periódicos político-culturais como o *National Sozialistische Monatshefte* e *Das Schwarze*

Além de comunicar as principais doutrinas do nazismo, o discurso histórico-cultural do *Völkischer Beobachter* também era dedicado a estabelecer a respeitabilidade do partido e, em especial, sua ideologia antissemita. Para colocar em termos alemães, a meta era demonstrar que, por ser revolucionário, o movimento nacional-socialista e seus postulados pertenciam à ampla tradição do autoaperfeiçoamento [*Bildung*], que era parte crucial da identidade nacional.[30] Os editores e redatores do jornal consideravam claramente esse esforço "educacional" crucial para o movimento nazista. Como um colaborador disse: "para convencer líderes espirituais que enxerguem algo de desastroso no antissemitismo para o nosso lado, é importantíssimo apresentar mais e mais evidências de que grandes e distintas almas compartilham nosso ódio aos judeus".[31] Nessa estrutura, George Mosse reconheceu que as interpretações das artes e literatura foram ajustadas para uma função político-educacional. Como diz ele: "mitos e heróis foram todos relevantes para o que Hitler chamava de 'influência mágica' da sugestão para as massas", de modo que "a construção de mitos e heróis era uma parte fundamental do ímpeto cultural nazista".[32] Essa meta mais profunda era tornar "intelectualmente respeitáveis os preconceitos intelectuais dos nazistas".[33]

Logo o "jornal de combate" nazista não era só um instrumento político útil, como também servia para emprestar ao movimento uma noção de respeitabilidade. Mas havia algo mais envolvido nesse discurso de alta cultura disseminado pelos meios de comunicação. Como

---

*Korps*. Livros escolares produzidos para uso nas salas de aula das escolas primárias e secundárias também podem ter sido incluídos nessa categoria. Os estudos acadêmicos antijudaicos constituíam a maior classificação do antissemitismo nazista, apesar de os livros e artigos publicados pelos acadêmicos atraírem um público leitor limitado. As descobertas dos acadêmicos alemães foram relatadas amplamente pela imprensa alemã, criando assim um tipo de efeito cascata na legitimação científica da ideologia e políticas nazistas": STEINWEIS, A. "Nazi Historical Scholarship and the 'Jewish Question'", in RABINBACH, A. e BIALAS, W.(eds.), *Nazi Germany and the Humanities,* p. 399. Trata-se de uma combinação do segundo e do terceiro "níveis" que estamos explorando aqui.

30 Ver BRUFORD, W. H. *The German Tradition of Self-Cultivation: Bildung from Humboldt to Thomas Mann* (Cambridge University Press, 1975) e MOSSE, G. L. *German Jews Beyond Judaism* (Bloomington, IN: Indiana University Press, 1985), p. 1-17.

31 GROENER, M. "Schopenhauer und die Juden", *Völkischer Beobachter*, 10 de junho de 1928.

32 MOSSE, G. L. *Nazi Culture* (New York: Grosset & Dunlap, 1966), p. 96.

33 TAYLOR, B.; VAN DER WILL, W. *The Nazification of Art*, p. 166. Como Richard Wolin colocou, as "políticas culturais" dessa natureza conferiam uma medida inestimável de legitimidade sobre o regime aos olhos das elites educadas alemãs (o proverbial espírito da instrução burguesa [Bildungsbürgertum])". (WOLIN, R. *The Seduction of Unreason*, p. 91).

Jeffrey Herf apontou, a propaganda do jornal fornecia uma poderosa "estrutura interpretativa" que dava meios para os leitores entenderem os eventos mundiais contemporâneos, oferecendo "explicações plausíveis sobre o que acontecia no mundo".[34] Esse ponto é consistente com o entendimento de Mosse de que o apelo do nacionalismo, como evoluiu ao longo do século XIX, e principalmente durante o nazismo, era que foram providenciados "cômodos mobiliados" – ou meios estruturados e organizados para compreender o que seriam facetas desconcertantes da modernidade.[35] Em sua análise inicial da cobertura cultural do *Völkischer Beobachter*, o dissertador nazista Köhler articulou a atração contemporânea dessa "qualidade": "o uso frequente de padrões e medidas claros, bases para comparação e metas para realizações fundamentadas em visões ideológicas gerais das artes e do mundo (...) deu à crítica da arte dos nacional-socialistas uma característica peculiar". Sobre os colaboradores da seção cultural, ele prossegue:

> *eles quase sempre usaram esses padrões e medidas em suas avaliações, o que resultou no desenvolvimento de um senso comunal de avaliação entre eles (...) Essa comunidade se estendeu, é claro, à massa de leitores do Völkischer Beobachter. Isso porque, para eles, a crítica cultural de seu jornal constituía um veículo público para expressar sua visão nacional-socialista da arte e do mundo, promovendo sua opinião coletiva sobre os eventos do mundo da arte. Eram os críticos da arte que ficavam ao lado deles com conselhos e apoio, em uma guerra de manipulação pelas opiniões.*[36]

Proporcionar à massa de leitores opiniões coletivas, por meio das quais pudessem medir e classificar não só os feitos artísticos, como também questões relevantes em termos políticos históricos e raciais, era uma meta fundamental da política cultural exercida pelo *Völkischer Beobachter*.[37]

---

34 HERF, J. "The 'Jewish War'", p. 53-54.
35 Ver MOSSE, G. L. *Nationalization of the Masses*, p. 23.
36 KÖHLER, G. "Kunstanschauung und Kunstkritik", p. 256-257.
37 Nas palavras de Koonz: "o nazismo satisfazia as funções que associamos com a ideologia. Ele fornecia as respostas ao que é imponderável na vida, dando um sentido diante da contingência, e explicava os modos pelo qual o mundo funciona. Definiu também o bem e o mal, condenando o egoísmo como imoral e santificando o altruísmo como virtuoso. Ao vincular os camaradas étnicos com seus ancestrais e descendentes, os ideais nazistas

Sendo assim, o material apresentado a seguir, como parte integrante do esforço de propaganda do partido, não era só propaganda. Tomado em sua totalidade, representa uma formulação contínua dos conceitos essenciais que incluem o que os nacional-socialistas propagandeavam como sendo sua "visão de mundo" [*Weltanschauung*]. Em cada um desses artigos, que podem ter sido escritos pelos líderes do partido, pelos editores do jornal, por redatores ou por eventuais convidados, o caderno de cultura do *Völkischer Beobachter* sustentou imagens histórico-culturais idealizadas para os leitores alemães para que pudessem perceber como eles foram grandes e eram capazes de ser mais uma vez. Pela adoração da *Kultur* alemã – ou o suposto lugar dos alemães na cultura ocidental – nesses termos, os membros da chamada comunidade popular [*Volksgemeinschaft*] tinham uma oportunidade renovada de adorar a si mesmos.[38] Dessa maneira, em uma era de confusão e relativa desorientação depois da derrota militar de sua nação e do colapso econômico, eles foram apresentados às representações idealizadas do que era o melhor sobre eles mesmos (e pelo que valia a pena lutar),[39] bem como o que era o pior em seus inimigos (e que valia a pena combater). Claro, a primeira página e o restante do *Völkischer Beobachter* tratavam dessas questões em importantíssimas histórias sobre política, economia, condições sociais, avanços militares e em qualquer outro traço de um jornal que funcionava como "jornal de combate" [*Kampfblatt*]. Entretanto, o caderno de cultura apresentava as razões mais idealistas para perseguir as metas dos nacional-socialistas. Isso era o cerne, o espírito [*Geist*] da questão: aqui os leitores podiam ler que eles e o NSDAP faziam parte de uma bela e duradoura tradição que era perfeitamente consistente com a mais alta expressão da *Kultur*.[40]

---

incorporavam o indivíduo dentro do bem-estar coletivo da nação": KOONZ, C. *The Nazi Conscience*, p. 2.

38 Como Mosse colocou: a "nova política" que culminou no nazismo buscava "guiar e formalizar" processos por meio dos quais "o povo adorava a si mesmo": MOSSE, G. L. *Nationalization of the Masses*, p. 2.

39 Como Erich Michaud escreveu: a atenção nacional-socialista à cultura tinha a intenção de "apresentar ao povo destroçado uma imagem de seu '*Geist* (espírito) eterno' e segurar na frente dele um espelho capaz de restabelecer nele a força necessária para amar a si mesmo: MICHAUD, E. *The Cult of Art in Nazi Germany*, trad. Janet Lloyd (Stanford University Press, 2004), p. 29. Apesar de amplamente baseado em conceitos iniciados por George Mosse, quem ele talvez devesse ter reconhecido mais extensivamente, Michaud articulou com ênfase a função do "culto de arte" nazista.

40 Enquanto faço referência à cobertura do jornal de algumas figuras menos conhecidas, incluindo aqueles que foram considerados líderes "populares" precoces e alguns criadores contemporâneos que o jornal promoveu como potenciais portadores da tradição ideal,

Naturalmente, o conjunto "Trabalhando para o *Führer*" que levou à construção gradativa dessa história cultural dos ideais nazistas no *Völkischer Beobachter* inevitavelmente implica o contrário: a identificação dos inimigos que não se encaixaram ou não se conformaram a esses ideais. George Mosse, mais uma vez, liderou os esforços de observar a natureza nacionalista de dois gumes e a formação da "beleza" politizada dos nazistas. Com base no critério de um indivíduo ou grupo se adequar ou não aos padrões estabelecidos de cultura descritos, o indivíduo ou grupo – e não só as artes ou as políticas – poderiam eles mesmos ser medidos: "o racismo deu a todos um lugar designado no mundo, definindo-o como pessoa e, com uma clara distinção entre as raças de 'bem' e do 'mal', explicava o misterioso mundo moderno em que vivia. Quem poderia pedir mais?".[41] A determinação de uma pessoa em termos de uma ordem, assim, não era exclusivamente, mas predominantemente uma questão de gosto estético: "a classificação racial (...) baseava-se nas preferências estéticas que eram necessariamente muito subjetivas".[42] Divulgado "principalmente em jornais e panfletos", como o *Völkischer Beobachter,* o "estereótipo judaico que foi visto como a tipificação da feiura não poderia perturbar a beleza que informava a adoração nacional".[43] Logo, o antissemitismo, o antimodernismo e outras antipatias eram declarados, em certa medida, como crítica cultural; ver-

---

concentro-me principalmente no tratamento dado pelo *Völkischer Beobachter* aos indivíduos e obras que são amplamente reconhecidos como ícones da tradição ocidental. A grande maioria da cobertura cultural do jornal – especialmente os principais artigos comemorativos – centrava-se neles, preservando a meta de derivar do passado um modelo positivo para o futuro alemão. Pelos mesmos motivos, este livro não discute amplamente o cinema ou o jazz, que emergiam como tendência contemporânea do nazismo. Da mesma forma, em meio à construção desse "ideal" histórico-cultural, a proibição da crítica da arte imposta por Goebbels em novembro de 1936 não é tão relevante. Essa política não teve impacto sobre o material usado neste livro, porque para a grande parte não se trata de crítica de arte, mas de história da arte ou invocação da arte no sentido ideológico mais amplo discutido aqui. Exceto direcionado contra inimigos esquerdistas e outros que não compartilhavam das visões expressas acima, havia pouco "criticismo" ou "debate" nesses artigos. O mesmo serve para as diferenças que existiam entre Goebbels e Rosenberg ou outros sobre artistas, movimentos ou obras em particular. A revelação mais importante de meus achados é a maneira pela qual a maior parte da tradição ocidental, reivindicada como alemã, foi usada desse modo. Existem algumas anomalias e contradições, bem como omissões (discutidas na Conclusão), mas essas foram as linhas gerais pelas quais um passado idealizado foi usado para propagandear um futuro idealizado.
41 MOSSE, G. L. *Toward the Final Solution: A History of European Racism* (New York: H. Fertig, 1978), p. xxvii.
42 MOSSE, G. L. *Toward the Final Solution*, p. 18.
43 MOSSE, G. L. *Nationalization of the Masses*, p. 198.

sões estéticas dos argumentos não eram só acrescentadas para validar sua crítica. Como Hitler insistiu, a relação de uma pessoa com a cultura – ou a cultura de uma determinada "raça" – era uma peça-chave: cria-se, imita-se ou destrói-se? Mais uma vez, essas "medidas" forneciam padrões para que julgamentos fossem proferidos – "o valor da raça poderia então ser medido por sua *Kultur*"[44] – bem como apresentavam as premissas para as políticas designadas para eliminar aqueles vistos como obstáculos para alcançar esse ideal. Na análise de Eric Michaud, "tanto faz o critério físico utilizado para a eliminação; judeus, ciganos, 'degenerados' e homossexuais foram trancafiados e exterminados pelos mesmos motivos que os oponentes políticos do nazismo: por causa de tudo o que esses 'judeus de espírito' poderiam dizer que fosse desconhecido ou perturbador ao nazismo"; ou melhor, perturbador para a visão ordenada do passado, presente e futuro que a cultura política nazista fabricou.[45]

Os escritos das páginas do *Völkischer Beobachter* analisados aqui são bastante perturbadores. Partindo de outras perspectivas da cultura ocidental, as visões nazistas parecem verdadeiras perversões. Ainda assim, elas devem ser consideradas em seus próprios termos. A intenção deste livro não é entrar em discussão com essas vozes que estão enterradas há muito tempo, mas encontrar sua linha de pensamento própria para entender como algumas das grandes obras da humanidade puderam ser usadas para validar políticas desumanas. Os nazistas queriam ser associados aos mais requintados pensadores e criadores da tradição cultural ocidental. Sendo assim, não obstante suas inclinações etnocêntricas ou "*volkish*", o jornal também tentou fazer de homens esclarecidos heróis nazistas. Este livro traça esse caminho e analisa tal esforço. Aqui, pode-se aprender como Hitler e seus seguidores tentaram persuadir os alemães de que suas ações – na Alemanha, no *front* e atrás dele – eram consistentes com a trajetória do engenho ocidental, que alcançaria com eles seu ápice.

---

44 MICHAUD, E. *The Cult of Art in Nazi Germany*, p. 76.
45 Idem, p. 24-25.

# PARTE I

## FUNDAMENTOS DA HISTÓRIA CULTURAL NAZISTA

# 1

# As Origens "Germânicas" da Cultura Ocidental

Dentre as afirmações mais famosas de *Mein Kampf* estão aquelas nas quais Hitler formula os métodos primários da propaganda nazista. Baseado talvez no sistema dos temas repetidos de acordo com a presença de determinados personagens (*leitmotiven*) que seu herói criativo, Richard Wagner, praticou ostensivamente em seus dramas musicais, Hitler estava determinado a repetir implacavelmente os princípios mais importantes da ideologia nacional-socialista para fazer seus seguidores adquirirem uma familiaridade próxima à da certeza religiosa. Em suas próprias palavras, a "mais brilhante técnica de propaganda não alcançará sucesso a menos que um princípio fundamental seja mantido constante na mente e com uma incansável atenção. Ele deve se ater somente a alguns pontos e repeti-los sem parar". A "arte da propaganda", em sua visão, consistia em "colocar uma questão tão clara e forçosamente diante da mente das pessoas para criar a convicção geral sobre a realidade de um determinado fato".[46] Foi por meio desse processo de fazer propaganda munido de um martelo que o nazismo

---

46 HITLER, A. *Mein Kampf*, p. 180, 185.

construiu a ponte entre teoria e prática: por treinar seus seguidores em formas populares e ritualizadas, os princípios ideológicos tornaram-se liturgia em ação.[47]

A primeira parte deste livro demonstrará como o *Völkischer Beobachter* repetiu os principais temas da cultura nazista com uma regularidade litúrgica enquanto trabalhava para estabelecer esses pontos como verdades eternas e ideais baseados em uma sólida fundamentação de verdade. O jornal alegava que os ideais nazistas eram componentes fundamentais da tradição artística e intelectual do Ocidente e insistia que os importantes criadores e as obras do mundo antigo ao Romantismo compartilhavam princípios similares. O mais proeminente desses temas era: estabelecer que as maiores figuras eram de origem germânica ou ariana e seus trabalhos eram representativos da cultura nórdica; ressaltando o impulso etnocêntrico (*völkisch*) ou popular (*volkstümlich*) por trás de cada uma das principais obras da alta cultura ocidental (em parte como forma de atenuar sua pretensão intelectual); enfatizando a importância política e nacionalista dos grandes artistas e suas obras; e, mais intensamente, por insistir que o antissemitismo era uma corrente predominante na tradição cultural ocidental.

Segundo um axioma principal do pensamento nacional-socialista, toda a inovação cultural no Ocidente era produto da raça germânica – descrita ora como alemã, ariana ou nórdica: só os criadores dessa origem poderiam produzir um pensamento e arte genuinamente inovadores.[48]

---

47 Saul Friedländer desenvolveu esse ponto de modo poderoso: "Um primeiro olhar revela que essa linguagem é de acumulação, repetição e redundância: um grande uso de sinônimos, um excesso de epítetos semelhantes, uma série de imagens enviadas de volta, por sua vez, de um a outro em ecos sem fim. Essa não é a linguagem linear do argumento interligado nem da demonstração passo a passo; isso é, sob uma forma menos imediata, mas não menos sistemática e eficiente, a linguagem circular da invocação, que incansavelmente se vira sobre si mesma e cria um tipo de hipnose pela repetição, como uma palavra entoada em certas orações, uma dança que persiste no mesmo ritmo até o frenesi, um chamado de tambor ou, simplesmente, a música pesada dos desfiles, a batida de pé abafada das legiões em marcha (...) Sabe-se quanto a visão de 10 mil faixas levantadas ao mesmo tempo conquistou os espectadores em Nurenberg, como as fileiras cerradas de100 mil homens reunidas no local os acabrunhava – ainda que de modo incompreensível. De forma atenuada, o mesmo serve para o tipo de linguagem que estamos examinando": FRIEDLÄNDER, S. *Reflections of Nazism: An Essay on Kitsch and Death,* trad. Thomas Weyr (New York: Harper & Row, 1984), p. 50-52.

48 "Como a genuína, a única raça pura dos povos, os alemães, como era alegado, representavam tudo que era criativo desde o começo dos tempos (...) Essencialmente, o povo alemão era como uma árvore crescendo a partir de raízes particularmente profundas: ele não podia herdar qualquer coisa; era o único repositório de toda criatividade e genialidade que já existiram": MOSSE, G. L. *German Jews Beyond Judaism,* p. 69.

Conforme uma tradição ideológica alemã que evoluiu durante o século XIX,[49] Hitler endossou essa visão em *Mein Kampf*:

> *Toda a cultura humana, todos os resultados das artes, ciência e tecnologia que temos diante de nós atualmente são quase todos produtos criativos dos arianos (...) se fôssemos dividir a humanidade em três grupos: os fundadores da cultura, os portadores da cultura e os destruidores da cultura, só os arianos poderiam ser considerados os representantes do primeiro grupo.*[50]

Seguindo essa linha de pensamento, os nazistas atuantes trabalharam para demonstrar que os grandes pensadores e artistas eram de origem alemã ou nórdica ou tinham esse "espírito", qualquer que fosse a justificativa distorcida. Da mesma maneira que era necessário demonstrar que possuía tal origem racial para ser incluído na comunidade germânica [*Gemeinschaft*] de modo geral e, mais especificamente, em organizações como a Sociedade Alemã de Artes; o primeiro prerrequisito desse estilo germânico era que os criadores deveriam ser de uma linhagem sanguínea apropriada.[51]

Os nazistas não se mostraram originais em tais declarações, as quais foram centrais para uma ideologia etnocêntrica desde suas primeiras formulações. Articulações anteriores e convincentes de tais visões, que podem ter influenciado Hitler, aparecem na obra de Houston Stewart Chamberlain, *Foundations of the Nineteenth Century*, de 1899, como, por exemplo, na seção sobre "The Teutons as Creators of a New Culture".[52] Precedentes similares para a germanização etnocêntrica da história da cultura ocidental foram vistos em outros trabalhos, como nos de Ludwig Woltmann: *The Germans and the Renaissance in Italy*, de 1905 ( incluso na biblioteca pessoal de Hitler);[53] *The Germans in Spain*, de 1906; e *The Germans in France: An Investigation into the Influence of the German Race on the History and Culture of France*, de

---

49 Ver STERN, F. *The Politics of Cultural Dispair*, passim, e MOSSE, G. L. *The Crisis of German Ideology*, passim.

50 HITLER, A. *Mein Kampf*, p. 290.

51 CLINEFELTER, J. L. *Artists for the Reich: Culture and Race From Weimar to Nazi Germany* (New York: Berg, 2005), p. 35.

52 CHAMBERLAIN, H. S. *Foundations of the Nineteenth Century*, trad. John Lees (London: John Lane, [1899] 1911), p. 187-233.

53 GASSERT, p. MATTERN, D. S. (eds.), *The Hitler Library: A Bibliography* (Westport, CT: Greenwood Press, 2001), p. 325.

1907. Como os títulos deixam claro, Woltmann alegava que a vanguarda ocidental das ciências humanas, dos gregos atenienses aos expoentes do Iluminismo, era de origem germânica. Estejam suas ideias ou obras de acordo com a ideologia etnocêntrica ou não, o ponto principal da análise racial da tradição ocidental de Woltmann era de que toda a potência criativa veio da herança genética alemã.[54] Como ficará mais claro a seguir, os artigos do *Völkischer Beobachter* não foram tão longe – pelo menos não tão longe na história cultural ocidental – quanto o projeto de arianização cultural de Woltmann. Mas, começando na era da Renascença, o jornal sugeria similaridades entre as supostas naturezas nórdicas e as ideias dos criadores anteriores e os ideais da ideologia nazista. Na medida em que sua cobertura da história cultural ocidental avançava no tempo, os planos biográficos do jornal passaram a insistir cada vez mais que os precursores que alegavam ser parte da herança cultural nazista não eram contaminados por genes judeus.

A interpretação sobre os grandes artistas da Renascença feita pelo *Völkischer Beobachter* veio direto da principal voz editorial do jornal, Alfred Rosenberg. Como no exemplo na abertura deste livro, o dito filósofo do NSDAP ocasionalmente agraciava a seção cultural – principalmente com passagens de sua "obra-prima" *The Myth of the Twentieth Century*. De suas passagens sobre "misticismo e proeza" veio o material que identificava a "natureza dinâmica germânica" subordinada ostensivamente a toda a criatividade ocidental. Mais preocupado com "a ação do que com a contemplação", Rosenberg sentia que, acima de todos os outros, Meister Eckhart, Beethoven e Goethe exemplificavam sua obscura teoria estética. Mas, repetindo Woltmann, Leonardo da Vinci e Michelangelo faziam parte da coleção dos exemplares "grandes homens do ocidente nórdico".

Em sua visão, Leonardo da Vinci (1452-1519) manifestava a síntese da espiritualidade e da praticidade "fundamentais à alma nórdica" em duas facetas de seu impulso criativo. Por um lado, o artista conjurava um mundo transcendental, como em sua santa Ana, nos olhos de seu João Batista e na face de seu Cristo. Mas, simultaneamente, ele era um engenheiro, "um técnico calmo", que planejava invenções para tornar a natureza prestativa aos homens (figura 1.1). Portanto, de acordo com Rosenberg, muitas das ideias de Leonardo da Vinci poderiam muito

---

54 Uma manifestação tardia dessas visões foi a procissão em Munique no Dia da Arte Alemã em 1937, em que objetos flutuantes simbolizando a tradição alemã incluíam representações das eras romana, gótica, renascentista, barroca, clássica e romântica. Ver MICHAUD, E. *The Cult of Art in Nazi Germany*, p. 106.

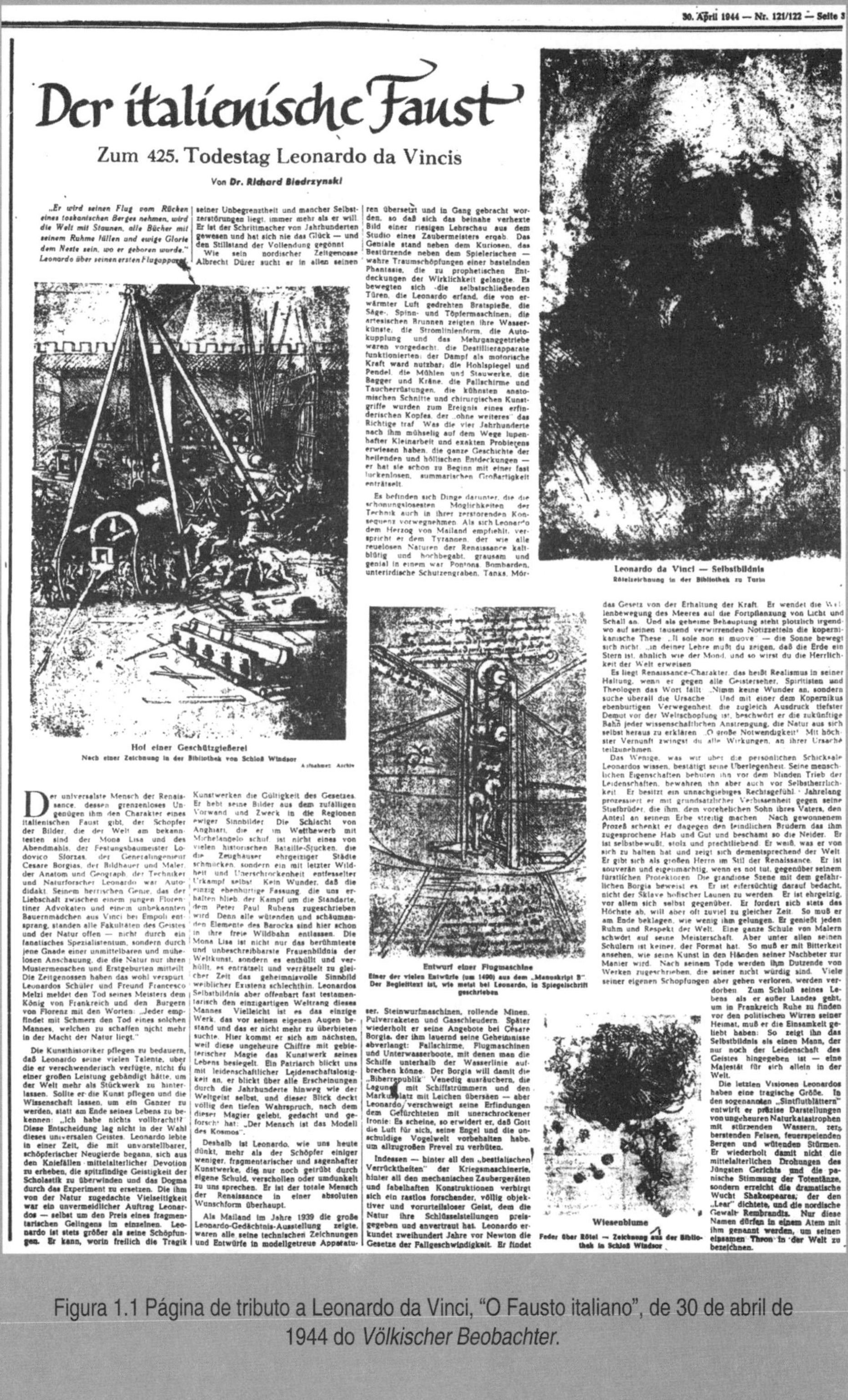

Figura 1.1 Página de tributo a Leonardo da Vinci, "O Fausto italiano", de 30 de abril de 1944 do *Völkischer Beobachter*.

bem ter origem daquele "outro gênio nórdico": Goethe. "Expressões profundas e nórdicas" similares também formavam a personalidade de Michelangelo, de acordo com Rosenberg. Em sua visão, as obras como suas Síbilas e o Cristo "reprovador do mundo" esclareceram que a religiosidade ocidental não rejeitou a vida, mas, pelo contrário, "escolheu a existência criativa como parceiro" – e isso também valia para o "misticismo nórdico", que "necessitava de sua antítese". Como representado nas figuras titânicas de Michelangelo, a "alma heroica" produziu as façanhas mais aparentes. Em todas as obras dos grandes homens do Ocidente nórdico – mesmo aqueles nascidos na Itália –, Rosenberg viu que a "dinâmica da natureza germânica" nunca se expressou em termos de uma fuga do mundo, mas sim em meio a um conflito para superá-lo.[55]

As referências do *Völkischer Beobachter* a Michelangelo (1475-1564) também incluíam uma pequena história baseada em sua influência sobre seus aprendizes – sem, é claro, referências à orientação sexual do artista[56] – e, no 375º ano da morte dele em 1939, um tributo em versos pelo conhecido poeta Josef Weinheber – um forte partidário do partido nazista austríaco que transmitia discursos clamando pela *Anschluss* [anexação do país]. Os artigos do tempo de guerra no inverno de 1944 apresentaram uma análise histórica profunda das estátuas de Michelangelo, incluindo ensaio interpretativo abrangente do renomado filósofo cultural, Rudolf Kassner – amigo íntimo de Rainer Maria Rilke.[57]

Tais publicações apresentavam Michelangelo como o "Super--Homem da Renascença" (*Übermensch*). A linguagem do poder, da competição e da superação – principalmente a superação da tradição racional helênica pela imposição de suas paixões fortes – permeava as descrições de seus trabalhos no *Völkischer Beobachter*. De acordo com a historiadora da arte Marlies Schmitz-Herzberg, Michelangelo era sem dúvida um homem da Alta Renascença, a era em que se buscava aprender com a Antiguidade, adotando formas perfeitas dos corpos humanos da arte dos antigos. Mas ele foi além, por não estar satisfeito com a calma das estátuas antigas, que seguiam as leis formais de beleza ideal, mesmo quando representavam cenas cheias de dor. À medida que trabalhava, sua "todo-poderosa visão interna" irrompeu e marcou as figuras com seu próprio espírito. O mesmo ocorreu com o mármore

---

55 ROSENBERG, A. "Sinn und Tat: Goethes germanische Wesenheit", *Völkisher Beobachter*, 22 de março de 1932.
56 FRAAS, O. "Michelangelos Haupt", *Völkischer Beobachter*, 27 de novembro de 1931.
57 KASSNER, R. "Michelangelos Sibyllen und Propheten", *Völkischer Beobachter*, 14 de janeiro de 1944.

Figura 1.2 Michelangelo, "Rondanini Pietà" (1564), no museu de arte antiga no castelo de Sforza, Milão, Itália.

que ele formava – o mundo que criava – "arrebatando e dominando" seu espectador. Sob seu cinzel, uma estátua de nu masculino tornou-se "símbolo de poder" para a cidade de Florença. O seu Davi, pensava Schmitz-Herzberg, expressava o júbilo que Michelangelo sentia diante do "poder e força" da espécie humana. Michelangelo mais velho, de acordo com ela, na medida em que fugia da meta de alcançar a meta da beleza física, distanciou-se do ideal helênico em direção a uma "estética expressionista". Em sua última representação da Pietà, por exemplo, ele contrapôs as figuras gregas com figuras de "espiritualidade visionária", personificando a "eterna divindade" em pedra (figura 1.2). Da mesma maneira na pintura, segundo Schmitz-Herzberg, Michelangelo superou a arte "cada vez mais burguesa" de seus contemporâneos com um idealismo novo que permitia o crescimento de uma "tremenda força escultural" em suas esculturas, resultando em símbolos do espírito de super-humanidade [*Übermenschentum*].⁵⁸

Nesses termos, o *Völkischer Beobachter* retratou Michelangelo com poderes "fáusticos", os quais ele aplicava na arte e além dela. De acordo com um artigo de Ludwig Pastor, um renomado historiador do papado que serviu como ministro austríaco no Vaticano, o artista compartilhava de uma "personalidade terrível" com os líderes político-religiosos de sua época, especialmente o papa Júlio II.⁵⁹ O jornal estava particularmente interessado na reação de Michelangelo à história política de Florença. Um dos sinais de seu engajamento político discutido no *Völkischer Beobachter* não foi tirado de uma de suas obras, mas sim de sua poesia: um quarteto que compôs em resposta ao elogio da figura da *Noite* das tumbas dos Médici feito por Giovan Battista Strozzi.

Strozzi escreveu:

*Noite, que vemos dormindo em paz,*
*Dessa pedra forjada em anjo.*
*Dormindo, ele vive;*
*Acorde-o e ele falará contigo.*

E, falando de Noite, Michelangelo responde:

*O sono a mim é muito caro; é até melhor ser de pedra.*
*Que não pode ver ou sentir sua fortuna,*
*Enquanto o crime e a vergonha regerem o mundo.*
*Assim não me acordem: fiquem quietos e saiam.*

Para Pastor e o *Völkischer Beobachter*, a reflexão sombria de Michelangelo sobre a Florença dos Médici significava uma contínua percepção política em todo o seu trabalho criativo: totalmente vinculado à família e ao clã, sua "alma supersensível" estava angustiada diante da progressiva perda de liberdade em Florença.⁶⁰ Da perspectiva nazista, os alemães vivendo na república de Weimar – também em uma época de crime e vergonha – poderiam se sentir da mesma maneira.

Como veremos, dado que a percepção político-cultural se baseava na crença de que uma ansiosa identidade alemã se originou da cultura da

---

58 SCHMITZ-HERTZBERG, M. "Einsame Grösse: Betrachtungen über Michelangelos Leben und Werk", *Völkischer Beobachter*, 16 de fevereiro de 1944.
59 VON PASTOR, L. "Michelangelos Flucht aus Rom", *Völkischer Beobachter*, 9 de julho de 1927.
60 ARTZEN-SCHMITZ, J. "Der Meister der italienischen Hochrenaissance: Ein Lebensbild Michelangelos", *Völkischer Beobachter*, 9 de abril de 1931.

Reforma, o *Völkischer Beobachter* enfrentou uma dificuldade histórica da arte: o maior artista visual da tradição protestante era da Holanda, não da Alemanha. Esse dilema pode ajudar a explicar por que o jornal apoiou tão intensamente a obra *Rembrandt como Educador*, de Julius Langebehn (1890), que representou Rembrandt van Rijn (1606-1669) como a antítese da cultura moderna e como o modelo para a "terceira reforma" da Alemanha.[61] De fato, ele ainda recomendou aos membros do partido que colocassem livros de Langebehn sob a árvore de Natal, dado que a contemplação alemã da arte segundo a interpretação de "O Rembrandt alemão" [*Der Rembrandtdeutsche*] era uma maneira de superar o "enfraquecimento do sangue".[62] Além dos vários tributos ao próprio Langebehn (veja a discussão na parte IV), o *Völkischer Beobachter* guarneceu seus artigos sobre Rembrandt com conceitos retirados da apropriação etnocêntrica feita por Langebehn. Em qualquer caso, o historiador da arte e de teatro Richard Biedrzynski – um colaborador regular do *Völkischer Beobachter* nos últimos anos do Terceiro Reich, cuja carreira, apesar de tudo, se estendeu para o pós--guerra – não teve receio ao identificar Rembrandt como "um caso extremo de arte nórdica".[63]

Na mesma linha das teorias de Langebehn sobre a natureza nórdica de Rembrandt, Biedrzynski insistia que sua "aspiração violenta" era para tornar o "invisível visível" e seus métodos eram o de um "profeta". A propensão nórdica de "combinar paradoxos extremos" manifestava-se claramente em suas gravuras: ele considerava a escuridão como aliada da luz com a qual ele se debatia; isso era sua "fonte secreta de maestria" por trás do claro-escuro de suas gravuras. Além do mais, ele era um artista intuitivo, que não estava preocupado apenas com a realidade aparente – ou o sucesso superficial. Sua arte nunca foi calculada; buscando surpreender por representar o incalculável, ele não era nem cuidadoso, econômico, nem convencional. Consequentemente, dizia Biedrzynski, suas obras nunca se tornaram modelos para desenhos acadêmicos. Conduzido por emoções profundas, sua arte dava corpo a um "fanatismo visionário" em vez de uma investigação intelectual (figura 1.3). Especialmente em suas últimas pinturas, ele desenvolveu uma "paixão pela cor" que era similar à "paixão pela luz", simbolizada em gravuras como a *Hundertguldenblatt* (1647-1649): em que o mestre do claro-escuro se tornou um "fanático pelo vermelho", a ponto

---

61 STERN, F. *The Politics of Cultural Despair*, p. 117.
62 MACK, C. W. "Der Rembrandtdeutsch", *Völkischer Beobachter*, 12 de dezembro de 1926.
63 BIEDRZYNSKI, R. "Rembrandt und das Reich: Notizen zu einer neiederländischen Reise", *Völkischer Beobachter*, 17 de dezembro de 1942.

Figura 1.3 Rembrandt, "O boi abatido" (1655), Museus e Galerias de Glasgow, Reino Unido.

de os objetos parecerem "brilhar de maneira surreal". E, como todos os "artistas etnocêntricos alemães", ele era inquieto, um pesquisador ávido, nunca satisfeito com seus feitos. Nenhum estágio de desenvolvimento se tornou dogmático para ele: sua arte não tinha paciência com a "estagnação da alma".

Embora essas avaliações do "Rembrandt alemão" colocassem o artista dentro da estrutura da criatividade nórdica, o *Völkischer Beobachter* tentou alinhá-lo mais precisamente à tradição alemã que à arte holandesa. Para fazê-lo, o jornal abordou a questão das dificuldades financeiras e de relacionamento que o artista enfrentou no fim de sua vida. De acordo com Biedrzynski, a arte de Rembrandt "acabrunhou a Holanda". Os motivos para a péssima recepção de "A vigília noturna", por exemplo, estão mais em sua natureza do que nas circunstâncias de sua produção. Sua arte correspondia a uma "pincelada burguesa" dos holandeses não mais do que o próprio artista concordava com a sociedade burguesa da Holanda. Mais precisamente, os últimos autorretratos não mostraram um homem que lamentava seu destino, mas uma figura com "grande consciência do poder para reivindicar seus direitos" com uma arte enérgica que alcança os rincões da alma que os "compatriotas contemporâneos não mais poderiam entender". Era altamente significativo, disse Biedrzynski, que, como resultado, Rembrandt fosse apreciado "mais na Alemanha do que em sua terra natal". Visto de maneira geral por uma "consciência germânica" – com atenção não às divisões políticas, mas sim às suas "conexões etnocêntricas" –, as obras de Rembrandt foram consideradas mais do que holandesas ou nórdicas, elas estavam entre "as obras sagradas de arte do Reich" [*Reichskunst*].[64]

Biedrzynski reconheceu que a "apropriação íntima" de Rembrandt, que ele, Langebehn e o *Völkischer Beobachter* empreenderam, correspondeu à "germanização de Shakespeare", sobre quem os românticos alemães, diz ele, "também detinham os direitos".[65] Ao fazê-lo, Biedrzynski referia-se às reivindicações etnocêntricas sobre o bardo, tomando por base as referências das traduções alemãs das peças de Shakespeare de August Wilhelm Schlegel – completadas na primeira metade do século XIX por Ludwig Tieck, sua filha Dorothea e por Wolf von Baudissin. Rudolf Hofmüller, um colaborador regular sobre a história da literatura, escreveu para o *Völkischer Beobachter* na celebração dos 175 anos do nascimento de Schlegel, colocando que, apesar de alguns detalhes serem contestáveis, seu Shakespeare alemão era "uma façanha criativa e um feito cultural" por si só. De fato, Hofmüller foi além, dizendo que tudo que os alemães amavam e admiravam em Shakespeare foi formulado por Schlegel. Por meio de sua tradução, a obra dramática do "trágico germânico-nórdico" tornou-se uma "possessão garantida" da nação alemã.[66] Baseado nos originais ou nas versões de Schlegel, a admiração nazista por Shakespeare ampliou-se até incluí-lo no Valhalla dos criadores nórdicos. Marcando uma semana de Shakespeare em 1927, Baldur von Schirach – futuro chefe da Juventude Hitlerista, mas então um estudante de Germanística e História da Arte na Universidade de Munique que contribuía regularmente com o

---

64 BIEDRZYNSKI, R. "Rembrandt und das Reich: Notizen zu einer neiederländischen Reise", *Völkischer Beobachter*, 17 de dezembro de 1942.
65 BIEDRZYNSKI, R. "Eroica eines Lebens: Zum 275. Todestag Rembrandts", *Völkischer Beobachter*, 4 de outubro de 1942.
66 HOFMÜLLER, R. "Ein Weltmann der Literatur: Zum 175. Geburtstag von August Wilhelm von Schlegel", *Völkischer Beobachter*, 6 de setembro de 1942.

jornal[67] – também se referiu a Shakespeare (1564-1616) como um gênio nórdico, que, situado entre Dante e Goethe, tinha uma posição de "lutador, pela bravura e lealdade".[68]

Passando para os mestres nascidos na Alemanha, especialmente os músicos, o *Völkischer Beobachter* dedicou-se a estipular o que fez alguns criadores mais germânicos do que outros e buscou separar as sutilezas nos casos em que influências externas podem ter sido importantes. O jornal trabalhou intensivamente para apropriar-se de Johann Sebastian Bach (1685-1750) para a cultura nacional-socialista. Ao marcar o aniversário da morte de Bach em 1923, o jornal nazista referiu-se a esse compositor como"o maior músico alemão". De acordo com Hans Buchner, um musicólogo da equipe do *Völkischer Beobachter* desde a década de 1920 que se tornou editor do caderno de cultura enquanto preparava coleções como *Horst Wessel March Album: Songs of the National Socialist German Workers Party* [O álbum de marchas de Horst Wessel: músicas do Partido Nacional-Socialista dos Trabalhadores Alemães],[69] Bach levantou-se para dizer: "vocês, alemães, precisam de um novo mestre".[70] Ele foi de fato o primeiro mestre alemão do cânone musical que os membros da comunidade do partido nacional-socialista deveriam homenagear. Nas palavras do musicólogo Max Neuhaus, ele foi o "ponto inicial" de seu grande desenvolvimento musical.[71] Karl Grunsky, um jornalista musical de Stuttgart que escrevia artigos regularmente para o Bayreuth Blätter e para o *Völkischer Beobachter* [72] lembrou aos leitores que, quando eles se perguntassem sobre quem levou a

---

67 Para saber mais sobre o início do envolvimento de Von Schirach com a *Kulturpolitik* do partido, ver MICHAUD, E. *The Cult of Art in Nazi Germany*, principalmente p. 95.

68 VON SCHIRACH, B. "Deutsche Shakespeare-Woche", *Völkischer Beobachter,* 28 de julho de 1927. Para saber mais sobre a recepção nazista de Shakespeare, ver Rodney Symington, *The Nazi Appropriation of Shakespeare: Cultural Politics in the Third Reich* (Lewiston, NY: Edwin Mellen Press, 2005). Para saber mais sobre o próprio Schirach, ver MICHAUD, E. *Cult of Art in Nazi Germany*, p. 30-33, 95-101.

69 KÖHLER. G, "Kunstanschauung und Kunstkritik", p. 25. Ver também Hans Buchner, *Horst Wessel – Marschalband: Lieder der Nationalsozialistischen Deutschen Arbe iterpartei, Vaterlands – und Soldatenlieder und Märsche aus alter und neuer Zeit* (Munique: F. Eher, 1933).

70 BUCHNER, Hans. "Joh. Sebastian Bach", *Völkischer Beobachter*, 29 de junho de 1923. Ver também DENNIS, D. B. "Honor Your German Masters: The Use and Abuse of Classical Composers in Nazi Propaganda", in *Journal of Political and Military Sociology*, v. 30, 2002, p. 273-275.

71 NEUHAUS, M. "Johann-Sebastian-Bach-Feier: Erster Tag", *Völkischer Beobachter*, 13 de abril de 1934.

72 Ver KÖHLER. G, "Kunstanschauung und Kunstkritik", p. 26.

música alemã à sua reputação superior – quem a preencheu de valores universais –, a resposta "viria com o som de seu nome ilustre: Johann Sebastian Bach".[73] Aos olhos de nacional-socialistas como Heinrich Stahl, autor de mais de 50 artigos para o jornal, a "germanidade" tornou-se uma "realidade incontestável" em Bach. Como um "conquistador de almas", a "aura de seu ser" espalhou-se para além das terras alemãs com repercussão em todas as nações.[74] Cobrindo o festival de Bach de 1934 para o *Völkischer Beobachter*, Neuhaus tentou identificar elementos germânicos na música de Bach: vigoroso, mas cheio de "pressentimento místico"; complexo, mas com grande simplicidade; ousado, mas colocando tudo sob a "lei de ferro da ordem"; cheio de amor sem sentimentalismo, cheio de ódio, mas sem malícia; alegre a ponto da comédia espirituosa, mas sério e solene; controlando forças do céu e inferno, mas à vontade na Terra; e, acima de tudo, "masculino, heroico – e infantil".[75] Talvez o mais significativo, segundo o jornal, era o vínculo racial entre Bach, sua arte e o povo alemão do século XX: em sua frase, a "união sanguínea" entre eles. Na personalidade de Bach estavam combinados "os melhores poderes hereditários de uma espécie saudável" e, sendo assim, sua arte constituía "o clímax do desenvolvimento racial". Os sentimentos que sua música incitou nos corações nazistas, dizia o comentário do *Völkischer Beobachter*, resultavam da "ressonância" da "alma nórdico-germânica" que tinham em comum.[76]

Estabelecer a "germanidade" [*Deutschtum*] dos principais compositores de Bach em diante foi o objetivo principal dos planos do *Völkischer Beobachter*. Só os termos pelos quais cada um dos mestres foi identificado variavam. O caso de Georg Friedrich Händel (1685-1759) exigiu mais esforço não porque sua origem germânica era contestada – como foi o caso de Beethoven, Liszt e até mesmo Wagner –, mas por causa de sua mudança permanente para Londres em 1712. Embora os nazistas o considerassem um "verdadeiro compositor alemão",[77] eles

---

73 GRUNSKY, Karl. "Weg zu Johann Sebastian Bach", *Völkischer Beobachter*, 21 de março de 1935.

74 STAHL, H. "Der Meister", *Völkischer Beobachter*, 21 de março de 1935.

75 NEUHAUS, M. "Johann-Sebastian-Bach-Feier: Erster Tag", *Völkischer Beobachter*, 13 de abril de 1934.

76 "Bach-Abend des Kampfbundes für Deutsche Kultur", *Völkischer Beobachter*, 21 de março de 1935.

77 "Das Problem der neuzeitlichen Händel-Aufführung", *Völkischer Beobachter*, 9 de julho de 1929. Ver também POTTER, p. "The Twentieth Century and Beyond: The Politicization of Handel and his Oratorios in the Weimar Republic, the Third Reich and the Early Years of the German Democratic Republic", in *The Musical Quarterly* 85(2), 2001, p. 311 e DEN-

tiveram de lançar uma controvérsia contra as associações de sua vida e arte com a cultura inglesa. A questão do país de residência do compositor era a base para a recepção de Händel no *Völkischer Beobachter.*

O primeiro elemento da estratégia nazista para reivindicá-lo foi declarar que Händel (nome sempre escrito no *Völkischer Beobachter* com o trema original [*Umlaut*], apesar de tê-lo tirado de seu nome depois de mudar-se para Londres) sempre permaneceu um artista conscientemente nacionalista. Ele era daquele tipo de artista, de acordo com o artigo em homenagem pelos 175 anos de sua morte em 1934, "que se reconhecia por sua disposição, instintivamente porque ele não podia evitá-la". Logo, ele permaneceu "eterna e completamente", mesmo durante o meio século que passou na Inglaterra, "a grande Saxônia".[78] Além de permanecer consciente de suas raízes alemãs, Waldemar Hartmann – um historiador da arte que estudou com Georg Dehio e Josef Strzygowski – retratou Händel para o jornal como alguém que tinha o papel de promulgar a perspectiva alemã no exterior. Nos termos de Hartmann, Händel serviu como "o primeiro e mais eficaz" campeão da música alemã em terras estrangeiras. Se a música alemã desfruta do mais alto respeito pelo mundo, e principalmente nos países de língua inglesa, isso se deve principalmente ao "trabalho pioneiro" de Händel. Sua "importância político-cultural" para a Alemanha não poderia ser superestimada.[79]

Para dar suporte a essas alegações, o *Völkischer Beobachter* investigou a história da vida de Händel no exterior. Apesar de sua longa residência na Inglaterra, o jornal relatava que ele "nunca se tornou um inglês", o que ficava claro pelo fato de o compositor não se incomodar em aprender mais do que o essencial da língua inglesa.[80] Apesar de sua estada de 47 anos em Londres, escreveu Hartmann, Händel salpicava seu inglês com frases em alemão, francês e italiano e começou a usar textos escritos em inglês para seus oratórios apenas nos dez últimos anos de sua vida. Além disso, ele mantinha um lar "essencialmente alemão": suas companhias mais próximas eram dois alemães chamados Schmidt – pai e filho que o seguiram desde a Alemanha e permaneceram como empregados em sua

---

NIS, D. B. "Honor Your German Masters: The Use and Abuse of 'Classical' Composers in Nazi Propaganda".

78 MAYER, L. K. "Georg Friedrich Händel: Zu seinem 175. Todestage", *Völkischer Beobachter*, 14 de abril de 1934.

79 HARTMANN, W. "Georg Friedrich Händel und England: Ein Beitrag zur Geschichte nordischer Kulturverbundenheit", *Völkischer Beobachter*, 22 de janeiro de 1935.

80 MAYER, L. K. "Georg Friedrich Händel: Zu seinem 175. Todestage", *Völkischer Beobachter*, 14 de abril de 1934.

casa. Durante sua estada, Hartmann sustenta, ele mantinha relações próximas com sua cidade natal, Halle, pois sua mãe viveu lá por toda a sua vida. Mas, no final, Hartmann decidiu que a questão sobre se a música do "Händel alemão vivendo na Inglaterra" deveria ser considerada alemã ou inglesa era irrelevante. Händel, de acordo com Hartmann, não "substituía a música inglesa por uma alemã". Em vez disso, ele puxou a cultura da "Inglaterra nórdica" para o "grande fluxo alemão do poder criativo nórdico". A música de Händel era um produto do "fenômeno de intercâmbio criativo entre os povos de sangue nórdico", de acordo com Hartmann, "da mesma maneira que os trabalhos de Shakespeare".[81]

Independentemente da maneira pela qual se imaginava esse intercâmbio cultural nórdico, o *Völkischer Beobachter* trabalhou intensamente para deslocar o *Messias* de Händel de suas origens britânicas, transformando-o em um símbolo nacionalista alemão. Acima de tudo, escreveu Friedrich Baser, um musicólogo que realizou estudos sobre Bach e também trabalhou no interesse de Nietzsche na composição, o *Messias* era "o trabalho mais alemão" de Händel – nascido da "fé e espírito de combate alemães". Com isso, Baser argumenta, Händel retornou às fontes artísticas de sua terra natal, para suas memórias de juventude em Halle, para sua experiência alemã em corais, cantatas e as paixões durante seus anos mais impressionáveis, a juventude. Assim, ele compôs o *Messias* a partir de formas que "vieram somente da tradição alemã".[82] No jornal nazista, então, o *Messias* era um produto cultural que provava a "força e a seriedade esclarecedora da criatividade nórdica" – e isso não tinha nada que ver com a Grã-Bretanha.[83]

Da mesma forma, para os editores do *Völkischer Beobachter* uma preocupação imediata era avaliar o caso da "herança sanguínea" [*Bluterbe*] de Wolfgang Amadeus Mozart (1756-1791). Os detalhes de sua análise revelam o nível que o pedantismo dos nacional-socialistas podia alcançar por meio de sua "política musical racialmente determinada". No mais abrangente artigo do *Völkischer Beobachter* sobre a *Bluterbe* de Mozart, Uwe Lars Nobbe – além de ser autor de conhecidos livros sobre os voluntários durante a Primeira Guerra Mundial – argumentou que os principais fatores por trás da criatividade de Mozart eram "determinados pelo sangue". O pai de Mozart nasceu de um casamento

---

81 HARTMANN, W. "Georg Friedrich Händel und England: Ein Beitrag zur Geschichte nordischer Kulturverbundenheit", *Völkischer Beobachter*, 22 de janeiro de 1935.
82 BASER, F. "Händels Martyrium in London", *Völkischer Beobachter*, 17 de maio de 1941.
83 HARTMANN, W. "Georg Friedrich Händel und England: Ein Beitrag zur Geschichte nordischer Kulturverbundenheit", *Völkischer Beobachter*, 22 de janeiro de 1935.

entre um avô de Augsburgo e a avó de Baden, como a análise de Dobbe enfatizava, resultando em uma "mistura sanguínea" de "um estilo marcadamente suábio como temperamento vivaz dos alemães". Sua mãe, por outro lado, era de origem "salzburguês-bávara". Como resultado, a herança sanguínea passada adiante por seus pais levou a um "equilíbrio singularmente harmonioso" no próprio Mozart, o que determinou a natureza simétrica de sua criatividade. Em nenhum aspecto de sua personalidade, Nobbe sustenta, existiam excessos: "algumas peculiaridades suábias", como a teimosia e o pedantismo, que faziam parte da constituição de seu pai, não foram demonstradas nele. De sua mãe, o retrato da herança sanguínea prosseguiu, Mozart recebeu "o júbilo pela vida, uma cabeça aberta, entusiasmo, profundidade de sentimentos, alegria, meticulosidade, ar pensativo, diligência, tenacidade, o poder de observação, sinceridade, um senso de humor tranquilo e mordaz, imparcialidade, autoconfiança e clareza de ideias".[84] (O que mais uma criança poderia pedir de sua mãe?) Em outros artigos sobre o passado de Mozart, especialistas nazistas como Karl Grunsky também descreveram o equilíbrio que perceberam em sua constituição genética. Ele herdou "a verdadeira alegria" de sua mãe, enquanto "do sangue de seu pai veio a 'seriedade suábia – a capacidade de perceber tudo de errado que há neste mundo'".[85]

De muitas formas, esses esforços intrincados para definir as características regionais de um artista alemão marcam um esforço contínuo entre os nazistas para classificar características individuais que juntas constituiriam a identidade alemã. Os historiadores concentraram-se, justificadamente, nos termos racistas pelos quais os nazistas definiam os não germânicos, mas essas fontes nos lembram de que eles tiveram de esclarecer também o que constituiria um alemão, dada a diversidade histórica e cultural dos grupos que eles desejavam classificar nessa categoria. Outro exemplo que faz referência a Mozart reflete os problemas que os nazistas criaram para si mesmos nesse processo. O crítico musical Erwin Bauer,[86] do *Völkischer Beobachter*, escreveu que se costumava "ouvir" que "Mozart pertencia a Salzburgo". Mas isso não era totalmente correto, segundo Bauer, por "seu gosto pela felicidade,

---

84 NOBBE, U. L. "Mozarts Bluterbe", *Völkischer Beobachter*, 19 de outubro de 1941. Sobre as interpretações nazistas de Mozart, ver também DENNIS, D. B. "Honor Your German Masters: The Use and Abuse of 'Classical' Composers in Nazi Propaganda" e LEVI, E. *Mozart and the Nazis: How the Third Reich Abused a Cultural Icon* (New Haven, CT: Yale University Press, 2010).
85 GRUNSKY, K. "Mozart der Deutsche: Zu seinem 150. Todestag", *Völkischer Beobachter*, 6 de dezembro de 1941.
86 KÖHLER, G. "Kunstanschauung und Kunstkritik", p. 26.

a divertida amabilidade de seu ser, sua grandiloquência e até mesmo aquela sombra escura de sua maneira filosófica de olhar as coisas" – tudo isso era "completamente suábio". Ainda havia, Bauer admitia, aqueles que consideravam "Salzburgo e Mozart" como uma unidade, e eles "não estavam de todo errados".[87] Então, ficou o veredito no *Völkischer Beobachter* sobre que tipo de sangue alemão determinava a grandiosidade de Mozart.

Embora estivessem divididos sobre precisamente que tipo de alemão Mozart era, os críticos nazistas compartilhavam da opinião de que ele era de fato um compositor alemão. Eles, entretanto, consideraram necessário defender esse ponto de vista, por causa da proximidade de Mozart com a tradição musical italiana e sua reputação – promovida por Nietzsche, entre outros – de artista "europeu". As referências a Mozart como o "último músico rococó", argumentou Nobbe no *Völkischer Beobachter*, não levavam em consideração que Mozart era um "lutador heroico-demoníaco", bem como "uma fonte profunda de sabedoria", que eram atributos puramente alemães. Havia também a tendência, segundo Nobbe, de ignorar a "linha que corria direto de Bach a Mozart", então ele lembrou os leitores de que o panorama musical do pai de Mozart, Leopold, baseava-se principalmente nos "pensamentos da escola alemã setentrional". Essa estética foi "passada para a criança prodígio [*Wunderkind*]" e contribuiu com o fato de, apesar de suas "incursões italianas", Mozart se enxergar como um "músico alemão, na melhor acepção da palavra".[88]

Outra questão que os colaboradores do *Völkischer Beobachter* se sentiram instigados a tratar era o fato de que Mozart viajava com frequência para fora da Alemanha em seus anos de formação. Diversas táticas foram inventadas para rebater esse problema. Um desses esforços, feito por Hans Buchner, procedeu da seguinte maneira: como a "pessoa mais musical de todos os tempos", o gênio de Mozart fluía a partir de duas fontes – um "senso incomum de forma" e "profundeza" – que acabaram se fundindo em seu "fluxo artístico verdadeiramente alemão". Como um "homem alemão de seu tempo", Mozart aprendeu a honrar sua "oprimida, mal compreendida e frequentemente insultada" nacionalidade.[89] De acordo com Eduard Mayr, apesar de suas consideráveis viagens, Mozart "preservou a herança alemã de seu nascimento – pura e sem alterações". Logo, tratava-se de um "alemão" que levou a ópera italiana ao seu estado

---

87 BAUER, E. "Salzburger Schneurlregen mit Musik", *Völkischer Beobachter*, 27 de abril de 1941.
88 NOBBE, U. L. "Mozarts Bluterbe", *Völkischer Beobachter*, 19 de outubro de 1941.
89 BUCHNER, Hans. "Zum Münchner Mozartfest", *Völkischer Beobachter*, 24 de maio de 1923.

perfeito e idealizado e depois "a trouxe de volta para seu próprio povo".[90] Da mesma maneira, em resposta a uma referência feita pelo chefe da Sociedade Mozart de Munique sobre a importância "universal" do compositor, Ferdinand Moessmer retrucou que a importância de Mozart era universal, mas isso não impedia a identificação dele como "um mestre decididamente *alemão*". A importância alemã de Mozart, Moessmer prosseguiu, baseava-se em sua "atitude positiva diante de ser germânico" em geral – em seu "amor genuíno e profundo por seu povo". Para que isso fosse compreendido, é necessário ter consciência das condições sob as quais sua personalidade se desenvolveu. Durante a vida de Mozart, "os latinos suprimiram a língua e a alma alemãs de um modo geral" e, um francês, Voltaire, "exerceu autoridade absoluta na corte de Berlim". Mas, apesar dessa "negação geral de germanidade", Moessmer argumentou, Mozart tinha um "vínculo resoluto com sua nacionalidade". Na verdade, ele lutava sempre para "aumentar o prestígio alemão".[91] O texto de uma palestra apresentada pelo dr. Heinrich Ritter von Srbik, reproduzido pelo *Völkischer Beobachter*, coloca essa tese de maneira ainda mais direta. Durante o período entre a Guerra dos Sete Anos e a Revolução Francesa, a vida de Mozart não poderia permanecer "sem ser afetada por questões nacionalistas", principalmente porque ele constantemente recebia impressões dos desenvolvimentos políticos em suas viagens. Portanto, ele deve ter tido "consciência de sua nacionalidade alemã ainda quando criança" e "com a crescente maturidade, como homem e artista, ele teve um avanço ainda maior".[92]

Para dar suporte às afirmações sobre a natureza essencialmente patriótica e alemã de Mozart, os redatores do *Völkischer Beobachter* buscaram mais detalhes em sua biografia. Um aspecto central para esse esforço foram as informações sobre as experiências turbulentas de Mozart em Paris em 1778. De acordo com Josef Stolzing, editor do caderno de cultura do *Völkischer Beobachter* de 1925 a 1932 e o mais prolífico colaborador desse caderno durante a década de 1930,[93] Mozart nunca se sentiu pior em toda a sua vida do que durante sua estada em Paris quando sua mãe faleceu. Mas Stolzing enfatizou que não foram só

---

90 MAYR, E. A. "Vom Genius der Musik: Rhythmus und Harmonie in Freiheit des Geistes", *Völkischer Beobachter*, 27 de janeiro de 1931.
91 MOESSMER, F. "Die Geburt der deutschen Oper", *Völkischer Beobachter*, 14 de outubro de 1934.
92 "Eröffnung des Mozartkongresses", *Völkischer Beobachter*, 3 de dezembro de 1941.
93 Ver KÖHLER, G. "Kunstanschauung und Kunstkritik", p. 23-29. Stolzing publicou sob diversas variantes de seu nome, incluindo Josef Stolzing-Cerny e "S-g".

as circunstâncias pessoais que tornaram sua vida penosa na França: ele desenvolveu um "verdadeiro ódio" aos franceses. Logo ele viu através daquela "cultura superficial" que decorava o elegante mundo parisiense como "cal". As afirmações contidas nas cartas de Mozart a seu pai, nas quais ele expunha suas frustrações – "Aqui eu estou em meio a bestas ensurdecedoras no que se refere à música; quem dera se a amaldiçoada língua francesa não fosse tão abominável para a música" –, eram claras evidências, segundo Stolzing, da francofobia[94] do compositor. Do mesmo modo, de acordo com Victor Junk, editor musical, amigo de Hans Pfitzner, um autor de livros sobre Max Reger e Mozart, as cartas de Mozart elucidavam, acima de tudo, como ele ficou indignado com "o desprezo com o qual a arte alemã era vista" na França. Além disso, era claro que ele preferia sofrer e mesmo passar fome a colocar sua arte "a serviço da moda e do gosto estrangeiro": em Paris, onde se sentia "desprezado por ser alemão", Mozart "rezava para ter a força de suportar e honrar a si mesmo e todo o povo alemão.[95]

Talvez mais ainda no caso de Mozart, o NSDAP também injetou questões raciais na recepção a Beethoven.[96] De fato, preceitos de antropologia racial quase nulificaram o valor do compositor como herói do partido. Os nazistas quase rejeitaram Beethoven como símbolo de seu movimento só porque sua aparência física perturbava os teóricos que planejaram sua musicologia em critérios raciais. Embora os retratos e observações de Beethoven (1770-1827) sejam muito diferentes, todos revelam que ele tinha poucas das características associadas aos estereótipos arianos.[97] Tendo percebido isso, alguns pseudocientistas concluíram que Beethoven tinha o sangue impuro: uma análise cuidadosa de seus retratos, de acordo com eles, levou à descoberta de que, apesar da cor de seus olhos poder ter sido azul (não era), ele era baixo, de cabelo escuro e de pele escura. Com base nessas descobertas, os cientistas racistas como Hans F. K. Günther e Ludwig Ferdinand Clauss determinaram que a constituição genética de Beethoven era "miscigenada".[98]

---

94 STOLZING, J. "Mozart und die Franzosen", *Völkischer Beobachter*, 20 de dezembro de 1927.
95 JUNK, V. "Genie des Schaffens", *Völkischer Beobachter*, 29 de novembro de 1941.
96 Para saber mais sobre a recepção de Beethoven, ver DENNIS, D. B. *Beethoven in German Politics* e DENNIS, D. B. "Beethoven at Large: Reception in Literature, the Arts, Philosophy, and Politics", in STANLEY, G. (ed.), *Cambridge Companion to Beethoven* (Cambridge University Press, 2000), p. 292-305.
97 Ver COMINI, A. *The Changing Image of Beethoven: A Study in Mythmaking* ( New York: Rizzoli, 1987) para discussão detalhada da iconografia da recepção de Beethoven nas artes visuais.
98 GÜNTHER, H. F. K. *Rasse und Stil* (Munique: J. F. Lehmann, 1926), p. 30; CLAUSS, L. F. *Rasse und Seele* (Munique: J. F. Lehmann, 1926), p. 60. Ver mais discussões dessas fontes

Ainda assim, apesar de sua ideologia basear-se em pressupostos da ciência racial, a maioria dos propagandistas nacional-socialistas não estava disposta a aceitar que Beethoven fizesse parte do grupo dos racialmente impuros. Confirmar tal posição os obrigaria a descartar sua música como estrangeira e muitos no partido designavam a arte e música de Beethoven como símbolo de como o povo alemão se desenvolveria sob a regência de Hitler. Para os que desenvolviam as políticas culturais entre os nacional-socialistas, a importância de Beethoven era valiosa demais para ser arriscada. O *Völkischer Beobachter* reconheceu seu dever e garantiu a pureza racial do compositor em diversos artigos produzidos com a óbvia intenção de limpar Beethoven de suas falhas físicas aparentes.

Um desses artigos, "Retrato de sua hereditariedade", enfatizava alegações de que o avô paterno de Beethoven tinha ascendência germânica: em um quadro de seu avô pintado por Leopold Radoux, o pintor da corte em Bonn, "vemos uma cabeça visivelmente nórdica da mais fina estampa racial".[99] Outro artigo, "A aparência externa", fazia o mesmo tipo de ratificação em nome do compositor. Aqui, os editores do *Völkischer Beobachter* extraíram trechos da representação contemporânea de Beethoven feita por Anton Schindler na qual há referências ao seu físico corpulento, sua soberba risada e seu cabelo indomável.Além disso, Schindler relatou que, embora a cor de sua pele fosse amarelada, "ele costumava perder essa característica durante suas caminhadas na natureza no verão, quando ele se bronzeava e sua pele era coberta por uma camada fresca vermelha e marrom". Provavelmente, esse excerto de Schindler foi reproduzido para minimizar os relatos de que Beethoven tinha um tipo racial moreno, sugerindo, em vez disso, que sua pele era escurecida pelo sol.

Mas os propagandistas nazistas usaram só aquelas porções das recordações de Schindler que serviam a seus propósitos imediatos. Em uma anotação reveladora, após uma afirmação de Schindler sobre Beethoven: "sua testa era alta e larga e seus olhos castanhos eram pequenos", o *Völkischer Beobachter* acrescentou em parênteses a questão "azul?". Dessa maneira, o jornal insinuou que Schindler, o secretário respeitoso de Beethoven, tinha descrito de maneira imprecisa a cor dos olhos de seu herói. Um suporte adicional é dado a esse argumento no

---

em SCHRÖDER, H. "Beethoven im Dritten Reich: Eine Materialsammlung", in LOOS, H. (ed.), *Beethoven und die Nachwelt: Materialen zur Wirkungsgeschichte Beethovens* (Bonn: Beethovenhaus, 1986), p. 205.
99 "Sein Erbbild", *Völkischer Beobachter*, 26 de março de 1927.

parágrafo seguinte, que abre com a revelação de que Friedrich August Klöber, o escultor que fez o busto de Beethoven em 1818 e o pintou, indicou em palavras e imagens que a cor dos olhos de Beethoven era "azul-acinzentado".

O *Völkischer Beobachter* então denunciou os estudiosos raciais que questionaram a pureza genética de Beethoven: "Dr. Hans Günther erra gravemente quando (...) caracteriza Beethoven como predominantemente oriental".[100] Assim o jornal procura erradicar evidências dos aspectos da aparência de Beethoven que não correspondessem ao padrão físico do Povo racialmente puro sobre o qual fantasiava. Não só pelo nascimento, mas "em virtude da totalidade de sua essência", Ludwig van Beethoven era "um alemão puro-sangue" e o jornal concluiu: ele tinha o "domínio espiritual de toda a humanidade ariana".[101]

Apesar disso, os guardiões diligentes da chamada comunidade ariana estavam incomodados com outro aspecto do passado da família de Beethoven: seu pai.[102] Dado que já estava estabelecido que Johann van Beethoven era um alcóolatra, alguns nacional-socialistas tinham dificuldades em conciliar a vida do filho Ludwig com suas rígidas teorias de herança genética. Se o sangue e o passado familiar eram a base para aceitação na comunidade nazista, Beethoven teria sido recusado com base no histórico de seu pai. Os acadêmicos defensores do nazismo tiveram de resgatar a imagem do compositor mais uma vez. Ludwig Schiedermair, professor da Universidade de Bonn e diretor do Beethovenhaus Archive, preparou uma solução para essa mácula no passado do compositor. Em um artigo sobre os pais de Beethoven no *Völkischer Beobachter*, ele argumentou que era injusto amaldiçoar o pai de Beethoven: as pessoas que o condenavam por ser um bêbado simplesmente não entenderam a importância do álcool na cultura do Reno. "Se ele amava a alegria e o bom humor; se ele frequentemente gostava de pagar bebidas aos seus amigos; se ele bebia vinho e ponche com prazer e de vez em quando oferecia às garotas que conhecia um beijo de brincadeira", isso poderia ser compreendido como parte "da cultura do Reno que ele personificava em excesso" – tentando as pessoas de fora da região do Reno a ocupar-se com uma "moralização equivocada". Além

---

100 "Erscheinungsbild Beethovens", *Völkischer Beobachter*, 26 de março de 1927.
101 "Beethoven und die österreich. Landschaft", *Völkischer Beobachter*, 29 de março de 1927.
102 Heribert Schröder também percebeu esse aspecto da recepção nazista de Beethoven: "Outro 'problema' na família Van Beethoven era a personalidade do pai (...) 'uma miséria profunda atingia a casa diariamente', porque ele 'bebia excessivamente, gastava o pouco dinheiro do lar e batia nas crianças de modo indiscriminado'" (*Beethoven im Dritten Reich*, p. 203).

disso, Schiedermair admitiu, a ideia de que um gênio poderia vir de um "brejo familiar" era absurda: como Beethoven era um grande artista alemão, ele não poderia ter vindo de uma linhagem inferior; portanto, o pai deve ter sido sadio. Qualquer outra coisa representaria uma contradição de leis biológicas.[103]

Em 1933, quando a teoria nazista se aproximou da prática, essa questão foi abordada com ainda mais intensidade. Fritz Lenz, médico, geneticista e defensor da esterilização baseada na "seleção natural", foi um dos principais promotores do programa nazista de higienização racial. Tomando por base seu livro sobre o tema, *Human Selection and Racial Hygiene* (1921), Lenz usou o caso de Beethoven para apresentar suas visões para o grande público do *Völkischer Beobachter*. Uma objeção popular contra a esterilização higiênico-racial, ele relatou, era a alegação de que isso representaria um "perigo à cultura". Como prova, alguns levantaram o caso de Johann van Beethoven, argumentando que, se tal legislação exigisse a castração do pai do compositor, o filho famoso nunca teria nascido. Um desses críticos da medida eugênica, disse, segundo Lenz: "Eu gostaria de mencionar mais um homem cuja existência contrabalança as centenas de milhares de pacientes com doenças mentais: Beethoven. Imagine o tesouro inestimável que a arte alemã – e não só alemã – perderia se o pai de Beethoven tivesse sido esterilizado por motivos eugênicos!". A isso, Lenz respondeu que nenhum higienista racial tinha afirmado que o pai de Beethoven deveria ter sido esterilizado. Pelo contrário, "a família de Beethoven era um exemplo da possibilidade de herança de uma grande habilidade musical". De qualquer modo, Lenz argumentou, o pai de Beethoven era um músico plenamente capaz e ele aparentemente começou a beber em excesso só depois do nascimento de Beethoven. Então, mesmo que ele fosse esterilizado em função do consumo excessivo de álcool, o nascimento de Beethoven não teria sido evitado. Logo, o caso de Beethoven não constituía, nem para Lenz nem para o *Völkischer Beobachter*, uma objeção sonora à esterilização higiênico-racial; em vez disso, aqueles que se referiam a Beethoven nesse contexto o faziam pelo propósito de alimentar a oposição à higiene racial "com uma base emocional nas mentes do público não crítico". Além disso, Lenz continua, parecia também duvidoso que a vida de um Beethoven realmente "contrabalançasse" a existência desafortunada de centenas de milhares de doentes mentais. Era um fato, Lenz explicou, que milhões de nascimentos eram intencionalmente prevenidos todo ano. Como resultado, numerosos humanos

---

103 SCHIEDERMAIR, L. "Beethovens Eltern", *Völkischer Beobachter*, 23 de janeiro de 1926.

muito talentosos – e alguns gênios – permaneciam sem nascer. Isso era o principal motivo para assegurar que o controle de natalidade foi direcionado principalmente aos "inferiores", pois "o habitat [*Lebensraum*] deve ficar para os indivíduos mais capazes" e a "probabilidade de nascimento de espíritos relevantes" aumentaria. Portanto, Lenz concluiu que não se tratava de "higiene racial, mas sim de hostilidade míope contra a higiene racial", que era um "perigo para a cultura".[104]

Enfim, o *Völkischer Beobachter* exaltou as obras de Beethoven como exemplos da grandeza da arte germânica – e da própria raça germânica. Em sua música, a "alma do alemão setentrional, atormentada por lutas", tomou expressão.[105] De acordo com Hans Buchner, seu espírito vigoroso provou a "validade universal do trabalho espiritual e a nobreza da alma que os mais notáveis filhos da Alemanha seriam capazes de criar". Ademais, Buchner concluiu, o espírito de Beethoven não era apenas um fator na história alemã: os nazistas sabiam "o que essa força do passado indicava sobre as possibilidades do futuro".[106]

Franz Liszt (1811-1886) representou outro desafio para o *Völkischer Beobachter* certificar suas credenciais alemãs. Pelo fato de Liszt ter nascido e sido criado na Hungria, uma controvérsia se seguiu sobre sua etinicidade. O jornal empregou várias estratégias na formulação de suas alegações sobre Liszt. Primeiro, seus colaboradores avaliaram a região húngara de sua origem. De acordo com Josef Stolzing, Liszt nasceu em uma região "quase puramente alemã"[107] da Hungria. Karl Grunsky forneceu mais detalhes, acrescentando que, como a cidade de Liszt pertencia oficialmente à Hungria, ele foi tratado como húngaro, em vez de um "cidadão alemão do exterior", mas a região de seu nascimento era – como nos nomes locais Stein am Anger, Oedenburg e Wieslburg indicam – ocupada por falantes do alemão, e eles "mantinham seus costumes raciais e língua".[108] Em segundo lugar, o jornal apresentou investigações sobre o histórico familiar do compositor. De acordo com Hans Kellermann, apesar de Adam Liszt, o pai, poder ter sido um húngaro, uma coisa era certa: a mãe de Liszt, Anna Maria Langer, de Krems na Alta Áustria, tinha "definitiva-

---

104 LENZ, F. "Beethoven und die Rassehygiene in Rasse, Volk und Staat: Rassenhygienisches Beiblatt zum Folge 4", *Völkischer Beobachter*, 17 de agosto de 1933.
105 "Beethoven und die österreich. Landschaft", *Völkischer Beobachter*, 29 de março de 1927.
106 BUCHNER, H. "Zum Beethoven-Jubilaeum", *Völkischer Beobachter*, 9 de dezembro de 1920.
107 STOLZING, J. "Franz Liszt. Zu seinem 40. Todestag", *Völkischer Beobachter*, 31 de julho de 1926.
108 GRUNSKY, K. "Zum 50. Todestag Franz Liszts", *Völkischer Beobachter*, 31 de julho de 1936.

mente origens germânicas".[109] O cáustico antimodernista e crítico antissemita de óperas, Paul Zschorlich, concordou que, embora pudessem existir "algumas questões" sobre a nacionalidade do pai, a possibilidade de ele ter sangue cigano em suas veias "poderia no máximo ser um palpite, mas nunca provado". Entretanto, Zschorlich sentiu que essa fraqueza genealógica era superada pelo histórico da mãe: filha de um mercante de Krems, Maria Anna Langer mostrava-se "definitivamente alemã".[110] Indo além, Karl Grunsky enfatizou sua "germanidade óbvia" também pelo lado do pai do compositor: "o bisavô era Sebastian List, um oficial que morreu em Raigendorf bei Oedenburg; que era onde o avô, Georg Adam List, nasceu em 1775 e se tornou oficial sob o comando do príncipe Esterhazy".[111] Essa afirmação ressaltava outra questão que o jornal nazista enfatizava: a grafia do sobrenome do compositor. Como Stolzing colocou, seu pai foi batizado List – um nome claramente alemão –, apesar de seu nome ter sido "posteriormente magiarizado com a adição de um z, porque ele era funcionário do príncipe Esterhazy.[112] De qualquer jeito, Stolzing apontou, a mãe era vienense com o "sobrenome totalmente alemão: Langer".[113] Entretanto, mesmo nas páginas do *Völkischer Beobachter*, esse argumento baseado na grafia do nome de Liszt não era tratado como assunto encerrado. Paul Zschorlich teve de admitir que a "suposição de que o nome do pai de Liszt era o nome alemão List com a adição de um z feita só na Hungria" era um argumento que se sustentava "sobre fundamentos instáveis". No registro de nascimento do compositor, o nome de seu pai está escrito List, mas "o nome Esterhazy também era soletrado sem o z". Era arriscado, Zschorlich concluiu, determinar a raça de Liszt com base em "oficiais de vilarejo que podiam soletrar incorretamente", visto que "o próprio Liszt sempre escreveu seu nome com um z".[114]

Dada essa controvérsia, uma terceira maneira encontrada pelo jornal de contestar as raízes húngaras do compositor foi insistir que o alemão era a única língua falada na casa de seus pais e por toda a sua

---

109 KELLERMAN, H. "Franz Liszt – ein deutscher Meister!", *Völkischer Beobachter*, 11 de dezembro de 1934.
110 ZSCHORLICH, p. "Deutsche Komponisten aus dem Burgenland", *Völkischer Beobachter*, 8 de janeiro de 1936.
111 GRUNSKY, K. "Zum 50. Todestag Franz Liszts", *Völkischer Beobachter*, 31 de julho de 1936.
112 STOLZING, J. "Franz Liszt. Zu seinem 40. Todestag", *Völkischer Beobachter*, 31 de julho de 1926.
113 STOLZING, J. "Ein deutscher Komponist", *Völkischer Beobachter*, 7 de dezembro de 1934.
114 ZSCHORLICH, p. "Deutsche Komponisten aus dem Burgenland", *Völkischer Beobachter*, 8 de janeiro de 1936.

vida "o mestre nunca aprendeu a língua húngara".[115] De acordo com Zschorlich, o "fato mais importante" era que Liszt não podia falar húngaro: como ele saiu de casa ainda criança, primeiro vivendo em Viena e depois em Paris, ele "nunca teve a oportunidade de aprender".[116] Grunsky concorda que Liszt "quase não entendia palavra alguma de húngaro: ele ouvia apenas alemão na casa de seus pais e na escola".[117] E Stolzing ressalta isso ainda mais: "ele não só tinha um domínio imperfeito da língua húngara – ele não conseguia entender nada!".[118]

Um motivo pelo qual a questão das origens de Liszt era tão importante para o jornal foi a chegada de relatórios ocasionais de que o governo húngaro pretendia exigir que a cidade de Bayreuth permitisse a transferência dos restos mortais de Liszt para sua terra natal. O *Völkischer Beobachter* fez uma intensa oposição a esse plano. Stolzing declarou que os esforços para remover seus ossos e levá-los à Hungria foram "extraordinários": "não se podiam levantar objeções suficientes contra isso", pois "Franz Liszt era alemão por ascendência e educação".[119] Ainda assim, reconhecendo que mesmo a combinação dos argumentos relatados "não esclarecia como"[120] – que, como Karl Grunsky colocou, "não há uma clareza final sobre Liszt que possa ser alcançada"[121] – os colaboradores do *Völkischer Beobachter* tiveram de impor ainda mais suas objeções. De acordo com Kellermann, se Liszt era chamado de húngaro, então essa afirmação se baseava "somente no fato de ele ter nascido lá". Ele passou quase toda a segunda metade de sua vida na Alemanha, observou Kellermann, trabalhando por décadas em Weimar como maestro, compositor e professor – ajudando a cidade de Schiller e Goethe a "apreciar uma dose inesperada de sangue novo". Ademais, o que ele fez "para a música alemã, acima de tudo por Richard Wagner", não podia ser esquecido. Além disso, Cosima Wagner, "essa mulher maravilhosa, tão infinitamente

---

115 KELLERMAN, H. "Franz Liszt – ein Deutscher Meister!", *Völkischer Beobachter*, 11 de dezembro de 1934.
116 ZSCHORLICH, p. "Deutsche Komponisten aus dem Burgenland", *Völkischer Beobachter*, 8 de janeiro de 1936.
117 GRUNSKY, K. "Zum 50. Todestag Franz Liszts", *Völkischer Beobachter*, 31 de julho de 1936.
118 STOLZING, J. "Ein deutscher Komponist", *Völkischer Beobachter*, 7 de dezembro de 1934.
119 Idem.
120 KELLERMAN, H. "Franz Liszt – ein deutscher Meister!" *Völkischer Beobachter*, 11 de dezembro de 1934.
121 GRUNSKY, K. "Zum 50. Todestag Franz Liszts", *Völkischer Beobachter*, 31 de julho de 1936.

importante para a criatividade do mestre de Bayreuth", era filha de Liszt. Na visão de Zschorlich, a proporção em que Liszt durante sua vida "desenvolveu-se, engajando-se, sentindo-se vinculado à cultura alemã" era uma prova irrefutável. Nenhuma outra prova era necessária para demonstrar a força com a qual ele "estimulava a criatividade musical alemã", de maneira que os alemães pudessem considerá-lo "completamente seu".[122] Finalmente, Karl Grunsky sacou a última arma do arsenal nazista para provar sua origem germânica: a "aparência loira, os olhos azuis, a forma do corpo, os traços do rosto não deixavam nenhuma dúvida de que Franz Liszt representava a personificação da raça nórdica.[123]

Esforços surpreendentemente similares para garantir que uma figura de importância cultural era de origem germânica seguramente pura foram necessários no caso de Richard Wagner (1813-1883). Dado que, como afirma Joseph Goebbels, Wagner era classificado na propaganda nazista como o "mais alemão dos alemães", era de vital importância que o *Völkischer Beobachter* deixasse de lado as dúvidas sobre sua herança genética. Josef Stolzing atacou esse problema diretamente. De tempos em tempos, ele escreveu, "a velha fraude surgia", que "um dos grandes gênios alemães, Richard Wagner, tinha sangue judeu em suas veias". Essas alegações se baseavam em rumores de que a mãe de Wagner tinha sido amante de Ludwig Geyer (com quem ela se casou depois da morte de seu primeiro marido, Carl Friedrich Wagner) na época da concepção do compositor. Stolzing e o *Völkischer Beobachter* lutaram para "superar essa imundície e destruir essas mentiras de uma vez por todas" com um argumento em duas partes: primeiro, demonstrando que as relações entre Geyer e a mãe de Wagner eram inocentes até eles se casarem e que Richard nasceu antes de isso acontecer; depois, insistindo que, de qualquer maneira, Geyer não era judeu. Como Stolzing afirmou, era absolutamente certo que, "de acordo com os retratos disponíveis", Geyer tinha uma "cabeça totalmente alemã, sem qualquer indício de sangue estrangeiro".[124]

---

122 ZSCHORLICH, p. "Deutsche Komponisten aus dem Burgenland", *Völkischer Beobachter*, 8 de janeiro de 1936.
123 GRUNSKY, K. "Zum 50. Todestag Franz Liszts", *Völkischer Beobachter*, 31 de julho de 1936.
124 STOLZING, J. "Der Alte Schwindel von Richard Wagners Blutbeimischung", *Völkischer Beobachter*, 12 de dezembro de 1929. Para minhas próprias avaliações de grande parte da literatura sobre essas questões entre Wagner e o nazismo, ver DENNIS, D. B. "Review essay on Recent Literature about Music and German Politics", in *German Studies Review*, outubro de 2007, p. 429-432; DENNIS, D. B. "Crying 'Wolf'? A Review Essay on Recent Wagner Literature", in *German Studies Review*, fevereiro de 2001, p. 145-158; e DENNIS, D. B. "The Most German of all German Operas: *Die Meistersinger* Through the Lens of

O compositor e crítico musical Hugo Rasch deu apoio às alegações de Stolzing. "Sabemos que Geyer era um ariano perfeitamente puro." Seu retrato, "semelhante em nobreza a Carl Maria von Weber", não deixou "nenhuma dúvida". Ademais, as cartas entre Geyer e a esposa de seu falecido amigo eram de "um tom tão eloquente e respeitoso" que esse "conto de fadas podia finalmente desaparecer das conversas prosaicas de filisteus puritanos e das garras das velhas solteironas". Esse típico "conto de fadas judeu", insistia Rasch, tinha de ser esquecido, apesar de ter sido "perfeitamente apropriado para os judeus, se eles conseguissem invocar um dos maiores gênios alemães por meio desse truque".[125] Freiherr von Leoprechting, editor e escritor do caderno de cultura do *Völkischer Beobachter* antes e após a compra do jornal pelo NSDAP,[126] também atribuiu a culpa dessa questão aos mesmos alvos do nacional-socialismo. "Aqui e ali", podiam-se ouvir vozes sugerindo que Wagner era um judeu e Von Leoprechting relatou: apesar de sua história familiar ser conhecida, essa "história suja continuava a circular". Mas já foi provado, Von Leoprechting continuava, que "o ator Ludwig Geyer não era judeu e nunca teve sangue judeu em sua família". Então, como o "castelo de mentiras construído pelos embustes judeus", essa "construção desonesta cairia – para a vergonha e desgraça de Judá".[127] De acordo com o *Völkischer Beobachter*, então, havia "apenas uma resposta correta para essas acusações", que foi dada pelo filho de Wagner, Sigfried: "tudo que alguém deve fazer é escutar as três primeiras batidas do prelúdio do *Meistersinger* para saber que meu pai não era de ascendência judia".[128]

---

the Third Reich", in VAZSONYI, N. (ed.) *Wagner's Meistersinger: Performance, History, Representation* (University of Rochester Press, 2003), p. 98-119.
125 RASCH, H. "Bayreuther Festspiele 1933: Genie am Werk", *Völkischer Beobachter*, 29 de julho de 1933.
126 KÖHLER, G."Kunstanschauung und Kunstkritik", p. 23.
127 VON LEOPRECHTING, F. "Richard Wagner: Das Judentum in der Musik", *Völkischer Beobachter*, 14 de novembro de 1920.
128 "Alljudas Kampf gegen Richard Wagner", *Völkischer Beobachter*, 29 de dezembro de 1927.

# 2

# A Voz do Povo

Como vimos, os editores do *Völkischer Beobachter* se dedicavam a validar a ideologia nazista com referências às principais figuras e ideias da história criativa do Ocidente, dando assim legitimação cultural ao movimento nacional-socialista e fundamentação em um passado distante. Contudo, aderindo a outro conjunto de ideias etnocêntricas, os ideólogos nazistas tiveram o cuidado de não identificar seu movimento ou seus supostos fundadores com qualquer tipo de *intelligentsia*.[129] Embora os colaboradores do jornal costumassem apoiar os esforços do jornal para assimilar os heróis-artistas icônicos na cultura nazista ao recorrer a alegações de ascendência germânica – real ou projetada –, a noção de popularidade

---

[129] Como Mosse disse sobre sua coleção de "cultura nazista": "Pelos excertos deste livro correm não só os temas de raça e povo, mas também o ímpeto pelo enraizamento no Povo. O intelectualismo foi depreciado, pois o povo é um e a cultura não deve se separar dessas raízes": MOSSE, G. L. *Nazi Culture*, p. xxix. Fritz Stern colocou essa posição paradoxal da seguinte maneira: "Eles eram, em verdade, intelectuais anti-intelectuais": STERN, F. *Politics of Cultural Despair: a Study in the Rise of the Germanic Ideology*, p. 276. Eric Michaud aborda a questão da seguinte maneira: "Uma das bases da teoria da arte nazista era o fato de que o caráter *sui generis* do artista desaparecia diante da comunidade racial. Era uma base em harmonia com o princípio do NSDAP segundo o qual 'o interesse geral tem prioridade sobre os interesses individuais'. O Deus que habitava um artista 'inspirado' em sua obra não podia ser um Deus pessoal, mas deve ser o gênio nacional-popular": MICHAUD, E. *The Cult of Art in Nazi Germany*, p. 133.

[*Volkstümlichkeit*] ou apelo popular também serviu para identificar aqueles criadores que mereciam elevação ao panteão do partido.[130]

Apesar de manter uma imagem própria como um homem de *Bildung* [ou educação], principalmente nas extensas conversas à mesa, em que pontificava sobre cada tópico político e cultural imaginável, Hitler denunciava a pretensão intelectual e cultivava a imagem pública de um homem do Povo. Acima de tudo, ele se orgulhava de ser capaz de construir uma ponte entre sua genialidade presumida e as "mentes menores", alegando em *Mein Kampf* que "entre milhares de interlocutores, há provavelmente apenas um que possa falar com serralheiros e professores universitários ao mesmo tempo, de uma maneira que não é só apropriada para a recepção dos dois lados, como também influencia ambos com efeitos iguais ou os lança em uma calorosa salva de palmas".[131] Ele insistia, da mesma maneira, que a ideologia nazista deveria ser promovida em termos facilmente acessíveis para o alemão médio, defendendo que, principalmente no campo da propaganda, "nós nunca poderemos nos deixar levar por estetas ou pessoas que ficaram *blasé*, pois a forma e a expressão de nossa propaganda logo só teriam poder de atração em reuniões literárias, em vez de ser adequadas para as massas".[132] Era importante, em sua concepção, que a liderança nazista não parecesse decadente, "pois uma nação composta de homens cultos, mas que sejam fracotes, hesitantes nas decisões sobre a vontade e tímidos pacifistas, não é capaz de garantir nem mesmo sua própria existência na Terra".[133]

Goebbels articulou também, dada sua pretensão intelectual, a visão de que toda arte profunda tinha raízes não no campo da cultura de Weimar, mas na experiência comum dos alemães. No discurso de abertura da Câmara de Cultura do Reich em 1933, Goebbels afirmou que:

---

130 Os especialistas em história alemã ainda batalham para entender o significado amplo, completo de Povo ou popularidade. Koonz postulou que "o termo extensivo Povo mantinha uma promessa igualitária e ecumênica aos membros de uma suposta comunidade de destino": KOONZ, C. *The Nazi Conscience*, p. 9-10. Frank Trommler observou que: "nenhum termo era mais indispensável às políticas culturais nazistas do que Povo. Ele representava a cola para essa projeção de pertencimento, vaga, unificadora e baseada na raça. Ainda assim, com uma análise cuidadosa, esse termo expunha também uma perspectiva dupla sobre a sociedade: por um lado, acomodava todas as classes e temperamentos dentro e fora das fronteiras nacionais e foi aplicado como um rótulo de inclusão; por outro, fundamentado na exclusão, sinalizava a representação de um segmento especialmente ativo e autêntico da população": TROMMLER, F. "A Command Performance? The Many Faces of Literature under Nazism", in HUEHNER e NICOSIA (eds.) *The Arts in Nazi Germany*, p. 118.
131 HITLER, A. *Mein Kampf*, p. 341-342.
132 Idem, p. 185.
133 Idem, p. 408.

*cultura é a mais alta expressão das forças produtivas de um Povo; o artista é o meio empregado. Seria um erro acreditar que essa missão sagrada possa ser alcançada longe do povo; trata-se de um empreendimento para o povo e o poder que ele aplica vem do próprio povo. Se o artista por acaso perdesse sua sólida base popular, sobre a qual ele deve permanecer com força e firmeza contra as tormentas da vida, ele se abriria para a hostilidade da civilização à qual ele sucumbirá cedo ou tarde (...) Uma arte que se separa do povo não tem o direito de reclamar quando o Povo se separar dela.*[134]

Concordando firmemente com os princípios do já mencionado apelo popular [*Volkstümlichkeit*], o *Völkischer Beobachter* então frequentemente denunciava intelectuais profissionais que não produziam nada além de ideias pelas ideias – ou pior, que faziam isso por dinheiro. De modo geral, essa postura anti-intelectual na ideologia nazista opunha escritores e pensadores que existiam como sofisticados sem contato com as vidas genuínas do povo rural. Enfim, essa noção serviu como a primeira estocada dos ataques aos "literatos do asfalto" da cultura urbana de Weimar, supostamente sob influência judaica ou dos próprios judeus. Por outro lado, o jornal insistia em que os líderes da vida espiritual do Ocidente e da Alemanha nunca se perderam no "caos árido" da arte pela arte.

Como veremos na Parte II, o *Völkischer Beobachter* tratou tipicamente a tradição ocidental clássica com desdém. Ainda assim, nem todas as referências à cultura romana no *Völkischer Beobachter* eram negativas. Um artigo sobre a vida dos poetas no fim do império romano, baseado em material selecionado do livro de um "querido autor", o classicista Theodore Birt, retratou Horácio em termos abertamente positivos: como uma personalidade abrangente, até mesmo mundana. "Escrever poesia não era sua única ocupação", segundo Birt, ele era também "um fazendeiro de corpo e alma; um homem que cultivava o vinho com as próprias mãos manchadas". Em sua fazenda, ele era uma pessoa preparada: a maioria de suas odes era composta lá, na "tranquilidade rural do verão"; ele só "tomava o caminho de Roma" no inverno. Para ter certeza, as casas mais ilustres estavam abertas para ele, que achou a jovem esposa de Mecenas – que cantava e dançava na sua frente

---

134 GOEBBELS, Joseph. "Die Deutsche Kultur vor neuen Aufgaben", Berlim, Grosser Saal der Philharmonie, Eröffnung der Reichskulturkammer, 15 de novembro de 1933, in *Goebbels-Reden, Band 1: 1932-1939*, ed. Helmut Heiber (Düsseldorf: Droste Verlag, 1971), p. 134-135.

– bela e atraente. Mesmo assim, notou o jornal, "apesar do erotismo que ele fingiu ter", ele nunca chegou perto da mulher casada: Horácio "ficava bem acima dos vícios frívolos que dominavam seu tempo".[135]

Por meio desse argumento, o *Völkischer Beobachter* claramente desejava apresentar Horácio como uma exceção entre as principais figuras em uma época de declínio da Antiguidade. O autor de *dulce et decorum est, pro patria mori* foi assim separado para reconhecimento pelo jornal nazista. Como representante dos relatos seletivos baseados nas reportagens sobre cultura ideologicamente direcionadas, o *Völkischer Beobachter* localizou evidências na biografia de Horácio de que ele passava muito tempo em sua fazenda, apreciava a calma rural, sujava as mãos produzindo vinho e só ocasionalmente se permitia tomar o caminho de paralelepípedos de Roma (o equivalente antigo ao asfalto de Berlim). Tudo isso o qualificava como figura cultural que o jornal podia honrar com um de seus apelidos favoritos: popular [*volkstümlich*]. Mas, é claro, atribuir ao cultíssimo Horácio essa reputação grosseira e plebeia exigia que os editores do *Völkischer Beobachter* ignorassem os aspectos múltiplos de sua biografia, incluindo sua amizade com Virgílio e César Augusto, bem como sua impecável sofisticação do verso latino.

Estratégias similares podem ser encontradas na cobertura do jornal da Renascença. Além de Leonardo da Vinci e Michelangelo, o *Völkischer Beobachter* fazia apenas uma rápida referência aos outros pintores da Renascença italiana, como Ticiano[136] e Rafael (referindo-se ao último como "meramente superficial"),[137] pois o jornal estava mais preocupado em alardear os feitos da Renascença alemã. Se por um lado o jornal reconhecia que a maioria dos artistas renascentistas do Norte tinha, direta ou indiretamente, "respirado as cores e técnicas do Sul cálido", o *Völkischer Beobachter* sustentou que todos eles, assim como o pintor e impressor de xilogravuras de Augsburgo, Hans Burgkmair (1473-1531), "não obstante permaneceram completamente alemães, incorporando lições aprendidas dos italianos às vezes de forma áspera, da mesma maneira que os alemães aprendem italiano: às vezes um pouco incerto, talvez até fazendo algumas distorções, mas sempre aprendendo à sua própria maneira". Os mestres da Renascença alemã "olhavam para o mundo externo, trazendo-o para dentro de si com força e vontade, mas nunca se perdendo para a brilhante e multicolorida superficialidade". O que quer que tenham tomado emprestado dos artis-

---

135 BIRT, T. "Dichterleben im alten Rom", *Völkischer Beobachter*, 14 de agosto de 1926.
136 "Tizians Malweise", *Völkischer Beobachter*, 29 de agosto de 1926.
137 BIEDRZYNSKI, R. "Rembrandt und das Reich: Notizen zu einer neiederländischen Reise", *Völkischer Beobachter*, 17 de dezembro de 1942.

tas do Sul, "seu interior permaneceu alemão, produzindo coisas que só os alemães poderiam produzir".[138]

Por exemplo, era precisamente a tal qualidade "distorcida, rústica e grosseira" que fez a arte de Albrecht Aldorfer nórdica, escreveu Ernst Buchner – um aluno de Heinrich Wölfflin, o então diretor geral da Bavarian State Picture Collections (*Bayerischen Staatsgemäldesammlungen*) e que depois participou do confisco de obras de arte feito pelos nazistas.[139] Na opinião de Buchner, Altdorfer (c. 1480-1538) (figura 2.1) seria sempre famoso por ser o "descobridor da paisagem alemã". Seu sentido espacial era "simples e elementar, distante do frio cálculo correto da perspectiva". Vendo a natureza como um "cosmos excitante, radiante com luz e cor", o artista sentia as "forças secretas do crescimento orgânico". Assim, sua floresta não era, como para os pintores anteriores e seus contemporâneos, "uma soma de árvores", mas sim "um todo orgânico"; suas imagens capturavam o "entrelaçado misterioso e a precipitação dos galhos, folhas e ramos".[140]

"Simples e elementar", em vez de "intelectual e refinado" como os trabalhos dos contemporâneos italianos, eram atributos positivos dentro da estética da simplicidade etnocêntrica, realizada da melhor maneira, segundo Buchner, na "linguagem forte e crua das xilogravuras em que Altdorfer também era mestre". Tratava-se de uma "arte para o povo", à qual Altdorfer estava "intimamente ligado". Alguns de seus contemporâneos alcançaram o "tom popular afetuoso que falava diretamente ao coração", como ele fazia. Quase todos os seus personagens vinham do mundo rural: sua Virgem Maria era uma "dama do povo" (figura 2.2); seus anjos eram "meninos robustos do campo". Ocasionalmente, Buchner admitia, os críticos argumentavam que seus personagens "não eram belos o suficiente", mas era "precisamente dessa unidade interna forte com um caráter nacional incólume e natureza autêntica e pura que surgiu o melhor vigor desse mestre, cuja arte era a personificação mais pura do estilo popular bávaro".[141]

Esse tipo de tática retórica, na qual a atenção do artista aos "problemas profundos" da arte era distinta dos processos meramente técnicos associados à cultura italiana, também foi fundamental à caracterização da arte de Albrecht Dürer como essencialmente popular feita pelo *Völkischer*

---

138 H. P., "Ein Maler der deutschen Renaissance", *Völkischer Beobachter*, 9 de abril de 1931.
139 Ver PETROPOULOS, J. "The Art World in Nazi Germany: Choices, Rationalization, and Justice", in HUENER e NICOSIA (eds.), *The Arts in Nazi Germany*, p. 135-163.
140 BUCHNER, E. "Die nordische Kunst Albrechd Altdorfers", *Völkischer Beobachter*, 13 de fevereiro de 1938.
141 Idem.

Figura 2.1 Albrecht Altdorfer, "São Jorge na floresta" (1510), Antiga Pinacoteca, Munique, Alemanha.

Figura 2.2 Albrecht Altdorfer, "O nascimento da virgem" (1525), Antiga Pinacoteca, Munique, Alemanha.

*Beobachter*. De acordo com o historiador de arte Wilhelm Rüdiger, um redator que também trabalhava com Baldur von Schirach para promover exibições de arte no Terceiro Reich,[142] se alguém perguntasse quais eram os trabalhos mais conhecidos da arte alemã, "não só entre setores específicos da população, mas entre todo o Povo, pendurados – em boas ou más reproduções – em todas as casas", então havia apenas alguns nomes que "realmente lhes soavam nacionalistas": entre os artistas visuais, "de fato, só Arnold Böcklin, cuja Ilha dos Mortos estava por todo lugar, e Dürer (1471-1528), cujas pinturas e xilografias famosas eram conhecidas por todos os alemães". Isso, argumentava-se, acontecia pela "natureza etnocêntrica" dos trabalhos de Dürer, que "o tornavam mais e mais acessível ao grande público". A linguagem visual de seus contemporâneos parecia "antiga: às vezes pitoresca, frequentemente estranha", mas Dürer permanecia "amplamente compreensível, mais ainda do que qualquer outro pintor de sua época"; e "falava mais diretamente e com mais urgência do que Holbein, Cranach, ou mesmo Grünewald".[143]

Por exemplo, Rüdiger questionou: "que tipo de pensamentos estava por trás de uma imagem como "Cavaleiro, Morte e o Diabo*"* (figura 2.3)? Se por um lado a imagem de um *eques christianus* – o cavaleiro cristão cavalgando entre a morte e o Diabo – era comum na época da Reforma, para os leigos modernos essa figura tinha se tornado sem sentido. Apesar disso, a forma que Dürer lhe deu "ainda dizia algo aos modernos, porque não nascia do puro intelecto, mas de diferentes níveis de profundidade da alma do artista". Sua obra funcionava "para as pessoas corajosas que estavam diante de uma grande pressão", como o "correspondente visual de *A Mighty Fortress Is Our God,* de Lutero". Na opinião de Rüdiger, "Melancolia" também tinha um "tom mundano: alguém poderia dizer que o cenário era desarrumado (figura 2.4). Uma mulher madura, "quase bonita", está sentada em meio às coisas que dão a impressão de uma desordem completa, pensando, sem considerar o que a cerca. Essa "atmosfera particular, sem cuidado feminino, enche o cômodo até seu limite; toda a atividade parou, como se qualquer ação tivesse perdido seu sentido". Esse "tom lúgubre" de "Melancolia*"* não foi por acidente, segundo Rüdiger, pois Dürer criou essa imagem depois da morte de sua mãe. Era, pois, um exemplo excelente da "arte alemã trabalhada na dor".

---

142 PETROPOULOS, J. *Art as Politics in the Third Reich*, p. 222 e KÖHLER, G. "Kunstanschauung und Kunstkritik", p. 26.
143 RÜDIGER, W. "Die Kunst Albrecht Dürers", *Völkischer Beobachter*, 7 de abril de 1928.

Figura 2.3 Albrecht Dürer, "Cavaleiro, Morte e o Diabo" (1513).

Figura 2.4 Albrecht Dürer, "Melancolia" (1514).

Rüdiger, ao referir-se ao quadro "São Jerônimo em seu escritório" (figura 2.5), também via sua representação de um assunto comum na Renascença como "exclusivamente alemão – e caseiro de uma maneira bastante etnocêntrica". A "morada do sagrado do velho solteiro" – com o leão esticado ao sol e a "não tão terrível" caveira na janela – "fedia intimidades afetuosas como aquelas de um lar de uma família feliz". Esse "tom cordial" acalentava todas as representações que Dürer fez de histórias bíblicas, especialmente as cenas da infância de Jesus – com anjos representados como "brincalhões sagrados em ação" bem como nas descrições do sofrimento de Cristo. O Deus de Dürer não era, para Rüdiger, "nenhuma representação bizantina, nenhum regente onipotente e autônomo, diante do qual os súditos rolavam na poeira; era, em vez disso, *deus charitatis*, como nas visões mágicas do Apocalipse: alto e elevado, mas não despótico". Para transmitir tal intimidade com as coisas terrenas, Dürer deu a Cristo algumas características próprias do artista. Da mesma maneira, ele rejeitou qualquer idealização da imagem de Maria, representando o bebê Jesus sendo cuidado "não pela mulher mais bonita do mundo, mas pela melhor mãe do mundo". Isso não era uma degradação do divino, mas sim a "descoberta da visualização do divino na humanidade". Da mesma maneira, um corpo como o do nu de Fortuna (1501) (figura 2.6) era "completamente feio" e as figuras de suas ilustrações dos mitos da Antiguidade estavam "longe dos clássicos". Essa "reverência genuinamente alemã diante da natureza" significou o legado do gótico nesse filho de um ourives de Nuremberg que, em sua "sinceridade absoluta sobre as coisas da terra", ficou com "os dois pés no solo da Idade Média".[144]

Mas Rüdiger ainda tinha de encarar o fato de que, apesar de seu pragmatismo alemão, Dürer se interessava muito pelas questões técnicas de proporção e perspectiva – de fato, sua reputação como um mestre da Renascença baseava-se justamente nessas investigações. Indo direto ao ponto, Rüdiger simplesmente descartou os elementos impopulares do trabalho de Rüdiger por serem "erros trágicos". Que esse "mestre mais alemão" iniciou, com suas investigações teóricas, um "movimento neoclássico que não era nativo das terras ao norte dos Alpes e que posteriormente denegriu sua reputação, era – em termos históricos – seu trágico destino". Se ele tivesse recorrido em seus últimos anos aos ideais renascentistas que eram "estranhos ao povo", isso foi uma "iniciativa puramente intelectual que permanecia estrangeira ao seu próprio sangue".[145]

---

144 RÜDIGER, W. "Die Kunst Albrecht Dürers", *Völkischer Beobachter*, 7 de abril de 1928.
145 Idem.

Figura 2.5 Albrecht Dürer, "São Jerônimo em seu escritório" (1514).

Figura 2.6 Albrecht Dürer, "Fortuna" (1501).

Passando para o mestre musical da expressão da Reforma, o jornal, da mesma maneira, atribuía a retidão etnocêntrica a Bach. Cada aspecto de seu trabalho, Hans Buchner sustentava, veio da "sensibilidade e percepção alemãs" – "a polifonia nórdica alcançou seu apogeu sob a tutela de Bach". Mas não foram os feitos técnicos da música de Bach que os nacional-socialistas enfatizavam primeiramente, pois a virtuosidade musical por si só não era base suficiente para a grandeza étnica. "Nem Bach, o mestre da fuga, nem Bach, o mestre das frases calculadas" tinham importância maior: mas sim o "Bach, o conquistador de almas, cujos temas de beleza nobre, pureza e grandeza de sentimentos faziam a guarda do Reich da música".[146] O que tornou sua música relevante para a mente germânica comum, Buchner argumentou, foi o emprego do "poder do sentimento etnocêntrico para sempre para sintetizar as influências externas e torná-las úteis".[147]

A abordagem do *Völkischer Beobachter* sobre a música de Händel também ressaltava suas ligações com a comunidade do Povo. Para Ludwig K. Mayer – um musicólogo que contribuía regularmente com o jornal nazista e permaneceria ativo após a guerra, publicando ensaios sobre Mozart, Richard Strauss, Pfitzner e a música no século XX em geral –, o trabalho de Händel era "a expressão perfeita do sentimento heroico pela vida". Na verdade, "seu gênio processou as inspirações de seu ego pessoal", mas, no momento em que pegou a caneta, esse ego "ergueu-se dos confins estreitos de sua existência individual e elevou-se aos termos compreensivos do Típico". Nesse sentido, Händel "sempre falou para a comunidade, para a *Volksgemeinschaft* [comunidade popular]". Os nazistas, "tentando alcançar um novo ideal de *Gemeinschaftsmusik* [comunidade musical], encontrariam seu modelo em Händel e em suas grandes obras orquestrais e oratórios".[148]

O *Völkischer Beobachter* enxergava também na música de Mozart uma qualidade etnocêntrica subjacente que a tornava relevante para a cultura nacional-socialista, suplementando sua suposta origem germânica, até patriótica. O que afetava os nazistas acima de tudo era "sua possibilidade de ser cantada – seu caráter melódico", segundo Viktor Junk. Por esse motivo, nunca poderia se tornar obsoleta, pois estava assentada na "base primordial da música". As melodias mais simples

---

146 "Münchner Bachfest 1935: I. Abend", *Völkischer Beobachter*, 6 de abril de 1935.
147 BUCHNER, H. "Joh. Sebastian Bach", *Völkischer Beobachter*, 29 de junho de 1923.
148 MAYER, L. K. "Georg Friedrich Händel: Zu seinem 175. Todestage", *Völkischer Beobachter,* 14 de abril de 1934. Ver DENNIS, D. B. "Honor Your German Masters: The Use and Abuse of 'Classical' Composers in Nazi Propaganda".

continham a "força vital da música": é por isso que a música de Mozart "mexia até mesmo com as pessoas mais simples; ela não era endereçada aos especialistas". Assim, uma música de Mozart como *Komm, lieber Mai, und mache die Bäume wieder grün* (Venha, querido maio, e faça as árvores crescerem verdes novamente) pode tornar-se uma "*Volkslied*" (canção popular)".[149] O esforço nazista para tirar Mozart do domínio das elites culturais continuou, com a referência ao *Rapto do Serralho* (1782). Nisso, pensou Erwin Voelsing – um crítico musical que trabalhou para o *Amt Rosenberg*[150] –, Mozart formulou um "estilo de música alemão, apesar do elemento bufão italiano e da aparente influência da ópera cômica francesa". Essa tendência etnocêntrica na arte de Mozart culminou na *Flauta mágica* (1791), em que o "ímpeto nacional alemão da obra", especialmente as melodias de Papageno, era "dominado pela tradição popular das cantigas [*Singspiel*] vienenses – portanto, fortemente colorido pelas influências locais".[151]

Em se tratando do contemporâneo literário de Mozart, Friedrich Schiller (1759-1805), Karl Berger – que tinha produzido uma biografia de dois volumes do poeta antes da Primeira Guerra e que contribuiu para o *Völkischer Beobachter* a partir de 1931[152] – reforçou uma visão etnocêntrica de suas obras como "dramas políticos realistas que atacavam os problemas do mundo alemão sob um regime despótico e exigia um ato de abnegação no interesse do Povo".[153] Para Berger, o poeta de *Os Ladrões* (1781) evidenciava um espírito "direcionado ao mundo sociopolítico, às pessoas muito ocupadas com a vida pública e à força de uma vontade que estava pronta para a batalha e a abnegação – que recebia ferimentos e sofria com dores junto com os gemidos do Povo, escravizado por déspotas". *Os Ladrões* era um "ataque devastador ao estado de coisas corrompido da época, os erros de sua visão de mundo, seus crimes sociais e políticos – sobre os males sempre recorrentes cometidos tanto contra os indivíduos quanto contra o Povo inteiro, arbitrariamente, e sob pressão de interesses específicos". Com isso, Schiller declarava

---

149 JUNK, V. "Genie des Schaffens", *Völkischer Beobachter*, 29 de novembro de 1941.
150 O *Amt Rosenberg* era o "escritório para a supervisão ideológica do partido" de Rosenberg, como descrito em PETROPOULOS, J. *The Faustian Bargain*, p. 113.
151 VOELSING, E. "Die Idee einer Nationaloper", *Völkischer Beobachter*, 26 de fevereiro de 1945.
152 KÖHLER, G. "Kunstanschauung und Kunstkritik", p. 27.
153 BERGER, K. "Die Uraufführung von Schillers *Räubern* vor 150 Jahren", *Völkischer Beobachter*, 13 de janeiro de 1932.

guerra contra "os estupradores do Povo e destruidores da justiça". Nenhuma outra poesia alemã fez mais para "a liberação do jugo da servidão" que o primeiro drama de Schiller. Que a peça clamava por "libertação legítima" era claro, pois seu herói, Karl Moor, "estabeleceu os direitos de muitos acima dos de indivíduos". O plano de vingança e justiça de Moor, segundo Berger, parecia antecipar o que aconteceria uma década depois nas ruas de Paris: a "revolução anárquica com sua injustiça, erros e seu destino trágico". Em seu primeiro trabalho, portanto, Schiller provou-se um "poeta profético" que "não se prendeu à ideologia revolucionária".[154]

Para Robert Krötz – que atuaria como correspondente e historiador de guerra para a *Schutzstaffel* (SS) –, o núcleo dos trabalhos dramáticos era a "relação entre o indivíduo e a comunidade". Com base nessa visão, as obras tinham "um novo significado" para os nazistas. Em Wallenstein (1799), um "homem criativo foi representado alcançando além dos limites do indivíduo reprimido para dentro do mundo social da ordem estatal". Mas ele nunca desenvolveu um "senso de comunidade completo". Na "colisão entre esses dois interesses, ele se quebrou, pois mesmo a mais fraca estrutura comunitária é mais forte do que um indivíduo sem laços". Esse, de acordo com Krötz, "era o ponto de Schiller e estava de fato muito próximo de nós", isto é, das ideias do nazismo.[155]

Da mesma maneira, analisou Albrecht Adam, *Maria Stuart* (1800) expressa uma "vontade heroica de morrer" e *A Donzela de Orleans* (1801) "lidera seu Povo à liberdade em face de um poder supremo". Aí veio *Guilherme Tell*. Finalizado entre 1803 e 1804, apareceu em uma "hora desafortunada" e por isso esse "drama da liberdade do Povo" não recebeu a atenção que merecia, exceto na Prússia. Depois disso, os guerreiros de *Guilherme Tell* tornaram-se símbolos, "conclamando o povo alemão por diversas vezes para agir na hora do sofrimento nacional, seguindo seu ardente exemplo".[156]

---

154 BERGER, K. "Die Uraufführung von Schillers *Räubern* vor 150 Jahren". Para uma discussão sobre a recepção de Schiller no Terceiro Reich, ver KOEPKE, W. "The Reception of Schiller in the Twentieth Century", in MARTINSON, S. D. (ed.) *A Companion to the Works of Friedrich Schiller* (Rochester, NY: Camden House, 2005), p. 276-279 e LONDON, J. *Theatre under the Nazis* (Manchester University Press, 2000), p. 26-38.
155 KRÖTZ, R. "Wir Jungen und Schiller: Zu seinem 175. Geburtstag", *Völkischer Beobachter*, 18 de novembro de 1934.
156 ADAM, A. "Das Faustische und das Heroische: Ein Gespräch vor 140 Jahren und der Freundschaftsbund zwischen Goethe und Schiller", *Völkischer Beobachter*, 20 de julho de 1934.

Por fim, acrescentou F. O. H. Schulz – que produziu literatura antissemita, incluindo um livro para o Institute for the Study of the Jewish Question – o "Povo Alemão veio a reconhecer o que possuía nesse trabalho de amor pela terra natal fundamentado na vontade divina" e *Guilherme Tell* tornou-se uma "música sagrada de amor patriótico, recebida pelo Povo alemão com júbilo indescritível como arma moral contra as conquistas do Corso". Meio século antes de Fichte fazer seus Discursos à nação alemã, Schulz adicionou, Schiller gritava, em *Guilherme Tell*:

*Quão potente é a força da pátria (...)*
*Ó, aprende a perceber a que tribo pertences!*

Ao escrever essas linhas, Schiller emergiu como uma voz da unificação e do nacionalismo alemães contra Napoleão.[157] Um século depois, Robert Krötz afirmou, "qualquer um poderia ler suas obras para entender os pensamentos nacional-socialistas sobre os mesmos temas".[158]

Para a articulação da natureza etnocêntrica do trabalho de Richard Wagner, o jornal teve apenas de recorrer ao discurso de Josef Goebbels no 50º aniversário da morte do compositor em 1933. Depois de uma apresentação no festival de Bayreuth, Goebbels transmitiu à nação que o *Meistersinger* era a "encarnação do espírito popular [*Volkstum*]". Nele estava contido "tudo o que marcava e preenchia a alma alemã". Era uma combinação engenhosa da "melancolia, romance, orgulho, diligência e do humor alemães, sobre o qual é dito que se pode 'rir com um olho e chorar com o outro'". Era uma imagem da cordial e positiva Renascença alemã", saindo de uma posição "amarga, puramente trágica, apesar de triunfante em seu júbilo musical, para o *pathos* sônico de uma estrondosa festa popular". Nunca a "fragrância de uma noite de verão alemã tinha sido tão ternamente representada na música" como em seu segundo ato. Nunca a "tragédia de um homem idoso apaixonado – rindo apesar da melancolia da renúncia – encontrou uma expressão tão transfigurada" como no monólogo *Wahn* de Hans Sachs. Nunca o "clamor do Povo soou tão excitante e emocionante" como nos primeiros acordes do refrão de *Wacht auf*. A arte de Wagner era

---

157 SCHULTZ, F. O. H. "Schillers Weg zur deutschen Freiheit", *Völkischer Beobachter*, 11 de abril de 1943.
158 KRÖTZ, R. "Wir Jungen und Schiller: Zu seinem 175. Geburtstag" *Völkischer Beobachter*, 20 de julho de 1943.

"escrita para o Povo: ela daria ao Povo conforto em sua miséria e força em seu sofrimento; era um bálsamo para as almas cheias de dor e pesar; era uma arte saudável em seu sentido mais íntimo; ela podia curar as pessoas ao lembrá-las das fontes originais de sua própria existência". Em suma, Goebbels alegava que a música de Wagner "sobressaia a todas as outras, como a mais alemã de todas".[159]

---

[159] "Richard Wagner und das Kunstempfinden unserer Zeit: Rundfunkrede von Reichsminister Dr. Goebbels", *Völkischer Beobachter*, 8 de agosto de 1933. Para saber mais sobre as visões nazistas de *Die Meistersinger*, ver DENNIS, D. B. *The Most German of all German Operas*.

# 3

# A Tradição Ocidental Política e Patriótica

Walter Benjamin escreveu: "o resultado lógico do fascismo é uma estetização da vida política".[160] Mas, como visto nas estratégias dos ideólogos nazistas, pode-se argumentar que o oposto também era verdade: que o fascismo como foi praticado também contribuiu para politizar a cultura artística. Logo, além de atestar que as figuras favoritas da história cultural ocidental tinham origem germânica e definitivamente não judaica e de cunho popular e não urbano, os propagandistas nazistas também contestaram noções de arte pela arte ao promover a visão de que o impulso criativo primordial era tanto político – especialmente nacionalista e patriótico – quanto artístico.[161] Hitler

---

160 BENJAMIN, W. *The Work of Art in the Age of Its Technological Reproducibility* (Cambridge, MA: Harvard University Press, 2008), p. 41.

161 Mais uma vez, essa ênfase na arte para fins estatais ou partidários tinha raízes mais antigas no discurso cultural alemão: "O artístico e o político fundiram-se no nacionalismo. Definido como verdadeiramente criativo, o artístico tornou-se político. A criatividade artística para o movimento nacionalista alemão não era apenas uma expressão da natureza interna do homem, mas ajudava também a dar forma à massa amorfa por meio de símbolos e festivais públicos (...) A política e a vida devem penetrar uma à outra e isso significa que todas as

contribuiu para a politização da história da arte em várias ocasiões. Embora ele concordasse que "a arte tem sido, a todo o momento, a expressão de uma experiência ideológica e religiosa", insistia que era, "ao mesmo tempo, a expressão de uma vontade política".[162] Para ele, "toda grande arte é nacional (...) Grandes músicos, como Beethoven, Mozart e Bach, criaram uma música alemã que era profundamente arraigada no centro do espírito e mente alemães (...) Isso valia também para os escultores alemães, pintores e arquitetos".[163] Na abertura da Câmara de Cultura do Reich em 1933, Joseph Goebbels expandiu essa visão sobre o verdadeiro artista engajado na política de seu tempo:

> *As revoluções nunca se limitam ao que é puramente político. Elas alcançam todas as áreas da interação humana. Ciência e arte não permanecem incólumes. Entendemos a política em um senso mais elevado (...) mesmo o criador – especialmente ele – foi trazido para o vórtice dos eventos revolucionários. Ele só se ergue para seu tempo e suas tarefas se ele não ficar contente em deixar passivamente a revolução se desdobrar, mas quando ele ativamente intervém nela, com consciência a afirma, adota seu ritmo e faz das metas as suas próprias. Em suma: se ele marcha não na retaguarda, mas na vanguarda".*[164]

---

formas da vida se politizaram. A literatura, a arte, a arquitetura e mesmo nosso ambiente são vistos como símbolos de nossa atitude política": MOSSE, G. L. *The Nationalization of the Masses: Political Symbolism and Mass Movements in Germany from the Napoleonic Wars through the Third Reich* (New York: Howard Fertig, 1975), p. 15 e 215. Mais recentemente, Huener e Nicosia escreveram que "Hitler e seus seguidores passaram a entender a cultura alemã e o papel das artes principalmente em termos políticos. Especificamente, eles acreditavam que era responsabilidade do partido e do Estado resgatar a cultura alemã": HUENER e NICOSIA (eds.), *The Arts in Nazi Germany*, p. 2.

162 HITLER, A. Nürnberg Speech, 11 de setembro de 1935, relatado no *Deutsche Allgemeine Zeitung*, 13 de setembro de 1955, apud ADAM, P. *Art of the Third Reich* (New York: Harry N. Abrams, 1992), p. 9.

163 HITLER, A. Nürnberg Speech, janeiro de 1923, apud SPOTTS, F. *Hitler and the Power of Aesthetics* (New York: Overlook Press, 2003), p. 17.

164 GOEBBELS J. "Die Deutsche Kultur vor neuen Aufgaben", Berlim, Grosser Saal der Philharmonie, Eröffnung der Reichskulturkammer, 15 de novembro de 1933, in *Goebbels-Reden, Band* 1: 1932-1939, ed. Helmut Heiber (Düsseldorf: Droste Verlag, 1971), p. 132. Ver STEINWEIS, *Art, Ideology, and Economics in Nazi Germany: The Reich Chambers of Music, Theater, and the Visual Arts* (Chapel Hill, NC: University of North Carolina Press, 1993), p. 22, para saber mais sobre a rejeição de Goebbels da "noção liberal" da arte pela arte.

Então, outro ditado central da história cultural nazificada promovida pelo *Völkischer Beobachter* era que as grandes obras da tradição ocidental foram politicamente inspiradas, especialmente no espírito do patriotismo e do nacionalismo, como se esses conceitos tivessem sido relevantes para qualquer contexto histórico.

Para os ideólogos escrevendo para o jornal, a relativa falta de informação histórica sobre uma figura alemã medieval deixou uma brecha conveniente para o inicio da produção de mitos nacionalistas. Para estabelecer as raízes da literatura e música populares, o *Völkischer Beobachter* recorreu ao lendário trovador [*minnesinger*] Walther von der Vogelweide (c. 1170-1230). Johann Georg Sprengel, um importante germanista – autor de livros de teor nacionalista sobre a ideia do estado na poesia alemã desde a Idade Média, bem como numerosos trabalhos que clamavam por uma reforma educacional orientada politicamente na Alemanha pós-guerra –, caracterizou Vogelweide como um primeiro expoente da "razão de Estado alemã" [*Staatsgedank*]. Sem mencionar a escassez de informações biográficas confiáveis sobre Vogelweide (uma circunstância que permitiu que diferentes lugares reclamassem para si sua nacionalidade, como austríacos, tiroleses e bávaros), Sprengel estava convencido da natureza e importância do trovador alemão. De acordo com Sprengel, Vogelweide era um "puro poeta lírico alemão", a "primeira flor da arte lírica alemã que nasceu do solo da cavalaria". Antecipando a "estética romântica", Vogelweide "agarrava a vida de dentro para fora" e media seus reais valores "de acordo com sentimentos do mundo genuinamente alemães". Mas, em vez de encontrar importância na obra de Vogelweide por sua expressão de paixão pessoal, Sprengel celebrou Vogelweide como o primeiro poeta que "louvou a Alemanha acima de tudo no mundo". As canções de amor de Vogelweide, que revolucionaram a poesia de corte cavalheiresca, foram amplamente ignoradas. Sprengel concentrou-se mais nos versos nos quais ele alega que Vogelweide estabeleceu sua reputação como "um arauto entusiasta do espírito da terra natal", principalmente aqueles que foram supostamente incorporados ao hino nacional alemão moderno.[165]

O *Völkischer Beobachter* reconheceu o lirismo pastoral das outras músicas de Vogelweide, afirmando em outros artigos que marcavam os 700 anos da morte de Vogelweide, em 1930, que todo o espírito germânico deveria homenagear esse "cantor brilhante" da era Hohenstaufen. Em particular, ele deveria ser homenageado, segundo o jornal, no

---

165 SPRENGEL, J. "Herr Walther von der Vogelweide", *Völkischer Beobachter*, 17 de abril de 1930.

Lusamgärtlein de Würzburg, onde Vogelweide foi enterrado e o "cheiro de contos de fadas ainda sopra maravilhosamente" (tirado de uma canção de Vogelweide: *vom Duft des Märchens wundersam umwehten*); mas poderia ter sido em Wartburg, Viena ou no Tirol – "em todo lugar onde a língua alemã ecoa" – em escolas, em círculos literários e musicais e no movimento juvenil alemão, todos pensariam nele com júbilo: ele era, dizia o jornal, o santo padroeiro dos poetas, cantores, músicos, do *Wandervögel*, os amantes de pássaros e o mês de maio. Mesmo assim, os editores não deixaram dúvidas de que o único feito que rendeu a esse trovador um lugar em Walhalla como um "grande homem da nação alemã", cuja arte ressoava no futuro alemão, deveria ser o "cantor da primeira Canção da Alemanha" – *Deutschlandlied* –, a inspiração para o que se tornaria o hino nacional alemão moderno.[166]

Quatro anos após o sétimo centenário de Vogelweide e alguns meses após o partido nazista assumir o poder na Alemanha, o *Völkischer Beobachter* afirmou mais uma vez que as canções medievais de Vogelweide ressoariam no futuro alemão como os nazistas tinham vislumbrado. Quaisquer reservas anteriores sobre a invocação do nome de Vogelweide eram deixadas de lado por um regime político e cultural que forçosamente considerava a exortação do *Meistersinger* de Wagner como "homenagem a seus mestres alemães". Ao escrever sobre a República de Weimar, o poeta Franz Langheinrich reclamou que parecia desanimador falar sobre música e poesia alemãs em um ambiente onde "figurões de corações gélidos" ridicularizavam as músicas alemãs como "pontadas pessoais da alma". Mas, no outono de 1934, na "cálida manhã do renascimento da terra natal", a Lied [canção alemã] renascia para uma nova vida. As celebrações inaugurais do governo nazista marcando a "prontidão de determinadas classes" foi consagrada por canções que vieram de "jovens corações" e "antigas fontes". Após uma breve referência às suas outras obras, Langheinrich então anunciou o que já tinha sido dito sobre Vogelweide: "o mais importante é que as estrofes do hino nacional alemão [*Deutschlandlied*] vieram de uma das mais velhas dessas *Lieder*". Com isso, Langheinrich continou resumindo a ligação entre Vogelweide e o hino nacional. Em 1841, Langheinrich propôs que Heinrich August Hoffman von Fallersleben encontrou o texto de Vogelweide na Liederborn da Idade Média e "o chamou para uma vida nova após um sono de muitos séculos". Logo, tratava-se "do maior cantor da Idade Média, do primeiro poeta alemão, cujas músi-

---

166 "Lusamrosen auf das Grab Herrn Walthers von der Vogelweide", *Völkischer Beobachter*, 17 de abril de 1930.

cas soavam como um elogio ao Reich" e que escreveu o texto original da *Deutschlandlied*. Langheinrich até reconheceu que Vogelweide "ascendeu como uma totalidade poética esplêndida": sete séculos depois, suas outras trovas ainda comoviam os alemães com seu "frescor original, naturalidade e beleza"; sua "poesia religiosa e reflexiva" continha os elementos mais profundos que sua era conseguia juntar da experiência humana. Mas, acima de tudo, suas "músicas políticas e dizeres, cheios de poder e grandeza de luta para a glória do Reich", que permaneciam vivas na era nazista. Mais uma vez, Vogelweide era "mais importante por dar ao povo alemão o texto original da canção de sua terra natal [*Vaterlandlied*]".[167]

Por enfatizar repetidas vezes a natureza política da poesia de Vogelweide para ligá-la com a "razão de Estado" que Sprengel julgou essencial para a literatura alemã medieval e além, o jornal subjugou sua "poesia reflectiva, religiosa e de amor". Mas, em sua atribuição intensiva das palavras da "Canção dos alemães" [*Lied der Deutschen*][168] a Vogelweide, colaboradores como Langheinrich também não apontaram que Hoffman von Fallersleben (1798-1874) selecionou somente a segunda estrofe do que se tornou o hino nacional alemão da canção de Vogelweide, e até esta era apenas grosseiramente baseada no original:

> *Mulheres alemãs, lealdade alemã,*
> *Vinho alemão e a canção alemã*
> *Devem continuar sendo vistas*
> *Com alta estima por todo o mundo,*
> *E nos inspirar a feitos nobres*
> *Por todas as nossas vidas.*
> *Mulheres alemãs, lealdade alemã,*
> *Vinho alemão e a canção alemã!*

Seja como for que se escolha ver a controversa primeira estrofe da *Deutschlandlied*, não foi Vogelweide que louvou a Alemanha acima de tudo no mundo, mas Hoffmann von Fallersleben.[169] De uma perspectiva medieval – seja austríaca, tirolesa ou boêmia –, o trovador medieval

---

167 LANGHEINRICH, F. "Herr Walther von der Vogelweide", *Völkischer Beobachter*, 21 de outubro de 1934.
168 A Deutschlandlied é também referida como a *Lied der Deutschen* [Canção dos alemães].
169 Para uma discussão sobre as atitudes nazistas em relação à *Lied der Deutschen de Fallersleben*, ver HERMAND, J. "On the History of the *Deutschlandlied*", in APPLEGATE e POTTER (eds.), *Music and German National Identity*, p. 251-268.

louvava as mulheres, a lealdade, o vinho e a canção de sua cultura, mas não uma concepção geográfica de algo que se tornaria a nação alemã.

Cronologicamente a primeira grande figura cultural descrita pelo *Völkischer Beobachter* como um Super-Homem [*Übermensch*] foi Dante Aligheri (1265-1321). Na medida em que esse termo foi cada vez mais utilizado pelos nazistas, a base para a atribuição de tais qualidades para Dante não foi originalmente seu trabalho criativo. Mais importante aqui era a experiência social e política de Dante na Florença durante sua vida. Sugerindo similaridades entre a instabilidade da política florentina da Baixa Idade Média – com lutas constantes entre gibelinos e guelfos brancos e negros – e as complexidades da política republicana de Weimar, o jornal argumentou que a posição política de Dante compartilhava algumas características com o patriotismo conservador moderno. Como *Übermensch*, a principal fonte de sofrimento que Dante teve de superar foi o exílio forçado de sua terra. A menção feita pelo *Völkischer Beobachter* salientava que "ondas poderosas de tristeza e saudades de casa" marcavam sua poesia como resultado. Não o amor platônico por Beatriz, mas sim uma luta política era a força principal por trás de sua escrita. Contra as "forças de desordem que assolavam sua existência pessoal", Dante propôs instituições fortes e estabilizadoras: a paternidade, o clã, a família. Estas, de acordo com o jornal, eram "as raízes fortes dos poderes artísticos e humanos – tanto de tristeza quanto de júbilo".[170]

Defendendo as generalizações sobre os sentimentos patrióticos em Dante, o *Völkischer Beobachter* delineou atributos comuns entre suas visões políticas e a perspectiva da direita alemã. A meta expressa de um artigo de 1940 intitulado "Dante e a ideia imperial" era extrair as "ideias etnocêntricas" de Dante de suas experiências como um homem de seu tempo. Acima de tudo, o artigo continuava, Dante "ansiava pela estabilidade" criando hipóteses sobre uma nova ordem política. As guerras de seu tempo causaram nele o desejo por mudança, mas, em vez de pegar em armas, ele decidiu manter-se em uma "batalha das ideias". Contra uma premissa medieval que datava de Augustino – de que o papado representava o poder irrefutável em um mundo sob o qual a humanidade deveria unir-se –, Dante oferecia a "ideia nova do Estado que está acima da Igreja". Ao fazer isso, ele se deslocava a uma concepção moderna do Estado laico, não divino em si, mas "santificado enfim pela espiritualidade do nacionalismo". Na época, o *Völkischer*

---

170 ARTZEN-SCHMITZ, "Der Meister der italienischen Hochrenaissance: Ein Lebensbild Michelangelos".

*Beobachter* comentou, essa noção ainda era uma concepção essencialmente mística e utópica. Mas, revendo agora, "da perspectiva etnocêntrica" Dante tinha visto o futuro em virtude de uma "intuição correta, atemporal e universal". Daí em diante, suas ideias penetraram "nos espíritos de seu tempo e da posteridade". Esta era a importância de Dante para os nazistas: não como o maior poeta-teólogo medieval, mas como o primeiro na fila dos profetas que previram a evolução do Estado etnocêntrico. Como um "pensador impotente sem seguidores", ele teve de publicar essas ideias na *Divina Comédia* sem atuar sobre elas. Entretanto, o jornal subentendia que suas intuições eram finalmente postas em prática na Itália e Alemanha do século XX.[171]

De acordo com o *Völkischer Beobachter*, o próximo farol a irradiar as ideias nacional-etnocêntricas pela tradição ocidental de pensamento político foi Nicolau Maquiavel (1469-1527). O jornal analisou intensivamente o catecismo político de Maquiavel em busca dos elementos relativos à situação da Alemanha moderna. Estratégias cruéis contra os inimigos internos e externos eram tidas como comuns entre "Maquiavel e nós". Suas palavras pareciam "advertir a Alemanha contemporânea", afirmou Z. L. Schember: alguém deveria "usar as armas de seus inimigos contra ele", escreveu Maquiavel, "superando-o em seu uso voltado para sua destruição". Acima de tudo, Schember gostava do *Razão de Estado* de Maquiavel: com um único e poderoso movimento, ele "libertou a ciência política da teologia e da jurisprudência", e a publicou como um campo independente. Colocando a *Realpolitik* de Maquiavel em suas próprias palavras, o *Völkischer Beobachter* afirmou que o Estado era um fim em si mesmo: "tudo tinha de ser subserviente a ele, incluindo a moralidade e a religião". Mais atentamente, Schember procurava uma justificativa para as políticas contra os inimigos *internos*, recorrendo a *Discursos* sobre a primeira década de Tito Lívio, do qual ele citou: "quando se trata de uma questão de sobrevivência da pátria, não se pode perguntar o que é justo ou injusto, o que é misericordioso ou cruel, o que é louvável ou desprezível; todas as outras considerações devem recuar diante da determinação de salvar a vida da pátria e manter sua liberdade".[172] Para os nazistas, escreveu Schember, a voz de Maquiavel "erguia-se mais uma vez, carregada de responsabilidade", como a voz de um juiz decidindo sobre a vida e a morte, em

---

171 W., P. S. "Dante und die imperiale Idee", *Völkischer Beobachter*, 19 de dezembro de 1940. Para saber mais sobre as interpretações nazistas de Dante, ver LANSING, R. H. e BAROLINI, T. (eds.) *The Dante Encyclopedia* (New York: Garland, 2000), p. 435.
172 MAQUIAVEL, N. *Discourses on Livy*, Book III, cap. 41.

que "nem piedade nem qualquer recurso" teriam qualquer influência. "Afiada e fria como uma espada, essa mensagem impiedosa cortava o coração alemão: quem quer que se mostrasse um inimigo da terra natal, em pensamento ou ação, deve ser tratado como patricida".[173] Como avaliado por Friedrich Meinecke não muito antes da publicação do artigo de Schember, o que quer que a tradição da *Razão de Estado* de Maquiavel tinha forjado por eras, as alusões do *Völkischer Beobachter* de fato marcaram o começo de uma fase infame, livre da teologia e da jurisprudência. Aqui o jornal estipulava a razão de Estado justificando o uso de ganchos, fios e guilhotinas em lugares como a prisão de Plötzensee e outros locais onde, seguramente, nem piedade nem recurso tinham qualquer influência.

Seguindo essa visão impiedosa sobre as ideias da Renascença, a discussão sobre Martinho Lutero (1483-1546) no *Völkischer Beobachter* foi marcada por uma linguagem militar evidente em títulos de artigo como "Lutero em guerra contra o papado", "A batalha decisiva" e, o mais revelador, "A luta de Lutero contra os judeus". O jornal nazista descrevia Lutero como motivado primeiramente pelo impulso patriótico germânico, fazendo dele um "herói alemão da fé", cuja obra de vida foi voltada para o "desenvolvimento cultural e espiritual do Povo Alemão".[174] Por meio de sua cobertura, o jornal seguiu uma linha nacionalista expressa por Wilhelm Frick, o ministro nazista do interior, em Wittenberg, nos 450 anos do nascimento de Lutero em 1933: Lutero tinha se tornado uma "força global", mas só porque ele era "alemão com todas as fibras de seu coração e cada vibração de sua alma: 'Eu nasci para meus alemães e os servirei' – essas foram suas palavras, foi isso que ele quis dizer".[175]

Ao reproduzir e concentrar-se em algumas das afirmações mais emblemáticas de "Contra o papado em Roma",[176] o *Völkischer Beobachter*

---

173 SCHEMBER, Z. L. "Machiavelli, der Katecht der Könige und Wir", *Völkischer Beobachter*, 30 de maio de 1926.
174 "Dr. Martin Luther, ein deutscher Glaubensheld", *Völkischer Beobachter*, 11 de novembro de 1930. Apesar de ainda não existir uma análise completa da recepção de Lutero na cultura nazista, HESCHEL, Susannah, *The Aryan Jesus: Christian Theologians and the Bible in Nazi Germany* (Princeton University Press, 2008), é uma publicação importante.
175 "Luthers Persönlichkeit ist eine Weltmacht geworden", *Völkischer Beobachter*, 12 de setembro de 1933.
176 "Lutherworte", *Völkischer Beobachter*, 11 de outubro de 1926. "Agora faz 24 anos desde que o primeiro *Reichstag* sob o imperador Carlos foi realizado em Worms no qual eu estive diante do imperador e do Império inteiro. Naquele *Reichstag* todas as classes do Império queriam que sua majestade imperial trabalhasse com o papa para criar e manter um

articulou uma tendência de interpretar a mensagem de Lutero como completamente alemã, até o ponto de distinguir o Luteranismo da tradição judaico-cristã. Com "clareza para não ser mal-entendido", escreveu Adolf Hösel, Lutero desafiou a fé na infalibilidade do papa: voltou-se contra o "trabalho demoníaco" da idolatria, da venda de indulgências e outros abusos cometidos pela Igreja Católica. Mas o mais importante para Hösel era que as ações de Lutero constituíam um "chamado para os povos nórdicos da Europa para sacudir a maldição de uma espiritualidade racialmente estrangeira que pesava sobre eles desde a deflagração do Cristianismo romano e para seguirem a formação de suas relações internas com Deus à sua própria maneira".[177]

Karl Bornhausen, líder do *Kampfbund für Deutsche Kultur* (Liga de Combate pela Cultura Alemã) na Silésia e patrocinador de um "Cristianismo alemão sem igreja", forçou a aceitação de Lutero pelo *Völkischer Beobachter* ainda mais na direção de uma interpretação cristã-germânica. Depois de expressar espanto com o fato de a competência bíblica de Lutero significar que ele sabia hebraico, bem como outras línguas antigas, Bornhausen assume uma posição extrema: "Ninguém mais poderia dizer que os alemães derivam sua fé da Palestina" porque "o senhor Jesus veio a Lutero e falou alemão com ele com tanto prazer que Lutero não pôde fazer nada além de deixar o amor e a bondade do Bendito soar na língua e no ser alemão". Logo, o alemão era "a língua da religião" e é por isso que "alguém deveria então ser um cristão ou nada". Os alemães então tinham de obedecer "à ordem áspera – sacrificar sua vida pelo Povo – assim que aderissem a esse comando de amor, dando trabalho e serviço aos seus irmãos com júbilo" de Lutero. Ademais, eles tinham de ficar ao seu lado quando ele "atingiu a economia internacional do ouro e advertiu para que não danificassem suas almas na busca por Mamom".[178]

---

conselho cristão comum e livre [isto é, reformar a Igreja] nas terras alemãs ou um conselho nacional [isto é, um que reformasse a Igreja na Alemanha, mesmo se não estivesse acarretando mudanças fora dela], o qual o caríssimo imperador teria diligentemente feito, exceto pelo papa não querê-lo; assim, por 24 anos essas três palavras foram continuamente ditas: um conselho livre e cristão em terras alemãs. Essas três palavras, livre, cristão e alemão são, para o papa e os romanistas, nada além de veneno, morte, o Diabo e o inferno: ele não aguenta vê-los ou ouvi-los: nenhum sucesso será obtido disso, isso é certo" (*Wider das Papsttum in Rom 1545*, IV, p. 124. Tradução de Robert Bast).

177 HÖSEL, A. "Luther im Kampf gegen das Papstum", *Völkischer Beobachter*, 25 de fevereiro de 1937.

178 BORNHAUSEN, K. "Martin Luthers deutsche Sendung", *Völkischer Beobachter*, 1º de novembro de 1933.

Como Bornhausen argumentou, defender essa posição significava separar Lutero não só de Roma, mas da própria "tradição bíblica hebraica", e o *Völkischer Beobachter* tentou fazer isso, afirmando em um resumo das visões de Alfred Rosenberg que era "cientificamente negligente chamar Lutero de um mero 'Homem com uma Bíblia'". Para Rosenberg, estava claro que a "crença germânica de Deus como amigo" (*Freundgottglaube*) era viva em Lutero e suas crenças causavam nele "pensamentos escrupulosos e blasfemos sobre o 'Deus da Bíblia'". Esses pensamentos desapareceram só quando ele não via mais a Bíblia em oposição a suas "preconcepções religiosas alemãs-germânicas". Como Rosenberg disse "corretamente", segundo o jornal, o "protesto germânico contra as concepções religiosas do leste de Roma manifestaram-se em Lutero". Todas as interpretações são "determinadas pelo sangue e raça de quem interpreta", argumentou Rosenberg, e por isso a interpretação bíblica de Lutero era germânica, não uma versão judaico-cristã para a qual "os nazistas pudessem se deslocar".[179]

Enquanto explorava as diferenças entre os protestantes alemães que davam apoio a Hitler, os *Deutsche Christen* (cristãos alemães) e os defensores do Cristianismo alemão, envolto sem controvérsias teológicas, e o *Völkischer Beobachter* eram completamente coerentes em seu tratamento de dois temas em particular: a formalização da língua alemã feita por Lutero e seu cruel antissemitismo, que será explorado a seguir. A respeito do primeiro, o jornal descreveu a tradução da Bíblia feita por Lutero como a obra que deu ao Povo alemão "a linguagem alemã unificada que Lutero desejava".[180] Assim, então, o *Völkischer Beobachter* apoiava o ponto de vista de Frick de que foi Lutero quem permitiu à Alemanha "expressar mais uma vez o melhor de seus pensamentos não com tons emprestados, mas com a força original do legado linguístico germânico". Como resultado, a língua alemã foi "eternamente marcada com a estampa da majestade" e, por isso, "a arte sacra germânica cresceu de raízes religiosas". Frick exortou: "não se esqueça, ó Povo da Reforma, o que Lutero lhes deu!". Os alemães deveriam estar gratos a Lutero como "o desbravador para toda a vida da nação, que lhes deu o eterno lema que podia ser aplicado na era nazista como nunca antes: 'Apesar de a terra estar repleta de demônios, (...) o reino permaneceu nosso'".[181]

---

179 "Rosenberg und Martin Luther", *Völkischer Beobachter*, 13 de fevereiro de 1938.
180 "Dr. Martin Luther, ein deutscher Glaubensheld", *Völkischer Beobachter*, 11 de novembro de 1930.
181 "Luthers Persönlichkeit ist eine Weltmacht geworden", *Völkischer Beobachter*, 12 de setembro de 1933.

O exemplo de todos os temas que o *Völkischer Beobachter* atribuiu aos mestres da Renascença alemã foi Albrecht Dürer. Era importante para o jornal, com a intenção de demonstrar que a Alemanha era uma "cultura mundial", demonstrar que os artistas do Norte ganharam o respeito que alguns grandes artistas do Sul não tinham. O jornal então estava feliz em apontar a admiração de Rafael por Dürer, contando que, assim que Rafael teve a oportunidade de ver algumas xilogravuras e estampas, ele disse: "Realmente, esse mestre superaria a nós todos, se ele tivesse as obras-primas de arte diante dele como nós temos". Sobre a segunda viagem de Dürer para a Itália, o jornal também recordou que Rafael homenageou o mestre alemão ao aceitar um trabalho de suas próprias mãos e dando-lhe um de seus próprios desenhos.[182]

Embora reconhecesse as influências italianas no trabalho e na vida de Dürer, o *Völkischer Beobachter* também se esforçava para provar que ele não obstante permanecia "completamente alemão, em estilo e especialmente em espírito". Para esse fim, o jornal nazista publicou duas vezes uma matéria sobre ficção histórica do jornalista Franz Herwig, que se especializou em histórias de aventura nas guerras dos séculos XVI e XVII. Para a celebração dos 400 anos da morte de Dürer, Herwig representou o artista trabalhando em um estúdio tosco durante uma de suas estadas na Itália. Ele tinha recentemente desfrutado de algum sucesso, então estava satisfeito com "a vida na Itália". Mas, em um momento depois, alguém bateu na porta. Quando ele a abriu, encontrou um velho soldado, fedendo, esfomeado, com ferimentos infeccionados, implorando por uma migalha. Dürer deu ao "velho soldado" um *scudo*, mas então notou pelo sotaque que não se tratava de um italiano e por isso perguntou-lhe sua nacionalidade: "alemão", o velho respondeu, e Dürer respondeu que ele também era alemão. "Foi isso que eu pensei", disse o homem, examinando-o. "Meu Deus, um alemão! Um artista alemão! Mesmo nesse país frívolo!" Enquanto continuava: "Meu bom Deus, eu não vou durar muito tempo. Não posso mais servir; eles nem mesmo precisam de mim; e eu nem quero servir mais. Mas a Alemanha – eu adoraria revê-la novamente. Não faz diferença desejar, pensar. Morrerei em terras estrangeiras. Tudo bem – isso me cai bem. Um joguete do Demônio, esse sou eu. Mas se eu pudesse apenas ver um pedacinho da terra natal, só para que ela pudesse me dizer mais uma vez: 'você me pertence, aqui você está em casa'. Aí eu morreria feliz (...) Ei, tive uma ideia. O Mestre foi tão gentil comigo e é um artista alemão. Eu sou tão estúpido, nem mesmo sei como perguntar e como fazer você entender,

---

182 "Aus Dürers Leben", *Völkischer Beobachter*, 13 de abril de 1928.

mas será que talvez o mestre pudesse me deixar olhar suas pinturas?". E, com isso, ele parou e caiu de joelhos, feridos e trêmulos. "Naturalmente", o artista concedeu diante da solicitação emocionada. E, tendo visto suas pinturas, o soldado parecia completamente transformado. Ele se ergueu com postura, com um "sorriso abençoado", como se estivesse no topo de uma montanha olhando os telhados de sua cidade. "Ah, Mestre, como você me revigorou", disse o servo da pátria, "eu sou um velho esquisito, mas posso ver o que você criou aqui. Os italianos não podem fazer isso!" Com isso, ele olhou o Mestre nos olhos e riu. Depois, quando Dürer estava mais uma vez sozinho,"sentiu um palpitar em seu peito; sentou por bastante tempo, reclamando como uma criança pequena". Aí, vagarosamente, começou a desenhar a imagem de um menino do campo em meio a porcos e estrume, dizendo: "Quero ir para casa ver meu pai!".[183]

Logo, o *Völkischer Beobachter* usou uma ficção – que recomendou como leitura para crianças – para transmitir temas relevantes sobre a recepção de Dürer: apesar de ele ter passado alguns anos na frívola Itália, sofreu com as saudades de casa, principalmente quando observou a dor de um soldado que serviu no exército do Sacro Império Romano-Germânico de Maximiliano I e comunicou sua *Heimatsgefühl* [saudade] com imagens rústicas do povo alemão. Ademais, mesmo quando criados no exterior, suas pinturas eram capazes de preencher os corações alemães com sentimentos apaixonados por sua terra natal, algo que os italianos nunca poderiam entender. De acordo com o *Völkischer Beobachter,* esse patriotismo inicial motivou Dürer a voltar ao Norte a despeito de seus sucessos italianos e, quando lhe ofereceram uma posição mais lucrativa em Veneza, ele recusou "por amor à sua terra natal", Nuremberg. Como ele mesmo disse, "melhor viver modestamente em sua terra natal do que se tornar rico e famoso no exterior".[184] Uma vez lá, o jornal relatou felizmente que Dürer deu "provas para toda a vida" de que ele favorecia a autoridade do imperador alemão Maximiliano I e "até mesmo fez charges de figuras judias" – como em sua representação de "Jesus aos 12 anos no templo" (c. 1494-1497) (figura 3.1) – assegurando que "seu nome e sua arte sobreviveriam enquanto a arte e cultura alemãs existissem".[185] Mas, segundo o *Völkischer Beobachter*, ultrapassar ou superar a tradição greco-latina na arte renascentista era a missão principal cumprida por Dürer. Um grande historiador da arte e cultura,

---

183 HERWIG, F. "Albrecht Dürer in Venedig", *Völkischer Beobachter*, 28 de junho de 1925.
184 "Aus Dürers Leben", *Völkischer Beobachter*, 13 de abril de 1928.
185 SCHLEGEL, F. "Das Leben Albrecht Dürers", *Völkischer Beobachter*, 7 de abril de 1928.

Willy Pastor, coloca o sentido antirromano do artista em termos teológicos: se a Reforma era uma "renovação da essência alemã, a renúncia ao Sul como uma cultura estrangeira aos alemães", então Dürer era uma "força nesse desenvolvimento heroico, uma personalidade de liderança com a mesma importância de Martinho Lutero".[186]

Sinais da germanidade de Dürer podiam ser encontrados tanto em seus trabalhos como em sua biografia – romanceada ou não. Ele foi o "pintor da alma alemã", dizia um artigo comemorativo de 1928: em nenhum outro lugar "o sentimento e a fé alemães eram refletidos com tanta maestria" como em suas xilogravuras.[187] Para justificar suas visões, o jornal recorreu a especialistas como o historiador da arte Hugo Kehrer, cujos trabalhos foram amplamente publicados na década de 1970. Em 1935, Kehrer apresentou o que seria considerada pelo *Völkischer Beobachter* uma "palestra excepcional" sobre os autorretratos de Dürer no encontro da Sociedade de Cultura Nacional-Socialista [*Kunstring der NS-Kulturgemeinde*]. Sua tese era de que os autorretratos eram mais do que uma questão técnica e prática: tratava-se de um "problema, um dos mais profundos da arte de modo geral – e, principalmente, era também um problema nórdico". Agradecendo Kehrer por sua "avaliação profunda", o *Völkischer Beobachter* resumiu seu argumento. Os antigos gregos disseram "conhece-te a ti mesmo", mas a realização desse preceito na arte teve de esperar 2 mil anos – isto é, até Dürer captar sua própria imagem. Houve outros autorretratos antes de seu tempo, nos "autorretratos em assistência" [*Selbstandnis in Assistenz*], em que os artistas representavam a si mesmos entre as figuras secundárias e de fundo. O autorretrato autônomo "feito para seu próprio fim" era raro. Mesmo a Renascença italiana, que levou ao que foi chamado por Burckhardt de "revelação da personalidade", não abordou o problema. Mas "a Renascença alemã foi diferente!". Um artista que aos 13 anos tinha a "necessidade de produzir um autorretrato, para representar-se, como fez Dürer, não o fez como mero exercício técnico, mas como um problema sério que ele tinha de resolver" (figura 3.2). Então, a "linha nórdica de exploração íntima via autorretrato" levou de Dürer a Rembrandt e a Lovis Corinth: revelou-se completamente um "problema nórdico que os outros povos nunca seriam capazes de abordar de qualquer maneira".[188]

---

186 PASTOR, W. "Dürers Ende", *Völkischer Beobachter*, 20 de agosto de 1927.
187 WIEDERMANN, Fritz. "Albrecht Dürers Bedeutung als Festungs-Baumeister", *Völkischer Beobachter*, 7 de abril de 1928.
188 KEHRER, H. "Dürer als Schöpfer des Selbsbildnisses", *Völkischer Beobachter*, 15 de março de 1935.

Figura 3.1 Albrecht Dürer, "Jesus aos 12 anos no templo" (entre 1494-1497), Gemäldegalerie, Dresden, Alemanha.

Passando para outro "grande criador nórdico" da era da Reforma, William Shakespeare, o jornal ressaltava não seu discernimento psicológico, mas sua "consciência histórico-política". Para o *Völkischer Beobachter,* as maiores peças de Shakespeare eram aquelas que, como disse Rudolf Hofmüller, "inspiraram um drama ancorado no desenvolvimento do Estado, em eventos políticos", principalmente "os pontos de referência germânicos na formulação do drama heroico do Estado", incluindo trabalhos como *Götz von Berlichingen* e *Egmont* de Goethe, e *O Príncipe de Homburg* e *A Batalha de Hermann* de Kleist. Shakespeare, o "que mais sacudia as cenas" (*Szenenerschütterer*), criou "modelos inigualáveis do gênero da tragédia política". Suas peças históricas eram o testemunho de um poeta que "considerou os eventos mundiais de acordo com seu significado político". Suas tragédias não

Figura 3.2 Albrecht Dürer, "Autorretrato" (aos 13 anos) (1484).

eram só representações histórico-dramáticas, mas "iluminavam as formas de existência e o fluxo de vida do povo inglês". Em suas peças, "o destino e a luta de um Povo" eram levados adiante com "uma força sem precedentes". Foi isso que mais impressionou os nazistas nos dramas de Shakespeare sobre a história real inglesa: não se tratava de representações sutis dos personagens individuais conduzidos por suas motivações psicologicamente complexas, mas sim uma "representação do desdobramento, no sentido político, de uma cadeia de crimes aparentemente sem direção e testes sangrentos de força". Isso, afirmou o *Völkischer Beobachter*, era "a maior façanha do gênio dramático de Shakespeare".[189]

---

189 HOFMÜLLER, R. "Das politische Drama Shakespeares", *Völkischer Beobachter*, 21 de dezembro de 1936.

A música de Bach também era menos importante para o *Völkischer Beobachter* como expressão pessoal de fé do que como símbolo nacional. A implementação nacional-socialista de Bach incluía minimizar sua importância religiosa e transformá-lo em um herói cultural nacionalista, em vez de um religioso. Hans Buchner buscou essa mudança de conduta nos seguintes termos. Havia referências ao trabalho de Bach como "a encarnação musical do Protestantismo", escreveu Buchner, mas ele tinha alcançado muito mais fora do contexto musical, chegando a representar "o componente musical da cultura do Estado prussiano de Frederico II". Isso dava a "melhor prova de toda a história musical do Ocidente" da possibilidade de "superar o cosmopolitismo artístico com a crença do nacionalismo".[190] Ao referir-se às cantatas de Bach, Wilhelm Hitzig, arquivista da editora Breitkopf & Härtel, que editou importantes coleções de cartas do compositor, bem como uma coleção popular de biografias ilustradas, afirmou que, embora as cantatas fossem essencialmente litúrgicas, era "um erro supor que seu efeito fosse relevante apenas para os ritos da Igreja". O impacto tremendo das cantatas "funcionava profundamente, como parte da liturgia protestante ou não".[191]

Ademais, Buchner sustentou que o renascimento de Bach de meados do século XIX não era um fenômeno originalmente artístico, mas sim um fenômeno nacionalista. Foram as guerras de libertação alemãs e o "surgimento vitorioso de uma visão etnocêntrica da vida" que promoveram o ressurgimento de Bach. "Nacionalista que era", escreveu Buchner, o esforço feito para reviver as obras de um mestre "tão claramente alemão" era natural durante a era dos decretos de Karlsbad.[192] Definitivamente não era o envolvimento de Mendelssohn com o ressurgimento de Bach que interessava aos promotores nazistas da cultura. Em vez disso, eles ressaltavam a interpretação de Bach do seu mestre preferido do século XIX, Richard Wagner, que prefigurou muitos de seus temas favoritos. "Se você quiser ter domínio da originalidade, força e importância maravilhosas do espírito alemão em uma imagem incomparavelmente eloquente", Wagner escreveu e o *Völkischer Beobachter* reproduziu:

---

190 BUCHNER, H. "Joh. Sebastian Bach", *Völkischer Beobachter*, 29 de junho de 1923.
191 HITZIG, W. "200 Bachkantaten im Rundfunk", *Völkischer Beobachter*, 8 de dezembro de 1937.
192 BUCHNER, H. "Joh. Sebastian Bach", *Völkischer Beobachter*, 29 de junho de 1923.

*Você deve olhar firme e longamente para o outrora quase intrigante fenômeno do virtuoso musical, J. S. Bach. Sua história por si só constitui a história do espírito alemão durante um século horripilante, no qual o Povo Alemão estava completamente extinto. De repente aparece essa cabeça alemã, coberta por uma peruca francesa (...) agora pode-se ver o mundo de grandeza inconcebível: [Johann] Sebastian formulou (...) não posso fazer nada além de direcionar sua atenção para essas criações, porque é impossível transmitir por qualquer tipo de análise comparativa sua riqueza, sublimidade e significado universal.*[193]

De acordo com os intérpretes nazistas, Bach reconhecia explicitamente o valor de sua obra para propósitos políticos. O musicólogo Josef Klingenbeck – colaborador regular do *Völkischer Beobachter* que depois se tornaria um especialista em Ignaz Pleyel – citou a afirmação de Bach que "pertence aos deveres políticos de um bom compositor acomodar-se às condições de seu tempo, do local e do público". Seguindo esse comentário, Klingenbeck salienta que os famosos concertos de Brandemburgo de Bach foram "contribuições para a música de concerto para a corte" e que ele escreveu muitas cantatas profanas para ocasiões especiais. Por exemplo, Klingenbeck recordou, ele escreveu a cantata *Du Friedensfürst, Herr Jesu Christ* "em meio às terríveis condições da guerra em 1745", e "não se pode esquecer de que seu sacrifício musical [*Musikalisches Opfer*] devia sua existência à ocasião festiva de uma visita de Frederico, o Grande". Klingenbeck então lembrou que Bach comunicava as intenções politicas por trás de seu trabalho em sua dedicação a essa peça: "todos devem reverenciar e admirar a glória de um monarca que demonstra sua grandeza e força (...) em todas as ciências da paz e guerra, principalmente na música".[194]

Vimos então como o *Völkischer Beobachter* se apropriou de Händel e do Messias como ícones alemães, não britânicos. Além do Messias, os políticos culturais nazistas prestaram atenção especial aos trabalhos de Händel que foram produzidos para festividades nacionais, incluindo

---

193 WAGNER, R. "Was ist Deutsch?", apud GRUNSKY, K. "Ob er schön gewesen.", *Völkischer Beobachter*, 21 de março de 1935.
194 KLINGENBECK, J. "Musik von Heldentum und Seelengrösse", *Völkischer Beobachter*, 14 de julho de 1939.

a *Birthday Ode for Queen Anne*, a *Water Music*, e *Alexander's Feast*.[195] Além disso, Klingenbeck ressaltou que o *Dettlingers Te Deum* "soava esplendidamente como uma obra monumental para a celebração da vitória na batalha de Dettlingen" (27 de março de 1743). Ademais, Händel escreveu uma marcha para o corpo de voluntários de Londres; o oratório *Judas Makkabeus* (1747), uma "vitória musical única, heroica, para uma nação que começa a perceber seu potencial completo"; e *Music for the Royal Fireworks*, que "marcou o fim da guerra civil espanhola".[196] Apesar de limitada, a cobertura dada para a vida e música de Christoph Willibald Gluck (1714-1787) também envolvia uma ênfase sobre a política. Na percepção cultural nazista, Gluck aparecia como o "grande reformador alemão" da ópera. "Nenhum gênio é concebível", dizia o argumento regular do *Völkischer Beobachter*, "sem elos com a nação de onde se origina". Embora "haja nações e raças que, superficialmente, tiveram um presente natural mais imediato para fazer música do que os alemães", Gluck fez "a primeira ruptura, esforçando-se para que essa situação mudasse".[197] Em suas óperas, "a graça francesa e italiana eram emparelhadas com rigor austero – uma virtude alemã". Reconhecendo que Gluck não compôs uma ópera com um texto alemão, o *Völkischer Beobachter* ainda assim sustentou que o compositor era devoto da poesia alemã, principalmente de Goethe e Klopstock, "com quem ele tinha relações pessoais e para quem ele serviu como pioneiro musical". De fato, como apontado pelo jornal, no fim de sua vida ele estava ocupado preparando músicas para o texto *Hermannsschlacht* (A batalha de Hermann), de Klopstock – um ícone do nacionalismo precoce, com o trabalho de Kleist sobre o mesmo tema. Como prova da "consciência nacional" de Klopstock, o *Völkischer Beobachter* constantemente repetia a seguinte história. Em um concerto, ele ouviu um crítico italiano questionar em voz alta se uma "tartaruga tedesca" (tartaruga alemã) poderia escrever boa música. Gluck o confrontou, dizendo: "com sua permissão, senhor, eu também sou a 'tartaruga alemã' e tive a honra de ter escrito a música que foi executada na abertura da Ópera Real". O jornal se vangloriou que, com isso, "o italiano teve de se desculpar e assegurar a Gluck que diante disso ele estava livre dos preconceitos contra os artistas alemães".[198]

---

195 Idem.
196 KLINGENBECK, J. "Musik von Heldentum und Seelengrösse", *Völkischer Beobachter*, 14 de julho de 1939.
197 GOTTRAU, W. "Vom Wesen deutscher Musik", *Völkischer Beobachter*, 27 de setembro de 1931.
198 GRUNSKY, K. "Der deutsche Opernreformator: Zu Glücks 150. Todestag", *Völkischer Beobachter*, 14 de novembro de 1937.

Em um esforço para provar que Joseph Haydn (1732-1809) tinha uma consciência nacional poderosa, o *Völkischer Beobachter* publicou, sob o título "Haydn's Happy Hour", um relato sobre o compositor feito por Gustav Christian Rassy, também autor de um romance sobre Bach publicado para os soldados pela Editora Central do NSDAP (*Zentralverlag des NSDAP*) em 1942. Segundo a história, Haydn ansiava por sua terra natal em uma conversa com uma amiga inglesa: "Minha vida agora é como um profundo dia dourado de outono. Eu gostaria de estar em casa entre os alemães. Sim, primeiro ficou claro para mim aqui na Inglaterra que eu dependo muito de minha terra natal, que é tão grandiosa e bela, e ainda assim despedaçada, dado que não há uma canção que pertença a todos os alemães. Mesmo na hora de minha mais alta honra, na Universidade de Oxford, eu estava cheio de vergonha". Depois de dizer isso, segundo Rassy, Haydn se sentou diante de seu piano e começou a tocar em silêncio. "Não o Hofburg, com todo o seu esplendor imperial, mas o interior – o solo alemão como ele tinha visto em sua viagem recente à terra natal – estava novamente diante dele. Os compassos se sucediam e um tremor de emoção passou por ele. Isso não era o compositor, sua vontade ou música. Era a Alemanha. Ele se perdeu no som que fluía por ele como se viesse de outro mundo, e – perdido em seu devaneio – tocou seguidamente a melodia que garantiu sua imortalidade". Com esse relato o *Völkischer Beobachter* referia-se, naturalmente, à melodia de *Gott erhalte Franz den Kaiser* (Deus salve o imperador Franz) – e, enfim, ao hino nacional alemão.[199]

De acordo com Wolfgang Gottrau, que fazia a cobertura musical no *Völkischer Beobachter* desde 1930,[200] com Haydn veio "o nascimento da maior época da música alemã", cujas "influências alcançavam o presente e cujas consequências resistiam a todos os esforços radicais na revolução".[201] O principal musicólogo, Erich Valentin, editor da publicação *Zeitschrift für Musik* e colaborador regular do *Völkischer Beobachter*, acrescentou que foi Haydn quem "corajosamente formou a sinfonia alemã" nas fundações construídas pela escola de Mannheim e pelo período pré-clássico de Viena.[202] Especificamente, Gottrau declarou que Haydn substituiu o minueto – "uma tradição estrangeira imposta

---

199 RASSY, G. C. "Die glückliche Stunde Joseph Haydns", *Völkischer Beobachter*, 21 de agosto de 1938. Ver também DENNIS, D. B. "Honor Your German Master: The Use and Abuse of 'Classical' Composers in Nazi Propaganda".
200 KÖHLER, G."Kunstanschauung und Kunstkritik", p. 26.
201 GOTTRAU, W. "200 Jahre Joseph Haydn", *Völkischer Beobachter*, 31 de março de 1932.
202 VALENTIN, E. "Die ewig klingende Weise: Musik – der tiefste und mächtigste Ausdrück deutschen Lebensgefühls", *Völkischer Beobachter*, 10 de abril de 1938.

ao artista alemão" – pelo *Ländler* alemão.²⁰³ Ademais, com seus oratórios *A Criação* e *As Estações*, Haydn saiu de um "entretenimento produzido para um pequeno círculo de amadores e conhecedores, limitado à corte", para "um verdadeiro teatro nacional para o Povo".²⁰⁴ Porém, por todo o seu alcance criativo como o maior classicista da tradição musical alemã, o *Völkischer Beobachter* focou sua atenção em três aspectos de sua carreira: a composição do que ficou conhecido como o hino nacional alemão; sua atitude com relação às terras alemãs enquanto visitava a Inglaterra; e sua morte pretensamente patriótica.

O crítico musical do *Deutsche Zeitung*, Paul Zschorlich, escreveu para o *Völkischer Beobachter* que "a poderosa consciência nacional alemã" de Haydn, que ele "sempre se esforçou para preservar", tornou-se mais evidente no fato de que "o destino o escolheu para ser o criador do hino nacional alemão". Essa não era sua intenção consciente quando musicou o "pequeno poema-tributo" *Gott erhalte Franz den Kaiser* em 1796. Mas sua "melodia cantável e calorosa" depois inspirou o poeta Karl Wilhelm a lhe dar um novo texto, que "a separava de qualquer personagem individual e – em suma – inclui a totalidade da germanidade, fazendo dela o hino do Povo alemão, *Deutschland, Deutschland über alles*".²⁰⁵ Apesar de escrito com anos de antecedência, o *Völkischer Beobachter* entendeu o hino nacional [*Volkshymne*] de Haydn como "uma arma espiritual contra o avanço triunfal de Napoleão": ele logo se tornou "seu trabalho mais importante". Quando os nazistas o ouviam, segundo o jornal, eles deveriam pensar no "gênio imortal cuja grande fonte de orgulho sempre foi ser um alemão decente" [*recht deutscher Mann*].²⁰⁶

De fato, o *Völkischer Beobachter* afirmou que Haydn "provou ser um patriota até o fim" e o jornal confirmou essa afirmação com o seguinte episódio. No meio de maio de 1809, enquanto Napoleão ocupava Viena pela segunda vez, "tristeza e raiva preencheram o coração do compositor

---

203 GOTTRAU, W. "Vom Wesen deutscher Musik", *Völkischer Beobachter*, 27 de setembro de 1931.
204 KLINGENBECK, J. "Musik von Heldentum und Seelengrösse", *Völkischer Beobachter*, 14 de julho de 1939.
205 ZSCHORLICH, p. "Deutsche Komponisten aus dem Burgenland", *Völkischer Beobachter*, 8 de janeiro de 1936. Para a discussão sobre as atitudes nazistas para a *Lied der Deutschland* de Von Fallersleben, que se tornou, combinada à música de Haydn, a *Deutschlandlied*, ver HERMAND, J. "On the History of the Deutschlandlied", in APPLEGATE & POTTER (eds.) *Music and German National Identity*, p. 251-268.
206 MAYER, L. K. "Ein rechter deutscher Mann: Zum 125. Todestage Joseph Haydns", *Völkischer Beobachter*, 31 de maio de 1934.

de 77 anos". Em 26 de maio, ele chamou seus empregados para seu quarto, pediu que o levassem ao piano e tocou seu "Hino Nacional" três vezes "com uma força expressiva que chocou todos os presentes". Cinco dias depois, ele morreu.[207] Sendo assim, a grandeza de Joseph Haydn está principalmente, segundo os propagandistas nazistas, na escrita da melodia para o hino nacional alemão – e por tocá-lo em seu último ato musical.

Mozart, também, segundo o *Völkischer Beobachter,* foi conduzido pelo impulso nacionalista. Além das difíceis experiências que teve na França, ele encarou o desafio de convencer os alemães da necessidade de um estilo nacional, dado que a alta cultura de Viena – o centro da vida musical alemã na época – estava muito infectada com o contingente musical italiano. Então, a "missão patriótica" de Mozart – de principal interesse para os panfletistas nazistas – era substituir a tradição italiana por uma tradição de ópera "genuinamente alemã". Uma forte ênfase foi dada às poucas afirmações de Mozart sobre esse tópico para mostrar esse ponto no jornal. De acordo com Karl Grunsky, as condições dos teatros vienenses arrancaram dele um "brado de sofrimento": "Se ele apenas fosse um patriota no exterior, aí as coisas seriam diferentes! Talvez então esse teatro nacional que germina floresceria – se finalmente começássemos a pensar em alemão, fazer comércio em alemão, conversar e até mesmo cantar em alemão!". Em outra fonte reproduzida por Grunsky, Mozart escreveu: "eu não acredito que a ópera italiana possa resistir por muito tempo e eu me coloco ao lado dos alemães. Toda nação tem sua ópera; porque nós, alemães, não podemos ter a nossa?".[208] Em outra fonte, ele afirmou: "eu não serviria a nenhum monarca no mundo com tanta vontade quanto sirvo ao Kaiser, mas (...) se a Alemanha, minha amada Alemanha da qual sou tão orgulhoso, não me adotar, então em nome de Deus a França ou a Inglaterra lucrarão à custa de um alemão esperto – muito para a vergonha da nação alemã".[209] Dessa maneira, de acordo com Grunsky, a "manifestação da nacionalidade alemã de Mozart se deu por completo em Viena".[210] Enquanto o texto

---

207 ZSCHORLICH, p. "Deutsche Komponisten aus dem Burgenland", *Völkischer Beobachter*, 8 de janeiro de 1936.
208 GRUNSKY, K. "Mozart der Deutsche: Zu seinem 150. Todestag", *Völkischer Beobachter*, 6 de dezembro de 1941.
209 MOESSMER, F. "Die Geburt der deutschen Oper", *Völkischer Beobachter*, 14 de outubro de 1934.
210 GRUNSKY, K. "Mozart der Deutsche: Zu seinem 150. Todestag", *Völkischer Beobachter*, 6 de dezembro de 1941.

da citação anterior dava conta do sofrimento de Mozart em sua terra natal – chegando ao desespero –, Viktor Junk exigiu reconhecimento de sua música "invariavelmente alemã". Para Junk, a arte tinha suas "raízes mais profundas" na nacionalidade de seu criador: só seus efeitos poderiam ser internacionais; sua essência sempre foi nacional. A música de Mozart "conquistou o mundo", mas "pertencia aos alemães e só poderia ser criada por um alemão".[211]

Da mesma maneira, Josef Stolzing identificou Schiller clamando para o sacrifício pelas causas nacionais, em vez de exigir liberdade individual. Ele argumentou que, em suas melhores peças, Schiller "simbolizou o pensamento da terra natal em glória brilhante", exaltando a luta heroica de seu povo por liberdade. Primeiro, em *A donzela de Orleans*, quando Dunois brada: "uma nação é imprestável quando não consegue alegremente premiar tudo o que está em sua honra";[212] segundo, em *Guilherme Tell*, quando Attinghausen adverte seu sobrinho Rudenz:

> *O nativo entrelaça seus vínculos firmemente*
> *Com a pátria, à querida, junta a ti mesmo,*
> *Prende-te a isso com todo o teu coração.*
> *Aqui estão as raízes robustas de toda a tua força,*
> *Lá no mundo estrangeiro tu estás sozinho,*
> *Uma delgada erva daninha, que qualquer*
> *tempestade pode arrancar.*[213]

Por ser um dramaturgo, Stolzing prosseguiu, Schiller foi o "arauto poético" do período em que o povo alemão começou a refletir sobre sua história e "sentir a unidade nacional depois da terrível desintegração causada pela Guerra dos Trinta Anos". Os problemas que ele abordou em suas peças – e em seus escritos históricos e estéticos – eram "problemas que o povo tentava resolver havia um século" e, em 1930, ainda não tinha resolvido.[214]

O *Völkischer Beobachter* insistiu que sua interpretação de Schiller consistia em uma recepção nacionalista de seus trabalhos, oriunda dos

---

211 JUNK, V. "Genie des Schaffens", *Völkischer Beobachter*, 29 de novembro de 1941.
212 SCHILLER, F. *Die Jungfrau von Orleans*, ato I, cena 5.
213 SCHILLER, F. *Wilhelm Tell* (trad.) William F. Wertz Jr. (Washington, DC: The Schiller Institute, 1988).
214 STOLZING, J. "Schillers Sendung als Dramatiker: Noch heute harren seine Probleme der Lösung durch das deutsche Volk", *Völkischer Beobachter*, 8 de maio de 1930.

primeiros movimentos patrióticos do século XIX. Karl Hans Strobl, que antes de se tornar membro do NSDAP e dirigir a Câmara de Literatura do Reich, em Viena, foi um autor austríaco popular – não só de romances históricos baseados na vida de Friedrich Barbarossa e Bismarck, mas também de histórias fantásticas com vampiros –, preparou uma descrição extensa das irmandades alemãs [*Bürschenschaften*], transformando as apresentações de *Os Ladrões* de Schiller em uma demonstração patriótica durante as guerras napoleônicas.[215] O jornal também mencionou a importância que os festivais de Schiller tiveram nos esforços para a unificação alemã no século XIX. Como Erich Valentin colocou em um artigo sobre o centenário de Schiller em 1859: as celebrações eram "manifestações políticas cujo núcleo foi um clamor unânime para uma grande Alemanha unificada, providenciando assim um ponto de mobilização para a nação traída".[216]

Esforços como esse, para enfraquecer as noções de um artista como um criador de importância internacional ou universal, também foram pertinentes para a apresentação feita pelo jornal sobre Goethe (1749-1832). A primeira reclamação apresentada pelo jornal contra a maioria das interpretações existentes sobre Goethe era, simplesmente, que tinham se concentrado demais em sua poesia e que não deram a devida atenção aos seus escritos e afirmações políticas. Segundo o jornal, uma conspiração que culminou na ditadura cultural da República de Weimar foi responsável pela "estetização excessiva" da reputação de Goethe: além de seus poemas e dramas, o que Goethe disse sobre política em correspondência com o grão-duque Karl August Heinrich Luden, Johann Peter Eckermann, o chanceler Friedrich von Müller e Charlotte von Stein nunca foi discutido. Isso já era, por si só, prova da "falsificação que os líderes da nova Alemanha cometiam contra o espírito de Weimar para atender aos propósitos de seu partido".[217] Os argumentos do *Völkischer Beobachter* foram dedicados a corrigir o equilíbrio estético, em vez do político, da recepção de Goethe.

Para estabelecer que Goethe era no fundo um defensor monarquista da estrutura social hierárquica, o *Völkischer Beobachter* teve de confron-

---

215 STROBL, K. H. "'Die Räuber' und die Studenten von Jena: Eine Schiller-Erinnerung zu seinem 175. Geburtstag", *Völkischer Beobachter*, 10 de novembro de 1934.
216 VALENTIN, E. "'Ans werk, ans Werk für das Vaterland!': Das Schiller-Jahr 1859: Eine Kundgebung der verrattenen Nation", *Völkischer Beobachter*, 8 de abril de 1938.
217 "Was hat Goethe dem heutigen Deutschland zu sagen: Zu Goethes Todestag", *Völkischer Beobachter*, 23 de março de 1930.

tar sua reputação de promotor de ideais supranacionalistas de cooperação pan-europeia ou mundial. O jornal caçoava da recepção de Goethe em termos internacionalistas como uma manobra liberal esquerdista. No século após sua morte, o jornal escreveu: Goethe era constantemente chamado de "cidadão do mundo". Descrevê-lo assim "foi naturalmente no interesse daqueles para quem a política tinha sido mais útil – quem tinha recentemente feito do cosmopolitismo o seu programa".[218] Como resultado, o Espírito de Weimar – o espírito de Goethe – tinha sido apresentado em contraste com o Espírito de Potsdam – o espírito de Frederico, o Grande. Mas Adolf Dresler, um dos agentes de Goebbels que às vezes editava a seção cultural e depois escrevia uma história para o *Völkischer Beobachter* bem como estudos sobre Mussolini e a imprensa italiana,[219] replicou dizendo que Goethe "não era tão cosmopolita assim [*Allerweltsmann*], pois as guerras de liberação sacudiram seu coração, ao contrário da crença de muitos alemães". Sabia-se que ele tinha uma tendência patriótica e que em Estrasburgo descobriu sua genialidade em oposição ao caráter francês bem conhecido.[220] Qualquer crítica que ele fez às condições de vida nas terras alemãs durante sua vida não foi porque ele renunciou à sua nacionalidade, mas "precisamente por ele ser alemão, conscientemente um alemão".[221] Embora seja conhecido como "cidadão do mundo", ele apesar disso falou o seguinte em uma conversa com o historiador Heinrich Luden:

> *Não pense que eu sou indiferente às grandes ideias: Liberdade, Povo e Pátria! Não! Essas ideias são parte de nós! Elas são parte de nosso ser e ninguém pode dispensá-las. Como eu amo a Alemanha! Eu muitas vezes sinto uma dor amarga ao pensar que o Povo Alemão, que tem boa reputação individual, é tão miserável em sua totalidade.*[222]

---

218 "'Höchstes hast du vollbracht, mein Volk': Grosse Deutsche über Grossdeutschland: Johann Wolfgang von Goethe", *Völkischer Beobachter*, 31 de março de 1938.
219 DRESLER, A. *Geschichte des Völkischen Beobachters und des Zentralverlages der NSDAP* (Munique: Franz Eher Nachf., 1937) e GASSERT e MATTERN (eds.), *The Hitler Library*, p. 351 e 482. Ver também KÖHLER, G. "Kunstanschauung und Kunstkritik", p. 26.
220 DRESLER, A. "Goethe und der nationale Gedanke", *Völkischer Beobachter*, 28 de agosto de 1925.
221 "'Höchstes hast du vollbracht, mein Volk': Grosse Deutsche über Grossdeutschland: Johann Wolfgang von Goethe", *Völkischer Beobachter*, 31 de março de 1938.
222 "Der deutsche Goethe", *Völkischer Beobachter*, 4 de março de 1931. Citação de *Conversations with Luden*, 13 de dezembro de 1813.

Da mesma maneira, em um retrato do "Goethe alemão", derivado de uma coleção de citações reunidas por Ernst Schrumpf – cujos tratados etnocêntricos sobre Goethe e Schiller acharam espaço na biblioteca de Hitler[223] –, o *Völkischer Beobachter* sustentava que Goethe "arrependeu-se profundamente de não pertencer a um grande, forte, respeitável e temido povo para o qual a honra nacional não era um sonho (...) colocados em formação para a batalha por utópicos internacionalistas sem personalidade".[224]

O autor Hanns Johst – que deu origem à frase: "Quando vejo a palavra cultura, destravo meu revólver" e depois presidiria a Câmara de Literatura do Reich – rejeitou da mesma maneira a "visão utópica internacionalista da humanidade consolidada em uma cidade mundial, com um carimbo postal e uma língua". Para ele, a "febre global", com suas frases como "homem do mundo, cidade mundial, exposição mundial, visão de mundo, economia mundial e história mundial", desvalorizou tudo em uma "orgia libidinosa de materialismo, amplidão e superficialidade". Segundo Johst, Goethe também recusou esse "disparate global". A "ideia impulsiva de expansão e o sentido de missão na personalidade alemã: esse era o significado da palavra 'mundo' quando Goethe a utilizou".[225]

Como no caso de Albrecht Dürer, o *Völkischer Beobachter* também teve de abordar o fato de que Goethe sucumbiu aos desejos que vinham do Sul: o *Drang nach Süden* (ímpeto ao Sul). Como a história do encontro de Dürer com um soldado imperial decrépito, o jornal se utilizou de ficção histórica para lidar com as viagens do poeta na Itália. O romancista Hans Watzlik, especializado em relatos ficcionais dos mestres alemães, incluindo *The Romantic Travels of Carl Maria von Weber* (1932), *The Coronation Opera: A Mozart Novel* (1936), *The Master of Regensburg: An Albrecht Altdorfer Novel* (1939), era um colaborador regular. Ele escreveu um conto que pretendia representar as verdadeiras emoções de Goethe enquanto viajava pelo Sul. A história descrevia a relação entre o poeta e uma criança maltrapilha chamada Fausto (!), que Goethe deixou acompanhá-lo em uma visita turística – apesar de o menino ter uma aparência e comportamento grosseiros. Quando o menino o interrompeu enquanto ele contemplava a costa italiana, Goethe perguntou-se por que ele tinha levado esse pequeno

---

223 GASSERT & MATTERN (eds.), *The Hitler Library*, p. 267.
224 "Der deutsche Goethe", *Völkischer Beobachter*, 4 de março de 1931. Citação de *Conversations with Luden*, 13 de dezembro de 1813.
225 JOHST, H. "Aufblick zu Goethe", *Völkischer Beobachter*, 22 de março de 1932.

bárbaro com ele na viagem. Mas aí a mão de uma criança parda levantou seu dedo e timidamente tocou o braço do grande homem. "Perdoe-me, senhor", disse Fausto. "Mas esta é minha pátria!" E isso mexeu com a alma do poeta. "A mais profunda saudade tomou conta dele – saudades da melancolia das montanhas nórdicas, de um vale que se fecha em si mesmo – e, diante de seus olhos, o mar, as palmeiras e as árvores da baía desapareceram, enquanto os espessos pinheiros da Turíngia apareceram como em um sonho".[226] A representação de Watzlik sobre o anseio de Goethe por sua pátria era a única principal referência do jornal às viagens de Goethe na Itália. Talvez uma história romanceada como essa seja a única maneira pela qual o jornal poderia dar um jeito de sugerir que, apesar da conhecida atração de Goethe pelas coisas do Sul, ele sofreu de nostalgia quando sucumbiu a elas.

Se ele estivesse presente na República de Weimar, segundo o jornal, Goethe poderia ter repetido o que disse ao chanceler Von Müller: "uma comparação do povo alemão com outros povos leva a sentimentos dolorosos que eu tento evitar por meio da ciência e da arte".[227] Mas ele também acreditava que "nosso povo deve ser percebido e protegido como um armazém de potências do qual a humanidade decadente pode sempre se reabastecer e se renovar".[228] Assim, no momento da "humilhação mais profunda", Goethe tinha o seguinte a dizer sobre o futuro da Alemanha,[229] que ele via "com os olhos de um profeta":[230] "sim, o Povo Alemão promete um futuro – tem um futuro. O destino dos alemães ainda não está completo! Se eles não tivessem outro papel que não destruir o Império Romano e criar uma nova ordem mundial, eles teriam sucumbido há muito tempo. Como eles permanecem em pé, bravos e fortes – devem ter um grande futuro por vir, em minha opinião".[231] Segundo o jornal, ele comunicou seu apoio e previsão de uma nação alemã unificada até mais precisamente em outros lugares: "por ele ser um escritor alemão, viu a pureza da germanidade e a Grande Alemanha (*Grossdeutschland*) como as metas principais". Por não ser um

---

226 WATZLIK, H. "Goethe im Südland", *Völkischer Beobachter*, 8 de junho de 1940.
227 "Was hat Goethe dem heutigen Deutschland zu sagen: Zu Goethes Todestag", *Völkischer Beobachter*, 23 de março de 1930.
228 Idem.
229 H., "Goethe: das Orakel seiner und unserer Zeit", *Völkischer Beobachter*, 27 de janeiro de 1932.
230 "Was hat Goethe dem heutigen Deutschland zu sagen: Zu Goethes Todestag", *Völkischer Beobachter*, 23 de março de 1930.
231 H., "Goethe: das Orakel seiner und unserer Zeit". Citação de *Conversations with Luden*, 13 de dezembro de 1813.

sonhador internacionalista, ele "definitivamente ansiava pela união dos alemães em um grande Estado, uma única Alemanha".²³²

Assim como para Goethe, algumas biografias políticas seletivas foram necessárias para o caso de Beethoven. Apesar das reavaliações de sua hereditariedade discutidas antes, a política do compositor permanecia um problema para o NSDAP. Apesar de ele poder ser, ainda que com reservas, considerado um membro da raça alemã, Beethoven exibia características políticas quase socialistas. Esse fato necessitava de um processo de purificação ainda maior, expurgando sua imagem da contaminação pela ideologia política esquerdista. Para minimizar o entusiasmo de Beethoven com a Revolução Francesa e a ascensão de Napoleão, os nacional-socialistas contrapuseram-se alegando que, apesar de Beethoven ter sido exposto aos ideais revolucionários franceses (em suas palavras, ideais cosmopolitas e internacionalistas), ele foi "sempre uma pessoa da Renânia de coração". Quando chegou a hora de defender sua nação contra o regime francês, o *Völkischer Beobachter* argumentou que Beethoven "ficou do lado da Alemanha"; e, apesar de ele "sofrer temporariamente de uma febre revolucionária, seu coração permaneceu junto à sua pátria alemã".²³³

A comprovação para essas afirmações veio de diversas formas (figura 3.3). Um ensaio publicado pelo *Völkischer Beobachter* reviu a história do incidente do castelo de Grätz, quando Beethoven fugiu da casa de campo do príncipe Lichnowsky depois de se recusar a tocar o piano para convidados que incluíam vários oficiais franceses. Com o título bem sugestivo de "O patriota", a versão nazista recontou a lenda sem mencionar a explicação costumeira da raiva de Beethoven nessa ocasião: que seu orgulho artístico tinha sido afrontado. Em vez disso, o jornal insinuou que ele agira "somente com base em seu impulso nacionalista".²³⁴ Beethoven "manteve-se firme em Grätz", declarou o historiador musical Friedrich Baser, porque "seu sentimento patriótico eriçou-se violentamente contra apresentar sua arte para os inimigos de seu povo".²³⁵

---

232 "'Höchstes hast du vollbracht, mein Volk': Grosse Deutsche über Grossdeutschland: Johann Wolfgang von Goethe". Citação de *Conversations of Goethe, Recorded by His Friend Johann Peter Eckermann*, quinta-feira, 2 de outubro de 1828, p. 287.
233 SCHIEDERMAIR, L. "Beethoven und die Politik", *Völkischer Beobachter*, 26 de março de 1927.
234 "Der Patriot", *Völkischer Beobachter*, 26 de março de 1927.
235 BASER, F. "Beethoven spielt nicht vor Franzosen", *Völkischer Beobachter*, 31 de março de 1937.

Figura 3.3 *Völkischer Beobachter*, página em tributo a Beethoven: "Na comemoração dos 150 anos do nascimento do mestre alemão", 20 de janeiro de 1921.

Outra história do *Völkischer Beobachter*, "O grande pioneiro", reproduziu a passagem mais chauvinista do ensaio de 1870 de Richard Wagner sobre a importância de Beethoven durante a Guerra Franco-
-Prussiana:

> *Enquanto as forças alemãs estão penetrando triunfantemente o centro da civilização francesa, um sentimento de vergonha apareceu de repente entre nós por nossa dependência em relação àquela civilização. Mas nada pode ficar de modo inspirador ao lado dos triunfos [alemães] de bravura nesse ano maravilhoso (...) do que a memória do nosso grande Beethoven, que há cem anos nascia para o Povo Alemão. Na França, de fato só em Versalhes, no local da "moda insolente" – onde nossas armas penetram agora –, seu gênio já começou a conquista mais nobre. Então celebremos o grande pioneiro no deserto de um paraíso corrompido!"*

O *Völkischer Beobachter* aparentemente percebeu que, embora os alemães estivessem sentido os efeitos do Tratado de Versalhes, as afirmações de Wagner complementavam perfeitamente as representações de Beethoven como um protonazista.[236]

Finalmente, em artigos como "As palavras de Beethoven", os jornalistas nacional-socialistas tiravam citações de seus respectivos contextos – incluindo o gracejo de Beethoven de que o poder tinha sua moralidade e seu desejo inflamado de encontrar-se com Napoleão no campo de batalha – e as apresentavam como evidência de que o compositor era um "feroz inimigo dos franceses".[237] Histórias selecionadas com cuidado, ensaios e citações foram apropriadas para o uso nazista de Beethoven para alimentar a amargura contra o inimigo a oeste. O jornal alertava que todos os alemães deveriam lutar com os nacional-socialistas para proteger Beethoven dos franceses: "seria um desgosto se o espírito dele fosse roubado, pois isso significaria a derrota final – porque o espírito dele era o espírito alemão".[238]

Notavelmente, o jornal também buscou em um criador não germânico evidência de que os grandes artistas eram aliados do nazismo e

---

236 WAGNER, R. "Der Große Bahnbrecher" (a selection from Wagner, *Beethoven* [1870]), *Völkischer Beobachter*, 26 de março de 1927.
237 "Wörter Beethovens", *Völkischer Beobachter*, 26 de março de 1927.
238 WASTL, B. "Ludwig van Beethoven: Zu seinem hundertsten Todestag", *Deutsche Arbeiterpresse: Nationalsozialistisches Wochenblatt* (Viena), 26 de março de 1927. Com a ênfase original.

tinham um inimigo comum. O *Völkischer Beobachter* não mediu esforços para apresentar Lord Byron (1788-1824) como um crítico afiado e consistente dos ingleses desleais. Segundo Claus Schrempf, autor de um livro sobre Byron e crítica cultural antiurbana durante a era Weimar, Byron tornou-se um crítico implacável da sociedade inglesa – incluindo a influência judaica de lá. Essa era uma das características de seu trabalho e biografia que o jornal enfatizava, principalmente depois do início da guerra contra a Grã-Bretanha em 1940. Byron "tornou-se um grande homem e escritor durante sua revolta contra seu tempo e seus contemporâneos". Quando seus primeiros versos foram "esmiuçados pelos críticos", ele se vingou com "um panfleto temperamental no qual ele expôs os grandes literatos ingleses da época como tagarelas ridículos". Esse foi o primeiro estágio de seu sucesso, segundo o jornal. Depois ele foi à sua viagem pelo Mediterrâneo, que "afiou sua visão sobre as fraquezas da Inglaterra". Segundo Schrempf, expressivamente, ele escreveu para sua casa de Atenas:

> *Deveria haver uma lei dizendo que os jovens devem viajar por algum tempo e visitar alguns dos aliados que a guerra no continente europeu nos deixou. Aqui eu vejo e posso falar com franceses, italianos, alemães, dinamarqueses, gregos, turcos, americanos, etc., e sem perder de vista minha terra natal. Eu formo uma opinião própria sobre os países estrangeiros e seus povos. Se eu vejo que em alguns pontos os ingleses estão certos, e acidentalmente estamos muitas vezes errados sobre isso ou aquilo, eu fico contente. Se, entretanto, eu achar que os outros podem fazer melhor do que nós, aprendo algo. Eu poderia ter viajado por séculos em minha terra sem ter aprendido isso.*

Schrempf opinou que Byron descobriu dessa maneira "o lado negro da Inglaterra e dos ingleses". Não era só o mercado literário em sua terra natal que lhe parecia podre. Ele também achava a política externa inglesa repreensível. Da mesma maneira, ele "odiava o fanatismo, a adoração ao dinheiro e a injustiça social na Inglaterra". Cada vez mais a política inglesa lhe parecia um sistema de "arrogância, hipocrisia e desejo de poder", designado para "explorar e oprimir os fracos de todo lugar: em casa, as classes mais baixas; no mundo, as nações menores". Um "caso particularmente gritante dos métodos ingleses de roubo" que ele viu em primeira mão levou sua fúria para a expressão poética. Em Atenas, Byron foi testemunha da maneira com a qual lorde Elgin "roubou inescrupulosamente os tesouros de arte da Grécia".[239] Elgin "arrebatou dos pobres gregos a coisa mais sagrada que um povo possui: seus símbolos nacionais". Cheio de indignação com essa "abominação praticada por seu compatriota", Byron compôs a *Curse of Minerva* – um poema cheio de polêmicas "contra o lorde predatório e contra o despotismo da Grã-Bretanha por todo o mundo", do qual o *Völkischer Beobachter* retirou extensas seleções traduzidas, incluindo:

> *Um presente fatal que transformaria seus amigos em pedras,*
> *E deixaria a perdida Albion odiada e sozinha...*
> *Olhe para casa pela última vez – você adoraria não olhar mais para lá;*
> *No inflexível sorriso do desespero sem conforto:*
> *Sua cidade se entristece: alto ainda, a Celebração uiva,*
> *Aqui a Fome desfalece, acolá as aves de Rapina espreitam...*
> *Vá, sinta a sombra de seu poder desaparecido;*
> *Explique a derrota de cada trama afeiçoada;*
> *Sua força, um nome; sua riqueza inflada, uma nata.*

Depois de sua volta da Grécia, continuou Schrempf, Byron encontrou uma "situação desesperadora". O bloqueio continental que Napoleão estabeleceu contra a Inglaterra extinguira todo o comércio: os bens prontos para o consumo apodreciam nas lojas, o preço dos grãos subiu, bem como o desemprego. Enquanto passava o inverno de 1812 na abadia de Newstead, ele ouviu tiros que vinham de fora. "Uma revolta!" Tecelões famintos tinham se agrupado e invadido fábricas, além de destruir os teares mecânicos que os deixavam sem poder trabalhar. A polícia caçou os rebeldes. Uma nova lei foi anunciada, que condenava à morte os que destruíssem máquinas. Reagindo a isso, "o sangue de Byron ferveu em fúria". Ele investigou, foi a Londres e surpreendeu a Câmara dos Lordes com um "discurso fervoroso de acusação" contra o governo que tentava "reprimir as pessoas desesperadas pela fome" com "malditos soldados de cavalaria".

Entretanto, Schrempf contou, o apelo de Byron por consciência social "não ressoou nos corações dos lordes". A Lei dos Teares foi aprovada e a pena de morte foi executada em uma dúzia de casos, pois na

---

[239] Era irônico, é claro, o jornal reclamar sobre a pilhagem de obras de arte em 1944 ao mesmo tempo em que seu governo empreendia a política mais extrema de confisco de arte da história. Ver PETROPOULOS, J. *Art as Politics in the Third Reich* (Chapel Hill, NC: University of North Carolina Press, 1996), passim.

Inglaterra "o interesse dos negócios vinha sempre antes dos outros". Contudo, a natureza revolucionária de Byron o transformou em um "destemido porta-voz dos oprimidos", e ele então pegou o caso dos "irlandeses cruelmente abusados contra o despotismo brutal da Inglaterra" e escreveu: "O que há com as classes altas da Inglaterra? Com base na experiência de vida que tenho, o que vi e ouvi de lá – e eu vivi no mais alto padrão, na suposta melhor sociedade –, não há nada tão podre quanto seu modo de vida".

Depois dessa decadência social pela qual, segundo Schrempf, ele aprendeu a conhecer o "lado mais sombrio da hipocrisia moral de seus conterrâneos", ele fez de sua luta contra "o modo britânico preconceituoso de pensar e fazer política" sua missão de vida. Byron encontrou suas "armas mais afiadas" enquanto vivia na Itália. Lá, ele se tornou um crítico satírico do imperialismo inglês e o advogado da lei internacional contra a "hipocrisia tirânica". Seus poemas, cartas e diários "estavam cheios de ataques contra a Inglaterra e os maneirismos ingleses", cujas principais características eram "a mentira e a hipocrisia". Quando ele participou do levante carbonário e teve de fugir para Ravenna, ele escreveu para a sra. Byron, na Inglaterra: "julgue por si mesma quanto eu abomino a Inglaterra e seus habitantes, pois agora não me digno a voltar mesmo quando meus interesses financeiros e minha segurança pessoal estão em risco".

Segundo Schrempf, a obra-prima de Byron, *Don Juan*, também foi uma "barreira contra os vícios nacionais ingleses, sua arrogância e seus preconceitos". Na visão de Schrempf, o principal inimigo de Byron era a regência da Grã-Bretanha, apresentado em termos do "egoísmo frio da oligarquia feudal, como a intolerância dos pobres de espírito da rica Igreja oficial ou na aparência de uma 'boa sociedade' que exige regras inexoráveis de etiqueta do público, enquanto permite vícios secretos para si mesma". Com "toda a paixão de sua natureza demoníaca", ele lutou contra a política da reação na Inglaterra que trabalhou para tornar "todos os povos da Europa dependentes da Grã-Bretanha.[240]

Ao comparar as personalidades políticas dos britânicos e dos alemães, o *Völkischer Beobachter* também recorreu a uma perspectiva doméstica. Na maioria dos casos, a apresentação feita pelo jornal de Arthur Schopenhauer (1788-1860) ressaltava afirmações que ele fez sobre a personalidade nacional e a liderança política, em vez de sua metafísica. Curiosamente, em 1929 o jornal publicou uma coleção de citações na qual Schopenhauer dava voz à sua visão tipicamente cínica sobre os

---

240 SCHREMPF, C. "Prophetischer Byron: Zu seinem 120. Todestag".

alemães e fazia comparações favoráveis aos britânicos em relação aos seus compatriotas. Como filósofo, Schopenhauer foi "um arauto da visão de mundo idealista", segundo a apresentação dessa coleção de citações, mas ele tinha "olhos afiados para a realidade material: seus julgamentos sobre política testemunham seu dom incorruptível de observação". O *Völkischer Beobachter* questionou: quem poderia negar que as "declarações que ele fez sobre a personalidade nacional alemã acertaram em cheio?". Ao extrair trechos do livro *Parerga e Paralipomena* de Schopenhauer, o jornal publicou os seguintes julgamentos sobre a personalidade alemã. Em sua opinião, a verdadeira característica nacional alemã era seu "peso": eles tipicamente "olham para as nuvens buscando o que está em seus pés". Ficam "tontos com palavras como justiça, liberdade, bondade; eles entraram em um tipo de delírio e começaram a falar frases insignificantes e voluptuosas nas quais artificialmente dispuseram os termos mais amplos e, portanto, mais superficiais, em vez de confrontar a realidade diretamente e olhar para as condições reais e as coisas nos olhos". Em contrapartida, Schopenhauer sentia que os ingleses demonstravam grande compreensão por terem mantido suas instituições, locais e costumes fortes e sagrados, pois "tais coisas não eram devaneios estúpidos em cabeças desocupadas, mas foi algo que surgiu aos poucos a partir da força das circunstâncias e da sabedoria da vida – e era, portanto, apropriado para eles como nação".[241] Mas o *Völkischer Beobachter* também selecionou de *Parerga e Paralipomena* de Schopenhauer uma afirmação que era mais crítica dos britânicos:

> *Em sua negligência e selvageria completa com relação a toda filosofia especulativa e metafísica, o homem inglês não é capaz de nenhuma visão espiritual da natureza. Portanto, ele não conhece o meio-termo entre uma visão de seus efeitos seguindo leis mecânicas rígidas ou como produto do Deus hebraico que ele chama de "Criador". Os clérigos na Inglaterra têm de responder por isso, o mais astuto de todos os obscurantismos. Eles viram suas cabeças para que até mesmo o mais experiente e mais esclarecido tenha um sistema básico de pensamento que é uma mistura do materialismo mais crasso e a maior superstição judaica, que é tão desordenado quanto a combinação entre vinagre e óleo.*[242]

---

[241] "Arthur Schopenhauers Urteile über die Deutschen", *Völkischer Beobachter*, 18 de julho de 1929.
[242] Citado em "Schopenhauer über die Engländer", *Völkischer Beobachter*, 8 de junho de 1942.

Como discutido a seguir, o *Völkischer Beobachter* fez mais uso das visões antissemitas de Schopenhauer. Aqui, entretanto, vemos como as seleções cuidadosas de seus escritos foram exploradas para alinhar as visões do filósofo com as metas políticas do jornal, aqui antibritânicas.

Mas não foram só as afirmações ocasionalmente patrióticas e antibritânicas de Schopenhauer que o *Völkischer Beobachter* utilizou para associá-lo com a política nazista. Karl Friedrich Weiss parafraseou a filosofia de Schopenhauer em uma tentativa para fazê-lo servir de alicerce para o estatismo nazista. Enfatizando elementos em sua escrita que ecoavam teorias de Thomas Hobbes, Weiss construiu uma interpretação da filosofia de Shopenhauer para o jornal prototipicamente etnocêntrico. Segundo Weiss, a filosofia pessimista de Schopenhauer via o homem como uma besta: "injustiça, iniquidade, dureza e mesmo a crueldade marcavam o modo como os homens tratam uns aos outros – o oposto só ocorria excepcionalmente". Nisto se baseava a necessidade do Estado e da lei: "em todas as áreas que não eram cobertas por regras, os homens demonstraram não ter consideração uns pelos outros, agindo com um egoísmo ilimitado misturado com malícia". Para encontrar o Estado perfeito, Weiss deduziu de Schopenhauer, deveria começar com "uma essência cuja natureza sacrifica o bem-estar pessoal para o benefício público". Isto era a meta final: "um Estado fundamentado em uma vontade nacional, racial ou cultural de renunciar aos interesses individuais em nome da coletividade – o Povo". Weiss afirmou que, ao articular essas visões, Schopenhauer era o "primeiro filósofo nacionalista genuíno". Entretanto, durante sua vida a visão etnocêntrica do Estado era uma mera premonição. Então, segundo Weiss, Schopenhauer recomendou a aceitação de um "compromisso artificial entre sistemas, em que as relações permaneceriam entre homens selvagens e independentes (anarquia) ou entre escravos controlados arbitrariamente (despotismo), porque em ambos os casos o Estado não estaria presente". A alternativa temporária preferida era o monarquismo. Até o surgimento de um regime genuinamente etnocêntrico, seria "melhor funcionar sob uma família cujo interesse é idêntico ao do Estado": essa era a força da monarquia hereditária. De acordo com Weiss sobre Schopenhauer, a vantagem estava no fato de "se o governante for colocado em um local excessivamente alto, se ele tiver muito poder, riqueza, segurança e invulnerabilidade absoluta, não há nada mais para ele desejar, esperar ou temer, pois o egoísmo arraigado nele é neutralizado e eliminado e ele é capaz de aplicar a justiça, dado que não tem mais seus interesses em mente, mas apenas os do público". Essa foi a origem da "majestade sobre-humana que acompanhava a dignidade real por todo lugar e distinguia-se da de um mero presidente".[243] Assim, segundo o *Völkischer Beobachter*, Schopenhauer promoveu a autoridade do líder nato com a majestade barroca de um monarca absolutista acima de qualquer noção de republicanismo – pelo menos até aquele ponto em que uma sociedade etnocêntrica genuína poderia se desenvolver e seus membros poderiam submeter sinceramente seus egos à razão de Estado.

Entre outros escritores da era romântica apresentados pelo jornal como figuras políticas importantes, Franz Grillparzer (1791-1872) era também bastante estimado. Robert Hohlbaum, um conhecido conservador e escritor antissemita que escreveu romances históricos sobre Goethe e Bruckner, formulou uma análise do "Grillparzer político". Hohlbaum observou que demorou muito tempo para "colocar esse grandioso homem no local em que merecia estar". A Áustria só o conhecia como um liberal (*Schwarz-Gelber*). Então, o reino guilhermino teve de se abster, "pois suas fronteiras não cobriam as fronteiras da fala alemã, do sentimento alemão, da saudade alemã". De fato, só quando o grande reino alemão foi erguido é que Grillparzer "podia ser reconhecido como uma pedra fundamental cultural sólida". Então, apenas o grande reino alemão "descobriu Grillparzer completamente". Para Hohlbaum, havia múltiplos Grillparzer: havia aquele do drama antigo que culminava na tragédia heroica; o Grillparzer dos contos de fadas coloridos de *The Dream a Life* (1834); o Grillparzer dos "mais doces, tenros e mágicos contos"; e aquele que criou o "drama histórico mais monumental e profundo dos alemães". Mas foi o "Grillparzer político" que Hohlbaum gostaria que os nazistas mais apreciassem, a despeito dessa manifestação do escritor ser mais presente em seus trabalhos iniciais. Para Hohlbaum, foi importante que o Grillparzer adolescente não tenha surgido para a literatura com sua poesia sobre o amor: seu primeiro poema foi uma "sátira política dos militares e dos erros diplomáticos de 1805". Ele odiava o clericalismo político e o combateu com seus "trabalhos mais puros". O Grillparzer político também foi revelado em "incontáveis passagens em seu diário" e foi mais reconhecido "no gênero no qual ele não tinha rival": o epigrama. Quando apreciavam a "riqueza das piadas e o jogo de palavras com os quais ele expressava sua visão de mundo", era claro, pensou Hohlbaum, que Grillparzer era um "sismógrafo político". Ele esboçou essas qualidades em seu epigrama autobiográfico:

---
243 WEISS, K. F. "Schopenhauers Staatslehre: Eine Paraphrase zu seinem Todestag am 21. September 1860", *Völkischer Beobachter*, 23 de setembro de 1923.

> *Embora eu uma vez tenha seguido metas liberais,*
> *Agora o frenesi por liberdade me deixa frio.*
> *Não mais procurando os extremos aqui e ali,*
> *Suponho ser quase razoável.*

As posições políticas específicas que Hohlbaum destacou em seu retrato de Grillparzer foram aquelas de um antirrepublicanismo e patriotismo pan-germânico firmes. Depois de vivenciar a ocupação de Viena em 1809, Grillparzer "desesperou-se com o Napoleão da paz", reclamando que Bonaparte arruinara-se. Portanto, ele lançou um chamado para a resistência militar e o resultado foi uma "homenagem comovente aos verdadeiros soldados". Além disso, ele fez uma caricatura da "Inglaterra egocêntrica" melhor do que qualquer outro na época. Ademais, Hohlbaum sustentou que seu "inventivo julgamento de Metternich como obstáculo à unificação alemã" era evidente na trilogia de *O Velo Dourado* (1821), onde o "Grillparzer austro-germânico comparou-se a um grego lutando contra pequenas nações das monarquias".

Depois de vivenciar a revolução de 1848, Grillparzer descreveu os resultados com sarcasmo:

> *Esta é a verdadeira república,*
> *Da igualdade até as lágrimas.*
> *Aqui não é possível ver a câmara alta,*
> *Só uma câmara de mediocridades.*

Ele viu que "o ímpeto de liberdade inspirava a turba mais do que tudo" e atacou a "doença infantil da nação em desenvolvimento com golpes como os seguintes":

> *Liberdade da imprensa*
> *É colocada acima de tudo,*
> *Apesar de metade do país não ler,*
> *E a outra metade não escrever.*

Assim o jornal alinhou o Grillparzer político com suas visões anti-liberais e sobre a Grande Alemanha.[244]

Porém, de todos os criadores românticos que o *Völkischer Beobachter* exaltou como motivados politicamente, Richard Wagner

---

244 HOHLBAUM, R. "Der politische Grillparzer", *Völkischer Beobachter*, 24 de abril de 1944. As visões nazistas de Grillparzer foram abordadas por ROSE, I. F. *Franz Grillparzer: A Century of Criticism* (Rochester, NY: Camden House, 1995).

foi seu ideal. O jornal primeiro defendeu com firmeza a pureza racial de seu super-herói para depois confirmar suas credenciais como artista político na recepção do artista. Dado o engajamento do compositor na política alemã no século XIX, esse não foi um passo difícil. Porém, é notável a grande ênfase dada aos escritos políticos de Wagner pelo *Völkischer Beobachter* – tanto quanto ou ainda mais do que o jornal se concentrou em sua produção musical. Como colocado pelo musicólogo Erich Valentin, os escritos eram "essenciais, não marginais" para o entendimento do compositor: "como uma extensão análoga e relevante de seus trabalhos artísticos, eles testemunham com clareza inequívoca a segurança de sua percepção e vontade política". Era um erro considerar o trabalho artístico de Wagner "isolado e introspectivo". Ao fazer isso, "perde-se o conteúdo real e vivo que ele contém".[245] Segundo Emma von Sichart, uma colaboradora regular do *Völkischer Beobachter* que ficou depois conhecida por seu trabalho sobre a história das fantasias teatrais, se nos familiarizarmos com sua prosa, "parecia que eles foram escritos expressamente para abordar nossa luta e miséria" – deixando claro que ela se referia à luta nacional-socialista.[246]

O que escritores como Von Sichart acharam tão ressonante na visão nacional-socialista eram os componentes etnocêntricos da política em Wagner. O jornal noticiou amplamente uma palestra dada para o *Kampfbund für Deutsche Kultur* (Liga Militante para a Cultura Germânica) por Werner Kulz, professor em Darmstadt nesse sentido. Segundo o resumo do jornal sobre a palestra, Kulz argumentou que a derrota militar e a revolução política de 1918 marcaram o "colapso da força da alma alemã". Isso poderia ter sido evitado "se tivessem tomado cuidado depois de 1871 com o enriquecimento interno do povo alemão, como Wagner se empenhou em fazer". Na visão de Kulz, o compositor foi o "pioneiro da ressurreição alemã", pois ele "direcionou o povo de volta às raízes de sua natureza encontradas na mitologia germânica". Sua amizade com o conde Gobineau, bem como suas próprias "observações atenciosas", levaram Wagner a reconhecer precocemente "o sentido do povo germânico como parte da raça nórdica". Ademais, "como uma pessoa conscientemente alemã, Wagner tinha de posicionar-se contra a odiosa linhagem asiática.[247]

---

245 VALENTIN, E. "Richard Wagner und seine Zeit", *Völkischer Beobachter*, 31 de março de 1937.
246 VON SICHART, E. "Der Genius von Bayreuth. Zum Geburtstage Richard Wagners am 22. Mai 1813", *Völkischer Beobachter*, 23 de maio de 1928.
247 "Richard-Wagner-Abend im Kampfbund für deutsche Kultur", *Völkischer Beobachter*, 1º de fevereiro de 1931.

Uma seção inserida no *Völkischer Beobachter* especificamente voltada para os soldados do movimento nazista, intitulada *Der S. A. Mann* [O Homem da S.A.], expressava ideias similares. Sob o título de "A batalha de Richard Wagner pelo Ideal Nacional", H. Sturm argumentou que o compositor se sentiu "mais fortalecido por seus pensamentos teuto-germânicos (*Deutsche-Germanischen*) e sempre buscava conceber esse espírito". Além de Adolf Stöcker, Heinrich von Treitschke, Paul de Lagarde e Hans von Wolzogen, que eram "mais compreensivelmente etnocêntricos" do que muitos, foi Wagner quem "mais lutou pela ideia nacionalista com pena e palavra". Como nos casos de seu tratamento de outras figuras importantes, o *Völkischer Beobachter* regularmente reunia seleções de citações de Wagner – apresentadas fora de contexto com poucos comentários – que pareciam complementar os ideais nazistas. Uma dessas coleções foi montada para o jornal por Fritz Stege, editor do *Zeitschrift für Musik*, ativista da *Kampfbund für Deutsche Kultur* e diretor da Sociedade dos críticos musicais alemães profissionais no Terceiro Reich. Stege também era o libretista de uma *Volksoper* (ópera popular) nórdica e depois da guerra era funcionário do Instituto Humboldt em Wiesbaden, onde escreveu e promoveu música, principalmente para o acordeão. Todas as citações de Wagner que Stege reuniu eram obviamente consideradas relevantes para a ideologia nazista, especialmente algumas linhas como: "Se eu sou alemão, então devo carregar a Alemanha dentro de mim; o belo e o nobre não vieram ao mundo por mero lucro, não, não pela fama e pelo reconhecimento: tudo feito no sentido desse ensinamento é alemão; logo, é o alemão que é grande; só o que é feito nesse espírito pode levar a Alemanha à grandeza";[248] e "somente nos ombros desse grande movimento social a arte verdadeira pode se erguer de seu estado atual de barbarismo civilizado e tomar seu lugar de honra. Cada um tem sua meta comum e os pares só podem alcançá-la quando a reconhecerem juntos. Essa meta é o homem forte e justo, para quem a revolução dará sua força e a arte, sua beleza!".[249]

Outro exemplo dessa estratégia de fazer uso dos escritos políticos de Wagner apareceu no jornal nos 50 anos de sua morte, sob o título "O Profeta Alemão". Depois de citar o seguinte dos escritos de Wagner: "o Povo é a epítome de todos aqueles homens que sentem um

---

[248] WAGNER, R. *What is German?*, in *Richard Wagner's Prose Works*, vol. 4, ELLIS, William Ashton (trad.) (1895), p. 163 (as *Obras de prosa* de Wagner estão disponíveis *on-line* na biblioteca Richard Wagner <http://users.belgacom.net/wagnerlibrary>).
[249] WAGNER, R. *Art and Revolution*, in *Richard Wagner's Prose Works*, vol. 1, ELLIS, William Ashton (trad.) (1895), p. 56.

desejo comum e coletivo: ao qual pertencem, então, todos aqueles que reconhecem seu desejo individual como coletivo ou encontram seus interesses a partir daí",[250] o historiador literário Hermann Seeliger interrompeu e questionou: "essa lógica infalível não constitui, ponto a ponto, a legitimação moral do movimento nacional-socialista e de seu líder maravilhoso?". As seleções de Seeliger claramente almejavam vincular Wagner com os princípios antiesquerdistas e autoritários do movimento. Ele também incluiu citações nas quais Wagner critica diretamente o movimento socialista alemão. Do ensaio do compositor chamado "Arte e política", Seeliger retirou: "Você não pode notar que essa doutrina de divisão matematicamente igual de propriedades e rendimentos não passa de uma tentativa irracional de resolver esse problema a uma proporção vagamente apreendida e uma tentativa cuja absoluta impossibilidade por si só já o declara natimorto?".[251] Então, de uma carta não publicada de 1890, Seeliger reproduz: "Nós não temos movimento, exceto aquele que é seguramente social, mas não como nossos marxistas imaginam". Ao oferecer outra seleção de "O que é ser alemão?", Seeliger também trabalhou para demonstrar que Wagner compreendia o que era a democracia como algo completamente não alemão: "em alemão, democracia é apenas um termo traduzido. Ele existe somente na 'imprensa'; e o que essa imprensa alemã é, deve-se descobrir por conta própria".[252] Finalmente Seeliger encontrou evidências nos escritos de Wagner de que ele teria dado apoio sincero ao princípio de liderança do movimento nazista. Considere os pensamentos a seguir, direcionados por Seeliger:

> *Na pessoa do rei o Estado retém seu verdadeiro ideal – na pessoa do rei, não em uma noção abstrata de realeza. Disso decorre (...) a ideia de que o amor e a admiração do Povo dirigem-se não às noções abstratas de realeza ou mesmo ao Estado, mas à pessoa do rei que os personifica (...) O Povo não pensa em abstrações – não se ama e respeita uma ideia, mas sim pessoas reais. O rei, ou* Kaiser, *não existe mais – mas nada mudou no personagem do Povo Alemão: assim como em*

---

250 Idem, p. 75.
251 WAGNER, R. *German Art and German Policy* in *Richard Wagner's Prose Works,* vol. 4, ELLIS, William Ashton (trad.) (1895), p. 139.
252 WAGNER, R. *What is German?,* in *Richard Wagner's Prose Works,* vol. 4, ELLIS, William Ashton (trad.) (1895).

*sua história mais remota ele pede um* Führer *– quer você o chame de príncipe, duque, rei ou o que quer que seja.*[253]

Segundo Walter Lange – que escreveu sobre a dimensão religiosa do trabalho de Wagner e se concentrou em sua constituição racial em trabalhos como *Richard Wagner's Family Origins* (1938) –, os nazistas admiravam "o pressentimento profético" de Wagner, que "percebeu o espírito verdadeiro dos revolucionários de 1848-49 com uma amarga decepção" e, antecipando os acontecimentos futuros, "afastou-se dos esforços liberais sem esperança". Wagner "rompeu com os poderes de sua época com um abandono despreocupado e severa teimosia", Lange continua, para "trazer as ideias por meio de incontáveis batalhas contra a estupidez e o mal". Portanto, todos os seus escritos foram "as armas mais valiosas para a batalha final que se aproximava". Já em 1850 ele disse: "Assim como todo o nosso liberalismo não foi um jogo mental muito lúcido, pois buscamos a liberdade para o povo sem conhecer o próprio Povo (...) nossa ânsia para dar direitos iguais aos judeus, estimulada mais por uma ideia geral do que por qualquer simpatia real".[254] Essas ideias eram tão parecidas, pensou Lange, que "nos discursos da jovem Alemanha" – isto é, nos de Hitler em particular – "parecia que alguém poderia ouvir Richard Wagner falando ao Povo de modo a abrir seus olhos para os pecados cometidos contra o Espírito Santo da nação". Isso foi um sinal de que, no "Terceiro Reich de Richard Wagner", o "princípio da genialidade do *Führer* prevaleceria mais do que nunca".[255] Ludwig Schoewe concordou com todas as associações entre Wagner e a perspectiva etnocêntrica, porque ele era "o investigador mais inexorável de todas as questões étnicas", o compositor era o "mais forte e distinto pensador de seu tempo". Por viver quando o "processo violento de esclarecimento da nacionalidade segundo a raça" começou, ele foi o "primeiro grande político cultural alemão – o primeiro lutador e pioneiro político-cultural entre todos os gênios de sua nação".[256]

---

253 SEELIGER, H. "Der deutsche Seher", *Völkischer Beobachter*, 12 de fevereiro de 1933.
254 WAGNER, R. *Judaism in music*, in *Richard Wagner's Prose Works,* vol. 3, William Ashton Ellis (trad.) (1895), p. 80.
255 LANGE, W. "Bayreuth – ein sinvoller Wahlspruch", *Völkischer Beobachter*, 16 de junho de 1934.
256 SCHOEWE, L. "Der Kämpfer Richard Wagner", *Völkischer Beobachter*, 15 de fevereiro de 1938.

Sobre a questão da importância de Wagner como pensador político e escritor, Josef Stolzing apresentou um poderoso resumo. Nas várias diatribes do compositor, ele – "o revolucionário" – falou contra o século XIX por "recuar depois das guerras de libertação a uma posição de filistinismo confortável e prosperidade presumida". Com a "perspectiva límpida de um gênio", ele vislumbrou o futuro, "reconhecendo a importância da questão racial e a terrível ameaça que os judeus eram para o Povo". Wagner até pressentiu a Guerra Mundial – "com o bolchevismo e o fim da cultural ocidental que ele ameaçava" – quase meio século antes de sua deflagração. Ademais, ele era "profundamente ciente da miséria social da classe trabalhadora alemã", que mencionou "várias vezes" em tratados como *Arte e Revolução* – onde ele "enfaticamente exigia remédios". Enfim, uma "cultura genuinamente alemã determinada por sangue seria seu ideal". Nos escritos políticos de Wagner, Stolzing concluiu, um leitor "sempre se encontrava com as visões nacional-socialistas: quando os lemos, parece até que ele divinizava nosso movimento".[257]

---

257 STOLZING, J. "Der grosse Deutsche: Richard Wagner", *Völkischer Beobachter*, 17 de abril de 1939.

# 4

# A Tradição Ocidental Antissemita

Estabelecer que os grandes da tradição eram germânicos, com base na existência popular, e ativos politicamente a serviço do nacionalismo eram metas importantes do relato cultural do *Völkischer Beobachter*. Mas o jornal dava a maior prioridade para o convencimento de seus leitores de que o antissemitismo servia como a principal motivação para os artistas, escritores e compositores de sua preferência. Claramente, esse era um dos componentes principais da propaganda antissemita no âmago do nazismo. Nas palavras de Saul Friedländer: "o sistema nazista como um todo produziu uma 'cultura antijudaica', parcialmente enraizada em um antissemitismo cristão alemão e europeu histórico, mas também fomentado por todos os meios à disposição do regime e impulsionado a um patamar nunca antes visto de incandescência, com um impacto direto no comportamento individual e coletivo".[258] O papel dos acadêmicos alemães na construção de uma cultura que tivesse como alvo os "outros" – principalmente o inimigo judeu –

---

258 FRIEDLÄNDER, S. *The Years of Extermination: Nazi Germany and the Jews 1939-1945* (New York: HarperCollins, 2007), p. xix-xx e 189.

ostensivamente organizada em oposição aos ideais supostamente germânicos tem sido o objeto de uma crescente atenção acadêmica.[259] Jeffrey Herf concentrou-se nas principais histórias da primeira página do *Völkischer Beobachter* e demonstrou como os artigos do principal instrumento de mídia de Hitler eram "elementos centrais nas campanhas antissemitas do regime e na tradução da ideologia nazista em uma contínua narrativa de eventos antissemita".[260] Aqui estudamos uma síntese dessas pontas da *Kulturpolitik* nazista: como as interpretações histórico-culturais que apareceram no "jornal de combate" do diário do partido contribuíram com a campanha de ódio. Como já vimos, uma colaboradora apresentou de modo explícito sua visão sobre a função do jornal nesse processo: "para convencer líderes espirituais que acreditam enxergar algo de repugnante no antissemitismo, é importantíssimo apresentar mais e mais evidências de que os espíritos grandes e reconhecidos compartilhavam de nosso ódio aos judeus".[261]

Hitler, naturalmente, era categórico sobre a necessidade de colocar a ideologia antissemita no centro da tradição, afirmando que: "a tarefa do Estado etnocêntrico é assegurar-se de que a história mundial seja finalmente escrita de modo que a questão racial seja elevada a uma posição dominante".[262] Como ele relatou, foi primeiro sua suposta "descoberta" de que a influência judaica na arte enfraqueceu as tradições de sua preferência – a ponto de supostamente arruinar suas próprias chances de uma carreira em design e arquitetura – que o compeliram a buscar e finalmente tentar destruir esse inimigo assim compreendido:[263]

---

[259] Ao revisar a grande obra de Alan Steinweis sobre o tópico, Wendy Lower resumiu o ponto: "Os acadêmicos alemães – principalmente os teóricos raciais, cientistas sociais e teólogos – deram ao Terceiro Reich legitimidade acadêmica, conhecimento e em alguns casos contribuíram diretamente para a radicalização das políticas antissemitas. O nadir nazista na academia alemã não seria uma surpresa para os leitores familiarizados com os estudos pioneiros no pós-guerra de Max Weinreich e George Mosse, mas o modo específico no qual os acadêmicos manipularam seus achados e as várias forças que erodiram os padrões e a integridade da erudição são detalhes importantes que Steinweis descobre e analisa. Sua exploração da pesquisa da era nazista sobre a história judaica e o Judaísmo traz um novo entendimento sobre a perversão da academia pela política e pela ideologia": LOWER, W. resenha de STEINWEIS, A. *Studying the Jew: Scholarly anti-Semitism in Nazi Germany*, in *Holocaust and Genocide Studies*, 22(3), 2008, I.
[260] HERF, J. *The Jewish Enemy: Nazi Propaganda during World War II and the Holocaust* (Cambridge, MA: Harvard University Press, 2006), p. 27.
[261] GROENER, M. "Schopenhauer und die Juden", *Völkischer Beobachter,* 10 de junho de 1928.
[262] HITLER, A. *Mein Kampf*, p. 421.
[263] A análise de Herf da propaganda antissemita estabelece que essas metas finais eram e são indisputáveis: "embora as provas apresentadas aqui não possam resolver a questão de

> *Havia alguma forma de imundície ou devassidão, principalmente na vida cultural, sem pelo menos um judeu envolvido? Se alguém cortar, ainda que com cuidado, esse abcesso, encontrará, como uma larva em um cadáver em decomposição, deslumbrado pela luz repentina – um judeu! O que deveria ser avaliado severamente contra os judeus em minha visão era (...) sua atividade na imprensa, arte, literatura e no teatro (...) Isso era a pestilência, a pestilência espiritual, pior do que a peste negra dos tempos antigos (...) Quando então reconheci pela primeira vez o judeu como o diretor de coração frio, desavergonhado e calculista desse tráfego revoltante de vícios na escória da cidade grande, um arrepio frio percorreu minha espinha. Mas então uma chama se acendeu dentro de mim. Eu não mais evitava a discussão da questão judaica; não, agora eu a buscava (...) eu aprendi a procurar pelo judeu em todos os ramos da vida artística e cultural e em manifestações diversas.*[264]

Dada a autoidentificação de Hitler como artista, aliada ao fato óbvio de seu insucesso como tal, junto com o antissemitismo que cresceu a partir de (como Hitler alegou) sua revelação de que os judeus eram os responsáveis pela podridão da cultura alemã, é provável que Hitler tenha tido uma participação intimamente pessoal na racionalização de suas próprias convicções ao promover a crença de que os grandes criadores da linhagem ocidental compartilhavam de suas atitudes contra a ameaça judaica. Certamente, o jornal do partido, como demonstrado a seguir, comprometia-se em encontrar confirmação para essa hipótese em cada oportunidade.

---

o que a maioria dos alemães acreditava, elas demonstram, com mais detalhes do que antes, a proporção na qual Hitler e seus associados *disseram* à população alemã em numerosas ocasiões que seu governo seguia uma política de extermínio e aniquilação dos judeus da Europa. Se uma pessoa pudesse entender alemão, ler um grande jornal, ouvir as notícias no rádio com alguma regularidade e ver os onipresentes jornais políticos nazistas nos muros, ele ou ela saberiam desse fato básico. Saberiam que o governo alemão insistia que os eventos contemporâneos podiam apenas ser entendidos com referência ao poder dos judeus do mundo e que estes conspiravam para destruir o regime nazista e assassinar o povo alemão. As evidências existentes sugerem, de forma plausível, que uma minoria fanática, mas não escassa, incorporada tanto no partido nazista como em suas outras organizações, acreditava que essa mensagem era a verdade e que seus membros a disseminavam para uma sociedade na qual formas mais brandas de antissemitismo já tinham se tornado lugar comum": HERF, J. *The Jewish Enemy: Nazi Propaganda during World War II and the Holocaust*, p. 14-15 (destacado no original).

264 HITLER, A. *Mein Kampf*, p. 56-59.

Foi em artigos relativos à cultura da Alta Idade Média que esse componente fundamental da ideologia nazista fez sua primeira aparição impetuosa na cronologia das humanidades ocidentais no *Völkischer Beobachter*. A grande síntese medieval da fé e razão, mais notoriamente manifestada em obras como a *Summa Theologica* de São Tomás de Aquino, *A Divina Comédia* de Dante, e a alta arquitetura gótica não interessavam muito aos ideólogos do jornal. Pelo contrário, eles limitaram suas análises do pensamento medieval àqueles trabalhos (inferiores, em sua maioria) que serviam para os esforços do jornal de ressaltar conceitos supostamente consistentes com sua visão de mundo – principalmente o medo e ódio aos judeus. A "característica mais proeminente" da cultura da Idade Média, segundo o *Völkischer Beobachter*, era também a mais sombria: "Se for a vontade de Deus, modelaremos nosso tratamento dos judeus como o da Idade Média", um colaborador esperava.[265]

O foco e a intensidade com os quais os ideólogos nazistas aplicaram essa estratégia quanto à era medieval ficam claros em um artigo de 1926 de Franz Gerstner: "São Tomás de Aquino e o antissemitismo". O grande teólogo "mostrou com clareza sua atitude em relação aos judeus" em sua *Suma contra os Gentios*, Gerstner começou, e, reconhecendo "que os judeus representam perigo para o Cristianismo", São Tomás "enfaticamente advertiu os cristãos sobre qualquer envolvimento com os semitas". Segundo Gerstner, além disso, Aquino (1225-1274) concordou com os nazistas que era uma "insanidade total permitir que judeus participassem de administrações políticas ou religiosas, porque bem no fundo do coração dos israelitas está buscar direções que feririam os cristãos". Para o filósofo medieval, portanto, "não era só dever social do governo, mas uma necessidade moral" eliminar oficiais de crença judaica do serviço público e buscar "medidas similares para afastá-los de outras posições". Segundo Gerstner, Aquino acreditava que qualquer um com uma "opinião ingênua" de que uma "política agressiva contra essa raça perniciosa não combina com o mandamento do amor ao próximo" deve ser dito que é "exatamente com referência a esse mandamento que eles são obrigados a defender nosso povo o máximo possível contra o dano causado pelos judeus". Assim, Gerstner concluiu que Aquino era um "antissemita completo" e que ele era "um equivalente medieval da visão nazista".[266]

---

265 "Die Nürnberger Dürertage", *Völkischer Beobachter*, 13 de abril de 1928.
266 GERSTNER, F. "Der hl. Thomas v. Aquin und der anti-Semitismus", *Völkischer Beobachter*, 8 de maio de 1926. Para alguma discussão sobre São Tomás de Aquino na teologia da era nazista, ver KRIEG, R. A. *Catholic Theologians in Nazi Germany* (New York: Continuum, 2004), p. 47-48.

Vários exemplos de inimizade antijudaica foram evocados nas páginas do *Völkischer Beobachter*. Mas o indivíduo identificado como o primeiro antissemita, em um sentido completamente consciente e moderno, foi Martinho Lutero. Em nenhum outro lugar, o jornal argumentou, a relevância e importância de Lutero eram tão claras quanto em sua abordagem do problema que era "ainda a questão fatídica do mundo moderno: a questão judaica". O jornal achou necessário enfatizar a "posição parcial e inabalável" que Lutero assumiu contra os judeus: ele foi o único de sua época a "levantar a voz contra os judeus com severidade, clareza e uma fúria primordial que se tornou um modelo". O jornal distinguiu algumas diferenças determinadas historicamente entre as visões fundamentadas na teologia de Lutero e suas teorias "políticas" – aqui como eufemismo para racial: "embora os nazistas enxergassem o perigo global representado pelos judeus principalmente do lado político, Lutero o abordou a partir da compreensão religiosa do mundo exterior, concentrando-se na atitude moral dos judeus". Mas, deixando de lado essas nuanças, o *Völkischer Beobachter* promovia com coerência a visão de que Lutero e o partido compartilhavam das mesmas conclusões: uma vez que Lutero ficou "cauteloso com a degeneração e o desarraigamento do modo de vida judeu", ele "não mais guardou segredo de seu profundo desgosto pelos judeus".[267]

O método principal usado pelo jornal para apresentar Lutero como uma pessoa que odiava os judeus com fervor foi publicar repetidamente seções claramente antissemíticas de seus sermões e escritos. Ao adotar uma estratégia que seria aplicada por toda a existência do jornal, os colaboradores do *Völkischer Beobachter* exploraram cada passagem dos escritos de Lutero, maior ou menor, que contivesse sinais de sentimentos antissemitas. Se esses escritos não fossem ainda bem conhecidos, o *Völkischer Beobachter* os celebraria como obras-primas perdidas e agora recuperadas, o que indicaria serem algumas das mais importantes linhas do pensamento do autor. Por exemplo, o artigo "A batalha de Lutero contra os judeus" abriu com a seguinte descrição de um autor anônimo do *Völkischer Beobachter*: "um antigo livro com capa de couro está diante de mim. Ele foi publicado em 1556, em Wittenberg, por Georgen Rhawen Erben e contém dois ensaios de luta [*Kampfschriften*] devastadores, escritos pelo dr. Martinho Lutero contra os judeus. Eles são intitulados: '*Vom Schem Hamphoras*' e 'Sobre os judeus e suas mentiras'". O *Völkischer Beobachter* reconheceu que os dois escritos eram teológicos em conteúdo a princípio, mas suas

---

267 "Luther und die Judenfrage", *Völkischer Beobachter*, 18 de novembro de 1933.

conclusões "foram amplamente ignoradas". O jornal indagou: "como isso foi possível?" e então respondeu à sua pergunta: esses escritos "deixaram o judeu desconfortável; ele os considerou perigosos: então ele comprou todas as cópias e os condenou ao esquecimento". Lutero teria ficado chocado se soubesse que essas "palavras de luta" contra os judeus tinham ficado fora de sua coleção de obras – que "ninguém ouviu falar delas". O *Völkischer Beobachter* queria corrigir esse erro histórico, pois "reviver a memória desses escritos tornou-se um dever". Então, o restante desse artigo e outros como "Lutero sobre os judeus" e "Palavras de Lutero" reviram esses "tesouros perdidos" da história intelectual e teológica em que Lutero primeiro descreveu os judeus e depois propôs métodos para lidar com eles em passagens que "ainda têm relevância e foram apenas corretamente compreendidas na era nazista".[268]

Segundo o jornal, Lutero "claramente reconheceu o estrangeirismo espiritual dos judeus", quando disse que eles são "as pessoas maliciosas e teimosas que não podiam ser convertidas do mal para o bem por pregação, repreensão ou ensinamento". Em outros escritos, ele os chamou de "pessoas preguiçosas, ociosas, malignas, blasfemadoras e desesperadas". Sobre a "capacidade muito limitada que os judeus têm para o verdadeiro trabalho", Lutero escreveu que "os judeus nos forçam a existir pelo suor de nossas têmporas, juntam dinheiro e vivem a boa vida com base nos produtos de nosso trabalho: essa raça perniciosa, oprimindo os homens pela agiotagem". Ademais, Lutero "sabia sobre o ódio dos judeus a tudo que era germânico e cristão" e emitiu uma advertência ao mundo cristão: "Caro cristão, esteja avisado e não duvide de que, além do Diabo, não há inimigo mais amargo, venenoso e veemente do que um judeu que sinceramente deseja ser um judeu".[269]

O *Völkischer Beobachter* pensava que essas e outras afirmações antissemíticas representavam "o melhor de Lutero", mesmo em termos de seu estilo de escrita: o jornal achava que sua "maneira de abordar a batalha" era "aberta, original e revigorante". Nada disso foi apresentado como tangencial à política e teologia de Lutero; no jornal, ele era apresentado como "um inimigo dos judeus com toda a sua força". Mesmo em seu último sermão, Lutero deu um "aviso contra os judeus", segundo enfatizava o *Völkischer Beobachter*, exigindo que "as autoridades não mais tolerassem judeus em sua terra, dadas suas blasfêmias diárias".[270]

---

[268] "Luthers Kampf gegen die Juden", *Völkischer Beobachter*, 31 de março de 1931.
[269] SHERMAN, F. (ed.) *Luther's Works, vol. 47: The Christian in Society IV* (Philadelphia, PA: Fortress Press, 1971), apud "Luther und die Judenfrage", BERTRAM, M. H. (trad.)
[270] "Luther und die Judenfrage", *Völkischer Beobachter*, 18 de novembro de 1933.

Segundo o jornal, estava claro que Lutero falava "sério sobre eliminar os judeus da vida pública porque ele também deu sugestões práticas sobre como lidar com eles". Sobre a perseguição aos judeus durante a Idade Média, ele "comentou com satisfação que receberam um belo soco no nariz porque os judeus queriam matar todos nós". Seguindo o modelo medieval, Lutero exigia o fechamento e a destruição de todas as sinagogas e escolas judias e a proibição de todos os ensinamentos pelos rabinos. Ademais, disse que eles deveriam ser forçados a trabalhar e que, se recusassem, deveriam ser expulsos: "Deixe-os voltar a Jerusalém e lá eles podem blasfemar, difamar, matar, roubar, furtar, agiotar e zombar".[271]

Acima de tudo, o *Völkischer Beobachter* insistiu que era hora de agir com base nas atitudes e recomendações antissemitas de Lutero: "se Lutero julgou os judeus dessa maneira já no século XVI, quanto essas palavras seriam mais pesadas na era moderna, quando os judeus tinham incomparavelmente mais influência sobre o mundo inteiro do que no tempo de Lutero?". O legado de Lutero "não tinha se exaurido": suas confissões abordaram uma questão que "ainda era a mais ardente da época".[272] Os leitores poderiam ver nas leis contra os judeus inspiradas por Lutero e colocadas em prática pelo Sacro Império Romano Germânico em 1577 que seus antecessores do século XVI "não se acanharam em aplicar leis severas aos judeus enquanto eles exploravam e pilhavam o povo maliciosamente demais, e, ao mesmo tempo em que no esclarecido século XX, os alemães se permitiam ser conduzidos pelos judeus como carneiros em direção ao matadouro".[273]

De acordo com Ernst Buchner, as ideias de Lutero sobre os judeus também estavam manifestas na arte da Reforma. Além das peças que representavam o melhor das tradições nórdicas e etnocêntricas, Buchner sugeriu, Altdorfer também deixou obras em sintonia com os princípios nazistas mais sórdidos. Um pintor nato, Altdorfer também "era hábil com a ponta seca", com a qual ele capturou o pórtico e o interior da sinagoga de Regensburgo em duas gravuras de 1519 (figura 4.1). Talvez mais importante, segundo Buchner, seja o fato de que Altdorfer executou essa gravura como "recordações de uma cultura que desaparecia" depois de ter decretado, como membro do Conselho Externo, a expulsão dos judeus de Regensbugo da cidade imperial. Ao culpar os judeus por um declínio econômico, a cidade deu aos que seriam expulsos apenas

---

271 "Luther und die Judenfrage", *Völkischer Beobachter*, 18 de novembro de 1933.
272 Idem.
273 "Judengesetze in der Reformationszeit", *Völkischer Beobachter*, 27 de junho de 1926.

Figura 4.1 Albrecht Altdorfer, "A sinagoga de Regensburgo" (1519).

dois dias para desocupar a sinagoga e cinco dias para deixar a cidade. Altdorfer fez esboços preparatórios do local nos dias que antecederam a destruição em 22 de fevereiro de 1519: "totalmente consciente e parcialmente responsável por seu destino". Segundo a avaliação das gravuras resulantes feita por Buchner, "elas pertenciam aos melhores e mais bonitos exemplos de arte gráfica nórdica: pitorescas, de tom vigoroso, ricas em valor" e – claramente – de sentido antissemita.[274]

Fora dos territórios alemães, o jornal pressionou para demonstrar que o "maior escritor nórdico de todos os tempos", Shakespeare, também compartilhava das atitudes nazistas em relação aos judeus. Segundo o *Völkischer Beobachter*, por toda a sua representação dos "malditos testes de força que compõem a realidade política", uma característica específica dos dramas históricos de Shakespeare interessava mais ao jornal nazista. F. L. Zander escreveu que na Inglaterra de Shakespeare as pessoas eram "genuínas em suas paixões e desejos"; da mesma forma, o drama era "completamente livre de tendências e quase sempre livre de besteiras teóricas". Portanto, as peças eram "desimpedidas em sua expressão popular de gostos e aversões: não era um sacrilégio mostrar

---

[274] BUCHNER, E. "Die nordische Kunst Albrechd Altdorfers", *Völkischer Beobachter*, 13 de fevereiro de 1938.

o criminoso como criminoso, mesmo se ele parecesse ser fisicamente fraco e humilde, merecedor de algum tipo de compaixão". Na avaliação de Zander, isso era verdade principalmente nas representações teatrais dos judeus. Era "autoevidente" que os judeus eram completamente detestados pelos ingleses dessa era e por seus escritores: "primeiro porque eles eram estrangeiros, depois por sua aparência física ridícula, sua imundície, suas vestimentas atrozes e finalmente por sua agiotagem". Consequentemente, no drama daquela época, o judeu "sempre aparecia como um esbanjador – com um certo ar trágico – vivendo de riquezas incomensuráveis derivadas dos juros". Acima de tudo, o *Judeu de Malta* de Marlowe e *O Mercador de Veneza* de Shakespeare "transmitiam vigorosamente o ódio do asiático por tudo que é ariano e o desprezo ilimitado do ariano pela escória racial do mundo antigo".

Depois dessa introdução, Zander selecionou os exemplos mais convincentes do tratamento dado aos judeus por Shakespeare e comentou sobre suas implicações antissemitas. Claro, a maioria veio de *O Mercador de Veneza*. De acordo com Zander, Shakespeare sentia que "o ódio do judeu pelo ariano era grave, não só uma questão de disputas pessoais que ocorrem na vida cotidiana". Para demonstrar que Shakespeare reconhecia que os judeus "tinham sentimentos vagos e impessoais de inimizade pelos arianos em geral – baseados em diferenças religiosas, econômicas e raciais" –, ele citou Shylock, do ato I, cena 3:

> *Eu o odeio por ele ser cristão, mas acima de tudo porque, em sua simplicidade vil, ele empresta dinheiro gratuitamente e abaixa a taxa de juros entre nós aqui em Veneza. Se eu conseguisse apanhá-lo em alguma falta, saciaria o antigo ódio que por ele sinto. Ele odeia nossa nação sagrada e, lá mesmo onde os mercadores mais se reúnem, insulta-me, condena minhas barganhas e minha já conhecida economia, que ele chama de juros. Amaldiçoada seja minha tribo, se o perdoar!*

Para demonstrar a crença de Shakespeare de que "o judeu estava ocupado com seu ódio dia e noite, que todo o seu ser era consumido por isso", Zander reproduziu a resposta de Shylock ao ser convidado para jantar por Bassânio e Antonio: "Mas por que deveria ir? Esse convite não foi por eles gostarem de mim, eles me adulam: mas ainda assim eu irei com rancor para me alimentar às custas do pródigo cristão" (ato II, cena 5).

Em resposta, Zander afirmou que Shakespeare deixou seu personagem ariano responder: "o ódio do judeu vem forte e quente e é replicado pelo outro lado – a ponto do verdadeiro desprezo". Como prova, ele citou Lancelot descrevendo Shylock como demoníaco: "para ser regido por minha consciência, eu devo ficar com meu mestre judeu, que (...) é um tipo de demônio (...) Certamente o judeu é o próprio demônio encarnado" (ato II, cena 2). Da mesma forma, Zander apontou, Solanis proferiu uma linguagem completamente antissemita "ao ver o judeu esbravejando" depois de ser enganado por sua filha: "eu nunca vi uma paixão tão confusa, estranha, ultrajante e variável como o cão judeu proferiu pelas ruas" (ato II, cena 8). Acima de tudo, Zander sugeriu, Shakespeare expressou o ressentimento contemporâneo contra o judeu estereotípico como agiota. Em sua representação de Shylock, "o judeu parasita resistia à lei social das comunidades nórdicas que proibiam a usura e, pior ainda, desprezava a caridade cristã que pedia ajuda aos companheiros do povo que não tinham lucros". A insistência de Shylock pela prisão de Antonio serviu como prova: "Carcereiro, olha para ele: não me fales de misericórdia; esse é o tolo que emprestou dinheiro gratuitamente: carcereiro, olha para ele" (ato III, cena 3). O judeu de Shakespeare era, na visão de Zander, "um monstro que descartaria a humanidade inteira no interesse de sua riqueza", como sugerido em sua reação diante da fuga de Jessica, quando ele afirma se importar mais pela perda da joia que ela usava do que pela própria filha: "Eu preferiria minha filha morta diante de meus pés, com as joias em suas orelhas! Antes ela conduzida por uma carruagem funerária na minha frente e os ducados em seu caixão!" (ato III, cena 1).

Sobre a personalidade de Jessica, cuja atratividade pode ser um sinal de que Shakespeare apreendeu as atitudes antissemitas de sua época, Zander supôs, resoluto, que a mentalidade cheia de ódio dos personagens secundários eram a do próprio Shakespeare. Ele argumentou que a filha do judeu "não poderia realmente ser da raça judaica, pois ela era leal, nobre e bela". Segundo Zander, o robusto Solarino disse isso "na cara do judeu": "Há mais diferença entre tua carne e a dela do que entre o azeviche e o marfim; mais entre vossos sangues do que há entre o vinho tinto e o do Reno" (ato III, cena 1). Ademais, escreveu Zander, Lancelot tinha a mesma opinião e a contou a Jessica: "Com uma ponta de esperança tu poderias desejar que teu pai não tivesse te gerado, que não fosses a filha do judeu" (ato III, cena 5).

Zander afirmou que era "completamente inútil discutir justiça nórdica e imparcialidade com um judeu estrangeiro". Ademais, era "impossível mudar um judeu e dissuadi-lo de seus modos terríveis, fazê-lo cometer suicídio e aniquilar sua raça". Os escritores ingleses, principalmente Shakespeare, segundo ele, estavam perfeitamente conscientes disso, tendo "aprendido com a Idade das 'Trevas' e de seu próprio povo". Era a consciência antissemita que estava por trás da sensação de desespero de Antonio quanto à possibilidade de discutir com Shylock: "Refleti que tratais com um judeu. Podeis também ficar na praia e ordenar ao mar que volte ao seu nível normal" (ato IV, cena 1). Assim, Shakespeare teria concordado com Zander que a "única solução era a eliminação do inimigo: a discussão abstrata da justiça não tinha qualquer papel na questão; o povo da era shakespeareana não se preocupava com a letra da lei; o judeu pode ter obtido seu quilo de carne, mas o monstro tinha de ser destruído".

Não satisfeito em juntar a linguagem antissemita da peça, Zander foi além e ofereceu a publicidade original usada para promovê-la como uma prova adicional de que Shakespeare compartilhava inteiramente de suas visões – mesmo em termos alemães racistas modernos. Segundo Zander, um pôster de teatro da era elizabetana anunciava que "o elemento essencial da comédia está na luta histórica dos nobres arianos contra a inacreditável crueldade de um monstro: eles são quase derrotados, mas, no fim, triunfam sobre a odiada criatura". Para que os leitores não tenham a impressão de que Shakespeare era o autor de apenas uma obra antissemita, Zander então deu mais exemplos de outras obras de Shakespeare que ele julgou mostrar o quanto o bardo detestava e odiava os judeus, "em função de sua crueldade usurária, modos estrangeiros e físico ridículo".

De *Trabalhos de Amor Perdidos*, ele citou:

> *Boyet: Mas sendo um asno, deixe-o ir. Então adieu, doce Judas! Não, por que ficas?*
> *Dumain: Pelo fim do nome...*
> *Biron: O fim? Então adeus, Judasno! (v.2)*

De *Henrique IV*, parte I:

> *Príncipe Henrique: Falai, senhores. O que aconteceu?*
> *Gadshill: Nós quatro caímos sobre uns doze...*
> *Falstaff: Ao menos dezesseis, milorde.*
> *Gadshill: E os amarramos.*
> *Peto: Não, não, não foram amarrados.*
> *Falstaff: Seu embusteiro, eles foram amarrados, todos eles; ou eu sou um judeu, um judeu hebraico (ato 2, cena 4)*

De *Dois Cavalheiros de Verona*:

*Launce: Ele é uma pedra, um pedregulho e não tem mais pena do que um cão: um judeu teria chorado ao ver nossa separação. (ato III, cena 3)*

E, mais uma vez, de *Dois Cavalheiros de Verona:*

*Launce: Se quiseres, acompanha-me ao bar; senão, tu és um hebreu, um judeu e não merecedor de um nome cristão.*
*Speed: Por quê?*
*Launce: Porque não tens muita caridade dentro de ti para ir a um bar com um cristão. Tu irás? (ato II, cena 5)*[275]

Para aqueles que podem não ter compreendido de imediato a importância do trabalho de Shakespeare de uma perspectiva antissemita "completamente livre de tendência e besteiras teóricas", colaboradores como Baldur von Schirach não demonstraram nada além de desprezo. Em uma resenha sobre uma apresentação em um festival organizado pela Associação Shakespeareana de Bochum, Schirach noticiou que o professor Gundolf de Heidelberg – "um judeu que realmente se chamava Gudelfinger!" – deu uma palestra intitulada "Estado e Tragédia", que, segundo Schirach, permaneceu incompreensível mesmo aos acadêmicos participantes por causa de sua "complexidade não germânica". Ele propôs que talvez isso pudesse ser uma lição útil no futuro, porque demonstrava que era "simplesmente impossível deixar um judeu falar de Shakespeare". Ele afirmou a seguir que os nazistas acreditavam que uma "purgação completa dos elementos estrangeiros" deveria ser a próxima tarefa da Associação Shakespeareana porque "não era certo uma Associação Shakespeareana Alemã ter judeus em sua lista de palestrantes".[276]

Embora os editores do *Völkischer Beobachter* tenham encontrado muitas maneiras de explorar as obras de Shakespeare, nenhuma foi tão importante e útil quanto a invocação da representação de Shakespeare do judeu como usurário. Para os propagandistas, esse personagem familiar podia ter suas referências prontamente reconhecidas e usadas efetivamente para personificar as forças malignas que o *Völkischer*

---

275 ZANDER, F. L. "Shakespeare und die Juden", *Völkischer Beobachter*, 23 de agosto de 1927.
276 VON SCHIRACH, B. "Deutsche Shakespeare-Woche", *Völkischer Beobachter*, 28 de julho de 1927.

*Beobachter* achava que moldavam a política europeia do século XX. Em 5 de abril de 1923 – no auge da crise do Ruhr –, o jornal mostrou em sua primeira página uma charge representando Shylock esfaqueando as costas da figura alegórica Germania, com as silhuetas dos soldados negros invadindo no fundo – em uma referência à política francesa de mandar tropas africanas para a área (figura 4.2). Acima da imagem, a manchete grita: "O Shylock francês no Ruhr", seguida de uma explicação da situação: "Os antepassados da firma bancária judaica Rothschild-Frères – os verdadeiros governantes da França – migraram há uns cem anos de Frankfurt am Main para Paris. As ações dessa casa cresceram [para] cerca de 20 bilhões durante a Guerra Mundial e hoje são estimadas em 70 bilhões. Com a invasão do Ruhr, a firma espera aumentar suas ações para 100 bilhões". Finalmente, debaixo da imagem, a legenda do *Völkischer Beobachter* dizia "Chefe da casa de Rotschild" – o Shylock moderno – dizendo: "A facada nas costas o desarmou; agora posso cortar um pedaço de seu coração!".[277]

Assim como Shakespeare, o próximo grande autor de literatura supostamente contrário à literatura judaica destacado pelo *Völkischer Beobachter* foi Goethe. Além de retratá-lo como antirrevolucionário, militarista pró-germano, era essencial para o esquema interpretativo do *Völkischer Beobachter* que as credenciais antissemitas de Goethe fossem estabelecidas. Isso exigia, nas palavras de Joachin Petzold, desacreditar "os contos de fadas sobre a afinidade interior de Goethe com os judeus".[278] Citando uma palestra sobre "Goethe e os judeus" de Franz Koch – nomeado professor de literatura de Berlim no regime nazista –, o jornal repreendeu "os historiadores literários judeus" por mostrar suas cores quando "rotularam Goethe como filossemita".[279] Depois de pesquisar escritos de Goethe para o jornal, Adolf Bartels – autor, crítico e historiador literário que produziu histórias da literatura alemã bem influentes nos círculos conservadores, antissemitas e etnocêntricos – concluiu que elas estavam "repletas de erros judeus". "Por que os judeus não se restringem ao Talmude?", ele perguntou amargamente, antes de insistir que deveriam ler o Goethe de Houston Stewart Chamberlain de 1912 em vez disso.[280] Dentre seus muitos outros feitos, segundo Koch, Chamberlain tinha "trabalhado contra tamanha falsificação da representação de

---

277 "Der franzoesische Shylock im Ruhrgebiet", *Völkischer Beobachter*, 5 de abril de 1923.
278 PETZOLD, J. "Goethe und die Juden: Eine aktuelle Betrachtung zur Ausstellung 'Der ewige Jude'", *Völkischer Beobachter*, 9 de novembro de 1937.
279 "Goethe und die Juden", *Völkischer Beobachter*, 20 de janeiro de 1938.
280 BARTELS, A. "Die Goethe-Biographien", *Völkischer Beobachter*, 5 de janeiro de 1932.

Figura 4.2 Charge do *Völkischer Beobachter*, "O agiota francês na região do Ruhr", 5 de abril de 1923.

Goethe": a "lenda do filossemitismo de Goethe" baseava-se em sua alta estima da Bíblia e o fato de ele agraciar um círculo de judeus como Dorothea Veit, Henriette Herz e Rahel Levin – e "nada mais".[281]

Além disso, com base na perspectiva do *Völkischer Beobachter*, a apreciação de Goethe pelo Antigo Testamento poderia ser simplesmente atribuída ao seu "valor como produto literário e ferramenta pedagógica", não ao seu conteúdo dogmático. A Bíblia o interessava como a autorrepresentação de um "povo valente forjado com precisão" – como uma representação da "vida nacional judaica" –, porque Goethe a abordava como um "profissional pioneiro da ciência racial". Como um "pensador biológico típico", ele teve uma "premonição da raça no sentido de uma realidade inescapável" e, ao observar com os olhos de um cientista natural, reconheceu os judeus como "um caso extremo de classificação". Naturalmente, o jornal afirmou, ele "entendia os judeus como corpos estrangeiros segundo a noção faustiana: 'a vida da humanidade flui por seu sangue'".[282]

Essas visões científico-raciais supostamente formaram o pano de fundo teórico para as posições de Goethe contra a emancipação judaica e o casamento inter-racial. Na "visão de mundo orgânico-biológica de Goethe" não havia espaço para esses "produtos da filosofia do Iluminismo". O jornal sustentou que essa posição foi provada em uma carta de Goethe para Bettina von Arnim, na qual ele respondeu a um panfleto contra os esforços de emancipação e ainda com mais clareza em uma afirmação que ele fez ao ministro de Weimar, Friedrich von Müller. Segundo o *Völkischer Beobachter*, Goethe ficou em uma "fúria ardente" em relação à lei dos judeus de 1823, que permitia casamentos entre judeus e cristãos. Sob a manchete "Goethe sobre casamentos inter-raciais", o jornal teve o prazer de reeditar a lembrança de Müller em 23 de setembro de 1823: "eu mal tinha entrado no quarto de Goethe quando o velho expressou seu desprezo por nossa nova lei judaica que permite casamentos entre pessoas das duas crenças (...) Todo sentimento moral da família que ainda se baseava na religião ficaria enfraquecido por uma lei tão escandalosa (...) Sua preocupação quanto aos judeus aparecia por todo lugar, apesar de sua liberdade de pensamento".[283]

---

281 "Goethe und die Juden", *Völkischer Beobachter*, 20 de janeiro de 1938.
282 Idem.
283 "Goethe über die Mischehen", *Völkischer Beobachter*, 6 de fevereiro de 1926. Também citado em PETZOLD, J. "Goethe und die Juden: Eine aktuelle Betrachtung zur Ausstellung 'Der ewige Jude'", *Völkischer Beobachter*, 9 de novembro de 1937.

Além dessa observação de Müller, Petzold achava que os nazistas estavam em uma posição de enfatizar inúmeras afirmações de Goethe sobre os judeus que "estavam próximas à visão de mundo biológica de seu tempo".[284] Hanns Johst concordou, afirmando que Goethe "reconhecia a necessidade de pureza racial" quando esbravejou: "o principal é que a raça permaneça pura – tão pura quanto Tácito a louvou!". Johst acrescentou que essa afirmação colérica esclarecia a "forte tradição antissemita que movia Goethe como alemão": dado isso, "todas as opiniões, percepções e interpretações manchadas com sangue e associações espirituais de raças estrangeiras" – isto é, todas as noções de Goethe como filossemita – tornaram-se "irrelevantes".[285]

Do *Wilhelm Meisters Wanderjahre* (1829) de Goethe, o *Völkischer Beobachter* reproduziu repetidas vezes essa fala: "Nós não podemos tolerar judeus entre nós; por que motivo deveríamos deixá-los participar das vantagens da mais alta cultura, cujas origens ele rejeita?"[286] – acrescentando, em uma ocasião, que o significado dessa frase tornou-se duplamente claro se percebessem a impossibilidade de aplicar uma afirmação similar aos gregos e sua cultura: havia uma "ponte interna, orgânica, da cultura alemã à grega", enquanto não "há conexão viva para a cultura judaica".[287] Com o estudo de Homero, Petzold tentou mostrar como Goethe descobriu o "dano inominável que a raça judia nos fez"[288] – e acrescentou que "a humanidade teria tido uma face diferente se tivesse permanecido com Homero e não tivesse conhecido os sodomitas bíblicos". Ademais, Petzold sustentou que outra fala do *Wilhelm Meister* "continuava da última observação": "O povo israelita nunca foi bom para muita coisa, pois seus líderes, juízes, chefes e profetas foram repreendidos mil vezes; eles possuem as menores virtudes e a maioria dos erros de todos os povos".[289]

---

284 PETZOLD, J. "Goethe und die Juden: Eine aktuelle Betrachtung zur Ausstellung 'Der ewige Jude'", *Völkischer Beobachter*, 9 de novembro de 1937.
285 JOHST, H. "Aufblick zu Goethe", *Völkischer Beobachter*, 22 de março de 1932.
286 VON GOETHE, J. W. *Wilhelm Meisters Wanderjahre*, livro III. Apud GINIER, E. "Goethe und die Juden", *Völkischer Beobachter*, 20 de agosto de 1927; "Goethe, Frankfurt, Mosse", *Völkischer Beobachter*, 28 de janeiro de 1932; e PETZOLD, J. "Goethe und die Juden: Eine aktuelle Betrachtung zur Ausstellung 'Der ewige Jude'", *Völkischer Beobachter*, 9 de novembro de 1937.
287 PETZOLD, J. "Goethe und die Juden: Eine aktuelle Betrachtung zur Ausstellung 'Der ewige Jude'", *Völkischer Beobachter*, 9 de novembro de 1937.
288 Idem. Citação de Johann Wolfgang von Goethe para K. A. Böttiger (junho de 1794).
289 PETZOLD, J. "Goethe und die Juden: Eine aktuelle Betrachtung zur Ausstellung 'Der ewige Jude'", *Völkischer Beobachter*, 9 de novembro de 1937.

Foi com base nessa coleção de citações, repetidas a cada oportunidade, que o *Völkischer Beobachter* construiu sua ideia de que Goethe teria apoiado as políticas nazistas contra os judeus. Entretanto, o jornal e seus colaboradores pareciam perceber que essas seleções não significavam muito se comparadas com a maior parte de suas obras líricas. Eles então desejaram mostrar que, sobre a questão judaica, "os versos do poeta diziam mais do que algumas observações teóricas ou expressões espontâneas".[290] Nesse sentido, eles encontraram – na forma de uma cena em uma obra antiga desconhecida – uma arma secreta com que eles esperavam poder dar aos nacional-socialistas a vitória na competição sobre o legado político de Goethe. Com quase 30 anos de idade, Petzold exultava, Goethe "nos deu a imagem insuperável do eterno judeu", na Feira Anual em Plundersweilern.[291] Desse drama satírico, o *Völkischer Beobachter* reproduziu mais de uma vez a cena de uma peça dentro da peça onde as figuras do Antigo Testamento Haman e Ahaseverus discutem a necessidade de punir os judeus por seu orgulho excessivo. Nesse sentido, o Haman de Goethe denuncia os judeus como aqueles "que sabem controlar todos por meio do empréstimo e por jogar um jogo diabólico com nossas mulheres também". Enquanto houver ordem, Haman adverte, "eles não terão muito pelo que esperar: mas, secretamente, eles estão acendendo o fogo e, antes de o vermos, a terra estará em chamas". Portanto, Haman prosseguiu, o rei "deve ensiná-los sobre suas obrigações para com a lei e, se eles são teimosos, então com a chama e a espada".[292] O jornal exclamou com triunfo que isso é a prova de que "nosso Wolfgang Goethe reconhecia claramente a raça judaica e a representou em ação, palavra e escrita".[293]

Ademais, o jornal prosseguiu, apesar de tal evidência clara da verdadeira natureza das crenças de Goethe, os líderes da Sociedade para a Defesa contra o Antissemitismo (*Verein zur Abwehr des Antisemitismus*), "professores universitários e rabinos com todos os seus inúmeros títulos e doutorados", ainda tiveram a audácia de afirmar precisamente o oposto: "que 'Goethe não tinha quase nenhum osso antissemita em seu corpo'". "Judá" tinha há muito reconhecido Goethe como "um de seus

---

290 Idem.
291 Idem.
292 Citado em GINIER, E. "Goethe und die Juden", *Völkischer Beobachter*, 20 de agosto de 1927. Também citado em PETZOLD, J. "Goethe und die Juden: Eine aktuelle Betrachtung zur Ausstellung 'Der ewige Jude'", *Völkischer Beobachter*, 9 de novembro de 1937.
293 GINIER, E. "Goethe und die Juden", *Völkischer Beobachter*, 20 de agosto de 1927.

maiores inimigos" e por isso trabalhou sem parar – "aplicando táticas talmúdicas clássicas de perversão" – para apresentar Goethe como um "amigo sincero dos judeus pelo mundo". Por quê? Para que os alemães e outros não percebessem como um gênio como Goethe "avaliou com clareza e condenou a raça judaica". Especialmente, "o punho de ouro de Judá" assegurava que a Feira Anual em Plundersweilern desaparecera das edições de Goethe dos últimos 50 anos e, portanto, tinham sido "completamente apagados para o povo!". "Maldito o editor que ousasse incluí-lo em uma nova coleção de Goethe: ele seria imediatamente destruído – moral e financeiramente – por Judá". Esse era um indício de "como as coisas eram feitas", que os leitores do jornal nazista tinham de se dedicar para desfazer – em nome da principal figura da educação [*Bildung*]: Goethe.[294]

Apesar das afirmações sobre a importância duradoura do ódio aos judeus na cultura alemã e ocidental, havia opiniões diferentes no *Völkischer Beobachter* em relação a quando o moderno antissemitismo racial foi formulado exatamente. Segundo Robert Hohlbaum, não era Goethe, mas Franz Grillparzer quem primeiro percebeu a questão judaica em termos de raça e não em termos religiosos e culturais. Enquanto outros encararam a questão de maneira diferente, Hohlbaum reconhecia que foi Grillparzer – antes mesmo de Wagner – quem primeiro reconheceu que a questão judaica era um "problema racial". Como prova, Hohlbaum citou o seguinte quarteto:

> *Um Cristo estava diante dos Portões do Céu,*
> *Mas são Pedro não o deixava entrar,*
> *Porque uma tropa de judeus batizados*
> *Forçou sua entrada.*[295]

Hohlbaum observou o tamanho "abismo" que separava os românticos de Viena dos de Berlim, os Friedrich Schlegels e os Varnhagens, que "se casaram discretamente com suas judias e se permitiram ser encantados pelo Catolicismo místico" e Grillparzer "reconheceu essa diferença na consciência antissemita". Do diário de Grillparzer, Hohlbaum citou a afirmação de que o "famoso monoteísmo dos judeus" provavelmente veio do fato de eles serem originalmente "uma nação

---

294 GINIER, E. "Goethe und die Juden", *Völkischer Beobachter*, 20 de agosto de 1927.
295 GRILLPARZER, F. "Ein Christ steht na der Himmelspforte", in *Sämtliche Werke: Ausgewählte Briefe, Gespräche, Berichte,* FRANK, P. e PÖRNBACHER (eds.) (Munique: Hanser, 1960-1965), p. 574.

tão desprezada que não poderiam imaginar mais do que uma divindade interessada neles". Além disso, Hohlbaum argumentou que Grillparzer produziu talvez o "poema aguerrido mais afiado direcionado ao coração do Judaísmo". Tendo como alvo o crítico austríaco Moritz Saphir, pessoalmente, mas também como "representante de sua raça", ele escreveu:

>   *O Diabo quis criar um assassino.*
>   *Então ele juntou algumas partes de diferentes animais*
>   *Como o lobo, a raposa e o chacal.*
>   *Mas ele se esqueceu de adicionar uma coisa: a coragem.*
>   *Furioso, ele puxou o nariz da criatura e gritou,*
>   *Biltre, torne-se um judeu e escreva resenhas!*

Por fim, o jornal salientou um poema de Grillparzer que, em sua "imitação cáustica, afiada e engraçada da maneira do judeu falar", foi um "modelo de descrição poética que poderia servir como ponto de referência de uma era". Já em seu tempo, "toda arte teatral estava sujeita aos inquietos interesses judaicos e o notório 'censor judeu' obstruía tudo o que não fosse *kosher*". Então Grillparzer escreveu:

>   *Eles destruíram épocas em sua tempestade.*
>   *Nada, nem ninguém, os agrada.*
>   *Eles escrevem poemas e criam figuras indescritíveis.*
>   *Os judeus penetram na arte alemã.*
>
>   *E nós, pombos cegos, deveríamos acreditar*
>   *Que nada pode acontecer aos judeus.*
>   *Mas veremos. Veremos.*[296]

Como "um grito estridente de indignação do nobre peito de um poeta alemão", afirmou o *Völkischer Beobachter*, essas pérolas desconhecidas da poesia devem "ter ressoado nos corações dos homens da SA [*Sturmabteilung*] em uma época em que a cultura e raça alemãs embarcavam na batalha final contra o domínio das pessoas inferiores [*Untermenschen*]".[297] Ele não foi bem entendido por seus contemporâneos, mas Grillparzer "viu e avançou muito à frente de seu tempo".

---

[296] "Auf ünbekannte anti-Semitische Gedicht von Franz Grillparzer und Wilhelm Karl Grimm", *Völkischer Beobachter*, 17 de abril de 1931.
[297] "Auf ünbekannte anti-Semitische Gedicht von Franz Grillparzer und Wilhelm Karl Grimm", *Völkischer Beobachter*, 17 de abril de 1931.

Então, "a maior advertência de Goethe" também servia para ele: "A posteridade lhe dará por completo o que em vida foi dado somente pela metade – ou nada". A posteridade – isto é, a Alemanha nazista –, concluiu Hohlbaum, "tinha um grande e nobre débito para com ele". [298]

Ao lado de Grillparzer, o *Völkischer Beobachter* também publicou artigos estipulando que seu contemporâneo, o filósofo Schopenhauer, também merecesse ser louvado como um líder antissemita. Karl Grunsky buscou "mostrar tudo que Schopenhauer tinha em seu coração contra os judeus". O Antigo Testamento era malvisto em seus trabalhos, disse Grunsky: especialmente, Schopenhauer apontou o comportamento "ultrajante e nefário" de Abraão e a "malandragem infame" de Jacó. Segundo Grunsky, o filósofo reclamou com veemência que a cultura dessa "gente menor" [*Winkelvolk*] – os judeus – tinha servido como base para a cultura ocidental em vez da indiana, grega ou romana. Grunsky encerrou dizendo que sua "posição contra o espírito judeu" também "ligava Schopenhauer a Wagner" e assim os nacional-socialistas tiveram de "reconhecer que o pensador, no que se refere à sua sabedoria aplicada à Alemanha, era um filho legítimo do povo alemão".[299]

O jornal nazista traçou mais associações entre Schopenhauer e o antissemitismo em um artigo mais longo sobre "Schopenhauer e os judeus". A autora, Maria Groener, que provocara uma controvérsia em 1920 com a publicação de um livro com o mesmo título,[300] abriu o artigo para o *Völkischer Beobachter* com uma repetição de seus argumentos afirmando que provar que Schopenhauer foi um sujeito antissemita era "uma das tarefas mais importantes da nova comunidade intelectual [*Lehrgemeinschaft*] que o nazismo precisava estabelecer". Perto do fim, ela relatou que algumas cartas escritas ao filósofo tinham sido deixadas de fora de uma coleção de correspondências publicadas pelo Arquivo Schopenhauer. Ela achava que, com base em seu conteúdo parcial e em algumas notas escritas por Schopenhauer, poderia interpretar essas cartas como fortes indícios das atitudes do filósofo em relação aos judeus. Baseada em sua interpretação dessas fontes, Groener propôs que Schopenhauer acreditava que o judeu "como tal" não poderia chegar a uma percepção natural da verdade – isso era "simplesmente impossível com base em seu sangue". O melhor que um judeu poderia esperar conseguir era "conhecimento artificial derivado de uma argumentação logicamente

---

298 HOHLBAUM, R. "Der politische Grillparzer", *Völkischer Beobachter*, 24 de abril de 1944.
299 GRUNSKY, K. "Ein urwüchsiger deutscher Denker: Zu 75. Todestage Arthur Schopenhauers", *Völkischer Beobachter*, 21 de setembro de 1935.
300 Veja HANSERT, A. *Schopenhauer im 20. Jahrhundert: Geschichte der Schopenhauer Gesellschaft* (Viena, Böhlau, 2010), p. 53-54.

precisa", pois a "cognição intuitiva" – "a certeza da verdade antes de uma prova estar disponível" – era impossível para eles. "O judeu nunca pode examinar a natureza; em termos espirituais, seus olhos são doentes e eles só podem ser operados por um ariano". Groener afirmou que, sem essa ajuda, o "judeu completamente cego vive em monomania e megalomania judaicas". Para ele "o pensamento é só uma maneira de afastar o tédio"; nele, "não há nenhuma necessidade ardente ou desejo de buscar a verdade". A partir dessas cartas, Groener insistiu, a atitude pessoal de Schopenhauer em relação aos judeus – "que deveria ser modelo para todos nós" – manifestava-se com clareza: o judeu deve "sentir-se inseguro nessa era quando o ariano o supera espiritualmente" e por isso deve ser forçado a "decidir se desaparece ou se servirá a nós". Para concluir, Groener escreveu para o *Völkischer Beobachter* que, enquanto os alemães "gradualmente se livravam da judaização [*Verjüdung*]", o "melhor deles prestaria cada vez mais atenção às ideias de Schopenhauer nesse tópico". Conceitos como esse dariam ao povo a "força necessária para alcançar a renascença do germânico [*Godisch*] e pela superação do judaico".

Fora da Alemanha, para provar que o Byron romântico não era o único crítico da sociedade britânica, mas era também "o primeiro que apresentou com bastante clareza a crescente judaização das classes altas inglesas e suas consequências perigosas", o jornal reproduziu extensas citações de sua *Era de Bronze* (1823), prezando linhas como:[301]

> *Como a Grã-Bretanha é rica! Não realmente por suas minas,*
> *Ou paz ou abundância, de milho, óleo ou vinhos,*
> *Não é a terra de Canaã, cheia de leite e mel,*
> *Nem (exceto* shekels *de papel) dinheiro líquido:*
> *Mas não nos permitamos recusar ter a verdade,*
> *As terras cristãs já foram tão ricas em judeus? (...)*
> *Todos os Estados, coisas e soberanos, eles controlam*
> *E fazem um empréstimo do hindu ao polonês (...)*
> *Dois judeus, mas não os samaritanos, dirigem*
> *O mundo, com todo o espírito de sua seita.*

Mas todos os exemplos de rancor antijudaico selecionados pelo *Völkischer Beobachter* da cultura ocidental precedente perdem a impor-

---
301 SCHREMPF, C. "Prophetischer Byron: Zu seinem 120. Todestag". Ver SPECTOR, S. A. *Byron and the Jews* (Detroit, MI: Wayne State University Press, 2010), p. 125-126 para ver como Byron foi interpretado, ao contrário, como um "ícone do orgulho judaico" na Grã-Bretanha.

tância em comparação com aqueles retirados de seu mestre preferido. Sem dúvida, o aspecto dos escritos de Richard Wagner que parecia mais consistente com a perspectiva nazista foi sua articulação de visões antissemitas (figura 4.3). Desde seu início, a cobertura cultural do jornal nazista enfatizava como Wagner tratou a "questão judaica". Em 14 de novembro de 1920, um crítico, Freiherr von Leoprechting, reuniu e apresentou trechos de *Judaísmo na Música* de Wagner, em que o jornal depois confiou acima de tudo o mais que o compositor produziu.[302] Von Leoprechting apresentou suas citações favoritas do infame artigo contando que Wagner tinha notado a influência dos judeus na vida musical quando estava em Paris e depois disso "expressou de maneira direta o nojo que os alemães sentiam dos judeus como um todo" em afirmações como: "o judeu – que, como todos sabem, tem um Deus exclusivo – na vida cotidiana nos impressiona principalmente por sua aparência externa, que, independentemente a que nação europeia pertençamos, tem algo desagradavelmente estrangeiro em sua nacionalidade: desejamos instintivamente não ter nada em comum com um homem de tal aparência".[303] Von Leoprechting encerrou sua apresentação do que considerava ser os aspectos mais importantes do entendimento do compositor, insistindo que a publicação desse "franco artigo" de Wagner causou uma "campanha cruel" contra ele e sua música. Segundo Von Leoprechting, as dificuldades pelas quais ele passou depois para alcançar suas metas artísticas foram provocadas por judeus em reação a essa publicação, dado que "os judeus já tinham muita influência na imprensa naquele tempo".[304]

Mais uma vez, em 1922, Hans Buchner escreveu que *Judaísmo na Música* era "mais relevante do que nunca, aparentando ter sido escrito ontem, não há meio século" – a única diferença era que, enquanto isso, "tudo o que Wagner profetizou tinha se tornado verdade e que quem operava secretamente agora determinava o futuro". O antissemitismo de Wagner ainda continuava atual, continuou Buchner, e era menos provável que deixasse de ser agora, na década de 1920. A "opressão da arte alemã" continuava com ainda mais intensidade do que no tempo de Wagner. "Cartéis, trustes e associações trabalhavam secretamente pela supressão sistemática do que era verdadei-

---

302 Para o texto completo, ver WAGNER, R. *Judaism in Music,* in *Richard Wagner's Prose Works*, vol. 3.
303 WAGNER, R. *Judaism in Music,* in *Richard Wagner's Prose Works*, vol. 3, p. 82.
304 VON LEOPRECHTING, F. "Richard Wagner: Das Judentum in der Musik", *Völkischer Beobachter*, 14 de novembro de 1920.

# Um Deutschlands Erneuerung

## Richard Wagners politischer Wille / Von Dr. Erich Valentin

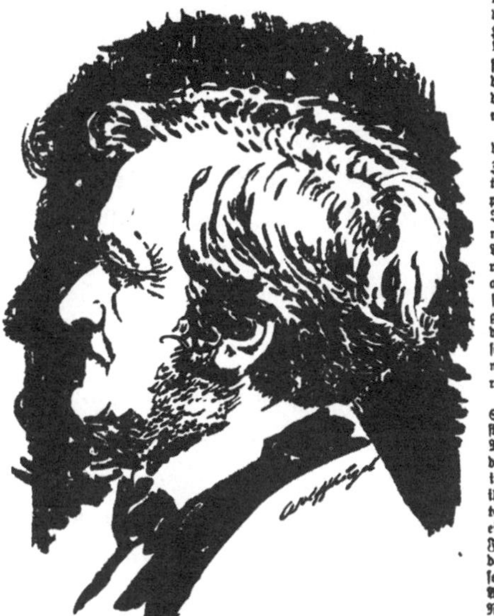

Man hat vielfach behauptet — davon zeugt die Mehrzahl der Wagner-Biographien —, daß der Meister von Bayreuth in politischen Dingen und Fragen ein Dilletant, Fantast und „blutiger Laie“ gewesen sei; man stritt ihm die Fähigkeiten politischen Denkens ab und erledigte vor allem seine auf politischen Grundgedanken stehenden Schriften mit dem berühmten Satz, daß Wagners Phantasie in diesen Dingen „überhitzt“ gewesen sei. In Wirklichkeit ist etwas anderes zu sagen: gerade Wagners Schriften, als sinngemäße und dazugehörende Ergänzung zu seinen künstlerischen Werken, bezeugen mit eindeutiger Klarheit die überlegene Sicherheit der politischen Erkenntnis und des politischen Willens Richard Wagners.

Gemessen an der eigentlichen Bedeutung des dem Begriff einer Weltanschauung gleichzusetzenden Begriffs der Politik, ist der ebenso geniale wie sachlich-kluge Weitblick des politischen Menschen Wagner zu bewundern, der aus seinem Jahrhundert heraus, aus den ihn umgebenden Tatsachen und Wahrscheinlichkeiten, in ganz klarer Urteilskraft den tatsächlichen Verlauf der politischen Entwicklung Deutschlands und Europas voraussah. Der ganze Wandlungsprozeß, den Wagner, auch der Künstler, durchmachen mußte, um von dem Diesseitigkeitsfanatismus Feuerbachs über den heroischen Pessimismus Schopenhauers zur bejahenden Regenerationslehre seines Lebensendes zu gelangen, kennzeichnet nicht so sehr ein rein persönliches Verhältnis Wagners zu den Dingen der Welt an sich, als vielmehr den Niederschlag der Ereignisse der realen Welt, die Wagner umgab.

Das nachnapoleonische Deutschland war erfüllt von furchtbaren Kämpfen, in denen sich eine alte, dem Untergang geweihte und eine neue, aus der französischen Revolution geborene Welt des Materialismus („materialistische Zivilisation“) gegenüberstanden. Zwischen den beiden Faktoren stand ein neues, das Volk, die aus den Befreiungskriegen zum Leben erwachte Gesamtheit, die weder dem einen noch dem andern der Gegner zu dienen bereit war. Als weiteres kam die völlige Umstellung der wirtschaftlichen Bindungen hinzu, hervorgerufen durch das Moment der Industrialisierung, das dem politischen Gegensatz auch den ökonomischen beifügte. Es entstand das Parteiwesen. Dieses vielfache Gebilde, dessen Heraufkommen noch Goethe erlebte, versuchte man in die alte Welt- und Gesellschaftsordnung hineinzupressen. Das hatte zur Folge, daß sich überall Explosivstoffe ansammelten, revolutionäre und gegenrevolutionäre Strömungen bildeten, die Spannungen hervorriefen, deren Lösung eine dringende Zeitfrage war. Geist und Staat wurden dabei zu Gegenpolen. Diesen Kontrast zu beseitigen und aus dem „Notstaat“ (Schiller) den wahren Staat zu machen, war das Problem.

Der Traum der Romantiker, deren Erlösungssehnsucht keine Weltflüchtigkeit, sondern den Willen zur Erlösung aus dieser Weltsituation darstellt, der Traum von der Herrlichkeit des ersten Deutschen Reiches drang auch in den Gedankenkreis Wagners hinein. Er sah ein Reich vor seinen Augen, das getragen war von dem deutschen Geist. Diese Vorstellung steigerte sich ihm zur politischen Notwendigkeit. Der Vollbringer der Tat ihrer Verwirklichung galt ihm als der „heroisch Weise“, in dem schon Carlyle den Beender der drohenden tausendjährigen Anarchie erwartet hatte. Wie Lagarde und Constantin Frantz ersah Wagner diese politische Aufgabe als die Sendung Deutschlands für den ganzen europäischen Kontinent. All diese Fragen, die gleicherweise innen- und außenpolitisch zu werten sind, spiegeln sich in Werk und Schrift Wagners wider, der mit seinen klar umrissenen Forderungen gewissermaßen zum Spruchsprecher derer wurde, die von Novalis und Hölderlin bis Chamberlain jene Wiedergeburt der Menschheit erstrebten, die einzig die Gefahr der Anarchie und des bevorstehenden Untergangs zu bannen vermochte.

Unablässig kämpfte Wagner um die Verwirklichung dieses Zieles. Zunächst tat er es mit der revolutionären Aufsässigkeit des Kosmopoliten („Liebesverbot“, „Rienzi“). In der urplötzlichen Erkenntnis seines Deutschtums wandelte sich seine Aufsässigkeit in ein positives, wegweisendes, reformatorisches Mitarbeiten. „Holländer“, „Tannhäuser“, „Lohengrin“ zeigen den Werdegang an, während der „Tristan“ das Stadium der tiefsten Enttäuschung durchmißt, die er nach 1850, nach dem völligen Fehlschlag der revolutionären Bestrebung erlebte.

Rücksichtslos griff Wagner in den Streit ein und stellte in den „Meistersingern“ sein politisches Manifest auf, das sich gegen alle die richtete, die von außen und innen das Reich, dessen Vorbild ihm das der Staufer war, bedrohten; hier zeigte sich Wagner als ein gelehriger Schüler Constantin Frantz'. Von dieser Proklamation des deutschen Geistes weitete er seinen Blick zur weltanschaulichen Auseinandersetzung (im „Ring des Nibelungen“, dem Schicksalsgedicht des 19. Jahrhunderts), in der er den grundsätzlichen Mängeln und Ursachen der Weltlage nachging.

Zeitlich fällt in diese Periode die Reichsgründung, von der Wagner die endgültige Erfüllung seines deutschen Traumes erwartete. Enttäuscht wandte er sich ab, da er neben der politischen Tat die geistige vermißte. Dieses geistige Gegengewicht, oder richtiger, die geistige Ausgestaltung der politischen Tat Bismarcks zu schaffen, errichtete er das Werk von Bayreuth (1876), das Mahnzeichen, das nicht nur einer einmaligen künstlerischen Aufgabe zu dienen hatte, sondern weit darüber hinausgehend die tatsächliche politische Mission übernahm, von innen heraus das Deutsche Reich zu gestalten. Der Wagners Lebensweg durchziehende Festspielgedanke, der aus der Idee des Nationaltheaters herausgewachsen war, verfolgte, in Anlehnung an Schillers These vom deutschen Nationaltheater, den einzigen Gedanken, den Deutschen und der Welt die bis dahin nicht gewürdigte Existenz des deutschen Geistes als eines durchaus politischen Elementes vor Augen zu führen und von diesem Punkte aus das, was dem Werke Bismarcks versagt blieb, zu formen: die Einheitlichkeit einer deutschen Gesinnung, ein Wort, das gerade in den späten Schriften Wagners immer wiederkehrt.

Figura 4.3 *Völkischer Beobachter*, artigo-tributo a Richard Wagner: “Sobre o ressurgimento alemão: a vontade política de Richard Wagner”, 22 de maio de 1938.

ramente alemão". Lutar contra eles "com todos os meios possíveis" era a única solução. Wagner teve de lutar sozinho contra um sistema que se formava e ele venceu por causa da força de sua "personalidade fenomenal". Mas, na República de Weimar, "aquele sistema dominava completamente toda a vida pública" – incluindo a arte –, de modo que o indivíduo não tinha poder para resistir a ele e "só a solidariedade comprometida garantiria sucesso".[305]

Outra pesquisa acerca das cartas e publicações de Wagner sobre os judeus com uma extensa coleção de citações apareceu em 1923. Reproduzindo o seguinte trecho de uma carta para a condessa Marie Muchanoff, que Wagner escreveu para marcar o Ano-Novo de 1869, o jornal comentou que ele "reconhecia o grau do perigo que os judeus, que já eram um poder predominante naquela época, representavam para ocaráter nacional [*Volkstum*]":[306]

> *Assim como a influência que os judeus ganharam sobre nossa vida mental – como mostrado pelo desvio e falsificação de nossa mais alta cultura – é definitiva, assim também é o fato de que essa influência não é um mero acidente psicológico indiscutível. Se a queda de nossa cultura pode ser controlada pela expulsão violenta do elemento estrangeiro destrutivo, não consigo decidir, pois isso demandaria forças cuja existência eu desconheço.*[307]

Depois disso, mais seleções de *Judaísmo na Música* apareceram, incluindo: "Segundo a presente constituição deste mundo, o judeu, em verdade, já é mais do que emancipado: ele reina e reinará, enquanto o dinheiro permanecer o poder diante do qual todos os nossos feitos e comportamentos perdem força".[308] Ao comentar sobre as reproduções dos ataques de Wagner ao "judeu aculturado" e aos esforços meramente "imitativos" dos poetas e músicos judeus, que não eram suficientemente arraigados na língua alemã para produzir lírica ou música "genuínas",

---

305 BUCHNER, H. "Richard Wagner und das Judentum in der Musik", *Völkischer Beobachter*, 19 de abril de 1922.
306 "Richard Wagner über 'Das Judentum in der Musik'", *Völkischer Beobachter*, 20 de junho de 1923.
307 WAGNER, R. *Some Explanations Concerning Judaism in Music*, in *Richard Wagner's Prose Works*, vol. 3, ELLIS, William Ashton (trad.) (1895), p. 121.
308 WAGNER, R. *Judaism in Music*, in *Richard Wagner's Prose Works*, vol.3, ELLIS, William Ashton (trad.) (1895), p. 81.

o *Völkischer Beobachter* comentou que "quem quer que tivesse olhos para ver e ouvidos para ouvir" reconheceria que "a terrível e perigosa influência judaica em todos os campos da arte nos últimos 50 anos era a prova necessária para demonstrar a precisão das visões wagnerianas, isto é, germânicas".[309]

No aniversário de 50 anos da morte de Wagner, o *Völkischer Beobachter* ressaltou ainda mais seu antissemitismo, afirmando que ele tinha de ser designado como um dos poucos que reconheceram claramente os "perigos culturais do Judaísmo" e, "sem qualquer consideração por sua pessoa, foi para a batalha com firmeza".[310] Deste modo, em uma carta para o rei Ludwig II da Baviera, em abril de 1866, Wagner escreveu: "Com a Alemanha meus ideais artísticos ficam de pé ou caem e meus trabalhos viverão ou morrerão. O que seguirá o colapso dos príncipes alemães será a horda judaico-alemã que eu já lhe descrevi em meu diário". O jornal então notou, 15 anos depois, que Wagner escreveu de novo ao rei, reclamando de um judeu, membro de seu círculo social pessoal: "considero a raça judaica como o inimigo da humanidade pura e tudo que há de nobre nela; é certo que nós alemães falharemos diante deles e talvez eu seja o último alemão que sabe se erguer como amante das artes contra o Judaísmo que já está tomando conta de tudo".

Acima de tudo, Hermann Seeliger acrescentou, Wagner via – assim como as lideranças nazistas – "a principal causa do declínio da humanidade na deterioração do sangue, na 'decadência da raça' – isto é, na mistura das raças nobres com raças inferiores". Seeliger argumentou que, nessas visões, Wagner desenvolveu as teorias raciais de Gobineau para além das formas mais tradicionais do antissemitismo, por "sintetizar a eugenia e política por meio de uma investigação meticulosa". Wagner "tratou o demônio da ruína em uma ligação íntima com o problema da degradação racial – em termos de uma avaliação psicológica da questão judaica – isto é, como ela considerou a influência desmoralizante do Judaísmo nos povos não judaicos". Por perceber essas coisas, Wagner foi um "profeta alemão: nenhum historiador ou biólogo tinha encarado o problema com tamanha energia em solo alemão".[311] Portanto, continuou o *Völkischer Beobachter*, Wagner foi para os nazistas mais do que um "criador engenhoso de obras de arte fenomenais": ele

---

309 "Richard Wagner über 'Das Judentum in Musik.'"
310 "Der Dichter und der Politiker", *Völkischer Beobachter*, 12 de fevereiro de 1933.
311 SEELIGER, H. "Der deutsche Seher".

foi ao mesmo tempo o "pressentimento e a realização do anseio, da percepção e da confiança etnocêntricas". Ele deu aos nazistas "belas palavras para seu difícil caminho a partir do áspero presente para um futuro melhor e mais puro".[312] Em sua opinião, compartilhada pelo jornal, "a única esperança para a libertação do demônio da ruína era pela aplicação da força bruta".[313] Assim, o *Völkischer Beobachter* invocou os escritos de Wagner desde 1923, de modo a levantar noções decisivas do antissemitismo eliminacionista.

---

312 "Der Dichter und der Politiker", *Völkischer Beobachter*, 12 de fevereiro de 1933.
313 "Richard Wagner über 'Das Judentum in Musik.'"

# 5

# O Arqui-Inimigo Encarnado

Aprendemos até agora que o *Völkischer Beobachter* promoveu com vigor a noção de que as grandes figuras culturais da tradição ocidental eram de origem germânica, engajadas politicamente, centradas no povo, e, especialmente, antissemitas – a ponto de, no que se refere ao antissemitismo, alegar que nas vidas e obras desses mestres já estavam antecipadas as metas de Hitler de identificar e combater o judeu em todos os ramos da vida artística e cultural. Neste capítulo, ouviremos o que os colaboradores do jornal disseram sobre figuras culturais importantes que eram judias, e, assim sendo, personificavam os piores medos nazistas. Para o *Völkischer Beobachter*, esses artistas representavam a ameaça traiçoeira dos judeus que se envolveram na cultura alemã e então trabalharam para enfraquecê-la.[314]

---

[314] "Aqui estava o inimigo real e tangível da fé germânica; não uma entidade vaga, mas um verdadeiro povo histórico cuja filosofia era nociva à vida alemã. O Judaísmo supostamente antiquado estava vinculado ao materialismo e, portanto, à modernidade. De modo correspondente, opor-se aos judeus significava lutar contra os campeões da visão de mundo material bem como contra os males da sociedade moderna. O judeu, a encarnação da desonestidade, cruel em sua busca por poder, exemplo de egoísmo, contrastava com o genial alemão, que ansiava pelo fim das dissonâncias da vida moderna e urbana": MOSSE, G. L. *German Jews Beyond Judaism,* p. 69.

Um problema que os críticos culturais nazistas enfrentaram, é claro, era que a presença e influência de artistas, escritores e compositores judeus na tradição ocidental eram irrefutáveis. Em um esforço para chegar a um acordo, os críticos culturais nazistas valeram-se de táticas de estereotipagem racial que ecoavam muitos dos temas do antissemitismo cultural que antecessores como Richard Wagner e Houston Stewart Chamberlain impregnaram na segunda metade do século XIX – filtradas pela interpretação própria de Hitler. Dentre esses temas, o mais útil por sua habilidade em explicar o fato de os judeus terem assimilado a noção de *Bildung* foi a declaração de que, na falta de sua cultura própria, os artistas judeus funcionaram mais como imitadores cínicos e oportunistas de seus supostos superiores. Como Hitler explicou:

> *Como o judeu nunca possuiu uma cultura própria, as fundações de seu trabalho intelectual sempre foram proporcionadas por outros (...) O povo judeu, a despeito de todas as suas aparentes qualidades intelectuais, não tem nenhuma cultura verdadeira, principalmente uma cultura própria (...) O judeu se apossa da cultura estrangeira, imitando-a ou arruinando-a (...) Por isso, seu intelecto nunca terá um efeito construtivo, mas destrutivo (...) Culturalmente ele contamina arte, literatura, teatro; faz um arremedo do sentimento natural; destrói todos os conceitos de beleza e excelência, do nobre e do bom e, em vez disso, arrasta os homens para a esfera de sua própria natureza. A religião é ridicularizada, a ética e a moralidade são representadas como obsoletas, até o último arrimo de uma nação em sua luta por existência neste mundo tiver caído".*[315]

O *Völkischer Beobachter* caluniou diversas importantes sumidades da tradição intelectual judaico-alemã ao longo de seus textos – essencialmente os qualificando de imitadores a princípio e depois como os destruidores da tradição cultural existente.[316] Em cada caso, os

---
315 HITLER, A. *Mein Kampf*, p. 300-326.
316 "O nazismo estabeleceu assim uma oposição extremamente convencional entre os dois polos do sagrado: por um lado, as exposições de 'arte degenerada' abrangiam tudo o que o nazismo acreditava vir das forças da morte e destruição; por outro lado, as Grandes Exposições de Arte Alemã reuniram todos os poderes positivos que supostamente deveriam assegurar a continuidade da cultura germânico-nórdica. Essa fantasia de uma possível divisão definida entre o puro e o impuro criava naturalmente o bastante para as autoridades nazistas como muitos problemas pertinentes às obras de arte como para o 'material humano'": MICHAUD, E. *The Cult of Art in Nazi Germany*, p. 153.

colaboradores do jornal trabalharam para associar as vidas e obras dessas figuras com a teoria de que suas contribuições nada mais eram do que hábeis apropriações, nas quais faltava a "essência" germânica que supostamente fazia a arte significativa.[317]

Desse modo, seguindo a tradição dos ataques pessoais de Wagner a Felix Mendelssohn e Giacomo Meyerbeer em *Judaism in Music*, o *Völkischer Beobachter* publicou uma resenha na qual a crítica Lore Reinmoeller, que mais tarde produziria um estudo de Nietzsche, além de dramas sobre Lou Salomée e Theodore Fontane, resumiu a atitude etnocêntrica básica em relação a esses dois compositores. O livro que ela revisou para o jornal foi *Judaism and Music: A Contribution to Cultural and Racist Politics* (1944). Blessinger, professor da Academia de Música de Munique, escreveu diversos ataques ao modernismo musical antes de se alinhar à ideologia nazista. Nesse livro, como Reinmoeller explica, Blessinger pesquisou "um século e meio de tentativas contínuas dos judeus de corromper a tradição musical ocidental na qual músicos e compositores judeus adotaram a música alemã com um entusiasmo próprio, com a meta de torná-la subserviente aos propósitos dos judeus como um todo". Nesse período, até a composição musical doméstica [*Hausmusik*] foi "trazida para o controle judaico como resultado de movimentos refinados de xadrez". Então, continuava, assim que a nova ópera surgiu, algum judeu converteu seus números favoritos em "fantasias, rondós e *pot-pourris*". Embalada assim com o apelo subversivo da música popular, os "elementos estrangeiros trabalharam em uma ampla frente para corromper o senso musical do público": os "fenômenos modernos da música de salão e da opereta tiveram um efeito emocional nos ouvintes, com o objetivo de perturbar seu equilíbrio interno, derrubando seu poder interno seja por um sentimentalismo doce ou por uma paixão artificial que dava a aparência de uma força que não estava presente". Reinmoeller contou que, segundo Wagner, Meyerbeer (1791-1864) "não passava de um plagiador barato", que "não se envergonhava de fazer os empréstimos óbvios". Quanto às tramas de suas óperas, a "combinação de um erotismo desenfreado com um desejo insaciável

---

317 "Os judeus, segundo os nazistas, pensariam e agiriam sempre como judeus, não importando quanto eles pudessem adotar as características externas dos alemães. De acordo com essa lógica, os judeus nunca realmente poderiam buscar uma cultura autenticamente alemã, mas apenas contaminar aquela cultura com sua própria sensibilidade judaica inata. Uma responsabilidade importante de um governo nazista seria purgar os judeus e sua produção cultural da sociedade alemã": STEINWEIS, A. E. "Anti-Semitism and the Arts in Nazi Ideology and Policy", in HUENER & NICOSIA (eds.), *The Arts in Nazi Germany*, p. 17.

por assassinato tinha de ser entendida como um aspecto consistente com a natureza judaica".[318]

No caso de Felix Mendelssohn (1809-1847), Reinmoeller reclamou que ele tinha sido representado "em uma sedutora propaganda judaica como o libertador e salvador da tradição germânica como um todo" e ficou mais famoso por sua "alegada defesa" de *A Paixão Segundo São Mateus* de Bach. Mas, não contente em deixar esse capítulo da carreira de Mendelssohn permanecer sem resistência, Blessinger (e Reinmoeller, em resenha) argumentou que foi na verdade o professor de Mendelssohn, Carl Friedrich Zelter, quem "planejava e buscava liderar o ressurgimento", mas "ele se sentiu doente de repente e deu a direção a Mendelssohn". Aí, "como resultado das omissões e revisões, mudanças arbitrárias para os arranjos musicais e uma instrumentação completamente nova – todas perpetradas por Mendelssohn –, surgiu uma versão completamente falsa desse grande trabalho".[319]

No que se referia às composições próprias de Mendelssohn, Reinmoeller explicou que, embora "os judeus tenham dado duro por um século para apresentá-las como extraordinárias", na verdade, pensando bem, Mendelssohn "não tinha qualquer dom criativo próprio". Ele apenas emprestou de seus antecessores alemães e "desperdiçou tempo até que produzisse coisas que não fossem reconhecíveis de imediato e assim pareciam trabalhos próprios", tomando muitos temas emprestados da música francesa para balé – até mesmo, por exemplo, na melodia principal do Prelúdio de *Sonho de uma Noite de Verão* (1842).[320] Na verdade, o *Völkischer Beobachter* tinha um tratamento inconsistente da música incidental para *Sonho de uma Noite de Verão*, e essa confusão representava a recepção nazista do trabalho mais famoso de Mendelssohn.[321] No primeiro ano da cobertura cultural do *Völkischer Beobachter*, o musicólogo Otto Keller, funcionário do jornal desde o início,[322] fez a resenha crítica de uma produção e concluiu que a música de

---

318 REINMOELLER, L. "Judentum und Musik: Zu einem Buche von Karl Blessinger", *Völkischer Beobachter*, 2 de setembro de 1944.
319 Idem.Ver APPLEGATE, C. *Bach in Berlin: Nation and Culture in Mendelssohn's Revival of the St. Matthew Passion* para a história completa.
320 REINMOELLER, L. "Judentum und Musik: Zu einem Buche von Karl Blessinger", *Völkischer Beobachter*, 2 de setembro de 1944.
321 Para saber mais sobre a história da complicada recepção da música de Mendelssohn para *Sonho de uma Noite de Verão* no Terceiro Reich, ver KATER, M. H. *The Twisted Muse*, p. 77, 86 e 192, e KATER, M. H. *Composers of the Nazi Era: Eight Portraits* (Oxford University Press, 2000), p. 112-113, 125-142.
322 KÖHLER, G. "Kunstanschauung und Kunstkritik", p. 25.

Mendelssohn era "tão agradável e apropriada para a personalidade da peça que não é possível colocar uma versão melhor em seu lugar" – apesar de ele evidentemente ter desejado fazê-lo.[323] Entretanto, em 1944, o tom mudou: Josef Klingenbeck noticiou com entusiasmo a performance do balé produzido por Otto Falckenberg com "nova música que supostamente foi bem recebida pelo público".[324]

Fora da tradição musical, uma das estratégias favoritas da cobertura do *Völkischer Beobachter* sobre os principais intelectuais judeus alemães foi "usar as palavras dos judeus contra eles mesmos". O método foi aplicado no caso do escritor dissidente de sátira política, Ludwig Börne (1786-1837). Comprometido com os princípios de liberalização e associado depois ao movimento juvenil alemão, Börne era caracterizado pelo jornal como um judeu que não se aceitava, cujos escritos estavam inadvertidamente em harmonia com a ideologia nacional-socialista. Em um artigo, "Börne sobre os judeus", o jornal extraiu um trecho de uma carta para a "judia" Henriette Herz, onde Börne escreveu: "existem três coisas que os [judeus] valorizam, primeiro: dinheiro, segundo: dinheiro, terceiro: dinheiro. É típico de seu humor que eles traduzam o monólogo de Hamlet: dinheiro ou não dinheiro, eis a questão".[325] O *Völkischer Beobachter* afirmou ainda que alguém poderia ouvir "o mesmo tom em suas cartas parisienses", nas quais Börne – "conhecido pelo nome Baruch", o jornal fazia questão de lembrar – "atacou a parcialidade egoísta com a qual os judeus de Frankfurt viam os eventos mundiais do ponto de vista de como eles afetavam a bolsa de valores". Por exemplo, ele respondeu a um encontro entre Rothschild e o papa nos seguintes termos sarcásticos:

> *Agora tudo acontecerá como Deus realmente queria quando criou o mundo: um pobre judeu beija a mão do papa. Se Rothschild tivesse oferecido a Roma melhor taxa de juros para que o cardeal Kämmerling pudesse gastar mais 10 mil ducados, ele teria abraçado o papa! Como os Rothschild são mais honráveis do que seu antepassado Judas Iscariotes! Ele vendeu Cristo por meras 30 moedas, mas, se ele estivesse à*

---

323 KELLER, O. "Schauspiele und Musik: Ein Sommernachtstraum", *Völkischer Beobachter*, 4 de julho de 1920.
324 KLINGENBECK, J. "25 mal Sommernachtstraum", *Völkischer Beobachter*, 16 de março de 1941.
325 BÖRNE, L. Carta a Henriette Herz, 28 de janeiro de 1832.

venda hoje, os Rothschild o comprariam na hora. Eu acho isso ótimo!

Com mais intensidade, o *Völkischer Beobachter* atribuiu as afirmações nas quais o Börne radical criticou a associação dos judeus com círculos aristocratas e monárquicos. Assim, o jornal percebeu que Börne tinha escrito o seguinte sobre os Rothschild em um "trapo parisiense":

*Os Rothschild jogam sempre o mesmo jogo para se tornarem mais ricos à custa do país que eles exploram (...) Eles contribuíram muito com o enfraquecimento da liberdade. Sem dúvida a maioria dos europeus estaria de posse total de sua liberdade se os Rothschild [e outras famílias judaicas notáveis, como os] Ouvrard, os Aguado, os Casimir Perrier, não dessem apoio às monarquias absolutistas com seu dinheiro.*

É claro que o jornal nazista não apresentou o contexto das observações de Börne, deixando a impressão de que os sentimentos do escritor estavam perfeitamente alinhados – mesmo um século depois – com a perspectiva racial do jornal sobre a questão judaica.[326]

Dentre os intelectuais da cultura judaica selecionados para a demonização antissemita nas páginas do *Völkischer Beobachter*, porém, nenhum foi um alvo de modo tão direto ou consistente como o poeta, ensaísta e sábio político Heinrich Heine (1797-1856). A preocupação do jornal com Heine manifestou-se já em 1920 em um longo ataque ao escritor que citou da obra mais odiosa de Wagner, *Judaísmo na Música*. Aqui, o jornal deleitou-se com a descrição de Heine feita por Wagner como o "poeta judeu talentoso" que se deu "ares de verdadeira poesia" e tornou-se com isso "a consciência do Judaísmo, assim como o Judaísmo é a consciência maléfica de nossa civilização moderna".[327] Assim, usando a deixa dada por Wagner, os colaboradores do *Völkischer Beobachter* lançaram uma chuva de veneno contra Heine, o que prosseguiu durante a história do jornal.

Uma questão que a comunidade cultural nazista achava particularmente enfadonha foi o fato de Heine, assim como Börne, ter sido batizado, em um esforço para a assimilação. Em uma reversão do processo pelo qual o *Völkischer Beobachter* tentou demonstrar as origens germânicas dos líderes criativos, os colaboradores do jornal

---

326 "Börne über die Juden", *Völkischer Beobachter*, 16 de janeiro de 1926.
327 VON LEOPRECHTING, F. "Richard Wagner: Das Judentum in der Musik", *Völkischer Beobachter*, 14 de novembro de 1920. Citação de WAGNER, R. *Judaism in Music*, p. 100.

trabalharam intensamente para estabelecer que a conversão de Heine fora uma farsa e por isso ele "não poderia ser considerado um poeta alemão de jeito nenhum". O jornal aproveitou cada oportunidade para lembrar seus leitores de que Heine foi criado na tradição judaica e seu nome era Chaim Bückeburg. Ademais, o jornal explicou que sua "suposta" conversão ao Cristianismo foi realizada "só para que ele pudesse ridicularizar sua nova fé";[328] era "equivalente a um de nossos avós cuspir na cara de um judeu usurário". Sua tentativa de "botar as mãos em um bilhete de entrada para a cultura europeia" mostrava com clareza que ele era "um judeu legítimo – mesmo que isso não funcionasse".[329] De fato, o jornal relatou que Heine era "muito aberto sobre como seu batismo foi sagrado para ele", escrevendo ao seu "irmão de raça", Julius Moser, que "um batismo não significa muito para mim; seu simbolismo não é importante. Eu me dedico mais a manter meus colegas judeus infelizes. Quem quer que tenha se convertido por convicção é um tolo!". Diante disso, o jornal ressaltou que "é assim que 'Heine, o convertido' enxergava esse ritual sagrado: era apenas um meio para um fim".[330] Tudo isso, continuou o *Völkischer Beobachter*, lembrava uma afirmação de um "historiador judeu, o professor Graetz", que disse que no batismo de Heine "ele estava colocando o uniforme do inimigo para combatê-lo melhor".[331]

É claro que a questão relevante aqui era o antissemitismo racial: as circunstâncias do batismo de Heine davam um exemplo familiar que podia ser facilmente citado em um esforço para provar seu caso contra a noção geral de assimilação. Da maior importância, então, era que o jornal usou Heine como representante histórico-cultural de todos os convertidos ou judeus aspirantes à conversão. Como o jornal colocou em um artigo extenso de 1930 intitulado "A comédia do batismo de Heine", ao discutir o caso de Heine, "as medidas para a rápida abolição do batismo judeu estavam na vanguarda porque essa prática não só abria os portões das comunidades cristãs para o espírito completamente anticristão, como também – depois de um século de desenvolvimento da ideologia antissemita – a política tornou-se uma grande tolice, uma vez reconhecido o caráter inseparável da religião do sangue judaico". Assim como os termos "ordem e caos" eram

---

328 EDBACH, M. "Entwurf eines Denkmals für Heine", *Völkischer Beobachter*, 13 de novembro de 1931.
329 "Das Heinrich Heine-Denkmal in Hamburg", *Völkischer Beobachter*, 23 de outubro de 1926.
330 "Heine über die Juden", *Völkischer Beobachter*, 13 de novembro de 1931.
331 KÖNIG, "Heinrich Heine der Schmutzfink im deutschen Dichterwald", *Völkischer Beobachter*, 12-19 de janeiro de 1929.

mutuamente excludentes para sempre, continuou o artigo, então "até mesmo a menor tentativa de unificá-los colocava em perigo – se não destruía completamente – o primeiro", da mesma maneira que os conceitos de "Cristo e Judas, bem como Sigfried (os alemães) e Judá (os judeus) excluíam um ao outro segundo as leis naturais". O "sangue da luz cósmica e o sangue do caos sufocante não produziriam em toda a eternidade uma causa comum", o jornal insistiu. Então, ao citar Mateus 19:6 – "Portanto, o que Deus uniu, o homem não deve separar". –, acrescentou o *Völkischer Beobachter*, "se alguém levar isso a sério, deve também levar a sério sua inversão: 'o que o Paraíso [Natureza!] separou, o homem não poderá juntar! Não deixe os homens unirem, juntarem!'. Esse ensinamento sagrado deveria há muito tempo ter desencorajado o dano do batismo dos judeus!". Nesse momento o jornal chegou à essência de sua obsessão com a questão da conversão de Heine: "nós queremos um retrato verdadeiro de um caso em particular – o batismo de Heine – porque esse vergonhoso retrato histórico-cultural nos despertará de nossa indiferença dogmática à tolice histórico-natural do batismo dos judeus".[332]

Mas, ao exigir a eliminação de Heine da tradição cultural alemã, o *Völkischer Beobachter* deparou-se com um obstáculo significativo: muitas das obras de Heine eram consideradas centrais para o cânone romântico. Uma das dificuldades era o fato de que muitos de seus versos tinham sido musicados, enraizando-se na tradição cultural alemã. Em face desse desafio, o jornal e seus colaboradores lançaram um ataque violento à integridade criativa do poeta, baseando-se na estratégia antissemita de negar que os judeus tivessem qualquer capacidade criativa – só talento para imitar.

Um artigo intitulado "Heine, o detrator", assinado pelo dr. König, admitiu que as pessoas liam seu *Livro de Canções* e o "achavam maravilhoso"; então cantavam músicas escritas para seus poemas de Schumann e outros, e que eles "o achavam divino". Essas opiniões foram passadas de geração em geração e "considerava-se um crime se algumas cabeças sensatas fossem críticas de alguns de seus trabalhos". Sem dúvida, König admitiu, Heine "compôs muitos belos poemas".[333] O jornal reconheceu em outro lugar que "ninguém podia negar que as canções de Heine continham muitos belos versos", mas, "assim que

---

332 "Die Taufkömodie Heinrich Heines", *Völkischer Beobachter* de 11 a 13 de março de 1930.
333 KÖNIG, "Heinrich Heine, der Schmutzfink im deutschen Dichterwald".

alguém descobrisse que todos esses poemas eram espúrios –, todos eles – todos dariam as costas em desgosto".[334]

Ele se tornou um poeta famoso, o jornal reclamou, mas o "maior especialista de seu tempo", Heinrich von Treitschke, "o chamou de impostor" e Josef Nadler – um importante historiador literário e autor de diversas pesquisas em literatura alemã – descobriu que era "um acrobata brincalhão com as palavras; e nunca se sabia quando ele era cínico ou sério; mas acima de tudo seu estilo foi modelado em formas musicais primitivas", isto é, eles foram plagiados.[335] König concordou: "aqueles que não eram seduzidos por ele" tinham a opinião de "que os melhores trechos de Heine baseavam-se no trabalho de outros, como por exemplo os motivos de Byron". Então, os poetas alemães contemporâneos como Emanuel von Geibel, Friedrich Rückert e Adelbert von Chamisso "mereciam preferência sobre ele". De fato, König acrescentou que ninguém lia nem mesmo os poemas mais belos de Heine por puro prazer, porque "seu riso forçado e satírico de Cheshire sempre tremeluzia". Por exemplo, "todos sabiam" que o poema "Você é como uma flor" (*Du bist wie eine Blume*) foi "fabricado para glorificar com ironia uma garçonete suja e feia em um botequim da mais baixa categoria". Os apoiadores de Heine reverenciaram o "poeta de *Die Lorelei*", König reconhecia, entretanto era "pouco notável que *Die Lorelei* não devia ser considerado um poema do próprio Heine, mas que era muito similar a um poema de mesmo nome do poeta alemão Graf Heinrich von Loeben".[336] Diante de tudo isso, König concluiu, "Heine parecia um pântano sobre o qual alguém poderia ver de longe umas luzes dançantes e tremeluzentes: estas atraem o andarilho, mas, à medida que ele se aproxima, percebe que as luzes enganadoras o tinham levado ao pântano; de perto, ele pode perceber que o efeito vinha das bolhas de um veneno malcheiroso subindo e estourando".[337]

Hermann Seeliger, um especialista em literatura que escreveu na virada do século sobre a multiplicidade das lendas de Lorelei, ecoou muitos dos mesmos temas. Segundo Seeliger, desenvolveu-se um "culto de excessiva supervalorização do poeta autodenominado Heinrich Heine". Famosos historiadores de literatura ainda o colocaram próximo

---
334 "Ein Brief über Heinrich Heine", *Völkischer Beobachter*, 24 de setembro de 1927.
335 EDBACH, M. "Entwurf eines Denkmals für Heine", *Völkischer Beobachter*, 13 de novembro de 1931.
336 Diversos poetas românticos fizeram versões da lenda de Lorelei, entre os quais Brentano, Eichendorff, Vogt, Schreiber, Heine e Von Loeben. Ver FEUERLICHT, I. "*Heines Lorelei: Legend, Literature, Life*", The German Quarterly, 53(1), 1980, p. 82-94.
337 KÖNIG, "Heinrich Heine der Schmutzfink im deutschen Dichterwald".

de Joseph Freiherr von Eichendorff, Eduard Mörike e Nikolaus Lenau. Mas Seeliger pretendia mostrar quanto "o ouro de tolo" tinha sido aceito como real. Na base de seu argumento, Heine, a despeito de seu dom lírico, "não passava de um jornalista". Em primeiro lugar, Seeliger afirmou, Heine tinha "uma técnica de ritmo digna de pena: ela fervilhava não só com falsas rimas, mas também com tons triviais e baratos, como *Herz-Schmerz*; *Rosen-losen*; *dunkelt-funkelt*; *Bildnis-Wildnis*". Seeliger reconhecia isso como feito em função da ironia romântica, mas no caso de Heine "não era nada além da vontade judaica de desorganizar". Além disso, Seeliger prosseguiu, seu "galanteio constante com as dores do amor muitas vezes soava irreal". Era algo enganoso porque a música maravilhosa de Schubert, Schumann, Robert Franz e Hugo Wolf tinha "feito esses sentimentos meramente fabricados parecerem genuínos".[338] Mas o *Völkischer Beobachter* sustentou que Heine não era "um gênio lírico" porque "o lirismo era alma, ternura, uma simpática ressonância com os ritmos suaves da inocência da natureza". O lirismo de "milhares de outros que escreviam, mesmo que mal, por uma necessidade interna e uma atitude religiosa para com a natureza" era maior do que a de Heine, o qual "não passava de um jornalista revolto, pornógrafo e piadista".[339]

O termo "jornalista revolto" e as referências a Heine como sendo "Pai da Revolver Press"[340] foram características comuns na recepção feita pelo *Völkischer Beobachter*. Essas eram frases usadas com frequência para descrever "o jornalismo *ad hominem* designado para incitar rancor e inflamar o preconceito",[341] então é irônico que o jornal nazista tenha reclamado sobre tais práticas. Mas eram fundamentais para a apresentação de Heine as reclamações sobre suas afirmações críticas de outros escritores e poetas alemães. Em seu ataque, König afirmou que "um grande poeta está sempre contente com todos os feitos poéticos e reconhece sem inveja as obras de outros poetas", mas o "supostamente grande Heine com certeza não atingiu esse padrão". Como um "vira-lata feroz" ele "atacou todos os poetas alemães que o ameaçavam com uma competição arriscada (o que poderia ser pior para um judeu?)", incluindo os "vivazes poetas e heróis da liberdade", Theodor Körner e Ernst Moritz Arndt. König afirmou que, de fato, Heine "jogou esterco no túmulo de seus antepassados" em uma carta

---

338 SEELIGER, H. "Schmock oder Dichter?", *Völkischer Beobachter*, 21 de setembro de 1930.
339 "Ein Brief über Heinrich Heine", *Völkischer Beobachter*, 24 de setembro de 1927.
340 KÖNIG, "Heinrich Heine der Schmutzfink im deutschen Dichterwald".
341 HALE, O. J. "Nationalism in Press, Films, and Radio", in *Annals of the American Academy of Political Science*, p. 175, 1934.

de 7 de junho de 1822, na qual ele escreveu que "os versos libertadores de Körner ainda são muito recitados e cantados naqueles cantinhos *gemütlich* [aconchegantes] onde as pessoas se aquecem com a fantasia inocente que crepita nessas músicas patrióticas (...) Quando alguma berlinense ouve um poema de Körner, surge o júbilo, ela coloca sua mão graciosamente em seu coração e diz: 'eu sou uma virgem alemã'".

Heine "celebrou" Arndt – que "entusiasmou a juventude alemã para as Guerras da Libertação" – da mesma maneira, König reclamou, quando ele zombou de "sua pequena obra escabrosa e desprezível na qual ele balança o rabo como um cão de vênedo e late para o sol de julho!".[342] Enfurecido por esse sarcasmo direcionado a um dos heróis literários da direita nacionalista, König fechou essa porção de sua crítica a Heine afirmando que "ladrões de estrada" não eram "tão desprezíveis quanto o ladrão comum, o judeu Heine, pois aqueles se expunham ao perigo, enquanto Heine se escondia em um local seguro ou contratava matadores para atirar em suas vítimas com flechas venenosas". Segundo König, como o próprio Heine disse, "sua alma era de merda".[343]

Alfred Rosenberg juntou-se ao ataque, manifestando um desprezo venenoso em relação às afirmações de Heine sobre outros autores alemães. "Não era surpresa que como um jovem judeu descarado", Heine tentou "derrubar os filósofos e escritores alemães de seus pedestais". Ele atacou até Kant, afirmando que "a história de vida de Kant não merece ser escrita, pois ele não teve nem vida nem história". Na opinião de Heine, "Kant era um filisteu: um gênio deve ter novas palavras para novas ideias – Immanuel Kant, entretanto, não era um gênio". Ao que Rosenberg respondeu: "Bem, pelo menos nós temos o gênio Heine – que alívio!".[344]

Naturalmente, o aspecto da perspectiva de Heine que chamou mais a atenção dos propagandistas nacionalistas foi sua posição crítica em relação à política dos territórios alemães durante sua vida. Como citado por Rosenberg, Heine escreveu a um correspondente francês: "Nossos inimigos estão na Alemanha";[345] e, no *Völkischer Beobachter*, os inimigos de Heine morderam a isca. "Como Heine pensava e agia politicamente?",

---

342 HEINE, H. "Die Vorrede zu den Französischen Zuständen; Geschrieben, zu Paris, den 18. oktober 1832", de *The Works of Heinrich Heine, vol. VII: French Affairs: Letters from Paris*, (trad.) Charles Godfrey Leland (London: Heinemann, 1893), p. 21.
343 KÖNIG, "Heinrich Heine der Schmutzfink im deutschen Dichterwald".
344 ROSENBERG, Alfred. "Der Fall Heine", *Völkischer Beobachter*, 16 de setembro de 1928.
345 HEINE, H. Carta para J. J. Dubochet. Apud ROSENBERG, A. "Der Fall Heine", *Völkischer Beobachter*, 16 de setembro de 1928.

perguntava-se. Ele buscava contatos na Prússia só para conseguir mercado para suas publicações, "mas eles perceberam esse movimento e por isso o odiavam". Ele uma vez chamou os prussianos de "uma 'mistura de *Weissbier* [cerveja de trigo], mentiras e areia' – os mesmos prussianos a quem ele pedia ajuda financeira!". Em vez de tentar ajudar a Alemanha em sua unificação, "ele fez tudo o que podia para enervá-la".[346]

König também concordou com esse tema: "se insultar a pátria alemã e a casa de Hollenzollern fossem deveres patrióticos, então Heine seria um patriota como nenhum outro".[347] Sobre um aristocrata prussiano, disse que ele "não podia nem olhar para o estrupício, sem ter vontade de vomitar". Além disso, König relatou, Heine "não tinha respeito pelo povo alemão como um todo". Para ele, o Povo Alemão "não passava de um bando de tolos (...) carregando um grande chicote de ferro, com o qual atacava furioso qualquer um que recomendasse um remédio para suas fortes dores".[348] Mas "seus alvos específicos eram os governantes alemães". Sobre Friedrich Wilhelm III, Heine reclamou que ele "induziu outros príncipes alemães à falsidade e violação da fé".[349] Além do mais, König protestou, em seus poemas *The Changeling* e *The New Alexander*, ele "lançou tamanha sujeira na casa real e na figura de sua majestade, o rei Friedrich Wilhelm IV, que sua maior parte nem pôde ser publicada na época". Nesse sentido, por exemplo, Heine referiu-se ao monarca como "um bêbado que tropeçava de copo em copo, tagarelando com sua língua brincalhona sobre conquistar o mundo".[350] Além disso, continuou König, Heine insultou o rei Ludwig I da Baviera – "só porque ele se recusou a lhe dar uma pensão" – em linhas que o descreviam como um "rei gago", um "eunuco da arte" e o "futuro "santo padroeiro" dos cangurus e símios que se convertessem ao Cristianismo.[351] Além disso, König prosseguiu, ele denegriu as cores do movimento de fraternidade alemã [*Burschenschaften*] por "lembrar as cores das nádegas carecas de um macaco". [352]

---

346 EDBACH, M. "Entwurf eines Denkmals für Heine", *Völkischer Beobachter*, 13 de novembro de 1931.
347 KÖNIG, "Heinrich Heine, der Schmutzfink im deutschen Dichterwald". Citação de HEINE, H. "Die Vorrede zu den Französischen Zuständen; Geschrieben, zu Paris, den 18. oktober 1832", de *The Works of Heinrich Heine, vol. VII: French Affairs: Letters from Paris,* (trad.) Charles Godfrey Leland (London: Heinemann, 1893).
348 KÖNIG, "Heinrich Heine, der Schmutzfink im deutschen Dichterwald".
349 Citação de HEINE, H. "Die Vorrede zu den Französischen Zuständen", p. 24.
350 HEINE, H. *Der Neue Alexander, Parte III.*
351 HEINE, H. Lob*gesänge auf König Ludwig II.*
352 KÖNIG, "Heinrich Heine, der Schmutzfink im deutschen Dichterwald".

König reconheceu que "de vez em quando Heine podia expressar algum entendimento do lugar da Alemanha na história mundial". Mas "então, algumas páginas depois, um leitor sempre se depararia com algo como *Os Tecelões da Silésia*",[353] com sua ameaça de que a Alemanha "tua mortalha em nosso tear".[354] Depois de reeditar essa "bronca patriótica" por inteiro, König pede aos leitores para que "considerem um poema de 1849 no qual Heine insultou as tropas lideradas pelo então príncipe da Prússia, nosso inesquecível Kaiser Wilhelm I" como "curvadas sob o jugo dos lobos desalmados, cães comuns e dos porcos".[355] Mesmo "os pensamentos de uma Alemanha unificada provocaram versos sarcásticos sobre a águia prussiana" de Heine:

*Pássaro odioso, se caíres*
*Um dia em minhas mãos,*
*Eu retirarei cada pena de tuas costas*
*E cortarei tuas garras.*

E ele "ridicularizava a perspectiva de um imperador" indicando que o cargo deveria ser preenchido por uma importante figura liberal, Jacob Venedey, de quem Heine também zombava – como um "rei carnavalesco".[356]

Além do sarcasmo de Heine direcionado à hierarquia alemã, o *Völkischer Beobachter* achou imperdoável toda e qualquer afirmação positiva que o poeta fez sobre a França e os franceses. König ficou indignado com "nosso grande compatriota" falando de Paris como "o buquê no coração da Europa, a capital de todo o mundo civilizado, um panteão dos vivos – onde uma nova arte, uma nova religião, uma nova vida estão sendo construídas e os criadores de um mundo novo movimentam-se com alegria". Ao contrário dos alemães, os franceses "eram grandiosos e podiam sentir seu destino sublime".[357] Em sua opinião, o desastre mais terrível que poderia acontecer era que "a dialética da

---

353 KÖNIG, "Heinrich Heine der Schmutzfink im deutschen Dichterwald".
354 HEINE, H. "The Weavers", in HERMAND, J. e HOLUB, R. C. (eds.) *Heinrich Heine, Poetry and Prose*. KRAMER, A. (trad.) (New York: Continuum, 1982), p. 53.
355 HEINE, H. "In October", in *Heinrich Heine, Poetry and Prose*. KRAMER, A. (trad.) (New York: Continuum, 1982), p. 81. NB: Eles excluíram os dois últimos versos:
*Poeta, fique quieto; sua aflição cresce*
*Você está tão doente (...) seria mais sábio não falar.*
356 KÖNIG, "Heinrich Heine der Schmutzfink im deutschen Dichterwald".
357 KÖNIG, "Heinrich Heine der Schmutzfink im deutschen Dichterwald". Citação de Heine, *Französischen Zuständen*, in *The Works of Heinrich Heine*, vol. VII: *French Affairs: Letters from Paris*, 95.

nobreza de Potsdam pudesse ser ouvida rosnando nas ruas de Paris e as imundas botas teutônicas mais uma vez manchassem o solo sagrado dos *boulevards*".[358] "Nossas bravas tropas – honráveis homens da pátria alemã – se revirariam em seus túmulos se soubessem de tais escritos", previu König.[359] E "como se isso não bastasse", relatou M. Edbach, Heine também conheceu Karl Marx e Ludwig Börne em Paris, "e por isso tratava-se de uma grande conspiração judaica estabelecida", daí em diante "espalhando os efeitos destruidores do líder socialista mais do que qualquer outro e intensificando os efeitos explosivos do espírito francês quanto podia".[360]

Além de suas posições políticas, os colaboradores do *Völkischer Beobachter* condenavam Heine por afirmações críticas sobre o Cristianismo. "Que personagem sujo ele era", König ralhou, "ridicularizando sem a menor vergonha tudo que era sacrado aos cristãos". Sem querer insinuar que defender o Cristianismo era central à ideologia nacional-socialista, König reconheceu que os nazistas estavam "longe de determinar o valor de um poeta com base em sua posição em face do Cristianismo", apontando que Schiller, Goethe e Lessing "não eram cristãos ortodoxos". Mas, ele acrescentou: "eles não usaram seu talento como poetas para soltar sarcasmo sobre o Cristianismo da maneira mais frívola e genérica: isso foi deixado ao judeu Heine". Para apoiar sua visão, König citou *Os Rascunhos da Viagem Italiana* de Heine em que ele "chamou o Cristianismo de mentira gótica que permite apenas os prazeres táteis e cegos em segredo e se apressa para colocar uma folha de figueira hipócrita diante de cada sentimento livre".[361] Em outra ocasião, König disse, Heine viu uma imagem de Cristo e ficou inspirado para escrever:

> *Pobre primo meu, eu fico cheio de tristeza*
> *Quando vejo teu rosto*
> *Esperavas salvar o mundo – seu tolo!*[362]

---

358 Apud HEINE, H. "Die Vorrede zu den Französischen Zuständen; Geschrieben, zu Paris, den 18. oktober 1832", de *The Works of Heinrich Heine, vol. VII: French Affairs: Letters from Paris,* (trad.) Charles Godfrey Leland (London: Heinemann, 1893), artigo III.
359 KÖNIG, "Heinrich Heine, der Schmutzfink im deutschen Dichterwald".
360 EDBACH, M. "Entwurf eines Denkmals für Heine", *Völkischer Beobachter,* 13 de novembro de 1931.
361 HEINE, H. *The Baths of Lucca,* in *The Works of Heinrich Heine,* vol. 3, LELAND, C. G. (trad.) (London: Heinemann, 1891), p. 168.
362 KÖNIG, "Heinrich Heine, der Schmutzfink im deutschen Dichterwald".

Em particular, o jornal relatou, Heine disse que o Catolicismo "tratava Deus como se ele estivesse morto, cheirando a incenso, como em um funeral com música fúnebre, retumbando ao ponto de deixar alguém constantemente deprimido".[363] Sobre o Protestantismo, ele disse, "sem vergonha": ele "não ajuda ninguém: eu o experimentei, senhor – e o julgamento me custou quatro marcos e 14 xelins".[364] Por 1.800 anos, o Cristianismo "contaminou nosso ar, o dos pobres". König concluiu que essas palavras vinham da "verdadeira voz de Heinrich Heine, o cristão".[365]

Ao discutir Heine como um "agitador comunista", o jornal alegava que "o pequeno poeta judeu revelou-se um comunista excelente" em suas *Confissões* de 1854. Lá ele escreveu sobre o número crescente de comunistas na Alemanha, afirmando que eles montavam um exército motivado pelo ateísmo e liderado por grandes lógicos. Estes, Heine pensava, eram "as personalidades mais capazes e enérgicas na Alemanha, de fato os únicos homens vivazes do país". O futuro pertenceria a eles. Todos os outros partidos e representantes da esquerda estavam "mortos, mortinhos da silva". Não era "nem mesmo necessário comentar sobre isso", disse o jornal: isso seria "dar muito crédito a esse pequeno escritor". Ademais, o *Völkischer Beobachter* disse, Heine estava "certo sobre seus amigos, os comunistas", quando ele disse em seus *Pensamentos e Ideias*: "Eu predigo: em um inverno haverá uma revolução que será mais horrível que qualquer outra que já tenha acontecido até agora; o sangue correrá pela neve". O jornal considerou que ele "falou isso com uma lascívia irônica".[366]

Entretanto, o *Völkischer Beobachter* também atacou Heine por suas afirmações sobre o Judaísmo, marcando-o como um "representante tipicamente hipócrita de sua raça". [367] O jornal informou a seus leitores que as autoavaliações judaicas "às vezes podiam ser importantes", então um leitor atento devia ler "o julgamento de Heine de seus companheiros judeus com interesse", como quando ele "viu os chiqueiros" nos quais os judeus "viviam, falavam um péssimo alemão e pechinchavam" em

---

363 HEINE, H. *Latest Poems and Thoughts*, in *The Life, Work, and Opinions of Heinrich Heine*. STIGAND, W. (ed. e trad.) (London: Longmans, Green, 1875), p. 193.
364 HEINE, H. *Pictures of Travel*. LELAND, C. G. (trad.) (Philadelphia, PA: Weik, 1856), p. 329.
365 KÖNIG, "Heinrich Heine der Schmutzfink im deutschen Dichterwald".
366 "Heinrich Heine als Kommunistenagitator", *Völkischer Beobachter*, 13 de novembro de 1931.
367 "Das Heinrich Heine-Denkmal in Hamburg", *Völkischer Beobachter*, 23 de outubro de 1926.

uma vila polonesa.³⁶⁸ Ao eleger e escolher a partir de suas *Gravuras de Viagens*, o jornal acrescentou que Heine tinha "mais coisas agradáveis a dizer sobre seus irmãos de raça",³⁶⁹ como descrever os judeus como umas "múmias da raça, que vaga sobre o mundo envolta nas bandagens mais antigas das letras, como um fragmento petrificado da história do mundo, um espectro que faz sua vida com o intercâmbio de notas".³⁷⁰

Assim, ironicamente, mesmo as afirmações que podem ter vindo diretamente da propaganda nazista eram condenadas no *Völkischer Beobachter*. O jornal observou com sarcasmo que não havia espaço na galeria dos escritores alemães glorificados para "esse 'poeta' que honrava seus irmãos de raça com 'excelentes ditirambos'". Portanto, o jornal sustentou, pouco importava o que Heine pode ter escrito, até os versos que sugeriam uma autodepreciação judaica, a "afirmação alemã-compreensiva de Otto von Bismarck se aplicava perfeitamente a ele: 'O povo alemão não deve qualquer coisa aos hebreus vis'".³⁷¹

Acima de tudo, Heine serviu como um símbolo histórico-cultural da pretensa ameaça da conspiração judaica. Segundo o *Völkischer Beobachter*, assim que os judeus receberam a cidadania na Alemanha, "a liderança espiritual dos judeus – incluindo Baruch [Börne], Marx e Heine – atacou a existência do Povo Alemão: de seus refúgios secretos eles trabalharam para a destruição de seus anfitriões enquanto, ao mesmo tempo, exigiam direitos, amor e respeito deles".³⁷² "O incansável trabalho e a propaganda" de Heine para a Sociedade para a Cultura e Ciência dos Judeus (*Verein für Kultur und Wissenschaft der Juden*) "traiu o fato de que seu sofrimento pela humanidade foi na verdade um sofrimento apenas pelos judeus, porque suas fanfarrices por liberdade eram na realidade apenas fanfarrices pelos direitos ilimitados dos judeus".³⁷³

Mantendo a doutrina antissemita de acusar os homens judeus de degeneração sexual, o *Völkischer Beobachter* também condenou Heine e suas obras como imorais e politicamente suspeitas. Para Edbach, de fato, "as duas dimensões da depravação de Heine cruzavam-se, pois ele misturava a política com o erotismo". Segundo o jornal, "um dos poucos historiadores literários universitários que teve a coragem", Josef

---

368 "Heine über die Juden", *Völkischer Beobachter*, 13 de novembro de 1931.
369 Idem.
370 HEINE, H. *Pictures of Travel*. LELAND, C. G. (trad.) (Philadelphia, PA: Weik, 1856).
371 "Heine über die Juden", *Völkischer Beobachter*, 13 de novembro de 1931.
372 EDBACH, M. "Entwurf eines Denkmals für Heine", *Völkischer Beobachter*, 13 de novembro de 1931.
373 "Das Heinrich Heine-Denkmal in Hamburg", *Völkischer Beobachter*, 23 de outubro de 1926.

Nadler, deu a melhor descrição: "Heine era o Judeu Errante e sua única tarefa era enfraquecer a moralidade na Alemanha".[374] Para provar que Heine era um imoral, König achou que "a primera prova" era sua linguagem forte: "ele sempre usava termos como esterco de boi, carrinho de esterco, merda, bosta, piolhos, percevejos, balde de mijo e de merda". Ademais, ele "sempre desejava aos seus rivais desgraças como a invalidez, salivação, artrites e hemorroidas". Logo, escrita "era como mel na boca", König opinou com sarcasmo.[375] Ainda mais chocantes eram suas "representações impudentes das relações sexuais e românticas". Muitas vezes excluindo ou ignorando versos que adicionavam um elemento de humor ou de autorreprovação, König citou longos trechos de suas composições mais ousadas, como *Diana*, como evidência de sua "imoralidade pessoal":

> *Esses membros claros, de tamanho tão grande,*
> *De feminilidade colossal,*
> *Agora estão em um ânimo de quem se entrega,*
> *Sob meus abraços, passiva (...)*
> *Como seu seio, pescoço e garganta me enfeitiçam!*
> *(Mais alto eu quase não posso ver);*
> *Aqui, sozinho, eu preferia estar,*
> *Rezo eu para ela não me prejudicar.*[376]

Em *Yolante e Maria*, a "degeneração de Heine fica ainda mais clara" quando ele descreve os pensamentos de um *ménage à trois*:

> *Seus seios como são claros! Seus ombros, quão alvos!*
> *Meu coração logo latejará;*
> *Elas agora pulam na cama com deleite,*
> *E se escondem sob o lençol.*[377]

"O que era o amor segundo Heinrich Heine?", König se perguntava. Ele achava que a resposta podia ser encontrada em *A estrela malvada*:

> *O que é o amor cantado pelo poeta?*
> *Uma estrela em meio a um monte de estrume.*

---

374 EDBACH, M. "Entwurf eines Denkmals für Heine", *Völkischer Beobachter*, 13 de novembro de 1931.
375 KÖNIG, "Heinrich Heine, der Schmutzfink im deutschen Dichterwald".
376 HEINE, H. *Diana*, in *The Poems of Heine: Complete*. BOWRING, E. A. (trad.) ( London: Bell & Daldy, 1866), p. 112.
377 KÖNIG, "Heinrich Heine der Schmutzfink im deutschen Dichterwald".

> *Como um cachorro pobre e esfarrapado, quando morre,*
> *Debaixo de toda essa imundície está deitado.*[378]

"Falando em nome do jornal [*Völkischer Beobachter*] e do partido [nazista]", König afirmou que "não nos baseamos nos parâmetros mais superiores, mas apenas no senso mediano de propriedade". Considerando tais "poemas escritos no leito de morte, Heine não parecia possuir nenhum".

König considerou, portanto, "chocante que as canções de amor de Heine eram dedicadas a cada jovem, mesmo com elas contendo linhas como estas", de "Não posso esquecer":

> *Por teu corpo ainda anseio,*
> *Teu corpo jovem e formoso;*
> *Por tua alma tu poderias cavar uma cova,*
> *Tenho alma suficiente, juro.*[379]

Porém, mais perturbadores para König foram os versos que ele interpretou como "insinuações de necrofilia" no *Livro das Canções*:

> *Meu caro amor, quando na tumba –*
> *A melancólica tumba – você dormir.*
> *Então eu irei para teu lado,*
> *Até você, suavemente rastejando.*
> *Eu te apertarei, farei carícias com beijos selvagens.*[380]

"Alguém deveria realmente ser um velho coroca para considerar tais poemas nojentos?", König se perguntou. Ele não conhecia palavra melhor para isso do que "poesia de bordel". E "ainda havia a prosa de Heine!". Falando em nome dos nazistas como um todo, König afirmou: "Não achamos que a literatura alemã tenha um produto mais sujo do que *Os Banhos de Lucca* em que o poeta praticamente dança na merda e não se cansa de expressões bestiais". Como alguém poderia descrever um trabalho como esse? "'Obscenidade' é uma palavra muito fraca para isso!"[381]

---

378 HEINE, H. T*he Evil Star*, in *The Poems of Heine: Complete*, p. 142.
379 HEINE, H. "Ich kann es nicht vergessen", in *Poems of Heinrich Heine*. UNTERMEYER, L. (trad.) (New York: Henry Holt, 1917), p. 64.
380 HEINE, H. "Mein Süßes Lieb, wenn du im Grab", in *Heine's Book of Songs*. LELAND, C. G. (trad.) (New York: F. W. Christern, 1864), p. 84.
381 KÖNIG, "Heinrich Heine der Schmutzfink im deutschen Dichterwald".

*O Arqui-Inimigo Encarnado* 173

Mas, de todas as obras de Heine, nenhuma foi tão alvo de hostilidades no *Völkischer Beobachter* quanto *Alemanha: Um Conto de Inverno*.[382] Em "nenhum outro lugar da literatura judaica", o wagneriano Walther Bohe afirmou, a "verdadeira essência do judeu se revelou com tamanha clareza". Nesse poema, Heine "degradou a alma ariana idealizada quanto pode, enquanto glorificava o caráter materialista do judeu". Esse poema era "tão rico em autoconfissões judaicas" que o jornal "se sentiu compelido a compartilhar algumas amostras" em mais de uma ocasião.[383] Um resumo das passagens que julgou mais perturbadoras e os comentários que os colaboradores do jornal fizeram sobre as palavras de Heine demonstram como o *Völkischer Beobachter* conseguia abordar com esmero uma obra passagem por passagem em seus esforços para esclarecer as atitudes aparentemente abomináveis e intenções da liderança cultural judaica.

Sobre a catedral de Colônia, König lembrou aos leitores o que Heine pensava:

> *Ela nunca será completada, a despeito do grande*
> *Clamor da coruja e do corvo,*
> *Pássaros antiquados que gostam de fazer*
> *De uma alta torre de igreja seu abrigo.*

Seguindo "tal profecia", ele então fez o pai Reno dizer, "traiçoeiramente",[384]

> *Pois se os franceses voltarem mais uma vez,*
> *Minhas bochechas corarão e queimarão,*
> *Eu que tantas vezes rezo a Deus*
> *Para que eles possam voltar em breve.*

Depois, o governo prussiano foi "razoável o bastante para expulsar o patife do país e censurar muitas de suas publicações",[385] Heine vivia em Paris, mas ele voltou à Alemanha e escreveu o seguinte:

---

382 As traduções de Heinrich Heine, *Germany: A Winter's Tale*, são todas de Hermand e Holub (eds.), *Heinrich Heine, Poetry and Prose*, p. 231-287.
383 BOHE, W. "Heinrich Heine: Deutschland, ein Wintermärchen", *Völkischer Beobachter*, 14 de março de 1928.
384 KÖNIG, "Heinrich Heine der Schmutzfink im deutschen Dichterwald".
385 BOHE, W. "Heinrich Heine: Deutschland, ein Wintermärchen", *Völkischer Beobachter*, 14 de março de 1928.

> *Esse é o esterco de minha terra natal:*
> *Essa lama da estrada do interior!*

Continuando, o "Heine protestante ficou ultrajado ao ver um crucifixo" no meio do caminho:

> *Eles lhe deram um trato sujo*
> *Aqueles senhores da classe alta.*
> *Que lhe disseram para falar com tanto descuido*
> *Contra a Igreja e o Estado? (...)*
> *Você puniu os banqueiros, os mercadores de ouro,*
> *Você os levou para fora do templo.*
> *Cruzado sem sorte, agora na cruz,*
> *Você pendurado como um exemplo de aviso.*

Bohe perguntou: "o que seria necessário para um sistema de justiça punir tais blasfêmias em vez de trancafiar alemães honestos como Theodore Fritsch [o notório editor de literatura antissemita] por insultar Javé?". Segundo Bohe, "a última parte significava basicamente: "Jesus, acontecerá isso para os não judeus que ousarem lutar contra os banqueiros judeus e o capital dos judeus na bolsa de valores – o mesmo que aconteceu com você quando ousou expulsar os banqueiros judeus do templo". Em outras palavras – Bohe afirmou abruptamente – "Heine previu que as coisas serão 'horríveis' para nós, os nacional-socialistas, certo?".

Em Hamburgo, onde Heine "deleitou-se com os prazeres sensuais", ele "tratou a deusa padroeira de Hamburgo, Hammonia, como uma prostituta – de um modo que simbolizava sua atitude em relação às vítimas não judaicas" e então a fez "profetizar o futuro alemão nos seguintes termos", instruindo-o a olhar para dentro de um penico.

> *É um recipiente mágico, no qual*
> *Os poderes mágicos fermentam;*
> *Coloque sua cabeça e o futuro*
> *Ser-lhe-á revelado –*
> *O futuro da Alemanha, como sonhos ondulantes,*
> *Surgirá diante de seus olhos;*
> *Mas não trema, se dessa imundície*
> *Miasmas fétidos surgirem!*

Então, Bohe interrompeu, "depois de prestar um juramento de silêncio tipicamente judeu", Heine "não obstante foi adiante e relatou":

> *Contra minha vontade, aqueles amaldiçoados e vis*
> *Aromas me vêm à mente:*
> *O espantoso fedor, que parecia*
> *Repolho podre e couro juntos.*
> *E depois disso – ó Deus – surgiu*
> *Uma fedentina repulsiva e monstruosa;*
> *Era como se o esterco tivesse sido varrido*
> *De 36 fossas.*

"Realmente, ele previu o futuro da Alemanha!", comentou Bohe, com ironia. Mas "no fim vem um discurso pitoresco e interessante" no qual Heine "fez algumas previsões que infelizmente ficaram precariamente próximas de se concretizarem, em razão das atividades de seus companheiros de raça":

> *Eu não sou um carneiro, um molusco ou um cão;*
> *Eu não faço papel de conselheiro;*
> *Eu permaneci um lobo por todos esses anos*
> *Com dentes e coração de um lobo.*
> *Eu sou um lobo e com eles*
> *Eu uivarei por toda a minha vida.*
> *Sim, contem comigo e sintam-se à vontade;*
> *E então Deus ["isso deveria ser: 'Javé'", Bohe acrescentou.]*
> *Também te ajudará.*

"Viu, povo alemão?", questionou Bohe. "Esse suposto grande poeta delimitou claramente sua meta, que era a mesma para todos os judeus: 'Eu, Heine, um lobo judeu, vejo que minha tarefa principal é destruir os cães e carneiros não judeus – para enfraquecer o prezado povo alemão!' Ótimo, não?" Bohe encerrou o assunto.[386] Aqui então, em sua recepção a Heine talvez mais do que a qualquer outro, o *Völkischer Beobachter* de fato, como colocado por Saul Friedländer, "representa o arqui-inimigo necessário para o regime, cuja imagem ameaçadora justificaria, histórica e culturalmente, os passos que seriam decididos na sequência".[387]

---

[386] BOHE, W. "Heinrich Heine: Deutschland, ein Wintermärchen", *Völkischer Beobachter*, 14 de março de 1928.
[387] FRIEDLÄNDER, S. *The Years of Extermination: Nazi Germany and the Jews 1939-1945* (New York: HarperCollins, 2007).

# PARTE II

## CEGOS PERANTE A LUZ

# 6

# O CLASSICISMO ROMANTIZADO

As atitudes nacional-socialistas com respeito à tradição clássica ocidental eram complexas. Como George Mosse apontou, as correntes principais da estética alemã e depois nazista eram confluências do Romantismo e do Classicismo, ainda que elas sempre contivessem um forte componente de ordem classicizante, manifestado principalmente na arquitetura e no desenho. Sem dúvida, a "vaga síntese ou coexistência" do Classicismo e do Romantismo na cultura nazista refletiam os gostos pessoais de Hitler.[388] Suas próprias afirmações confirmam a importância da tradição clássica em sua visão artística. Em *Mein Kampf*, ele escreveu que "o ideal da cultura helênica deve ser preservado para nós em toda a sua beleza maravilhosa (...) a história romana, concebida corretamente em contornos gerais, é e permanecerá o melhor mentor, não só para os dias atuais, mas provavelmente por toda a história. O ideal helênico de cultura também deve permanecer preservado para nós, em sua beleza exemplar".[389]

---

388 MOSSE, G. L. *Nationalization of the Masses*, p. 34-35.
389 HITLER, A. *Mein Kampf*, p. 423.

É importante salientar, entretanto, principalmente no que se refere à cultura grega, que eram os aspectos visuais dessa cultura, como o desenho antigo e a arquitetura, que Hitler mais respeitava, não necessariamente seu conteúdo intelectual. Ele dava pouca importância para a tradição do racionalismo ocidental, considerada originária da Grécia antiga. Desse modo, o modelo histórico recomendado por ele ao futuro dos alemães era o da cultura da Roma antiga, não de Atenas.[390] Nesse sentido, então, enquanto apreciava as sensibilidades dos desenhos antigos por seu valor ao simbolizar sua visão de mundo ordenada, Hitler permaneceu consistente com a rejeição ideológica de natureza étnica das tendências racionalistas e humanistas derivadas da tradição antiga.

A parte II deste livro contará primeiro como o *Völkischer Beobachter* abordou a tradição racionalista ocidental dos antigos, da Revolução Científica e do Iluminismo à Revolução Francesa e suas consequências. Durante esse tratamento, o jornal enfatizava em geral o lado "dionisíaco" em vez do lado racional das sociedades antigas como referência à cultura romântica alemã, que preferia. Surpreendentemente, o jornal não associou o movimento de Hitler com a tradição imperial romana. Em vez disso, o jornal equiparava a política romana para Cartago com o Tratado de Versalhes e comparou o império romano tardio com a "decadência" de Weimar. Apesar do gosto de Hitler pela arquitetura neoclássica, a atenção do *Völkischer Beobachter* aos antigos foi mínima, mas consistente com a rejeição etnocêntrica da suposta influência latina na cultura ocidental. Acima de tudo, os colaboradores do jornal nazista propagaram o desprezo pelo lado apolíneo ou racionalista da tradição antiga.[391]

Uma orientação dionisíaca ou antissocrática estava clara em apenas um artigo principal do *Völkischer Beobachter*, que de forma explícita abordou a história ateniense antiga. Em 5 de abril de 1927, o jornal respondeu a uma notícia da Atenas contemporânea, em que um

---

390 "Hitler admirava a arquitetura da Grécia clássica. Mas mesmo quando ele invocava o lugar-comum do helenismo e os alemães, o exemplo ateniense nunca foi tão crucial quanto Roma para seu programa para a arquitetura e o governo": MARCHAND, S. "Nazism, Orientalism and Humanism", in RABINBACH, A. & BIALAS, W. (eds.), *Nazi Germany and the Humanities*, p. 308.

391 "A fórmula exigida para a subordinação da ciência, mecanização, modernização e uma nova ética para a meta racial-religiosa": MOSSE, G. L. *German Jews Beyond Judaism* (Bloomington, IN: Indiana University Press, 1985), p. 97. Para mais sobre a abordagem geral dos nazistas aos antigos, incluindo sua interpretação de Platão e Alexandre, o Grande, ver WOLIN, R. *The Seduction of Unreason: The Intellectual Romance with Fascism from Nietzsche to Postmodernism* (Princeton University Press, 2004), p. 108-113.

advogado, M. Paradopoulos, esforçava-se para reabrir o julgamento de Sócrates no sistema legal grego. Paradopoulos esperava reverter a condenação do filósofo – em parte como um modo de remover a mancha na honra nacional grega deixada pela injustiça cometida em 399 a.C. O esforço de Paradopoulos recebeu atenção da imprensa internacional quando a corte rejeitou seu apelo.

A resposta nazista para essa iniciativa histórico-jurídica foi derrisória. O *Völkischer Beobachter* alegou que Paradopoulos teve sorte, por não ter nada para se preocupar além de reviver um julgamento de 2 mil anos. Porém, mais do que meramente ralhar o fracasso de um patriota grego fanático, o jornal revelou uma corrente mais profunda do pensamento nacional-socialista quando afirmou enfaticamente que "nós naturalmente não compartilhamos uma avaliação exagerada de Sócrates" e, mesmo "em relação ao julgamento que terminou com a sentença de morte para o filósofo, nós concordamos com a posição da corte ateniense". No artigo do *Völkischer Beobachter* que foi ao ponto mais remoto da história intelectual e cultural do Ocidente, então, os jornalistas nazistas deixaram claro sua rejeição da tradição socrática.[392]

Embora esse fosse o único artigo no qual o jornal tratou da história grega antiga de forma direta, uma pesquisa sobre as referências à cultura grega em artigos que tratavam de outros tópicos revelou que a aversão nazista ao lado racional-democrático da história ateniense era consistente. Os colaboradores do *Völkischer Beobachter* invariavelmente desconsideraram a tradição apolínea-socrática e, em vez disso, alinharam-se, assim como seus heróis culturais preferidos, com a orientação emocional que eles associavam mais diretamente com as obras mais "românticas" de Homero. Ao fazer isso, os editores e autores do *Völkischer Beobachter* fizeram pressão para uma cultura nacional--socialista inspirada pela "paixão" e "espiritualidade" associadas, em última análise, ao Romantismo.

Quando vista cronologicamente sobre uma expressiva coleção de referências à cultura e história da Grécia antiga, essa tendência em direção ao dionisíaco torna-se clara. Assim, como discutido antes com relação a Albrecht Dürer, o *Völkischer Beobachter* sustentou que não foi antes da produção dos autorretratos de Dürer que a tradição ocidental das artes visuais alcançou o objetivo da percepção da individualidade estabelecido pelos antigos. Mas, talvez mais importante, o jornal recusou-se a estender essa associação de Dürer com Sócrates para abranger a prescrição lógica

---

[392] "Um der Sokrates Schatten: Griechische Prozesssucht", *Völkischer Beobachter*, 5 de abril de 1927.

do filósofo para o autoconhecimento, o qual era uma meta respeitável, embora derivasse da intuição e da compreensão, em vez de vir do pensamento rigoroso e da análise sobre o que deveria ser buscado. De acordo com essa noção, o jornal apresentou a obra de Dürer como produto do "espírito, da religiosidade, da sondagem de profundidades comoventes" – não nascida do intelecto puro". De fato, como já visto antes, o jornal lamentou o fato de Dürer ser conhecido por contribuir com o neoclassicismo da arte renascentista, que permanecia "estrangeira ao seu sangue".[393] Em vez disso, Dürer deveria, acima de tudo, ser visto como fonte de "um fluxo romântico que flui nas pinturas passionais e psicológicas de Böcklin, Van Gogh e Corinth". A natureza de seu classicismo era dionisíaca, não racionalista.[394]

Outro indício da resistência do *Völkischer Beobachter* à tradição neoclássica foi o tratamento dado ao seu expoente mais importante: J. J. Winckelmann. Na celebração dos 175 anos de sua morte, o jornal escreveu um artigo comemorativo homenageando "um dos grandes homens das letras alemãs no século XVIII". Mas o ensaio só resumiu as relações entre Winckelmann e Gotthold Ephraim Lessing e lidou muito pouco com as visões de Winckelmann sobre o classicismo – e, mesmo assim, somente em termos românticos.[395] Assim, o jornal associou-se a um importante pensador alemão enquanto omitia suas principais ideias, se elas não fossem consistentes com sua perspectiva cultural.

Porém, uma estratégia mais complexa era necessária para lidar com o contemporâneo de Winckelmann, Goethe. Dadas as conhecidas tendências neoclássicas do poeta, moldar Goethe de modo convincente como uma figura essencialmente alinhada com a tradição romântica representava um empreendimento significativo para o *Völkischer Beobachter*. Uma maneira pela qual os colaboradores tentaram fazê-lo foi insinuar que os interesses de Goethe pela cultura grega antiga focavam principalmente nas obras de Homero. Segundo Adolf Dresler, se Goethe tinha como modelo os antigos, era "acima de tudo o poeta pré-socrático": de fato, "Goethe tinha a ambição, se não de se tornar um Homero alemão, pelo menos tornar-se um *homerista* – ele queria compor um

---

393 RÜDIGER, W. "Die Kunst Albrecht Dürers", *Völkischer Beobachter*, 7 de abril de 1928.
394 KEHRER, H. "Dürer als Schöpfer des Selbsbildnisses", *Völkischer Beobachter*, 15 de março de 1935.
395 BORNHAGEN, A. "Winckelmann und Lessing: zum 175. Todestage Johann Joachin Winckelmanns", *Völkischer Beobachter*, 9 de junho de 1943. Sobre Winckelmann, ver MOSSE, G. L. *Nationalization of the Masses*, cap. 2; MICHAUD, E. *Cult of Art in Nazi Germany*, p. 138-140 e WOLIN, R. *Seduction of Unreason: The Intellectual Romance with Fascism from Nietzsche to Postmodernism*, p. 105-106.

*Aquiles*.³⁹⁶ Ademais, Joachin Petzold insistiu que foi com o estudo de Homero que Goethe descobriu "o mal inominável que a raça judaica fez".³⁹⁷ Dessa maneira, o *Völkischer Beobachter* conseguiu associar a plataforma principal da ideologia nacional-socialista com os estágios iniciais da história cultural do Ocidente.

Mas o jornal nazista só podia afirmar que Goethe era alinhado principalmente com a tradição pré-socrática – que "com ele o romântico era clássico e o clássico, romântico"³⁹⁸ –, se pudesse sustentar que Goethe estivesse interessado principalmente nos aspectos dionisíacos da cultura grega. Mesmo entre os intelectuais etnocêntricos, essa posição era apenas marginalmente sustentável. Um desses intelectuais e um dos maiores historiadores da cultura com essa inclinação era Richard Benz. Em 1940, Benz falou na Richard-Wilhelm-Gesellschaft sobre o tema "Goethe e a arte romântica" e o *Völkischer Beobachter* cobriu a palestra. Como sustentado por Benz, ninguém conhecia melhor que Goethe o "perigo de se perder, da infinitude, das digressões infinitas da atitude mental romântica". Em sua resistência aos perigos do excesso romântico, Goethe buscou uma "visão objetiva do mundo que lhe daria uma posição claramente fixa na experiência, segundo as normas constituintes das leis". Conforme Benz, Goethe encontrou essa visão objetiva nos antigos: ele reconheceu a norma clássica como "o único princípio válido e rejeitou tudo que a contrariava como heresia". O que não se baseasse na Antiguidade parecia "inapropriado" para ele. Essa era a base para a "atitude hostil em relação ao romantismo" de Goethe, afirmou Benz, e disso surgiu o conflito que ainda permeava a vida emocional alemã: "o contraste entre Classicismo e Romantismo".³⁹⁹

Assim, segundo Benz, Goethe alinhou-se com o lado apolíneosocrático da cultura grega. Mas o *Völkischer Beobachter* recusou-se a tolerar suas declarações. O crítico do jornal, Rudolf Hofmüller, elogiou respeitosamente o téorico cultural etnocêntrico, recomendando que a palestra de Benz fosse publicada – mas só depois de ser editada. Dada a extensão do assunto, ele argumentou, era "impossível explicar a atitude antirromântica de Goethe em uma palestra de duas horas sem uma

---

396 DRESLER, A. "Goethe und der nationale Gedanke", *Völkischer Beobachter*, 28 de agosto de 1925.
397 PETZOLD, J. "Goethe und die Juden: Eine aktuelle Betrachtung zur Ausstellung 'Der ewige Jude'", *Völkischer Beobachter*, 9 de novembro de 1937.
398 HUCH, R. "Der Mensche Goethe", *Völkischer Beobachter*, 9 de abril de 1944.
399 HOFMÜLLER, R. "Goethe und die Romantik", *Völkischer Beobachter*, 7 de março de 1940.

exposição parcial e demarcações perigosas". Acima de tudo, Hofmüller reclamou, Benz deu importância demais à tendência de Goethe a "uma normalização, ou padronização, da teoria da arte" – pela qual ele claramente deu a entender que a visão de Benz sobre Goethe reconhecia a norma clássica como o único princípio válido.[400] Era essa afirmação de que o Classicismo oferecia uma visão objetiva do mundo, proporcionando assim normas que constituem leis que contrapunham a ênfase pré-socrática e dionisíaca preferida do *Völkischer Beobachter*, que Hofmüller identificou como "perigosa" – e era mesmo, para a versão nazificada de Goethe de que trataremos depois.

Para o jornal nazista, a resistência aos princípios estrangeiros (franceses, latinos) do Iluminismo era a primeira fase da luta alemã por libertação que seria mais bem percebida no século XIX, com as guerras napoleônicas e o início das batalhas etnocêntricas contra os judeus, estabelecendo um precedente para as batalhas que prosseguiriam na era moderna. Ao escrever sobre Heinrich Kleist, em uma resenha sobre a produção de *Anfitrião*, Hofmüller elogiou a versão de Kleist da comédia do romano Plato como "uma versão mais completa do que as que já tinham sido escritas". Segundo Hofmüller, a peça de Kleist "glorificava o elevado voo espiritual da poesia alemã". Nela Kleist derramou "toda a corrente brilhante de seus sentimentos". Enquanto retinha o humor do original, ele tocou em suas "tendências emocionais mais profundas" ao focar no "centro trágico" – a "batalha comovente" para a sofredora e decepcionada Alcmena – nos eventos outrora animados de Anfitrião. Ao fazer isso, ele produziu uma peça de "alegria verdadeiramente dionisíaca", que operava em um nível pré-socrático mais profundo do que Plato tinha atingido. Mas, talvez mais importante, Kleist tinha "desfeito o mal cometido por Molière no assunto". O dramaturgo, um dos principais expoentes do racionalismo francês, escreveu um *Anfitrião* para Versalhes, e na opinião de Hofmüller o reduziu a nada além de uma "comédia típica sobre o divórcio para entreter a corte". Ao "tocar o núcleo dionisíaco da saga", o Kleist alemão "colocou o material de volta em suas bases profundas e o ergueu de volta ao mítico". Hofmüller afirmou que, se alguém olhasse para o conteúdo e seu desenvolvimento em detalhes, poderia perceber então o confronto entre Kleist e Molière como "profundamente informativo sobre as diferenças da história espiritual da França e da Alemanha – principalmente suas invocações contrastantes da lenda grega antiga".[401]

---

400 HOFMÜLLER, R. "Goethe und die Romantik", *Völkischer Beobachter*, 7 de março de 1940.
401 HOFMÜLLER, R. "Vollendeter Amphitryon", *Völkischer Beobachter*, 17 de julho de 1939.

Talvez mais ressonante com o gosto do *Völkischer Beobachter* pelo dionisíaco foram as obras de Friedrich Hölderlin. Em um tributo que marcou os 175 anos do nascimento de Hölderlin, o dramaturgo Friedrich Wilhelm Hymmen, autor de diversas peças conhecidas como "peças de sangue e do solo" (*Blut-und-Boden-Stücke*), reconheceu que os leitores nazistas poderiam não se sentir confortáveis no início com o predomínio e a intensidade das referências clássicas na poesia de Hölderlin, pois essas referências pareciam enfraquecer sua natureza romântica. Mas Hölderlin não precisava ser defendido por muitos dos símbolos antigos e formas, os quais "provavelmente davam aos leitores alguma pausa", Hymnem retrucou, porque suas origens não estavam em uma "preferência acidental e vinculada ao tempo, mas nas profundezas das intenções do escritor, do tamanho que se pode falar de intenções". Hymmen afirmou que para Hölderlin a invocação clássica não era "uma questão de mitologia grega ou alegorias cheias de poeira, mas o *Mythos* vivo". Ele lutou para vincular mais uma vez toda a vida à divindade. Sua escolha de empregar imagens gregas na verdade veio de seu anseio pela *Volkstümlichkeit* [popularidade]: ele desejava inspirar o povo alemão com o que ele encontrou na Grécia antiga, principalmente "a força interior, a forma e a unidade". Ele via a "totalidade divina" da cultura grega antiga como "completamente alemã": não era "uma harmonia pálida – não era uma ilha dos abençoados". Hölderlin conhecia a "fertilidade da dor" demais, na certeza de que ela continha "tudo o que é grande e sagrado". Assim, enquanto Hölderlin partia para "aquele tempo e povo que se tornaram o segundo lar para os melhores alemães do fim do século XVIII – para a Grécia clássica –, ele o fez em busca de modelos de espiritualidade dionisíaca e assim ajudou a criar o Romantismo alemão". Hymmen concluiu que poderia ser dito sobre o amor de Hölderlin pela Grécia o que foi dito por Moeller van den Bruck sobre o mais importante filosofo alemão do período, Hegel: "a Grécia foi um desvio em seu caminho para a germanidade".[402]

Citar a história grega antiga não como progenitora da tradição ocidental do individualismo e democracia, mas como fonte de legitimação histórico-cultural do comunalismo centrado no Estado e apresentada pelo movimento etnocêntrico era uma característica fundamental para a discussão da filosofia de George Wilhelm Friedrich Hegel feita pelo *Völkischer Beobachter*, principalmente sua dimensão política. Para o centenário da morte do filósofo, Max Wundt preparou o

---

402 HYMMEN, F. W. "Zurufe eines Unsterblichen: Zum 175. Geburtstag Friedrich Hölderlins", *Völkischer Beobachter*, 24 de março de 1945.

artigo comemorativo principal. Wundt foi um autor prolífico de histórias populares da filosofia ocidental, muitas delas ainda estão sendo impressas. Junto com suas histórias, Wundt também formulou sua filosofia política e cultural própria que era bastante marcada por uma perspectiva antissemita etnocêntrica, como pode ser apreendido de títulos como *O Eterno Judeu: um Exame da Importância do Judeu* (1900); *Filosofia do Estado: um Livro para Alemães* (1923); *A Visão de Mundo Alemã: Fundamentos do Pensamento Popular* (1926); e *Raízes da Filosofia Alemã em Linhagem Sanguínea e Raça* (1944).[403]

O resumo de Wundt sobre Hegel (1770-1831) para o *Völkischer Beobachter* destacava o estatismo do filósofo e o identificava explicitamente como sendo de natureza "etnocêntrica", em vez de um que fosse direcionado ao "individualismo democrata". Como Wundt colocou, a grande importância da Antiguidade para as visões culturais de Hegel estava no fato de que "os povos antigos e principalmente os gregos tentaram ser indivíduos do povo". Na cultura antiga, a vida obtinha sua energia de uma fonte unificada: todo indivíduo constituía "uma imagem viva do conteúdo total do povo". Além disso, Hegel via o maior perigo da era moderna como sendo a perda dessa "consciência popular unificada e natural". Todo indivíduo agia apenas com base em sua opinião, sem qualquer compreensão das grandes forças da vida comunal. Contra esse isolamento do indivíduo e a indisciplina que resultava de "várias opiniões", Hegel inspirou o "espírito do povo", como manifestado nas "forças profundas da religião e da moralidade". No *Völkischer Beobachter*, então, a cultura grega antiga era valorizada não pelo papel que teve como berço da democracia, mas sim por inspirar "uma renovação da existência popular conduzida pelas forças internas da vida do povo".[404]

É claro, a dicotomização da história e da cultura grega antiga nos modos apolíneo e dionisíaco não era exclusivo da cultura nazista. Como manifesto no *Völkischer Beobachter*, essa noção derivava claramente das ideias desenvolvidas mais intensamente nos escritos de Nietzsche. De acordo com sua cobertura de uma palestra dada por Alfred Bäumler

---

403 Há pouca dúvida sobre por que os livros de Wundt estavam entre aqueles de propriedade de Adolf Hitler. Ver GASSERT, P. e MATTERN, D. S. (eds.) T*he Hitler Library: A Bibliography*, p. 326.
404 WUNDT, M. "Zu Hegels Gedächtnis", *Völkischer Beobachter*, 14 de novembro de 1931. Sobre Hegel e o nazismo em geral, ver STEWART, J. B. *The Hegel Myths and Legends* (Evanston, IL: Northwestern University Press, 1996), p. 85-124 e SLUGA, H. D. *Heidegger's Crisis: Philosophy and Politics in Nazi Germany* (Cambridge, MA: Harvard University Press, 1995), passim.

(o "especialista em Nietzsche do Reich", que foi nomeado professor de filosofia na Universidade de Berlim em reconhecimento por suas interpretações nazificadas), "penetrar o ponto quintessencial [da filosofia] de Nietzsche" exigiria considerar seus primeiros fluxos de pensamento, que focaram na filosofia grega e na noção de Heráclito de "contraste, conflito e a batalha eterna como a natureza do mundo". Esse era um modo comum de entender Nietzsche, mas o que tornou a versão de Bäumler dessa abordagem consistente com a visão de mundo nazista foi sua omissão da opinião de Nietzsche de que a cultura da Grécia pré-socrática era uma síntese das correntes apolínea e dionisíaca. Isso convinha à visão etnocêntrica da política como campo de contraste, conflito e batalha eterna, mas contradizia a mais complexa síntese do Classicismo e do Romantismo no âmago da própria perspectiva cultural de Hitler.[405]

Embora o *Völkischer Beobachter* não tenha discutido as guerras do Peloponeso, que levaram à dissolução da era de ouro da cultura grega, ele publicou um artigo notável sobre a carreira de Alexandre, o Grande (356-323 a.C.). Em 19 de março de 1926, o jornal publicou um trecho de um livro recém-lançado, *Alexandre the Great and His Followers*, por Fritz Geyer, um especialista em história da Macedônia. Nesse trecho, Geyer se pergunta se Alexandre era um conquistador sem propósito que se apressava de um sucesso a outro "ávido para acrescentar países e mais países à sua esfera de poder", ou melhor, ele era um líder que "sabia não somente como destruir, mas como construir – um dos grandes que indicou novos caminhos para a humanidade".

Tendo em vista os impulsos imperialistas da liderança nazista, é interessante considerar o que levou os editores do *Völkischer Beobachter* à questão das metas de Alexandre. Segundo Geyer, Alexandre começou sua cruzada com a intenção de devastar o inimigo persa e se vingar por todas as desventuras que eles causaram aos gregos. Entretanto, após a batalha de Issos, lá gradualmente desenvolveu uma "meta infinitamente mais ambiciosa e brilhante": a construção de um "reino global que coglomeraria todas as nações civilizadas [*Kulturnationen*] e traria paz ao mundo". Uma imagem do futuro ficou mais clara para ele: a cultura helênica, adotada com tanto entusiasmo por Alexandre, "seria o elo que uniria todos os povos, levaria a uma civilização mais refinada e desenvolveria a cultura mundial". Alexandre reconhecia que os povos semitas da Ásia Menor, acostumados à escravidão por séculos, ainda

---
405 GATETTNER, H. "Eine Nietzsche-Revision: Zu einem Vortrag Prof. Bäumlers", *Völkischer Beobachter*, 20 de março de 1945.

"não estavam maduros o suficiente" para ficar ao lado dos macedônicos e gregos como iguais. Mas nas "criações iranianas de boa forma" ele acreditava ter visto um elemento "válido para ser misturado" à cultura greco-macedônica dominante. Portanto, ele tentou reunir persas e medos ao seu redor, dando-lhes posições de responsabilidade e toda a sua confiança.

Geyer comentou que, seguramente, Alexandre deve ter visto que "os hábitos orientais e o orgulho nacional da nobreza asiática não podiam ser facilmente dominados", mas ele não desistiu de "aclimatar gradualmente a raça iraniana". Geyer sustentou que isso era evidente no treinamento dos jovens persas e macedônicos em técnicas de combate, sua incorporação aos regimentos macedônicos e mesmo na formação de divisões puramente persas. Segundo Geyer, Alexandre foi impulsionado nessa tentativa ao compreender que seria impossível reinar sobre um império enorme apenas com macedônios e gregos. Certamente, seus "compatriotas" [*Volksgenossen*] constituíam o núcleo de seu exército e ele selecionou a maioria de seus governadores e generais entre eles; porém, a longo prazo, o povo macedônico não poderia continuar a ser a única base de seu poder. Só se ele conquistasse os iranianos para uma "alegre cooperação", poderia esperar que sua ideia de um "reino global de cultura e civilização unificada" pudesse se realizar. Desse modo, continuou Geyer, Alexandre foi forçado a dar um passo além: os persas poderiam vê-lo como seu rei apenas se ele incorporasse suas visões de valor e aparência da realeza. Se permanecesse o "rei popular macedônico", ele não poderia esperar que o vissem como qualquer coisa além de um conquistador hostil. Por isso, ele adotou a cerimônia de corte persa, pelo menos em parte: carregando as insígnias reais e vestindo roupas que fundiam os costumes gregos e persas. Ele até mesmo permitiu ser honrado por seus súditos orientais com o tradicional rastejar na poeira.

Por mais eficientes que essas técnicas de interação com os persas fossem, Alexandre distanciou-se dos macedônios. Geyer julgou compreensível que seus nobres macedônios "se condoessem por essa transformação de seu rei", apesar de ele "continuar a operar com eles com camaradagem". Depois de sua morte, eles mostraram que não eram simpáticos à sua "política de fusão" [*Volkerverschmelzungspolitik*]. Ademais, até o exército tinha "presságios de que sua personalidade nacional estava ameaçada pela inclusão de elementos estrangeiros" e amotinou-se contra o rei de Opis, apesar de suas forças terem sido depois submetidas à sua obediência. Geyer afirmou que só um Alexandre poderia superar essa oposição interna e gradualmente fazer seus macedônios servirem aos planos de "fusão internacional" [*Volkerverschmelzung*]. Em todo caso, Alexandre estava bem determinado a concretizar a "síntese de pessoas" mesmo a ponto de planejar o transporte de populações inteiras da Europa para a Ásia e vice-versa – como indicado nos últimos registros do rei.

O valor disso para os editores do *Völkischer Beobachter* ao publicar esse extenso sumário das ambições internacionalistas de Alexandre só ficou claro nos comentários finais de Geyer. Encerrando, Geyer levantou a questão de se tal "nivelamento de pessoas" seria vantajoso para a cultura humana. Ele então argumentou que a meta de Alexandre era "ingenuamente idealista, inatingível e em última análise prejudicial para os interesses de sua base greco-macedônica". Na opinião de Geyer, desenvolvimentos futuros nessa "direção utópica" podem ter levado a uma interpenetração das culturas gregas e orientais, mas que no fim teria ficado principalmente mais forte no Oriente. Isso poderia ter levado à "desintegração do império e ao enfraquecimento dos Estados envolvidos".

Que o *Völkischer Beobachter* concordava com essa avaliação crítica da perspectiva global de Alexandre – aliás, o artigo foi publicado principalmente para expressar esse ponto – foi explicitado no fim da coluna. Deixando de lado sua opinião negativa sobre o ideal, Geyer terminou sua análise reiterando que Alexandre esperava unificar os diferentes povos gradualmente para assim "estabelecer uma cultura supranacional na qual as características únicas dos diferentes povos pudessem ser combinadas em uma unidade maior". Nesse ponto, a voz do *Völkischer Beobachter* deu literalmente sua opinião sobre o assunto, pois o artigo terminou com a seguinte adição: "Algo bem dubitável. Os Editores".[406]

Seria natural supor que a ideologia nazista pudesse ter encontrado precedentes históricos antigos nos relatos da *Blitzkrieg* helenista de Alexandre. Ademais, é tentador perguntar se os seguidores nazistas poderiam ter proposto as questões iniciais de Geyer sobre seu próprio líder: eles teriam visto Hitler como um conquistador a esmo que se apressaria a cada sucesso militar apenas com o propósito de conquistar, apenas para acrescentar insaciavelmente um país atrás do outro à sua esfera de poder ou um estadista que sabia não só como destruir mas também construir? Nenhuma dessas percepções corresponde aos objetivos aparentes dos editores do *Völkischer Beobachter* ao evocar Alexandre. Ao contrário, parece mais provável que o jornal tenha recorrido à história antiga para justificar a rejeição nazista

---

406 GEYER, F. "Alexander der Grosse als Staatsmann", *Völkischer Beobachter*, 19 de março de 1926.

das instituições internacionais do pós-Primeira Guerra Mundial, como a Liga das Nações e outras iniciativas humanitárias de que o jornal caçoou. Embora os planos nazistas levassem a um império europeu, talvez global, com certeza não estavam direcionados a uma cultura supranacional na qual as características peculiares dos diferentes povos seriam combinadas para chegar a uma unidade maior. A cultura alemã, como era percebida em termos etnocêntricos, seria o elo entre os diferentes povos conquistados, mas que atingiria esse resultado apenas para servir aos interesses da Alemanha. O Alexandre nazista e seus seguidores nunca poderiam vacilar diante do princípio nacional e não deixariam os povos escravizados do Oriente ficarem ao seu lado como iguais. Os estrangeiros atraídos depois por noções de uma Europa fascista teriam feito bem se tivessem tomado cuidado com tais indicações dos objetivos a longo prazo dos nazistas. Apesar de contido em uma aparente referência histórica inócua dentro do caderno de cultura do *Völkischer Beobachter*, esse era um sinal de aviso claro – já em 1936 – da direção que seria tomada.

Dada a crueldade e os desígnios imperiais interesseiros que sustentavam a ideologia nazista e, no fim, sua política externa, a maneira pela qual a história do império romano foi tratada pelo *Völkischer Beobachter* também vem como uma surpresa contraditória. A pompa nazista, influenciada em parte pela cultura fascista desenvolvida pelos obsessivos D'Annunzio e Mussolini, estava repleta de referências simbólicas ao militarismo e autoritarismo da Roma antiga, manifestadas de inúmeras maneiras – dos estandartes carregados correspondentes a cada *Gau* nos reagrupamentos das tropas para, provavelmente, a saudação a Hitler. Mas as referências à Roma imperial no *Völkischer Beobachter* não exaltavam o *Kaiserrreich* de maior sucesso como modelo para a terceira versão alemã. Ao contrário, os artigos concentravam-se nas fraquezas que levaram ao declínio dos Césares. Portanto, o *Völkischer Beobachter* resistiu à tentação de identificar o movimento nazista ou o Reich com a hegemonia romana e, em vez disso, buscou associar a decadência do império romano tardio em particular com os problemas que eles identificaram na república de Weimar.[407] O jornal chegou a comparar a política externa de Weimar com o destino do maior inimigo e vítima da Roma antiga: Cartago.[408] Nessa opinião, Roma era vista

---

[407] Ver MARCHAND, S. "Nazism, Orientalism and Humanism", in RABINBACH, A. & BIALAS, W. (eds.), *Nazi Germany and the Humanities*, p. 326 para um discussão sobre isso.

[408] Outras visões sobre essa questão foram anunciadas em círculos nazistas: ver MARCHAND, S. "Nazism, Orientalism and Humanism", in RABINBACH, A. & BIALAS, W. (eds.), *Nazi Germany and the Humanities*, p. 324.

não como o precedente histórico para ser imitado, mas uma força feroz que foi subjugada pela destruição provocada pelos oponentes incapazes – e, segundo o *Völkischer Beobachter*, estúpidos. Assim, a consequência contemporânea do poder brutal romano não era um império alemão renovado, mas sim as nações aliadas à França e Inglaterra, com seu Tratado [*Diktat*] de Versalhes.

Embora houvesse ligações indiretas entre a história helênica e os problemas contemporâneos da Alemanha, foi para discutir a política externa e militar republicana romana que o *Völkischer Beobachter* fez a primeira comparação explícita entre o passado distante e a Alemanha pós-Primeira Guerra Mundial. O colaborador Hans Speihmann não deixou dúvida de que a Alemanha teria um destino similar ao da liquidada civilização cartaginesa se aderisse ao Tratado de Versalhes. Ao lembrar os leitores de que em 208 a.C. os romanos derrotaram os cartagineses na Segunda Guerra Púnica, Speihmann apresentou uma comparação direta da situação dos cartagineses e dos alemães modernos: a paz que foi imposta a Cartago naquele tempo tinha "similaridades chocantes" à paz de Versalhes. Ele afirmou que uma extensa pesquisa de sua execução tinha "muitas características em comum com o destino que vivemos atualmente". O fracasso de Cartago, portanto, servia de aviso aos leitores alemães. Na visão de Speihmann, Lívio, o escritor romano que registrou esses eventos, ressaltou "muito apropriadamente" que as vitórias sobre Aníbal não foram dos romanos, mas do senado de Cartago e seus partidos em conflito: o general ficou acabado por um senado que "não mostrava qualquer força interna" e uma população "fragmentada e enfraquecida por lutas partidárias". Na avaliação de Lívio, Speihmann adicionou: "quem não pensa instintivamente na Alemanha durante os últimos anos da guerra?". Desse modo, o caso cartaginês foi interpretado como precedente histórico para a lenda da "facada nas costas" que permeava a ideologia da direita na Alemanha de Weimar, pois o *Völkischer Beobachter* respondia à pergunta retórica com termos bem precisos: "acima de tudo a comparação entre os dois generais, Aníbal e Ludendorff, é inevitável; ambos foram derrubados por seu povo. Os Editores".

O restante do artigo de Speihmann dedicou-se a justificar essa comparação. Primeiro, os cartagineses tiveram de entregar todas as suas possessões ultramarinas e colônias aos romanos. Aí veio a discussão das reparações excessivas impostas aos derrotados. Os cartagineses tiveram de pagar por toda a expedição africana de Cipião, além de ter de recolher tributos de guerra no valor de 10 mil talentos pagáveis em 50 parcelas anuais. Speihmann afirmou que, assim como as reparações que a nação alemã teve de pagar, a duração de meio século desses pagamentos parecia incomensurável. Para completar, continuou Speihmann, a fim de os cartagineses não ameaçarem de novo o poder romano na guerra naval, eles teriam de abandonar todos os navios de guerra. Mas os paralelos entre a desmilitarização cartaginesa e a alemã poderiam ser ainda mais claros: eles também tiveram de abrir mão de seus elefantes amestrados e concordaram em não mais os amestrar. Portanto, Speihmann acrescentou: "os romanos viam os elefantes no tratado de paz do mesmo jeito que os ingleses trataram os navios torpedeiros [*U-Boats*]: ambos eram armas que causaram grandes danos aos vitoriosos".

Segundo Speihmann, o principal ponto do duro tratado vinha a seguir. Os cartagineses tiveram de concordar em não declarar guerra dentro ou fora da África sem a autorização especial dos romanos, abrindo mão de sua independência política. "Um país que até então tinha uma posição dominante nos círculos culturais do mundo saiu para sempre do reino dos estados predominantes". Os romanos elogiaram a natureza justa da paz: "Todos", disseram, "devem saber que Roma termina as guerras com a mesma justiça com a qual as inicia". Aqui Speihmann interrompe mais uma vez: "A palavra 'justiça' destaca-se aqui. Não se pode deixar de rir porque essa palavra foi usada em relação a nós [alemães] por anos como uma indenização pelos estupros cometidos contra nosso povo".

A grande maioria dos cartagineses não tinha noção do que essa paz significaria para eles, pensou Speihmann: ficou claro apenas quando o primeiro tributo teve de ser pago. O dinheiro não poderia vir do tesouro, então não havia mais nada a fazer além de impor impostos nacionais. Só então aumentaram as reclamações no senado cartaginês. Nessa seção, Aníbal deu sua "risada histórica de escárnio", dizendo aos seus compatriotas: "vocês deveriam ter reclamado quando eles nos tomaram as armas e queimaram os navios que nos protegiam das guerras! Com esses ferimentos, nós recebemos o golpe de misericórdia. Você só percebe os riscos do Estado quando eles os afetam individualmente. Só a perda de dinheiro os deixa irritados. Agora vocês choram por ter de pagar taxas sobre sua propriedade". Speihmann acreditava claramente que as mesmas reclamações ecoavam na política alemã de seu tempo e que a corrupção era predominante em ambos os casos.

A despeito do pagamento de tributos, ocorreu então outro distúrbio. Massinissa invadiu as fronteiras cartaginesas. Cartago protestou a Roma, com resultados negativos. Os romanos mandaram uma comissão a Cartago para investigar o incidente. Mas, à frente da comissão, colocaram um homem que "carregava um ódio indelével por Cartago": Cato. Ao reportar-se ao senado romano, ele terminou cada um de seus discursos com: "eu nunca me cansarei de exigir: Cartago deve ser destruída!". Agora os cartagineses começaram a se desesperar e arregimentar tropas para sua defesa. Mas, quando Cartago ameaçou se rearmar, os romanos intervieram, usando isso como pretexto para entrar em guerra novamente. Speihmann comentou que, nesse momento, "o povo cartaginês mostrou a dimensão de sua queda: ele concordou em aceitar qualquer punição e mandou uma missão diplomática com amplos poderes para aceitar a misericórdia e a desgraça". A missão recebeu a ordem de providenciar 300 reféns em 30 dias e "esperar por mais ordens dos cônsules romanos". Sem determinar o que "esperar por mais ordens" significaria, eles assinaram – da mesma maneira, como Speihmann com certeza quis sugerir, que os social-democratas alemães fizeram em 1918.

Trezentos jovens da cidade foram enviados à Sicília, onde o inimigo os recebeu – para depois mandá-los para as masmorras romanas, das quais eles nunca retornariam. Apesar disso, em 149 a.C., 84 mil homens desembarcaram nas planícies de Cartago, supostamente porque os pedidos de desculpa não foram suficientes. Os cartagineses então concordaram em entregar mais de 200 mil armas e mais 3 mil catapultas – "isto é, artilharia pesada". Da mesma maneira que os liberais alemães, Speihmann comentou, "eles quiseram demonstrar ao mundo inteiro que eles sinceramente pretendiam fazer comércio e negócios em paz". Depois de Cartago ter sido deixada completamente sem defesas, eles receberam uma decisão final do senado romano: "devastação da cidade!". Foi só nessas últimas horas de vida que Cartago "demonstrou o que um povo condenado à morte é capaz de fazer". Os portões da cidade foram fechados e todos os prédios públicos, destruídos, em busca de materiais necessários para produzir novos armamentos. As mulheres tiveram seus cabelos cortados para dar fios para as novas catapultas. Mas "mesmo agora os cartagineses confiavam em sua amada 'justiça': acreditando que os deuses não deixariam o abuso romano do contrato impune". Speihmann torceu o nariz para isso: "como se alguém recebesse justiça se não tem qualquer poder!".

Os últimos resultados da "cumplicidade cartaginesa" se desdobraram. Roma instruiu Cipião para tomar Cartago, o que ele fez "em pouquíssimo tempo". Os romanos penetraram suas defesas, massacraram os habitantes e atearam fogo à cidade. Depois de tudo ter sido destruído e pilhado, os sacerdotes romanos amaldiçoaram as ruínas: "Nunca uma casa ou plantação de milho crescerá aqui novamente. O lugar onde estava Cartago permanecerá inabitado e devastado!". E "assim permaneceu", Speihmann concluiu: "uma cidade grande nunca apareceu naquele lugar de novo, a despeito de sua localização geográfica importante (...) os romanos aplicaram as medidas mais eficientes em sua política de destruição".[409]

Assim, de modo implícito e explícito – quando necessário, com interjeições e adendos –, Speihmann e os editores do *Völkischer Beobachter* deixaram claro que havia numerosos paralelos entre as situações dos cartagineses e dos alemães: demandas inimigas por propriedades coloniais; reparações excessivas; e a desmilitarização eram partes de uma desenfreada política de destruição, voltada não só para a punição, mas também para a eliminação da sociedade derrotada. Porém até pior, os esforços para cumprir o tratado e as demandas subsequentes para demonstrar ao mundo que os derrotados sinceramente queriam fazer negócios em paz eram uma posição vergonhosa. Homens fortes como Aníbal foram esfaqueados pelas costas por covardia e corrupção, e, acima de tudo, pelas esperanças sonhadoras por justiça internacional: "como se alguém recebesse justiça se não tivesse poder". A mensagem era clara: se os alemães continuassem a aceitar os termos do Tratado de Versalhes, eles teriam o mesmo destino dos cartagineses. Dessa vez, os avisos de homens como Aníbal deveriam ser ouvidos.

Cegos ou ignorando os possíveis paralelos entre sua própria ideologia autoritária e imperialista e a dos conquistadores cartagineses, os propagandistas nazistas que trabalhavam para o *Völkischer Beobachter* projetaram uma visão crítica da sociedade romana conforme eles pesquisaram a cultura do império depois da era republicana. Para pintar o Império Romano como corrupto, o jornal tirou material do trabalho de outra publicação de história antiga: *Belief in Miracles in Paganism and the Early Church* (1901), de Theodor Trede. Desse "excelente livro", o *Völkischer Beobachter* selecionou diversas "descrições sugestivas e historicamente apuradas", provando que, embora o Império Romano tivesse uma cultura altamente desenvolvida, tal atributo "não a protegia contra o crescente fardo da fé em milagres que julgava como mágicos". Do texto de Trede, o jornal recapitulou uma série de exemplos nos quais respeitados escritores romanos mencionaram práticas espirituais e mágicas na cultura imperial e até expressaram sua crença própria

---

[409] SPEIHMANN, H. "Karthagos Untergang", *Völkischer Beobachter*, 23 de julho de 1927. Para a discussão sobre as referências nacional-socialistas a Cartago antiga, ver KIERNAN, B. *Blood and Soil: A World History of Genocide and Extermination from Sparta to Darfur* (New Haven, CT: Yale University Press, 2009), p. 420.

neles. Na *Oitava Sátira do Primeiro Livro*, por exemplo, Horácio (65 a.C.– 8 d.C.) escreveu sobre a observação das "misteriosas maravilhas" de duas bruxas em um cemitério sob a luz do luar onde ele ouviu "o uivo das almas atraídas por seus encantos". Na *Segunda Epístola do Segundo Livro*, ele perguntou a um romano se ele era capaz de "duvidar de devaneadores sábios, magia, milagres e bruxas". Em outra obra, no *Décimo Sétimo Epodo*, Horácio descreveu uma mulher que obteve por intercessão da deusa da noite, Hécate, um livro repleto de poderosos feitiços que "trariam as estrelas dos céus". Da mesma maneira, no *Oitavo Idílio* de seus poemas rurais, Virgílio descreveu uma bruxa que podia trazer seus amantes de volta, bem como um mago que chamou os mortos de suas tumbas além de mover sementes plantadas de um campo para outro. Ademais, no "Banquete de Trimalquião" de Petrônio – um amigo de Nero –, as refeições romanas eram entretidas com histórias de bruxas e milagres. Principalmente os tessalianos eram famosos como "milagreiros": segundo Marcial, acreditava-se que as mulheres tessalianas mágicas conseguiam deslocar a lua do céu e criar poções amorosas.

Para que o *Völkischer Beobachter* recitava essas indicações de superstição desmedida mesmo entre os grandes expoentes da literatura romana? Uma resposta pode ser inferida das frases de abertura do artigo: "Nós vemos em nossa era de declínio como a superstição e a crença em milagres florescem mais uma vez. A prova está na ascensão do espiritualismo, ocultismo e na tolice sobre os videntes (...) As coisas eram similares no Império Romano, quando este ruiu sob o comando dos Césares".[410] Aqui, a comparação entre a história romana e as questões contemporâneas foi mais uma vez expressa em termos negativos: apodrecida pela superstição que talvez tenha sido gerada pelas sessões espíritas em busca dos amados mortos na Primeira Guerra Mundial, a decadente República de Weimar iria – segundo a perspectiva nazista – certamente ruir da mesma maneira que a sociedade romana.

---

410 "Wunder und Aberglaube im römischer Weltreich", *Völkischer Beobachter*, 17 de agosto de 1927.

# 7

# INTOLERÂNCIA AO ILUMINISMO

Vimos na cobertura cultural do jornal das forças dinâmicas do racionalismo e do classicismo suas interpretações nórdicas da Renascença e a ênfase na tradição "germânica" da época da Reforma. À medida que o tratamento dado pelo *Völkischer Beobachter* passava da Antiguidade para a Revolução Científica e o Iluminismo, pouco foi dito sobre o período intermediário. Entretanto, quando sua cobertura, vista cronologicamente, alcançou os séculos XVII e XVIII, não é surpresa que os críticos nazistas depreciaram o pensamento iluminista e enfatizaram as origens aparentes da cultura romântica. A crítica foi dirigida à "ética judaica" de Spinoza, a Newton como pai do materialismo moderno, ao filossemita *Natan, o Sábio* de Lessing e a Moses Mendelssohn como o criador da sombria "conspiração judaica". Em suposta oposição a isso, a racionalização de Kant do antissemitismo foi "redescoberta".[411] Posteriormente, o *Völkischer*

---

[411] Como colocado por Fritz Stern: "eles se apropriaram de algo de cada tradição intelectual da Alemanha moderna, exceto uma. Eles constantemente combatiam as ideias do Iluminismo e da Revolução Francesa – as chamadas ideias de 1789 – e por isso foram mais influenciados pelos homens que compartilhavam dessa hostilidade, principalmente os românticos, os nacionalistas culturais do fim do século XVIII e os nacionalistas mais agressivos (...) do período napoleônico. Eles ilustraram o que Nietzsche chamou de 'a hostilidade dos alemães para com o Iluminismo'": STERN, F. *The politics of Cultural Despair: a Study*

*Beobachter* analisou a Revolução Francesa primeiramente como um conflito racial entre as classes inferiores latinas e a nobreza francesa "germânica". Nesse contexto, Schiller apareceu no jornal nazista como um grande humanista e contrarrevolucionário alemão (não "internacional"). Goethe era tido como "nosso" por menosprezar sua inclinação neoclássica e ressaltar seu elitismo e patriotismo. Da mesma maneira, a recepção de Beethoven pelo *Völkischer Beobachter* centrava-se na reação do compositor à revolução, em um esforço para refutar as afirmações de que ele tenha passado por um caso de "febre revolucionária". Por fim, o jornal nazista exaltou os reformadores prussianos e nacionalistas antigos, como Fichte e Herder, como "profetas do nacional-socialismo".

Naturalmente, o *Völkischer Beobachter* rejeitou a filosofia de Baruch Spinoza (1632-1677) de imediato. "Certos preceitos cristãos eram estranhos ao judeu", o jornal disse; em Spinoza, "podiam-se observar profundas diferenças entre as fundações espirituais arianas e semíticas". Aparentemente ignorando o *status* atribuído em geral à obra principal de Spinoza sobre o tópico, o jornal concluiu que a ética – "o critério e a meta de todas as observações filosóficas" do pensamento alemão – não passava de uma "criada" no sistema filosófico do judeu, "torturado pelo pensamento especulativo arbitrário". Na verdade, para o jornal, Spinoza era um dos "principais pensadores judeus", apesar de, é claro, isso não se tratar de um elogio segundo o discurso nazista.[412] Em contrapartida, o jornal descreveu o contemporâneo alemão de Spinoza, Gottfried Wilhelm Leibniz (1646-1716), como um "gênio de espírito resistente e audacioso cujas ideias encontraram muita satisfação".[413] Mas a inquietação percorria toda a discussão do início da tradição racionalista moderna no *Völkischer Beobachter*.

---

*in the Rise of the Germanic Ideology*, p. 277. Ao discutir o fascismo em geral, Richard Wolin é inflexível quanto à importância deste ponto: "Pois uma das metas declaradas do fascismo incluía determinar o fim da visão de mundo do século XIX derivada do Iluminismo: a predominância de ciência, razão, democracia, socialismo, individualismo e coisas do tipo. Como Goebbels observou incisivamente alguns meses depois da ascensão de Hitler ao poder: 'Por isso, o ano de 1789 está apagado da história' (...) Eles escolheram combater os valores da Revolução Francesa com meios revolucionários: violência, guerra e mobilização total. Assim, eles anteciparam uma visão alternativa da modernidade, que deveria suplantar o ponto de vista das filosofias e dos defensores da política de 1789": WOLIN, R. *The Seduction of Unreason: The Intellectual Romance with Fascism from Nietzsche to Postmodernism*, p. 3.

412 "Spinoza", *Völkischer Beobachter*, 24 de setembro de 1927.
413 TROST, K. "Leibniz und sein Haus: Eine Erinnerung", *Völkischer Beobachter*, 14 de junho de 1944.

No aniversário de 250 anos da publicação da *Philosophiae Naturalis Principia Mathematica*, o jornal escreveu um artigo sobre o "efeito de Newton na Europa", escrito por Hermann Hartmann – então um estudante de física e química teórica e depois professor na Universidade de Frankfurt no pós-guerra. Aqui, Hartmann tentou o que logicamente parecia ser uma tarefa impossível: articular uma história da ciência "determinada pela raça". Hartmann argumentou que Isaac Newton (1642-1727) era realmente um grande espírito; o discernimento que ele demonstrou em *Principia* constituiu um "clímax brilhante" do primeiro período da "ciência natural nórdica". Na opinião de Hartmann, duas características marcavam Newton como modelo de "cientista natural puramente nórdico". Primeiro, ele vivenciou o mundo com "uma imparcialidade infantil, livre de preconceitos", percebendo seus milagres tanto nas coisas grandes quanto nas pequenas. Segundo, apesar de ele ter reconhecido a magnitude de sua tarefa – "postando-se modestamente diante dela em toda a sua humildade" –, ele não fraquejou: "um desejo ardente de obter o conhecimento do mundo o conduzia para alcançar o impossível". Tendo identificado assim as qualidades da "ciência nórdica" que Newton personificava, Hartmann recorreu à abordagem da natureza do trabalho de Newton e ele percebeu uma dimensão racial até aqui. Acima de tudo, foi a "engenhosa intuição" de Newton que completou o trabalho de Copérnico ao combinar as observações do astrônomo em uma síntese com aquelas do italiano Galileu, que fez Hartmann identificá-lo como particularmente "nórdico". Galileu, que, "com sua longa face, cabelos loiros e olhos azuis era inconfundivelmente descendente de imigrantes alemães", tinha estudado as leis dos corpos que caem, movimentos em planos inclinados e o movimento do pêndulo e seus resultados despertaram em Newton a ideia de que poderia ser possível interpretar as leis de Kepler como uma consequência lógica do princípio da mecânica geral dos corpos. Essa ideia levou à formulação de suas leis clássicas da mecânica.

Entretanto, por mais que ele admirasse os feitos da ciência nórdica de Newton, Hartmann expressou reservas quanto aos efeitos posteriores que a *Principia* teve na vida intelectual da Europa, postulando uma crítica etnocêntrica que aconselhava contra a ênfase exagerada à importância do racionalismo, preferindo, em vez disso, uma abordagem fundamentada em uma *Naturphilosophie* [filosofia da natureza romântica]. Segundo Hartmann, os "representantes do racionalismo" tomaram as ideias de Newton e tentaram fazê-las servir para explicar cada fenômeno natural apesar dos procedimentos mecânicos. Como

Newton influenciou os mais importantes cientistas posteriores, a mecânica foi colocada acima das outras disciplinas da física e isso contribuiu para o "domínio do materialismo científico", mesmo na Alemanha. Hartmann afirmou que, sem dúvida, o trabalho de Newton era um dos principais motivos para o tremendo desenvolvimento das ciências naturais e da tecnologia que se tornou tão característico da cultura europeia no século seguinte. Mas, ele advertiu, mesmo Newton – o próprio criador dessas ideias – reconheceu "o grande oceano do desconhecido e alertou sobre a confiança excessiva nessa tendência à mecanização".[414]

E assim, mesmo na discussão limitada sobre filosofia e ciência do século XVII no *Völkischer Beobachter*, podem-se perceber padrões repetidos na abordagem do racionalismo ocidental na era moderna feita pelo jornal. Tomada como um todo, sua cobertura do Iluminismo foi mínima.[415] Embora alguma discussão sobre as maiores figuras do *Aufklärung* [Iluminismo] alemão tenha aparecido, incluindo Winckelmann, Kant e Schiller, o propósito da maioria dos artigos era distinguir esses pensadores das "tendências francesas" do período – especialmente as tendências que levavam à revolução. Por outro lado, os iluministas [*Aufklärer*] de ascendência judaica, como Moses Mendelssohn, eram desprezados como os criadores originais da conspiração judaica moderna. Acima de tudo – e isso era verdade principalmente em seu relato sobre a tradição musical alemã –, o *Völkischer Beobachter* buscou promover os elementos protorromânticos nas obras dos mestres do século XVIII que preferia.

Um forte sinal do preconceito romântico do *Völkischer Beobachter* foi sua quase completa falta de referência às artes visuais do século XVIII. Apesar da obsessão de Hitler pela arquitetura neoclássica, é difícil encontrar uma menção até aos artistas alemães do século XVIII, que dirá de artistas franceses importantes como Jean-Baptiste Greuze ou Jacques Louis David. Por exemplo, em um levantamento das "Obras alemãs do nosso tempo", as obras do escultor Andreas Schlüter (1664-1714) foram os únicos trabalhos do século XVIII mencionados. Para Richard Biedrzynski, os relevos de Schlüter para o antigo arsenal de Berlim eram obras-primas da "coragem germânica de aguentar a dor" (figura 7.1).

---

414 HARTMANN, H. "Newtons Wirkung auf Europa", *Völkischer Beobachter*, 17 de setembro de 1937.

415 "Na ideologia que discutimos, essa nação infeliz veio a repudiar uma herança europeia que ainda estava ativa em outros lugares: aquele do racionalismo do Iluminismo e o radicalismo social da Revolução Francesa. Além disso, esse repúdio estava intimamente ligado com uma oposição geral à modernidade, que se retraiu": MOSSE, G. L. *German Jews Beyond Judaism* (Bloomington, IN: Indiana University Press, 1985), p. 316.

Figura 7.1 Andreas Schlüter, "Guerreiro Moribundo" (1698-1705), Zeughaus, Berlim, Alemanha.

Nenhum outro povo poderia ter produzido a "Ilíada do Norte" que Schülter criou em suas máscaras de soldados moribundos. O "amor pelo poder que estava na missão da Prússia se combinava aqui com a coragem de aceitar o autossacrifício e a dor – sem os quais o poder não seria sincero, só força bruta".[416] Assim, a preferência do *Völkischer Beobachter* pelas imagens neoclássicas manifestava-se: em um tributo sentimental à arte produzido para o rei da Prússia, marcado com uma agonia helenista que poderia ser associada ao Romantismo em geral e ao movimento nazista em particular.

Outro exemplo reunia a tendência do jornal de rejeitar ou romantizar a tradição neoclássica ocidental. Como vimos, na celebração dos 175 anos da morte de J. J. Winckelmann, o *Völkischer Beobachter* publicou um sumário do relacionamento entre o historiador da arte e Gotthold Ephraim Lessing. Nesse artigo, era repetida a passagem mais famosa de *Thoughts on the Imitation of Greek Works in Painting and Sculpture*

---

[416] BIEDRZYNSKI, R. *"*Der Mut zum Schmerz: Deutsch Meisterwerke für unsere Zeit", *Völkischer Beobachter*, 14 de março de 1945.

de Winckelmann: "A última e mais eminente característica das obras gregas é uma simplicidade nobre e a grandiosidade serena nos gestos e expressões. Assim como o fundo do mar está assentado pacificamente sob uma superfície espumosa, uma grande alma está serena sob a pena das paixões nas figuras gregas".[417] Mas daí em diante o artigo do autor, Adalbert Bornhagen, começou a contradizer os princípios fundamentais da formulação de Winckelmann ao remodelar a atitude do principal classicista com os antigos em termos marcadamente românticos. Na opinião de Bornhagen, Winckelmann (1717-1768) transformou nossa compreensão da "terra distante dos gregos" – que até então tinha sido pouco mais do que uma área de "pedantes acadêmicos de antiquário" – em uma "visão grandiosa que acendeu a terra, as pessoas e o céu de forma mágica". Esse foi o nobre feito desse "arauto e vidente": ele ficou "emocionado com" a escultura dos antigos como uma "encarnação de um teatro compreensivo da vida".[418]

Algum grau de sutileza também era necessário para lidar com o caso de Voltaire (1694-1778). Dado seu amplo desgosto pela cultura do Iluminismo, é notável que o *Völkischer Beobachter* não tenha rejeitado Voltaire por mais lógico que fosse – isso, em parte, por seu envolvimento com Frederico, o Grande, e com o emergente Estado prussiano do fim do século XVIII. Segundo um artigo celebrando os 250 anos de sua morte, uma "natureza problemática" como a dele "dificultava para a posteridade formar uma opinião" sobre o escritor. Voltaire era "um pouco estranho para a maioria", então alguém tinha de resistir a "enfiá-lo em um clichê". Da mesma maneira que a posteridade tinha de fazer de Frederico um "Rei-Herói" [*Heldenkönig*] omitindo os aspectos "demoníacos, espantosos e fascinantes" do homem, Voltaire tinha sido visto somente como "malicioso, egoísta e pérfido". As duas representações eram verdadeiras, segundo o jornal, mas "as duas eram só parcialmente verdade". As pessoas estavam provavelmente certas quando "levantavam por instinto muros de proteção contra naturezas desarmoniosas" como a deles: "a vida seria realmente insuportável se Fredericos e Voltaires estivessem por aí, mas seria ainda mais insuportável se não houvesse nenhum deles".

Ainda assim, o retrato de Voltaire continha mais julgamentos negativos do que positivos. Ele era acima de tudo "o zombador cínico, um sabichão descuidado". Ao ler sua *A Donzela de Orleans* (*La Pucelle,*

---

417 Tradução de Henry Fuseli.
418 BORNHAGEN, A. "Winckelmann und Lessing: um 175. Todestage Johann Joachim Winckelmanns", *Völkischer Beobachter*, 9 de junho de 1943.

1755), por exemplo, "sentia-se como se tivesse aterrissado na imundície". Era "impossível exprimir a desconfiança da pureza feminina de modo mais furioso" do que ele fez em sua sátira do "poema heroico": o poema de Voltaire era para a representação de Schiller de Joana D'Arc o que uma "calha de esgoto é para um rio majestoso". Mas o principal motivo de ele não ser popular em Berlim, segundo o *Völkischer Beobachter*, tinha a ver com sua relação com um judeu e suas questões financeiras: ele ganhou o desprezo da corte prussiana quando se envolveu em uma "controvérsia muito desagradável" com um "agiota judeu" e então recorreu ao uso de todos os truques de um "corretor malicioso", incluindo a falsificação de documentos, em uma tentativa de escapar da controvérsia.

Além disso, o jornal discordou do comportamento "inconscientemente hipócrita" de Voltaire em relação à Igreja Católica francesa. A história cultural tinha "raramente visto tamanho covarde" como Voltaire, segundo o jornal: ele mal podia pegar a pena sem escrever algo malicioso sobre a Igreja. Mas, "quando ele pensou sobre isso depois, o suor do medo surgiu em sua testa, pois o poderoso oponente poderia buscar a vingança; então, ele fez todos os seus amigos jurarem por suas vidas que eles não o revelariam como o autor". Era "vergonhoso" ver como "ele, que fez tanto para destruir a autoridade católica, assegurou à Academia com tamanha covardia que não havia melhor católico do que ele – só porque ansiava, em vão, por um assento nessa instituição". Ademais, antes de sua morte – só porque ele temia ser enterrado em solo profano – "o inimigo declarado do dogma católico confessou". Entretanto, era justamente por isso que a recepção feita pelo *Völkischer Beobachter* era positiva, principalmente em função de sua posição contra a Igreja: "que as pessoas de hoje podem orar a Deus segundo seus próprios corações muito se deve a Voltaire". Portanto, o jornal admitiu que, "a despeito da confusa combinação de tantas fraquezas e virtudes, seu impacto na posteridade não podia ser ignorado".[419]

Apesar de um relutante reconhecimento de sua relação com Frederico, o Grande, e sua posição contra a Igreja Católica, o *Völkischer Beobachter* atacou Voltaire com mais coerência como a personificação do domínio cultural francês no século XVIII que os alemães deveriam superar, de modo a estabelecer uma identidade nacional. Essa visão crítica de Voltaire era mais evidente em artigos que descreviam as lutas dos criadores alemães isolados que lutaram por espaço nas esferas públicas

---

419 SETHE, "Ein Mensch mit seinem Widerspruch: Zum 250. Todestag Voltaires", *Völkischer Beobachter*, 15 de fevereiro de 1944.

– principalmente os teatros e óperas das cortes alemãs – "sob o controle estrangeiro francês ou italiano ou de aduladores alemães que os copiavam". Culminando em sua cobertura de Mozart, o *Völkischer Beobachter* apresentou as carreiras dos dramaturgos alemães do século XVIII, como Gotthold Ephraim Lessing, como constituintes de grandes conflitos iniciais nas Guerras de Libertação. Embora o patriotismo alemão não pudesse se manifestar ainda na ação política ou militar, "artistas e escritores cada vez mais conscientes que apoiavam um estilo alemão" deram os primeiros passos para estabelecer as fundações culturais de um movimento nacionalista – e, em última análise, de pureza nacional.

O caso de Lessing (1729-1781) revela como o jornal promoveu esse plano ao simplesmente ignorar ou negar aspectos da vida de Lessing que não trabalhavam para ela. Acima de tudo, Lessing foi identificado como um primeiro resistente contra a influência cultural estrangeira: por toda a sua vida, Lessing "direcionou seu ódio contra a nação que então 'abençoava' a Alemanha com sua cultura e moral – a França".[420] Isso exigia, antes de tudo, sua posição como inimigo juramentado daquele "bajulador da corte", Voltaire, então a personificação mais notória da cultura francesa na Alemanha.[421] E assim, em *Minna von Barnhelm* (1767), o jornal apontou Lessing como o primeiro a ousar satirizar cruelmente um francês no palco. De fato, esse era o método de Lessing para uma luta política: ele sabia que seria melhor "despertar o verdadeiro patriotismo e o genuíno sentimento nacional" dessa maneira – no palco – do que com uma rebelião abertamente política. Como o "reformador do palco alemão", ele o libertou da influência francesa a que ele tinha sido sujeito por tanto tempo. Com isso ele alcançou um "feito nacional".[422]

Segundo o artigo de Albert Müller sobre "Lessing como político" para um povo regido por mais de 300 nobres, grandes e pequenos, não havia "chance para a educação política – nenhuma base para pensamentos de libertação ou esforços unificados para uma constituição". Em tal época, quando a Alemanha era desprezada e impotente – "um mundo de súditos sem direitos" –, não havia maneira alguma de desenvolver o sentimento nacional que serviria como "a única base para uma operação política saudável". Não havia condições para um trabalho aberto de reforma na política alemã e Lessing reconhecia isso. Então, seu método

---

420 MÜLLER, A. "Lessing als Politiker", *Völkischer Beobachter*, 15 de fevereiro de 1931.
421 MASS, K. "Der Dichter der Minna von Barnheim: Ein Wort der Erinnerung zum 150. Todestafe G. E. Lessings", *Völkischer Beobachter*, 15 de fevereiro de 1931.
422 MÜLLER, A. "Lessing als Politiker", *Völkischer Beobachter*, 15 de fevereiro de 1931.

não era de assumir coisas que só poderiam ser abordadas por meios violentos – pois ele era um "controlador de armas espirituais" –; em vez disso, ele "expressou um sentimento nacionalista" muito mais do que qualquer um de seus contemporâneos na literatura, arte e filosofia. Embora poucos soubessem algo sobre o sentimento patriótico, ele possuía um do mais alto grau: ficava enojado por qualquer um que "envergonhasse sua nacionalidade ou copiasse a moral estrangeira e discurso, evitando assim a sua própria".[423]

Segundo Konrad Mass, autor de numerosos tributos a Hitler, Lessing provou que o teatro francês não "era compatível com o modo de pensar alemão". Sua obra era movida não só pela "amorosidade, graça superficial e ternura francesas", mas pelo "que era grande e poderoso". Ele também resistia às unidades de tempo, ação e espaço nas peças francesas, provando que apenas a "unidade de ação" era necessária – "aquelas de tempo e espaço na medida em que a ação exigia". Depois de 180 anos, *Minna von Barhelm* ainda era um modelo para uma boa comédia e ainda tinha seu lugar nos palcos alemães porque foi a "primeira peça de conteúdo alemão verdadeiro". Ela "respirava a vida alemã; mostrava as pessoas alemãs; tinha um efeito unificante com sua comparação das supostas diferenças prussianas e saxônicas; ela satirizou rispidamente e com humor os franceses decadentes (...) e colocou no centro da ação – sem colocá-los no meio do palco – os feitos do grande Frederico que tanto impressionaram o mundo". Acima de tudo, ela evitava a comédia frívola das pantomimas contemporâneas, enfatizando "a seriedade diante da vida" dos alemães – "sem a qual nenhuma boa comédia pode funcionar". Portanto, mesmo se alguns aspectos do trabalho de Lessing contradissessem "a sensibilidade alemã contemporânea", os nazistas mesmo assim lhe deram um lugar significativo no desenvolvimento da literatura alemã: ele criou a "base para a arte elevada" que deu margem para grandes como Goethe e Schiller. Mesmo se ele fosse muito principiante para uma discussão explícita sobre o nacionalismo alemão, Lessing foi, apesar disso, "um homem de cultura e origem racial alemã, inspirado pela coragem alemã para dizer a verdade, e portanto um alemão, um poeta alemão e um acadêmico alemão".[424]

Para abranger Lessing, contudo, o *Völkischer Beobachter* teve de lidar com numerosos aspectos de Lessing, o homem, e sua obra, que não eram compatíveis com as visões nazistas. Como questão preliminar, os

---

423 Idem.
424 MASS, K. "Der Dichter der Minna von Barnheim: Ein Wort der Erinnerung zum 150. Todestafe G. E. Lessings", *Völkischer Beobachter*, 15 de fevereiro de 1931.

nazistas precisavam afastar as questões sobre sua ascendência racial. Em outro lugar, o "especialista em raças" Eugen Dühring afirmou que "esse Lessing era de miscigenação eslavo-hebraica", mas outros colaboradores do jornal rejeitaram isso de modo enfático. Josef Stolzing abordou o assunto na homenagem aos seus 200 anos de nascimento, reconhecendo que "não podemos apresentar uma prova racial para a afirmação de Eugen Dühring: sabemos que Lessing veio de uma geração de pastores evangélicos que datavam do século XVI, e seus olhos azuis e cabelos dourados davam a impressão de se tratar de um tipo racial predominantemente nórdico".[425]

À parte de tais questões, Lessing também cometeu indiscutivelmente um pecado mortal do ponto de vista da visão de mundo nazista: "apesar de encontrarmos diversos elementos na visão política de Lessing que são simpáticos às nossas visões, não podemos deixar de lado alguém que vemos hoje como repulsivo: ele era abertamente um amigo dos judeus".[426] E isso, o jornal teve de admitir, afetava também alguns dos escritos de Lessing. Segundo Stolzing, Houston Stewart Chamberlain escreveu "corretamente" em seu livro *Foundations of the Nineteenth Century* que "não se precisa ter um autêntico nariz hitita para ser um 'judeu'". Esta palavra, "judeu", descreve "um modo particular de sentir e pensar; uma pessoa pode muito rapidamente tornar-se um judeu sem ser um israelita; alguns só precisam socializar com judeus, ler jornais judeus e se acostumar com o estilo de vida, literatura e artes judaicos". Essas associações com esses "amigos do peito judeus", portanto, influenciaram o modo de pensar de Lessing: ele não podia olhar para o mundo "sem os óculos judaicos em seu nariz". Esses "modos de sentir e pensar judaicos" percorriam todos os seus escritos e poemas, principalmente sua "excessiva valorização do Antigo Testamento e sua ignorância da verdadeira história do povo judeu".[427]

Mas Stolzing deu desculpas para os erros de Lessing. Uma explicação foi que ele simplesmente tinha sido seduzido pelas intenções judaicas de usá-lo para seus propósitos. Talvez sua "clara amizade com judeus" podia ser explicada pelo fato de que Lessing foi "trazido aos círculos judaicos desde jovem". Desde então, a nação judaica – "que trabalhava cada vez mais para se glorificar, dado o crescente reconhecimento da raça ariana como superior à natureza hebraica" – tinha

---

425 STOLZING, J. "Gotthold Ephraim Lessing: Zu seinem 200. Geburtstag", *Völkischer Beobachter*, 22 de janeiro de 1929.
426 MÜLLER, A. "Lessing als Politiker", *Völkischer Beobachter*, 15 de fevereiro de 1931.
427 STOLZING, J. "Gotthold Ephraim Lessing: Zu seinem 200. Geburtstag", *Völkischer Beobachter*, 22 de janeiro de 1929.

manipulado a veneração de Lessing do Judaísmo. De fato, Stolzing teve de admitir que o herói da obra-prima de Lessing, *Nathan, o Sábio* (1799), foi traçado em linhas humanas tão completas e perfeitas que "alguém automaticamente pensa: 'se apenas alguns dos judeus fossem como esse Nathan, então não haveria antissemitismo'".[428]

O jornal também deixou Lessing surgir muito cedo para estar completamente consciente da "ameaça judaica". Motivado, ou melhor, "confuso pelo" idealismo iluminista, sua amizade com os judeus correspondia à "visão de mundo de seu tempo", para a qual "a consciência racial era estranha" e na qual "os judeus estavam incluídos na noção geral da humanidade generosa".[429] Os colaboradores do jornal podiam explicar essa característica de Lessing que "nos era tão estranha" só por notar que ele "se colocava ao lado de todos os oprimidos de acordo com sua atitude como cidadão do mundo e não percebia o perigo que os judeus representavam para o futuro nacional da Alemanha".[430] A questão racial que "se tornou autêntica para nós hoje" estava situada completamente fora de seu campo de visão.[431] No fim das contas, eles argumentaram que o principal motivo para sua reputação filossemítica era que simplesmente deram atenção demais a *Nathan*: Stolzing escreveu que os leitores da "imprensa judaica contemporânea" viam Lessing e suas obras "não como realmente eram, mas segundo uma imagem altamente parcial como o único criador do "amigo dos judeus", *Nathan, o Sábio*".[432]

Portanto, os redatores do *Völkischer Beobachter* procuraram em suas obras indícios de que ele era de fato antissemita, enfatizando poemas de Lessing que não podiam ser considerados "simpáticos aos judeus de modo algum" e que também tinham contradições extraordinárias em relação à Maçonaria". Por exemplo, em um poema satírico sobre Voltaire – escrito quando ele estava envolvido em um caso contra Abraham Hirscha a respeito de impostos saxônicos –, Lessing apresentou os seguintes versos introdutórios, que "certamente não podem ser chamados de simpáticos aos judeus":[433]

---

428 Idem.
429 MASS, K. "Der Dichter der Minna von Barnheim: Ein Wort der Erinnerung zum 150. Todestafe G. E. Lessings", *Völkischer Beobachter*, 15 de fevereiro de 1931.
430 MÜLLER, A. "Lessing als Politiker", *Völkischer Beobachter*, 15 de fevereiro de 1931.
431 MASS, K. "Der Dichter der Minna von Barnheim: Ein Wort der Erinnerung zum 150. Todestafe G. E. Lessings", *Völkischer Beobachter*, 15 de fevereiro de 1931.
432 STOLZING, J. "Gotthold Ephraim Lessing: Zu seinem 200. Geburtstag", *Völkischer Beobachter*, 22 de janeiro de 1929.
433 Idem.

> *Os hebreus mais inteligentes de Berlim,*
> *Para quem nenhuma fraude é muito difícil,*
> *Para quem nenhum truque parece muito perverso;*
> *Os judeus, que são excelentes*
> *Em mentir, enganar e trapacear,*
> *Apesar do carrasco e outros perigos, etc.*

Com base nessas evidências, o *Völkischer Beobachter* tentou reverter a visão tradicional de Lessing para seus leitores. Por meio de uma justificativa dada por um especialista, eles se voltaram para "nosso historiador etnocêntrico de literatura, nosso companheiro de partido, o 'alemão até o osso' professor Adolf Bartels", que "tratou desse tema exaustivamente em seu abrangente trabalho, *Lessing e os Judeus*". Lá, Bartels expressou a opinião que, "se ele vivesse entre nós hoje, Lessing seria certamente um inimigo dos judeus, um antissemita, porque ele teria sem dúvida resistido à luxúria em governar e à representação incomensurável dos judeus".[434]

Nessas análises contorcidas da biografia de Lessing, alguém pode ver um leve esforço para estabelecer as ligações entre a visão etnocêntrica nazista e a história cultural alemã do século XVIII. Correto em apresentar o Iluminismo alemão [*Aufklärung*] como o primeiro estágio da expressão cultural alemã moderna – com os criadores alemães pressionando pela independência do predomínio francês e italiano na sociedade de corte barroca – o jornal teve de superar o fato de que os princípios do Iluminismo alemão incluíam muitos elementos supostamente "franceses", como a tolerância religiosa e o liberalismo político, que apontavam definitivamente em direção a uma revolução. Assim, além de suas atitudes para com a "questão judaica", as visões políticas de um *Aufklärer* como Lessing também tinham de ser reformuladas. Embora Lessing "nunca tivesse pedido uma forma específica de Estado, sua perspectiva era completamente republicana", Müller reconheceu. Entretanto, Müller afirmou que seria um erro ver Lessing como "um republicano na acepção contemporânea da palavra". O "conceito de liberdade que incendiava sua alma" – e que podia ser encontrado em sua expressão ideal neste trecho de *Nathan, o Sábio*: "Nenhum homem deve dever" – fazia "parte da atmosfera espiritual de seu tempo". Sem dúvida, o "espírito do renascimento político apressava-se em direção à Revolução Francesa". Mas Lessing não viveria esse resultado e o autor não teria concordado com ele, pois "não era um revolucionário

---

434 MÜLLER, A. "Lessing als Politiker", *Völkischer Beobachter*, 15 de fevereiro de 1931.

na acepção política comum". Em sua "alma mais profunda, ele foi um inimigo da mudança violenta, buscando conceber um ideal superior de humanidade".[435] Para dar suporte à sua visão de Lessing, o *Völkischer Beobachter* mais uma vez deixou a palavra final para Adolf Bartels: "No geral, ele é um escritor importante que promoveu seu povo com lealdade em cada área em que atuou. Mesmo se sua combatividade, seu caráter contraditório e brilhantismo às vezes o levassem por caminhos equivocados, ele foi um homem que buscava a verdade acima de tudo. Nós alemães sempre poderemos contar com ele como um dos nossos e nunca deixaremos de valorizar pessoas como ele, mesmo em tempos de estupidez e confusão", como na República de Weimar.[436]

Moses Mendelssohn (1729-1786) mostrou ser um desafio completamente diferente. Além de criticar seu papel em seduzir Lessing para os propósitos propagandísticos judeus, o *Völkischer Beobachter* teve de confrontar a fama de Mendelssohn como um dos principais representantes do Iluminismo alemão. O problema, da perspectiva etnocêntrica nazista, estava em explicar por que as figuras principais da cultura alemã no século XVIII alinharam-se às forças da reforma – incluindo, expressivamente, a tolerância religiosa – ou eram, eles mesmos, judeus. Portanto, como o *Völkischer Beobachter* não podia negar completamente a importância de Mendelssohn, ele aplicou todos os meios à sua disposição para minar sua reputação, incluindo técnicas derivadas dos ataques de Richard Wagner ao Judaísmo no mundo musical do século XIX.

Primeiro, o jornal tentou dar satisfação da notoriedade de Mendelssohn como um produto infeliz do pensamento progressista do Iluminismo. Em poucas palavras, o jornal argumentou que ele só era popular em função da crescente tolerância aos judeus no século XVIII e não por qualquer valor intrínseco que seu trabalho pudesse ter. Heinz Henckel escreveu: "cheios de surpresa, devemos nos perguntar" como foi possível Mendelssohn ser "superestimado" a tal ponto que seus contemporâneos o compararam a Sócrates e "tiveram até a petulância" de representá-lo em um medalhão ao lado do sábio grego. Henckel via alguns motivos para isso: a tolerância geral da era do Iluminismo, "que se estendia aos judeus em particular" e o fato de que, entre os judeus, Mendelssohn foi "um desenvolvimento único no ponto baixo de sua cultura". Então eles ficaram "mais do que felizes porque um judeu estava pronto para espalhar as ideias do Iluminismo entre

---

435 Idem.
436 MASS, K. "Der Dichter der Minna von Barnheim: Ein Wort der Erinnerung zum 150. Todestafe G. E. Lessings", *Völkischer Beobachter*, 15 de fevereiro de 1931.

seus companheiros de raça". Seu judaísmo "cercava Mendelssohn com muralhas protetoras" que impediam o impacto de qualquer crítica séria sobre o seu trabalho. Mas não era só a vantagem dessa crítica "suave e tolerante" que Mendelssohn aproveitava, mas também que – "assim como tantos outros grandes intelectuais depois dele" – ele era "festejado e artificialmente promovido por uma panelinha judaica".

Assim como seu neto, o compositor Felix Mendelssohn-Bartholdy, acusado por Richard Wagner de copiar em vez de contribuir para a tradição musical alemã, a acusação fundamental lançada contra o trabalho de Moses Mendelssohn era de que ele plagiava seus melhores aspectos. Segundo Henckel, a principal obra de Mendelssohn, *Phädon* (1767), provou como era pequena a diferença entre o "ecletismo e o plágio". Se por um lado a primeira parte era "quase uma tradução literal" dos diálogos platônicos, a segunda era "uma mistura colorida de opiniões" retiradas de uma grande variedade de filósofos. Mendelssohn sabiamente se protegeu de referências precisas de suas fontes ao colocar na introdução: "Se eu conseguisse indicar os autores, então os nomes Descartes, Leibniz, Wolf, Baumgarten, Reimarus, etc., teriam sido citados muitas vezes". Henckel contrastou essa "frouxidão na questão da propriedade intelectual" com a "exatidão meticulosa" com que Lessing compilou suas fontes. Na visão de Henckel, Mendelssohn não gerou nenhuma grande ideia de sua autoria: "como ele próprio colocou, ele apenas 'absorveu gratamente o que julgou útil nos outros', com grande habilidade literária". Ninguém poderia negar, Henckel gracejou, que Mendelssohn era uma "filosofia superficial e de fácil compreensão – uma filosofia de bolso, por assim dizer".

Mas, apesar de admitir que o plágio e a popularização de Mendelssohn foram feitos com destreza – isto é, com a "polidez superficial e até mesmo até a atração supostamente manifestada em outras extrapolações judaicas da cultura alemã, como a música de Felix Mendelssohn para a 'peça nórdica', *Sonho de uma Noite de Verão*" –, o *Völkischer Beobachter* não estava prestes a deixar que o *status* de Mendelssohn como um dos principais expoentes da cultura alemã do século XVIII, iluminista ou não, seguisse incontestado. Apesar de sua reputação de iluminista [*Aufklärer*], continuou Henckel, sua obra baseava-se na "religião judaica tradicional completamente". Em Mendelssohn, ficava aparente, acima de tudo, "como o judeu se agarrou rapidamente à religião de seus pais". Deve-se lembrar que o filósofo do Iluminismo, que supostamente batalhou contra a ortodoxia exagerada dos judeus, preservava "as mais irrelevantes e insignificantes leis cerimoniais" da religião judaica "com a mesma teimosia de um rabino ortodoxo da Polônia". Em sua tradução do *Pentateuco*, por exemplo, Mendelssohn "vergonhosamente se absteu de desviar dos comentários excessivamente rabínicos". Aqui ele "nunca deixou uma palavra para a razão", que do contrário significaria muito para ele. A tradução dos cinco livros de Moisés feita por Mendelssohn era "uma ação cultural apenas do ponto de vista judaico".[437]

"Nascido um judeu, sempre um judeu" – e, para o *Völkischer Beobachter*, isso significava um envolvimento ativo em uma conspiração dedicada a mais do que apenas manter as tradições ortodoxas dentro da comunidade judaica.[438] Segundo o jornal nazista, a filosofia e a poesia de Mendelssohn iniciaram a "influência judaica na literatura alemã".[439] Assim, "a maior barreira entre os judeus e os alemães foi desfeita e o caminho para a assimilação – a meta final do judeu da civilização ocidental – estava aberto!". A filosofia de Mendelssohn era um assunto encerrado: era mais importante considerar o "antigo político e combatente judeu" porque ele estava no começo do processo que "terminaria com sua chegada ao poder, se o povo alemão não tomasse cuidado". Até a ascensão nazista ao poder, uma avaliação errônea de Mendelssohn tinha sido defendida em trabalhos literários e históricos – tanto que era "difícil determinar o que ele realmente era". Mas o *Völkischer Beobachter* estava comprometido a esclarecer as coisas para seus leitores, resumindo o retrato dele como um "filósofo superficial e popular, um judeu ortodoxo, um insignificante *Talmudjünger* [jovem do Talmude], um inimigo do Cristianismo e um preparador do caminho judeu de controle mundial".[440]

Para o jornal nazista, a resistência aos princípios "estrangeiros" do Iluminismo foi a primeira fase da luta alemã por liberdade que se consumaria completamente no século XIX com as Guerras de Libertação e a luta etnocêntrica ainda mais desesperada contra uma conspiração de judeus que buscava o domínio global, estabelecendo assim o precedente para as batalhas que continuariam na era moderna. Notavelmente, o jornal recrutou o mais ilustre *illuminati* alemão, Immanuel Kant (1724-1804), nos dois esforços. Na década de 1920, os teóricos da

---

437 HENCKEL, H. "Der wahre Moses Mendelssohn: Zu seinem 200. Geburtstag", *Völkischer Beobachter*, 5 de setembro de 1929.
438 Idem.
439 MASS, K. "Der Dichter der Minna von Barnheim: Ein Wort der Erinnerung zum 150. Todestafe G. E. Lessings", *Völkischer Beobachter*, 15 de fevereiro de 1931.
440 HENCKEL, H. "Der wahre Moses Mendelssohn: Zu seinem 200. Geburtstag", *Völkischer Beobachter*, 5 de setembro de 1929.

conspiração nazistas promoviam ativamente a noção de que o controle judeu sobre a cultura alemã tornara-se uma realidade, pelo menos no que se referia ao jornalismo da República de Weimar; de fato, as únicas válvulas de escape da imprensa popular eram vistas como livres de tais influências. Que o *Völkischer Beobachter* conseguiria abordar essa questão da dominação cultural mesmo em um tom sarcástico ficou claro na resposta de Josef Stolzing a uma crítica positiva em outra publicação de Munique – *Die Kuhhaut* – de um livro de um importante especialista em Kant, Ernst Marcus.[441] Ao citar a afirmação contida em *Die Kuhhaut* de que o livro de Marcus dava esclarecimentos úteis sobre o trabalho de Kant – "trazendo-o para a luz do dia" –, Stolzing desaprovou: "Mas que *Geschmüse* [bobagem]! Como se tivéssemos de ver com as lentes de Ernst Marcus para entender Kant. Tudo o que isso faria seria nos deixar vê-lo sob um prisma judaico".[442] Mas Stolzing levou esse único exemplo além, inflando sua importância ao oferecê-lo como um caso demonstrando a natureza esmagadora da influência judaica na República de Weimar em geral. Assim, o que os nazistas havia muito tempo sabiam, principalmente, que os judeus tomaram "com graça" a administração da cultura alemã em suas "mãos superiores – porque nós, os estúpidos alemães, não podíamos fazer nada de bom com ela –, foi confirmado mais uma vez nesse ensaio".

Por tais referências a "ver Kant com lentes judaicas", Stolzing claramente tinha a intenção de dirigir atenção àquelas interpretações que omitiam a discussão das afirmações e atitudes antissemitas do pensador. E assim, para complementar a famosa fala de Kant – "Duas coisas preenchem a mente com uma admiração e reverência sempre novas e maiores quanto mais frequente e calmamente refletirmos sobre: o céu estrelado e as leis morais inerentes"[443] –, o *Völkischer Beobachter* ressaltou citações como: "o Judaísmo na realidade não é uma religião, mas uma mera união de numerosas pessoas que, por pertencerem a um só rebanho, constituíram um Estado baseado estritamente em leis políticas",[444] e "os palestinos vivendo entre nós conseguiram, em sua maioria,

---

441 MARCUS, E. *Aus den Tiefen des Erkennens: Kants Lehre von der Apperzeption (dem Selbstbewusstsein), der Kategorialverbindung und den Verstandesgrundsätzen in neuer verständlicher Darstellung* (Munique: E. Reunhardt, 1925).
442 STOLZING, J. "Immanuel Kant in der Sonnenhelle", *Völkischer Beobachter*, 7 de setembro de 1926.
443 STOLZING, J. "Immanuel Kant in der Sonnenhelle", *Völkischer Beobachter*, 13 de fevereiro de 1923.
444 STOLZING, J. "Immanuel Kant in der Sonnenhelle", *Völkischer Beobachter*, 7 de setembro de 1926. Citação de Immanuel Kant, *Die Religion in den Grenzen der bloßen*

ganhar uma reputação não totalmente infundada por serem trapaceiros, por causa de seu espírito de usura desde seu exílio".⁴⁴⁵

Esse material colocado dentro do conjunto probatório, o *Völkischer Beobachter* então se dedicou a demonstrar que, além das políticas antissemitas promovidas pelos nazistas, o filósofo teria concordado com a posição nazista sobre o desarmamento alemão, como estipulado pelo Tratado de Versalhes. Günter Macketanz lamentou, por exemplo, o fato de que, em apoio ao "dogma do desarmamento" dos partidos pacifistas, os democratas abusaram de Kant como uma "testemunha de suas metas republicanas" ao esticar "como uma faixa" seu postulado de que "com o tempo, os exércitos devem ser dissolvidos".

Macketanz queria "ajudar a avaliar a validade" desse abuso: primeiro, embora Kant dissesse que os exércitos deveriam ser dissolvidos "com o tempo", para Macketanz esse preceito não era para referir-se a um período de tempo tão curto quanto a vida de Kant ou até para estender-se pelo século seguinte. Além disso, Macketanz argumentou que, segundo Kant, em *Paz Perpétua* (1795),⁴⁴⁶ o estado natural dos homens era o estado de guerra e, enquanto seu povo não tivesse "recebido garantias inadequadas de seus vizinhos, ele teria se sentido ameaçado por seus inimigos". Em tal situação, não era preciso esperar até que um vizinho tivesse "feito algum dano significativo antes de ser capaz de proceder como inimigo contra ele", mas, ao contrário, alguém poderia "compeli-lo a ceder". Se alguém considerasse que, na visão de Kant, a força baseava-se no "número de cidadãos capazes de manejar armas, inspirados não pela ganância, mas pelo patriotismo e educação – as ferramentas de guerra mais confiáveis" –, ficaria claro que Kant não teria tido nada contra a implementação do serviço militar compulsório. E tal conclusão era ainda mais certa, pois era "autoevidente para ele" que a paz eterna era trazida e assegurada não pelo enfraquecimento de todos os poderes, mas por seu equilíbrio – "por meio da mais intensa rivalidade entre eles". Kant era então útil aos pacifistas, mas não por "difamar nosso antigo exército, nem por suas utopias de desarmamento". Se eles tentassem ainda assim empregá-lo, era "com o pior tipo de fumaça e espelhos".⁴⁴⁷

---

*Vernunft*, in KANT, I. *Religion within the Limits of Reason Alone, Book Three: The Victory of the Good over the Evil Principle, and the Founding of a Kingdom of God on Earth*, GREENE, T. M. e HOYT, H. H. (trad.) (Chicago, IL: Open Court, 1934), p. 116.
445 KANT, Immanuel. Citação de Immanuel Kant, *Antropologie in pragmatischer Hinsicht* (Königsberg, 1798).
446 KANT, Immanuel. *Zum ewigen Frieden: Ein philosophischer Entwurf* (1795).
447 MACKETANZ, G. "Kant und die Abrüstung", *Völkischer Beobachter*, 7 de janeiro de 1922.

Embora prestasse atenção a pensadores como Lessing, Mendelssohn e Kant, o foco da cobertura do *Völkischer Beobachter* da cultura do século XVIII era principalmente sobre sua música. Aqui começou sua principal cobertura da tradição musical alemã, que – segundo seu ponto de vista – culminava na era romântica. Como estava implícito nos poucos exemplos de análise literária e da história da arte anteriores, a recepção musical do *Völkischer Beobachter* exagerava os componentes protorromânticos da herança rococó e neoclássica. Por meio dessas fontes, o jornal insistia na continuidade entre os mestres clássicos e os compositores românticos do século XIX, quem os colaboradores e editores do jornal claramente preferiam, e, entre eles, ninguém mais do que Richard Wagner. Ao aceitar as visões de Wagner sinceramente, eles promulgaram a alegação de que todos os caminhos do desenvolvimento musical alemão levaram a essa formulação do drama musical e que isso era o auge da tradição alemã. A interpretação do *Völkischer Beobachter* da era clássica na música alemã era, portanto, absolutamente romântica. Em sua visão, tudo levava ao Romantismo de Aço que Goebbels, por exemplo, identificou como base cultural para a unificação da *volkish Gemeinschaft* [comunidade etnocêntrica], e cingi-la para a batalha contra os inimigos internos e externos. Então, implicitamente, embora essa perspectiva constituísse uma rejeição dos ideais do Iluminismo [*Aufklärung*], ela era comunicada em termos que eram explicitamente planejados para salvar os mestres do período para o uso propagandístico nacional-socialista.

Dentre esses mestres, nenhum tinha mais necessidade de ser recuperado – ou poderia ser recuperado de modo mais lucrativo – que Mozart, cuja produção artística era tipicamente vista como o auge do neoclassicismo musical. Ao ignorar tais preconceitos sensatos, a recepção nacional-socialista optou por apresentar Mozart como um dos principais inovadores do Romantismo na música. Central para esse argumento era a avaliação de Mozart como um compositor essencialmente passional em vez de cerebral. Como Viktor Junk colocou, as criações de Mozart não eram "reflexos de uma alma artística pura", mas, em vez disso, eram "as confissões de uma alma sofrida: quanto mais inteiramente nos engajarmos com ela, mais completamente nos entregamos a ela, mais ridículo parecerá o tolo julgamento de sua música como divertida e cheia dos floreios rococós convencionais". Assim, correspondendo com os temas anti-intelectuais do nacional-socialismo, para Junk, era emoção, não processo, que estava no coração das obras de Mozart: sentindo a "alegria da criatividade" em seu mais alto nível, o ato de compor proporcionava-lhe seus momentos mais felizes – ele mesmo se referiu ao processo como seu "único júbilo e paixão", durante o qual "as ideias vinham em fluxos".

Logo, ele serviu aos nazistas de duas maneiras: como um "protótipo para o gênio criativo e ao mesmo tempo como uma séria advertência contra nossos tempos 'produtivos', lembrando que a música deve ser considerada um presente da divindade, não um produto da reflexão distanciada ou do trabalho intelectual frenético".[448] Claramente, os nazistas também viam em sua versão de Mozart um exemplo contra as tendências na música moderna que eles desprezavam. Hans Buchner aconselhou que, em vez de uma "peça impressionista neovienense por um Franz Schreker ou algo do tipo", alguém deveria produzir as óperas de Mozart e assim cometer não só uma "façanha etnocêntrica e patriota", mas também preencher uma "necessidade artística que hoje é maior do que nunca".[449] Como Junk colocou: "a nossa era, a era nazista, que acabou de deixar para trás um período desafortunado de uma confusão horrível nas áreas da arte, reconhece-se com o coração aberto para Mozart: quando a arte perde sua sanidade, ela retorna à saúde sob o signo de Mozart".[450]

Para o *Völkischer Beobachter*, o aspecto da produção criativa de Mozart mais atrativo politicamente era sua contribuição para a "ideia de uma ópera nacional alemã". Ferdinand Moessmer viu o "nascimento da ópera alemã" no plano de Mozart "para fundar a ópera nacional de Viena" por meio da "*Singspiel* alemã", *A Abdução do Seraglio*.[451] Hans Buchner acrescentou que a composição da ópera transcendia "aplicações banais, ultrapassadas" de formas associadas ao estilo italiano, irradiando o "fogo de uma sensibilidade intensa" como o que não pode ser encontrado entre os próprios italianos, mesmo entre os melhores.[452] Mas *A Abdução do Seraglio* foi apenas um início, segundo Moessmer: o que Mozart não realizou com sua *Abdução*, ou seja, ajudar o triunfo da ópera alemã sobre a italiana, ele conseguiu – por mais paradoxal que isso possa parecer – com suas obras "italianas", *As Bodas de Fígaro* (1786) e *Dom Giovanni* (1787). Essas óperas "romperam violentamente com a influência italiana", porque com elas Mozart "derrotou os maiores mestres italianos de seu tempo no que tinha sido seu território exclusivo".[453]

Naturalmente, o *Völkischer Beobachter* teve de tomar alguns cuidados na apropriação de *As Bodas de Fígaro* (o qual era comumente referido

---

448 JUNK, V. "Genie des Schaffens", *Völkischer Beobachter*, 29 de novembro de 1941.
449 BUCHNER, H. "Zum Münchner Mozartfest", *Völkischer Beobachter*, 24 de maio de 1923.
450 JUNK, V. "Genie des Schaffens", *Völkischer Beobachter*, 29 de novembro de 1941.
451 MOESSMER, F. "Die Geburt der deutschen Oper", *Völkischer Beobachter*, 14 de outubro de 1934.
452 BUCHNER, H. "Zum Münchner Mozartfest", *Völkischer Beobachter*, 24 de maio de 1923.
453 MOESSMER, F. "Die Geburt der deutschen Oper", *Völkischer Beobachter*, 14 de outubro de 1934.

por meio de seu título alemão), dada sua reputação como documento dos valores liberais do século XVIII. Reconhecidamente, escreveu Heinrich Stahl, *As Bodas de Fígaro* [*Figaros Hochzeit*] alimentou-se do trabalho revolucionário e crítico social de Beaumarchais, mas "não era no menor sentido naquela direção: sua preocupação, em vez disso, era com a humanidade em geral".[454] Com esse problema resolvido com tamanho primor, os nazistas ainda tiveram de confrontar a questão de Lorenzo Da Ponte, o libretista preferido de Mozart, que era de origem judaica. Segundo Stolzing, "a origem judaica de Da Ponte" era "desconhecida para a maioria das pessoas". Mas em toda a sua vida e obra ele se mostrou um precursor definitivo daquele "mísero bando de judeus" que escrevem muita prosa e poesia – "não por uma compulsão interna, mas só porque eles sabem como ganhar a vida assim". A base de Stolzing para essa avaliação foi o simples fato de que Da Ponte trabalharia em mais de um libreto por vez (como se o Mozart alemão não tivesse recorrido a tal conduta).[455]

Além disso, o *Völkischer Beobachter* simplesmente criticava o trabalho de Da Ponte como abaixo do padrão – o elo fraco no processo criativo de Mozart que o compositor "alemão" teve de superar. Para Buchner, suas óperas eram ótimas "*a despeito* dos libretos inferiores escritos por um judeu". O "poeta contratado por Mozart – o judeu veneziano – nem sempre deu ao gênio de Salzburgo os melhores serviços". Em suas mãos, o libreto de uma ópera bufônica tornou-se uma "inclinação muito escorregadia que pedia o equilíbrio de um dançarino de primeira classe para atravessar". Mas Mozart não escorregou nem caiu na "pompa reluzente" de Da Ponte. Em vez disso, ele enobreceu o "texto frívolo de Fígaro aplicando nele a reserva, o refinamento e a profundidade comovente da música alemã". Com isso, ele proporcionou ao libretista "um tipo de renome não merecido, sob a sombra de seu gênio imortal".[456] No fim das contas, a solução simples do *Völkischer Beobachter* para o problema de Da Ponte foi recomendar traduções alemãs de seus libretos como superiores ao original. Heinrich Stahl argumentou que, como *Figaros Hochzeit* era sem dúvida uma ópera alemã, o esforço para "harmonizar sua inspiração musical perfeitamente com um texto alemão" era absolutamente necessária. Em sua opinião, a adaptação de Georg Schünemann – comissionada pelo Ministério da Propaganda em 1941 – foi "extremamente sólida": se alguém comparasse o texto antigo e o novo com a transcri-

---

454 STAHL, H. "Operntext und Zeitgeschichte", *Völkischer Beobachter*, 25 de dezembro de 1942.
455 STOLZING, J. "Don Giovanni", *Völkischer Beobachter*, 17 de agosto de 1929.
456 BUCHNER, H. "Festspiele im Münchner Residenztheater. 'Die Hochzeit des Figaro'", *Völkischer Beobachter*, 1º de agosto de 1928.

ção para piano, "chegaria então à feliz conclusão de que pouquíssimas das impressões favoritas dos ouvintes desaparecem, enquanto, principalmente no caso dos recitais, há muitas das grandes vantagens e significados para resultados na linha musical e no timbre".[457]

Escrito em italiano e ambientado na Espanha, *Dom Giovanni* também pedia algum tipo de reabilitação nacionalista para uso no Terceiro Reich. Stahl escreveu que havia uma tendência para interpretar erroneamente esse trabalho como "europeu" ou "acima das nacionalidades" e ainda só poderia ter "vindo da natureza alemã".[458] Nas páginas do *Völkischer Beobachter*, *Dom Giovanni* era considerada uma obra protorromântica – significando, claro, "alemã". Na visão de Buchner, Mozart "apegou-se aos motivos mais sombrios da paixão humana com firmeza e os elevou à luz brilhante do palco, um tesouro das verdades mais profundas da vida". Esse ponto ficava a apenas um pequeno passo do romântico: "*Fidelio, Freischütz* e *Tannhäuser* avançaram no caminho aberto por *Dom Giovanni*".[459] De fato, a maior importância de *Dom Giovanni* é que ela conduziu ao drama musical de Wagner. "Com um passo gigante, ela cruzou o limiar para o século XIX" e por isso deve ser considerado o "progresso ao Romantismo". Sem isso, uma grande porcentagem das obras de Beethoven, bem como de Weber e Wagner, teriam sido "simplesmente impensáveis". Nesse engenhoso resultado assomou "a primeira tempestade do 'drama musical', que Richard Wagner estava destinado a aperfeiçoar".[460] Mas, como no caso do *Fígaro,* os nazistas não estavam satisfeitos com o libreto de Da Ponte. Na visão de Friedrich Bayer, uma boa tradução para o alemão era necessária, mas para a época alguém só deveria se recordar de que era uma "ópera alemã". De todas as óperas de Mozart, ele explicou, a maioria das tentativas foi para traduzir *Dom Giovanni*, embora os resultados tenham sido fracos. Não havia um tradutor com "sensibilidade o suficiente, talento e musicalidade para encontrar as melhores palavras alemãs". Entretanto, "qualquer um poderia sentir que a ópera não era menos alemã por causa disso – se eles deixassem o trabalho musical casto e puramente alemão de Mozart agir sobre eles".[461]

---

457 STAHL, H. "*'Figaros Hochzeit' neu inszeniert*", *Völkischer Beobachter*, 29 de abril de 1940.
458 STAHL, H. "Geniale Männer über das Genie Mozart: 150 Jahre Don Giovanni", *Völkischer Beobachter*, 29 de outubro de 1937.
459 BUCHNER, H. "Don Giovanni", *Völkischer Beobachter*, 6 de agosto de 1927.
460 "Festspiele im Residenztheater: Don Giovanni", *Völkischer Beobachter*, 17 de agosto de 1928.
461 BAYER, F. "Don Giovanni in Salzburg", *Völkischer Beobachter*, 27 de julho de 1938.

Sobre *Così Fan Tutte* (1790), o *Völkischer Beobachter* tinha pouco a dizer. Insinuando que não era uma das melhores obras do compositor, Stolzing apoiou a opinião de Wagner de que era "uma pena que Mozart teve de escrevê-la tão rapidamente". Entretanto, ele não perdeu a oportunidade de culpar o judeu por todas as fraquezas de *Così Fan Tutte*. Stolzing insistiu que Da Ponte escreveu um "texto tolo e cinicamente frívolo" baseado em uma história que "era simplesmente inacreditável". Era "outra marca do brilhantismo de Mozart", que ele podia fazer desse libreto algo que satisfizesse às expectativas do imperador José II.[462]

*A Flauta Mágica* era outra questão. Ignorando que eles também atribuíam o feito a Händel, Carl Maria von Weber e Richard Wagner, os redatores do *Völkischer Beobachter* elogiaram Mozart por ter escrito a "primeira ópera verdadeiramente alemã".[463] Essa era, de acordo com seus artigos, a obra com a qual Mozart assegurou um lugar para sua arte operística em cada palco do mundo. Com isso, ele "fixou seu lugar na música mundial", e, "como alemão, derrotou a ópera italiana, que ainda dominava naquele tempo".[464] Moessmer exclamou que, da noite para o dia, como se vindo do nada, "a ópera alemã surgiu em sua forma mais perfeita". O alemão, acima de tudo, era "sua língua tonal" – "por toda a sua grandeza, sua rica e simples sensibilidade; o alemão era a forma da canção [*Lied*] fazendo sua primeira aparição em óperas; o alemão era o impacto magicamente romântico da música; a língua alemã era a representação musical dos personagens, em especial Sarastro e os amantes, Tamino e Pamina". Para a Alemanha, 30 de setembro de 1791 – o dia da estreia da ópera em Viena – "era também o aniversário da ópera alemã". Sem *A Flauta Mágica* [*Die Zauberflöte*], "o Romantismo alemão seria impensável". Era o "pré-requisito para o *Fidelio, Freischütz* e *Oberon* de Beethoven – na verdade, todas as óperas de Weber, Lortzing e todos os outros românticos – tão necessárias quanto a *canção* [*Lied*] alemã. Richard Wagner estava certo quando disse que "os alemães não podem começar a homenagear esse trabalho o suficiente. Até esse ponto, a ópera alemã praticamente não existia; ela nasceu com essa obra".[465]

O que atraía os nacional-socialistas em *A Flauta Mágica* eram seus elementos populares – em suas palavras, etnocêntricos –, provavel-

---

462 STOLZING, J. "Cosi fan tutte", *Völkischer Beobachter*, 12 de junho de 1928.
463 MOESSMER, F. "Die Geburt der deutschen Oper", *Völkischer Beobachter*, 14 de outubro de 1934.
464 G. A. "Die Zauberflöte", *Völkischer Beobachter*, 31 de dezembro de 1929.
465 MOESSMER, F. "Die Geburt der deutschen Oper", *Völkischer Beobachter*, 14 de outubro de 1934.

mente mais bem personificados no personagem Papageno. Segundo o musicólogo Franz Posch, não era "apenas uma ópera", mas uma "peça popular" [*Volkstuck*] da tradição teatral mágica e mecânica vienense com todas as suas características populares, sentimentais e simples – revivendo o espírito daquela era, principalmente seus aspectos típicos da Alemanha meridional".[466] Mas a recepção do *Völkischer Beobachter* de *A Flauta Mágica* não estava completamente livre de problemas. Para os nazistas, o problema de *A Flauta Mágica* estava em suas conotações maçônicas. Buchner reclamou que as pessoas tentavam sempre "compreender as camadas frágeis [*spröde Gefüge*] do texto de Schickaneder". Mas "uma análise desse libreto feita para a ocasião" não revelou absolutamente nada com relação à música de Mozart –"cujo *ethos* não tem um subtexto maçônico nem de qualquer outro tipo". Talvez, Buchner propôs, mais pessoas teriam entendido o texto de Schickaneder naquela época do que "podemos hoje" (em 1923), pois o "cabalismo e a Maçonaria" eram "banidos da política e arrastados ao gueto".[467] Suposições contínuas sobre o conteúdo maçônico de *A Flauta Mágica* eram, no ponto de vista de Posch, culpa de uma encenação não apropriada: com o tempo, com "produções grandiosas repletas de uma gama enorme de decorações que se opunham ao espírito da peça e pecavam contra sua música", símbolos da Maçonaria e princípios da Revolução Francesa tinham sido "filosofados de modo retroativo no trabalho" – ignorando completamente as bases nas quais *A Flauta Mágica* estava. Essa "superestimação do simbolismo" em *A Flauta Mágica* levou a uma "violação da responsabilidade de manter-se verdadeiro ao trabalho, de representar o organismo vivo e reviver seu espírito".[468] Referindo-se a uma produção no festival de Salzburgo em 1928, o *Völkischer Beobachter* provou seu ponto de forma muito mais cáustica: descrevendo a performance como uma "agitação judaica" [*Judenrummel*], o jornal relatou que "o estúdio-ópera bolchevique em Salzbugo e o judeu Max Reinhardt" usaram *Die Zauberflöte* como "uma propaganda para a Maçonaria mundial" e, por isso, "estuprava cruelmente uma obra de arte musical que nos é muito cara".[469]

---

466 POSCH, F. "Salzburger Theater- und Musiksommer 1943", *Völkischer Beobachter*, 29 de agosto de 1943.
467 BUCHNER, H. "Münchner Festspiele: Die Zauberflöte", *Völkischer Beobachter*, 26 de agosto de 1923.
468 POSCH, F. "Salzburger Theater- und Musiksommer 1943", *Völkischer Beobachter*, 29 de agosto de 1943.
469 T. H. L. "Die Salzburger Festspiele ein Judenrummel", *Völkischer Beobachter*, 6 de setembro de 1928.

O desafio de colher referências úteis da história intelectual e estética do século XVIII – uma história repleta do ceticismo de Voltaire, da tolerância de Lessing, da razão de Kant e do humanismo e da Maçonaria de Mozart – também fica aparente quando alguém considera o breve artigo a seguir. À medida que a República de Weimar dava uma guinada para o colapso financeiro em novembro de 1930, o jornal publicou uma curta citação sob o título "Montesquieu sobre a Democracia Alemã?":

> *A vantagem de um Estado livre é que nele não há favoritos. Mas, quando esse não é o caso – quando é necessário alinhar os bolsos dos amigos e dos parentes, não os de um príncipe, mas de todos aqueles que participam, do governo –, tudo está perdido. Há mais perigo em leis serem burladas em um Estado livre do que elas serem violadas por um príncipe, pois um príncipe é sempre o principal cidadão de seu Estado e tem mais interesse em preservá-lo do que qualquer outro.*[470]

A esse excerto, o *Völkischer Beobachter* acrescentou o seguinte comentário: "Ch. de Montesquieu, de quem vem essa afirmação, viveu de 1689 a 1755. Portanto, ele nunca teve a experiência da 'democracia moderna'. Mas ele a caracterizou perfeitamente!".[471] Deixando de lado a natureza anacrônica dessa afirmação – nessa passgem de *Considerações sobre as Causas da Grandeza dos Romanos e de Seu Declínio* (1734), Montesquieu abordou a Roma antiga e Cartago, não a política do século XVIII –, o comentário era simbólico de uma leitura seletiva, mas não incorreta, do pensador iluminista favorecendo a monarquia em vez do "tirano dos muitos". Mais estranha era a ênfase dada pelo *Völkischer Beobachter* à origem alemã de Montesquieu,[472] que presumivelmente justificou a menção desse pensador do Iluminismo francês no jornal nazista. "Muitos nobres franceses tinham orgulho de sua ascendência alemã, incluindo Montesquieu – autor de uma importante obra, *O Espírito das Leis* (1748)",[473] o jornal relatou.

---

470 MONTESQUIEU, C. L. *Considerations on the Causes of the Greatness of the Romans and their Decline*, LOWENTHAL, D. (trad.) (New York: Cornell University Press, 1965), p. 44.
471 "Montesquieu über die deutsche Demokratie?", *Völkischer Beobachter*, 9 de novembro de 1930. Tradução a partir de Montesquieu, *Considerations on the Causes of the Greatness of the Romans and their Decline*, cap. 4.
472 Ver SOREL, A. *Montesquieu*, ANDERSON, M. B. e ANDERSON, E., P. (trad.) (Chicago, IL: A. C. McClurg, 1888), p. 157.
473 "Der Rassegedanke in der französische Revolution", *Völkischer Beobachter*, 18 de junho de 1927.

Mas essa declaração bem dissonante das proezas culturais alemãs era consistente com a notável apresentação da Revolução Francesa como um conflito fundamentalmente racial feita pelo jornal.

De acordo com um artigo sobre "racismo na Revolução Francesa" de 1927, as diferenças ancestrais desempenharam um papel maior nas revoluções sociais e políticas do que foi indicado em escritos históricos que "não deram atenção às questões raciais". Por exemplo, a Guerra Civil Inglesa que levou à "ditadura de Oliver Cromwell" foi muito marcada pelas "diferenças raciais entre a maioria anglo-saxã e a aristocracia franco-normanda que tinha sido conquistada em 1066". Da mesma maneira, a guerra do Terceiro Estado contra a nobreza na Revolução Francesa foi associada ao "conflito entre a maioria gálio--romana do povo francês e a nobreza" que, originalmente, era em sua maioria alemã – entre eles, Montesquieu. Já nas primeiras batalhas do Terceiro Estado por igualdade de direitos, "o pensamento racial era usado como arma, especialmente nos escritos de Abbé Sieyès, que tinha uma poderosa influência no caminho da Revolução Francesa". Para o jornal, não era coincidência que Sieyès fosse do sul da França, vindo de Fréjus – uma área onde a "germanidade era importante durante o início da Idade Média, então oprimida pelo número de gálio-romanos". Orador excelente, ele era um típico "francês gálio-romano". E, como tal, usava "conceitos raciais" [*Rassengedanken*] em sua defesa política. Por exemplo, para explicar por que a "nobreza da nação era estrangeira", em *O Que é o Terceiro Estado?* Sieyès "discutiu primeiro sua preguiça, depois seus privilégios civis e políticos". Então, ele argumentou que "o povo francês tinha vivido em escravidão – isto é, escravizados pelos aristocratas". Portanto:

> *Por que não se deveriam repatriar às florestas franconianas todas as famílias que ansiosamente alegam descender da raça dos conquistadores? E herdar seus direitos de conquista? "Verdade", alguns dirão; "mas a conquista frustrou todas as relações e a nobreza hereditária descende agora da linhagem dos conquistadores". Bem, então; nós teremos de arranjar para que descenda de outra linhagem! O Terceiro Estado se tornará nobre de novo ao tornar-se um conquistador ao seu próprio modo".*[474]

---

[474] SIEYÈS, E. J. *What is the Third Estate?*, BLONDEL, M (trad.) (London: Pall Mall Press, 1963), p. 58-59.

Embora Sieyès costumasse proceder "de modo completamente a-histórico e puramente racional", acrescentou o *Völkischer Beobachter*, aqui ele tentou "fortalecer seu argumento de guerra de classes, com a referência ao estrangeirismo racial da nobreza". Ademais, ele também tentou trazer uma parte da nobreza para o lado do Terceiro Estado, estipulando que, desde a conquista da Gália pelos alemães, "ocorreu uma forte mistura entre eles e os gálio-romanos". Então, embora o numericamente superior Terceiro Estado tivesse de ser considerado "os pais da nação", alguns nobres poderiam ser reabilitados para a classe do Terceiro Estado. O jornal argumentou que, assim, a representação de Sieyès da aristocracia francesa como "uma classe de conquistadores racialmente estrangeira" levou à "extirpação e dispersão da nobreza da França". A "batalha contra tudo o que era germânico que tinha começado na Renascença continuou na forma de ódio por tudo isso". Apenas no século XIX um nobre francês – conde Gobineau – "apareceu mais uma vez como o arauto do espírito alemão", mas recebeu mais atenção na Alemanha do que na França. Desde então, a França preocupou-se em "renunciar a cada gota de sangue alemão em sua população – para permitir a imigração de negros e judeus do Leste".[475]

Na verdade, a maioria das referências do *Völkischer Beobachter* à Revolução Francesa apareceu em artigos sobre os contemporâneos alemães, especialmente aqueles que criticavam o desenvolvimento ao longo do Reno. Mas, no caso de muitas figuras importantes da época, o jornal foi forçado a argumentar com informações biográficas indicando reações complexas que se desenvolveram antes da Revolução e que desvirtuaram as mentalidades antifrancesas e pró-germânicas simplistas e contrarrevolucionárias. Para algumas das figuras culturais mais importantes da tradição alemã como um todo – incluindo Goethe, Schiller e Beethoven –, o *Völkischer Beobachter* tinha de competir contra alegações alternativas de partidos importantes dentro do espectro político alemão.

A principal preocupação foram as respostas de Goethe sobre a Revolução Francesa. O jornal sustentou que, acima de tudo, embora manifestasse curiosidade sobre os acontecimentos na França, ele os via como desenvolvimentos exclusivamente franceses que não poderiam ser transferidos com sucesso pelo Reno. Segundo Adolf Dresler, ao contrário de Schiller, Georg Forster e outros, ele não se levantou imediatamente para apoiar a Revolução Francesa: em suas comédias *O Cidadão Geral* (1793) e *Os Excitados* (1793), ele zombou dos "alemães que imitavam a revolta

---

[475] "Der Rassegedanke in der französische Revolution", *Völkischer Beobachter*, 18 de junho de 1927.

francesa". Ademais, Dresler disse que alguém deveria lembrar os versos da quarta música de *Hermann e Dorothea* (1797), nas quais Hermann se compromete com a batalha contra os franceses ladrões:

> *Então meu espírito declarou, e bem lá no fundo de meu peito*
> *Coragem e saudade agora foram provocadas para viver por meu país,*
> *Sim, e para morrer, apresentando assim aos outros um valioso exemplo.*
> *Se apenas a força da juventude da Alemanha estivesse reunida*
> *Lá na fronteira, depois de resolver que ela nunca cederia ao estrangeiro,*
> *Ah, ele não deveria pisar em nosso glorioso solo,*
> *Nem consumir, diante de nossos olhos, o fruto de nosso trabalho,*
> *Governando nossos homens, e vitimando nossas mulheres e filhas.*[476]

Resumindo o restante da peça, Dresler sentia que "a desunião e falta de vontade defensiva comum entre os alemães" forçaram Hermann a desistir de seu desejo de estabelecer-se no Reno. Mas na última canção, quando pediu a Dorothea para que se casasse com ele – Dresler afirmou –, "ele ainda diz palavras varonis sobre a Revolução Francesa".[477]

> *Pouco serve ao alemão ceder a essas temerosas exaltações*
> *Partículas de permanência, ou para ser dessa maneira e a essa maneira ser propensa,*
> *Essa é a nossa! Deixemos essa ser nossa palavra, e que a mantenhamos! (...)*
> *Não com ansiedade eu a preservarei, nem com gozo trêmulo;*
> *Mas sim com coragem e força. Hoje, se o inimigo ameaçar,*
> *Ou no futuro, equipa-te e dá-me minhas armas.*[478]

Entretanto, como visto, a maioria dos artigos sobre Goethe no jornal não abordou sua poesia, mas sua posição política manifestada em cartas e conversas, especialmente em conversas com Johann Peter

---

476 GOETHE, J. W. "Hermann and Dorothea", in *The Harvard Classics* vol. XIX, parte 4. FROTHINGHAM, E. (trad.) (New York: P. F. Collier, 1909), p. 14.
477 DRESLER, A. "Goethe und der nationale Gedanke", *Völkischer Beobachter*, 28 de agosto de 1925.
478 GOETHE, J. W. "Hermann and Dorothea", in *The Harvard Classics* vol. XIX, parte 4. FROTHINGHAM, E. (trad.) (New York:, p. F. Collier, 1909), p. 14.

Eckermann. Por exemplo, Goethe comunicou sua "atitude de zombaria" em relação aos apoiadores de uma "fase alemã da revolução em estilo francês" na seguinte citação registrada por Eckermann, que foi reproduzida várias vezes no *Völkischer Beobachter*:[479]

> *A única coisa boa para uma nação é aquela que se desenvolve a partir de sua própria essência e suas próprias necessidades sem imitar o outro de modo servil. Porque o que é nutritivo a um povo em um dado estágio de desenvolvimento pode ser venenoso para outro. Todas as tentativas de importar algum tipo de inovação estrangeira cuja necessidade não está enraizada no coração da própria nação são, portanto, tolas e todas as revoluções sérias abstêm-se de tal asneira. Se há uma necessidade genuína para uma grande reforma em um povo, Deus está com ela e ela terá sucesso.*[480]

Para esclarecer o que eles achavam que Goethe falava nessa citação, o *Völkischer Beobachter* inseriu, entre parênteses, "Democracia ocidental! Os Editores" – no caso de os leitores não terem percebido sua perspectiva.[481]

Outra citação antifrancesa de preferência do jornal vinha de uma conversa entre Goethe e Grat A. E. von Kozmian:

> *A nação francesa é a nação dos extremos. Ela não faz nada comedido, sem falar em seu ódio pelo vizinho do Leste. O velho Reno deve estar sempre vigilante, para que nenhum sangue da Gália suje sua água santa. No futuro, gostaria que nós, estadistas, mantivéssemos a paz ao levantar o braço germânico contra o galo da Gália (...) E a característica alemã principal é dar apoio a tais estadistas. Alemães: acima de tudo, amem a si mesmos!*[482]

---

479 Por exemplo, "Die Münchner Post und der Geheimrat Goethe" na edição do *Völkischer Beobachter* de 6 de setembro de 1922 e "'Höchstes hast du vollbracht, mein Volk': Grosse Deutsche über Grossdeutschland: Johann Wolfgang von Goethe".

480 *Conversations of Goethe, Recorded by His Friend Johann Peter Eckermann*, domingo, 4 de janeiro de 1824, p. 53.

481 "Die Münchner Post und der Geheimrat Goethe", *Völkischer Beobachter*, 6 de setembro de 1922.

482 Citado em "Was hat Goethe dem heutigen Deutschland zu sagen: Zu Goethes Todestag".

Mas o *Völkischer Beobachter* não estava satisfeito em somente estabelecer que Goethe rejeitava os desenvolvimentos franceses como tais. Seus colaboradores assumiram a tarefa de provar que ele discordava de todos os elementos da ideologia democrática, pacifista e internacionalista manifestados nos partidos liberais e progressistas durante a República de Weimar. Hanns Johst escreveu: "Se você quiser se aproximar de Goethe e entendê-lo melhor, deve se perguntar sobre suas visões políticas contemporâneas". E isso significava, segundo Johst, reconhecer que Goethe permaneceu um monarquista resoluto por toda a sua carreira. Ele viveu durante a Guerra dos Sete Anos, a independência dos Estados Unidos, a Revolução Francesa e toda a era napoleônica até a queda do "herói" com todas as suas ramificações. Frederico, o Grande, Washington, Robespierre, Napoleão e Metternich eram todos seus contemporâneos em "uma arena global com uma exibição muito sangrenta". Apesar disso, naquela época em que – "como na nossa" – as visões políticas de toda a sorte estavam no ar, Goethe "prosseguia como um monarquista"! O que era tão difícil para um líder espiritual então "como seria hoje", mas Goethe "via as coisas com seus próprios olhos". O que poderiam todas as teorias sociológicas e questionamentos filosóficos do mundo significar para ele "cujos sentidos nunca mentiram"? Ele via a vida dos nobres e príncipes aos quais ele serviu e "ali ele viu homens que eram servos de seu estado e súditos de seu povo". Uma política que se justificasse por ganhar apoio de uma maioria e assim abrir mão do "impulso pessoal e da independência aristocrática" não podia parecer relevante para ele. Falando politicamente, Goethe era então um "súdito". Para ele, Johst prosseguiu, o termo "súdito" não era um insulto, mas descrevia o homem que não fugia do trabalho imposto a ele pela estrutura de seu ambiente: ele "subordinava sua atividade política a uma liderança em que ele confiava, como as outras instituições fundamentadas na tradição". Para ele, a política não era a seara do homem comum, pois demandava talento e prática. Dessa perspectiva como súdito, "Goethe, o funcionário público" apenas fazia seu dever. Ele trabalhava "a serviço de seu Estado, com o melhor de sua sabedoria e consciência", nunca confundindo as "belas leis da visão poética com as questões reais da experiência político-científica e a compreensão do Estado e da política". Em tudo "ele permanecia um servo fiel, pronto para sacrificar tudo por seu monarca".[483] Se seu duque caísse, o jornal afirmou em outro lugar, ele o teria "acompanhado como um pedinte pelas terras alemãs, declarando sua vergonha para o povo alemão".[484]

---

483 JOHST, H. "Aufblick zu Goethe", *Völkischer Beobachter*, 22 de março de 1932.
484 "Der deutsche Goethe", *Völkischer Beobachter*, 4 de março de 1931.

Figura 7.2 *Völkischer Beobachter*, página-tributo a Friedrich Schiller,
10 de novembro de 1934.

Para dar suporte às alegações como as de Johst, o *Völkischer Beobachter* recorreu não aos trabalhos poéticos de Goethe, mas, mais uma vez, às porções selecionadas de conversas com Eckermann e outros. Assim, a citação: "a liberdade consiste não em recusar a reconhecer qualquer coisa acima de nós, mas em respeitar alguma coisa que está acima de nós"[485] foi oferecida como uma rejeição de noções igualitárias de liberdade. Além disso, segundo introduziu uma coleção de citações, como o próprio Goethe era "Ministro de um estado alemão", ele também sabia pensar como estadista – como expresso em frases tais: "O importante não é que algo está despedaçado, mas que algo está sendo construído";[486] "A maior necessidade de um Estado é uma autoridade valente";[487] e "Eu não consigo acreditar na sabedoria das resoluções da maioria. Tudo que é grande e hábil existe apenas em uma minoria. A razão nunca se tornará popular. As paixões e os sentimentos podem tornar-se populares, mas a razão sempre será posse de uma elite". [488]

---

485 "Goethe spricht", *Völkischer Beobachter*, 22 de março de 1932. Citação de *Conversations of Goethe, Recorded by His Friend Johann Peter Eckermann*, noite de quinta-feira, 18 de janeiro de 1827, p. 164.

486 *Conversations of Goethe, Recorded by His Friend Johann Peter Eckermann*, quinta-feira, 24 de fevereiro de 1825. Citado em "Höchstes hast du vollbracht, mein Volk: Grosse Deutsche über Grossdeutschland: Johann Wolfgang von Goethe", *Völkischer Beobachter*, 31 de março de 1938.

487 VON GOETHE, J. W. *Wilhelm Meisters Wanderjahre*. Citado em "Höchstes hast du vollbracht, mein Volk: Grosse Deutsche über Grossdeutschland: Johann Wolfgang von Goethe", *Völkischer Beobachter*, 31 de março de 1938.

488 Citado em "Was hat Goethe dem heutigen Deutschland zu sagen: Zu Goethes Todestag", *Völkischer Beobachter*, 23 de março de 1930. Fonte original desconhecida.

Como no caso de Goethe, o tratamento dado a Schiller pelo *Völkischer Beobachter* teve de lidar com suas reações diante da Revolução Francesa. Essa abordagem exigiria uma interpretação de seus trabalhos como politicamente motivados, o que permitiria ao jornal ligar o autor à sua ação estética, em vez de sua reflexão (figura 7.2). O jornal referia-se à "uma juventude infeliz" de Schiller antes de 1789, mas em grande medida como um modo de explicar sua perspectiva inicialmente positiva em relação aos desenvolvimentos na França. F. O. H. Schultz, autor de *The Downfall of Marxism* (1933) e *Jew and Worker: A Chapter from the Tragedy of the German Volk* (1934) – que fizeram parte da biblioteca pessoal de Hitler[489] –, pesquisou o caminho de Schiller para uma "concepção alemã de liberdade", como a seguinte. Por causa das experiências terríveis da juventude de Schiller em Stuttgart que o afetaram tão profundamente, ele saudou a Revolução Francesa como uma "redenção". Mesmo assim, ele estava longe de ser um "afrancesado" [*Französling*]. Ele desprezava os "falastrões literários" entre os escritores franceses da época: sentia aversão por Voltaire e seus seguidores. De fato, pouco antes da eclosão da revolução, ele tinha descoberto uma série de erros em seu favorito, Rousseau". Apesar disso, ele esperava que "a grande insurgência popular" [*Volksbewegung*] no outro lado das montanhas Vosges levasse a uma "renovação social completa". Quando, entretanto, as primeiras notícias do "governo da multidão" chegaram e ele ouviu que também queriam arrastar o rei e sua família para a "guilhotina operada com eficiência", ele se sentou para escrever a defesa do rei. Sem que ele soubesse disso, os revolucionários apontaram Schiller como "cidadão da república". Quando ele descobriu, decidiu "usar todo o peso de sua personalidade" para o resgate da família real. Mas ele não conseguiu chegar antes da execução e por causa disso "rejeitou os 'direitos' dados a ele com desgosto". Ele então, segundo Schultz, tornou-se um antirrevolucionário – alterando sua ênfase no individualismo para uma noção nacionalista de liberdade: "quando os revolucionários começaram então a violar suas próprias ideias cruéis, começaram a exportar suas práticas sangrentas para além das fronteiras e a pilhar os povos da Europa, Schiller começou a trilhar o caminho do conceito kantiano de que a ideia de liberdade está indissoluvelmente ligada à ideia de terra natal".[490]

---

489 GASSERT, p. MATTERN, D. S. (eds.) *The Hitler Library: A Bibliography*, p. 269.
490 SCHULZ, F. O. H. "Schillers Weg zur deutschen Freiheit", *Völkischer Beobachter*, 11 de abril de 1943.

Irritado pelos excessos da Revolução Francesa, mas acima de tudo pela ascensão de Napoleão e a invasão das terras alemãs – H. Krause, do *Völkischer Beobachter*, continuou em outro local –, Schiller avisou seus conterrâneos sobre os maus tempos vindouros se eles não agissem. "A fúria e a dor profunda o preenchiam e com tristeza ele rogou ao seu povo que um sofrimento terrível e a vergonha cairiam sobre os alemães pela eternidade, se eles não fossem capazes de se libertar do Anjo da Morte da Europa". Ele observava "com ódio" enquanto o mundo era conquistado por Napoleão e os príncipes alemães o honravam. Ele desprezou e menosprezava aqueles que "difamaram a coroa hereditária de sua aristocracia, que se curvavam diante de deuses estrangeiros, que davam tesouros aos britânicos e refinamento aos franceses."[491] Como resultado, enquanto outros alemães ignoravam essa realidade, ele pedia "amor patriótico e ação". O pensamento de unidade estatal parecia impossível: acadêmicos e artistas escaparam para a Antiguidade ou a Idade Média; ninguém esperava nada do presente. Mas, em *Das Lied von der Glocke* (1799) e *Wallenstein* (1799) de Schiller, "a face alemã aparecia – transmitindo a esperança de que a Alemanha viveria e um espírito invencível serviria como nobre invólucro para um poder maior". Schiller reconheceu que o voo da maioria dos poetas nas artes – suas aversões das realidades da vida política – era impossível nessas circunstâncias: "o homem de moral aceitável e seus ideais libertadores apenas poderiam se desenvolver em uma pátria livre". Schiller via que "a nenhum povo a liberdade é dada, mas ela deve ser exigida à força, com luta". Em suas obras sobre *Wallenstein, Maria Stuart* (1800), a *Donzela de Orleans* e a *Noiva de Messina* (1803) esse ponto de vista político "amadureceu ao ponto de ele poder criar *Guilherme Tell* [1804]". E essa era a obra – acima de tudo – que transmitia a "necessidade de lutar pela libertação nacional".[492]

Schiller era um racionalista, Krause reconhecia, mas como tal "os alemães apenas com a missão de assumir o controle dos desenvolvimentos mundiais". Aqui ele reconheceu a "essência da história humana" e por isso viveu na certeza de que o "povo que mais acreditasse em si cumpriria uma grande missão histórica mundial". Ele "deu essa missão ao povo alemão na certeza de que a Alemanha tomaria a liderança". Portanto, sua noção de progresso da humanidade não foi um exemplo do pensamento iluminista universal, mas aplicava-se somente aos

---

491 De um poema inacabado com o título *Deutsche Größe* (1797), citado em KRAUSE, H. "Schiller, ein *Führer* zum Neuen Reich", *Völkischer Beobachter*, 8 de maio de 1930.
492 SCHULZ, F. O. H. "Schillers Weg zur deutschen Freiheit", *Völkischer Beobachter*, 11 de abril de 1943.

alemães. Ele queria o "Reich alemão da humanidade, que personificaria o poder do espírito por sobre o da Terra". Ele não queria que todos os povos do mundo celebrassem essa humanidade: "somente em seu povo ele queria despertar uma vida cheia de amor e cuidado fraternais". Portanto, ele não era um apóstolo do humanismo universal, mas do etnocentrismo e do nacionalismo alemães:

> *Todos devem se dedicar a esse trabalho, aquela unidade e liberdade serão conquistadas e garantidas por todo o tempo, pela bondade e justiça entre aqueles que falam a mesma língua. Para externar isso com mais clareza, hoje é nosso dever sagrado com esse poeta que era tão cheio de amor ardente por esse povo, mas que querem transformar em um apóstolo pela fraternidade humana universal.*[493]

Como nos casos de Goethe e Schiller, o *Völkischer Beobachter* também rejeitou qualquer sugestão de que Beethoven tenha apoiado os ideais democráticos modernos, afirmando, em vez disso, que ele reconhecia a necessidade da liderança autocrática e teria apoiado seu pedido pela mão forte de um *Führer*. Ludwig Schiedermair estipulou para o jornal que Beethoven não nutria "nenhum ódio pelos aristocratas" e depois apontou que o compositor se encantara pelo carisma e pelas táticas de dominação de Napoleão: o que o deixou entusiasmado sobre Napoleão foi que "o corso, com uma mão forte, transformou o caos da abominável revolução em uma ordem estatal". Enfim, Schiedermair argumentou, Beethoven temia o caos trazido pela revolução, reconhecendo assim que a regência autoritária às vezes era necessária. Ele "não fechou sua mente à compreensão de que em momentos especiais de insurreições anárquicas uma oligarquia aristocrática tinha seus atrativos".[494]

Logo, fica claro que o *Völkischer Beobachter* esforçou-se muito para demonstrar que as principais figuras criativas alemãs expostas à Revolução Francesa definitivamente permaneceram imunes à sua "febre". Entretanto, nesse contexto, o caderno de artes do jornal não se restringiu a exaltar apenas os criadores alemães como heróis antirrevolucionários. Além disso, os editores e colaboradores do *Völkischer*

---

493 KRAUSE, H. "Schiller, ein *Führer* zum Neuen Reich", *Völkischer Beobachter*, 8 de maio de 1930.
494 SCHIEDERMAIR, L. "Beethoven und die Politik", *Völkischer Beobachter*, 26 de março de 1927.

*Beobachter* prestavam muitas homenagens aos pensadores políticos alemães que eles identificavam como os primeiros a se opor às doutrinas da "doença francesa". Em Johann Heinrich Pestalozzi, Johann Gottlieb Fichte, Johann Gottfried von Herder, Wilhelm von Humboldt e outros, o jornal identificou defensores influentes de uma série de reformas que tinham a intenção de fortalecer a Prússia para uma "guerra de libertação". Homenageando-os como os primeiros pensadores conscientemente etnocêntricos, cujas ideias alimentariam o nazismo de modo direto, o jornal dedicou milhares de palavras para ovacionar as ideias e políticas desses líderes.[495] Nós não abordaremos essa faceta da cobertura do jornal na mesma proporção que já foi feita em suas páginas, mas é importante reconhecer o lugar de honra que esses indivíduos tiveram na história das ideias, segundo o *Völkischer Beobachter*.

Apesar de admitir que "ele teve suas ideias pedagógicas em sua terra natal, a Suíça", o *Völkischer Beobachter* apresentou Pestalozzi (1746-1827) como um "pensador alemão". Além disso, segundo Wilhelm Westphal, foram os reformadores prussianos que na verdade botaram as teorias de Pestalozzi em prática. De fato, Fichte dedicou o segundo e o terceiro de seus "inesquecíveis" *Discursos* à nação alemã (1806-1807) para a discussão das ideias de Pestalozzi e identificou a Alemanha como "o lugar para implementá-las". Westphal afirmou que a "libertação da Prússia" veio mais rápido por causa de sua "grande reorganização do sistema escolar fundamental germano-prussiano no espírito das ideias de Pestalozzi". Para Westphal, a maior contribuição histórica de Pestalozzi baseava-se em suas ideias "e as massas prussianas receberam seu treinamento básico para que pudessem se tornar o material a partir do qual os três grandes arquitetos – Bismarck, Roon e Moltke – pudessem construir o Segundo Reich". Os professores que treinaram segundo suas ideias foram os mesmos que ganharam as guerras de 1864 a 1871. Segundo Westphal, Pestalozi dedicou-se ao seu trabalho "com uma paixão quase diabólica, nunca pensando em si mesmo, somente nas pessoas que precisavam de ajuda". Ele foi, portanto, o modelo de um "homem verdadeiramente socialista". Mais do que só respeito, "enchemo-nos de amor e admiração quando pensamos em sua personalidade e em sua luta", e continuou: "especialmente hoje quando

---

495 "Para ter certeza, as curiosas noções analisadas nesse livro e os acadêmicos bizarros que as defendiam teriam permanecido em uma merecida obscuridade se Adolf Hitler não tivesse dado ao pensamento etnocêntrico uma posição de destaque no nacional-socialismo. Ainda assim, Hitler não teria tido sucesso em demonstrar a efetividade política da visão de mundo etnocêntrica se essa percepção da realidade não tivesse sido compartilhada por numerosos alemães": MOSSE, G. L. *German Jews Beyond Judaism*, p. v.

se trata de uma questão de superar o individualismo liberal, é cada vez mais atraente considerar o que esse homem dizia".

Pelo menos em relação aos escritos de Pestalozzi, o que Westphal achou mais interessante considerar foram duas breves passagens selecionadas de toda a sua produção. Na primeira delas, Westphal chamou a atenção para apenas uma fala, dedicada às questões de orgulho racial: "não o ego, mas a raça! Essa é a expressão imperativa da voz sagrada do eu; a única grandeza da natureza humana está em percebê-la e obedecê--la". Depois, ao extrair um trecho de um livro infantil ilustrado, *Figuren zu meinem ABC-Buch* (1797), Westphal enfatizou as reclamações de Pestalozzi sobre os judeus "aninhando-se" em uma cidadezinha, "fazendo sua riqueza enquanto a cidade empobrecia". Então, apesar do reconhecimento concedido a Pestalozzi por suas contribuições ao sistema educacional prussiano e seus sucessos militares, foi sua preocupação com o impacto dos judeus na vida das pequenas cidades que o *Völkischer Beobachter* achou mais persuasivo e digno de ser citado.[496]

Dentre os outros reformadores prussianos, o *Völkischer Beobachter* apresentou Fichte (1762-1814) como um dos maiores "precursores do verdadeiro pensamento etnocêntrico". Para o jornal, "a principal exigência" de Fichte era a "transformação dos alemães em um povo". Alinhado com esse projeto, ele se interessou por questões políticas, sociais, morais, filosóficas e religiosas "para conseguir uma renovação completa da convicção do povo" – acima de tudo, com o controle dos impulsos egoístas "sob a ideia do todo" e com a "educação nacional de todo o povo alemão". O desafio de Fichte referia-se a todos: "à juventude, aos idosos, às classes altas e baixas; aos governantes e ao povo; aos homens das finanças e aos pensadores – todos ao mesmo tempo". Segundo ele, "nossos descendentes viverão em vão – sua história será determinada por seus conquistadores – se não assegurarmos que nossa vida espiritual seja renovada de cima a baixo".[497] Ademais, o jornal encontrou valor nas visões antissemitas de Fichte. Por exemplo, o jornal citou o seguinte da *Contribuição para a Retificação do Juízo do Público sobre a Revolução Francesa* (1793-1794) sem comentar –

---

[496] "Pestalozzi über die Juden", *Völkischer Beobachter*, 17 de março de 1927. Citação de PESTALOZZI, J. H. Die 142 Fabeln d. Schriftfiguren zum ABC-Buch (Seyffarth, 1901), p. 99.
[497] "Fichte redet zur deutschen Nation", *Völkischer Beobachter*, 19 de maio de 1937. Para saber mais sobre as implicações nacional-socialistas de Fichte, ver SLUGA, H. D. *Heidegger's Crisis: Philosophy and Politics in Nazi Germany* (Cambridge, MA: Harvard University Press, 1995), p. 29-53.

apesar do fato de que o grosso da obra era uma defesa dos princípios da Revolução Francesa:

> *Em quase toda nação da Europa espalha-se um Estado poderoso e hostil que trava uma guerra constante contra todos os outros e em alguns já pressiona bem os cidadãos: são os judeus. O que é terrível é que eu não acho (...) ele almeja criar um Estado separado, mas esse Estado é baseado no ódio por toda a humanidade.*[498]

Em outro lugar do jornal, Konrad Karkosch – um especialista em literatura e depois também em filmes – concordou com a exigência da educação nacional de Fichte como base para o povo, mas sentiu que suas ideias tinham de ser modificadas. Fichte "acreditava um pouco demais na onipotência da educação", argumentou Karkosch, como a principal "condição para a ascensão da Alemanha". Entretanto, para a educação da juventude do Terceiro Reich, disse Karkosch, "os estudos de genética" [*Erblehre*] e a "ciência racial" [*Rassenforschung*] mostraram a importância da "herança espiritual". Assim, um sistema educacional reformado não poderia mais se basear apenas em critérios educacionais, mas enfatizar a "personalidade biológica". A "seleção racial" [*Auslese*], disse Karkosch, seria uma "parte necessária de qualquer sistema educacional reformado". Uma abordagem como essa equivalia a um meio para "aperfeiçoar o fundo genético do povo alemão, apesar do abrangente cuidado racial". [*Rassenpflege*], e ao mesmo tempo servia como "pré-condição para construir uma educação de caráter saudável e apropriada". Em uma "educação fundamentada na biologia", a força do corpo, a força do caráter e o poder do conhecimento se tornam "uma unidade orgânica". O grande feito de Fichte foi sua contribuição para um "*Bildung* fundamentado biologicamente – uma verdadeira educação do povo – que seria aperfeiçoado pela primeira vez" sob o nazismo.[499]

O *Völkischer Beobachter* teve um interesse similar por Herder (1744-1803). Apesar de mais conhecido por ser um filósofo romântico, o jornal sustentou que, como Fichte, o "papel mais importante de Herder" foi de "precursor do movimento etnocêntrico". Theodor Stiefenhofer, autor de várias histórias patrióticas da literatura alemã, argumentou que o século XVIII tinha levado a uma "crise perigosa": o "movimento dos

---

[498] Citado em "Johann Gottlieb Fichte über das Judentum", *Völkischer Beobachter*, 12 de junho de 1926.
[499] KARKOSCH, K. "Die Errettung Deutschlands", *Völkischer Beobachter*, 19 de maio de 1937.

intelectuais internacionalistas do Iluminismo derramou-se por toda a Europa e inundou a vida alemã com sua respiração gelada". Entretanto, no ponto crucial, Herder "abraçou a batalha para a renovação do antigo espírito popular [*Volksgeist*]" e tentou direcionar a "força cultural e criativa da nação para o caminho eterno mais uma vez". Prevendo uma catástrofe que ameaçava "secar os sonhos de vida alemão e europeu", Herder queria proteger o espírito humano do "excesso e da degeneração" e ligá-lo novamente à "vida natural – para as forças inconscientes do orgânico que ele via ameaçadas pelo Iluminismo". Acima de tudo, ele "castigava em tom ríspido a completa desintegração das coisas alemãs", escrevendo em *Do Museu Alemão* (1777): "Povo grande, e forte! Que deu costumes, leis e invenções à Europa", mas "nós, os pobres alemães, sempre fomos determinados a nunca permanecer verdadeiros para nós mesmos: sempre legislador e servo das nações estrangeiras (...) seus exaustos, sangrentos e apagados escravos".

Com toda a força que recebeu, continuou Stiefenhofer, Herder "reforçou-se" contra a personalidade intelectual da época. Com dor e aborrecimento, ele identificou como a classe governante mudou a "substância original da germanidade para a mediocridade chapada do intelectualismo" e assim minou a personalidade nacional. Reconhecendo que a essência alemã se fundamentava em sentimentos e humores, ele considerou a "saudade" [*Sehnsucht*] como a "grande força motriz" do povo alemão. Isso era verdade principalmente no espírito dos artistas alemães: "dinamismo, paixão, emoção e fé" os levavam a partir do Romantismo alemão em diante. Só com a aplicação emocional dessa "forte imaginação e vontade mundana" o povo poderia superar a "ética do sucesso determinada pela razão" estabelecida pelo Iluminismo.

Assim, segundo Stiefenhofer, "compreendia-se o grito de guerra revolucionário para o gênio original de Herder", com o qual ele atacou o "quase onipotente" movimento iluminista. Trabalhando a partir de uma "fonte profunda de ideias originais", ele viu forças e tendências muito além do pensamento médio de seus contemporâneos – como "nuvens carregadas e relâmpagos no horizonte distante". Ao gravar esses sentimentos nos corações da geração do movimento literário *Sturm und Drang* [Tempestade e Ímpeto], Stiefenhofer concluiu, Herder permaneceu um grande nome "no rol da luta, da força e da fé alemãs – um símbolo estimulante e inspirador na hora de nossa batalha etnocêntrica decisiva".[500]

---

500 STIEFENHOFER, T. "Die Entdeckung des Volkstums: Zum 200. Geburtstag von Johann Gottfried Herder", *Völkischer Beobachter*, 19 de agosto de 1944. Ver a discussão de

No caso de Wilhelm von Humboldt (1767-1835), como aconteceu com outras diversas figuras culturais que o jornal veiculou em suas páginas, os editores do *Völkischer Beobachter* revelaram uma forte preferência por representar a importância dele mais como política do que acadêmica. Para fazê-lo, em vez de focar nos trabalhos linguísticos ou filosóficos de Humboldt ou em seus feitos como fundador da Universidade Humboldt de Berlim, o jornal escolheu republicar alguns excertos de cartas que ele escreveu à sua esposa durante as guerras napoleônicas, apresentando sentimentos patrióticos germânicos como no seguinte trecho:[501]

> *Não há país que mereça ser tão independente e livre quanto a Alemanha, porque nenhum outro é chamado à liberdade tão atenta e puramente por meio de tais esforços caridosos. De todas as nações, a alemã é que tem o menor poder destrutivo e o maior poder construtivo dentro de si e, se obtiver posse de sua liberdade, a Alemanha em breve se destacará em cada área da educação e da convicção. Por isso é tão gratificante trabalhar para a pátria (...) O amor da Alemanha é então bem diferente do que as outras nações têm por sua pátria (...) Não é uma mera ligação, é mais saudade do sentimento e espírito alemães.* [Para sua esposa, Karoline, 8 de novembro de 1813]

Com base nisso, o historiador literário Adolf Hösel – autor de um livro sobre Nietzsche e Richard Dehmel em 1928[502] – associou intensamente Humboldt com as "visões alemãs do Estado". Contrário às noções do Iluminismo, sua visão era de que "nenhuma constituição de Estado poderia ter sucesso se fosse inteiramente baseada na razão segundo um plano preestabelecido". Onde o tempo e a natureza não se prepararam, "as constituições não poderiam ser enxertadas nos homens como brotos nas árvores". Essas e outras afirmações semelhantes mostraram Humboldt "em oposição às ideias da Revolução Francesa". Hösel sentiu que a contribuição essencial de Humboldt foi a mudança de "um pensador racionalista do Iluminismo para (...) uma carreira de verdade histórica – isto é, não a razão e o individualismo, mas a comunidade e as leis dos acontecimentos da vida que se desdobram dentro dela". Opondo-se

---

Herder e a ideologia nazista em SIKKA, S. *Herder on Humanity and Cultural Difference: Enlightened Relativism* (Cambridge University Press, 2011), p. 126-149.
501 "Wilhelm von Humboldt über die Deutschen", *Völkischer Beobachter*, 13 de agosto de 1929.
502 HÖSEL, A. *Dehmel und Nietzsche* (Munique: E. Huber, 1928).

às noções do Iluminismo, ele foi um defensor do "Estado em grande estilo", que via "uma grande tarefa para o futuro que se aplicava diretamente ao presente": a Alemanha tinha de ser "livre e forte, não apenas para se defender contra esse ou aquele vizinho, mas porque somente uma nação forte externamente retém o espírito a partir do qual todas as bênçãos fluem". Assim, concluiu Hösel, as visões de Humboldt estavam "completamente de acordo com nossa concepção atual".[503]

Da mesma maneira, o jornal insistiu que o estadista prussiano Heinrich von Stein (1757-1831) era um pensador etnocêntrico bem "distante do liberal". Hans Ebner afirmou que com "cada fibra de seu ser", Stein era "ligado ao seu povo e à sua pátria com respeito e fidelidade". Por isso ele queria apoiar o que considerou ser a principal "fundação social" do povo: a comunidade da lavoura que "se degradava em função dos modos de vida estrangeiros". Em vez de se modernizarem, ele queria retornar às "tradições nativas". Portanto, Ebner argumentou, só as "perversões liberais" poderiam alegar que Stein estava "infectado pelas doutrinas malucas de 1789 e motivado pelos conceitos iluministas de liberdade, igualdade e fraternidade".[504] O jornal também apresentou Stein como antissemita, explicando que, quando "os judeus gradualmente assumiram" a Companhia Marítima Prussiana [*Preussische Seehandlung*] – uma instituição bancária estabelecida por Friedrich II –, Stein reclamou sobre isso, referindo-se à "astúcia, à perseverança (...) e à avareza dos banqueiros judeus [que tiveram] um efeito pernicioso em cada Estado e era peculiarmente prejudicial para o mundo dos burocratas". Como parte dos intensos esforços para exibir o relato antissemita de seus heróis, o jornal imprimiu essas páginas em itálico, publicando no editorial que estava claro que "mais uma vez os judeus" tomaram o que era originalmente um grande empreendimento como a *Preussische Seehandlung*, "destruindo-a e transformando-a em uma instituição perniciosa e então a pilharam". Com base nessa resposta, era evidente que Stein estava "completamente consciente do perigo que os judeus representavam para a Prússia" e das medidas necessárias para lidar com isso.[505]

Embora o foco dessa investigação da propaganda atrelada à cultura feita pelo *Völkischer Beobachter* estivesse em seu tratamento dos artistas

---

503 HÖSEL, A. "Staatsmann und Philosoph: Zum 100. Todestag Wilhelm von Humboldts", *Völkischer Beobachter*, 8 de abril de 1935.

504 EBNER, H. "Zum 100. Todestag des Freiherr vom Stein", *Völkischer Beobachter*, 27 de junho de 1931.

505 "Freiherr vom Stein und die Judenbanken", *Völkischer Beobachter*, 29 de maio de 1927.

criativos e suas obras, esses poucos exemplos representam o fato de que, nessas páginas, aqueles líderes e teóricos políticos que primeiro confrontaram "as doutrinas malucas de 1789" foram apresentados como as fontes modernas de ideais políticos específicos que Hitler abordou quando se referiu aos "princípios essenciais" que o NSDAP, ao formular sua doutrina, extraiu da "concepção geral do mundo baseada na ideia de povo" – que, portanto, "se ajustava ao propósito de unir em uma frente comum todos aqueles que estivessem prontos para aceitar seus princípios".[506] A segunda parte do livro analisará agora a promoção feita pelo jornal da cultura romântica como a resposta mais importante em face da tradição racionalista ocidental, especialmente nas formas "de aço" que emergiram durante as "Guerras de Libertação". Apesar desses exemplos políticos, foi nas respostas artísticas à ocupação napoleônica que os colaboradores do *Völkischer Beobachter* enxergaram as origens da cultura [*Kultur*] popular, que, segundo eles, introduziram os gostos e valores nazistas.

---

506 HITLER, A. *Mein Kampf*, p. 385.

# 8

# Forjando o Romantismo de Aço

A apropriação da tradição romântica alemã – resultanto em sua rejeição das atitudes ocidentais em relação à razão e à estrutura racionalista – é uma conhecida característica da constituição cultural dos nacional-socialistas.[507] Entretanto, algo significativo foi que os nazistas eram seletivos em seus empréstimos e resistiram a incluir certos aspectos "modernistas" do Romantismo que consideravam uma promoção exuberante de comodismo psicológico. Goebbels, mais abertamente, estipulou que havia vários Romantismos e a versão nazista era uma variação "de aço" [*stählernde*] sem espaço para os aspectos sonhadores e até mais irônicos da corrente:[508]

---

[507] "Basicamente era uma ideologia que se opunha ao progresso e à modernização que transformaram a Europa no século XIX. Ela usou e ampliou o Romantismo para fornecer uma alternativa à modernidade, à civilização industrial e urbana que parecia roubar do homem sua individualidade e criatividade, enquanto o soltava da ordem social que estava aparentemente exaurida e carecendo de vitalidade": MOSSE, G. L. *German Jews Beyond Judaism*, p. I.

[508] "O nazismo baniu tudo o que lhe era estranho, do mesmo modo que seu 'Romantismo de aço' eliminou toda a ironia romântica": MICHAUD, E. *The Cult of Art in Nazi Germany*,

*Cada época tem seu Romantismo, sua apresentação poética da vida – nossa época também tem. Ele é mais duro e cruel que sua versão anterior, mas é tão romântico quanto. O Romantismo de Aço de nosso tempo manifesta-se em ações intoxicantes e feitos inquietos a serviço de uma grande meta nacional e um sentimento de dever elevado ao nível de um princípio indestrutível. Nós somos todos mais ou menos românticos de uma nova forma alemã.*[509]

Nem o anseio de um jovem Werther, nem a insanidade de um Kapellmeister Kreisler sobreviveriam no ideal romântico de Goebbels:

*Em vez de uma lassidão exaurida que capitula, nega ou foge da seriedade da vida, uma visão heroica da vida apresenta-se e ressoa na marcha das colunas marrons, acompanhando o fazendeiro enquanto ele arrasta o arado pelos campos, dando ao trabalhador um significado e um propósito mais elevado em sua difícil luta pela existência, nunca deixando o desempregado em desespero e provendo a grande obra da reconstrução alemã com um ritmo quase de um soldado. É um tipo de Romantismo de Aço que fez a vida alemã valer a pena ser vivida: um Romantismo que não tenta escapar e se esconder na distância melancólica da dureza da vida – um Romantismo que prefere ter a coragem de confrontar os problemas e olhar em seus impiedosos olhos sem piscar. Essa nova atitude dá à Alemanha tempo e poder para seu trabalho construtivo (...) Só um esforço puramente artístico e cultural, preenchido por ele com vontade e entusiasmo, durará até a conquista do futuro.*[510]

Afastando-se dos antigos pensadores e ativistas políticos nacionalistas e trabalhando para ressaltar os aspectos mais duros da cultura romântica, o *Völkischer Beobachter* concentrou-se nos poetas românticos que se engajaram diretamente com a política da era napoleônica em suas vidas e por meio de suas obras. O jornal colocou uma

---

p. III. Ver também HERF, J. *Reactionary Modernism: Technology, Culture, and Politics in Weimar and the Third Reich*, p. 195-197.

509 GOEBBELS, J. Speech in Heidelberger Stadthalle, 9 de julho de 1943, in *Goebbels Reden, Band 2: 1939-1945*, HEIBER, H. (ed.) (Düsseldorf: Droste Verlag, 1971), p. 253.

510 GOEBBELS, J. "Die deutsche Kultur von neue Aufgaben", Berlin, Grosser Saal der Philharmonie, Eröffunung der Reichskulturekammer, 15 de novembro de 1933, in *Geobbels Reden, Band I 1932-1939*, p. 137

ênfase especial em Ernst Moritz Arndt e Heinrich Kleist, que podiam ser imediatamente associados com as primeiras atitudes etnocêntricas e antifrancesas. Mas a reverência aos poetas ativistas foi um mero primeiro passo na reivindicação da tradição romântica por inteiro como um legado herdado pela cultura nazista.

H. Sturm, autor de *Experiences of a Volunteer, with Particular Relevance for German Youth* (1915), um livro que encorajou o espírito voluntário no público juvenil durante a Primeira Guerra Mundial, esforçou-se para provar que Arndt (1769-1860) era um pensador proto-etnocêntrico. Para Sturm, "embora a palavra *völkisch* ainda não fosse conhecida", teríamos de designar Arndt como o "primeiro grande pensador etnocêntrico". Ao expressar seu amor pela Alemanha, ele demonstrou a "ideia etnocêntrica de um Estado alemão unificado". Além disso, Sturm notou que Arndt abordava a questão judaica "a ponto de ser chamado de bárbaro e comedor de homens por seus oponentes". Mas tal comportamento era "propriamente popular", segundo Sturm: Arndt não poderia imaginar o Estado alemão como nada além de um Estado cristão e os judeus – "com sua maneira áspera de repudiar todos os outros – permaneceram completamente fora do Cristianismo".

Além disso, segundo Sturm, Arndt descreveu os judeus modernos como um "povo degenerado" e "julgou corretamente o perigo que os judeus representavam para os alemães". Ao referir-se ao seu "espírito de negociante astuto", ele reconheceu a ameaça para a moralidade alemã representada por "um povo compelido a seguir os apóstolos do liberalismo e do cosmopolitismo". Ademais, "deve-se proibir e impedir a importação de estrangeiros para a Alemanha", disse Arndt. "A admissão de judeus estrangeiros é um desastre e uma praga para nosso povo". Com base nessas visões, Sturm explicou, a posição de Arndt tinha duas partes: primeiro, os judeus residentes ou nascidos na Alemanha não deviam ser nem oprimidos nem perseguidos, mas absorvidos; segundo, o influxo de outros elementos judeus deveria ser proibido, por meio das medidas legais mais rígidas disponíveis. Sturm tinha receio quanto ao primeiro ponto, mas ele lembrou que, mesmo se Arndt tivesse estabelecido um programa para assimilar a população judaica existente, ele não subestimava a "importância racial da mistura sanguínea". Não se pode esquecer, Sturm explicou, que os judeus ainda não "haviam assumido tais formas monstruosas" na era de Arndt como assumiram na era nazista. Para ele, esse fato explicava o relativo otimismo de Arndt sobre a assimilação de judeus que já viviam em territórios alemães – uma posição "que ele certamente teria ajustado à luz dos desenvolvimentos posteriores".⁵¹¹ Além disso, segundo o escritor etnocêntrico Theodore Stiefenhofer, Arndt poderia ser considerado não só um antissemita, mas também um precoce pensador *racial*. Em sua visão, Arndt costumava fazer comparações das respectivas características nacionais em todo lugar: a "estrutura, o crescimento, a fisionomia, características e gestos dos tipos humanos o interessavam muito". Então, apesar de escrito em uma época em que os métodos de elaboração dessas observações não tinham ainda sido formalizados, as obras reunidas de Arndt são um "tesouro valioso" de observações raciais e conclusões. Só isso, segundo Stiefenhofer, já faria dele "um dos maiores educadores populares dos alemães".⁵¹² Enfim, na visão de Sturm, duas citações de Arndt tinham um "significado e utilidade especiais" para aqueles que atravessaram o difícil tempo dos últimos anos da República de Weimar. Primeiro, "A existência não é e não deve ser uma guerra eterna; mas envolve luta e batalha, e assim sempre será, se não quisermos dormir"; e segundo: "Quem quer que desista de si mesmo terá os outros desistindo dele; o povo que se desespera será desprezado pelo mundo e a história sobre ele será eternamente silenciosa. Nosso povo está em cada um de nós – e assim devemos nos manter fortes!".⁵¹³

O aniversário dos 75 anos da morte de Arndt foi em 1935, dando ao jornal a oportunidade de revisitar seu legado à luz da ascensão de Hitler ao poder. Segundo o artigo comemorativo de Alfred Hösel, Arndt era para os nazistas não apenas o "Poeta das Guerras de Libertação" – uma figura histórica que defendeu a honra alemã na época do governo estrangeiro de Napoleão –, mas um "filósofo da vida de grandeza profética cujos trabalhos continuam tendo valor". Os nazistas tinham o direito de alegar que seu "espírito passional e vanguardista" estava vivo entre eles. Hösel insistiu que a referência ao "conteúdo mais profundo" do pensamento de Arndt ilustrava essa afirmação: mais de cem anos antes, Arndt anunciou profeticamente a unificação do povo e do Estado, que os nazistas estavam "atualmente em uma posição para estabelecer e aperfeiçoar". Suas visões "coordenavam com as nossas quase exatamente, quando ele descrevia o povo como um organismo vivo e mesmo comparado ao crescimento de um Estado, fundamentado nas leis da

---

511 STURM, H. "Ernst Moritz Arndt: Zu seinem 71. Todestag", *Völkischer Beobachter*, 29 de janeiro de 1931. Sturm começou a escrever para o jornal nesse ano (KÖHLER, G. "Kunstanschauung und Kunstkritik", p. 27).
512 STIEFENHOFER, T. "Trommler deutscher Freiheit: Zum 175. Geburtstag von Ernst Moritz Arndt", *Völkischer Beobachter*, 26 de dezembro de 1944.
513 Idem.

natureza, com o desenvolvimento orgânico de uma árvore que leva suas raízes para o mais fundo possível na terra para que possa alcançar o mais alto possível". Mais especificamente, Arndt deu voz ao "protesto do povo alemão contra a ameaça das influências ocidentais". Ele viu o perigo que a Revolução Francesa e sua ideologia representavam para a Europa; ele previu a calamidade que cedo ou tarde os povos vivenciariam sob o governo da "razão exagerada baseada na lei natural" e a "dissolução progressiva de todas as estruturas e ordens sagradas". Na opinião etnocêntrica de Arndt, seria apenas possível construir um "Estado saudável e organicamente organizado na base de um crescimento natural que estava estampado com a forma mental de um povo", como os nazistas alegavam estar fazendo.[514]

Em 1938, à medida que a *Anschluss* [anexação] da Áustria acontecia, o *Völkischer Beobachter* invocou as visões pangermânicas de Arndt mais uma vez, agora para justificar a opção implementada da *Grande Alemanha* [*Grossdeutsch*]. Em uma série de artigos sobre "Grandes alemães discutindo a Grande Alemanha", o jornal afirmou que para Arndt a "ideia da Alemanha inteira era uma obrigação interna óbvia, contanto que a língua alemã soasse e Deus cantasse suas canções no paraíso". Ele sabia muito bem que a personalidade alemã era multifacetada e marcada por várias "tribos" [*Stämme*], mas ele não via isso como uma causa para a divisão política: em vez disso, ele "decidiu pela totalidade alemã".[515] Além da unificação, o jornal apresentou Arndt antecipando outros desenvolvimentos da política internacional como "inevitáveis". Segundo Sturm, Arndt considerava "óbvio" que a Alsácia finalmente retornaria ao Reich e que a Bélgica seria o ponto de entrada para a guerra entre Alemanha e França – "independentemente de que lado a usasse como tal, a Bélgica não teria como permanecer neutra".[516]

Logo que o conflito resultante de tais políticas chegou a um ápice, Stiefenhofer voltou-se novamente para Arndt, mas dessa vez como um autor de poesia motivacional em tempos de guerra. "Que alemão não conhece os ardentes chamados de Arndt do tempo das Guerras de Libertação?" Stiefenhofer perguntou em 1944: "Que coração não fica tocado pelas canções eternas, *O Deus que deu ferro aos homens* ou *O que é a pátria alemã?* – canções que continuam a servir como lembretes

---

[514] HÖSEL, A. "Für die Einheit von Volk und Staat: Zum 75. Todestag des deutschen Herolds Ernst Moritz Arndt", *Völkischer Beobachter*, 29 de janeiro de 1935.

[515] "'Das ganze Deutschland muss es sein': Grosse Deutsche über Grossdeutschland: Ernst Moritz Arndt", *Völkischer Beobachter*, 8 de abril de 1938.

[516] STURM, H. "Ernst Moritz Arndt: Zu seinem 71. Todestag".

do espírito alemão mesmo nos tempos atuais!" Em meio à "nossa batalha nacionalista decisiva", disse Stiefenhofer, as obras de Arndt soavam como alerta. "Nós devemos olhar fundo nos olhos dos bons tempos; devemos entender seu caráter terrível e sua glória, para que possamos ascender à sua altura e cumprir sua vontade sagrada (...) A liberdade não pode ser perdida enquanto as forjas martelarem o ferro".[517]

Mas o *Völkischer Beobachter* ainda não tinha terminado com Arndt. Em março de 1945, ele serviu mais uma vez para reciclar as afirmações patrióticas do autor em um esforço desesperado para mostrar que o caos atual finalmente levaria a algo melhor – que tudo não tinha "sido em vão":

> *O mundo está em ruínas caóticas, todos os elementos estão lutando, todas as forças, todos os espíritos e esses são os sinais e profecias dos grandes atos e inícios – tem fé: eles estão aqui para ti! Não foi em vão que viste tais tempestades e furacões; não foi em vão que viste terremotos e vulcões do tempo; não foi em vão que tua pátria infeliz foi inundada por suas ardentes cinzas e fluxos sangrentos de lava. Acredita! Chegou tua vez (...) eu te verei, minha terra sagrada; coroada com a vitória, coroada com a liberdade, eu ouvirei o sonoro voo da águia; eu já o vejo, já posso ouvi-lo; mesmo se minhas cinzas se misturarem com aquelas dos que caíram, eu verei minha Germânia das estrelas!*

E que se deve continuar disposto a morrer por seu povo:

> *A nação como um todo pode não estar disposta a morrer, como o indivíduo deve para salvar seu povo. A nação deve ter o desejo de viver – e provar sua vontade de viver como totalmente precisa por meio dos indivíduos que, voluntariosamente, morrem.*

Assim era a marca do Romantismo de Aço de Arndt, invocada para motivar o *Volkssturm* [a milícia do povo] nos últimos meses de 1945 – ou ao menos para justificar ter forçado seus recrutas a se sacrificarem.

Uma estratégia similar serviu para o jornal nazista ao lidar com Heinrich von Kleist (1777-1811), pois não era a poesia ou as obras dramáticas de Kleist que o jornal considerava dignas de atenção, mas sim

---

517 STIEFENHOFER, T. "Trommler deutscher Freiheit: Zum 175. Geburtstag von Ernst Moritz Arndt".

seu histórico e serviço militares e depois seu envolvimento com a política alemã como jornalista na era napoleônica. Por exemplo, um resumo biográfico de 1926 salientou o fato de Kleist descender da família de um oficial prussiano. Seguindo essa tradição, ele se alistou no exército e participou da invasão da França em 1796. Depois de servir por três anos, "apenas aos poucos ele se tornou confortável de novo com a dura realidade da vida em sua pátria". Ele trabalhou na Assembleia Legislativa de Königsberg, mas desistiu da vida de funcionário público dois anos depois. Em 1807 – na ocupação francesa –, ele foi preso pelos franceses como espião em Dresden e passou alguns "meses difíceis" na prisão. Acima de tudo, essa biografia política enfatizava que a derrota da Prússia por Napoleão "o abalou profundamente; ele vivia apenas com o pensamento de que sua pátria deveria ser libertada".

Foi com essa disposição que Kleist escreveu seu "poderoso drama de liberdade, *Die Hermannsschlacht* [*A Batalha de Hermann*] (1808), que usou a guerra das tribos germânicas contra os romanos para mostrar ao seu povo como se livrar do jugo estrangeiro". Segundo o jornal, Kleist "queria ser o poeta nacional dos alemães"; libertado em 1808, ele pretendia lançar uma publicação patriótica semanal, *Germania* – que era para ser, nas palavras de Kleist, o "primeiro suspiro da liberdade alemã" –, mas a derrota da Áustria para Napoleão em 1809 frustrou esse plano. Em vez disso, começando em 1810, ele produziu o *Berlin Abendblätter* – o primeiro jornal diário da capital prussiana. Em suas páginas ele documentou "a incompetência lamentável dos líderes prussianos da época". Cercado por "berlinenses gravemente desmoralizados, alguns dos quais se conformaram com o governo francês, ele defendeu a pátria, a monarquia e a religião" e, com seu "estilo brilhante e estimulante, inspirado pelo ardor genuíno", seu jornal excedeu os jornais democráticos e liberais que se rebaixavam diante dos franceses.[518]

Notavelmente, já nesse estágio da pesquisa do *Völkischer Beobachter* sobre a vida de Kleist não apareceu nenhuma menção ao seu trabalho criativo que não fizesse referência a *A Batalha de Hermann*. Apesar do fato de que em 1811 Kleist tinha produzido vários poemas importantes, histórias e peças, incluindo *Die Familie Schroffestein* (1803); uma adaptação do *Anfitrião* de Molière (1807); *Pentesileia*, sobre o amor da rainha das amazonas por Aquiles (1808); a comédia de um ato *A Moringa Quebrada* (1808); *Michael Kohlhaas*, *O Terremoto no Chile* e *A Marquesa d'O* (todos publicados em uma coletânea de 1810-1811), o

---

518 Dr., "Heinrich von Kleist: Zu seinem Todestag am 21. November 1811", *Völkischer Beobachter*, 21 de novembro de 1926.

foco dos nazistas permaneceu apenas em seu jornalismo político. Ademais, segundo Hans Lucke, "Kleist, o jornalista, nunca foi um teórico", apenas um "combatente político apaixonado", que pedia a "unificação de toda a germanidade" em uma comunidade que poderia "ser apenas levada ao túmulo ao custo do sangue que escureceria o sol".[519]

Definitivamente, a estridência das fortes posições de Kleist levou ao fracasso do *Abendblätter*. Mas o *Völkischer Beobachter* insinuou que outras forças trabalhavam contra Kleist no fundo. Seu editor, Julius Hitzig, traiu-o, "pois ele era um judeu".[520] Além desse "artifício", foram acrescentados "ataques venenosos" pelo escritor judeu e "bastardo imundo" Saul Ascher. Em artigos que apareceram em vários jornais, esse "príncipe da escuridão" "descarregava em Kleist de todas as maneiras que podia". A despeito de seus esforços heroicos, Kleist só poderia se manter ao lado do *Berliner Abendblätter* até 11 de abril de 1811, quando "a covardia dos oficiais e a conspiração dos judeus triunfaram". Desesperado, Kleist atirou em Henriette Vogel em Wahnsee em um comum acordo e depois se matou. Segundo o *Völkischer Beobachter*, isso foi motivo suficiente para "o judeu Ascher escrever um pérfido artigo no qual chamou Kleist de assassino". Para se opor a ele, os "escritores alemães" Joseph Eichendorff e, depois, Friedrich Hebbel produziram "belos e respeitosos tributos para o infeliz poeta".[521]

Era assim a principal linha de recepção de Kleist do *Völkischer Beobachter*: principalmente como uma celebração da carreira do jornalista patriótico, impedida por traidores e judeus. Além disso, o jornal dedicou muita atenção às circunstâncias do suicídio de Kleist. Segundo Otto Gervais, autor da história das mulheres nos círculos de Frederico, o Grande, ninguém tinha sido capaz de esclarecer a razões definitivas para o suicídio de Kleist, mas "seria um erro supor que as causas ideais e reais, econômicas e mentais combinaram-se para preparar essa vida místico-demoníaca para um fim". O "estado vergonhoso da pátria, a discórdia entre o Estado e a religião, a rejeição dos amigos, o julgamento frio e destrutivo de Goethe, seu fracasso como poeta e a desesperança de seus esforços para conclamar uma revolta da nação", todas essas decepções o levaram a "converter a determinação calma em um dever, dado que ele encontrou uma companheira para o caminho desconhecido redentor".[522]

---

519 LUCKE, H. "Der erste Atemzug der deutschen Freiheit", *Völkischer Beobachter*, 20 de novembro de 1936.
520 LUCKE, H. "Der erste Atemzug der deutschen Freiheit", .
521 Dr., "Heinrich von Kleist: Zu seinem Todestag am 21. November 1811".
522 GERVAIS, O. M. "Grab am Wansee", *Völkischer Beobachter*, 20 de novembro de 1936.

Mas, embora o jornal mencionasse alguns desses outros fatores, preferiu atribuir o suicídio de Kleist à sua depressão relativa ao estado da Alemanha. Decididamente, Josef Stolzing afirmou que Kleist – "um dos mais nobres alemães" – tomou sua própria vida em desespero em função do "definhamento e da humilhação de sua pátria". Na visão de Stolzing, a verdadeira causa de seu suicídio foi basicamente política. As esperanças que Kleist nutria depois da vitória austríaca em 1809 sobre Napoleão em Aspern não se realizaram. A Áustria não estava em uma posição de levantar-se e carregar o fardo sozinha; a Prússia ainda não tinha a coragem para assumir a luta e marchar contra Napoleão; e "o restante da Alemanha dormia". A insurreição contra o imperador francês pela qual Kleist ansiava só viria depois, quando as "chamas da Moscou incandescente cintilavam sobre os campos nevados da Rússia". Como "todo poeta genuinamente grande", Kleist era um patriota, mas o exército prussiano foi derrotado e destruído e ele viu seu povo "na mais profunda desgraça sob os grilhões do governo estrangeiro corso". Por consequência, "desesperado, ele completou o último ato de sua vida trágica".[523]

Hellmut Langenbucher juntou-se a Stolzing em suas convicções sobre os fatores que levaram ao suicídio de Kleist. Tratava-se de um autor de histórias de literatura que serviu como presidente da Associação de Editores e Vendedores de Livros Alemães [*Börsenverein des Deutschen Buchhandels*]; era um colaborador regular do *Völkischer Beobachter*,[524] que mais tarde lideraria o Gabinete para o Cultivo da Literatura de Rosemberg [*Amt Schrifttungspflege*] – proezas que lhe garantiram a alcunha de "papa da literatura" no Terceiro Reich. Langenbucher aconselhou que quem não conseguisse compreender o "sentido de tragédia na vida de um poeta, soldado e alemão que transbordava de energia flamejante", deveria "deixá-lo em paz!". Na opinião de Langenbucher, Kleist afundava-se "sob o fardo da impaciência endiabrada"; uma "crença apaixonada infinitamente decepcionada em sua época e em seu povo". A sua era uma "vontade insolente que não hesitava em batalhar por seu povo", preferindo a morte à vida na escravidão. Seu destino abominável era a tragédia de um "poeta sem um povo": o povo "o deixou passar fome e frio, deixando-o em uma noite de desespero ilimitado". A época ainda não era propícia para Kleist,

---

523 STOLZING, J. "Dem Dichter der Hermannschlacht", *Völkischer Beobachter*, 15 de outubro de 1927.
524 KÖHLER, G. "Kunstanschauung und Kunstkritik", p. 27.

lamentou Langerbucher, cujos trabalhos "dariam forma poética" à era *depois* da grande batalha das nações, perto de Leipzig, em 1813.[525]

Até o *Völkischer Beobachter* dar crédito à Kleist como um artista literário, o jornal limitou seu reconhecimento do papel de Kleist como poeta da libertação alemã do controle napoleônico. Langheinrich o chamou de "o grande poeta da prussianidade" e depois de o "gênio dramático mais direto do povo alemão", acrescentando que havia "algo do espírito de Frederico, o Grande, no titã lutador, Kleist, porque ambos enfrentavam disputas em seus próprios campos enquanto travavam guerras amargas contra seus inimigos externos".[526] E então, não é de surpreender que, entre os trabalhos de Kleist, estava *A Batalha de Hermann*, a peça de Kleist sobre os membros das tribos alemãs que derrotaram invasores romanos na floresta de Teutoburger, que o *Völkischer Beobachter* tratou como sua principal obra. Segundo Stolzing, esse drama surgiu ao mesmo tempo em que o império dos Habsburgo se revoltou contra "o invencível" para dar-lhe seu primeiro revés, em Aspern. Como resultado, a "alma ardente [de Kleist] tinha nova esperança", então ele dedicou o "poema alegre para a vitória gloriosa". Apesar de *A Batalha de Hermann* nunca ter aparecido no palco durante a vida de Kleist, Stolzing acrescentou, "quando preocupações ansiosas nos perturbam; quando ficamos cheios de um medo corrosivo pelo futuro alemão; quando vemos como o deus Loki – sempre muito ocupado, mesmo em nosso tempo – divide os corações alemães com ódio e divergência; quando temos a necessidade inflexível de odiar, então recorremos a Kleist, por sua *Hermannsschlacht*!". Lá o herói se atira na batalha "com a fúria de um daqueles guerreiros germânicos sobre os quais os escritores romanos nos contavam: nus, brandindo suas armas – apenas uma clava pesada – com pulsos firmes".[527]

O *Völkischer Beobachter* fez algumas referências menores a alguns aspectos da arte de Kleist em vez de sua importância militar e política. E. Meunier escreveu que só as obras políticas de Kleist não poderiam determinar se ele era um ótimo poeta, lembrando aos leitores os contos "surpreendentemente justos" que ele produziu: "como cada palavra ali se encaixava muito bem, como cada cena era aderente, como sua linguagem era lúcida!".

---

525 LANGENBUCHER, H. "Heinrich von Kleist", *Völkischer Beobachter*, 22 de novembro de 1931.

526 LANGHEINRICH, F. "Zehn Jahre schöpferischen Lebens", *Völkischer Beobachter*, 20 de novembro de 1936.

527 STOLZING, J. "Dem Dichter der Hermannschlacht". Para uma discussão mais aprofundada das apropriações nacional-socialistas do Hermannschlacht de Kleist, ver VON KLEIST, H. *The Battle of Herrmann: A drama*, MAGSHAMHRAIN, E. (trad.) (Würzburg: Königshausen & Neumann, 2008), p. xxv-xxviii.

*A Moringa Quebrada* era "a mais bela prova da alma livre, grande e calma que podia viver no poeta se os problemas de seu tempo não o tinham deixado triste nem destroçado". Da mesma maneira, em *Pentesileia*: apesar de "rejeitado como uma amostra de imaginação excessiva", só um grande escritor poderia "arriscar essa reprovação ao adotar tal forma monumental".[528] Nessa obra, ele "derramou toda a dor e resplendor de sua alma".[529] Nas palavras de Hans Severus Ziegler – diretor geral do teatro nacional de Weimar, depois curador da exposição sobre Música Degenerada e poeta ocasional dos *Sonetos de Batalha para o Nacional-Socialismo*[530] –, Kleist era "para nós" o criador dos "tempestuosos e violentos", que eram engajados nos "imperativos categóricos do dever". Ele era "para nós" o criador dos "seres humanos reais de carne e osso", o "admirável poeta dos dois opostos da natureza feminina, Kätchen e Pentesileia", o "poeta da magia do temperamento romântico" e finalmente o "psicólogo consistente e o pensador instruído filosoficamente" que apresentou os "dramas realistas da era moderna ". Ziegler alegou que os nazistas estavam interessados no Kleist completo, "não apenas no arauto político e nacionalista; não só no ardente crítico de Napoleão; mas também no Kleist dos românticos *Kätchen von Heilbronn*; o poeta comediante de *Anfitrião* e de *A Moringa Quebrada*; o romancista de *Michael Kohlhaas*; o poeta trágico maduro de *Prinz von Homburg*; e, igualmente, o incomparável escritor de cartas".[531]

Apesar de tais avaliações, por meio de sua cobertura, o jornal se concentrou – e reproduziu – principalmente nas obras patrióticas de Kleist, como a famigerada *Germania an ihre Kinder* (Germânia para Seus Filhos):

> Colori todos os campos, todas as cidades
> Brancas com seus ossos
> Aqueles que os corvos e as raposas desdenham
> Entregai aos peixes;
> Represai o Reno com seus corpos.[532]

---

528 MEUNIER, E. "Heinrich von Kleist: Zu seinem 130. Todestag", *Völkischer Beobachter*, 21 de novembro de 1941.
529 LANGHEINRICH, F. "Zehn Jahre schöpferischen Lebens".
530 GASSERT, P.; MATTERN, D. S. (eds.) *The Hitler Library: A Bibliography*, p. 327. De acordo com Köhler, Ziegler contribuía ao *Völkischer Beobachter* regularmente, com ênfase na cena cultural de Weimar: KÖHLER, G. "Kunstanschauung und Kunstkritik", p. 27.
531 ZIEGLER, H. S. "Heinrich von Kleist", *Völkischer Beobachter*, 20 de outubro de 1927.
532 Reproduzido em STOLZING, J. "Dem Dichter der Hermannschlacht". Tradução de BUTLER, R. D. O. *The Roots of National Socialism, 1783-1933* (London: Faber & Faber, 1941), p. 52.

a *Kriegslied der Deutschen* [Canção de Guerra dos Alemães], e sua última estrofe:

> Só os franceses ainda se gabam
> No império alemão;
> Irmãos, pegai suas clavas
> Para que eles então recuem.[533]

e especificamente o *Catecismo para os Alemães*, com seu chamado para a adoração cega da Alemanha:

> Q: Amas tua pátria, não amas meu filho?
> A: Sim, meu pai, eu a amo.
> Q: E por que a amas?
> A: Porque é minha pátria.
> Q: Referes-te ao fato de Deus tê-la abençoado com muitas frutas, por ele tê-la decorado com muitos e belos trabalhos de arte, porque inúmeros heróis, sábios e líderes a honraram?
> A: Não, meu pai, tu estás tentando me enganar...
> Q: Então, por que amas a Alemanha?
> A: Eu já te disse, meu pai!
> Q: Você já me disse?
> A: Porque é minha pátria.[534]

A tendência predominante do jornal era demonstrar como as obras românticas de Kleist apoiavam-se em questões históricas e políticas. Segundo Uwe Lars Nobbe, havia "motivos profundos" para que a obra de Kleist "recebesse mais atenção e fosse considerada mais valiosa no Estado nacional-socialista do que antes". Não foi só por seu "estilo completamente germânico" nem por sua posição nacionalista – "patriótica no melhor sentido da palavra". Sem descanso, "ele conduziu o Romantismo sozinho – a mais além das formas de arte alemãs – para a meta que seus outros seguidores enxergavam, mas não conseguiam alcançar, porque eles tinham formações estéticas mais fracas". Nesse espírito, ele sempre "ficaria perto e ressoaria com o povo alemão como a arte alemã teve de fazer". Foi assim que Kleist conseguiu "permanecer moderno até o presente", quando os nazistas "apresentavam seus dramas pelo

---

533 VON KLEIST, H. "Kriegslied der Deutschen" in *Little Red Riding Hood: A Casebook* DUNDES, A. (trad.) (Madison, WI: University of Winsconsin Press, 1989), p. 98.
534 "Von der Liebe zum Vaterlande", *Völksicher Beobachter*, 23 de março de 1930.

país para todo o povo alemão". Nobbe explicou que tudo isso só ficou claro com a ascensão de Hitler.[535]

Na celebração de 150 anos de nascimento de Kleist, Josef Stolzing reuniu os elementos fundamentais da interpretação nazista dele para articular a importância do poeta na luta contra a fraqueza que enxergavam na república de Weimar. Tentando reanimar o patriotismo fervente que inspirou *A Batalha de Hermann*, Stolzing lamentou que o espírito do poeta se tornara uma "débil faísca ameaçada de extinção sob as cinzas de uma era fraca, desacostumada com as batalhas". Se o espírito desse grande alemão ainda estivesse vivo, então "bandeiras alemãs tremulando sobre o Reno mais uma vez estariam hasteadas dentro da *Welschenland* [França], o solo da Europa estaria balançando sob os passos ameaçadores de centenas de milhares de homens alemães, comprometidos com a vitória ou a derrota final e os portões iluminados de Walhalla se abririam para receber grandes multidões de novos membros!". Em honra à nação alemã, continuou Stolzing, "milhares e milhares de corações pulsantes" esperavam a chamada para o "grande banho de sangue de que precisamos para descarregar o sangue pútrido que se acumulou nos estratos domesticados como resultado da trapaça emasculadora de uma inquieta corrida de anões e parasitas estrangeiros que dominavam pelo poder do ouro". Mas o chamado ainda não havia ecoado: comparado com os "versos horripilantes" de Kleist, as canções nacionais que os alemães cantavam soavam fracas. É por isso que os nazistas "desejavam com todo o seu coração que as canções de batalha de Kleist – escritas em sangue – se tornassem propriedade comum dos alemães mais uma vez". Stolzing recomendou que os alemães precisariam "conjurar as sombras desbotadas do poeta imortal de sua tumba pacífica, para nos imergimos em sua obra imortal!".[536]

Ziegler aprovou Stolzing, considerando Kleist um herói nacional apesar de ele ter cometido suicídio e então se acomodou com extensas explicações desse aparente paradoxo. Como Ziegler explicou: "Nós não temos nenhuma escolha hoje, exceto recorrer a Kleist": ele tinha de tornar-se "propriedade do povo" mais uma vez, segundo Ziegler. Isso se aplicava principalmente pois a conspiração judaica proclamava, nas palavras do "judeu bolchevique" Ernst Toller, "Opa! Estamos vivos! Deixai os mortos descansar, alemães. Celebrai o progresso como sinal de Judas!". Em uma época dessas, "com o espírito e a alma em perigo, os alemães escrupulosos tiveram de declarar que amavam e precisavam

---
535 NOBBE, U. L. "Kleist und Wir", *Völkischer Beobachter*, 20 de novembro de 1936.
536 STOLZING, J. "Dem Dichter der Hermannschlacht".

de Heinrich von Kleist mais do que nunca" – apesar de seu suicídio. Ninguém poderia se preocupar com a forma da morte de um grande homem que cumpriu sua missão sagrada tão completamente: ele não tinha escrito todos os seus poemas e peças com seu sangue e assim se sacrificou por sua nação?". Quem deixasse esse legado para trás pode partir com uma consciência tranquila e grande coragem. Mesmo se "a terra alemã, há muito perdida" não pudesse reviver completamente, os nazistas queriam pelo menos dar força moral para sua meta final. Foi assim que Ziegler entendeu o verso de Kleist: "O poeta nasce em um povo para que este possa se encontrar quando estiver perdido".[537]

Como "mais uma vez era hora de começar a preparação para o conflito militar", Langenbucher deixou ainda mais explícitas as lições que os alemães deveriam aprender de Kleist: "basta da imagem velha e grosseira de Kleist que ainda é ensinada em muitas escolas alemãs (...) A juventude alemã precisa ver nele um novo começo e erguer suas obras como uma bandeira por um futuro melhor para o povo alemão".[538] Nos 125 anos de morte do escritor – lembrados na Alemanha nacional-socialista com uma Semana de Kleist (à qual Rosemberg compareceu pessoalmente) e a renovação do local no *Kleiner Wansee* onde ele tirou a própria vida[539] –, Hermann Claudius, um poeta que recebeu vários prêmios literários no Terceiro Reich por trabalhos cheios de temas nazistas, produziu um poema tributo honrando Kleist como o "mais alemão" de todos os seus contemporâneos:

> Era a batida do coração, todo coração –
> O filho mais alemão de todos os alemães!
> A força de sua obra
> Sacudiu a Alemanha.
> Mas seu chamado foi muito súbito.
>  Chocou e amedrontou
> Mesmo os melhores.
> E aí você afundou (...)
> Mas não completamente!
> A força de seu chamado
> Explodiu a colina.
> Hoje o Reich o agradece!
> O filho mais alemão de todos os alemães!

---

537 ZIEGLER, H. S. "Heinrich von Kleist".
538 LANGENBUCHER, H. "Heinrich von Kleist".
539 "Die Kleist-Woche in Bochum", *Völkischer Beobachter*, 20 de novembro de 1936.

E a batida de seu coração
Também bate em nosso peito!⁵⁴⁰

A recepção de Arndt e de Kleist pelo *Völkischer Beobachter* não foi uma surpresa, dado que ambos estavam fortemente envolvidos com o desenvolvimento da cultura nacionalista alemã durante a era napoleônica. Embora o jornal nazista minimizasse os aspectos não políticos de suas obras e carreiras, sua ênfase nas motivações políticas e até mesmo militares por trás de suas criações consistia em tradições antigas da interpretação desses autores.⁵⁴¹ Entretanto, o *Völkischer Beobachter* também demonstrou disposição para aceitar românticos que eram bem menos engajados politicamente, mais interessados no voo espiritual das exigências do período revolucionário. Consideremos, por exemplo, o caso de Johann Peter Hebel (1760-1826), autor de uma das mais concisas representações da indiferença ingênua com o mundo [*Weltfremdheit*] para aparecer na literatura alemã. *Kannitverstan* é um conto curto sobre um personagem simplório que aprende importantes lições de vida precisamente porque, enquanto trabalhava na Holanda, os holandeses não podiam entender uma palavra do que ele dizia e vice-versa. Nas mãos de Hermann Eris Busse, um prolífico autor de estudos etnológicos e ficção romântica, a "poesia vernacular" de Johann Peter Hebel estava vinculada à "linguagem do povo". Segundo Busse, o modo pelo qual Hebel compunha poesia era "o modo que o povo falava, agia, ria, amava, refletia, rezava e vivia". Da mesma maneira, em sua coleção de versos em dialeto alemânico, *Alemannische Gedichte* (1803), Hebel usou uma linguagem similar ao texto original da *Canção dos Nibelungos*, formulada antes mesmo do alemão clássico. Assim ele permaneceu próximo da linguagem original do povo, compondo como a "fonte de águas gasosas: forte, clara e refrescante". Busse concluiu que, acima de tudo, a "história deliciosa e informativa" de *Kanniverstan* – escrita em uma "pureza de linguagem nunca antes alcançada" – pertencia à "coleção de ferro da literatura mundial".⁵⁴²

---

540 CLAUDIUS, H. "Bekenntnis", *Völkischer Beobachter*, 20 de novembro de 1936.
541 De fato, no caso de Kleist, é ainda mais surpreendente que o jornal – com seus olhos de águia para tais coisas – não tenha se valido dos sutis indícios de antissemitismo que acadêmicos posteriores identificaram em seus escritos. Ver WARRACK, J. *German Opera* (Cambridge University Press, 2001), p. 270 e HERMANN, I. *Hardenberg: Der Reformkanzler* (Berlin: Siedler Verlag, 2003), p. 306.
542 BUSSE, H. E. "Johann Peter Hebel: Zum 175. Geburtstag", *Völkischer Beobachter*, 10 de maio de 1935.

A despeito da clara preferência nazista pelo lado de aço do Romantismo – junto da importância que o *Völkischer Beobachter* tipicamente colocava no engajamento dos artistas na política de seu tempo –, os editores do jornal estavam tão ávidos para se apropriar dos românticos que eles de vez em quando se associavam aos sonhadores apolíticos. Esse foi o caso do tratamento dado pelo jornal ao autor romântico mais "sobrenatural", Jean Paul Richter (1763-1825). Gustav Christian Rassy resumiu a vida de Jean Paul e sua importância para o jornal, concluindo que, se alguém pensasse em termos de jardinagem, poderia ser considerado um jardineiro que "se importava menos com caminhos organizadamente cortados e divisões cuidadosamente medidas com uma bússola, concentrando-se apenas no crescimento e no florescimento". Ao contrário da ordem matemática dos jardins franceses, continuou Rassy, a desordem de Jean Paul era "inteiramente alemã": se alguém tivesse gosto para os momentos de silêncio, "poderia então encontrar fadas nos dele".[543] E como Christian Friedrich Hebbel disse: "explicar Jean Paul é como explicar o nevoeiro". Mas o jornal ainda queria fazer de Jean Paul um ser político. Assim, em um conjunto de obra que incluía romances complexos e irracionais como *The Awkward Age* (1793) e *Titan* (1801-1802), estas foram as afirmações políticas que o *Völkischer Beobachter* decidiu serem merecedoras de reconhecimento e julgou adequadas para a publicação sob o subtítulo de *Credo Político*. Primeiro, uma declaração de um patriotismo geral:

> *Há temporadas de clima político: pontos decisivos para governos que vêm de cima. A Alemanha está trabalhando agora em um dessas épocas (...) Pois a Alemanha sofreu mais e por mais tempo e só lá as terras foram aradas por séculos pelas rodas dos canhões das diferentes nações: agora há uma terra sem cultivo e as ervas que crescem, com promessas de florescimento e crescimento pleno, apesar das intenções estrangeiras.*[544]

Depois, uma demonstração de esperança para uma "ideia nacional e salvadora":

---

543 RASSY, G. C. "Blumengarten der Dichtkunst: Zum 175. Geburtstag Jean Pauls", *Völkischer Beobachter*, 20 de março de 1938.
544 "Politisches Bekenntnis", *Völkischer Beobachter*, 20 de março de 1938.

*Mas o que vence no fim? A ideia! Se ela for o amor à pátria ou o sentido de liberdade, a honra ou a crença religiosa, ou ainda a devoção a um grande homem que personifique a liberdade ou a totalidade da terra natal e que junta os espíritos do mundo com o mundo dos espíritos. Se tal salvador fosse de vez em quando concedido ao Estado, então o Estado não precisaria de um exército e seu único trabalho seria manter a paz.*[545]

Um dos mais notáveis desvios que o *Völkischer Beobachter* fez pelo lado mais sonhador do Romantismo apareceu em agosto e setembro de 1923, quando o jornal publicou em fascículos o texto completo de um conto de 1918 de E. T. A. Hoffmann, *A Casa Deserta*. Nessa história macabra, o protagonista, auxiliado por um espelho mágico e um médico hipnotizador e telepata, consegue resolver o mistério da casa epônima e de seus sombrios habitantes. Em resposta, seus amigos o elogiam como um daqueles que de fato tem um "sexto sentido de morcego para a realidade profunda dos segredos inescrutáveis que nos cercam".[546] Entretanto, apesar dessa exceção ao publicar a desconcertante história de Hoffmann, a estratégia demonstrada do jornal em lidar com as figuras românticas – que falharam muitas vezes em alinhar-se graciosamente com os aspectos de aço do Romantismo – era de politizar e militarizar suas vidas e obras, mesmo enquanto reconhecia ao mesmo tempo as características especiais que eram tão conhecidas por seus leitores. Assim, quando veio a vez de Clemens Brentano (1778-1842), o *Völkischer Beobachter* reconheceu que o escritor era um "fanático muito sensível" cujo "reino estava nas nuvens". O jornal depois mencionou seu "temperamento irritadiço e musicalidade meridional" – traços herdados, segundo as teorias genealógicas do jornal, e por ser filho de um "obstinado" homem de negócios italiano e de uma "receptiva e gentil mãe alemã". Mas, apesar de tais reconhecimentos, a ênfase do jornal permaneceu nas reações de Brentano às circunstâncias políticas de seu tempo. Analisando o período de 1778 a 1842, o jornal percebeu que a vida de Brentano abrangeu uma "crise mundial" que "forçou os alemães a confrontarem os eventos de sua época". Consequentemente, mais até do que na época de Schiller e Goethe, um "sentido histórico" tornou-se inato à geração romântica; assim, enquanto Herder ensinou os alemães a reconhecerem a natureza e o povo como as mais altas

---

545 "Politisches Bekenntnis".
546 HOFFMANN, E. T. A. "Das öde Haus", *Völkischer Beobachter*, 30 de agosto de 1923. Traduções de *The Lock and Key Library: German Stories* (New York: Reviews of Reviews Co., 1909).

forças da existência, Brentano e Arnim tornaram essas noções úteis na vida cotidiana. Por meio deles, o "sentimento pelo que era nacional", a apreciação pela verdadeira cultura popular e a consciência da pátria, alcançaria seu "florescimento completo" nas canções e lendas e, com sua aplicação total nas Guerras de Libertação, tornou-se "propriedade comum de todos os alemães".[547] Acima de tudo, o jornal sustentou que a antologia escrita em conjunto por Brentano e Arnim, *The Boy's Magic Horn* (1805-1808), contribuiu para o surgimento de uma consciência nacional, e assim essa "maravilhosa coleção de canções populares" equivalia a um "feito político-cultural especial". Aparecendo sob o governo napoleônico "como um buquê multicolorido", ele conduziu o povo alemão à "autocontemplação espiritual".[548] Segundo um especialista em Wagner, Paul Bülow – que escreveria um tributo a "Adolf Hitler e o círculo de Bayreuth" (e que depois daria uma cópia ao seu *Führer*)[549] – *The Boy's Magic Horn* fazia da "força mental" um traço permanente do povo, que era evidente na época de seu surgimento e na década de 1930.[550] O *Völkischer Beobachter* afirmou que tais obras de Brentano e de seu círculo estimulavam a juventude a "estudar com cuidado o povo e o passado alemão nas sagas, histórias, arte, poesia, e outros documentos do espírito alemão" para contribuir com o desenvolvimento da literatura histórico-nacional.[551]

Da mesma maneira, embora o *Völkischer Beobachter* reconhecesse que os irmãos Grimm foram fundadores do "estudo científico das línguas germânicas", o jornal estava muito mais interessado em apresentar evidências de que ao menos um deles tinha expressado visões antissemitas. Um artigo sobre "poemas antissemitas antes desconhecidos" descreveu uma obra que Wilhelm Karl Grimm (1786-1859) publicou no *Rose Garden of German Poetry* (1831) como um "deslumbrante reconhecimento do progresso da guerra de Siegfried contra o dragão judeu". O jornal então reproduziu o poema, intitulado *Acorda, Minha Alemanha!*:

---

547 Dr. GERNET-BEÜRLE, "Vom deutschen Geist der Spätromantik: Clemens Brentano zu seinem 100. Todestag", *Völkischer Beobachter*, 29 de julho de 1942.
548 Idem.
549 GASSERT, P. MATTERN, D. S. (eds.) *The Hitler Library*, p. 66.
550 BÜLOW, P. "Romantik des Volksliedes: Zum 100. Todestag Achim von Arnims", *Völkischer Beobachter*, 21 de janeiro de 1931.
551 Dr. GERNET-BEÜRLE, "Vom deutschen Geist der Spätromantik: Clemens Brentano zu seinem 100. Todestag".

*Alemanha (...) é um pequeno gigante angelical,
Ela pode arrancar carvalhos do solo,
Bater nas costas dos judeus até que estejam doloridas,
Golpear suas cabeças sem grande esforço (...)
Acorda! Um dia, como Siegfried, você
Matará o dragão judeu.
Escorrendo do céu alemão
Germânia lhe agradece por seu despertar.*[552]

O *Völkischer Beobachter* exclamou que essa "poderosa canção do amor mais profundo pela pátria e do ódio sagrado e ardente pela ameaça judaica" soava como se "hoje mexesse com o sentimento alemão pela primeira vez" e "não cem anos antes".[553] Assim, esse poema malicioso ganhou mais atenção no jornal do que qualquer outro conto de fadas que seu autor escreveu com seu irmão.

Ainda assim, a tensão impregnada na recepção do *Völkischer Beobachter* do Romantismo era ainda mais palpável em seu tratamento de Josef von Eichendorff (1788-1857). Por um lado, Herbert Müller, um colaborador regular do jornal a partir de 1926, apresentou-o como poeta do mundo dos sonhos alemão, afirmando que havia um "charme único em seus poemas: um doce ar de fantasia, de onde uma magia comovente se manifestava". A "maravilhosa magia espiritual" da poesia de Eichendorff consistia em "uma mistura de natureza e emoção, o aparecimento de delicadas e doces vozes matinais, o amável desejo cheio de nostalgia infinita na luz noturna do campo (...) o entusiasmo alegre pela primavera no viajante do mundo, amigos encantados pela beleza das florestas alemãs".[554] Era talvez esse o lado de Eichendorff que o jornal tinha a intenção de ressaltar quando reproduziu sua obra mais famosa, *The Memoirs of a Good-For-Nothing* (1826) – tão cheia de elementos que Müller considerou belos –, em fascículos por dez dias em abril de 1929.[555] Mas, ao mesmo tempo, Müller equilibrou essa descrição do aspecto onírico de Eichendorff com apelidos mais nacionalistas e até militaristas como "o poeta *volkstümlich* [popular], genuinamente ale-

---

552 Existe o registro de um poema muito parecido que supostamente foi escrito em 1840 por Heinrich Heine!
553 "Auf ünbekannte anti-Semistische Gedichte von Franz Grillparzer und Wilhelm Karl Grimm".
554 MÜLLER, H. "Der letzte Ritter der Romantik", *Völkischer Beobachter*, 16 de junho de 1926.
555 EICHENDORFF, J. "Aus dem Leben eines Taugenichts", *Völkischer Beobachter*, 13-26 de abril de 1929.

mão" e "o último cavaleiro do Romantismo".[556] Da mesma maneira, Rudolf Hofmüller discutiu os aspectos líricos das obras de Eichendorff, mas também o fez sob o título "O último cavaleiro do Romantismo". Eichendorff, segundo Hofmüller, era popular porque expressava ideias essenciais de modo "bastante simples, descomplicado, mas ainda assim de um estilo transfigurador que tocava a parte mais profunda de todos". Tudo saía de um "coração puro e íntimo – de uma experiência humana sempre válida": cada um de seus "poemas alegres" era uma "expressão íntima do espírito alemão e da experiência romântica da vida". Nenhum poeta anterior tinha capturado em "tons tão móveis o sentimento e os humores, a saudade e a busca, os aspectos inconscientes e inefáveis de uma alma perdida para um sonho".

Ainda assim, Hofmüller manteve fielmente o paradoxo que caracterizava a cobertura do Romantismo feita pelo *Völkischer Beobachter*, insistindo que, apesar das qualidades oníricas dos trabalhos de Eichendorff, o poeta era "realista" no sentido de ser militar e politicamente ativo. Hofmüller disse que Eichendorff mereceu atenção especial em 1938, porque "como todo o movimento romântico, o empenho e os efeitos desse espírito ardente e másculo" provavam que a criação poética não era uma "atividade irreal". Eichendorff dedicou-se completamente à sua poesia, mas não esqueceu o mundo no qual ele habitava: ele serviu ao Estado como soldado no *Lützows Freikorps* e como conselheiro no Ministério Prussiano da Educação. Os nazistas, concluiu Hofmüller, que quisessem recuperar a "terra natal da legítima cultura alemã com um empenho honrável" tinham de respeitar e amar Eichendorff como o arauto das "forças essenciais da alma alemã".[557]

O crítico Konrad Karkosch apresentou essa visão dualista mais uma vez em 1941. Primeiro, Karkosch afirmou que Eichendorff era um daqueles autores que "eram populares no sentido mais verdadeiro da palavra". Acima de tudo, suas "deliciosas" *Memoirs of a Good-For-Nothing* tinham se tornado "propriedade comum" de todo o povo alemão e não poderia mais ser imaginado como separado de sua vida cultural. Mesmo assim, como Karkosch explicou, era essencial que "sua vida sentimental estivesse ancorada e enraizada na de seu povo". Era preciso apenas pensar em seu poema *Aquele que em terras distantes divaga* (*Wer in die Fremde will wandern*) (1826) – em que ele falou da "grande Alemanha da qual ele sentia saudades e amava enquanto estava

---
556 MÜLLER, H. "Der letzte Ritter der Romantik".
557 HOFMÜLLER, R. Der letzte Ritter der Romantik: Zum 150. Geburtstag Eichendorffs", *Völkischer Beobachter*, 10 de março de 1938.

em terras estrangeiras" – para perceber que, enquanto o "segredo silencioso da natureza impassível" vinha por meio de sua poesia, Eichendorff passou sua vida "entre a escrivaninha e a ação" – fazendo serviços honráveis como funcionário e oficial quase até o fim de sua vida.[558]

No caso de Wilhelm Müller (1794-1827), autor de *The Fair Miller-Maid* (1820) e *The Winter Journey* (1823), ambas adaptadas por Schubert, o jornal desenvolveu uma interpretação "heroica" baseada em suas *Songs of the Greeks* (1821). Durante sua vida, elas estavam entre as obras mais conhecidas do poeta e acabaram por lhe garantir o apelido "Müller dos Gregos" (*Griechen-Müller*). Como o *Völkischer Beobachter* noticiou, as canções não só davam apoio ao heroico povo grego, como também vinham para simbolizar a causa grega por toda a Alemanha no século XIX. Mais importante, para o jornal, foi que "sua verve heroica e seu ardente entusiasmo ainda eram válidos e podiam dar aos jovens corações uma lição de convicção heroica". Apesar de originalmente associada à política liberal, esse "poder de inspiração política" fez *As Canções dos Gregos* mais importantes para o *Völkischer Beobachter* do que os mais conhecidos ciclos de *Waldhorn* de Müller, que eram histórias que Schubert musicou sobre viajantes desolados e suicidas.[559]

Talvez o exemplo mais estranho dos esforços do jornal para reforçar os aspectos de aço do Romantismo alemão tenha sido seu argumento de que os poemas de Friedrich Hölderlin (1770-1843), conhecido por seu aspecto sobrenatural, eram "acima de tudo políticos!". Horst Rüdiger, autor de muitos livros sobre as literaturas grega e latina e editor de várias edições de Goethe, estipulou que "o que seus contemporâneos não entenderam" foi descoberto primeiro pelas gerações seguintes: a poesia de Hölderlin era "poesia política no sentido mais puro da palavra; ele era um poeta nacionalista da mais alta patente". Sob as "botas de ferro dos exércitos napoleônicos", sua heroica luta pelo "conteúdo da alma alemã pela poesia" permaneceu quase totalmente desconhecida em seu tempo. Entretanto, suas canções "aplicavam-se exclusivamente à natureza alemã e sua validade sobreviveria enquanto os alemães sobrevivessem".

Segundo Rüdiger, o que era mais etnocêntrico era a íntima ligação entre seu trabalho e a natureza; a poesia de Hölderlin "repousava na amistosa fraternidade de sua terra natal, a Suábia". Acima de tudo, ele

---

558 KARKOSCH, K. "Eichendorff und die deutsche Seele: Zu seinem Todestage am 26 November", *Völkischer Beobachter*, 21 de novembro de 1941.
559 "Wilhelm Müller: Zum 100. Todestage des Dichters der Griechenlieder", *Völkischer Beobachter*, 2 de outubro de 1927.

nunca foi infiel à sua terra natal e, em troca, o "anjo da pátria" nunca o abandonou. Ele cantava com alegria sobre Stuttgart e Heidelberg, "a mais bela das cidades da pátria"; dedicou seus hinos festivos para os "grandes rios alemães, o Neckar, o Main, a fonte do Danúbio e o abençoado vale do Reno"; e alentava seus poemas com a "antiga crença germânica na profundidade da alma da natureza". Mas, além de comunicar-se com a natureza, Hölderlin estava sempre "procurando pelo povo capaz de ouvi-lo", pronto para assumir a "luta para alcançar o mais alto nível de realização na política, na arte, na beleza e no espírito". Ele manifestou esse sentimento mais profundamente na *Canção dos Alemães* – um poema que Rüdiger julgou ser "a mais magnífica declaração em língua alemã para uma consciência etnocêntrica e política madura".[560]

> Ó sagrado coração do povo, ó pátria!
> Tolerante, como a silenciosa mãe natureza (...)
> Eu descansava tranquilo em sua terra quando a aurora veio.
> E em suas margens eu vi cidades florescerem,
> Onde o trabalho duro é feito silenciosamente nas oficinas,
> Onde seu sol suavemente guia artistas aos pensamentos sérios (...)
> Seja honrada, minha pátria,
> Por amadurecer o fruto da época!

Mas, durante sua própria época, "a pátria de Hölderlin não deu atenção à sua voz solitária": apesar de ele ser "o poeta alemão que mais desfrutava dos prazeres da comunidade", a solidão foi seu destino. O "cantor sem-teto" sofreu porque seu espírito de comunidade permaneceu insatisfeito em uma era de cultos à personalidade: a terra natal pela qual ele ansiava com cada parte de sua alma foi roubada por uma "cidadania do mundo" que não podia ser unificada.[561]

Hermann Burte, que recebeu vários prêmios no Terceiro Reich por seus poemas e romances etnocêntricos, descreveu Hölderlin como tendo "desaparecido" um século antes. Mas, na Alemanha nazista, ele era reconhecido como "incomparável, inigualável, o mais superior, o mais puro de todos". Na época de Hitler, o povo tinha "amadurecido e tomado coragem": queria ascender "à altura de Hölderlin". Tinha aceitado

---

560 RÜDIGER H. "Hölderlin", *Völkischer Beobachter*, 20 de março de 1935. Para uma discussão sobre o discurso sobre Hölderlin na cultura nazista especificamente relacionado às interpretações de Heidegger, ver FAYE, E. *Heidegger: The Introduction of Nazism into Philosophy in Light of the Unpublished Seminars of 1933-1935* (New Haven, CT: Yale University Press, 2009).
561 RÜDIGER H. "Hölderlin".

sua mensagem como uma "verdade íntima" e conseguiu alcançar sua "sabedoria varonil". Ele foi um "cantor do futuro e da eternidade alemãs" como nenhum outro – a chama cantante ao redor da qual o povo se reuniu". Ele "tocou o coração do povo e o povo deu-lhe seu coração em troca". Ademais, antecipando um "Reich ideal dos alemães", ele glorificou as batalhas como nenhum outro, afirmando que "o sofrimento traria mudanças em um dia que do contrário não aconteceriam em um século". Portanto, Burte concluiu, "ele é nosso homem, nós somos seu povo; nós o reconhecemos como O Grande Poeta dos Alemães".[562]

Como essa interpretação de Hölderlin sugere, o *Völkischer Beobachter*, no fim das contas, procurou identificar na literatura romântica um antecedente cultural para o tipo do *Führer*; de fato, um *proto-Führer* que, como mostrado pelas lentes da história, podia ser visto prefigurando (e servindo como o modelo) do tipo de líder que o jornal considerava ser necessário para concretizar o destino alemão. Mas, para os editores do jornal, os fatos incômodos da conhecida instabilidade mental de Hölderlin fizeram do escritor uma escolha não tão boa para esse propósito. A melhor fonte era Goethe.

Não é surpresa que o jornal escolheu não fazer referência a *Os Sofrimentos do Jovem Werther* (1774) para esse propósito, desconsiderando seu principal personagem com apenas uma menção: "O autossacrifício de Werther foi supérfluo e tais atividades são particularmente perigosas para os alemães"; em vez de uma "solenidade sem fim, uma atitude evasiva constante e sentimentos de culpa", o movimento nazista "daria aos jovens um senso de responsabilidade honrável, limpo e claro".[563] Assim, ao evitar Werther – junto com Egmont e Torquato Tasso –, o jornal virou-se para a figura de Fausto. De modo franco, o *Völkischer Beobachter* alegou uma afinidade nazista com o personagem de Fausto em termos estéticos, que eram tingidos com teorias racistas: o poema de Goethe era "a mais poderosa expressão poética do espírito nórdico-ocidental"[564] e o personagem principal de Goethe era a "mais pura personificação do ser aristocrático nórdico". Um homem desses tinha de ter "a coragem de ser ele mesmo, uma característica da qual todos os outros fogem em peso".[565] Nessa tendência, Georg Schott, o próprio "arauto de

---

[562] BURTE, H. "Friedrich Hölderlin: Zu seinem 100. Todestag", *Völkischer Beobachter*, 6 de junho de 1943.
[563] L., "Im Geiste Goethes und Jean Pauls"..., *Völkischer Beobachter*, 10 de fevereiro de 1935.
[564] W. St., "Goethes Urfaust", *Völkischer Beobachter*, 15 de novembro de 1931.
[565] HOTZEL, Curt. "Friedrich Nietzsches Umnachtung", *Völkischer Beobachter*, 3 de janeiro de 1939.

Hitler", foi um dos primeiros a elevar o líder nazista a *Führer* alemão, dada uma análise moderna de Fausto – representando-o como o "ideal de Goethe de um *Führer*".

A análise de 1932 de Schott – que serviu como base para seu livro de 1940, *Goethe's Faust in Present Day* – concentrou-se na segunda parte da peça, em que, segundo ele, dois modelos políticos opostos claramente surgiram. O primeiro está na figura do imperador, cuja autoridade não foi "adquirida, mas meramente herdada". Para Schott, a personalidade do imperador possui "características notáveis ou nobilidade", mas ele não exibe "a vontade de governar, autonomia de decisão nem determinação". Um grande problema é sua "gentileza indiscriminada com todos". Ademais, nos momentos tensos, ele depende da questionável ajuda dos outros. O segundo é a figura de Fausto, que existia como "o representante não ungido do Terceiro Reich". Ele é cheio do espírito governante e "ao dar ordens encontra sua felicidade".[566] Na visão de Schott, Fausto era, portanto, "o líder natural do povo" que tinha "um grande ideal em mente, superior a todas as contingências": "Ficar em uma terra livre, com um povo livre".

De acordo com Schott, Fausto nasceu para governar: "ele é o *Führer* em posse de todos os dons necessários – cuja adequação para governar brilha em seus olhos". "Algo grande me tenta!", ele admite com franqueza.[567] Quando Mefistófeles diz que seus planos são movidos pela ambição pela fama, Fausto o corrige: "A fama não é nada, a façanha é tudo".[568] Segundo Schott, Fausto tinha o "gênio ativo e mundano" necessário para alcançar suas elevadas metas para o mundo – mas, para entender a natureza delas, Schott explicou, alguém deveria cuidadosamente ler o quarto ato da segunda parte e então comparar a situação descrita lá com "aquela de hoje". Fausto chega em uma nuvem que o carregava sobre a terra e o mar, permitindo-o ver a vastidão e a beleza do mundo. Ele vê a maré baixar e subir e, quando as águas recuam, ele nota novas regiões costeiras emergentes. Com base nessa visão, ele desenvolve um plano para produzir novos territórios, colocando em uso no processo as "ideias com as quais ele tinha dificuldades dia e noite" no processo. Para articular a natureza dessas ideias, Schott buscou fora do texto de Goethe e colocou na boca de Fausto um *slogan* nacional-socialista – baseado no título do livro de Hans Grimm:

---

566 VON GOETHE, Johann Wolfgang. *Faust: A Tragedy,* ARNDT, W. (trad.); HAMLIN, C. (ed.) (New York: W. W. Norton, 1976), p. 261, v. 10253.
567 GOETHE,. *Faust: A Tragedy*, p. 258, v. 10134.
568 GOETHE,. *Faust: A Tragedy*, p. 259, v. 10188.

"Povo em perigo! Povo sem espaço!" ("*Volk in Not! Volk ohne Raum!*"). Quando o conceito de espaço vital [*Lebensraum*] nazista foi inserido na peça, a noção de que "algo grande tenta" Fausto tornou-se compreensível: "uma ideia nacional e social de dimensões inacreditáveis cresce dentro dele": "a fundação de um novo Estado, no qual um povo livre estará em uma terra livre".

Schott então citou diretamente do drama mais uma vez, sugerindo que o projeto de gerenciamento de águas de Fausto antecipava os sonhos populares de mais espaço vital para os alemães modernos:

> *Eu abriria espaço para milhões viverem*
> *Não de forma segura, mas em livre resiliência.*
> *Exuberante terra não cultivada e rebanho que aos homens rendem frutos*
> *Rápidas safras e conforto dos campos virgens,*
> *Novas propriedades perto dos confiáveis pilares de sustentação*
> *Murados por uma raça corajosa e de mãos calejadas.*[569]

"Vemos agora, em sua dimensão mais profunda, a mensagem secreta de Fausto, o líder nato?", Schott perguntou. O imperador considera seu dever apenas se manter na liderança de seu povo, mas a crise desse tempo exige mais: "algo mais alto, superior – a ideia que se tornou consciente em Fausto, o líder nato do povo". Ainda assim, Fausto não entra em competição direta com o imperador. Ele não questiona sua estatura: em outras palavras, Schott conclui, "ele não é um revolucionário". Mas a situação demanda algo novo: "um passo decisivo adiante deve ser tomado"; o "povo precisa aprender a ter metas mais elevadas". Dar esse decisivo passo adiante é a tarefa do *Führer*; não conseguir fazê-lo "não seria uma questão de modéstia ou virtude, mas um recuo irresponsável da vontade da vida". Com essa "nova verdade" surgem noções igualmente importantes de o que as "qualificações e obrigações de um legítimo *Führer* – um verdadeiro político – são". A política e as artes do Estado envolvem a "vontade e o poder para levantar as condições enfraquecidas do povo – para liderá-lo para além de si mesmo". Schott acreditava que isso era o que Fausto quis dizer ao falar: "o solo deste planeta concede espaço para abundantes feitos nobres, eu sinto as realizações incríveis, sinto a força em mim para a labuta corajosa".[570]

---

569 GOETHE, *Faust: A Tragedy*, p. 294, v. 11563.
570 GOETHE, *Faust: A Tragedy*, p. 259, v. 10181.

Concluindo essa associação não tão sutil entre Fausto e o novo *Führer* que ele aguardava em 1932, Schott insistiu que alguém deveria considerar *Fausto* dessa perspectiva de modo a entender as "grandes ligações" entre a situação no texto de Goethe e aquela da Alemanha no final da república de Weimar. Ele fechou com uma referência direta a eventos políticos cruciais que aconteciam quando ele escreveu tal interpretação: "Deixe as próximas semanas e meses trazerem o que tiverem de trazer: nosso povo repousa como uma criança no útero de sua mãe e, quando for a hora, renascerá no mundo". Apesar do modo crítico, um ano antes da "tomada de poder", Schott expressava confiança de que o *Führer*-Fausto viria em breve – determinado a obter mais espaço vital para a Alemanha.[571]

---

571 SCHOTT, Georg "Goethes Ideal vom *Führer*: Eine zeitgemässe Faustbetrachtung", *Völkischer Beobachter*, 9 de março de 1932.

# 9

# A Música Romântica Como "Nosso Maior Legado"

A declaração anterior deixou claro que o *Völkischer Beobachter* trabalhava de modo incansável para estabelecer que os compositores alemães das eras barroca e clássica expressaram na música os ideais germânicos, patrióticos, antissemitas e de natureza popular que viriam a se realizar completamente sob o nacional--socialismo. Dada a postura geral de que a música era a "mais alemã das artes" – e seu comando era parte integral de qualquer definição pertinente de *Bildung* –, era uma prioridade para os jornalistas nazistas continuar a estabelecer associações íntimas com os grandes compositores do século XIX.[572] Consistente com sua tendência à

---

[572] A literatura sobre a *Musikpolitik* nas culturas alemã e nacional-socialista evoluiu muitíssimo nos últimos 20 anos. Como representante de suas conclusões, cito uma das primeiras contribuições para o campo, enquanto reconheço os diversos acadêmicos que o constroem desde o começo. "Compositores, artistas, educadores, críticos e musicólogos famosos contribuíram, por meio de afirmações, manifestos, artigos e livros com a justificativa da estética e práticas totalitárias. Esse desenvolvimento teve um papel crucial na legitimização do poder nazista na esfera cultural (...) Os musicólogos do terceiro Reich tiveram um papel especialmente importante nas questões de definição e posterior revisão do passado musical.

cultura romântica como um todo, a música daquela época – que, de sua perspectiva, alcançou seu zênite nas óperas de Wagner – foi apresentada como a maior joia do legado cultural do Terceiro Reich e como nascente estética para qualquer música que dali em diante emergiria da experiência nazista.

Goebbels apresentou essas ideias em um discurso que abriu o Reich Music Days em Düsseldorf em 1938. Alegando que a "fama da Alemanha como a nação da música deveria ser mais uma vez revelada e provada", ele falou sobre o desenvolvimento de uma tradição musical nazista como um todo, a ponto de especificar as características fundamentalmente românticas que deveria manter: "que os princípios que desde os tempos imemoriáveis são a fonte e a força condutora por trás de nossa música germânica mais uma vez sejam apresentados e reconhecidos". Por tais "princípios", Goebbels claramente se referia às noções românticas de música como a expressão mais profunda do espírito e da emoção:

> *A música é a mais sensual das artes e por isso apela mais ao coração e às emoções do que ao intelecto (...) A linguagem dos tons musicais às vezes é mais eficiente do que a linguagem das palavras. Por esse motivo, os grandes mestres do passado*

---

Treinados em sua disciplina e devidamente preparados politicamente, eles aplicaram as categorias nazistas para conceder aos músicos germânicos um *status* de herói, como possíveis precursores e profetas, enquanto as palavras, ações e feitos musicais desses mesmos grandes mestres eram citados como confirmação dos ideais nazistas (...) Equipados com as normas raciais e populares, os musicólogos vascularam as culturas musicais do passado e do presente para verificar as verdades nazistas, eliminar os componentes estrangeiros e decadentes indesejáveis e estabelecer uma arte vinculada ao popular, como confirmação do mito nazista do "sangue e solo": MEYER, Michael. "The Nazi Musicology as Myth Maker in the Third Reich" in *Journal of Contemporary History*, 10(4), 1975:, p. 649-665. Ver, entre os livros sobre o tema, LEVI, *Mozart and the Nazis*; KATER e RIETHMÜLLER, *Music and Nazism*; PAINTER, Karen, *Symphonic Aspirations: German Music and Politics, 1900-1945* (Cambridge, MA: Harvard University Press, 2007); VAZSONYI, Nicholas (ed.), *Wagner's Meistersinger: Performance, History, Representation* (University of Rochester Press, 2004); ETLIN (ed.), *Art, Culture, and Media under the Third Reich*; APPLEGATE e POTTER (eds.) *Music and German National Identity*; POTTER, *Most German of the Arts*; KATER, *The Twisted Muse*; DENNIS, *Beethoven in German Politics*; CUOMO, *National Socialist Cultural Policy*; STEINWEIS, *Art, Ideology, and Economics in Nazi Germany*; LEVI, *Music in the Third Reich*; DÜMLING, Albrecht e GIRTH, Peter, *Entartete Musik: Banned by the Nazis* (Los Angeles Philharmonic Association, 1991); GILLIAM, *Music and Performance during the Weimar Republic*; MEYER, *The Politics of Music in the Third Reich*; TAYLOR e VAN DER WILL, *The Nazification of Art*; HEISTER e KLEIN, *Musik und Musikpolitik im faschistischen Deutschland*; WULF, *Musik im Dritten Reich*; e PRIBERG, *Musik im NS-Staat*.

*representam a verdadeira majestade de nosso povo e merecem reverência e respeito. E como filhos de nosso povo eles são os verdadeiros monarcas desse povo pela graça de Deus e estão destinados a receber a fama e a honra de nossa nação.*[573]

O primeiro dos "monarcas" românticos da música, a quem o *Völkischer Beobachter* concedeu tal referência, foi Franz Schubert (1797-1828), e sua principal tarefa foi analisar sua genealogia. O jornal estipulou que Schubert não "era vienense de sangue", porque descendia pelo lado paterno do "sangue de um fazendeiro da Morávia" e da Silésia pelo lado materno.[574] Segundo o musicólogo Alexander Witeschnik, que escreveria de modo prolífico nos anos pós-guerra, Schubert personificava a "personalidade séria e laboriosa" dos sudetos alemães que se estabeleceram na região e ajudaram a criar Viena. Assim como as "virtudes de tantas estirpes [*Stämme*] alemãs se uniam em Viena", o mesmo valia para Schubert: os "poderes espirituais acumulados em seus ancestrais por séculos" desenvolveram-se nele em um grau tremendo; junto com os vienenses, portanto, os sudetos alemães "sentiam sua cara terra natal em suas obras".[575] O jornal esclareceu que, mesmo assim, foi a cidade de Viena que "despertou as sementes criativas que residiam no sangue de sua família", munindo o ambiente no qual suas obras ressoariam melhor.[576] Como Witeschnik colocou: "batizado na fonte musical de seu solo", Schubert personificava o "*Ur-Wienerisch*, o gênio nativo, a encarnação clássica da alma musical vienense". Todas as "vozes secretas da cidade entraram em sua vida e obra – tanto o brilhante como o sombrio – e ele se tornou o símbolo eterno de Viena, a cidade da música".[577] Mas, como outro colaborador alertou, se alguém descrever Schubert com a encarnação do espírito vienense no sentido de ser um "gênio feliz, brincalhão e de festa" [*Kneipgenie*], estaria julgando mal sua natureza. Sendo originário das classes mais baixas, Schubert nunca esteve livre de preocupações: se, depois de horas de trabalho exaustivo no qual ele "derramava o puro ouro de sua essência",

---

573 GOEBBELS, Joseph. Berlin, 28 de maio de 1938 in HUENER e NICOSIA (Eds.) *The Arts in Nazi Germany*, p. 184.
574 MÄHR-ALTSTADT, G. B. "Franz Schuberts Abstammung", *Völkischer Beobachter*, 17 de novembro de 1928.
575 WITESCHNIK, Alexander. "Franz Schuberts Wienertum", *Völkischer Beobachter*, 16 de fevereiro de 1943.
576 MÄHR-ALTSTADT, G. B. "Franz Schuberts Abstammung".
577 WITESCHNIK, Alexander. "Franz Schuberts Wienertum."

ele partia para a região das vinícolas – "para a sociedade feliz" –, ele só o fazia para recuperar as forças para os desafios do dia seguinte.[578]

Forçando a associação do compositor com a cultura vienense nos termos do século XX, Josef Stolzing sustentou que a Viena da década de 1920 não poderia mais "gerar um Schubert", pois a cidade tinha se degenerado em um palco para a "mais exagerada tolice das operetas judaicas". Ao descrever a Viena contemporânea e como ela tinha mudado desde que estivera lá como soldado da Primeira Guerra Mundial, Stolzing denunciou todos os desenvolvimentos modernos que "cobriram o mundo do compositor". Ainda assim, muito embora "circulasse" uma mentalidade jazzística do período pós-guerra, Stolzing sustentou que, fundamentalmente, os alemães estavam sempre "em busca de Schubert". Principalmente em tempos de "pobreza interior e mediocridade comovente", sua imagem tornou-se "duplamente pesada com sua promessa". O contínuo, ainda que degenerado, gosto popular pela opereta, a *Dreimäderlhaus* (1916), e os filmes *kitsch* sobre sua vida eram expressões do desejo de se reconectar com aquele "passado longínquo e a espiritualidade distante cuja imagem, apesar de distorcida, ainda transmitia um sentido indestrutível de bênção".[579]

Além dessa intensa correlação de Schubert com a Viena antiga, o jornal também trabalhou com afinco para associá-lo à "grande Alemanha", muitas vezes de modo surpreendente. Um caso foi o artigo intitulado "As viagens de Schubert para a Prússia: uma história da pátria além das fronteiras étnicas e regionais", escrito por Walter Persich, autor de romances históricos sobre as ferrovias de Bagdá, bem como, em 1940, de *The Private Winston Churchill: Adventurer, Lord, and Criminal*. A contribuição de Persich foi um relato fictício das viagens de Schubert em uma turnê de concertos – circunstâncias que, claro, nunca ocorreram. Depois de visitar Praga e Dresden, ele vai a Berlim e lá, exausto, é tentado a desistir da viagem e retornar à sua cidade. Em vez disso, ele sai para caminhar e, depois de passar pelo portão de Brandemburgo, vê uma propaganda das apresentações de *Fidelio* e de *O Casamento de Figaro*, encenadas na Ópera Real. Com isso, o sol atravessa as brumas de um dia nebuloso, os pássaros começam a gorjear e Schubert vai andando até seu cômodo "como um homem diferente de quando ele tinha passado pelo portão para deixar Berlim para trás". Ele percebera que, "por trás das diferentes faces, o mesmo coração alemão sempre

---

578 MÄHR-ALTSTADT, G. B. "Franz Schuberts Abstammung".
579 STOLZING, Josef. "Auf den Spuren Schuberts", *Völkischer Beobachter*, 17 de novembro de 1928.

bate: seja em Viena, Praga, Dresden ou Berlim, era uma só pátria – a terra natal da música dos maiores mestres e a pátria de sua música".[580]

Sentimentos similares podem ser encontrados em um discurso de Friedrich List, presidente da Liga dos Cantores Alemães [*Deutscher Sängerbund*], que o jornal cobriu nos cem anos da morte de Schubert. List abriu dizendo que um século tinha se passado desde que a criatividade de Schubert terminou em uma morte muito precoce. Mas os contemporâneos ainda sentiam a força espiritual do compositor, que "deixava a alma e o coração alemão fluir na música". Suas canções [*Lieder*] "abrangiam todos os alemães – por onde quer que estivessem espalhados pelo mundo – como uma faixa unificadora". Se seus corações parassem de responder a Schubert, "os alemães se perderiam, a alma alemã deixaria de existir".[581] Da mesma maneira, na visão de Hans Buchner, o sentido de gênio que "o povo alemão extraía de seus melhores filhos – a despeito da distância e do tempo, sofrimento e miséria – irradiava da profunda tragédia da curta existência terrena de Schubert". Ninguém que "abertamente defendesse seu comprometimento com o estilo etnocêntrico" conheceu Schubert sem sentir uma "impressão indelével".[582] Com suas canções, segundo afirmou o ministro de Cultura bávaro Franz Goldberg, Schubert estabeleceu um "monumento precioso à alma e mente alemãs". Tanto ele como Wagner "extraíram da essência alemã sua arte até a última gota": depois deles, nada mais poderia ser acrescentado ao drama musical nem à canção [*Lied*] – essas formas artísticas "completamente alemãs". Com Schubert, o povo alemão ficou famoso como o "povo mais rico em canções"; por causa dele, as canções cantadas em alemão "pela primeira vez eram realmente populares [*volkstümlich*]". Até no século XX a obra de Schubert podia impulsionar os desenvolvimentos musicais, fora da "animosidade diante da melodia" do modernismo contemporâneo, distanciando-se da "fraqueza da atonalidade e do jazz, ascendendo de novo a um mundo tonal de alma pura que falasse a partir e para o coração".[583]

Por exemplo, certo de que o *Ciclo de Müller* de Schubert se originava de "fontes inesgotáveis do sentimento do povo alemão",[584]

---

580 PERSICH, Walter. "Schubert reist nach Preussen: Eine Erzählung vom Vaterland jenseits der Gau- und Stammesgrenzen", *Völkischer Beobachter*, 29 de agosto de 1943.
581 "Die Schubert-Ehrung in Wien", *Völkischer Beobachter*, 23 de julho de 1928.
582 BUCHNER, Hans. "Schubert der Klassiker der Romantik", *Völkischer Beobachter*, 17 de novembro 1928.
583 GOTTRAU, W. "Vom Wesen deutscher Musik".
584 "3. = austaltung im Residenztheater", *Völkischer Beobachter*, 31 de outubro de 1930.

O *Völkischer Beobachter* discordou de organizações e partidos não detentores do dito sentimento, quando eles tentaram se associar ao compositor. Quando um busto de Schubert foi erguido em Walhalla, perto de Regensburgo para marcar os cem anos de sua morte, o jornal condenou as cerimônias, pois um judeu estava no comando.[585] Apenas "uma dúzia de arianos" estava presente na entrevista coletiva do evento, o jornal reclamou: por isso tudo estava "direcionado para nada além do que ter lucro". Era uma "fraude judaica, não uma celebração do espírito de Schubert".[586] Ao notar as numerosas noites planejadas para a celebração da morte de Schubert, o jornal irritou-se com diferentes cidades competindo umas contra as outras para ter o máximo, e tudo isso era apenas um "plano judaico para fazer dinheiro".[587]

Mais apropriada, segundo o *Völkischer Beobachter*, era a apresentação das músicas de Schubert sob os interesses do nazismo em eventos como o Festival da Grande Alemanha no salão de festas da cervejaria Bürgerbräu de Munique,[588] uma comemoração do aniversário de Hitler na Ópera de Berlim [*Staats-Oper*],[589] e a abertura da Câmara de Cultura do Reich na Filarmônica de Berlim.[590] Durante a guerra, em um discurso transmitido para todo o país anunciando o Dia da Música nos Lares Alemães, Baldur von Schirach observou que, antes de uma apresentação do quinteto *Truta* de Schubert: "não só nós tocamos música em casa durante a guerra, mas tocamos música em casa *porque há uma guerra*; o homem que segura a espada do exército alemão [*Wehrmacht*] em suas mãos fortes, carrega-a em nome de nossa poesia e canções!".[591]

O jornal também cobriu com entusiasmo o contemporâneo de Schubert, Carl Maria von Weber (1786-1826), cujos trabalhos foram incluídos no Festival *Bürgerbräukeller*,[592] em apresentações da orquestra sinfônica nacional-socialista[593] e nos concertos da *Kampfbund für*

---

585 "Die Schubertfeier in der Walhalla", *Völkischer Beobachter*, 11 de novembro de 1928.

586 "Die Schubertfeiern ein jüdischer Geschaftsrummel", *Völkischer Beobachter*, 20 de abril de 1928.

587 "Man feiert Schubert", *Völkischer Beobachter*, 8 de dezembro de 1928.

588 "Grosse Deutschen Fest-feier", *Völkischer Beobachter*, 1º de abril de 1922.

589 "Morgenfeier", *Völkischer Beobachter*, 19 de abril de 1933.

590 "Die Rechts-Kultur-Kammer eröffnet: Der *Führer* bei der Feier in der Berliner Philharmonie", *Völkischer Beobachter*, 16 de novembro de 1933.

591 "Hausmusik- im Krieg erst recht!", *Völkischer Beobachter*, 20 de novembro de 1940.

592 "Grosse deutsche Festfeier", *Völkischer Beobachter*, 22 de fevereiro de 1922.

593 "Das erste Konzert des nationalsozialistischen Symphonieorchesters", *Völkischer Beobachter*, 12 de janeiro de 1932 e "Die erste Konzertreise des nat.-soz. Symphonie-Orchesters", *Völkischer Beobachter*, 12 de fevereiro de 1932.

*Kultur*.⁵⁹⁴ Na visão de Hans Buchner, Weber era um dos "artistas mais alemães do século". Como "o criador da ópera alemã, o criador do Romantismo alemão" – que estava ativo quando se desenvolvia um espírito na Alemanha que "culminaria nas guerras de libertação" –, Weber assentou o alicerce para a música alemã do século XIX enquanto "um trovão da batalha de Leipzig que ainda ecoava e as notícias da vitória em Waterloo chegavam". A "ascensão como uma águia da jovem Alemanha" ressoava por suas obras: "o toque da corneta, o amor pela caça, o destino dos soldados e o amor à terra natal, todos floresciam em uma maravilhosa unidade que abrangia arte, cultura, sentimento e espírito". A arte de Weber desenvolvia-se em meio a essa "forte corrente de renovação nacionalista".⁵⁹⁵ Karl Grunsky relatou que o compositor dedicava-se ao "movimento patriótico" em 1812, produzindo música perfeita para o quadro musical alemão [*Liedertafel*] – incluindo uma canção de guerra [*Kriegslied*] para o *Wache am Brandenburger Tor* que comoveu o comandante em Berlim até as lágrimas.⁵⁹⁶ Acima de tudo, continuou Buchner, a meta de Weber foi dar ao povo alemão "uma obra de arte musical alemã" no palco: as criações resultantes provaram que "o engajamento de um artista com o destino de seu povo era o que fazia dele um legítimo criador e que o povo derivava suas forças mais nobres de seus maiores filhos". Em meio à decadência da República de Weimar, sua obra serviu para encorajar os nazistas a "se comprometerem com o povo e a pátria".⁵⁹⁷

Nunca hesitante em dar uma opinião sobre a questão – pouco importando quantas vezes – o jornal pronunciou que "a ópera alemã começou" com *Der Freischütz* (1821) e *Oberon* (1826)⁵⁹⁸ de Weber. Seu compromisso com a "ópera unificada" liderou a luta contra a "degeneração da tradição alemã", que, dominada pelas óperas italiana e francesa, estava "afundando para além do resgate do peso do internacionalismo". Weber foi, portanto, o criador da ópera romântica alemã: *Freischütz* e *Euryanthe* (1823) eram "passos no caminho ao Parnasso do drama musical alemão" e representava as proezas que finalmente permitiram a Wagner compor *Tannhäuser* e *Lohengrin*.⁵⁹⁹ Erwin Voelsing escreveu

---
594 R. Tr., "Zweites Berliner Kampfbundkonzert", *Völkischer Beobachter*, 24 de setembro de 1932.
595 BUCHNER, Hans. "Karl Maria von Weber", *Völkischer Beobachter*, 5 de junho de 1926.
596 GRUNSKY, Karl. "Karl Maria von Weber: Zum 150. Geburtstag", *Völkischer Beobachter*, 18 de dezembro de 1936.
597 BUCHNER, Hans. "Karl Maria von Weber".
598 STOLZING, Josef. "Die Oper als Kunstform", *Völkischer Beobachter*, 22 de maio de 1930.
599 "Münchner Festspiele: Oberon", *Völkischer Beobachter*, 19 de setembro de 1920.

que a ideia de uma ópera nacional era de Weber: "mesmo se o gênio criativo alemão tivesse conseguido atingir uma supremacia incontestável sobre a arte da música pela influência de Haydn, Mozart e Beethoven, a era do classicismo musical não tinha produzido óperas verdadeiramente nacionais de essência alemã – de nacionalismo alemão". Weber iniciou o "desenvolvimento promissor" da ópera alemã "combinando tipos de música nativas em uma peça musical [*Singspiel*] nacional alemã maior". Esse "desbravador" percebeu a rota para "uma obra de arte particularmente germânico-nórdica", que já tinha sido delimitada por Heinrich Schütz, Händel e Mozart. Mas, para conseguir uma unidade maior, ele "combinou seu gênio dedicado ao povo com algumas sugestões estrangeiras em uma síntese criativa frutífera". Era isso que Weber queria dizer ao declarar que a ópera nacional alemã "aprende com prazer com o estrangeiro, mas deve ser produzida verdadeira e unicamente". Ademais, ele reconheceu que a ópera nacional alemã deve ser uma totalidade – "uma coisa orgânica e com vida própria, exigindo uma base na verdade dramática". Em uma disposição genuinamente romântica, ele previu a *Gesamtkunstwerk* [obra de arte ideal] que Wagner exigiria depois, quando ele descreveu *Euryanthe* como "um drama que funciona pela cooperação unida de todas as artes irmãs".[600]

Na opinião do musicólogo Josef Klingenbeck, *Euryanthe* era a obra transicional mais importante no período entre *Fidelio* de Beethoven e o drama musical de Wagner, especialmente *Lohengrin*.[601] Mas os colaboradores do *Völkischer Beobachter* ressaltavam mais *Der Freischütz*. Erwin Bauer sustentou que *Freischütz* era "uma obra da alma alemã" e, comparada a uma ópera italiana ou francesa, era "mais desenfreada em sua concepção dramático-musical e mais orientada para o interior da existência".[602] Sobre *Freischütz*, Heinrich Stahl afirmou que, apesar de Gluck, Mozart e Beethoven, nesse momento "a hora do nascimento da ópera alemã soou: tal unidade de *Volkstum* [caráter nacional] e música nunca tinha sido alcançada ou mesmo imaginada antes, muito embora os círculos nacionalistas e os mestres compositores há muito tentavam superar influências estrangeiras sem valor".[603]

---

600 VOELSING, E. "Die Idee einer Nationaloper". Weber tirou de *Briefe an den Akademischen Musikverein in Breslau*, 1814.
601 KLINGENBECK, Josef. "Um Webers 'Euryanthe'", *Völkischer Beobachter*, 19 de março de 1934.
602 BAUER, Erwin. "Der Freischutz der Salzburger Festspiele", *Völkischer Beobachter*, 5 de agosto de 1939.
603 STAHL, Heinrich. "Die Oper vom deutschen Wald", *Völkischer Beobachter*, 2 de fevereiro de 1942.

Em 1944, Edmund Pesch, que se tornaria um eminente editor de jornais e diários depois da guerra, lembrou os leitores nazistas da "importância nacional" de Weber, em um artigo sobre a exumação e a transferência de seu corpo da Grã-Bretanha para a Alemanha: "uma missão patriótica conduzida por Richard Wagner". Como Pesch narra com tristeza, o destino encontrou Weber em Londres: a última visita do compositor fora "uma trágica colisão entre seu espírito alemão e a mentalidade de homem de negócios inglês". Era uma terrível ironia que o músico alemão "em cujas melodias ressoavam as florestas da terra natal, que expressavam o desejo alemão pela liberdade na *Canção da Espada* de Körner e na *Caçada Selvagem* de Lützow, que capturou o espírito de Waterloo em uma grande cantata – nunca suspeitando que não era a liberdade de sua terra natal, mas os negócios da Inglaterra que triunfaram naquela batalha – morreu nessa cidade estrangeira". Então, apesar de suas últimas cartas e palavras estarem cheias de saudade intensa de sua terra natal, "a arrogante Albion assumiu a sepultura do músico alemão". Para Pesch, o enterro na Inglaterra espelhava o imperialismo britânico em geral: enquanto o Romantismo evoluía na Alemanha, "Londres calculava com frieza e planejava a dominação mundial; o império inglês se expandiu para incluir a Nova Zelândia, Hong Kong, Nepal e a maior parte da Birmânia enquanto tentava continuamente alcançar o continente, determinada a ligá-los às correntes do capitalismo mundial". Um liberalismo que era "hostil à cultura e dedicado à riqueza" explorava a Terra. Entretanto, contra o pano de fundo de tais desenvolvimentos, um "primeiro sinal da natureza rebelde alemã" insurgindo-se "contra um mundo hostil à arte" ocorreu em 1844, quando um pequeno grupo liderado por Richard Wagner decidiu trazer as cinzas de Weber "de volta à pátria" 18 anos após sua morte, ao que Wagner proferiu um discurso que o *Völkischer Beobachter* reproduziu com prazer em mais de uma ocasião, incluindo linhas que resumiam as alegações nacionalistas de seu legado:

> *Aonde quer que teu gênio o tenhas levado, para quais domínios distantes de extravagâncias desmedidas, ficou para sempre ligado por milhares de gavinhas aos corações do povo alemão (...) apesar de o bretão poder lhe dar justiça, o francês, admiração, ainda assim só o alemão pode amá-lo (...) Quem nos culpar por desejarmos suas cinzas deve também misturar-se com esta terra – para formar uma porção do valioso solo alemão?*[604]

---

[604] PESCH, Edmund. "Karl Maria von Webers Heimkehr", *Völkischer Beobachter*, 8 de dezembro de 1944. A oração no memorial de Wagner também foi repetida em "Aus der let-

Comparado ao seu tratamento de Schubert e Weber, muito pouco sobre Robert Schumann apareceu no *Völkischer Beobachter*, o que pode deixar alguém questionando se a instabilidade mental do compositor diminuiu seu valor como ícone nazista. Em vez de sua música ou de seu trabalho formidável como crítico musical, o jornal preferiu ocupar-se com o dano que os judeus supostamente infligiram à sua carreira. Josef Stolzing relacionou essa visão de um "pobre Robert Schumann" como uma vítima da traição judaica ao citar uma passagem do *Judaísmo na Música* de Wagner.[605] Lá Wagner informou-se sobre as causas do declínio de Schumann na segunda metade de sua vida e "encontrei a resposta na influência judaica". Abordando a "indolência a que muitos alemães sucumbiam", ele escreveu que "o gênio de Schumann também afundou nessa passividade, quando se tornou um fardo para ele resistir contra o espírito ocupado e inquieto dos judeus".[606] Ademais, no centenário de sua morte, Gustav Christian Rassy fez um relato sobre uma noite no porão de Auerbach em Leipzig que parecia confirmar a avaliação de Wagner. Era digno de nota, segundo Rassy, que em uma noite o usualmente introvertido Schumann veio ao corredor esfumaçado e sentou-se com um grupo de professores e alunos do conservatório de Leipzig. Ele levantou seu copo e todos aguardaram, mas ele não bebeu. Em vez disso, começou um monólogo estranho e fragmentado, que sugeria que "além da aparência externa de coragem, uma dor duradoura o remoía e atormentava". Então, Schumann levantou-se, com a cabeça curvada para o lado "como a de um soldado exausto", e continuou: "a nova música alemã encontrou seu lar aqui graças a um compositor. Eu brindo a Bach, Beethoven e ao nosso mestre". Então ele colocou seu copo na mesa e saiu em silêncio. Quando a porta se fechou atrás dele, um "homem de cabelos escuros com olhos penetrantes e uma cara inteligente" disse: "Esses alemães são estranhos – estranhíssimos – e às vezes rudes". O homem que disse isso era o diretor do conservatório: Felix Mendelssohn. "Nós sabemos pela história da música", continuou Rassy, que, embora Schumann manifestasse grande apreciação por Mendelssohn em suas cartas, "procura-se em vão por uma única palavra amigável sobre o alemão criativo vinda desse judeu artista" – "um compositor judeu já há muito esquecido".[607]

---

zten Lebenszeit Karl Maria von Webers: Zu seinem 100. Todestag 5 Juni 1926", *Völkischer Beobachter*, 1º de maio de 1926.
605 STOLZING, Josef. "Der Kreis um Gerhart Hauptmann", *Völkischer Beobachter*, 16 de novembro de 1932.
606 WAGNER, Richard. *Some Explanations Concerning Judaism in Music*, p. 118.
607 RASSY, Gustav C. "Beinahe eine Tischrede: Zum 80. Todestag Robert Schumanns", *Völkischer Beobachter*, 29 de julho de 1936.

Como discutido antes, o *Völkischer Beobachter* encontrou em suas seleções dos escritos de Wagner e nas cuidadosamente documentadas circunstâncias de sua vida uma miríade de indicações de que sua política, sua perspectiva etnocêntrica – especialmente manifestada no antissemitismo – e suas crenças, relativas aos outros inimigos alemães como os franceses e britânicos, estavam em alinhamento perfeito com as características essenciais do programa nacional-socialista. Até o amor de Wagner pelos animais e pela dieta vegetariana coordenava com o ponto de vista pessoal de Hitler manifesto na cultura nazista.[608] Mas por mais que essas fontes se provassem valiosas, era a música de Wagner – e, acima de tudo isso, seus dramas musicais – que existia como o maior tesouro da cultura romântica reverenciada no *Völkischer Beobachter*. Tomada como um todo, a produção criativa de Wagner era considerada como "da maior importância nacional". Segundo Otto Daube – um musicólogo que enviou ao *Völkischer Beobachter* relatórios musicais de Karlsruhe, dirigia o Grupo de Jovens Alemães de Bayreuth [*Bayreuther Bundes deutscher Jugend*] e depois produziu livros sobre *Fidelio* e biografias de outros compositores –, a era moderna, com suas "ideias progressivas de materialismo, tecnologia e comércio" ofuscou os "últimos impulsos da sensibilidade cultural": a verdadeira cultura foi reduzida à "civilização superficial"; a "alma do povo alemão sucumbira". Mas a cultura de Bayreuth foi poupada de tal progresso. No topo de sua colina verde, "o graal continuava a brilhar por sobre os tempos modernos". Lá, uma arte alemã "continuava a viver enquanto técnicos atualizados trabalhavam nos vales, não para melhorar a alma alemã, mas pelos motivos egoístas de obter fama por destruir sua cultura".[609] Para Herbert H. Mueller, que enviou artigos sobre música e arte de Berlim,[610] o trabalho de Wagner era uma força moral e intelectual na "batalha pela determinação e pelo ideal alemães ": se os nazistas "fizeram suas criações sozinhos", então eles não precisariam ficar ansiosos com o futuro.[611]

---

608 Uma história em três partes sobre Wagner descreve ele e sua família na Itália, onde eles confrontam um pescador italiano, prestes a sacrificar seus cachorros. Escrita por Gustav Renker, romancista, maestro e compositor, que produziu numerosos romances Heimat, bem como um romance sobre os últimos dias de Wagner em Veneza; a história termina com o compositor comprando os cachorros para salvá-los e torná-los seus animais domésticos. (Gustav Renker, "Der Tierfreund: Eine Richard-Wagner-Geschichte", *Völkischer Beobachter*, 8 de fevereiro de 1933.)
609 DAUBE, Otto. "Parsifal-Bayreuth: Die deutschen Theater", *Völkischer Beobachter*, 13 de maio de 1925. Ver KÖHLER, G. "Kunstanschauung und Kunstkritik", p. 27.
610 KÖHLER, G. "Kunstanschauung und Kunstkritik", p. 28.
611 MÜLLER, Herbert H. "Richard Wagner zum Gedächtnis zu seinem Todestage am 13. Februar", *Völkischer Beobachter*, 13 de janeiro de 1927.

Além dessas afirmações gerais, o *Völkischer Beobachter* também fez referências específicas a muitas das principais obras de Wagner. Ao analisar a recepção negativa que *Tannhäuser* de Wagner (1845) teve em Paris, o jornal afirmou que o que tornou esse escândalo tão significativo para os nazistas era a "nítida linha de separação" que ele revelou entre franceses e alemães. Foi nessa linha de separação que "os esforços pacíficos alemães pela amizade com a nação vizinha chegaram ao fim". Sobre *Lohengrin* (1850), segundo o pianista e crítico musical Alexander Dillman, esqueceu-se de que a ópera era uma afirmação "da união das tribos alemãs contra uma ameaça comum que a terra alemã frequentemente enfrentava no Leste". Com uma coragem sem precedentes na época (24 anos antes da fundação do Segundo Reich alemão, pouco antes dos movimentos de 1848 e no auge do particularismo alemão [*Kleinstädterei*]), Wagner "amarrou a música e as imagens de *Lohengrin* com pensamentos alemães fundamentais". Os retratos dos "alemães e das cidades alemãs, as procissões religiosas, o reconhecimento da necessidade de unidade, a confiança de que a Alemanha sobreviveria aos tempos difíceis – tudo isso emergia diretamente da música". Pelo menos, "a mensagem expressava que o graal era de estilo e essência alemães".[612]

O *Völkischer Beobachter* prestou uma atenção especial em *Die Meistersinger von Nürnberg* (1868). Em 1933, aconteceu o primeiro festival de Bayreuth do Terceiro Reich, aberto com a produção dessa ópera "na presença do chanceler do Reich". O espetáculo foi transmitido para toda a Alemanha e Goebbels tirou vantagem da ocasião para fazer um discurso extenso no rádio comprovando a eminência de *Die Meistersinger* na cultura nazista. O jornal publicou o discurso de rádio do czar da propaganda na primeira página por completo. Goebbels abriu o discurso dizendo: "Com certeza não há obra em toda a literatura musical do povo alemão que tenha uma relação tão íntima com nosso tempo e nossa condição espiritual". "Por quantas vezes nos últimos anos", ele se questiona de modo retórico, o coro de *Wach auf* "foi ouvido por fieis alemães" como um símbolo tangível do "novo despertar do povo alemão da profunda narcose política e espiritual que entrara em novembro de 1918?". Pairando por sobre todos os outros dramas musicais de Wagner como "o mais alemão de todos", *Die Meistersinger* é a "encarnação de *nossa Volkstum* [identidade étnica]", representando "tudo o que marca e preenche a alma alemã":

---

612 DILLMANN, Alexander. "Lohengrin – ein Völkisches Bekenntnis", *Völkischer Beobachter*, 3 de outubro de 1934.

*É uma combinação engenhosa da melancolia e do romance alemães, do orgulho alemão e da diligência alemã, daquele humor alemão sobre o qual dizem que "ri-se com um olho e chora-se com o outro". É uma imagem da cordial e positiva Renascença alemã, partindo da tragédia pura e amarga, passando pelo triunfo musical exultante, até o* pathos *sônico de uma excitante festa popular.*

Em seguida, Goebbels aclamou o espírito pró-Wagner do novo regime: "os herdeiros de Richard Wagner podem hoje descansar, com a certeza de que o mestre e sua obra estão sãos e salvos sob o cuidado de um governo" cujo líder visitava pessoalmente os "sítios de criatividade wagneriana durante o primeiro ano da Revolução alemã, prestando uma humilde homenagem ao maior gênio musical de todos os tempos". Ele concluiu seu discurso do *Meistersinger* com uma extensa referência ao final da ópera como um manifesto da política cultural nacional-socialista: "Que o povo alemão nunca perca o espírito de respeito pelos grandes homens da nação!". Só então o novo Reich "faria justiça" à exigência que Richard Wagner fez via Hans Sachs no encerramento da "mais alemã de todas as óperas alemãs": "Portanto, eu lhes digo: honrem seus mestres alemães! Então vocês invocarão bons espíritos; mesmo se o sagrado Império Romano se dissolver em neblina, para nós ainda permaneceria a sacra arte alemã!".[613]

O musicólogo Hans Joachim Moser, notório antimodernista e antissemita, responsável pelo *Lexicon of Jews in Music* (1934), manifestou completa concordância com a avaliação de Goebbels, afirmando que o que "a *Deutschlandlied* de Haydn e Hofmann von Fallersleben" era para o cancioneiro [*Lieder*] alemão, *Die Meistersinger* era para o drama musical alemão: as duas eram "representantes do bem-estar alemão, como povo e Reich". *Die Meistersinger* era "cheia da inflexibilidade pesada das figuras das corporações de ofício típicas de Dürer, do legítimo humor alemão e da sabedoria wagneriana sobre a vida e a arte". Todas essas características foram "retiradas da sensibilidade alemã, que justificava o orgulho nazista em possuir tal obra de arte".[614]

Contudo, dentre todas as referências a Wagner no *Völkischer Beobachter*, foi o tratamento dado por Josef Stolzing ao Ciclo do Anel que

---

613 "Richard Wagner und das Kunstempfinden unserer Zeit: Rundfunkrede von Reichsminister Dr. Goebbels."
614 MOSER, Hans J. "'Das nenn' ich mir einen Abgesang!: Die ersten 'Meistersinger' von siebzig Jahren", *Völkischer Beobachter*, 21 de junho de 1938.

fez a associação mais direta entre a música de Wagner e as questões alemãs contemporâneas. Em agosto de 1923, o artigo de Stolzing, "A Guerra Mundial em *O anel dos Nibelungos*",[615] foi publicado em múltiplas edições do jornal. Aqui, Stolzing fez as afirmações mais fortes a figurar no diário nazista sobre estereótipos antissemitas nos dramas musicais de Wagner. Stolzing começou com uma exposição incompleta: embora Wagner não fosse um político, ele "tinha uma perspectiva política". Tal perspectiva permitiu a ele reconhecer os problemas que "agora confrontavam os alemães de formas grotescas" depois de sua "vergonhosa saída da Guerra Mundial". Já em 1851, segundo Stolzing, Wagner percebeu "com uma previsão assombrosamente clarividente" a horrível guerra que viria e que, "no fim, a máquina da guerra ruiria a partir de dentro, como ocorrido com o motim da frota alemã". Ele também previu uma "penúria global, realizada em 1918 e 1919". Stolzing temeu que, além disso, a Europa enfrentaria o surgimento de um horror ainda pior na Rússia, "escarrada na forma do bolchevismo": se os inimigos da Alemanha não fossem desafiados, ocorreria uma "revolução mundial que não levaria ao país das maravilhas do comunismo, mas, em vez disso, ao mais exposto barbarismo – a derrocada do mundo ocidental". Tudo isso "o mestre abordou, ao imaginar o crepúsculo dos deuses, quatro décadas antes de Spengler!".

Segundo Stolzing, Wagner previu as tragédias da Guerra Mundial em seu drama e música ao representar a "luta pelo poder" simbolizada no anel que Alberich forjou com ouro do Reno. Alberich personificou o "espírito sombrio do mamonismo judaico", que assumia sua "forma mais medonha" no capitalismo industrial, manifestado especialmente no "espectro abstrato e assombroso da corporação, a epítome dos interesses de negócios de coração frio e sem compaixão". Como a donzela do Reno, Wellgunde assim coloca:

> *Ele que do ouro do Reno*
> *Moldou o anel*
> *Que a ele conferiria poder incomensurável*
> *Poderia ganhar a riqueza do mundo*
> *Para si próprio.*

Segundo Stolzing, foi nessa forma que o mamonismo "veio a governar o mundo inteiro", marcado pelas características dos "miscigenados atrozes" a quem "o Mestre deu voz" por meio de Hagen:

---

615 STOLZING, Josef. "Der Weltkrieg im Ring des Nibelungen", *Völkischer Beobachter*, 7-8 de agosto de 1923.

*Meu sangue macularia sua bebida;*
*Ele não flui puro*
*E nobre como o seu;*
*Duro e frio,*
*Ele é vagaroso dentro de mim;*
*Não vai corar minhas bochechas.*

A mistura racial evocada aqui era um motivo particular de preocupação para Stolzing: "o que causou a queda do Império Romano? O mingau racial produzido por sua política internacional". E ele advertiu: "a humanidade ariano-germânica" estava ameaçada pelo mesmo desfecho, porque a Primeira Guerra Mundial "não só custou à raça alemã mais de 3 milhões de seus homens mais fortes, como também introduziu muitos milhares de soldados não caucasianos na Europa", resultando na "infecção e deterioração do sangue da humanidade europeia a um ponto chocante, sem precedentes". Com uma "certeza infalível" então, Wagner prognosticou em Hagen a "catástrofe espantosa que assombraria a humanidade europeia em geral e o povo alemão em particular". Ademais, Stolzing afirmou, era possível reconhecer a linhagem germânica de príncipes nos "deuses seduzidos pelo brilho e que estenderam suas mãos com ganância em direção ao Anel do poder mundial". De fato, antes mesmo de descobrirem que o anel tinha sido forjado, eles já estavam "emaranhados em culpa", porque com a construção de Walhalla eles "direcionavam seus tentáculos de poder por sobre a humanidade".

Ademais, Stolzing via os gigantes Fasolt e Fafner como personificações da agricultura e da indústria moderna. Stolzing concluiu que seu *status* como irmãos significava que cada uma era essencial ao bem-estar do Estado: da mesma maneira, o assassinato de Fasolt por Fafner significava que a indústria estava destruindo a vida no campo. Por toda parte, o comércio e o capital transformavam os produtos da agricultura e do artesanato em ouro, cumprindo assim a maldição de Alberich. Quando o Andarilho advertiu Fafner do perigo, o dragão apenas bocejou: "Eu ocupo e possuo – deixe-me dormir". Assim Wagner simbolizou a "fria indiferença da economia do dinheiro". Ademais, foi em função da percepção de Wotan de que o capital financeiro – "sem inspiração e criatividade" – enfraquecia os arranjos sociais tradicionais, segundo Stolzing, que o rei dos deuses primeiro percebeu o erro em sua "política do poder":

*Como a ansiedade já pesa sobre mim!*
*Terror e medo*
*Aprisionam minha mente;*
*Como terminar com ela*
*Erda precisa me ensinar:*
*Eu devo descer até ela.*

Aqui Stolzing fez conexões mais explícitas entre o enredo do drama e a história da guerra, perguntando: "Nossos pensamentos não vagam involuntariamente da tragédia de Wotan para o castelo Doorn, onde Wilhelm II encontrou seu destino, resignado? Stolzing lamentou que nem Wotan nem Wilhelm II conseguiram tornar-se mestre dos poderes que eles conjuravam. Assim como a tentativa de resgate de Wotan esvaiu-se em uma "contemplação inútil", toda a competência no governo de Wilhelm II regrediu em uma "renúncia constante, em trêmula hesitação". Ainda assim, apesar de ele "cometer um erro atrás do outro em sua política doméstica e estrangeira", sua culpa não recaía só sobre ele, pois o último imperador Hohenzollern "enredou-se com o mesmo destino de Wotan":

*Eu toquei o anel de Alberich:*
*Segurei seu ouro com ganância.*
*A maldição da qual eu fugi*
*Ainda não me deixou:*
*Eu devo abandonar o que amo,*
*Assassinar o homem que estimo,*
*Enganar e trair alguém*
*Que confia em mim.*

Segundo Stolzing, essa "confissão desesperadora" para Brünnhilde comparava-se com o fracasso de Wilhelm II. A maldição de Alberich imediatamente se amarrou ao calcanhar de Wilhelm II quando seu reino começou sua "traição desleal" de Bismarck – assim como Wotan traiu Sigmund quando ele o deixou para ir a Hundings. Ademais, o imperador também cobiçava o ouro – embora não pelos mesmos motivos gananciosos do "inimigo sem amor, que forjou uma fonte inexaurível de poder do tesouro dos Nibelungos". Do mesmo jeito que Wotan teve de pagar a dívida de Walhalla, Wilhelm gastou com extravagância para ostentar a "glória superficial do Reich alemão" de um modo que provocou a inveja da Inglaterra. Assim ele traiu seu próprio povo, porque ele o conduziu "ainda mais fundo na ladeira escorregadia de buscar ouro para seu bel-prazer": sob seu governo, o "povo de heróis, poetas e pensadores tornava-se um povo de vendedores, merceeiros e regateadores".

Enquanto isso, apenas aqueles que "de bom grado fossem para as batalhas, derramassem seu sangue e caíssem mortos, doentes ou feridos no campo" realmente sabiam contra quem eles estavam lutando. Saído de Nibelheim, o "local de criação" da produção do ouro nas fábricas e minas, ergueu-se o "exército negro" dos Nibelungos – os "inimigos raciais do povo alemão" que, por causa de seu sangue misturado, odiavam os "filhos formosos da Alemanha" em termos que foram pronunciados por Alberich:

*Nos picos radiantes*
*vives,*
*embalado em felicidade:*
*o gnomo negro*
*desprezas, teu farrista eterno!*
*Toma cuidado!*
*Pois uma vez que os homens*
*Servem ao meu poder,*
*O anão terá seu prazer*
*Com tua bela mulher*
*Que despreza teu galanteio,*
*Embora o amor não sorria para ele.*

Governante da "Judocracia-Nibelunga e Social-Democracia", Alberich e suas forças ameaçavam os deuses, assim como elementos similares ameaçavam a nação: "nunca antes uma parte tão grande do povo alemão esteve tão alienada racialmente, a ponto de encarar a outra parte como inimiga". Isso foi o resultado de o "mamonismo ter criado o Nibelheim da indústria avançada, por meio da qual uma corrente rica de proletários dos países vizinhos fluiu para misturar-se com a população doméstica". Por causa de seu receio por essa incursão na economia alemã, Bismarck estabeleceu uma política de proteção alfandegária para a agricultura. Mas, sob Wilhelm II, a industrialização da Alemanha desenvolveu-se no "ritmo mais selvagem", levando a uma "deterioração horrível do sangue alemão". Mais tarde, a "mudança mais devastadora na guerra trágica" aconteceu quando a "reserva de bom sangue alemão" foi exaurida e a população industrial teve de servir como peças de reposição: isso foi um "duro *memento mori* das leis naturais da pureza racial". De fato, essas circunstâncias serviram como pano de fundo da "tragédia sofrida" da fracassada ofensiva em Reims em 1918, depois da qual Wilhelm II se entregou ao seu destino "com uma resignação desesperada e tola – à medida que o crepúsculo dos deuses explodia sobre ele e toda a dinastia de príncipes alemães!".

Para além de "Wotan-Wilhelm", Stolzing recorreu à representação dos povos alemães feita por Wagner, que, por "não haver um único tipo alemão", teve de ser simbolizado em vários personagens do anel. Alberich era um de "raça completamente estrangeira", mas que se insinuava por "misturar seu sangue" com a mulher alemã, Kriemheld, com a qual ele "colocou um ovo na nobre linhagem familiar dos Gibichungs" na forma de seu filho, Hagen – significando a "infecção do sangue alemão com o sangue judeu". Então, o "bastardo de cabelos negros", Hunding, assassinou Siegmund e o "bastardo", Hagen, matou Siegfried, o "de sangue puro". Na visão de Stolzing, esses conflitos mortais eram relativos ao fato de que os "impiedosos inimigos, os ingleses, estavam em um final tão alemão quanto nós mesmos: não podemos ignorar o fato de que essa batalha pelo controle mundial é uma luta entre povos de sangue [embora misturado] comum, exatamente como na tetralogia".

Por outro lado, em Siegfried, Stolzing percebeu o alemão legítimo: aquela "pessoa destemida, amável". O genuíno espírito germânico [*Deutschtum*] foi simbolizado em seu percurso heroico: como Wagner colocou: "a consciência alemã essencial de que o belo e o nobre ao mundo não vieram pelo lucro, não, não pela fama ou reconhecimento (...) [mas em busca] daquilo que alguém procura para a própria satisfação pela própria alegria de fazê-lo".[616] Siegfried assassinou o dragão, mas, quando toma o anel e o elmo, ele canta:

> *De que utilidade você é para mim*
> *Eu não sei,*
> *Mas eu o peguei da pilha de ouro amontoado*
> *Porque eu fui guiado por um bom conselho.*
> *Então deixe sua beleza servir*
> *De testemunha para hoje.*

Portanto, Stolzing inferiu: "razões utilitárias eram completamente estranhas às suas ações" – tão estranhas quanto eram para os "jovens e maravilhosos regimentos de acadêmicos alemães que atacaram e morreram em Dixmuide [em 1914] enquanto cantavam *Deutschland über alles*". Mas Stolzing reconheceu que até mesmo a parte do povo alemão que "seguia em frente com tal heroísmo incomparável" era culpada

---

616 WAGNER, *What is German?*

sobre o tipo de conduta que levou Siegfried à morte. Ele reconheceu que, direta ou indiretamente, todos os alemães estavam envolvidos na batalha pelo anel: "todos nós éramos mais ou menos responsáveis por romper o pacto com nossos ideais; todos nós estávamos sujeitos à magia sensual que Gutrune deu ao inocente Siegfried". Os alemães estavam pagando por seus próprios pecados, como Wagner previra: "Era Siegfried tão casto quanto Parsifal? Ele não tinha traído Brünnhilde com Gutrune? Essencialmente, a poção do esquecimento não simbolizava o contato de Siegfried com as tentações do mundo pecaminoso que levou a mãe do nobre Gibichungs ao adultério com Alberich?". Stolzing concluiu que essa decadência, provocada por inimigos traiçoeiros que tiravam vantagens da própria fraqueza moral do povo, tinha de ser superada: os alemães do século XX teriam de "encontrar o caminho para o brilhante graal e um futuro melhor, mesmo se, como Parsifal, eles ainda tivessem de vagar por caminhos de erro e sofrer por muito tempo". Mas eles descobririam o caminho correto somente se "se dedicassem a uma regeneração do povo no espírito de seu Mestre". Aquele espírito, é claro, estava personificado em Adolf Hitler e no nacional-socialismo.[617]

O compositor austríaco Julius Bittner – cujas próprias óperas aderiram ao estilo romântico tardio, quase wagneriano – estendeu a ligação das características e das circunstâncias do ciclo do anel de Wagner além da Primeira Guerra Mundial, no período de Weimar. Fazendo referência no *Völkischer Beobachter* a *Jonny spielt auf* de Ernst Krenek (1927), Bittner fez associações apocalípticas entre questões contemporâneas e óperas da República de Weimar. A civilização ocidental "decaía enquanto tocavam Jonny", observou Bittner. Por sorte, Wagner fornecera um antídoto: Siegfried não "cantou das escuras profundezas da decadência da noite" e Wotan não "chafurdou na sujeira com acompanhamento do jazz", como os personagens de Krenek fizeram. Uma afirmação do idealismo de Wagner, Bittner insistiu, era mais urgente do que nunca. Isso significava fazer uma clara distinção entre os "tons de azul-escuro do motivo de Walhalla" e o "uivo cacofônico do saxofone que era mais apropriado para acompanhar danças obscenas em volta de um bezerro dourado". Uma geração de homens que agarravam mulheres com uma luxúria bestial – "para quem o gênero só existia por prazer" – nunca poderia entender a saudade de Tristão ou o amor de Isolda; não poderia acompanhar o difícil caminho de Parsifal; e daria as costas a Lohengrin. O "processo de barbarização moderno" – uma "campanha dos impuros contra a cultura, operando sob o manto de uma pseudoci-

---

617 STOLZING, Josef. "Der Weltkrieg im Ring des Niebelungen."

vilização ao som do dinheiro tinindo" – era tudo trabalho de Alberich. Portanto, "aqueles que estavam engasgando com um gosto repulsivo em suas bocas – aqueles que não eram desse mundo moderno – tinham de se juntar sob o signo de Wagner em uma nova irmandade do graal".

"Você não o vê?", Bittner perguntou freneticamente aos leitores do *Völkischer Beobachter*: "O anticristo com seu tumulto selvagem no pandemônio das boates das grandes cidades? Você não o ouve nos sons agonizantes dessa música para canibais que degradam ritmos sagrados em batidas mecânicas?". Mamom, "com bochechas penduradas e dedos carnudos, decorado com o ouro do tesouro dos Nibelungos", era anunciado com os "gritos e os uivos de centenas de milhares de saxofones soando pelo globo em sua honra". Exceto por essa histeria, a real ameaça para Bittner era o modernismo tecnológico: o "dragão do materialismo surgia pela inovação científica, por meio da qual a humanidade se tornou impudente em relação aos deuses". Isso, também, Wagner tinha representado, no irmão de Alberich: o "Professor Mime" com sua "cozinha engordurada" e tecnologia que "servia apenas conforto, mimando e satisfazendo o mundo, promovendo a preguiça e a busca pela luxúria".

Intensificando seu tom moralizador, Bittner advertiu: "em verdade, eu lhes digo: se vocês não levarem isso a sério, vocês cairão junto com eles em sua queda. Agora é a hora de reconhecer e combater o inimigo; lutar com palavras e ações contra o destino que se aproxima". Segundo a visão etnocêntrica milenarista de Bittner, à medida que o mundo ruísse, aqueles que renunciaram o amor ao ouro – os Alberichs, Mimes e Hagens – desapareceriam na enchente que viria e apenas "homens e mulheres puros, livres da maldição de Alberich", estariam aptos a reconstruí-lo. Como tal, os alemães tinham de se purificar e unir-se em uma nova irmandade. Isso, Bittner pregou, "era o que Wagner simbolizou no Ciclo do Anel".[618]

Mais tarde, Stolzing assumiu essa responsabilidade de novo, dessa vez para estabelecer conexões entre o *Siegfried* de Wagner (1876) e a política moderna. Stolzing afirmou que, se prestássemos atenção, poderíamos encontrar na relação entre Siegfried e Mime uma reflexão sobre as questões contemporâneas. A mãe adotiva de Siegfried, a "anã feia", era uma personificação do "judeu regateador que queria ascender mais e mais alto, como todos os judeus orientais cruzando as fronteiras alemãs". De modo importante, ele não retirou o herói do amor: somente fez o poder de Siegfried matar o dragão Fafner e capturar o anel para

---

618 BRITTNER, Julius. "Richard Wagner und wir", *Völkischer Beobachter*, 23 de agosto de 1929.

ele, ao que Mime cortaria sua cabeça. Stolzing sustentou que aqui Wagner quis dizer que o judeu era levado a "explorar as poderosas forças de trabalho da raça nórdica para sua própria vantagem". Mas, enquanto ele o faz, Mime ensina seu filho adotivo – por meio de seu "ser inteiramente repugnante, bagunçado e mexido – a ser um antissemita: "pois Siegfried odeia Mime!". Toda a "choradeira hipócrita" de Mime sobre amar Siegfried foi em vão. O filho forja sua própria espada da vitória com a qual assassinará o dragão em seu próprio interesse. Mais importante, Stolzing insistiu, dado que o único que pode forjar a espada da vitória é ele, que não conhece o medo, Siegfried era a "personificação do nacional-socialismo, que por si só possuía a coragem para romper os grilhões da escravidão que cercava o povo alemão". Como Siegfried, o nazismo "forjava o exército de libertação". Mas os partidos de Alberich, Mime, Hunding e Hagen – "isto é, os judeus e os judeus bastardos servis – "atiravam-se com tudo o que têm contra a marcha da vitória do nacional-socialismo". Enquanto isso, os "filisteus que persistem na posse dos bens materiais" estavam simbolizados no dragão Fafner quando ele grita com raiva, "eu ocupo e possuo, deixe-me dormir" – assim como, na visão de Stolzing, a burguesia de Munique dormia quando "o judeu Eisner marchou do *Theresienwiese* com seu grupo de desertores e traidores". Finalmente, Wotan, personificando "o estado da ordem que se tornou mais fraco com a idade", confrontou Siegfried de modo a preveni-lo de reviver Brünnhilde, "a alma alemã". Ele impediu a entrada de Siegfried com sua lança e o caminho para Brünnhilde estava aberto, "os grilhões da escravidão caíram do corpo do povo alemão".

Passando para o *Crepúsculo dos Deuses* [*Göttdämmerung*] (1876), Stolzing continuou sua associação do destino de Siegfried e Brünnhilde com a experiência alemã no século XX. Siegfried estava agora no "momento ensolarado de sua vida": ele tinha se unido a Brünnhilde – "a alma do povo alemão" – e gozava de boa sorte, talvez até demais. Como ele, os "idealistas alemães perderam toda a ligação com a realidade em sua exuberância depois da unificação". Stolzing afirmou que mais uma vez os tempos modernos refletiam os mitos: "como o povo alemão era poderoso antes da Guerra Mundial – com seus armamentos e proeza econômica!". Os políticos mais espertos poderiam ter "marcado o mundo com o espírito nórdico e alemão e a ele sujeitá-lo; assim elementos não nórdicos, hostis à Alemanha, poderiam ter sido bloqueados". Mas nada disso aconteceu: o povo alemão desperdiçou seus poderes em aventuras políticas, como as viagens do imperador à Palestina e Tânger, e as expedições militares para a China, em resposta à rebelião dos Boxers – atividades que não constituíam "nada além de um pseudossucesso em curto prazo". Mas, questionou Stolzing: "Siegfried fez algo diferente? Por que o herói estava esperando quando ele apareceu na corte do rei Gunther e Hagen o questionou sobre o tesouro dos Nibelungos?"

> *Eu quase esqueci o tesouro,*
> *Tão pouco aprecio sua posse!*
> *Eu o deixei em uma caverna*
> *Onde um dragão o guardava.*

Claramente, Siegfried também não sabia como usar seus poderes, Stolzing observou. Ademais, outra "característica genuinamente alemã" apareceu na personalidade de Siegfried quando ele deixou Brünnhilde em busca de aventuras. Isso representou a "típica saudade alemã por algo distante": como os milhões de alemães que "se perderam em terras estrangeiras e afundaram no estrume cultural dos povos estrangeiros, Siegfried perdeu-se em uma estrangeirice inferior e mesmo maléfica – não só rompendo seu casamento com Brünnhilde, mas forçando-a, a mulher mais majestosa do mundo, a entrar no quarto nupcial de um rei covarde e degenerado, enquanto ele mesmo entrava em um segundo casamento com uma prostituta de raça inferior". Siegfried deixou Brünnhilde e entrou em um mundo do mal e da corrupção cujas mentiras e fraudes o ruiriam. Segundo Stolzing, isso era exatamente como os inocentes alemães que se enganaram ao entrar na Primeira Guerra que os outros – não eles – queriam lutar. E então, do mesmo jeito que Hagen – o "bastardo judeu--nórdico" – justificou seu crime como vingança pelo perjúrio enquanto ele atirava sua lança em Siegfried por trás, "aquelas mesmas forças que enganaram os alemães e os levaram para a guerra alegaram, na cláusula de Culpa pela Guerra, que nós fomos responsáveis pelo banho de sangue!".[619]

Alguns argumentaram que a obsessão nacional-socialista com Wagner foi originalmente uma obsessão de Hitler, salientando que outros líderes nazistas eram basicamente indiferentes a Wagner e que muitos se entendiavam quando tinham de assistir a espetáculos de suas obras".[620] Isso é verdade até certo ponto, mas existiam outros nazistas fanáticos por Wagner como Hitler. O *Völkischer Beobachter* identificou de modo

---

619 STOLZING, Josef. "Münchner Wagner- u. Mozartfestspiele: Götterdämmerung", *Völkischer Beobachter*, 17 de agosto de 1929.
620 Por exemplo, Frederic Spotts, *Hitler and the Power of Aesthetics*, p. 256-267 e Pamela Potter, "Music in the Third Reich", in HUENER e NICOSIA (eds.), *The Arts in Nazi Germany*, p. 87-88.

consistente alguns paralelos entre Wagner e a imagem pública do movimento nazista, e sua cobertura frequente nessa linha com certeza fortaleceu tais associações entre seus muitos leitores. Escritores contratados, como Josef Stolzing, buscaram implacavelmente identificar as semelhanças entre a visão de mundo nazista e o enredo e as polêmicas de Wagner. E essas táticas não significaram apenas correlacionar opiniões sobre tendências gerais na vida europeia por meados do século XIX que o próprio Wagner experimentou, incluindo a economia baseada em dinheiro, a industrialização, a nacionalização, o liberalismo, o socialismo e a suposta responsabilidade de cada um dos judeus europeus por tudo isso. Em vez disso, o jornal insistiu que Wagner conscientemente previu eventos históricos além de seu tempo, incluindo a dispensa de Bismarck por Wilhelm II, a competição com a Grã-Bretanha, o início da Primeira Guerra Mundial, a exaustão das forças alemãs, o envolvimento de tropas africanas no campo de batalha, a derrota final em Marne, o motim naval, o voo do Kaiser, a ascensão do comunismo soviético, a popularização do modernismo estético, a decadência da República de Weimar e as medidas brutais necessárias para restaurar o povo alemão. Assim, com Stolzing, importantes musicólogos alemães, historiadores, acadêmicos literários e compositores contribuíram nas páginas do jornal para a caracterização de Wagner como um profeta que deixou em seus escritos e dramas musicais advertências explícitas dos calamitosos eventos futuros. Mas, como uma investigação minuciosa revela, o *Völkischer Beobachter* não tinha a intenção de alavancar cada uma das óperas de Wagner para propósitos políticos declarados; *Lohengrin* e *Die Meistersinger von Nürnberg* claramente foram usadas como tal, mas essas obras eram vistas pelo jornal mais como celebrações da germanidade do que um ataque aos judeus – por mais que Beckmesser pudesse parecer estereotipado. Em vez disso, a evidência que prova irrefutavelmente que os nazistas ostentaram dos trabalhos de Wagner em sua trama antissemita de eliminação pode ser encontrada na recepção feita pelo *Völkischer Beobachter* do *Anel dos Nibelungos*. Foi na tetralogia que os nacional-socialistas wagnerianos perceberam a voz do *"Meister"* como a que estava em mais perfeita harmonia com a do *"Führer"*.

# PARTE III

## DILEMAS MODERNOS

# 10

# O Paradoxo Realista e a Confusão Expressionista

O desconforto nazista com a estética modernista é uma conhecida característica da história cultural do partido. *Mein Kampf* e outros aspectos da biografia de Hitler comprovam que o desdém pelo modernismo cultural era fundamental para sua visão de mundo. "Tais doenças poderiam ser vistas na Alemanha em quase todos os campos da arte e da cultura", ele reclamou, com os artistas apresentando "todos os tipos de coisas incompreensíveis e obviamente loucas para seus companheiros maravilhados como uma chamada experiência interior". Em sua opinião, essa tendência simplesmente tornou "admissível servir as alucinações de lunáticos ou criminosos ao mundo saudável". Ademais, ele claramente acreditava que era o dever dos governantes monitorar e controlar as "coisas loucas" do modernismo, como prevenção contra o Armagedom cultural:

> *É interesse do Estado, em outras palavras, de seus líderes, impedir um povo de ser levado aos braços da insanidade espiritual. E é aí onde tal desenvolvimento algum dia inevitavelmente*

*acabaria. Pois no dia em que esse tipo de arte realmente correspondesse à visão geral das coisas, uma das mais graves transformações da humanidade teria ocorrido: o desenvolvimento regressivo da mente humana teria iniciado e o fim poderia ser quase inconcebível.*[621]

Ataques diretos da política e propaganda do NSDAP sobre as tendências modernistas eram mais evidentes na plataforma para a arte "degenerada" e as exposições musicais de 1937 e 1938. Mas a difamação do "bolchevismo cultural" em que o partido esteve envolvido durante os anos 1920 e 1930 foi apenas a manifestação mais imediata da perspectiva nazista antimodernista.[622] De fato, a conduta antimodernista nazista seguiu diretamente de um conservadorismo preocupado com a expressão não tradicional desde meados do século XIX, enxergando-o como evidência do declínio cultural e social que foi provocado pelas Revoluções Francesa e Industrial. Logo, eles não limitaram seu criticismo às formas contemporâneas da cultura "degenerada", mas estenderam sua crítica para trás para abordar a arte que, para eles, representava o primeiro desvio preocupante da estética clássica e romântica.[623] Consequentemente, o *Völkischer Beobachter* estava repleto de avaliações dos movimentos culturais e de criadores do século XIX que se desenvolveram fora das tendências neoclássicas e de romantismo de aço que seus ideólogos idealizaram. Mas, como também aconteceu na política cultural nacional-socialista como um todo, o jornal não conseguiu formular uma posição contra todas as tendências modernistas que não fosse ambígua. À medida

---

621 HITLER, Adolf. *Mein Kampf*, p. 257-262.
622 "Apesar de o modernismo artístico ter feito importantes avanços na Alemanha antes de 1918, foi durante a República de Weimar que ele se desenvolveu com toda força na literatura, pintura, escultura, arquitetura, música e teatro. Muitas das inovações artísticas atraíram a cólera dos conservadores culturais que compreendiam o lado direito do espectro político. Eles condenavam o modernismo artístico como excessivamente cerebral e internacional. Ele não se adequava à sua noção de autêntica 'germanidade'": Steinweis, "Anti-Semitism and the Arts in Nazi Ideology and Policy", p. 20.
623 "A modernidade foi rejeitada; a 'beleza' foi definida, mais uma vez contra a civilização industrial e burguesa. O homem deveria, por meio de tal contemplação, reviver a nascente de seu ser, que tinha sido obscurecida pela degeneração da arte moderna. A beleza era 'genuína', mas não poderia ser caos. Um princípio de ordem era parte essencial do belo: Hitler e os nazistas nunca fizeram objeção ao uso da tecnologia mais moderna, mas ela tinha de ser aproveitada a serviço de um conceito de beleza que, nas palavras de Winckelmann (...) era como a calma superfície do oceano, liso como um espelho, embora em constante movimento": MOSSE, G. L. *The Nationalization of the Masses: Political Symbolism and Mass Movements in Germany from the Napoleonic Wars through the Third Reich*, p. 191.

que a cobertura cultural evoluiu no jornal, inconsistências e contradições indiscutíveis enfraqueceram sua plataforma antimodernista supostamente monolítica. A Parte III deste livro explorará como os temas básicos da cultura nazista foram associados com figuras culturais importantes depois da era romântica. Mas também abordará como as referências do jornal à história cultural de meados do século XIX ao início do século XX expressaram atitudes altamente paradoxais em relação às expressões modernistas nas artes, de acordo com os debates complexos que ocorriam dentro do partido, bem como no Terceiro Reich.

Tais inconsistências já eram evidentes na apresentação feita pelo jornal do primeiro movimento cultural significativo pós-romântico: o Realismo Social. Leo Tolstói (1828-1910) foi um alvo primário da crítica do *Völkischer Beobachter* sobre a literatura realista do século XIX. Ele desdenhou a descrição de Tolstói como um "bom homem velho que permaneceu uma criança para o mundo", descrevendo-o, em vez disso, como um "sonhador" que queria deixar as pessoas felizes "enquanto destruía a própria família". Da perspectiva nacional-socialista, Tolstói e suas obras eram perigosos "instigadores da revolução": em sua opinião, "Lênin foi o feito que veio do pensamento de Tolstói". De fato, embora nada sobre sua perspectiva parecesse aceitável, era principalmente a posição pacifista que Tolstói assumiu depois de sua conversão que aumentou a ira do jornal. O jornal reclamou que era possível ver no Tolstói mais velho a "degeneração do homem da não violência". Os nacional-socialistas "não podiam considerar o pensamento pacifista de Tolstói como seu próprio": eles tinham de reconhecer que "só o poder impressiona o poderoso"; eles tinham de "combater a violência com violência, terror com terror!". O "espírito do soldado do *front* e o direito à autodefesa" eram seus ideais.[624]

O contemporâneo norueguês de Tolstói, Henrik Ibsen (1828-1906), provocou opiniões mistas do *Völkischer Beobachter*. Referindo-se a ele como um "escritor norueguês", o jornal sentiu que *Peer Gynt* (1867) foi "endurecido nas tempestades de fantasia e polido pela inteligência do humor". Mas o jornal expressou reservas sobre o teor cada vez mais naturalista dos trabalhos de Ibsen como *Uma Casa de Bonecas* (1879), *Fantasmas* (1881) e *Um Inimigo do Povo* (1882). O estilo que aparentemente marcava *Peer Gynt* – "Romantismo nórdico mundial" – compelia um leitor a "seguir seu feitiço" em "profundidades completamente diferentes da alma do que as ilusões moderadas da 'peça da sociedade'". Reconhecidamente, o jornal admitiu, seus

---

624 "Lessing spricht noch immer", *Völkischer Beobachter*, 28 de setembro de 1928.

trabalhos causavam controvérsias contemporâneas. Houve um tempo em que era considerado impróprio até discutir a trama de *Uma Casa de Bonecas* em Copenhague. Isso, o jornal declarou, era importante na história da literatura, mas não aumentava o valor duradouro de Ibsen: as lutas e os personagens de seus trabalhos, segundo a visão do jornal, "simplesmente não eram mais relevantes". Rejeitando sua oposição à sociedade vitoriana, o *Völkischer Beobachter* decidiu que, como crítico social, Ibsen "já era uma coisa do passado".[625]

A apresentação de Gerhart Hauptmann (1862-1946) no jornal revelou tensões ainda mais marcantes. Enquanto o partido tipicamente se distanciava da política da esquerda, o elemento socialista do nacional-socialismo às vezes exigia algum reconhecimento. Para esse fim, o jornal notou que a "representação estimada" de Hauptmann do destino dos tecelões revoltosos da Silésia em 1844, *Os Tecelões* (1892), foi escrita com "algum respeito pela memória dos próprios trabalhadores". Mas a política posterior do autor atraiu disparos dos críticos. Um artigo de 1932 reconheceu que Hauptmann havia entrado na arena das letras alemãs "como um lutador". De fato, "alguma coisa queimou em sua alma na época" – uma compaixão profunda com o sofrimento dos "camaradas do povo" nas fileiras dos trabalhadores braçais – que tinha de ser reconhecida e enfatizada pelo "socialismo alemão do futuro". Era preciso agradecer ao jovem Hauptmann por representar o sofrimento físico e espiritual desses povos alemães e por "enfrentar com bravura o desafio pelo alívio de seu sofrimento". Mas isso era elogio suficiente para o jornal: se por um lado Hauptmann foi capaz de representar a rebelião de tecelões com uma forte precisão, ele não conseguiu marcar essa rebelião com a "força convincente de uma ideia forte", isto é, não estava fundamentada na ideologia etnocêntrica. Como tal, a peça continuou a "representação superficial de uma mera rebelião da natureza humana em dores que diminuem na derrota trágica contra forças brutais". Enraizado na "era materialista", Hauptmann não tinha ligação interna com uma "grande ideia" que permitiria a ele "seguir profundamente na vida ativa e criativa do povo". Aprisionado na imagem naturalista da humanidade como mero produto das condições e do meio ambiente, ele foi barrado no caminho para "soluções libertadoras". Tratava-se da "revolta (não revolução!) dos tecelões, o "final melancólico" de *Fuhrmann Henschel* (1899) ou a serenidade sombria de *Rose Berndt* (1903); a "perspectiva redentora que é a essência da poesia, nascida da

---

625 R. W. "Henrik Ibsen: Zu seinem 100. Geburtstag am 20. März", *Völkischer Beobachter*, 18 de março de 1928.

fé e do idealismo", estava sempre ausente das obras de Hauptmann, segundo Rudolf Erckmann, que contribuiu com a cobertura literária para o *Völkischer Beobachter* a partir de 1932 e se tornaria um oficial no Ministério de Propaganda de Goebbels.[626]

Josef Stolzing concordou com essa visão crítica de Hauptmann. Para o crítico nazista, o conteúdo de *Os Tecelões* era "histórico", mas a abordagem de Hauptmann "destruiu sua exatidão". Stolzing argumentou que, em grande parte, os próprios tecelões eram culpados pela situação crítica que levou ao sangrento motim, porque eles, de modo irracional, insistiram em se ater ao seu modo de produção obsoleto. Esta era a tragédia dos trabalhadores manuais alemães em geral: tais modos de vida tinham seu declínio certo até os artesãos conseguirem modernizar suas empresas de modo a competir com a indústria. O governo prussiano reconheceu o perigo que ameaçava as tecelagens da Silésia; na verdade, ele ofereceu apoio aos tecelões na forma de crédito para comprar máquinas modernas. Mas a política fracassou "por causa do conservadorismo dos tecelões". Segundo Stolzing, esses aspectos dos "dias sangrentos de 1844" foram perdidos em Hauptmann. Quando ele visitou a área em sua preparação para escrever o livro, foi "levado por um social-democrata". O resultado foi um "provocante tom marxista" em sua obra, caracterizada com perfeição na ordem policial que fechou a primeira apresentação em 1893: "a peça não só mostra a brutalidade de alguns proprietários individuais, mas ataques em toda a estrutura política e social de seu tempo". Na visão de Stolzing, se a peça "se ativesse aos fatos confirmados", mostrando as causas reais do resultado terrível, ela não teria sido censurada. Em vez disso, Hauptmann criou uma "obra de tendência [*Tendenzwerk*] marxista internacional e é assim que o trabalho costuma ser recebido". Como resultado, ela teve uma vida breve em produção, que foi de fato terminada na época da Primeira Guerra Mundial, disse Stolzing: "até a Revolução de Novembro não foi capaz de dar-lhe uma nova relevância", e a culpa disso estava em sua "falsidade interna".

*Os Tecelões* não tinham relevância contemporânea, na opinião de Stolzing, porque "ninguém podia negar" que as condições tinham "melhorado substancialmente para a maioria dos trabalhadores alemães" desde os eventos descritos ou que muito mais poderia ter conseguido se os líderes da social-democracia não tivessem conduzido a si mesmos como "guerreiros de classe hostis à Alemanha", rejeitando

---

626 ERCKMANN, Rudolf. "Gerhart Hauptmann", *Völkischer Beobachter*, 16 de novembro de 1932. Ver KÖHLER, G. "Kunstanschauung und Kunstkritik", p. 27.

tudo que poderia ter levado a mais progresso. Ademais, o resultado da guerra trouxe amargos reveses, incluindo a "escravização do trabalhador alemão pela suprema finança judaica internacional – ao mercado mundial supranacional".[627]

A avaliação do *Völkischer Beobachter* da carreira de Hauptmann no pós-guerra continuou nessa linha: "a era liberal-burguesa contra a qual ele tinha lutado o assimilou e o aburguesou". Só os homens "arraigados internamente em seu sangue e povo podiam passar dessa maneira sem hesitar", mas Hauptmann não era um homem que poderia resistir a essa tentação. Impulsionado a percorrer esse caminho por sua fama, "sua musa deslocou-se para a esfera dos *slogans*, superficialidade burguesa e a obviedade". O outrora revolucionário "pousou dolorosamente na esfera do burguês, diluindo sua seriedade em frivolidade". E, na visão do jornal, a situação piorou muito quando ele foi elevado a poeta laureado do "sistema" de Weimar em 1918. Assim começou o "tempo deplorável" quando Hauptmann "acomodou-se nas fileiras da elite espiritual judaica e amante dos judeus do Estado de novembro", que o sustentou desde cedo por "perceber elementos marxistas em seus trabalhos". Hauptmann continuou a escrever, mas sem sua forte consciência da realidade dos seus primeiros anos e sem qualquer noção de que os tempos tinham mudado.[628] Como o "espírito alemão" era muito fraco nele, ele nunca teve qualquer "sensibilidade social". Portanto, embora a "tragédia alemã" tenha ocorrido após 1918, o próprio Hauptmann foi beneficiado: "por ser um poeta da moda, os lucros fluíram em sua direção".[629]

Como Hauptmann, menosprezado como símbolo do declínio contemporâneo na era Weimar, o jornal abordou de modo similar o caso de Heinrich Mann (1871-1950), focando seu ataque na carreira de Mann na Alemanha entreguerras por ser um simpatizante das causas da esquerda, como presidente da Seção de Literatura da Academia Prussiana de Artes e opositor atuante do partido nazista. Mas o *Völkischer Beobachter* também mirou nos trabalhos iniciais de Mann e na estética social realista. Como munição, o jornal contou com as visões literárias etnocêntricas de Adolf Bartels, citando com frequência diretamente sua *História da Literatura Alemã* (1901-1902) e outras obras. Segundo Bartels, o romance de Mann, *In the Land of Cockaigne* (1900), descreveu a vida dos corretores

---

627 STOLZING, Josef. "Gerhart Hauptmann Die Weber", *Völkischer Beobachter*, 1º de outubro de 1928.
628 ERCKMANN, Rudolf. "Gerhart Hauptmann".
629 STOLZING, Josef. "Gerhart Hauptmann Die Weber", *Völkischer Beobachter*, 1º de outubro de 1928.

de valores e jornalistas de Berlim – "logo, círculos basicamente judeus" – em uma "caricatura grotesca". Outra coisa perturbadora para Bartels era o "erotismo" de Mann, que, segundo ele, se tornou mais evidente em *Diana* (1902-1904). Bartels anunciou que a exploração da sensualidade nessa trilogia não o deixava levar Mann a sério. Porém, o mais irritante ao ideólogo etnocêntrico foi a sátira política de *O Súdito* (1918), que, segundo Bartels, "supostamente apresentava a era de Wilhelm II, mas não passava de uma caricatura insolente da vida alemã".[630]

Os editores do jornal achavam que Bartels estava certo em atacar Mann ferozmente, afirmando que a "fantasia de Mann esgotava-se nos temas eróticos" e que isso "provavelmente resultava de seu sangue, pois sua mãe era portuguesa". O jornal acrescentou que mesmo seu irmão, Thomas, era um crítico dos escritos de Heinrich, descrevendo alguns como "romances de fantasia afrodisíaca – um catálogo de vícios no qual nada é omitido". Além disso, o jornal prosseguiu, ao produzir caricaturas irritantes em meio à Primeira Guerra Mundial, ele competia com "um Chaim Bückenburg (alcunha de Heinrich Heine)" em "cometer os atos mais irresponsáveis contra o povo". Da perspectiva nazista, o *Völkischer Beobachter* julgou ser simplesmente incompreensível que os "criminosos de novembro" considerassem um autor desse tipo adequado para "representar a espiritualidade alemã" como líder literário na Academia de Artes de Berlim.[631]

Foi assim que o jornal tratou figuras importantes na tradição social realista como incompatíveis com a visão de mundo etnocêntrica. Mas a negação do realismo por parte do *Völkischer Beobachter* ainda deixava espaço para a aceitação de alguns artistas que prestavam atenção aos apuros das classes baixas na vida europeia do século XIX. Por exemplo, de março a agosto de 1923, o jornal publicou em fascículos *Oliver Twist* (1837) de Charles Dickens na íntegra. Sem dúvida, a caracterização de Dickens de Fagin, o judeu, representava grande parte da motivação para a reimpressão do romance, pois ele poderia ser interpretado como uma manifestação precoce da estereotipagem racial. Na própria tradição alemã, o *Völkischer Beobachter* tentou demonstrar que autores como Wilhelm Raabe, Theodor Storm e Gustav Freytag podiam ser inclusos no campo patriótico e mesmo no antissemita. De acordo com Hellmuth Langenbucher, não era culpa do escritor se os alemães até esse ponto não tinham reconhecido a vida e obra de Raabe por ter "contribuído

---

630 "Ein Abgesang: Auch ein Heinrich, vor dem uns graute (...): Leben und Taten des Dichterakademie-Präsidenten Mann", *Völkischer Beobachter*, 19 de fevereiro de 1933.
631 Idem.

com serviços sérios ao povo alemão". Entretanto, vista da perspectiva nazista, essa omissão poderia ser retificada: Langenbucher relatou que Raabe (1831-1910) escreveu em uma redação escolar que "era uma grande emoção estar na pátria alemã, a qual, apesar de suas rixas internas, poderia se tornar grande e poderosa" e que "o velho espírito mais uma vez soaria poderosamente nas regiões alemãs e seus habitantes serão mais uma vez verdadeiros e corajosos como os heróis da *Hermannsschlacht*". Dado que Raabe cresceu em uma época na qual a "Alemanha teve de ser enganada para que não tivesse acesso aos frutos das Guerras de Libertação, Goethe foi quase totalmente esquecido, o Romantismo era ridicularizado, Heine e Börne eram os grandes da época e os elementos não alemães ameaçavam (...) o povo alemão em público", Langenbucher considerou extraordinário que o autor continuasse "cheio de carinho pela alma do povo". Na opinião de Langenbucher, Raabe "disse de um modo direto e implacável: 'Alemanha, eu acredito em ti'". Langenbucher disse que os nazistas poderiam encontrar estímulo ao mergulhar na "indomável corrente de fé na eterna pátria"[632] de Raabe. Como no caso de Dickens, Langenbucher e o *Völkischer Beobachter* estavam mais entusiasmados com a representação de Raabe do personagem judeu antagonista em seu romance muito popular, *The Hunger Pastor* (1864), publicado em 34 edições durante sua vida. Langenbucher declarou que a representação de Raabe do "inimigo racial" na figura de Moses Freudenstein era "clara e objetiva". Acima de tudo, Freudenstein era um estereótipo do judeu influente que "causava muito dano para o povo alemão". Nas palavras proferidas por esse personagem, Langenbucher encontrou "expressões desveladas e simples da psique judaica", que era um "vagaroso veneno" que ameaçava o povo alemão mais do que qualquer outro. Portanto, Langenbucher concluiu que as obras de Raabe deveriam ser lidas pelos nacional-socialistas como uma "advertência e um lembrete sobre a ameaça judaica".[633]

O *Völkischer Beobachter* também passou a se apropriar do trabalho realista de Theodor Storm (1817-1888). Em 1927, Baldur von Schirach reclamou que Storm era muitas vezes ensinado e apresentado "como um peso leve", quando na verdade ele era um poeta alemão patriota, especialmente vinculado à sua terra natal, Schleswig-Holstein. Para Schirach, a arte de Storm "pertencia ao povo alemão". Ele apoiava essa visão

---

632 LANGENBUCHER, Hellmuth. "Wilhelm Raabe, ein Dichter der Deutschen", *Völkischer Beobachter*, 8 de setembro de 1931.
633 LANGENBUCHER, Hellmuth. "'Moses Freudenstein': Ein Bertrag Raabes zur Psychologie des Judentums", *Völkischer Beobachter*, 8 de setembro de 1931.

sobre Storm como um escritor politicamente inspirado com referência a trabalhos como *Graves in Schleswig* (1850?), no qual expressou "amor passional pela terra natal [*Heimat*]". Schirach sustentou que, da mesma maneira, uma "voz de batalha" levanta-se do poema *Easter* (1848), "emergindo da era na qual Schleswig-Holstein ascendeu". Os nacional--socialistas adoravam tais poemas, que expressavam "noções que nós sintetizamos", Schirach entusiasmou-se, na esperança de que tais exemplos fossem suficientes para demonstrar que a imagem desse "grande poeta alemão" só estaria completa quando incluísse este lado patriótico de sua personalidade, que tinha sido "apagado da maioria dos livros didáticos escolares alemães". Essa distorção era uma grande injustiça: Storm não só era o criador de *Pole Poppenspäler* (1874) ou *Immensee* (1850) – um "mestre dos retratos realizados como se feitos a pastel" –, mas era também um "cantor da liberdade alemã". Se ele tivesse vivido para ver os "dias da vergonha e declínio alemães" durante a República de Weimar, ele teria "se revelado às novas gerações como um grande líder".[634]

Paralela a essa avaliação do realismo *Heimat* [terra natal] de Storm como patriótico, estava o tratamento dado pelo *Völkischer Beobachter* a Gustav Freytag (1816-1895) como um autor popular [*volkstümlich*].[635] O jornal lembrou que, influenciado por Charles Dickens e pelos realistas franceses, Freytag foi um dos escritores alemães mais conhecidos de sua geração, especialmente admirado por sua representação da cultura de classe média em *Débito e Crédito* [*Soll und Haben, 1855*], o romance que lhe garantiu fama internacional. Entretanto, segundo o jornal, *Débito e Crédito* era um "recurso valioso", principalmente para os alemães nacionalistas. O jornal relatou que, de fato, os "direitistas colocavam esse livro nas mãos de jovens estagiários burgueses para dar-lhes uma ideia do dever e do significado de sua classe". Ademais, o livro foi útil à causa nazista porque representava a diferença entre "os homens de negócios alemães e os comerciantes internacionais".[636] Entretanto, além desses elementos, os nazistas estavam mais interessados em chamar atenção para a representação dos personagens judeus no romance. Assim, o jornal ficou furioso em 1926 quando uma edi-

---

634 VON SCHIRACH, Baldur. "Theodor Storm: ein Dichter der Heimatliebe", *Völkischer Beobachter*, 29 de julho de 1927.
635 FREYTAG, Gustav W. "Erinnerungen an Gustav Freytag", *Völkischer Beobachter*, 27 de fevereiro de 1927.
636 Idem. Para uma discussão sobre a recepção de Freytag como antissemita, ver PING, Larry L. *Gustav Freytag and the Prussian Gospel: Novels, Liberalism, and History* (New York: Peter Lang, 2006), p. 18-19.

ção do livro produzida por Fritz Skowronnek aparentemente eliminou passagens que destacavam esses indivíduos. "O que você 'editou' em *Débito e Crédito* de Freytag, doutor Skowronnek?", perguntou o revisor, Albert Zimmermann: "No segundo capítulo do primeiro livro você excluiu o final. Por quê?". Aqui, segundo Zimmermann, Freytag usou uma "caneta afiada" para mostrar a diferença entre "o Anton Wohlfahrt alemão e o judeu Veitel Itzig". Wohlfahrt era, na opinião do crítico, um verdadeiro homem alemão: ele queria se erguer com trabalho honrado, visto que "ideais elevados preenchiam sua alma". Em contrapartida, Veitel Itzig apenas "fazia planos para fraudar outros personagens". Para pavor de Zimmermann, Skowronnek cortou esse "trecho importantíssimo" como "se não fosse mais relevante na República de Weimar". Ademais, ele suprimiu todo o trecho no qual Freytag revelava o "espírito hipócrita e pegajoso" do judeu. Zimmermann perguntou: "Doutor, por que você editou essas seções com tanto esmero?".

Aos olhos de Zimmermann, esses e outros exemplos provavam que Skowronnek empreendeu suas reduções "de modo bastante sistemático, em busca de um fim determinado", principalmente para "censurar o coração antissemita do trabalho de Freytag". De acordo com Zimmermann, Freytag escreveu em suas memórias: "como uma criança da região fronteiriça, eu aprendi cedo a amar minha essência alemã em oposição aos povos estrangeiros". O crítico nazista acreditou então que *Débito e Crédito* pretendia principalmente ressaltar essas diferenças. Ao eliminar suas representações do homem de negócios judeu, Skowronnek distorceu o significado básico do livro inteiro, "maltratando" assim um escritor alemão importante. Em suma, ele tinha "mutilado intencionalmente – *circuncidado* – Freytag". "Nada dessa coleção circuncidada dos clássicos alemães deve alcançar as prateleiras", Zimmermann declarou. "Que essa advertência ecoe e acorde toda a Alemanha: atenção, Herr doutor Skowronnek!".[637]

Portanto, os colaboradores do *Völkischer Beobachter* rejeitaram o realismo de Tolstói, Ibsen, Hauptmann e Heinrich Mann como, na melhor das hipóteses, relíquias irrelevantes do passado e, na pior, ameaçadores instigadores de uma potencial revolução. Simultaneamente, nas obras de Dickens, Raabe, Storm e Freytag eles aplaudiram um realismo que continuava "cheio de amor cálido pela alma do povo", enquanto comunicava advertências e lembretes sobre a ameaça judaica. Mas a natureza conflituosa da abordagem do realismo feita pelo *Völkischer Beobachter* não foi mais completamente percebida do que no tratamento

---

637 ZIMMERMANN, "Der gefälschte Gustav Freytag!"

do principal expoente do realismo social nas artes visuais francesas, Gustav Courbet (1819-1877). Espelhando sua recepção da arte realista em geral, o jornal notou uma natureza dupla no próprio Courbet. Por um lado, o jornal exaltou Courbet como o "arauto e criador de um novo naturalismo" que "abasteceu o fogo dos ideais comuns que permaneceram acesos e influentes na disposição artística da Europa por muito tempo". Mas, como o Fausto de Goethe, duas almas queimavam em seu peito e ao lado do "pintor instintivo e completamente original cujo gênio eclipsava todas as críticas" estava um "propagandista confuso que buscava uma nova ordem social". Em Courbet, o suposto resultado era uma "natureza explosiva" que correspondia a um conflito interno entre seus lados artístico e político. Sua "franqueza desenfreada, um verdadeiro atrevimento, levou a mal-entendidos, ridicularizações, hostilidades e discussões: sua forte personalidade assustava e confundia mais pessoas do que encantava e não facilitava para seus amigos responderem por ele". Mas, apesar disso, ou talvez por causa dessa natureza dividida, o *Völkischer Beobachter* afirmou que Courbet atraía os devotos da arte na Alemanha mais do que em qualquer outro ponto do mapa. Suas pinturas faziam efeito lá como uma "revelação de tudo que os pintores alemães desejavam, mas que ainda não podiam desenvolver", por causa de circunstâncias externas nos centros de artes da nação. Courbet visitou a Alemanha três vezes e teve um "efeito extraordinário" especialmente em Frankfurt, onde Viktor Mueller, Louis Eyusen, Otto Scholderer e Hans Thoma foram "muito influenciados por ele". Ademais, em Munique ele encontrou como amigo adequado o jovem Wilhelm Leibl, por quem se sentiu imediatamente atraído: "em reconhecimento à crescente maestria do jovem alemão". Reconhecendo seu impacto a leste do Reno, o *Völkischer Beobachter* alegou então que Courbet tinha origens germânicas: "Sangue burgúndio-germânico fluía em suas veias – dessa fonte surgiu uma bela figura com uma juba de cabelos negros, olhos de veludo, uma fisionomia atlética, uma consciência enérgica e um desejo ardente para criar, o que determinava sua vida para melhor ou pior".[638]

Sobre a propagação das tendências positivistas do século XIX nas artes visuais, como manifestadas no estilo impressionista, o *Völkischer Beobachter* discordava bem menos: ele rejeitava o Impressionismo completamente como uma forma de "doença francesa que levaria a modernidade à decrepitude". Os "ismos" estrangeiros como o "trêmulo Impressionismo e o Construtivismo cerebral" estavam "condenados

---

638 SCHULTZ, Wally P. "Gustave Courbet: Ein Gedenkblatt zu seinem 125. Geburtstag", *Völkischer Beobachter*, 15 de junho de 1944.

ao inferno" por figuras como Rudolf Paulsen, um poeta e romancista amplamente conhecido.[639] Como Wilhelm Rüdiger explicou, o Impressionismo consistia em apenas registrar na tela as impressões da retina em um "processo rotineiro" que era "definitivamente vazio de conteúdo". Ademais, achatar o plano da pintura constituía uma "dissolução consciente e violação da natureza – sua conquista – porque a coerência da natureza foi assim desmontada e desmembrada". Uma pintura impressionista era, na melhor das hipóteses, uma "estenografia da natureza voltada exclusivamente para a sensação, puramente fabricada e de personalidade matemática". O estilo era uma "forma de arte vazia" em desacordo com o fato de que a essência da arte alemã era seu tratamento do "que está por *dentro*", e não das realidades superficiais. Pior, o impressionismo teve apenas um representante importante na Alemanha: "o judeu Max Liebermann". Portanto, Rüdiger argumentou, o nazismo estava dedicado a contra-atacar seus efeitos a longo prazo. Povo, natureza e personalidade eram as bases a partir das quais a arte mais apropriada para os nazistas era cultivada: "a oposição" negava esses valores, contra os quais eles firmaram "padrões internacionais, abstração e ausência de vida". O artista que se sentisse "espiritual e culturalmente responsável por seu povo" tinha de entender que a luta era mais do que política, que também envolvia uma frente intelectual. Rüdiger disse que o nacional-socialismo era a "personificação política de um lado da batalha pela cultura alemã". O inimigo queria "destruir tudo o que havia e lutar pela manutenção da cultura etnocêntrica e arte alemã pelos modernismos, a começar pelo Impressionismo". Mas o partido nazista superaria essa perspectiva materialista com sua "crença no valor aristocrático de todos, pouco importando sua classificação, sejam ricos ou pobres". O nazismo, segundo Rüdiger, era a "crença política de um novo movimento do povo – a pressuposição para uma cultura alemã nova e original em resposta ao nivelamento do homem, sociedade e natureza, implícitos no Impressionismo".

Mais alinhada com a natureza alemã, continuou Rüdiger, era a tendência expressionista consistente com o "princípio antimodernista de que o conteúdo, não a forma, era mais importante ao artista alemão": a forma era apenas a linguagem pela qual ele concretizava sua experiência interior; a parte mais importante estava por trás da aparência exterior de uma obra de arte. Assim, em suas melhores obras, a "forma servia à expressão". Rüdiger afirmou que os alemães "nunca

---

639 PAULSEN, Rudolf. "Ein Maler der deutschen Seele: Vom künstherlischen Schaffen Heinz Basedows", *Völkischer Beobachter*, 4 de março de 1931.

seriam artesãos enquanto eles criassem arte a partir de seu ser – de sua alma". Sua arte era "pessoal e raramente moderna" e nisso ela nunca foi "obcecada com o que havia de mais fabulosamente novo ou mais cosmopolita: para os alemães, a arte dava forma à vida e nunca era apenas um problema estético". Todo artista alemão era, nesse sentido, "um expressionista, opondo-se a um mero estilista impressionista".[640]

A primazia conferida à predisposição expressionista pode ajudar a explicar a cobertura substancial que o jornal dedicou ao poeta simbolista francês Arthur Rimbaud (1854-1891). Numerosos artigos celebraram a vida de Rimbaud, dando atenção particular ao seu afastamento da civilização no sombrio coração da África. "Quem era Rimbaud?", o jornal perguntou: um francês, um homem de negócios, um conspirador político, um aventureiro, ou alguém que buscasse riquezas? Ninguém até hoje teve certeza. O jornal explicou que ele era a "terceira estrela da poesia francesa", com François Villon e Paul Verlaine. Em três poucos anos ele revolucionou completamente a poesia francesa com seu "poder incomparável e sísmico de expressão"; ele construiu uma "dinâmica de palavras completamente nova – um feito monstruoso!". Mas depois nem mais uma linha. "Mais inacreditável, mais brilhante", o jornal disse, era o fato de que isso era o trabalho de uma criança – um menino com um "espírito impetuoso como o de Shakespeare". Seus cadernos de escola "fluíam com uma vitalidade e expressão artística sem precedentes"; aos 10 anos, ele escreveu um ensaio sobre Villon, no qual "fluíam imagens que lembravam o leitor de Breughel". Então veio *O Barco Bêbado* (1871), um "sonho como só poderia ser sonhado uma vez na história". Aqui, imagens de "grandeza dantesca" o elevaram à imortalidade; aqui a "vastidão de um oceano cercava sua fronte em um fogo verde, um riacho flamejante". Antecipando Nietzsche, ele proclamou o "poder vital, instintivo e consumidor da vida da Europa decadente". Ele revelou o "imperativo e heroico no homem" e, por meio de sua existência, "povo e destino uniram-se com o poeta". Arrebentando com um "impulso criativo demoníaco", ele rompeu com o ambiente burguês e ignorante de sua terra natal e vagou como uma versão moderna do vagabundo medieval: primeiro a Paris, depois Bruxelas, Londres e de volta. Então ele "trancou-se em uma caixa vazia" e escreveu *Uma Temporada no Inferno* (1873): "não um papo furado lírico impotente e fraco, como aquele de milhares e milhares que acreditam que foram beijados nos lábios pela musa, mas trabalhos que permitem a um ouvinte escutar todo o mundo espiritual".

---

640 RÜDIGER, Wilhelm. "Der Dürer-Geist im deutschen künstler", *Völkischer Beobachter*, 1º de maio de 1932.

Depois desse "incrível arder como o de um cometa", o jornal prosseguiu, Rimbaud desfez-se de sua arte e deixou sua natureza artística morrer: com apenas 18 anos de vida. Enojado com a Europa, por ser "muito pequena para o tremendo dinamismo de sua energia", ele se lançou em uma aventura: legionário estrangeiro, empregado de circo, tutor de línguas, expedidor e comerciante – até chegar à corte de Meneliks II. Então, segundo o jornal, ele "conquistou a África com algo além da espada e do poder de fogo", pois sua política colonial baseava-se na consciência das "formas de vida biológicas e características raciais dos nativos". Para os povos indígenas, ele se tornou "o mito personificado: um homem-Deus". Só "nessa terra virgem podia seu eminente vitalismo se desenvolver". Lá, ele poderia se tornar "o imperador não coroado da África, a verdadeira imagem do Peer Gynt de Ibsen: o Rei do Mundo". Então, cedo demais, ele sucumbiu às doenças e ferimentos e morreu. O poeta já tinha "se tornado imortal muito antes", mas o que era ainda mais impressionante para o *Völkischer Beobachter* era a noção de que "tribos da Abissínia ainda cantavam sobre o heroico Rimbaud, aventureiro e comerciante de armas".[641]

Erhard Buschbeck, um dramaturgo de Viena que trabalhou com Georg Trakl, Arnold Schoenberg e Alban Berg, também celebrou Rimbaud como modelo para os artistas expressionistas que davam as costas para o mundo burguês da civilização ocidental. De acordo com Buschbeck, a vida de Rimbaud mostrava que "o gênio é frequentemente uma dádiva de Dânae"; sua fuga correspondeu à perda de Hölderlin para a Alemanha no século XIX, "a juventude poética que terminou em desarranjo mental", bem como a de Kleist, o "maior talento trágico entre os alemães" que foi "perdido para o suicídio". Buschbeck concluiu que a obra deixada por Rimbaud quando ele "debandou" para a África o cercou de uma "aura" na qual os "problemas de seu tempo e aqueles da eternidade misturaram-se de modo peculiar".[642]

Aparentemente mais adequados para os propósitos do *Völkischer Beobachter* eram os alemães Stefan Georg e Rainer Maria Rilke, quem o jornal via como praticantes de sua arte como Rimbaud, em uma "forma vital, instintiva e consumidora da vida". De acordo com o tributo de Rudolf Paulsen na época da morte de Georg, o poeta (1868-1933) era "o solitário, o refinado, o de convicções nobres", quem se deslocava no

---

641 H. M. Soi [?], "Lyriker und Waffenhändler: Jean Arthur Rimbaud", *Völkischer Beobachter*, 27 de fevereiro de 1936.
642 BUSCHBECK, Erhard, "Jean Arthur Rimbaud: Dichter und Waffenlieferant", *Völkischer Beobachter*, 12-13 de outubro de 1944.

campo do mito e lá ficava – enquanto permanecia em contato com os nazistas, "já que ele era nosso". Por permanecer "o mais calmo", que nunca adentrava as arenas dos conflitos corriqueiros, ele sempre manteve o controle. Esse "monaticismo moderno" o fazia parecer solitário, mas nessa solidão ele "protegia a dignidade da palavra". Ainda assim, a despeito da distância aparente das questões mundanas, Paulsen encontrou inspiração para os planos nazistas nas obras de George. Todos os que o liam recebiam uma "semente que traria frutos": nos "melhores, nos mais aristocráticos, nos mais orgulhosos e nos mais nobres corações ele inscrevia dizeres para toda a vida". Paulsen insistiu que especialmente a juventude alemã tinha de considerar o comando publicado por George em suas "Três canções" de 1921, chamando por

> *Uma jovem raça que mais uma vez meça o homem e as coisas*
> *Com padrões genuínos, belos e sérios,*
> *Feliz em sua singularidade, orgulhosa diante de estranhos,*
> *Distanciando-se do recife da escuridão impudente,*
> *Do raso pântano da falsa irmandade.*

Paulsen exclamou que tal geração finalmente emergia com os sucessos do movimento nacional-socialista, alegremente consciente de sua "germanidade no sangue e no espírito".[643]

Aos olhos nazistas, Rainer Maria Rilke (1875-1926) também provava ser um sujeito interessante – em grande parte pela qualidade de desapego expressionista que caracterizava seu trabalho. Mas a inacessibilidade que acompanhava sua escrita, vista como além do entendimento da maioria dos leitores alemães, levantou questões sobre suas credenciais etnocêntricas. Erwin Damian, um especialista em Rilke, tentou construir um sentido com base nessa contradição. Damian reconheceu que alguém poderia justificadamente perguntar-se sobre o que ele significava aos nazistas, porque era reconhecidamente "desconhecido da maioria do povo", e assim permaneceria. Embora muitos conhecessem Rilke por carregarem *O caminho do Amor e da Morte de Cornet Christoph Rilke* (1906) em suas bolsas, suas obras permaneciam difíceis para eles e no fim a maioria dos alemães "realmente apenas conhecia seu nome". Apesar disso, Damian estava certo de que, pelo fato de o trabalho de Rilke ser "vivido" por seus leitores, ele continuaria a ter influência – e "não só nas dissertações da universidade". Segundo Damian, o trabalho de Rilke "dizia algo diferente

---

[643] PAULSEN, Rudolf. "Zum Tode Stefan Georges", *Völkischer Beobachter*, 6 de dezembro de 1933.

e novo e ainda assim permanecia nas fileiras belas e imponentes da poesia clássica alemã". Para os leitores em 1936, Rilke permanecia um modelo dos ideais alemães: "a lírica alemã ainda não tinha alcançado tamanho nível de pureza em qualquer autor desde Hölderlin; ele foi uma inspiração para todo artista criativo que permaneceu fiel à mensagem sagrada de seu trabalho".[644]

Heinz Grothe, que escreveu para o cinema e teatro até a década de 1970, apoiou e tentou elucidar a defesa de Rilke feita por Damian – enquanto adicionava uma dimensão racial à interpretação do jornal. Grothe argumentou que quem quer que realmente quisesse entender Rilke tinha de considerar que seus ancestrais foram fazendeiros alemães da Boêmia. Uma longa cadeia ancestral podia ser rastreada até o século XV, mas certo "depauperamento do sangue" pode ter levado ao seu ser "excessivamente refinado". Em consequência, embora os nazistas pudessem reconhecer a beleza de sua forma poética como "absolutamente digna de valor", existia uma diferença de opinião sobre seu conteúdo. A última geração de escritores não era mais tão influenciada por Rilke quanto a anterior tinha sido, mas seu "serviço à língua alemã, seu sentimento pela palavra, sua maneira distinta e precisa de se expressar sobre o concreto e o espiritual, sua luta pelo conhecimento – tudo isso o marcava como um lutador apaixonado pela palavra". Em uma era atormentada pelo caos, ele proporcionou "paz, calma e profundidade". Grothe concluiu que, embora alguns nazistas rejeitassem seu misticismo, "sua grandeza interna era um polo que muitos estavam tentando alcançar".[645]

No caso do expressionista austríaco Hermann Bahr (1863-1934), o jornal também discordava, apesar de suas principais preocupações envolverem sua postura pública relacionada aos judeus, em vez de seus escritos. Por anos, um artigo reclamou, o "interior" de Bahr mudou ainda mais do que sua aparência externa: não havia uma moda artística ou política que ele não tenha seguido. Ele deixou de ser um devoto entusiasmado do antissemita Georg Ritter von Schönerer para tornar-se um igualmente empolgado filossemita; então, ele se transformou em um antigo liberal austríaco [*schwarzgelben Altösterreicher*], apenas para terminar sua vida como um devoto católico. Infelizmente, para o *Völkischer Beobachter*, desde a perda de sua excitação juvenil pelo movimento etnocêntrico, Bahr permaneceu "verdadeiro para apenas uma estrela: a Estrela

---

644 DAMIAN, Erwin. "Rainer Maria Rilkes Weg und Wert: Zu des Dichters zehnten Todestag", *Völkischer Beobachter*, 29 de dezembro de 1936.
645 GROTHE, Heinz. "Zwischen Chaos und Ordnung: Zur Neuausgabe von Rilkes Werken in zwei Bänden", *Völkischer Beobachter*, 3 de maio de 1939.

de David". Uma vez tendo "se acalentado por seus raios dourados", ele não podia nem mesmo resistir a cobrir de elogios o líder sionista Theodor Herzl. Em um artigo no *Deutsche Akademiker-Zeitung*, Bahr descreveu Herzl como um "membro da fraternidade nacionalista" e depois falou de sua "aparência principesca" e como ele estava encantado por ele à primeira vista. Isso "não soava certo", segundo a objeção do *Völkischer Beobachter*, pois, na época que Bahr tinha sido um irmão de fraternidade de Herzl, ele foi um defensor das visões antissemitas que então começavam a ganhar adeptos; na verdade, ele era "um dos mais zelosos lutadores por essas ideias". O jornal não queria supor que Bahr era "tão desprovido de caráter" que ele intencionalmente alterava os fatos "de modo tão drástico". Então o jornal caridosamente o caracterizou como um "pobre velho" que – incapaz de apreciar memórias afeiçoadas de seus tempos de estudante – tinha de "ocultar, renegar e mesmo denegrir seus próprios feitos".[646]

Outro artigo do *Völkischer Beobachter* abordava o "ideal de beleza judaica" de Bahr e tratou o autor com uma condescendência semelhante. O jornal explicou que o envelhecimento podia "tornar alguém um tagarela" e esse foi frequentemente o caso de escritores em seus últimos anos que "compensavam sua falta de ideias com um falatório vazio". Quando era um jovem estudante, Bahr – que "se refez muitas vezes" – tinha sido um "ávido antissemita". Mas com a idade avançada ele "tentava pregar sobre coisas que desconhecia completamente", como em um ensaio sobre raça para um jornal de Munique. Ali, ele "corretamente colocou a raça acima da nação", afirmando que "alguém poderia mudar de nacionalidade, mas não de raça" e que as "fundações da civilização ocidental estavam ruindo e surgia um novo sistema baseado na raça ". Entretanto, no mesmo ensaio, Bahr também escreveu que ele "nunca tinha ficado tão satisfeito quanto ao ver figuras perfeitamente belas", e dentre as mais belas em sua memória eram aquelas de Theodor Herzl e Emma Adler – esposa do político socialista Victor Adler. Essa passagem provocou a ira do jornal nazista. Alguém poderia perceber que o "significado de raça" começava a se manifestar em Hermann Bahr, mas o fato de que ele então "curvou-se ao Judaísmo" era prova do "lado tragicômico de sua carreira". O jornal admitiu que "havia judeus e judias racialmente bonitos", mas "o ideal estético da raça nórdica tinha de ficar mais próximo do coração de um alemão do que de um judeu". A

---

646 "Hermann Bahr im Wandel der Zeiten", *Völkischer Beobachter*, 23 de setembro de 1925. Sobre as opiniões de Bahr a respeito de Hitler, ver DAVIAU, Donald G. *Hermann Bahr* (Boston, MA: Twayne Publishers, 1985), p. 168.

crítica concluiu dizendo: "Deus do céu, quando um Gojim faz tal elogio a um judeu, eles podem até perdoá-lo pela ocasional indagação no campo da pesquisa racial – que os judeus costumam odiar".[647]

Na morte de Bahr em 1934, Josef Stolzing entrou na conversa com algumas memórias pessoais do escritor. "Como poderiam as pessoas mudar sua perspectiva política tão fácil quanto trocam uma roupa suja?", ele se perguntou. Stolzing sentiu que essa era uma questão particularmente relevante no primeiro aniversário da "tomada de poder" quando ele viu que tantos "políticos da época que nos criticavam com tamanha violência há um ano agora caminham por aí com suásticas em suas casas de botão". Bahr era um desses casos. Antes ele era um dos seguidores mais entusiasmados de Schönerer; ele tinha sido um membro da fraternidade da Universidade de Viena que expulsou Herzl por sua herança judaica; ele foi até mesmo expulso da escola por dar um discurso pangermânico, e estudantes entusiasmados pangermânicos desfilaram com ele enquanto ia para a estação de trem. Stolzing ficou chocado, então, quando Bahr foi relacionado em uma coleção de personalidades importantes do *Deutsche Zeitung*, incluindo Émile Zola, que já tinha se pronunciado contra o antissemitismo. "Mas que mudança peculiar!", ele exclamou. Stolzing relatou que, depois, ele e Bahr tinham vivido no mesmo prédio em Munique. "Uma vez eu o encontrei e ele disse: 'eu o conheço há anos e estou feliz em cumprimentá-lo. Acredite em mim, o movimento de Hitler é o único que pode salvar nosso povo de seu sofrimento. Nós, alemães, devemos enfim nos juntar em uma firme unidade!'". Para Stolzing, essa mudança final na perspectiva bastava para considerá-lo "redimido". "Depois de todos os seus erros e perambulações o ex-*schönereriano* tinha finalmente encontrado o caminho de casa em direção a Adolf Hitler e por isso queria honrá-lo respeitosamente como poeta e homem: a despeito de tudo, ele era um alemão!"[648]

Entretanto, outros escritores alemães associados com o expressionismo não podiam ser tão prontamente redimidos, e foram usados no *Völkischer Beobachter* principalmente por seu valor como pontos de referência do declínio e da degeneração da virada do século. Esse foi o caso de Franz Wedekind (1864-1918). Em referência ao outrora influente bairro boêmio de Munique e ao seu principal periódico, o jornal afirmou que "Schwabing de Wedekind e *Simplicissimus*" eram coisas do passado: "talvez eles estivessem entre os desenvolvimentos mais importantes

---
647 "Hermann Bahrs jüdisches Schönheitsideal", *Völkischer Beobachter*, 1º de agosto de 1927.
648 STOLZING, Josef. "Erinnerungen na Hermann Bahr", *Völkischer Beobachter*, 17 de janeiro de 1934.

de seu tempo, mas *seu* tempo não era mais o nosso". O jornal admitiu que, com certeza, mesmo os nazistas podem ter uma vez considerado Wedekind um grande fenômeno da literatura alemã: mas então veio a guerra. Para a geração do *front* de 1914, a guerra era um "caminho de entrada para um novo mundo estabelecido sob as tempestades de aço e o medo da morte". Nesse processo, eles encontraram a base para uma "nova moralidade", para que não precisassem mais de "Wedekind, o Moralista". Por outro lado, aqueles que ficaram em casa – "como Heinrich Mann" – ainda procuravam por uma "síntese entre a vida e seu sistema moral". Para eles, a guerra era apenas "outro episódio excitante; ou, mais direto ao ponto, uma dolorosa interrupção de seus 'negócios' – para tomar um empréstimo de Wedekind, que chamava abertamente a moralidade de 'o melhor negócio'". Talvez algumas passagens da "erótica de Wedekind" tenham sido revolucionárias um dia, mas a era pós-guerra tinha deixado tais questões para trás. O moralismo de Wedekind "não seria capaz de lidar com o erotismo colegial da República de Weimar", manifestado em acontecimentos perturbadores como o caso de Krantz em 1927 (no qual estudantes do ensino médio cometeram um assassinato depois de um final de semana de álcool e sexo – tanto hétero como homossexual). O jornal afirmou que, para dizer a verdade, alguém poderia dizer o oposto: o autor de *O Despertar da Primavera* (1891) poderia "provavelmente ter tentado justificar o assassinato de um estudante do ensino fundamental". Portanto, "a nova geração não reviveria Wedekind": aqueles que tentavam fazê-lo, "como Klaus Mann e seu círculo", seriam deixados para trás pela história mundial. Como representado na "moralidade do movimento nazista, a sabedoria de milhares de anos era a base moral da humanidade, contra o desespero de um indivíduo que nunca conseguiu uma síntese entre espírito e beleza".[649]

Da mesma maneira, o *Völkischer Beobachter* desprezou como decadentes as obras de Hugo von Hofmannsthal (1874-1929). Segundo as "investigações de suas origens raciais"[650] realizadas pelo jornal, Hofmannstahl era o "nascido em Viena, do ramo batizado no Catolicismo de uma família de banqueiros judeus enobrecidos". Como tal, ele provavelmente teria sido esquecido imediatamente se não tivesse sido o libretista da maioria das óperas de Richard Strauss. Ainda assim, o jornal admitiu, teria sido superficial simplesmente dispensar Hofmannstahl como um

---

649 W., "Wedekind-Gedenkfeier im Schauspielhaus", *Völkischer Beobachter*, 15 de março de 1928.
650 "Aus der jüdischen Stammtafel Hugo von Hofmannsthals", *Völkischer Beobachter*, 13 de agosto de 1929.

dos "muitos autores judeus que contaminaram a literatura alemã com uma visão de mundo estranha". Ele tinha de ser entendido como um dos líderes de um movimento literário que começou em Viena mais ou menos no mesmo momento que a "algazarra realista" em Berlim – ambas as quais constituíam "espelhos culturais das grandes cidades alemãs perturbadas com a infiltração estrangeira e a degeneração social". Como eles não podiam ser apagados da história literária alemã, o jornal nazista cobriu a poesia e a vida de Hofmannstahl como "o florescimento cultural final de um movimento menor". Em suas obras, alguém poderia sentir "a canção do cisne da Viena agonizante", apesar de não acompanhada pela "sedutora e pensativa beleza de uma valsa de Strauss", mas, em vez disso, pelos "sons e instrumentação de uma sinfonia moderna – com material temático que parecia estranho aos ouvidos alemães". Em suas obras, o "processo de decomposição racial que tinha começado nas metrópoles alemãs mais orientais se revelou". O "judeu vienense batizado Hofmannstahl" era apenas um dentre centenas de "escribas judeus e seus camaradas judeus podres" que entraram sorrateiramente na literatura alemã contemporânea, "degradando-a com seu mundo de sentidos crus, violando-a com obscenidade, sexualidade bestial e reduzindo-a ao nível da pornografia". Por exemplo, em *Elektra* (1909), uma de suas três "falsificações de tragédias gregas", Hofmannstahl "especulou sobre os instintos imundos do público instruído das grandes cidades ao falar indecências sobre uma relação lésbica entre Elektra e sua irmã".[651]

O *Völkischer Beobachter* também atacou o vienense Oskar Kokoschka (1886-1980) em suas páginas, embora fosse pela aparentemente pequena infração de comparar sua situação financeira com a enfrentada por Albrecht Dürer. Quem honrasse os antigos mestres não encontraria nenhuma comparação entre seus destinos difíceis e o de Kokoschka – que não passava de um "homem de negócios talentoso" – "difícil e intragável". Ademais, segundo o jornal, inúmeros talentos alemães tinham dificuldades sem ter suas necessidades básicas satisfeitas em função da péssima situação econômica e do "sensacionalismo judeu capitalista que dominava o mercado da arte". Apesar de todo o seu sofrimento físico e espiritual, eles nunca receberam nenhum reconhecimento da maioria de seus companheiros do povo, porque foram completamente excluídos do mercado de arte da Alemanha pelo "vampiro judeu que favorecia apenas os líderes de suas tendências culturais destrutivas" – como Kokoschka.[652]

---

651 "Hugo von Hofmannsthal", *Völkischer Beobachter*, 18 de julho de 1929.
652 LÜNG, Pidder. "Skandal und Kokoschka", *Völkischer Beobachter*, 18 de fevereiro de 1932.

Entre os pintores que o *Völkischer Beobachter* sentiu que era sua responsabilidade defender contra o vampiro judeu modernista estavam Anselm Feuerbach, Adolph Menzel e Franz von Lenbach. Segundo o jornal, Feuerbach (1829-1880) foi uma "vítima infeliz da conspiração modernista". Sua vida foi "apenas uma longa batalha por validade artística e ele pereceu durante essa luta"; a falta de compreensão que ele recebeu em sua terra natal alemã "destroçou seu coração idealista de artista e esmagou sua coragem para criar; abandonado, ele sangrou até a morte".[653] O historiador da arte Werner Spanner exaltou as pinturas históricas de Menzel (1815-1905) como personificadoras da cultura prussiana: não só eram os temas de sua corte e das pinturas históricas, prussianas, mas era ainda mais a "fria e realista sobriedade de suas obras". Luz e cor tornaram-se o objeto de toda uma série de pinturas: partes de cômodos, janelas cheias de luz solar com cortinas que balançam levemente, vistas de prédios, telhados e jardins "nos quais uma nova maneira de ver" se manifestava pela primeira vez. O jornal reconheceu que Menzel conseguiu esses efeitos "ao lado e até certo ponto em conexão com" o impressionismo francês. Mas a "disciplina de ferro que esse homem nanico aplicava às suas pinturas: incansável, severa e sem privilégios", era "muitíssimo prussiana". Em todo caso, muito mais importante que as proezas técnicas de Menzel era a imagem que "vivia no coração do povo, em particular" sua pintura do "grande rei prussiano tocando a flauta em um concerto à luz de velas" (figura 10.1).[654]

Franz Hofmann, um ex-diretor de galeria de arte que trabalhou para o Ministério da Propaganda e que estava no comitê para o descarte da arte degenerada depois da notória exposição de 1937, esforçou-se da mesma maneira para distinguir Franz von Lenbach (1836-1904) das tendências modernistas, enfatizando "seu amor ao Romantismo". Durante a vida de Lenbach, segundo Hofmann, a recém-unificada Alemanha tinha de lidar com um movimento artístico que "se concentrava exclusivamente nos efeitos de luz na superfície das coisas", constituindo um "exercício na visão de mundo materialista". Lenbach resistia admiravelmente à ascensão desse materialismo na pintura. Ademais, de acordo com Hofmann, embora Lenbach visse preservar as fundações da arte estabelecida pelos mestres antigos como o principal dever das academias, em vez disso elas estavam produzindo um "proletariado artístico"

---

653 "Besinnliches zu Feuerbachs 100. Geburtstag", *Völkischer Beobachter*, 12 de setembro de 1929.

654 SPANNER, W., "Adolf Menzel: Zum 125. Geburtstag", *Völkischer Beobachter*, 8 de dezembro de 1940.

Figura 10.1 Adolph Menzel, "Concerto de flautas" (1852)
Antiga Galeria Nacional, Berlim, Alemanha.

que apenas supria bens para os mercados de arte do mundo: "a técnica era diminuída pelas forças tremendas da competição". Já Lenbach, então, sabia que "a arte saudável que ressoava com o sentimento etnocêntrico tinha de ser a base para a beleza no futuro".[655]

No fim das contas, como no caso de Menzel, o *Völkischer Beobachter* estimava Lenbach mais por seus retratos dos líderes prussianos. Acima de tudo, as pinturas de Lenbach dos "primeiros homens da Alemanha durante a época heroica do século XIX eram um tesouro nacional". Provavelmente nenhum pintor em todo o século XIX tinha "tamanho sentimento pelo poder como ele": "no sentido de que ele estava com os espíritos mais elevados de seu tempo, ele podia ser comparado com Ticiano – com quem rivalizava em toda a sua arte e em seu grandioso estilo de vida". Ademais, para ele "tudo de positivo manifestava-se no alemão, ao qual ele pertencia de corpo e alma e que divulgava e glorificava com toda a sua atividade artística". A fama de Lenbach baseava-se no fato de que "sua mão passava para as futuras

---

655 HOFMANN, Franz. "Franz von Lenbach und seine Zeit", *Völkischer Beobachter*, 13 de dezembro de 1936.

Figura 10.2 Franz von Lenbach, "Otto von Bismarck com uniforme de cavalaria" (1890), Lenbachhaus, Munique, Alemanha.

gerações imagens de inumeráveis pessoas importantes do século XIX", incluindo Schopenhauer, Heckel, Helmholtz, Schwind, Semper, Björnson, Nansen, Defregger, Busch, Wagner, Liszt, Ludwig I, Ludwig II – e acima de tudo Moltke e Bismarck.[656] Na verdade, o mais importante ao jornal nazista era o fato de Lenbach ser um "quase amigo de Bismarck", salientando o fato de que o Chanceler de Ferro o visitou em seu palácio renascentista e disse: "Estou feliz de ser imortalizado pelo pincel de Lenbach do modo que eu desejo ser lembrado" (figura 10.2).[657]

---

656 FUCHS, Georg. "Lenbachs politisches Bekenntnis", *Völkischer Beobachter*, 13 de dezembro de 1936.
657 "Die Münchner Lenbach-Feier", *Völkischer Beobachter*, 14 de dezembro de 1936.

Com relação aos outros pintores da época, o *Völkischer Beobachter* geralmente promovia a introspecção expressionista, apresentando essa qualidade em oposição ao suposto literalismo impassível do realismo e a superficialidade positivista do impressionismo. Era com esse espírito que o jornal geralmente aprovava os aspectos espirituais das pinturas simbolistas de Arnold Böcklin. A primeira tarefa foi distanciar Böcklin (1827-1901) do naturalismo de origem francesa. O jornal relatou que, ao contrário de seus contemporâneos impressionistas, Böcklin trabalhava dentro do estúdio, não *en plein aire*. Como ele representava a natureza com tanta precisão, os espectadores presumiam muitas vezes que ele usava modelos vivos, mas esse não era o caso: sua "memória maravilhosa" gravava visões e experiências com maior fidelidade do que qualquer caderno de esboços e, portanto, ele não precisava nem de cenas ao vivo nem de rascunhos para produzir pinturas. Ele tinha uma "fonte viva de imagens", que ele sempre levava consigo "em espírito" e da qual ele construía "poemas coloridos" por meio de um processo livre – "incluindo e omitindo, lembrando e inventando". Sua interpretação da sensação não era meramente mecânica. Segundo o *Völkischer Beobachter*, um especialista comparou certa vez Böcklin com o francês Zola, revertendo a famosa linha do autor realista, "a arte é um pedaço da natureza, vista pelo temperamento" para seu oposto: "a arte de Böcklin é um temperamento, visto por um pedaço da natureza". Isso, de acordo com o jornal, "acertou em cheio". A produção de Böcklin então marcou o ponto alto de um gênero de pintura alemão que os românticos iniciaram : a "paisagem emocional". Uma dessas paisagens resultou de uma visita a Florença, quando ele foi dominado por saudades das florestas do norte da Alemanha ("quem não passou pelo mesmo, no Sul?", o jornal perguntou). Lá, para registrar sua saudade, ele criou o estranhamente "famoso" "Silêncio na floresta" (1896) (figura 10.3).

Segundo o *Völkischer Beobachter*, os pesquisadores procuraram em vão por modelos no mundo mitológico de Homero, no qual ele baseou seus centauros e sereias, mas "um Böcklin não precisava de tais truques para comunicar o que lhe tocava a alma". Alhures, para demonstrar que suas criações podiam ser apreciadas e entendidas "sem a erudição clássica e a refinação esnobe", o jornal fez referência à história por trás de seu quadro mais famoso. Em 1880, a condessa Orioli sugeriu que Böcklin produzisse uma imagem "para sonhar". Quando ela retornou depois de alguns meses, o artista apresentou a ela o quadro recém-pintado: "você terá o que pediu", ele disse. "Ele a deixará tão calma que você levará um susto se houver uma batida na porta". Assim

Figura 10.3 Arnold Böcklin, "Silêncio na floresta" (1896),
Museu Nacional, Poznan, Polônia.

é a origem de "*A ilha dos mortos*" (1883) (figura 10.4), que o *Völkischer Beobachter* orgulhosamente observou que "podia ser encontrado reproduzido em quase toda casa alemã".[658]

"Em que consistia a grandeza de Böcklin?", o jornal perguntou. Qual era a base para a "magia única que emanava de suas obras e nos atraía a elas?". Os expressionistas eram artistas que "criavam a partir de dentro, para quem as impressões recolhidas do mundo exterior serviam como material para a representação de sua vida interior". Em contrapartida, os impressionistas simplesmente copiavam a natureza assim como a viam. Era nesse sentido que Böcklin era um expressionista, pois "quase tudo que ele criou era a representação de sua fantasia". Em

---

[658] RÜDIGER, Wilhelm. "Arnold Böcklin: Zu seinem hundersten Geburtstage", *Völkischer Beobachter*, 16 de outubro de 1927. Para saber mais sobre Böcklin e a cultura política germânica, ver MARCHAND, Suzanne, "Arnold Böcklin and the Problem of German Modernism", in MARCHAND e LINDENFELD, David F. (eds.), *Germany at the Fin de Siècle: Culture, Politics, and Ideas* (Baton Rouge, LA: Louisiana State University Press, 2004), p. 129-166.

Figura 10.4 Arnold Böcklin, "A ilha dos mortos" (1883), Antiga Galeria Nacional, Berlim, Alemanha.

forma e cor ele produziu "um mundo semelhante a um que não existe e nunca existirá, mas que apesar disso parece tão exótico e familiar que nós o consideramos verdadeiro". Só um gênio como Böcklin poderia realizar tal milagre" – e suas criações também eram milagrosas porque "transfiguravam uma perspectiva trágica por meio do humor em um modo genuinamente alemão", como em seu "Centauro na forjaria da vila" (1897) (figura 10.5) – uma "pintura deliciosíssima", que o jornal recomendava muito aos "pacifistas e preconceituosos prestarem bastante atenção" (sem mais explicações) – ou sua "Susanna no banho" (1888) (figura 10.6), uma das "mais amadas paródias da Renascença".

O *Völkischer Beobachter* foi particularmente elogioso com a última pintura. Em sua visão, quando pintaram essa cena bíblica, Ticiano, Veronese, Guido Reni, Rubens, Jordaens e Frans Willen van Mieris "simplesmente colocaram ênfase em uma atividade feminina e graciosa". Entretanto, Böcklin fez uma declaração muito mais substancial ao pintar uma "judia gorda e carnuda deixando que seu pescoço fosse tocado por um velho judeu com sensual complacência, enquanto outro a observa". Todos os três eram, na opinião do jornal nazista, "hebreus raciais reproduzidos à perfeição".[659] Aparentemente, essa versão racialmente informada da história bíblica era um exemplo do "senso de humor genuinamente alemão" de Böcklin.

---

[659] "Arnold Böcklin: Zu seinem 25. Todestage am 16. Januar 1901", *Völkischer Beobachter*, 16 de janeiro de 1926.

Figura 10.5 Arnold Böcklin, "Centauro na forjaria da vila" (1897), Museu de Belas-Artes de Budapeste, Hungria.

Maria Groener afirmou que havia uma "qualidade de contos de fadas" nas obras de Böcklin: para ela, representavam "lendas de heroísmo sem o vestígio da doçura do gênero que estava no ar naquela época". Aqui funcionava uma "austeridade romântica" e uma "obstinação desafiadora". Com Böcklin tudo era "agitado" com "fios de cabelo ruivo arrepiados como brotos de lentilhas loucos em suas testas, em torno das bocas vermelhas e dos contornos dos olhos". Entretanto, além de tudo, lá permanecia uma calmaria sobre suas pinturas – uma calmaria que "saía da atemporalidade da ideia, não da altivez da forma ou da lisura da superfície". Böcklin "não se curvou ao modismo; ele teria preferido passar fome". De fato, quando um patrocinador uma vez exigiu que ele pintasse uma ninfa em um desfiladeiro na floresta, o artista recusou-se a fazê-lo. Diante disso, o patrocinador disse: "então eu não comprarei a pintura". Então "nós continuaremos a comer feijões", Böcklin respondeu. "Como foi honrável essa confissão!", Groener exclamou; ela demonstrava que Böcklin – sempre verdadeiro com sua arte e nunca almejando o efeito

Figura 10.6 Arnold Böcklin, "Susanna no banho" (1888), Museu de história da arte e cultura de Oldensburg, Alemanha.

– era um "modelo para a pureza dos sentimentos alemães". Groener atestou, portanto, que ela e os companheiros nazistas estavam deste modo "obrigados a apresentá-lo com uma guirlanda de louro".[660]

Estranhamente, o *Völkischer Beobachter* também se esforçou para se apropriar das obras do artista mais pessimista da virada do século: Edvard Munch (1863-1944). Thilo Schoder, um arquiteto de Weimar que emigrou para a Noruega em busca de trabalho (para retornar à Alemanha no ano seguinte), contribuiu com um artigo que celebrou Munch nos mais altos termos nacional-socialistas – isto é, como um "criador nórdico" –, talvez

---
[660] GROENER, Maria. "Böcklin und Feuerbach", *Völkischer Beobachter*, 19 de outubro de 1927.

em um esforço para restabelecê-lo desenvolvendo uma interpretação racial do artista norueguês. Segundo Schoder, o que Henrik Ibsen, Bjøernstjerne Bjøernson e Knut Hamsun criaram em palavras – e o que Edvard Gried expressou em tons – Edvard Munch "imortalizou" em forma e cor: "a personalidade, a paisagem e a visão de mundo nórdicas". Na "arte nórdico-germânica" de Munch, segund Schoder, a criatividade germânica "refletia-se sobre si mesma e libertava-se das influências estrangeiras, latinizantes". Como Munch morou primeiro na Alemanha durante seus anos errantes [*Wanderjahren*] entre 1892 e 1908, Schoder presumiu que ele sentia uma conexão espiritual com a cultura alemã. Embora "a mais alta aspiração dos latinos" fosse a aplicação da teoria estética, os alemães exigiam "conteúdo intelectual e espiritual como um componente essencial da arte". Nesse sentido, Schoder sentiu, o realismo de Munch era "tipicamente" nórdico-germânico: "robusto, sem refinamento intelectual, sem fundo teórico, sem doutrina estética". Ele queria que as pessoas "sentissem o sagrado" em suas obras "com tamanha intensidade que elas tirariam seu chapéu, como na igreja". Como manifestado em sua coleção *Friso da Vida*, que apareceu na exposição de secessão de Berlim de 1902, Munch tinha "um desejo penetrante e ardente e uma religiosidade forte e profunda" em comum com os grandes mestres alemães. Nesses retratos – que incluem sua obra mais famosa *O Grito* – Munch apresentou "realidade espiritual e força psíquica", ao "refletir sobre a alma e reproduzi-la". Mas Schoder não via as pinturas transmitindo um senso de ansiedade na era moderna: Munch não apenas capturava as emoções dos indivíduos – ele pintava os "tipos nacionais". De 1905 a 1906, ele viveu em Weimar e uma "rica colheita de belas pinturas" caracterizou esse período: ele "enriqueceu sua paleta, os tons pesados recuaram e sua técnica tornou-se mais ágil". Para Schoder, duas pinturas alegóricas, "Alma Mater" e "Os pesquisadores" (1910), eram as "mais proeminentes entre as obras dessa época", com ambas retratando em seus centros uma figura materna "grande e pesada", provedora, com "características nórdicas puras" (figura 10.7), sentada firmemente diante de uma autêntica paisagem nórdica. Não apareceu nenhuma menção no *Völkischer Beobachter* sobre as representações icônicas da neurose da classe média. Além disso, Shoder afirmou, o trabalho criativo de Munch era fortemente influenciado por Friedrich Nietzsche. Visto que o filósofo buscava "homens de ação, nos quais todo o conhecimento, desejo, amor e ódio tornem-se uma fonte de força" e nos quais a vontade de poder "formava um sistema harmonioso", ele teria considerado o "grande norueguês" a realização de suas palavras: "distante da praça do mercado e da fama aconteceu tudo o que é grande:

10.7 Edvard Munch, um detalhe de "Alma Mater" (1910), Universidade de Oslo, Oslo, Noruega.

distante da praça do mercado e da fama sempre habitaram os criadores dos novos valores".⁶⁶¹ De acordo com Schoder, Munch estudou os "sermões" de Nietzsche sobre a "superação do espírito da opressão" e dedicou-se à "filosofia afirmativa de potência, beleza e serenidade de Zaratustra como a base de sua vida artística" (figura 10.8).

Como consequência, o sentimento de Munch pela natureza era "febril". Nascido do "sangue vermelho da vida, nobre e quente", ele se apresentava "muito mais do que na superfície, na aparência visual". Ele transformava paisagens em "eventos da alma – de fato, em confissões religiosas". Suas imagens naturais "originavam-se dos pensamentos místicos do povo norueguês, emanando poder elementar e apontando para

---

661 NIETZSCHE, Friedrich. *Thus Spoke Zarathustra*, "The Flies in the Marketplace", Thomas Common (trad.) (Ware: Wordsworth Editions, 1997).

10.8 Edvard Munch, "Friedrich Nietzsche" (1906), Museu Munch, Oslo, Noruega

além do objetivo". Em particular, suas paisagens costeiras representavam uma "impressão criativa do crescimento cósmico, como se elas tivessem sido formadas pela força da vontade construtiva de Munch". Mais importante ainda, na opinião de Schoder, Munch investigou a "verdade nua e crua de seu tempo" e a expressou de modo profético". Essa era, instintivamente, a "personalidade nórdica" de sua obra. Portanto, Schoder encerrou, não só o norueguês, mas "toda a esfera germânica de cultura" deveria agradecê-lo por sua obra de vida, que estava "além do bem e do mal".[662]

---

[662] SCHODER, Thilo. "Edvard Munch: Zum 70. Geburtstag des grossen Malers", *Völkischer Beobachter*, 13 de dezembro de 1933. Para discussões sobre a retorcida recepção nazista de Munch, ver BARRON, Stephanie e GUENTHER, Peter W. (eds.), *Degenerate Art: The Fate of the Avant-Garde in Nazi Germany* (Los Angeles County Museum of Art, 1991), p. 90-95 e PRIDEAUX, Sue, *Edvard Munch: Behind the Scream* (New Haven, CT: Yale University Press, 2009), p. 313-319.

# 11

# Os Existencialistas Nórdicos e os Fundadores Nacionalistas

Enquanto afirmava que Munch e suas fantasias existencialistas personificavam a essência nórdica, o jornal também trabalhou para se apropriar do filósofo dinamarquês Søren Kierkegaard (1813-1855). O impulso por trás dessa missão histórico-cultural veio do notório teórico racial Hans F. K. Günther, cujos livros – incluindo *The Ethnology of the German Volk* (1922), *The Racial Elements of European History* (1927) e *The Ethnology of the Jewish People* (1930) – foram fontes importantes do pensamento eugenista no nacional- socialismo.[663] Em um artigo sobre "Kierkegaard como profeta do sangue nórdico", Günther insistiu que o dinamarquês era um "arauto nórdico da fé". Como no caso do poeta Heinrich von Kleist, Günther sentiu que "tanto fatores patológicos como raciais interagiram na alma de Kierkegaard". Apesar do que Günther descreveu como a "doença mental" de Kierkegaard,

---

663 MOSSE, G. L. *Nazi Culture*, p. 57-60.

um elemento importante de sua constituição era a "vontade de estabelecer uma forma nórdica de Cristianismo". Acima de tudo, a personalidade de Kierkegaard carregava "traços distintivos de piedade nórdica". Como Günther via, ele seguia um caminho para Deus contrário ao seguido por "aqueles da raça do Oriente Próximo" (incluindo os seguidores da tradição judaico-cristã bem como os do misticismo islâmico). Enquanto "os do Oriente próximo *ascendiam* ao espiritual, os povos nórdicos – entendidos de forma racial, não culturalmente – ou como os editores do jornal acrescentaram: "não só os alemães do Norte ou escandinavos, mas os altos, de rostos pequenos, testas altas, loiros e de olhos azuis que estavam fortemente presentes por toda a Alemanha" – "*internalizavam espiritualidade*" até estarem aptos para se unir com Deus". Assim interpretado, o argumento de Kierkegaard era que a devoção era sempre uma questão do indivíduo e seu Deus, "não dessa ou daquela realidade histórica, ordens ou leis da Igreja". Ele demonstrava que todo indivíduo enfrenta a "angústia única" de suas próprias decisões sobre as "relações emocionantes com o sagrado".

A forma de piedade de Kierkegaard foi chamada de "individualismo cristão", mas, como Günther explica, tratava-se mais de uma "forma nórdica de Cristianismo". Ela rejeitava todas as regras sobre a Igreja e a fé e apresentava tantos caminhos a Deus quanto o número de indivíduos existentes. Ademais, na visão de Kierkegaard, o sofrimento ajudava a esclarecer a relação entre o indivíduo e Deus. Na opinião de Günther, essa era a única postura possível para um "arauto nórdico da fé", porque o povo nórdico "era insensível à sugestão, propaganda e instigação". Citando um teórico racial americano, William Z. Ripley, Günther afirmou que os nórdicos eram marcados por "uma independência ilusória". da mesma forma que as raças europeias não nórdicas eram "sugestionáveis por todos os tipos de propaganda". Quanto menos um povo era nórdico, mais ele poderia ser influenciado pela "agitação externa". Essa atitude nunca poderia se tornar dominante em comunidades que não compreendessem os "habitantes puramente nórdicos". Toda Igreja ocidental foi fundada e operava segundo o espírito oriental ou do Oriente próximo e consequentemente tinha de impor regras e leis – "tudo por causa da mistura racial". Mas, "como Sócrates", os nórdicos tendiam a se distanciar das leis e associações entre a Igreja e o Estado, e essa tendência nórdica manifestava-se na religiosidade individualista do filósofo norueguês: em seu leito de morte, ele recusou comida por ter lhe sido dada por um padre. Por isso, Kierkegaard representou para Günther o "indivíduo nórdico 'solitário com seu Deus'".[664]

Entretanto, o produto da "introspecção nórdica" que o *Völkischer Beobachter* mais cobiçava era a filosofia de Nietzsche. De fato, a alegação do jornal de que a compreensão criativa por meio da superação do sofrimento era a base para os feitos culturais nórdicos ou fáusticos teve seu ápice em sua representação de Nietzsche (1844-1900). Como George Mosse demonstrou: "talvez o mais importante filósofo acadêmico do Terceiro Reich, Alfred Bäumler, tenha formulado um mito que coloca o famoso filósofo a serviço da visão de mundo nazista ao salientar o heroísmo de Nietzsche, sua ênfase sobre o poder da vontade e sua defesa de uma comunidade aristocrática".[665] Depois, Steven Aschheim mostrou em seu livro sobre o legado de Nietzsche na cultura alemã que "é uma questão de registro empírico que ele foi incorporado ao panteão dos gigantes germânicos e tornou-se uma parte integrante da autodefinição nacional-socialista". Aqui, continuou Aschheim, "estava um pensador alemão com o que pareciam ser elos tonais e genuinamente temáticos, capaz de proporcionar aos nazistas um *pedigree* filosófico mais elevado e uma lógica para princípios centrais de sua visão de mundo".[666]

Mas Aschheim também reconheceu que "a demonstrável densidade e ubiquidade da presença nietzschiana não podem nos cegar às complexidades da imagem de Nietzsche e seu funcionamento dentro do discurso nazista: além da veneração natural, mistura negligente e a tentativa ideológica de promoção de uniões, havia aqueles que mantinham as distinções, que davam voz às qualificações e faziam objeções a alegar identidade total".[667] Em suma, a avaliação detalhada de Aschheim do Nietzsche nazificado demonstrou que colocar suas ideias em

---

664 GÜNTHER, Hans F. K., "Sören Kierkegaard, ein Prophet aus nordischem Blute", *Völkischer Beobachter*, 23 de dezembro de 1926. Para saber mais sobre Kierkegaard e a ideologia nazista, ver MOSES, A. Dirk, *German Intellectuals and the Nazi Past* (Cambridge University Press, 2007), p. 276-280.
665 MOSSE, G. L. *Nazi Culture*, p. xxvii, 93-96.
666 ASCHHEIM, Steven E. *The Nietzsche Legacy in Germany*, 1890-1990 (Berkeley, CA: University of California Press, 1992), p. 233 e 235. Ver também FRITZSCHE, Peter (ed.), *Nietzsche and the Death of God: Selected Writings* (Boston, MA: Bedford/St. Martin's Press, 2007), introdução; WOLIN, *Seduction of Unreason*, p. 57-58; e SCHWAB, Martin "Selected Affinities: Nietzsche and the Nazis in Rabinbach e Bialas (eds.), *Nazi Germany and the Humanities*, p. 140-177 para discussões sobre essas associações entre a filosofia de Nietzsche e a ideologia nazista, bem como as implicações disso.
667 ASCHHEIM, Steven E. *The Nietzsche Legacy in Germany*, p. 252.

uma dada visão de mundo não era uma questão simples. Mas essa era precisamente a missão dos editores e escritores do *Völkischer Beobachter*: fazer mesmo as ideias mais complexas como as de Nietzsche parecerem coordenar com suavidade com os principais pressupostos do nazismo. Ademais, Aschheim sentiu que "não havia como avaliar com precisão o grau que sua integração afetava as atitudes populares corriqueiras".[668] Embora isso pudesse ser definitivamente verdade, olhar os termos com os quais o jornal diário apresentou Nietzsche ajuda a explicar como o partido tentou afetar as atitudes populares colocando seus escritos a serviço da perspectiva nacional-socialista.

Uma primeira dificuldade encarada pelo *Völkischer Beobachter* para cumprir essa tarefa era o fato de que o filósofo rompera relações com o mais alemão entre os alemães: Richard Wagner. Um artigo de 1930 pesquisou as relações no triunvirato composto por Wagner, sua segunda esposa, Cosima, e Nietzsche, sem suprimir um sentimento geral de decepção sobre o fato de o filósofo ter finalmente se virado contra o *Prinzenpaar* do festival de Bayreuth. *Siegfried* e *Tristão* tinham empolgado Nietzsche, mas a cada ano ele "se distanciava mais e mais do mestre". Em 1876, ele festejou Wagner com o ensaio "Wagner em Bayreuth", para que Cosima pudesse escrever: "as palavras de Nietzsche eram revigorantes e inspiradoras". Mesmo assim, o jornal reconheceu que esse foi "o último momento de uma amizade que tinha há muito desandado". Quando ele mais queria segui-lo, Nietzsche ficou angustiado com o *Parsifal* de Wagner que "se curvava em oração devota e renúncia". Ademais, no estilo tardio de Wagner, Nietzsche "via apenas concessões aos poderes principais – a Cosima – a qualquer um". A decepção intensificou-se em um ódio flamejante: "como pode apenas surgir onde outrora havia amor: aconteceu uma transvalorização real de todos os valores; tudo ruiu".[669]

Aqui o jornal implementou seu método habitual para lidar com questões conturbadas: procurar pelo judeu. Na época de sua ruptura com o compositor, o *Völkischer Beobachter* relatou que Nietzsche "lidava com um acadêmico judeu em particular", Paul Rée, que "recebeu de braços abertos o desarraigado fugitivo de Wagner". Ao tornar-se amigo de Rée, Nietzsche "não podia se afastar mais de Wagner", o jornal exclamou. Foi nesse ponto que Cosima desistiu de Nietzsche: ela "o chamou de depauperado e amargo e impôs a grande excomunhão a

---

668 Idem.
669 "Nietzsches Beziehungen zum Hause Richard Wagners", *Völkischer Beobachter*, 9 de setembro de 1930.

ele – ninguém em Bayreuth o conhecia mais".[670] Desse modo, até certo ponto os colaboradores do *Völkischer Beobachter* pareceram considerar essa punição justificada.

Outra questão que o *Völkischer Beobachter* tinha de resolver era a atitude de Nietzsche diante do nacionalismo. O jornal não verificou as origens raciais de Nietzsche – como fez para muitos outros criadores ocidentais –, apesar, ou talvez por causa, do fato de que ele às vezes alegava ser de ascendência polonesa. Mas o jornal teve de confrontar indícios de que o filósofo rejeitava a tendência de identidade nacional do século XIX, incluindo sua própria "germanidade". K. Kanetsberger escreveu que havia "um ponto importante na atitude mental de Nietzsche em relação à germanidade e o Estado". A natureza de Nietzsche não era antissocial, segundo Kanetsberger explicou: ele sempre sentiu falta de um círculo de pessoas compatíveis, mas nunca encontrou. Kanetsberger supôs que esse fracasso explica tudo o que se seguiu: "sua amargura, seu desdém ferido pela Alemanha e mesmo sua rejeição do Estado". O Segundo Reich tinha sido formado, mas para o filósofo ele permanecia "uma casca sem conteúdo". Para ele, o nacionalismo parecia a "doença do século" porque ele "tentava esconder seu vazio". Ao desenvolver esse ponto, Kanetsberger citou Nietzsche: "o nacionalismo como é entendido hoje é um dogma que requer uma limitação".[671] Mas, ao oferecer tal prova, Kenetsberger agarrou-se à frase "como é entendido hoje", estabelecendo nisto uma maneira de limitar as visões do filósofo como aplicáveis apenas ao Estado do nacionalismo alemão de seu próprio tempo.[672]

Nessa base, então, ao concluir que as opiniões de Nietzsche estavam atreladas ao seu período e teriam mudado à luz do movimento nacional-socialista, o *Völkischer Beobachter* tentou circunscrever afirmações que o filósofo fez que não se harmonizavam com a ideologia nazista, e assim tiveram sua relevância minimizada. Quanto à questão do nacionalismo, essa manobra abriu caminho para o jornal apresentá-lo como um "patriota ardoroso e representante da germanidade". Por exemplo, Ernst Nickell viajou para Sils-Maria, vagou pela região e ruminou sobre as passagens que Nietzsche escreveu lá. A paisagem estava "consagrada pelo destino alemão e pela tragédia alemã", Nickell refletiu. Nietzsche "precisava dessa paisagem, ele tinha de estar próximo às coisas mais

---

670 Idem.
671 NIETZSCHE, Friedrich. In *Nachgelassene Fragmente, Sommer 1876*, in *Nietzsche Werke IV* 2 (New York: Walter de Gruyter, 1967-) 17 [4].
672 KANETSBERGER, K. "Der Philosoph und die Gemeinschaft", *Völkischer Beobachter*, 25 de agosto de 1935.

elevadas e do firmamento; ele era *alemão apesar de tudo*".⁶⁷³ De fato, Kanetsberger lembrou que Nietzsche dizia sobre si mesmo que "eu sou talvez mais alemão do que os alemães de hoje".⁶⁷⁴ Ele conhecia a essência alemã melhor do que "os patriotas do oba-oba sobre os quais Adolf Hitler também nos advertiu". Em suas próprias palavras, ele valorizava o "espírito alemão sério, másculo, inflexível e atrevido".⁶⁷⁵ Ele sabia que "ainda havia bravura, em particularmente a bravura alemã, que é algo diferente por dentro do que o élan de nossos vizinhos deploráveis". Comparado com a essência francesa em particular, ele era "consistente, forte e felizmente consciente das virtudes da personalidade alemã". Sobre esses "elegantes" – os franceses – ele disse especificamente que "eles têm todos os motivos para tomar cuidado com o fogo alemão ou um dia ele poderá consumi-los com todas as suas bonecas e ídolos de cera".⁶⁷⁶ Acima de tudo, Nietzsche sustentou que "é a unidade alemã em seu sentido mais elevado pela qual estamos nos esforçando mais apaixonadamente do que pela reunificação política – a unidade da vida e do espírito alemães".⁶⁷⁷ Pouquíssimos "viam as coisas com tanta clareza" naquele tempo, concluiu Kanetsberger.⁶⁷⁸

Quanto à atitude de Nietzsche com o Estado, Kanetsberger apresentou argumentos idênticos. Ele admitiu que "encontramos aqui, à primeira vista, um nítido contraste com o pensamento [nacional-socialista] de hoje". Porém, mais uma vez, essa era apenas uma reação contra sua própria época. O que Nietzsche entendia pelo termo "o Estado" era "completamente diferente de nossa ideia de Estado hoje". Nietzsche foi o "último alemão antipolítico de todos", porque, para ele, a politização significaria democratização, na qual o Estado personificava o princípio do bem maior para o maior número. Ele odiava qualquer tendência como essa, porque acreditava que "a prosperidade geral deixaria a humanidade muito preguiçosa para gerar energia forte em um grande indivíduo – em um gênio". Por isso Nietzsche queria o mínimo de Estado possível.⁶⁷⁹

---

673 NICKELL, Ernst. "Der Einsame in Sils-Maria", *Völkischer Beobachter*, 30 de julho de 1937.

674 NIETZSCHE, Friedrich. *Ecce Homo* (Leipzig: Naumann, 1906), I, 3.

675 NIETZSCHE, Friedrich. *Über die Zukunft unserer Bildungsanstalten,* in *Nietzsche Werke III* 2 (New York: Walter de Gruyter, 1967-), p. 241.

676 NIETZSCHE, Friedrich. *Nachgelassene Fragmente, Sommer 1872 bis Ende 1874,* in *Nietzsche Werke III* 4 (New York: Walter de Gruyter, 1967-), p. 437.

677 NIETZSCHE, Friedrich. *Nutzen und Nachteil der Historie,* in *Unzeitgemässe Betrachtungen I-III* (1872-1874), in *Nietzsche Werke III 1* (New York: Walter de Gruyter, 1967-), p. 212.

678 KANETSBERGER, K. "Der Philosoph und die Gemeinschaft".

679 Idem.

Para expressar tais visões, Nietzsche usava "palavras furiosas" – como quando ele proclamou que a cultura e o Estado "são antagonistas".[680] Obviamente, Kanetsberger reconheceu, tais frases eram o completo oposto de "nossas visões atuais: nós sabemos que o Estado é o defensor da cultura do povo, enquanto existir um Estado do povo". Mas da perspectiva de Nietzsche, condicionada por sua época, não havia "nenhum mal sobre essa declaração": o "Reich alemão tinha tido o azar de atingir sua forma externa quando não mais possuía nenhum conteúdo interno; as clássicas alturas da educação alemã tinham afundado; a música do Romantismo alemão soava apenas a distância". Ao mesmo tempo, "o realismo estava em ascensão, levando cada vez mais em direção ao materialismo; o dinheiro e os negócios tornaram-se os deuses da era". Um Estado como o "guardião e defensor da cultura; um Estado como o meio para atingir a verdadeira meta da existência, não como meta em si; um Estado construído no povo – isso, Nietzsche teria aceitado". Nessa base, Kanetsberger não tinha opção, exceto concluir que Nietzsche teria concordado com "a ideia alemã contemporânea [dos nacional-socialistas] do Estado com todo o seu coração".[681]

Arthur Rathje, um romancista ocasional e autor de tratados sobre o nacionalismo, também sentiu que Nietzsche e suas ideias eram "germânicas apesar de tudo". Como explicado por Rathje, a noção de devir estava sempre em primeiro plano na concepção de Nietzsche da germanidade. Como ele colocou em *Além do Bem e do Mal* (1886): "O alemão por si só não *é*, ele é um *tornar-se*, ele está 'se desenvolvendo'".[682] Com Goethe, Nietzsche entendeu o processo de *Bildung* como a fundação do destino alemão. Logo, não a despeito, mas *por causa* de sua posição de que nenhuma personalidade é determinada, nenhum tipo é estável, Rathje conseguiu concluir para o *Völkischer Beobachter* que Nietzsche "promovia a germanidade como um estilo de vida de contínua transformação, em busca de refinamento cultural".[683]

Os artigos também tentaram afastar qualquer dúvida de que Nietzsche teria compartilhado os princípios antidemocráticos do nazismo. Segundo o jornal, estabelecer tal posição demandava atenção,

---

680 NIETZSCHE, Friedrich. *Götzedämmerung*, in *Nietzsche Werke VI* 3 (New York: Walter de Gruyter, 1967-), p. 106.
681 Idem.
682 NIETZSCHE, Friedrich. *Jenseits von Gut und Böse: Zur Genealogie der Moral*, in *Nietzsche Werke VI* 2 (New York: Walter de Gruyter, 1967-), p. 193.
683 RATHJE, Arthur, "Nietzsche und das neue Werden", *Völkischer Beobachter*, 22 de janeiro de 1934.

pois os democratas e os esquerdistas tentaram se apropriar do filósofo para seus próprios propósitos propagandísticos. Josef Stolzing explicou que, desde 1918, os líderes da República de Weimar trabalhavam para "silenciar o arauto da ideia do Super-Homem". A "vitória da democracia na Alemanha", a "perda da independência nacional" e a redução dos alemães a "escravos trabalhando pelos interesses internacionais dos judeus" marcaram o fim do culto a Nietzsche na Alemanha".[684] Na república Nietzsche era invocado muito frequentemente pelos "literatos internacional-democratas" como representante de sua visão de mundo, como reclamou o *Völkischer Beobachter*. Mas, o jornal rebateu, quem estudou sua atitude espiritual fundamental tinha de se questionar sobre a audácia daqueles que tentaram fazer dele – o "primeiro e mais contundente de todos os antidemocratas" – uma "testemunha para a democracia". Nietzsche "odiava e lutava contra toda forma de democracia, tanto política quanto espiritual", e ele disse isso nos "termos mais claros possíveis". Aquilo que ele chamou de um "desencadear de indolência, fadiga e fraqueza" – isto é, noções de que na base todos os homens são iguais – foi simbólico da era democrática que acreditava na igualdade dos homens e estabeleceu "o fraco, o gordo e o covarde como padrões para essa igualdade". Na opinião de Nietzsche, essa regra do humilde equivalia a um golpe contra a própria vida: o instinto do rebanho – a mentalidade da massa – considerava a paz como mais valiosa do que a guerra. Mas esse julgamento era "antibiológico"; de fato, era a própria "causa da decadência", ele escreveu em *A Vontade de Poder* (póstumo, 1901). Na verdade, o jornal repreendeu, tais palavras soavam "ásperas e cruas para os ouvidos na era do liberalismo". Mas Nietzsche abordou os "fortes e resistentes" sozinho. Os outros – "os muitos outros" – não o preocupavam nem um pouco. Eles e seus sonhos fracos da humanidade e da paz eterna "negavam a própria vida e a ameaçavam com a morte". "A rejeição da igualdade, a desigualdade deliberada, a alegria na batalha e na guerra, a autoconsciência, assumir responsabilidade: essas são as características do homem aristocrata que ele preferia em detrimento das tediosas massas".[685]

Friedrich Würzbach, um dos principais especialistas em Nietzsche, que editou diversas obras do filósofo e fundou a Sociedade de Nietzsche em Munique, que incluía membros como Thomas Mann e Hugo von Hofmannsthal, deu apoio acadêmico para a visão do *Völkischer*

---

684 STOLZING, Josef., "Friedrich Nietzsche: Zu seinem 25. Todestag", *Völkischer Beobachter*, 23 de agosto de 1925.
685 "Die Propheten", *Völkischer Beobachter*, 20 de abril de 1930.

*Beobachter* sobre o filósofo como antidemocrático e deu mais munição para a luta contra o "abuso" cometido pelos democratas de Weimar e pelos esquerdistas. Os modernos que lessem a afirmação de Nietzsche sobre a necessidade "de mudar as pessoas à força",[686] arfariam em indignação moral, Würzbach deduziu: "onde isso deixava a liberdade privada, o ídolo sagrado do liberalismo?". Würzbach argumentou que, contra a perspectiva liberal dominante, Nietzsche determinou uma forma de pensar que "lidava com os problemas contemporâneos com crueldade e tirania – no interesse do futuro".[687]

Por conter essas e outras citações similares, o jornal ressaltou o pensamento antidemocrático de Nietzsche. Entretanto, até certo ponto, essa leitura seletiva ameaçava enfraquecer outro aspecto da ideologia nazista. Ao apresentar sua filosofia estabelecendo uma posição absoluta contra o envolvimento político do homem comum, o jornal arriscou contradizer os princípios etnocêntricos que celebravam a mente e a personalidade popular alemãs. Para propagar essa potencial contradição, Eduard A. Mayr tentou reconciliar as atitudes elitistas de Nietzsche com as massas e as percepções direitistas do povo. Mayr afirmou que Nietzsche teria concordado que o povo e as massas não eram idênticos, apesar de "profetas malucos" às vezes os misturarem, ou, em vez disso, "estragarem, degradarem e degenerarem um dentro do outro". Segundo Nietzsche, todos os criadores verdadeiramente grandes e visionários que trabalharam efetivamente nos mistérios da humanidade tiveram suas origens no povo: "os atores que desempenharam papéis heroicos no palco da tremenda peça da paixão – história mundial – vieram de baixo". Mas Mayr determinou que "nenhum grande homem emergira da ralé; todos os maiores vieram do povo": a ralé era uma "doença social"; o povo, a "saúde nacional!".[688]

Confrontar o ímpeto esquerdista na vida europeia pela aplicação determinada de uma única vontade de poder originário da Alemanha era um dos principais objetivos estabelecidos pelo uso propagandístico de Nietzsche pelo *Völkischer Beobachter*. O jornal se via como um arauto da mensagem de que o *Michel alemão* tinha de se levantar de sua *Stammtisch* [mesa cativa] e preparar-se mais uma vez para a

---

686 NIETZSCHE, Friedrich. *Nachgelassene Fragmente*, in *Nietzsche Werke VI* 2 (New York: Walter de Gruyter, 1967-), p. 545.
687 WÜRZBACH, Friedrich. "Um der Zukunft willen: Eine Betrachtung zum 90. Geburtstag Friedrich Nietzsches", *Völkischer Beobachter*, 15 de outubro de 1934.
688 MAYR, Eduard A. "Der Wahrheit Freier: Zum 30. Todestage Friedrich Nietzsches", *Völkischer Beobachter*, 24 de agosto de 1930.

batalha – e invocações de Nietzsche eram comuns nessas advertências. Como Mayr colocou: "em nome de todos os soldados conscientes do *front*, mandei as palavras de Nietzsche para que os indolentes lessem com atenção em seu caminho deplorável para o paraíso filisteu, de onde eles um dia serão expulsos por uma espada flamejante".[689] Ao visitar a sepultura de Nietzsche, Eduard Grunertus, autor de *Zaratustra's Son: A Book for Higher Men* (1930), alegou que ele ouviu exortações vindas do local de que os alemães deviam se reforçar para o conflito que se aproximava:

> *Vocês não escutam nada? Não é a voz dele falando conosco: nós que lutamos e criamos! "Eu quero lhes dizer algo, meus irmãos em espírito! A vida significa luta e sofrimento. A dor deixa alguns moles e desgastados – mas fortalece o criador. Pense nos destinos de um Michelangelo, um Beethoven e um Frederico, o Grande – então saberá como o amor e a obstinação podem ser estranhamente ligadas no homem. Conheçam o amor, mas permaneçam obstinados para mim!"*[690]

Além dos relatos de comandos fantasmagóricos, Josef Stolzing intensificou a visão nazista de Nietzsche como militarista, "porque ninguém pode imaginar opostos mais nítidos que Friedrich Nietzsche e o pacifismo, marxismo e a bobagem igualitária em geral!". (figura 11.1). O que teria dito o filósofo diante de um *slogan* como "Chega de guerra!"?, Stolzing perguntou. Os alemães não poderiam ter paz por meio do trabalho, enquanto "os beneficiários dos Crimes de Novembro tagarelavam", mas só por meio da batalha. A paz verdadeira seria alcançada somente com a vitória alemã, e isso era compatível com as visões de Nietzsche.[691] Ele sempre repetia que "a luta ocorre por toda a natureza, já que a vida é o resultado de uma guerra". Tanto que ele fez Zaratustra gritar: "a boa e velha guerra santifica tudo!".[692]

Paul Kuntze, que escreveu histórias militares para editores da direita, como *Lost Blood: German Foreign Troops in 2000 Years of Germanic History* (1944) e *The History of Soldiering among the Germans*

---

689 MAYR, Eduard A. "Im westen nichts Neues: Eine Bemerkung (franz. *remarque*) über das berühmtgemachte Buch von Remarque", *Völkischer Beobachter*, 16 de maio de 1929.
690 GRUNERTUS, Eduard. "Am Grabe Friedrich Nietzsches", *Völkischer Beobachter*, 24 de agosto de 1930.
691 STOLZING, Josef. "Friedrich Nietzsche: Zu seinem 25. Todestag".
692 "Die Propheten".

Figura 11.1 *Völkischer Beobachter*, artigo sobre Nietzsche: "O que é Nietzsche para nós hoje? Ele era um combatente contra a insanidade da democracia", 24 de agosto de 1930.

(1937), também viu a vontade de poder de Nietzsche como um conceito político essencial que deveria ser retirado de sua filosofia e completado proveitosamente pelas referências à raça e à liderança. Ademais, Kuntze notou comparações entre as "ideias nórdicas" de Nietzsche e os líderes recentes da Alemanha. Segundo Kuntze, Nietzsche recomendou por diversas vezes que os obstáculos não deveriam ser evitados, mas sim buscados para desenvolver o otimismo na luta contra eles. De acordo com Kuntze, a confiança conseguida pela superação da adversidade correspondia à "essência nórdica". O "poeta-filósofo dos líderes", Kuntze prosseguiu, exigia que "uma educação dura e dificultosa começasse cedo na infância".[693] Kuntze tinha certeza de que, como modelos,

---

693 NIETZSCHE, Friedrich. *Über die Zukunft unserer Bildungsanstalten*, in *Nietzsche Werke III* 2.

Nietzsche tinha em mente os homens criados segundo "ensinamentos kantianos e a herança nórdica". Considerando "os maiores líderes alemães de todos os tempos, até Hindenburg e Adolf Hitler", alguém sempre descobria que a "força que eles exibiram tantas vezes como lutadores era o escudo externo que eles carregavam para a batalha".[694]

Ainda assim, Würzbach não acreditava que todos os homens fossem capazes de atingir os fins nietzschianos apenas aplicando suas forças internas. De fato, o próprio filósofo esperava que "os homens que podiam forçar as pessoas a aceitar seus ensinamentos o seguiriam em proeza e poder". Então os leitores do *Völkischer Beobachter* poderiam viver segundo os ensinamentos de Nietzsche, ou pela aplicação de sua vontade de poder ou aceitação do destino dado pelos lideres nacional-socialistas. Dessa maneira, Würzbach transformou um obstáculo em uma oportunidade: os indivíduos poderiam demonstrar sua vontade de poder não só ao se tornarem criadores, mas também ao "aceitarem a necessidade das coisas, tornando-se parte e ferramenta de grandes eventos mundiais e até mesmo ao fazer o sacrifício máximo – a mais alta abnegação – em favor do povo". Ler o conceito de vontade de poder de Nietzsche nesses termos era mais apropriado para as metas propagandísticas do jornal, à medida que a Alemanha nazista se preparava para a guerra.[695]

Além de tentar demonstrar que Nietzsche e o nacional-socialismo compartilhavam esses ideais políticos, o *Völkischer Beobachter* também tentou associar suas visões sobre a religião com a percepção nazista. Os colaboradores do jornal aplaudiram a "batalha contra o Cristianismo" de Nietzsche e, ao fazê-lo, expressaram a mais forte crítica direta ao Cristianismo a figurar no caderno de cultura do jornal. Por exemplo, o historiador da arte Herman Stenzel aplaudiu a rejeição do Cristianismo por Nietzsche "para negar esse lado da existência". Referindo-se a ele como o "*Führer* filosófico alemão na virada do século", Stenzel viu a importância de Nietzsche para a era nazista no fato de que ele "riu da disposição burguesa em relação à segurança da mediocridade". Levado por sua vontade apaixonada, ele enfatizou "não o que já foi atingido, o tranquilo, seguro, mas os perigosos e sombrios poderes do instinto e do impulso – e, acima de tudo, a batalha consciente contra um Cristianismo que recusa tudo o que é desse mundo".[696]

---

694 KUNTZE, Paul H., "Nietzsche: Höchster Wille zum Leben", *Völkischer Beobachter*, 7 de setembro de 1933.
695 WÜRZBACH, Friedrich. "Um der Zukunft willen: Eine Betrachtung zum 90. Geburtstag Friedrich Nietzsches", *Völkischer Beobachter*, 15 de outubro de 1934.
696 STENZEL, Hermann, "Pathos des neuen Menschen: Zu Nietzsches 35. Todestag", *Völkischer Beobachter*, 25 de agosto de 1935.

Mas, é claro, o Judaísmo era com segurança a questão religiosa central tratada nas páginas do *Völkischer Beobachter*. Stolzing reconheceu que Nietzsche não tinha sido um antissemita comprometido, pois criticou as visões de Richard Wagner, de sua própria irmã, Elisabeth e do marido dela, Bernhard Förster. Logo, como foi no caso de suas ideias sobre o nacionalismo alemão, o *Völkischer Beobachter* teve de suavizar as inconsistências percebidas nos escritos de Nietzsche para que pudesse alinhar as reconciliações resultantes com as visões nazistas. Como Stolzing colocou:

> *Seu trabalho contém ambiguidades e contradições crassas, especialmente em seu tratamento da questão judaica, em que ele às vezes se revela um antissemita e depois um filossemita. Igualmente ambíguo é o que ele entendia por raça e nação. Isso pode ser resultado da natureza explosiva de sua criatividade e da brevidade de sua vida, que não lhe permitiram tempo o suficiente para ir a fundo nessas questões.*[697]

Mas o reconhecimento de Stolzing de que as visões de Nietzsche não eram totalmente compatíveis com o antissemitismo nazista nem sempre foi considerado pelos outros colaboradores. Eduard Stemplinger, um prolífico autor de livros sobre a história clássica e literatura, que também escreveu sobre Wagner e Nietzsche, selecionou cuidadosamente passagens de *Além do Bem e do Mal* para indicar que Nietzsche expressou-se "de modo extraordinariamente perspicaz sobre a Questão Judaica, considerando as condições da época".[698] Mais adiante, sob o título "Nietzsche como conselheiro sobre o Perigo Judeu", E. von Baer insistiu que Nietzsche "preocupava-se com a Questão Judaica, como deveriam todos os alemães arianos sensíveis e de pensamento esclarecido". Suas "palavras sobre os judeus eram uma advertência ao povo alemão, mas na década de 1930 elas tinham se tornado uma acusação!". Nietzsche "reconheceu o perigo que ameaçava os alemães na forma de uma raça completamente estrangeira e bem diferente e nos advertiu – e como muitas centenas de grandes e importantes homens que nos advertiram antes, ele nos advertiu em vão!".[699]

---

697 STOLZING, Josef. "Friedrich Nietzsche: Zu seinem 25. Todestag".
698 STEMPLINGER, Eduard, "Friedrich Nietzsche als Prophet", *Völkischer Beobachter*, 13 de junho de 1937.
699 VON BAER, E., "Nietzsche als Warner vor der jüdischen Gefahr: Das objektive Urteil des Philosophen", *Völkischer Beobachter*, 24 de agosto de 1930.

Nietzsche, continuou Von Baer, via como os judeus se tornavam cada vez mais poderosos na Alemanha e na Europa e relatou essa observação em "palavras proféticas sobre eles". Acima de tudo, o pensamento de que os judeus "determinavam o que distingue" – isto é, que eles tinham o controle do gosto cultural – "enchia-o de terror". Ele sabia que tal poder "estabeleceria uma fundação que seria favorável ao desenvolvimento da raça, da cultura e da vida espiritual judaicas – contra a essência, a natureza e a cultura alemãs". Só uma coisa importava para ele: "ele via uma raça estrangeira lutando à custa de seu próprio povo alemão; e Nietzsche – o homem da ação – não compreendia por que o povo alemão inteiro não estava se armando com todas as armas para salvar aquilo que é mais sagrado, sua essência étnica". Seria Nietzsche um antissemita? Von Baer perguntava-se de modo retórico: "Ele era – e era do modo mais intrínseco, puro e sagrado da palavra!".[700]

Ao enfrentar o que os nazistas entenderam como uma situação desesperadora na década de 1930, o *Völkischer Beobachter* esforçou-se para propagar a visão de que finalmente era época de agir: medidas extremas eram necessárias e com elas Nietzsche teria concordado. A noção de que, na base, todas as diferenças entre os homens são raciais e hereditárias, o jornal afirmou em um artigo com o título "Nietzsche, o Profeta", e estava claro nas seguintes linhas de *A Vontade de Poder*: "Só o espírito não enobrece: muito mais é necessário para que o espírito se enobreça. Do que precisa? Do sangue". Logo, mesmo se ele tratasse às vezes o fanatismo racista com sarcasmo, o problema da decadência era, para Nietzsche, fundamentalmente uma questão biológica. "Assim como ele via uma raça de criminosos como algo que ninguém pode educar, mas deve, em vez disso, castrar, nesse mesmo sentido sua noção de nobreza era racialmente determinada – ele sabia que definitivamente a batalha entre o mundo aristocrático e o mundo democrático se tornaria uma guerra de raças".[701]

O *Völkischer Beobachter* foi projetado basicamente para motivar as ações nessa guerra racial e invocava Nietzsche várias vezes como uma das fontes principais de inspiração para o confronto. Stolzing, Würzbach, Kanetsberger, Rosenberg e o mais notório nazificador de Nietzsche, Alfred Bäumler, todos trabalharam para torná-lo um ícone dos princípios nacional-socialistas de liderança e do militarismo. Segundo Stolzing, o que tornou Nietzsche tão valioso aos nazistas foi

---

700 Idem.
701 "Die Propheten".

seu "reconhecimento destemido" de que só uma personalidade carismática poderia levar a redenção aos milhões de sofredores: "não só na Alemanha, mas em toda a Europa os nacional-socialistas vincularam-se a Nietzsche pela crença compartilhada do valor insubstituível da grande personalidade combinada com uma vontade de poder enérgica. Nós o abordamos como o exortador da ação!"[702] Além disso, Würzbach escreveu que os nazistas constituíram a primeira geração que poderia dizer que as ideias de Nietzsche "misturaram-se com nossa carne e sangue, não só em nossos cérebros e pensamentos". Tratar-se de modo severo e tirânico em função do futuro do povo era um dos mais importantes requisitos dos nacional-socialistas. "Quantas vezes recitamos, em pequenas reuniões, as palavras de Zaratustra: 'E se não quereis ser destinos nem inexoráveis, como podeis querer comigo vencer um dia? (...) Pois os criadores são duros.'" Para Würzbach, "a coragem, em nome do povo", era a mensagem essencial de Nietzsche.[703]

Assim, apesar de algumas apreensões, o tratamento dispensado pelo *Völkischer Beobachter* a Nietzsche definitivamente almejava identificá-lo como um precursor imediato e fundamentalmente brutal do movimento nazista. Entretanto, com sua frequente cobertura das celebridades culturais do Ocidente, o jornal regularmente exaltava as vidas e escritos da virada do século que julgava muito mais fáceis de incorporar às linhas do partido: principalmente, ideólogos etnocêntricos, incluindo Julius Langbehn, Paul de Lagarde e Houston Stewart Chamberlain. Até que o estudo acadêmico de Fritz Stern e George Moss trouxesse a importância dessas figuras marginais para o foco, os historiadores do nacional-socialismo tinham em grande parte ignorado o papel que eles tinham como precursores da doutrina nazista.[704] Entretanto, para os ideólogos do jornal do partido, a importância desses radicais e das visões que eles expunham nunca esteve em dúvida. De fato, os editores do jornal dedicaram dúzias de artigos com o objetivo de estabelecer que suas obras mereciam um lugar no cânone ocidental. Como em nossa revisão dos reformadores prussianos no capítulo 7, não abordaremos a cobertura feita pelo jornal dessas figuras na mesma proporção que receberam no jornal, mas algum reconhecimento da visão do jornal de seus lugares na história cultural ocidental é garantido.

---

702 STOLZING, Josef. "Zu seinem 25. Todestag".
703 WÜRZBACH, Friedrich. "Um der Zukunft willen."
704 Ver STERN, *The Politics of Cultural Despair* e MOSSE, *The Crisis of German Ideology*.

Nas palavras de Alfred Rosenberg, líderes etnocêntricos contemporâneos muitas vezes tinham de "se defender" contra reclamações de que eles permaneceram silenciosos por muito tempo, não conseguindo forçar adequadamente as questões que eles agora alegavam ser de suma importância para a agenda nacional-socialista: "Porque você não nos contou isso antes?". Em resposta, Rosenberg insistiu que quase todas as exigências feitas pelos ideólogos etnocêntricos depois da Primeira Guerra tinham, de fato, sido formuladas algumas décadas antes. Mas, então, algumas décadas antes, "o mundo inteiro vacilava sob a influência de *slogans* baratos e retórica liberal", e ninguém tinha escutado esses "lutadores solitários". De acordo com Rosenberg, "entre os mais valentes desses lutadores pioneiros pelo pensamento nacional-socialista" estava Paul de Lagarde (1827-1891). Já em 1921, Rosenberg previu que "o futuro alemão construirá um monumento para ele".[705] Da mesma maneira, Adolf Hösel classificou Lagarde "no ápice da conquista cultural alemã do século XIX", insistindo que suas previsões poderiam ser colocadas "perto das imagens precisas e proféticas do futuro produzidas por Nietzsche": ambos "previram a ruína, mas também perceberam as possibilidades de uma reviravolta, se, no último minuto, um feito heroico seguisse um pensamento heroico". Hösel achou que tal reviravolta aconteceu de verdade quando Hitler conquistou o poder em 1933. Portanto, foi desse modo que o feito seguiu o pensamento, e os teóricos etnocêntricos foram "abençoados muito depois de suas mortes" por um homem que estava sob a "mais brilhante luz da vida histórica".[706]

De acordo com Hellmuth Langenbucher, Lagarde pertencia àqueles "homens alemães raros" que, sem consideração consigo mesmos, advertiram que o povo alemão "perdia-se nos prazeres da vida". Durante os "tempos complacentes depois da guerra franco-prussiana", Lagarde pediu "mais consciência sobre a essência alemã" e uma "luta interna contra o Reich perigoso". Em seu *German Writings* (1878-1881), Lagarde expressou o "mesmo amor do povo alemão e a mesma raiva genuína diante de sua desintegração interna" que Julius Langbehn declarou depois no brado: "De volta a Rembrandt!". Langenbucher sustentou que, especificamente, as atividades de Lagarde a serviço do povo alemão incluíam "estudar as leis do declínio" e

---

705 ROSENBERG, Alfred. "Paul de Lagarde und die Banken", *Völkischer Beobachter*, 8 de maio de 1921.
706 HÖSEL, Adolf. "Künder deutscher Weltanschauung: Zum 45. Todestag des Politikers und Philosophen Paul de Lagarde", *Völkischer Beobachter*, 22 de dezembro de 1936.

descobrir que "seus portadores, com outros poderes destrutivos, eram judeus e o liberalismo '*grey international*' [referência ao liberalismo de origem judaica]". Vendo nos judeus uma "nação dentro da nação", ele não hesitou em "identificar a Questão Judaica como o Perigo Judaico – como alguém deve". Nas palavras de Lagarde, "os judeus são, como judeus, estrangeiros em cada Estado europeu e, como estrangeiros, eles são os portadores da praga". Embora reconhecesse em um pequeno artigo de jornal que era "impossível explicar totalmente o significado da Questão Judaica", Langenbucher pensou que bastasse dizer que Lagarde "fez tudo o que podia para preparar os alemães para superar os judeus, a ponto de sugerir medidas radicais". Além disso, ele reconheceu que o Judaísmo e o liberalismo não poderiam ser distinguidos um do outro. Por isso – ao dizer "eu odeio a palavra liberal" – Lagarde julgou necessário lutar energicamente contra a "mistura servil e liberal dos objetos espirituais de culturas estrangeiras" e culpou a falta de espírito patriótico dentro do "liberalismo judaico, que mata a personalidade de modo a alcançar a 'consciência'". Lagarde sabia que "quem resistisse aos judeus e ao liberalismo desse modo naturalmente se tornaria um oponente da democracia, do sistema parlamentar e de seus corruptos defensores", pois, como ele colocou, "liberdade e democracia combinam uma com a outra como água e fogo".[707]

De acordo com Lagarde, Langenbucher escreveu, a única grande possibilidade para a libertação da Europa das "garras do internacionalismo" estava na manutenção da Alemanha como um Estado agrário e, para assegurar isso, na expansão do controle alemão. Como Lagarde declarou: "a germanização das terras que fazem fronteiras com as nossas é um dever nacional. Nós seremos felizes de novo quando mais uma vez nos tornarmos fazendeiros, e só nos tornaremos fazendeiros por meio da retomada da antiga *goten-und burgundenlandes* [terra dos godos e burgúndios]. Em resposta a tal retórica, Langenbucher elogiou: "os nazistas estavam em estado de atenção": em seus *Escritos Alemães* "nós vemos um dos estágios mais importantes do caminho seguido por nosso povo na direção de sua autorrealização". A "bela visão do futuro alemão" que Lagarde apresentou "nos inspirava mesmo hoje a acreditar mais no futuro do que no passado para que

---

[707] LANGENBUCHER, Hellmuth. "Paul de Lagarde", *Völkischer Beobachter*, 22 de dezembro de 1931.

possamos dizer com Lagarde: 'nossos dias são tão escuros que eles precisam prometer um novo sol'".[708]

Lagarde não foi o único pensador etnocêntrico a receber tal tratamento pelo *Völkischer Beobachter*. Rudolf Paulsen escreveu que, junto a Nietzsche e Lagarde – "entre homens que, apenas duas décadas depois da vitoriosa guerra de 1870-71 e o estabelecimento do Reich alemão, reconheceram que suas fundações espirituais eram incertas" –, estava Julius Langbehn (1851-1907). Paulsen afirmou que o *Rembrandt as Educator* (1890) de Langbehn era uma "crítica solitária contra a fragmentação da vida espiritual na virada do século". Nela, a arte tinha um importante papel como ferramenta para a reforma: "destinada a adicionar um domínio interno da alma para o domínio externo bismarckiano". Ele mesmo era um "alemão inferior", e Langbehn esperava muito da personalidade do alemão inferior, então ele "exaltou o nome de Rembrandt em seu título" como o *Führer* estético de todos os alemães e "depois acrescentou Dürer". Além disso, Langbehn estava "a caminho de reconhecer a importância da raça e da escrita histórica racialmente fundamentada". Sua visão de que o "estudo do cabelo com o formato do crânio, seu crescimento e cor; em poucas palavras, de que a aparência externa das pessoas" devia ser "a base autêntica de toda pesquisa histórica" fez dele um antecessor de Houston Stewart Chamberlain. Ele também abordou abertamente a Questão Judaica, afirmando que a personalidade judaica "que simpatiza tanto com Zola é completamente oposta à natureza alemã pura de Walter von der Vogelweide, Dürer e Mozart; que o teatro alemão se tornara trivial e em grande parte lascivo nas mãos dos judeus modernos e que os professores universitários depravados e os judeus operaram de mãos dadas no último século, em detrimento do povo alemão". Não foi surpresa Langbehn não ser popular entre os judeus – ele era odiado por eles – e "muito depois de sua morte eles continuarem a inundá-lo com injúrias selvagens e calúnias ultrajantes", observou Paulsen aprobatoriamente.[709]

Hellmuth Langenbucher acrescentou que o chamado de Langbehn por "uma cultura germânica arraigada no solo" vinha da percepção de que o Segundo Reich estava em declínio cultural. No núcleo do pensamento de Langbehn estava uma "crítica dos dogmas marxistas e social-democratas da igualdade", que eram ainda mais

---

708 Idem.
709 PAULSEN, Rudolf. "Julius Langbehn: Zum 90. Geburtstag des 'Rembrandtdeutschen'", *Völkischer Beobachter*, 26 de março de 1941.

aplicáveis na República de Weimar do que em sua época e era "consistente com a direção de renovação cultural pela qual o nacional-socialismo lutava".[710] Nessa tendência, o jornal insistiu que, 31 anos após sua morte, a infalível sensibilidade de Langbehn aos "aspectos ameaçadores da vida alemã – quer ele abordasse a política, cultura, artes, ciência, religião, ou questões raciais – com mais precisão do que se manifestou nos anos em que seu livro apareceu pela primeira vez". Para os ideólogos nazistas, o pensamento de Langbehn abrangia "todas as grandes questões decisivas para a estrutura da vida alemã em seu tempo". Por exemplo, seu julgamento sobre o perigo da influência judaica era "particularmente nítido" e, bradando, "a Alemanha para os alemães!", ele reconhecia que os alemães "foram, são e sempre serão arianos". Como tais, eles tinham de "viver, lutar e – quando necessário – morrer por sua personalidade inata, porque a vida é uma crise na qual seu próprio sangue deve sobreviver contra o sangue estrangeiro". Ele sabia que "na base, a única coisa pela qual valeria a pena derramar sangue era o sangue – isto é, o próprio sangue, e, nessa luta, o sangue ariano sobreviveria contra todos os outros".[711] A vida e a obra de Langbehn, segundo o jornal, interessavam "tanto a todos os mais maduros, como à juventude que procura por respostas; aos acadêmicos, bem como aos artistas; às mulheres aristocráticas bem como aos simplórios trabalhadores – ele realmente falava para todos".[712] O jornal sustentou que, para os nacional-socialistas, a obra de Langbehn tinha uma importância especial: "os judeus enfraqueceram seus esforços e emudeceram o efeito de seu livro, então os nacional-socialistas tiveram de cumprir seu plano ao agir sobre sua opinião de que a contemplação da arte alemã era a melhor maneira de superar o enfraquecimento do sangue". Portanto, o *Völkischer Beobachter* exortou "todos os membros do partido a colocarem os livros sobre Langbehn – o educador racial – embaixo da árvore de Natal".[713]

Todavia, dentre os "educadores raciais" que os nazistas identificaram entre os escritores etnocêntricos da virada do século, a figura mais anunciada pelo *Völkischer Beobachter* foi Houston Stewart

---

710 LANGENBUCHER, Hellmuth. "Der Rembrandtdeutsche: Zum 25. Todestag Julius Langbehns am 30. April", *Völkischer Beobachter*, 1º de maio de 1932.
711 R. V. "Der Rembrandtdeutsche Julius Langbehn: Grosse Deutsche über Grossdeutschland", *Völkischer Beobachter*, 28 de março de 1938.
712 "Das Leben des Rembrandtdeutschen", *Völkischer Beobachter*, 11 de outubro de 1926.
713 MACK, Christian W. "Der Rembrandtdeutsche als Rassenerzieher", *Völkischer Beobachter*, 21 de dezembro de 1926.

Chamberlain (1855-1927). Citações desse "pensador alemão" nascido na Grã-Bretanha apareceram regularmente no tratamento dado pelo jornal de outras importantes figuras culturais. Mas também não mediu esforços para inseri-lo nas fileiras dos grandes homens, incluindo – segundo Georg Schott – Dante, Shakespeare, Kant, Herder, Rembrandt, Bach, Beethoven e Wagner.[714] De fato, dentre os antecessores etnocêntricos, o *Völkischer Beobachter* identificou Chamberlain como tendo a maior influência direta em Hitler e em sua percepção racial.

As homenagens nazistas a Chamberlain tomaram uma forma espetacular já em setembro de 1925, quando o jornal cobriu um "grande festival de Chamberlain" em Bayreuth. Segundo esse relato, com membros do partido nacional-socialista, grupos etnocêntricos, incluindo *Wiking, Junglandbund, Sturmtrupp* e *Wehrwolf*, estavam reunidos no evento e posicionaram-se em volta do palco – "bandeiras hasteadas, confiantes na vitória" – para formar "uma figura edificante!". Então, Josef Stolzing, do *Völkischer Beobachter*, subiu ao palco. Em sua abordagem do encontro, segundo o artigo, ele "forma nos corações dos ouvintes" um quadro claro e vívido do caminho de desenvolvimento de Chamberlain. Como um "jovem tempestuoso", Chamberlain tinha fundamentado os seus ideais nas tradições de três grandes centros culturais do espírito alemão: Potsdam, Weimar e Beyreuth. Lá, ele encontrou "todas as virtudes" unidas no povo alemão: "humildade, respeito, orgulho, fé, energia, o mais nobre amor e a última sabedoria". Assim, esse "inglês transformou-se em um dos melhores alemães". Cheio do "evangelho de Wagner", com os legados de Kant, Goethe e Schiller, Chamberlain "reviveu a consciência cultural alemã" com suas criações "verdadeiramente poéticas e profeticamente inovadoras". Acima de tudo, ele "cantou a música nobre da inalienável superioridade da raça" e era, portanto, "o pai da ideia nacional-socialista". Em sua principal obra, *Foundations of the Nineteenth Century* (1899), Chamberlain advertiu que um espírito estrangeiro tentava sempre aprisionar e controlar os alemães: para "proscrever e atormentar a alma nórdica para sempre". De acordo com Stolzing, Chamberlain foi o primeiro a reconhecer que: "se não resistisse, uma vez que a decomposição do sangue tinha começado, o povo morreria com a decomposição de sua cultura". Mas, nessa ampla discussão da questão racial, Chamberlain deu aos alemães a arma de que eles precisavam nesse "conflito cultural-religioso": uma "espada flamejante, vingadora e pronta para a batalha". Seus conceitos

---

714 SCHOTT, Georg. "Zum Gedächtnis H. St. Chamberlains", *Völkischer Beobachter*, 16 de abril de 1929.

fundamentais sobre essa questão em particular foram "indispensáveis" para a próxima geração: "por Chamberlain o pensamento nacional--socialista continuou a se propagar". Logo, Stolzing concluiu que Chamberlain podia ser colocado entre "os homens mais importantes da época", com Paul von Hindenburg, Erich Ludendorff e Adolf Hitler. No fim desse ritual apoteótico, os membros do encontro se levantaram e gritaram "Hail Chamberlain!". Então as luzes no *hall* se apagaram e em ambos os lados do palco tochas "bengali" foram acesas. Finalmente os adoradores homenagearam Chamberlain com um momento de silêncio, com as bandeiras abaixadas.[715]

Um ano depois, para celebrar os 71 anos de nascimento de Chamberlain, Stolzing continuou seu tributo com um artigo no qual afirmou que os nazistas "consideravam nossa obrigação manter Chamberlain em nossos pensamentos como o pioneiro de uma nova era – isto é, a chegada do Terceiro Reich da Alemanha nacional--socialista". Ele insistiu que as "obras imortais [de Chamberlain] deviam se tornar propriedade comum do povo alemão" porque "elas constituem um arsenal quase inexaurível de armas espirituais para nossa batalha". Sob sua influência, "nós romperemos os grilhões que – como a Grande Muralha da China – restringem milhões de companheiros do povo alemão". Stolzing via em Chamberlain "uma das manifestações mais singulares da Alemanha espiritual". Desde Goethe, ele sentiu que "ninguém tinha um comando mais universal do conhecimento que Chamberlain, exceção feita talvez a Schopenhauer". Como tal, suas obras pertenciam ao "melhor que a rica tradição da escrita alemã oferece: onde o bom espírito alemão dominasse, lá encontraríamos suas obras nas prateleiras próximas a Goethe e Schiller – e nós leríamos suas *Foundations of the Nineteenth Century* com o coração febril, olhos quentes e respiração acelerada". Stolzing afirmou que, apesar de nascido em outro lugar, Chamberlain "permaneceu verdadeiro à sua pátria alemã", com base em sua "crença fixa e inabalável em Bayreuth". Mesmo depois da queda em novembro de 1918, "ele nunca perdeu as esperanças no pensamento alemão, no futuro, no ressurgimento do povo alemão que ele tanto amava". Quando ele fez 71 anos, Stolzing declarou: "que ele viva para ver esse dia! Este é nosso desejo de aniversário para ele".[716]

---

715 "Grosse Chamberlain-Feier in Bayreuth", *Völkischer Beobachter*, 17 de setembro de 1925.
716 STOLZING, Josef. "Houston Stewart Chamberlain: Zu seinem 71. Geburtstag", *Völkischer Beobachter*, 9 de setembro de 1926.

Mas o jornal invocou Chamberlain para mais do que seu valor como fonte de fé no passado de Bayreuth e ideias wagnerianas; tentou usar Chamberlain como figura motivacional nos ataques do partido ao Modernismo. Então, contrastando com o "presente caos no mundo cultural" – com todas as suas "lamentações modernas sobre a arte" –, Georg Schott, ao escrever para o jornal, ressaltou a visão de Chamberlain de que "a força elementar de toda arte baseia-se na raça, que a arte deve anunciar uma ideia, que a verdadeira arte alemã requer uma filosofia de vida alemã". A arte, em sua opinião, não deveria ser produzida em interesse próprio, mas sim "erguer-se a serviço do povo, deve ser boa, criativa e edificante, e não se limitar à mera técnica".[717] Stolzing intensificou este ataque à cultura do século XX ao afirmar que "Chamberlain profetizou anos antes a calamidade que viria da música atonal negra". Suas advertências tinham sido justificadas, pois "o que sentimos atualmente na arte alemã é uma devastação sistemática de tudo o que é comovente e moral".[718] Mas as palavras de Chamberlain deram o meio para a resistência. Chamberlain "reconheceu o espírito de nosso século como poucos outros, reconhecendo-o como a era na qual o Anticristo criaria seu império na Terra". Mas Chamberlain "não amaldiçoou a época, pois ele sabia que as forças do bem venceriam e o reino do Anticristo seria demolido em vez de construído".[719] Como colocado por Stolzing: "nós do *Völkischer Beobachter* sempre enfatizamos que as obras de Chamberlain fazem parte da caixa de ferramentas de todo nacional-socialista que quer contribuir para conquistar partidários para nossa visão de mundo e para aprofundar nossos princípios".[720]

Chamberlain morreu em 1927, e o desejo de aniversário de Stolzing, para que ele sentisse a experiência do governo de Hitler, não se realizou. Mesmo assim, o jornal continuou a homenageá-lo depois de 1933. Em 1934, veio "a primeira oportunidade para celebrar o dia de sua morte [*Todestag*] na nova Alemanha que ele previu". O jornal o lembrou como "um de nossos maiores e mais verdadeiros guias espirituais", oferecendo como base para tal honra o fato de que ele "reconhecia a última sabedoria e a última tarefa da natureza alemã como ninguém tinha feito antes; apresentou a interpretação mais reverente

---

717 SCHOTT, Georg. "Zum Gedächtnis H. St. Chamberlains".
718 STOLZING, Josef. "Houston Stewart Chamberlain: Zu seinem 71. Geburtstag".
719 SCHOTT, Georg. "Zum Gedächtnis H. St. Chamberlains".
720 STOLZING, Josef. "Houston Stewart Chamberlain", *Völkischer Beobachter*, 18 de fevereiro de 1927.

à grandeza de nosso povo; e trabalhou infatigavelmente para educar e despertar os alemães no espírito de Lutero, Goethe e Kant". Com esse tributo, o jornal manifestou a esperança de que Chamberlain "se tornasse o educador da juventude em que o povo se comprometesse na Alemanha com o ressurgimento interno e o renascimento espiritual que por si sós assegurarão a existência do Reich de Adolf Hitler".[721]

O mais importante na "caixa de ferramentas espiritual" do nazismo foi, naturalmente, o "trabalho inovador" de Chamberlain, *Foundations of the Nineteenth Century*. Nele, disse o *Völkischer Beobachter*, "ele interpretou o destino da Alemanha com base em sua história: não em uma crônica seca do que é perceptível pelos sentidos ou em uma infrutífera discussão filosófica só sobre o mítico ou o subconsciente, mas em uma síntese de ambos, que usou os aspectos mais elementares da natureza alemã e abriu uma nova fundação de perspectivas e possibilidades". O tema principal de sua obra foi uma "grande profecia sobre o futuro, baseada no reconhecimento de que os alemães – no sentido mais amplo da palavra – seriam os formuladores e criadores de um novo mundo". Porém, mais importante, "sua história da filosofia, religião e ciência surgiu de seu conhecimento pioneiro dos diferentes valores das raças, da comparação que estabeleceu as bases para a diferenciação das culturas". A maior façanha de *Foundations*, para o jornal, foi "sua demonstração dessas diferenças, e, nelas, as alturas brilhantes da raça nórdico-ariana". Então, com base em suas teorias racistas, Chamberlain foi o "primeiro grande *Führer* espiritual da Alemanha". E, como se isso não bastasse, foi ele que, "com uma percepção intuitiva, considerou e reconheceu Adolf Hitler como aquele chamado para concretizar seu sonho de um futuro alemão", pois "já em 1921 esses homens estabeleceram uma amizade que nunca se anuviou, mesmo em épocas turbulentas e de desesperança exterior".[722]

Duas semanas depois de os exércitos alemães marcharem para oeste em maio de 1940, o *Völkischer Beobachter* decidiu deixar claro que as teorias de Chamberlain indicavam a necessidade da dominação do mundo europeu e além pelos alemães e, portanto, justificava a agressão militar. O *"Leitmotiv* da existência de Chamberlain", segundo o jornal, era sua crença de que "todo o futuro da Europa, isto é, a civilização do mundo, está nas mãos da Alemanha". Em seu livro *Founda-*

---
721 ZIESEL, Karl. "Houston Stewart Chamberlain: Zum 7. Todestag des Künders und Sehers deutsches Zukunft", *Völkischer Beobachter*, 9 de janeiro de 1934.
722 Idem.

*tions of the Nineteenth Century*, Chamberlain baseou essa convicção na ideia de que "a vida do alemão é completamente diferente da dos outros". Só ele tinha "autoconfiança e senso de dignidade humana suficientes; ele é ao mesmo tempo o poeta e o organizador prático, o pensador e o executor, o homem de paz *par excellence* e o melhor soldado, aquele que duvida e o único capaz de realmente acreditar". Entretanto, esses dons obrigavam o alemão a assumir grandes responsabilidades: "quanto maior o dom, maior a tarefa". Por isso, a "missão da Alemanha" era colossalmente difícil: "não só ela tem de fazer muito para si mesma, mas, enquanto isso acontece, deve se levantar contra a animosidade e a divergência de toda a Europa". Para concretizar seu destino, "a nação inteira teria de compreender esse desafio e batalhar junto, como um só corpo, para sua concretização".[723] Da perspectiva do *Völkischer Beobachter*, portanto, a guerra – sendo fundamentalmente entendida como uma guerra racial, tanto em 1914 quanto em 1940 – foi a pedra angular da fundação etnocêntrica de Chamberlain para o futuro da Alemanha.

---

[723] "Der andere Chamberlain: H. St. Chamberlain Wendung zum Deutschtum", *Völkischer Beobachter*, 25 de maio de 1940.

# 12

# A Música Depois de Wagner

Ao mesmo tempo em que procurava por precedentes na literatura, artes, filosofia e tendências políticas de meados e do fim do século XIX, o *Völkischer Beobachter* continuou obcecado com o percurso e o progresso da música depois de Wagner e imaginou maneiras de explicar esses desenvolvimentos de um modo que alinhasse sua música com o programa nazista. Era central para a agenda nacional-socialista promover a validade contínua da tradição romântica, enquanto, de modo correspondente, refutava os desenvolvimentos modernistas na música. Uma maneira de opor-se à influência e importância do Modernismo foi invocar mais uma vez a música popular do século XIX – por exemplo, uma valsa de Strauss – como baluarte defensivo: "quando você se senta em um café de uma cidade grande ouvindo música da República de Weimar e então de repente – depois dos gritinhos, dos gemidos e dos lamentos do jazz moderno – escuta os sons delicados e amáveis de uma valsa particularmente bonita, você provavelmente rirá e dirá: "isso só pode ser de um vienense – um Strauss!". As valsas de Johann Strauss (1804-1849), o jornal insistiu, tinham algo de "inigualavelmente alegre e eletrificante nelas": consequentemente, elas continuariam populares mesmo se o "ritmo do dia" mudasse. Apesar de lutar por toda uma vida planejada, dura e fria – cercados pelo barulho das máquinas e das milhares de rodas que trafegavam –, os alemães modernos "ainda estavam comovidos com a representação noturna lírica de uma valsa de Strauss – sempre lembrados de que uma valsa vienense é a linguagem da alma, o ritmo de nossa pulsação, o fluir de nosso sangue, a vibração de nosso coração".[724]

O *Völkischer Beobachter* também celebrou Johann Strauss Jr. (1825-1899), assim como seu pai, como um ícone de tempos mais simples. De acordo com Hans Buchner, o jovem Strauss não era só a personificação de todas as qualidades musicais da "velha Áustria", como também o herói da opereta moderna, que ele "salvou da influência do judeu Offenbach". O rei da valsa tomou seu "lugar e classificação merecidos na história musical de nosso povo, que ele mereceu com a exuberância sônica de sua alma genuinamente artística – um lugar que os intelectuais cafonas não lhe podem negar". Ele não tentou atingir os níveis mais altos da expressão artística, mas aqui o autocontrole era para ser admirado e não criticado: "dentro dos limites que ele estabeleceu para si, ele era um mestre sem rivais à altura". Embora o jornal costumasse condenar aqueles que tiveram sucesso ao apelar para o gosto popular e reservou um desprezo especial para os compositores judeus, considerados corruptores da música alemã séria por executá-la em uma forma popular, elogiava Strauss por "saber como encontrar apenas os tons corretos para permitir aos seus concidadãos que compartilhassem a alegria e a tristeza em sua forma mais pura".[725] O redator do jornal, Norbert Wiltsch, acrescentou que onde um austríaco fosse – para a Lapônia ou o sul da Itália – ele poderia desencadear sentimentos familiares por meio das obras de seu mestre: "mesmo em terras estrangeiras um austríaco é cumprimentado pelo belo *Danúbio Azul* – onde quer que Strauss está, está a Áustria".[726] Em defesa do retorno dos sons mais puros e estáveis do passado, Siegfried Wagner abordou a "juventude dançante" da Alemanha de Weimar diretamente e questionou sua propensão aos sons modernos: "Por que não dançar a música de Johann Strauss em vez de ritmos negros?", Wagner se perguntou. Ele achava que escutar jazz era justificado na América, por

---

[724] "Ein König des Walzers: Zum 125. Geburtstages von Johann Strauss-Vater", *Völkischer Beobachter*, 15 de março de 1929.
[725] BUCHNER, Hans. "Die Strauss-Woche", *Völkischer Beobachter*, 28 de outubro de 1925.
[726] WILTSCH, Norbert. "Johann Strauss: Zu seinem 100. Geburtstag", *Völkischer Beobachter*, 24 de outubro de 1925.

ser algo "nativo e original" de lá. Mas "os alemães tinham de dançar isso – eles não poderiam encontrar seus próprios modos de dançar?". "Promovam a música de Strauss entre a juventude e digam adeus aos ritmos negros", o filho de Richard Wagner exortou: "os italianos têm a tarantela; os espanhóis, o fandango; os bávaros, o *Schuhplatter*; os franceses, o cancã; os alemães, a valsa – vamos trazê-la de volta!".[727]

É claro, o projeto musical nacional-socialista buscava mais do que substituir o jazz por valsas. A busca por relações temáticas mútuas na tradição alemã de música séria também envolveu esforços para se apropriar de Johannes Brahms (1833-1897). Dada a famosa rivalidade entre Brahms e Wagner – e especialmente entre seus respectivos seguidores –, tais esforços podem ter trazido alguns desafios, mas a recepção de Brahms pelo jornal foi bem positiva. Geralmente, o *Völkischer Beobachter* colocou a duradoura controvérsia de lado e recepcionou Brahms na *Walhalla* de gênios nórdico-germânicos. Hans Severus Ziegler teve de limpar respeitosamente o perfil racial de Brahms, estipulando que ele foi "um dos maiores mestres criativos da música a aparecer de uma natureza nórdica". Ziegler observou que pelo lado de sua mãe Brahms "recebeu sangue dos Mecklenburger-Obotriden" e isso dava ao "nascido em Holstein muito do amargor que continuou um componente de sua personalidade e temperamento artístico, mas isso apenas realçava sua essência indubitavelmente nórdica".[728] Aparentemente áspero, ele era de uma natureza sensível e delicada e essa combinação fazia dele um "alemão no sentido mais verdadeiro da palavra: cheio de ideais, energia e vontade de poder, mas tímido nas profundezas de seu coração". Os "radiantes olhos azuis refletiam seus sentimentos mais efetivamente do que as palavras mais eloquentes: elas muitas vezes o enchiam de lágrimas de amor, amizade e dor". Todos os que o conheciam bem o amavam e os nazistas – "em quem ele continua a viver por meio de suas obras – também devem amá-lo: ele é nosso como poucos outros!".[729]

Apresentar Brahms como "o grande sinfonista do norte da Alemanha" significava que o *Völkischer Beobachter* tinha de lidar com sua

---

[727] WAGNER, Siegfried. "An die tanzende Jugend", *Völkischer Beobachter*, 20 de junho de 1926.
[728] ZIEGLER, Hans S. "Briefe vom 7. deutschen Brahmsfest", *Völkischer Beobachter*, 8 de junho de 1929. Ver também BELLER MCKENNA, Daniel. *Brahms and the German Spirit* (Cambridge, MA: Harvard University Press, 2004), p. 180-190 e DENNIS, David B. "Brahms's Requiem eines Unpolitischen", in VAZSONYI, Nicholas (ed.) *Searching for Common Ground: Diskurse zur deutschen Identität 1750-1871* (Viena: Böhlau, 2000), p. 283-298.
[729] "Johannes Brahms: Zur Münchner Brahms-Woche", *Völkischer Beobachter*, 22 de outubro de 1931.

transferência para Viena na maior parte de sua vida, e ele o fez adotando conceitos pangermânicos de nação. Não era coincidência que o alemão setentrional foi levado pelo otimismo do Sul, segundo Ludwig K. Mayer escreveu. Ao mudar-se para Viena, ele deu expressão externa para o antigo anseio alemão: *Drang nach Süden* [ímpeto ao Sul]. Mais do que isso, todavia, as criações de Brahms simbolizavam uma "ponte espiritual que representava a Alemanha com todas as suas tribos [*Stämmen*] unidas – uma Alemanha que, apesar de sua multiplicidade de formas, era sempre uma grande totalidade". Além disso, enquanto eles finalmente davam os passos para construir o tão desejado Reich da grande Alemanha, os nazistas tinham de pensar em Brahms "com gratidão e reverência" como um dos mestres alemães genuínos cujo "espírito contribuiu para um objetivo que ele almejava há muito tempo e pelo qual batalhava em suas obras": o "estabelecimento de um império de origem alemã abrangente e unido que ajudará a curar o mundo".[730]

Na época do "colapso nacional" de 1933 em particular, Brahms "teria muito a dizer". Por toda a sua vida e obras ele lembrava os nazistas de que "toda a arte grande e genuína origina-se apenas das forças do sangue e solo, e o artista criativo é o porta-voz de seu povo – a essência mais profunda do qual ele expõe em suas obras". O jornal sentia que isso era verdade para Brahms e Wagner, que se tornaram oponentes com respeito um ao outro apenas "por causa do ódio aos judeus". Reconhecer que os judeus eram a causa de sua discórdia era o primeiro passo em direção à superação das diferenças que as "figuras judaicas", como Eduard Hanslick, criaram entre os dois campos. Os nazistas dessa maneira "decisivamente rejeitaram confronto oposicionista como esse dos dois maiores músicos do século XIX" e estavam "felizes que nosso povo era o receptor desses dois homens ". Tanto Wagner quanto Brahms seriam os líderes de uma nova música alemã, "bem ancorada na alma do povo, mas dando expressão ao sentimento e preparados para nossos tempos turbulentos".[731] Assim como as criações de Wagner eram "completamente alemãs, pois foram formuladas na tradição das sagas alemãs", Brahms "expressou claramente em sua música a profundidade intelectual e o mundo emocional de nosso povo". Assim, o *Völkischer Beobachter* anunciou o feito de uma *Anschluss* [anexação] histórico-musical: nós não mais pensamos em termos de Brahms *ou* Wagner, mas de Brahms *e*

---

730 MAYER, Ludwig K. "Johannes Brahms: Zu seinem hundertsten Geburtstag", *Völkischer Beobachter*, 7 de maio de 1933.
731 JENSEN, Wilhelm. "Brahms als Niederdeutscher", *Völkischer Beobachter*, 27 de outubro de 1933.

Wagner".⁷³² Na mesma linha, o jornal também pronunciou o fim das hostilidades entre os defensores de Bruckner e Brahms. Ele reconheceu que a "base forte, sensual e positiva da linguagem tonal austro-germânica/alemã-meridional francamente expansiva de Bruckner contrastava muito com aquela do esboço alemão setentrional, que sentia a pressão do pessimismo e do ceticismo, buscando refúgio no final das contas na resignação".⁷³³ Mas definitivamente uma síntese era possível, porque a "alegria sensual barroca do sul transformou-se em um sentido profundo de fé" – como visto no mais alto grau em Bruckner –, era "tão alemã quanto a amargura do alemão setentrional de um Brahms".⁷³⁴

Enfatizando ainda mais o nacionalismo de Brahms, Lore Reinmoeller, autora de poesia, contos e peças sobre Lou Salomé e Theodor Fontane, bem como estudos de Eichendorff e Nietzsche, realçou o intenso interesse do compositor nos eventos militares de 1870-1871. Por ele viver na Áustria, "não lhe foi concedida" a chance de participar do conflito militar, mas suas cartas desses anos revelam um "amor profundo pela pátria, um grande senso de satisfação sobre a vitória alemã" e o desejo de que essa vitória tivesse um "forte efeito interno" no povo alemão: "Deus permita que os alemães tomem conta de si mesmos com tamanha facilidade e beleza quanto eles deram conta dos franceses", Brahms escreveu.⁷³⁵ Para o *Völkischer Beobachter*, o "grande fruto artístico" da Guerra Franco-Prussiana foi *Triumphal Song on the Victory of German Arms*, uma composição que ele dedicou ao *kaiser* Wilhelm I. Essa obra por si só servia como prova de que o compositor era um grande patriota e um "admirador entusiasmado do criador da unidade alemã, Bismarck".⁷³⁶ Mas o jornal naturalmente queria ligar Brahms à totalidade da ideologia nazista, incluindo o antissemitismo. Por isso, o artigo de Reinmoeller incluiu uma alegação de que a correspondência de Brahms com Joseph Joachim revelava "o desenvolvimento de ainda mais alienação entre os amigos com os anos, o que pode ser justificadamente relacionado à natureza conflituosa e à sensibilidade excessiva do virtuoso violinista judeu".⁷³⁷

---

732 G. A. "Ein deutsches Requiem", *Völkischer Beobachter*, 9 de abril de 1928.
733 "Anton Brückner", *Völkischer Beobachter*, 13 de setembro de 1925.
734 GOTTRAU, W. "Vom Wesen deutscher Musik".
735 REINMOELLER, Lore. "Träger einer Tradition: Zu einem neuen Buch über Johannes Brahms", *Völkischer Beobachter*, 27 de outubro de 1944.
736 "Johannes Brahms: Zur Münchner Brahms-Woche".
737 REINMOELLER, Lore. "Träger einer Tradition: Zu einem neuen Buch über Johannes Brahms", *Völkischer Beobachter*, 27 de outubro de 1944.

Enquanto vinculava a biografia de Brahms à cultura nórdica, à política pangermânica e mesmo à irritação com os judeus, o *Völkischer Beobachter* ao mesmo tempo buscava ecos de temas similares na substância e na natureza de suas próprias composições. Algo "fechado e rude" sobre suas obras poderia alienar alguns ouvintes, mas quem conhecesse as características das paisagens alemãs setentrionais – quem pudesse "visualizar os amplos espaços verdes da linha costeira com toda a sua calma silenciosa que desencadeia a reflexão e a taciturnidade" – sentiria uma afinidade íntima com a música de Brahms.[738] Segundo Hans Buchner, só poderíamos realmente adorá-la se "entendesse o povo alemão e seu passado – e se acreditasse no futuro alemão".[739] Então, enquanto afirmava que a música de Brahms era tão universal quanto a de Beethoven ou Wagner, o jornal sustentava que suas forças derivavam de suas "qualidades nativas" o que fazia dela "música alemã por completo". Brahms era "um homem do povo" e, como artista, ele "nunca perdeu sua solidariedade íntima com a alma popular". De fato, até os temas de seus trabalhos instrumentais vinham com frequência de canções folclóricas alemãs, ou ao menos tinham um "forte sentimento *volkstümlich* [popular] nelas".[740] O "comando mais multifacetado e perfeito das formas de expressão naturais e populares – colocado no firme solo do trabalho manual sólido – produziu os seus feitos dourados".[741]

De acordo com o jornal, a "união íntima com o povo" de Brahms era particularmente evidente em suas canções [*Lieder*], nas quais ele preferia usar formas simples, como aquelas utilizadas em canções folclóricas. Mas as referências populares podiam também ser encontradas nos trabalhos instrumentais, como a sonata para piano em Fá menor, nas quais o vagaroso movimento da canção folclórica popular *Steh ich in finstrer Mitternacht* foi "apresentado tão magicamente", e a sinfonia em Dó menor com a melodia de outra canção folclórica, *Ich hab mich ergeben* – "uma das ideias favoritas de Brahms, que voltou a ela muitas vezes em sua música de câmara ".[742] Além disso, o *Völkischer Beobachter* afirmou que o *Réquiem Alemão* estava junto da *Paixão Segundo São Matheus* de Bach e da Nona Sinfonia de Beethoven como "uma das propriedades sagradas da música nacional do povo alemão". Entretanto, nesse caso, a justificativa do jornal tinha menos a ver com as características

---

738 JENSEN, Wilhelm. "Brahms als Niederdeutscher."
739 BUCHNER, Hans. "Johannes Brahms", *Völkischer Beobachter*, 15 de setembro de 1923.
740 JENSEN, Wilhelm. "Brahms als Niederdeutscher."
741 "Johannes Brahms: Zur Münchner Brahms-Woche."
742 JENSEN, Wilhelm. "Brahms als Niederdeutscher."

aparentemente populares [*Volkstümlichkeit*] de Brahms do que com noções do Cristianismo alemão, como as que foram supostamente apresentadas por "pensadores nórdicos" como Kierkegaard e Nietzsche. A combinação de "sentimento genuinamente germânico e piedade cristã sobre os quais esta obra fala pode mostrar o caminho para nosso futuro", o jornal sustentou.[743] De fato, nenhum trabalho coral seria mais adequado para "motivar uma nova religiosidade alemã sem condições e direções confessionais". Selecionado das Escrituras Sagradas, mas arranjado pelo próprio Brahms, ele transmitia uma "crença humana em Deus independentemente de qualquer dogma da Igreja e expressa nas revelações musicais desse mestre, com sua profunda disposição artística alemã setentrional".[744]

Ainda assim, enquanto o jornal sugeria sua defesa de um "Cristianismo germânico", ele conseguia fazê-lo sem atacar diretamente a tradição católica que era tão importante nos territórios alemães meridionais. Desse modo, enquanto aplaudia a "religiosidade germânica [de Brahms] sem condições e direções confessionais", o jornal, ao mesmo tempo, elogiava Anton Bruckner (1824-1896) como tendo sido "preenchido com piedade ingênua e genuína que estava enraizada profundamente em sua religião – o Catolicismo".[745] Para o *Völkischer Beobachter*, Bruckner era acima de tudo um gênio ingênuo que personificava o *Volkstümlichkeit* [apelo popular] mais do que qualquer outro compositor. Ao avaliar as origens de Bruckner – "pois elas nos interessam mais do que nunca na era de Pesquisa da Família e das Raças" –, Karl Grunsky enfatizou que o compositor viera de origens agrárias modestas: filho de um professor da alta Áustria, que tinha como ancestrais fazendeiros da baixa Áustria e que podia se orgulhar de que um deles ascendera a tais alturas e ganhou importância mundial.[746] Ao enfatizar seus "amáveis e maravilhosamente profundos olhos azuis", Josef Stolzing considerou Bruckner como "próximo a Franz Liszt, o maior sinfonista alemão depois de Beethoven". Esse forte terceiro lugar baseava-se em grande parte nas características simplórias e etnocêntricas de Bruckner. De acordo com Stolzing, "como tinha origens agrárias, o compositor permaneceu um homem simples que

---

743 Idem.
744 "Das Deutsche Requiem von Brahms", *Völkischer Beobachter*, 23 de fevereiro de 1940.
745 STOLZING, Josef. "Meine Erinnerungen an Anton Brückner: Zu seinem dreizigsten Todestage 12. Oktober 1896", *Völkischer Beobachter*, 13 de outubro de 1926.
746 GRUNSKY, Karl., "Musikant aus Herzensgrund: Frühes Beginnen, Widerstände und endlicher Triumph", *Völkischer Beobachter*, 11 de outubro de 1936.

nunca posava".[747] Segundo Grunsky, em sua música, bem como em sua personalidade, "características genuinamente *volkstümlich* [populares] eram irrefutáveis".[748] Mais intensivamente, os colaboradores do *Völkischer Beobachter* aplaudiram a "educação relativamente limitada, sua indiferença com a sociedade e a cultura do restante do mundo e a natureza primitiva, natural e caipira do histórico"[749] de Bruckner. No reino dos tons, Bruckner foi "um regente agraciado por Deus", mas, por outro lado, ele era um homem de "ingenuidade tocante, falta de jeito e timidez".[750] Como resultado, esse "artista vinculado aos céus e abnegado [*Weltfremd*] não era um formalista".[751] Suas obras não eram o produto de uma "concepção artística isolada, de gosto estético, humor momentâneo ou sentimento agitado", mas sim da "linguagem de sua alma, a confissão de sua visão de mundo e a autoexpressão de seu ser mais íntimo".[752]

Os colaboradores do jornal contaram vários episódios para completar a figura de Bruckner como um ingênuo gênio popular, alguns dos quais envolviam a descrição de seu consumo de bebidas alcoólicas. Segundo Stolzing, o compositor "definitivamente tinha uma fraqueza: ele adorava beber". Mas o crítico cultural nacional-socialista parecia não considerar isso um grande problema; de fato, em uma ocasião, ele escreveu sem reservas sobre Bruckner vomitar depois de beber em excesso, repleto de detalhes sobre o devoto próximo que guardou como recordação desse entrevero com o gênio popular roupas que tinham sido borrifadas pelo compositor.[753] Stolzing também relatou uma ocasião em que Bruckner pediu a Richard Wagner, enquanto tomava cerveja com ele, que selecionasse uma dentre duas sinfonias que lhe seriam dedicadas. O mestre fez a escolha, mas Bruckner acordou com uma ressaca muito grande para lembrar qual Wagner tinha escolhido.[754] Outro sinal

---

747 STOLZING, Josef. "Meine Erinnerungen an Anton Brückner: Zu seinem dreizigsten Todestage 12. Oktober 1896", *Völkischer Beobachter*, 13 de outubro de 1926.

748 GRUNSKY, Karl. "Musikant aus Herzensgrund: Frühes Beginnen, Widerstände und endlicher Triumph."

749 "Anton Brückner."

750 STOLZING, Josef. "Anton Brückner in Audienz beim Kaiser", *Völkischer Beobachter*, 22 de março de 1931.

751 "Meister Anton: Kleine Geschichten aus dem Leben Brückners", *Völkischer Beobachter*, 11 de outubro de 1936.

752 "Anton Brückner."

753 STOLZING, Josef. "Meine Erinnerungen an Anton Brückner: Zu seinem dreizigsten Todestage 12. Oktober 1896."

754 STOLZING, Josef. "Wie Anton Brückner seine Dritte dem Meister widmete", *Völkischer Beobachter*, 10 de janeiro de 1932.

da natureza simples de Bruckner que impressionou Stolzing eram os baixos honorários que ele cobrava dos estudantes: "como é agradável poder ter por tais preços módicos lições musicais de um gênio antes que suas obras imortais fossem objetos de admiração do mundo ariano".[755] O jornal até comparou Bruckner com o personagem romântico de *Kannitverstan*, que aprendeu lições importantes na Holanda apesar de não entender uma palavra em holandês: "como foi extraordinário quando o mestre Anton – que, semelhante ao modelo criado por Hebel, não entendia o mundo exterior – subiu ao pódio do regente de modo a receber os aplausos de seu público". Nesse momento parecia como se ele "ainda fosse o ex-professor assistente e organista de igreja em meio período de pé lá sem ação, vestido em um traje ridículo que parecia ter sido feito pelo alfaiate da vila, curvando-se de modo desajeitado, mantendo suas mãos como se estivesse se protegendo do público e finalmente mandando beijos para a plateia – como uma criança grande".[756]

Reinhold Freiherr von Lichtenberg, um professor da Universidade de Berlim que escreveu sobre *The Homeland of the Aryans* (1913) e colaborou para o *Bayreuther Blätter*, lembrou aos leitores do *Völkischer Beobachter* a história mais conhecida sobre o entusiasmo infantil de Bruckner. Quando os restos mortais de Beethoven foram trasladados em 1888, Bruckner entrou na igreja e pegou seu crânio. Ralhado por tal ato, ele disse que ele era o "único que realmente o entendia".[757] Absolutamente leal ao seus antecessores favoritos, Bruckner pagou o preço por sua associação com Wagner "nas mãos da imprensa judaica", segundo Stolzing. Em particular o "crítico musical da *Neue Freie Presse* judaica", Eduard Hanslick, "atacou Bruckner junto com Wagner", especialmente depois de Wagner ter acusado Hanslick de "esconder suas origens judaicas". Na opinião de Stolzing, a crítica de Hanslick à Sétima Sinfonia de Bruckner provava como "a crítica judaica batalhava desde tempos imemoriais para apodrecer a alegria que o povo alemão obtém das criações de seus grandes mestres alemães". Entretanto, quando Bruckner e Hanslick se encontraram, o compositor se curvou e tratou o crítico com respeito. "Ficamos completamente surpresos", Stolzing recordou.[758]

---

755 STOLZING, Josef. "Meine Lehrjahre bei Brückner von Friedrich Klose", *Völkischer Beobachter*, 11 de dezembro de 1929.
756 "Meister Anton: Kleine Geschichten aus dem Leben Brückners."
757 R. Freiherr von Lichtenberg. "Erinnerungen na Anton Brückner", *Völkischer Beobachter*, 15 de junho de 1927.
758 STOLZING, Josef, "Anton Brückner in Audienz beim Kaiser".

Erwin Bauer explicou a atenção nazista à música de Bruckner em termos de seu "naturalismo romântico": em suas sinfonias, "carvalhos gigantes farfalham, poderosos riachos bradam e a alegria, mas muitas vezes também o som ansioso da corneta, penetra por tudo". Particularmente, a quarta sinfonia de Bruckner era uma "sinfonia da natureza", semelhante à sexta de Beethoven. Bauer afirmou que compará-las em termos de concerto era agradável e digno de fazê-lo: por um lado, uma "confissão brilhante e mágica sobre a vida idílica no interior", e, por outro, uma "alma trêmula emitindo elogios incomparáveis para a expansão e a beleza do Cosmos"; a primeira era uma "coleção completa de sentimentos", enquanto a segunda era marcada pela "melancolia maravilhosa e as erupções magníficas da alma".[759] Mas, para Karl Grunsky, a música de Bruckner era importante principalmente porque exibia a ingênua etnocêntrica: como um mestre alemão que estava no ombro de outros gigantes, ele não "nos falava besteiras nem mixórdias com caretas negroides, mas em uma linguagem retirada de uma fonte natural que alcançava o interior mais profundo da mente alemã inculta – o puro espírito da infantilidade alemã".[760]

Como relatado no *Völkischer Beobachter*, as composições de Bruckner foram apresentadas em numerosos eventos organizados pelos nazistas, incluindo o primeiro concerto[761] e a turnê de concertos[762] da Orquestra Sinfônica Nacional-socialista, em concertos da SS,[763] em um festival de Bruckner em sua pequena cidade natal austríaca – "um raro prazer em tempos turbulentos" em 1932, como declarou Max Morold-Millenkovich, que cobriu acontecimentos culturais em Viena para o jornal desde 1920 e era um entusiasmado defensor da música de Bruckner[764] – e no Primeiro Grande Festival Pangermânico de Bruckner, em 1939. Oficiais importantes do partido compareceram ao último festival mencionado, entre eles Arthur Seyss-Inquart – ex-*Reichsstatthalter* [embaixador do Reich] de *Ostmark* (Áustria) e *Reichsminister* [ministro] sem portfólio depois de maio de 1939 – e August Eigruber

---

759 BAUER, Erwin, "Liederfrühling der Musik", *Völkischer Beobachter*, 25 de abril de 1943.
760 GRUNSKY, Karl, "Das zweite Baden-Badener Anton Brückners-Fest", *Völkischer Beobachter*, 10 de outubro de 1931.
761 "Das erste Konzert des nationalsozialistischen Symphonieorchesters".
762 "Die erste Konzertreise des nat.-soz. Symphonie-Orchesters".
763 STOLZING, Josef. "Zum SS-Konzert", *Völkischer Beobachter*, 8 de november de 1934.
764 VON MILLENKOVICH-MOROLD, Max. "Brückner-Feier in St. Florian", *Völkischer Beobachter*, 14 de maio de 1932. Informações sobre Millenkovich-Morold in KÖHLER, G., "Kunstanschauung und Kunstkritik", p. 24.

– *Gauleiter* [chefe de distrito] da Alta Áustria, que ajudou a estabelecer o campo de concentração em Mauthausen.⁷⁶⁵ Como o jornal relatou, as festividades de abertura da Brucknerfest foram uma "grande façanha cultural da parte do nacional-socialismo". Lá o regime anunciou que concederia uma subvenção anual para a preparação de uma edição completa das obras de Bruckner e assim "assegurar a vida do mestre para a nação alemã e para o restante do mundo musical". Isso, com um tributo "ao mestre" durante o Festival de Música de Regensburg na ocasião de sua "entrada solene em Walhalla como um herói nacional", foi angariado como dois "Atos Oficiais do Chefe de Estado Alemão" que "claramente indicou quanta importância histórico-cultural o *Führer* atribuiu às obras de seu compatriota".⁷⁶⁶

Outro compatriota austríaco de Hitler cujas obras foram apresentadas em concertos da SS⁷⁶⁷ e recebeu atenção no *Völkischer Beobachter* foi Hugo Wolf (1860-1903). O jornal o via como o "Wagner da canção" e como vítima de uma conspiração judaica precisamente por sua associação com o mestre. Um círculo de wagnerianos e alguns poucos patrocinadores possibilitaram sua ascensão, e, sem decepcionar, "ele claramente ostentava o estilo alemão". Mas as dificuldades desencadeadas por seu apoio a Wagner fizeram-no muito impopular em Viena: "por toda a sua vida Wolf teve a imprensa de Hanslick trabalhando contra ele – é claro". Por exemplo, segundo o jornal, "seus representantes" uma vez forçaram um conhecido cantor que queria apresentar as canções [*Lieder*] de Wolf a adiar, sob a ameaça de um boicote que seria mantido pela imprensa. Tal manobra maliciosa era apenas mais um indício de que Viena, "a cidade que deveria ter sido a capital da *Ostmark* alemã, era realmente o centro de um mundo cosmopolita com tendências orientais! Mas "nada podia parar o percurso triunfante de Wolf: suas canções serão lembradas com a consciência alemã!".⁷⁶⁸

Mais um compositor que o *Völkischer Beobachter* sentiu que a raça alemã renovada deveria apreciar mais era Max Reger (1873-1916). Como outros favoritos, o jornal o considerava "o filho espiritual do velho mundo que a Revolução de Novembro e a posterior americanização da República de Weimar erradicaram".⁷⁶⁹ O

---

765 BAYER, Friedrich. "Das erste grossdeutsche Brücknerfest", *Völkischer Beobachter*, 3 de julho de 1939.
766 "Für Anton Brückner", *Völkischer Beobachter*, 7 de julho de 1939.
767 STOLZING, Josef. "Zum SS-Konzert".
768 "Der Wagner des Liedes", *Völkischer Beobachter*, 22 de fevereiro de 1933.
769 BUCHNER, Hans. "Max Reger", *Völkischer Beobachter*, 13 de março de 1923.

fato de ter feito um ano de serviço militar em 1897 foi importante para Hans Buchner, o defensor mais franco de Reger nas páginas do *Völkischer Beobachter*: apesar de Reger talvez não ter sido o soldado ideal no sentido de regulamentos da infantaria, ele "divertiu-se e ficou orgulhoso de seu serviço". Ademais, antes de sua morte em 1916, ele tentou se alistar para a Primeira Guerra, mas foi considerado inapto para o serviço e Buchner estava certo de que isso "foi tão doloroso para ele que conseguiu apenas consagrar na arte o patriotismo que queimava em sua alma".[770] O *Völkischer Beobachter* citou vastas evidências do patriotismo de Reger, quer isso fosse expresso em suas cartas ("eu sei que morreria de saudades se algum dia deixasse a Alemanha") ou em seu esforço para "formular tributos musicais para a nação que luta por sua existência" em "criações extraordinárias" como *Eine vaterländische Ouvertüre* (1914) e um *Réquiem* inacabado para aqueles mortos em batalha. Segundo o jornal, desde o momento em que Reger foi considerado inapto para o serviço militar, "noções proféticas sobre seu próprio destino e o da pátria tomaram conta dele". Apesar de ele acreditar "firme e inabalavelmente" na vitória final da germanidade, ele previu "um longo e difícil período de sofrimento". Além disso, sem ignorar os problemas do defeituoso sistema guilhermino, ele "rejeitava energicamente uma república social-democrata" que ele via como uma "forma de governo infeliz e indesejável para a Alemanha". O jornal insinuou que talvez ele tenha tido sorte apesar dos pesares, pois não teve de sentir o colapso da "forte, honesta, corajosa e incorruptível Alemanha" que ele amava com tanto ardor : "até o último minuto antes de ele ter sido conduzido à paz eterna, Reger acreditava que a vitória final da Alemanha e o Terceiro Reich viriam depois de uma longa batalha".[771]

Justificando o lugar definitivo de Reger nos "programas alemães" de concertos da *Kampfbund für Kultur* [Liga Combatente pela Cultura][772] e da *Orchester des Führers* [Orquestra dos *Führer*],[773] Fritz Wolffhuegel enfatizou que o compositor era um "filho da floresta bávara". Como um "carvalho alto e isolado em um bosque de árvores

---

770 BUCHNER, Hans. "Max Reger: Briefe eines deutschen Meisters", *Völkischer Beobachter*, 3 de janeiro de 1929.
771 "Ein Erinnerungsbuch an Max Reger", *Völkischer Beobachter*, 4 de novembro de 1930.
772 R. Tr. "Zweites Berliner Kampfbundkonzert", *Völkischer Beobachter*, 24 de setembro de 1932.
773 "Das 'Orchesters des *Führers*' zurückgekehrt", *Völkischer Beobachterm*, 14 de outubro de 1938.

de altura e circunferência médias", ele lembrava uma "Árvore do céu germânica antiga, elevando-se sobre a esparsa paisagem moderna como um símbolo de um crescimento saudável e frutífero". Além de sua dedicação "ao triunfante exército alemão" – para um exército "que perdeu uma guerra, mas não estava destruído" –, a *Vaterländische Ouvertüre* era uma "fanfarra estrondosa" sobre a floresta entre a Baviera e a Boêmia.[774] Acima de tudo, Buchner e o *Völkischer Beobachter* valorizavam o tradicionalismo estético de Reger. Referindo-se aos "modernistas no comando da vida musical" como "filisteus progressistas" – ao que o jornal declarou que ele quis dizer à "trupe miscigenada" de "musicólogos, escritores e críticos que nunca lhe deram uma chance" – Regen escreveu que "nós simplesmente temos filólogos demais em nossa música!".

Como o "único mestre alemão a vigiar o legado de Brahms", Reger protegia uma moralidade estética que era "exclusivamente etnocêntrica no maior sentido". Consequentemente, o "diretório de arte internacionalista da democracia de Weimar" não tinha ideia do que fazer com suas obras. Para Buchner, a prova de que a obra de Reger era um tesouro nacional foi sua "presença triunfal na composição musical do lar alemão". Nem "a demagogia da sala de concertos nem as campanhas publicitárias dos editores" realmente abriram o caminho para as obras dos grandes músicos, mas na verdade "o amor dos amadores" – aqueles "amantes ingênuos da arte que tocavam música para sua própria satisfação e não por um salário mensal. Um mestre cujas obras se tornaram tesouros da vida doméstica das famílias alemãs não precisava de propagandas oficiais de seus concertos. Buchner sentiu que isso era ainda mais verdade no caso de Reger: sua obra foi "criada pelo e para o lar alemão". Lá seu espírito "mostraria aos alemães o caminho para o futuro, não só em termos da música".[775] Para Buchner, Reger foi o "último pilar da tradição musical alemã", e, além de Brahms, ele foi o representante mais importante do "neoclassicismo alemão" – embora sem o menor "apoio propagandístico ou proteção". O fato de ele receber pouca atenção resultava da "propaganda da arte judaico-capitalista": como "sombras escuras pairando sobre um vale ensolarado, o tratamento da obra de sua vida serviu como presságio da luta vindoura para o povo alemão por sua própria existência". Reger foi a "pedra angular do orgulhoso edifício de uma nova música alemã" e, ainda mais, em razão de sua ancestralidade racial e orientação espiritual, ele foi a "pedra angular

---

774 WOLFFHUEGEL, Fritz. "Reger-Musik in München", *Völkischer Beobachter*, 28 de maio de 1931.
775 BUCHNER, Hans. "Max Reger".

para uma nova cultura que a juventude alemã seria obrigada a construir se eles fossem lutar por sua existência popular e política com a força de seus instintos vitais".[776]

Em busca de compositores que tinham acima de tudo resistido às inovações modernistas pretensamente contrárias à tradição wagneriana, o *Völkischer Beobachter* demonstrou um notável apoio a Hans Pfitzner (1869-1949). Segundo o jornal, Pfitzner foi "um dos que defenderam com mais fidelidade o legado de Richard Wagner".[777] Por esse serviço ele adquiriu o direito de ser chamado de herdeiro espiritual de Wagner. Não havia necessidade de entrar em detalhes para justificar isso, afirmou o jornal: bastava considerar suas obras. Como aquelas do mestre de Bayreuth, elas eram "emblemáticas de uma consciência germânica pulsante que se manifestava na luta para proteger a pureza da arte alemã – não sem escorregar às vezes para o domínio da política". A carreira de Pfitzner provou que é "só à custa da rejeição e solidão que o bem maior pode ser alcançado: a preservação das formas e obras alemãs da corrente transitória do tempo, dando-lhes uma validade duradoura".[778]

Erwin Bauer viu Pfitzner como um "apóstolo de uma forma de arte pura", porque ele "afastou-se de todas as obras que retrataram desconforto e resmungos", e por causa disso "rejeitou a fascinação modernista com o que é moderno". Em suma, o espírito de Pfitzner "resistiu contra os tempos, sem concessões". Ademais, embora ele não fosse exatamente popular, ele ainda era um músico *volkstümlich* [de apelo popular]. O que fazia da música dele "popular ao mais alto grau", Bauer explicou, foi o fato de ela ser arraigada no "legado musical alemão de Schumann e Weber, com a capacidade de representar pensamentos musicais em sua forma mais pura e emotiva". A essência de sua façanha não foi a "sugestão externa – o brilhantismo e sensualidade das refinadas cores orquestrais –, mas a imagem musical por si só, a magia da ideia que entra no mundo com simplicidade e pureza, como todas as grandes intuições musicais". Bauer acreditava que foi com o reconhecimento disso que a organização nazista "Força pela Alegria" [*NSG Kraft durch Freude*] organizava concertos com as músicas de Pfitzner: a organização queria chamar atenção para a obra da vida de "um mestre

---

776 BUCHNER, Hans. "Max Reger", *Völkischer Beobachter*, 29 de agosto de 1923.
777 "Musik-Rundschau", *Völkischer Beobachter*, 6 de março de 1923. Sobre Pfitzner e os nazistas, ver KATER, *Composers of the Nazi Era*, p. 144-182.
778 SEELIGER, Hermann. "Hans Pfitzner 'Werk und Wiedergabe'", *Völkischer Beobachter*, 27 de novembro de 1929.

que estava comprometido com seu povo em cada nota, e era popular no maior sentido que uma arte possa ser assim ".[779]

Ao analisar o drama de Pfitzner *Das Herz* (1931), Wolfgang Gottrau escreveu que o espírito da música alemã estava personificado em Pfitzer mais do que em qualquer outro homem. Pfitzner serviu ao seu chamado com "uma dedicação sacerdotal" longe de qualquer "oportunismo ou concessões que pudessem facilitar o sucesso externo". Em obras como *Der arme Heinrich* (1891-1893) ("modelada em Wagner"), *Die Rose vom Liebesgarten* (1897-1900) ("não apresentada o suficiente, mas isso mudará") e especialmente a *Cantata da Alma Alemã* (1921) ("evidência duradoura de que o verdadeiro espírito de nosso século é alemão"), Pfitzner demonstrou que ele "vivia somente para a ideia de arte alemã": nem o prazer nas formas para sua própria satisfação nem a rotina técnica o inspiravam; ele compunha "do coração, das fundações da alma, de uma necessidade interna". Um "alemão consciente e também um romântico consciente", Pfitzner provou que a essência da criatividade alemã "é e sempre será romântica". Nesse sentido, Gottrau afirmou em 1931 que ele era "realmente o músico mais alemão de nossos tempos".[780]

Embora tenha coberto muitas das obras de Pfitzner, o *Völkischer Beobachter* dedicou mais espaço para *Palestrina* (1917). Para Gottrau, a ópera era um "santuário da música alemã".[781] Erich Valentin colocou a obra no contexto da história do século XX, ressaltando que Pfitzner a compôs entre 1914 e 1915, "em uma época em que os melhores filhos do povo estavam no *front* lutando e sangrando pela existência, futuro e honra da Alemanha, enquanto forças invisíveis pelas costas deles jogavam um jogo secreto que levaria a uma desastrosa catástrofe". No crepúsculo do poente – à medida que o dia claro desaparece em nuvens escuras – inesperadamente, da cacofonia das vozes e opiniões, da luta pela existência ou não existência, *Palestrina* surgiu como símbolo vivo e claro da personificação da pureza inflexível e vitoriosa e da força da alma alemã".[782] O "etos maravilhoso" da obra, sem falar em seu "nacionalismo forte que atinge seu clímax na cena do Conselho", garantiu seu lugar no repertório – e assim permaneceria "enquanto a sensibilidade e

---

779 BAUER, Erwin. "Der völkstumliche Hans Pfitzner", *Völkischer Beobachter*, 24 de abril de 1939.
780 GOTTRAU, Wolfgang. "Kunst aus teuschem Herzen: Hans Pfitzners Musikdramen", *Völkischer Beobachter*, 12 de novembro de 1931.
781 GOTTRAU, Wolfgang. "Kunst aus teuschem Herzen: Hans Pfitzners Musikdramen".
782 VALENTIN, Erich. "Dein Erdenpensum, Palestrina", *Völkischer Beobachter*, 11 de junho de 1937.

o espírito alemães regessem nossos teatros!".⁷⁸³ Ademais, em sua representação da Palestrina estava claro que Pfitzner era "o último romântico" e que com sua geração uma era cultural terminava, "deixando apenas uma ponte rangente para nossos tempos". Sendo assim, sua obra significava para os nazistas o "drama de toda uma época artística em guerra contra a dura realidade da vida cotidiana".⁷⁸⁴ A "sombra escura do declínio do Ocidente estendia-se como um véu melancólico sobre ele", mas *Palestrina* ainda assim "duraria por eras, dando testemunho ao verdadeiro espírito do século – especialmente sua germanidade".⁷⁸⁵

Mas, além da música, era o Pfitzner escritor que o jornal nazista julgava mais persuasivo. Produzidos em meio a uma "batalha violenta em muitos *fronts*", Lothar Band – um crítico e diretor de coral – achava que os polêmicos escritos antimodernistas transmitiam a responsabilidade de ser agressivo e corajoso na luta para "manter a pureza dos ideais na arte alemã".⁷⁸⁶ Nos tempos modernos, segundo o jornal com "todas as suas novas orientações", Pfitzner foi o líder espiritual de uma batalha que estava travada até o fim: "nós recorremos ao autor de o *Danger of Futurists*⁷⁸⁷ e *The New Aesthetic of Musical Impotence*⁷⁸⁸ sempre que realizamos feitos exigentes, protetores e que tragam equilíbrio".⁷⁸⁹ Alfred Morgenroth, um compositor envolvido com a Câmara de Música do Reich de Goebbels que se dedicava à promoção de Pfitzner no Terceiro Reich, salientou que seu "grande ensaio de luta", *Danger of Futurists*, apareceu em 1917 durante a Primeira Guerra e "diagnosticou inflexivelmente os perigos culturais que só alguns perceberam na época". Nos anos seguintes, a catástrofe cultural que ele previu ocorreu, com o colapso nacional. Ao contrário da maioria dos "intelectuais crédulos", Pfitzner não foi convencido em nenhum momento de que "os novos *slogans* levariam a uma reconstrução saudável e real". Para ele, a missão era clara: "resistir [aos *slogans*] a todo custo e alertar sobre seus perigos fatais ruidosa e publicamente". Assim, o artista criativo e educador cultural transformou-se em um "lutador político-cultural, um arauto de seu

---

783 "Münchner Festspiele: Palestrina", *Völkischer Beobachter*, 30 de setembro de 1920.
784 J. F. [?], "Palestrina", *Völkischer Beobachter*, 21 de agosto de 1923.
785 GOTTRAU, Wolfgang. "Kunst aus teuschem Herzen: Hans Pfitzners Musikdramen".
786 BAND, Lothar. "Ein kämpferischer Musiker: Zum 75. Geburtstag com Hans Pfitzner", *Völkischer Beobachter*, 6 de maio de 1944.
787 PFITZNER, Hans. Futuristengefahr: bei Gelegenheit von Busonis Ästhetik (Leipzig: Süddeutsche Monatshefte, 1918).
788 PFITZNER, Hans. Die neue Ästhetik der musikalischen Impotenz (Munich: Süddeutsche Monatshefte, 1920).
789 "Hans Pfitzner: Zu seinem 65. Geburtstag", *Völkischer Beobachter*, 5 de maio de 1934.

tempo com total consciência de sua responsabilidade".⁷⁹⁰ Estava claro em seus escritos o quanto esse homem – "que era completamente alemão e amava o povo e a pátria acima de todo o resto" – sofreu na República de Weimar. "Toda a dor sobre as traições que os alemães cometeram contra a Alemanha – toda a raiva que os alemães provocavam em si mesmos – irrompia na energia passional de seus escritos". A espada com a qual Wagner lutou em 1883 foi usada por Pfitzner na "batalha para manter a pureza da arte alemã". Se o povo alemão realmente se conscientizasse de sua própria essência, construiria um monumento para ele, marcado apenas com três palavras: "Ele era impecável".⁷⁹¹

Contrastando com o antimodernismo impecável de Pfitzner, o *Völkischer Beobachter* caçoou da supostamente "nervosa" arte de Gustav Mahler (1860-1911). Ao lidar com Mahler, o jornal reprisou muitos dos temas que Wagner tinha direcionado contra Mendelssohn e Meyerbeer em seu artigo sobre o Judaísmo e a música. Por exemplo, Friedrich Wilhelm Herzog – um funcionário da *NS-Kulturgemeinde* e um dos 88 escritores que assinaram uma proclamação de lealdade a Hitler em outubro de 1933⁷⁹² – reclamou da "aprovação extravagante" das produções de Mahler, que "não passava de um conhecido músico *reprodutor*".⁷⁹³ Otto Repp praticamente tirou palavras do artigo de Wagner para um ataque a Mahler, afirmando que ele "se apropriou dos meios e técnicas, não da essência de nossa música, porque a música para ele não é a linguagem de uma alma, uma necessidade interna, mas apenas o meio para um fim; e esse fim é sempre (mesmo se inconsciente – porque é racialmente determinado) a imposição de seu próprio ego". A "miscelânea musical-naturalista" personificava a "corrupção racial entre os judeus e sua inclinação não profissional, egocêntrica e fundamentalmente neurótica para falsificar a sensualidade em devassidão, o erotismo em frivolidade, a estética em um culto da feiura, a abstração em um vazio interno e o êxtase em titilação". Nas mãos de Mahler até o conceito de felicidade muitas vezes era "reduzido a um triunfalismo selvagem", enquanto "o sofrimento se torna lamúria, o humor torna-se uma ironia zombeteira, o orgulho torna-se arrogância e a dor torna-se doença". Ademais, em

---

790 MORGENROTH, Alfred. "Hans Pfitzner – ein Rufer in die Ziet: Ein Musiker kämpft für Deutschland", *Völkischer Beobachter*, 15 de junho de 1938.
791 SEELIGER, Hermann. "Zum 60. Geburtstag Hans Pfitzner", *Völkischer Beobachter*, 5 de maio de 1929.
792 In *Letters of Heinrich and Thomas Mann 1900-1949*, editado por Hans Wysling e traduzido por Don Renau (Berkeley, CA: University of California Press, 1998), p. 367.
793 "Der Jude in der Musik", *Völkischer Beobachter*, 12 de março de 1936.

suas composições, "o amor é reduzido à sentimentalidade ou luxúria porque inconscientemente esse eu egoísta está no centro de um universo no qual Deus supostamente julga e pune apenas com base nos interesses dos judeus".[794]

Na opinião de Hans Buchner, o surgimento de Gustav Mahler marcou o início do "furor contra a música alemã". Com "uma falta de consideração consistente com sua falta de talento, esse judeu entrou no legado de nosso passado musical e pilhou o jardim florido de um século – sem conseguir replantar as agora glórias sem raízes que ele havia retirado". Consequentemente, os "resquícios do gênio alemão apareceram como blocos erráticos" em suas composições "niilistas".[795] Buchner reclamou que obras como as *Canções de um Viajante* (1885) eram "típicas de Mahler". Nelas ele revelou a "insegurança interna e o desarraigamento do judeu ocidental casualmente civilizado em toda a sua tragédia". De acordo com Buchner, todos podiam reconhecer de imediato o "tipo inconsistente e medroso de [Otto] Weininger prevalente nos círculos judaicos de Viena – dividido entre seus laços sanguíneos e o povo estrangeiro que tanto ele odeia e pelo qual anseia". Entretanto, Mahler não era um desses: "ele não tinha ido tão longe e não tinha ideia do desespero sincero de Weininger". Em vez disso, ele era "falso e traiçoeiro: suas únicas características verdadeiramente genuínas eram sua melancolia irremediável, a rejeição do mundo e um gosto pela trivialidade – da qual ele tentou escapar artificialmente com estimulantes narcóticos que só o levaram mais fundo em seu complexo de inferioridade". Incapaz de "reconhecer totalmente o ódio por sua origem judaica" e "tomar seu destino em suas próprias mãos", como fez Weininger (que cometeu o suicídio), Mahler era um "caso perdido, e, de modo espantoso, músicas como as *Canções de um Viajante* fluíam diretamente dessa *psychopathia musikalis*".[796]

De acordo com Lore Reinmoeller, apesar de Mahler se representar como um idealista e um campeão da mais nobre arte alemã, ele era "reconhecido pelos judeus em geral como um promotor das metas judaicas". Como tal, seu impacto fortaleceu "princípios perigosos", incluindo "o progresso a qualquer custo (até mesmo, ou acima de tudo,

---

794 REPP, Otto. "Der musikalische Kramladen", *Völkischer Beobachter*, 20 de novembro de 1938.
795 BUCHNER, Hans. "Von zwei Welten in der Musik", *Völkischer Beobachter*, 20 de fevereiro de 1921.
796 BUCHNER, Hans. "Gustav Mahler in der Akademie", *Völkischer Beobachter*, 26 de janeiro de 1929.

da compreensibilidade) e o cálculo do valor de uma obra de acordo com o tamanho, o barulho e a dificuldade". Essas noções levaram a música alemã a dissolver a tradição tonal estabelecida e apontavam a "nada mais nada menos que o caos no desenvolvimento musical". Outras "características tipicamente judias" na música de Mahler eram "a expressão mais intensamente forçada, uma demora nada alemã com relação a certos estados de sentimentos e a destruição da personalidade melódica e lírica por meio de acentos rítmicos crassos". A partir daqui, Reinmoeller acrescentou, era apenas um pequeno passo para "aquela sensibilidade judaica que é conhecida pelo termo *jazz*".[797] O *Völkischer Beobachter* afirmou que, portanto, a contínua programação de suas obras não passava de "um ato de um todo-poderoso departamento central para a judaização do gosto musical do Ocidente".[798]

Embora procurasse por influências judaicas no repertório, o jornal também examinou ameaças fora das terras alemãs. Os colaboradores do *Völkischer Beobachter* ficaram de certo modo perplexos com o caso de Georges Bizet (1838-1875). Alguns minimizaram o fato de que seus avós maternos eram judeus espanhóis, concluindo que, pelo menos até onde indicava a "última pesquisa", nem Bizet "nem Ravel eram judeus".[799] Mas o músico e crítico teatral Friedrich Wilhelm Herzog identificou Bizet como um "*Halbjude*" [meio judeu] e analisou sua arte à luz dessa suposição: "como se pode encontrar particularmente em judeus miscigenados, Bizet era um eclético franco e muitos miscigenados fracassaram prematuramente por causa desse problema secreto". Até em seus "poucos trabalhos passíveis de ir ao palco", Bizet "não conseguia negar o componente judaico de seu sangue", Herzog reclamou, pedindo aos leitores que "considerem a sua escolha de material do romance de Miremé para sua ópera *Carmen* – com sua glorificação pseudodramática de um personagem degenerado".[800]

Revelou-se que Camille Saint-Saëns (1835-1921) também tinha ascendência judaica, com o jornal insinuando que "como um notável número de 'franceses' não arianos" ele colocou um "'santo' cristão sagrado na frente de seu nome para proteção". Embora ele "tenha entendido completamente errado a essência da composição", além do mais esse "camaleão puro" aprendeu muito com seus superiores enquanto conspirava para sensualizar a música". Um "adivinho

---

797 REINMOELLER, L. "Judentum und Musik: Zu einem Buche von Karl Blessinger".
798 "Gustav Mahler in London – abgeblitzt!", *Völkischer Beobachter*, 3 de maio de 1930.
799 "Der Jude in der Musik".
800 BUCHNER, Hans. "Carmen neu einstudiert", *Völkischer Beobachter*, 27 de janeiro de 1928.

estético", Saint-Saëns "alimentava-se da Alemanha para que pudesse depois insultá-la segundo todas as regras de sua 'arte'".[801] Outros compositores não alemães foram sumariamente condenados como não originais, quer tivessem ascendência judaica ou não. De acordo com Erich Valentin, o impressionismo de Claude Debussy "personificava as mesmas particularidades que percebemos na pintura dessa direção estética" – o que não era um elogio da perspectiva nazista". Mas Valentin acrescentou que, alguns anos antes de sua morte, Debussy (1862-1918) rejeitou suas próprios ideais, retornou a Bach – "a fonte de tudo" – e tentou construir um "estilo formalmente exato, referido como neoclássico". Para Valentin, isso era prova de que o Impressionismo veio e foi apenas com Debussy e que "o completo compositor francês basicamente considerava a música alemã superior".[802] Em uma tendência nacionalista similar, o crítico Alexander Dillmann argumentou que Giacomo Puccini (1858-1924) devia seu sucesso aos esforços de um antecessor alemão: "Richard Wagner foi o primeiro que teve de lutar pelo coração e alma do povo alemão, preparando os ouvidos de seus contemporâneos, antes de um Puccini poder caminhar pelas portas abertas".[803] Além disso, como o "impressionismo que desbotava", Hans Buchner acreditava que a obra mais famosa de Puccini estava obsoleta – não passava de um lembrete da decadência na virada do século. Para ele, *La Bohème* (1896) era um estudo de personagem dos "tempos para sempre desaparecidos de uma vida dura, mas feliz, dos artistas no bairro latino" – uma tênue tragédia de tuberculose que realmente não nos é mais relevante hoje". Para Buchner, não que os problemas de saúde tivessem desaparecido da existência ocidental, mas a representação de Puccini da "ruína psicopática do sistema das células físicas e sociais" era consistente demais com as noções do declínio ocidental e por isso "ia contra a energia da vida" da era nazista. *La Bohème* era só mais uma prova de que a "cena suábia" e sua era tinham sido responsáveis pela "catástrofe do nosso século" e que a vida boêmia não fazia mais sentido: ela tinha "perdido sua razão de existir".[804]

---

801 STAHL, Heinrich. "Musik und 'Zivilization'", *Völkischer Beobachter*, 28 de junho de 1940.
802 VALENTIN, Erich. "Impressionist der Musik: Zu Claude Debussys 75. Geburtstag", *Völkischer Beobachter*, 21 de agosto de 1937.
803 DILLMANN, Alexander. "Giacomo Puccini: Zum 10. Todestag", *Völkischer Beobachter*, 29 de novembro de 1934.
804 BUCHNER, Hans. "Carmen neu einstudiert".

Enquanto músicos franceses e italianos foram zombados por seu interesse pela música alemã, alguns europeus centrais, setentrionais e até mesmo orientais foram aplaudidos por supostamente aderir às tendências da "cultura nórdica". Ludwig K. Mayer sentiu que, desde o começo, Smetana estava "sob a influência mais forte possível da música alemã, principalmente aquela de seus contemporâneos alemães".[805] De acordo com o compositor de Munique, Fritz Wolffhuegel, que contribuiu com análises musicais no *Völkischer Beobachter* desde 1931,[806] em nenhum outro compositor "o nórdico manifestava-se com tanta força" como em Edvard Grieg (1843-1907). Ele e Rikard Nordraak, outro compositor norueguês, eram "protetores entusiasmados da natureza e grandes patriotas": não havia "nada mais belo para eles que as montanhas e as velhas sagas nórdicas".[807] Da mesma maneira, com relação a Modest Mussorgsky (1839-1891), Erwin Bauer concluiu que, como o compositor era "incondicionalmente russo e amava profundamente seu povo", ele poderia ter o direito de ser considerado o "Pfitzner russo". Entre os russos, apenas Mussorgsky empregava a "ideia musical primitiva" com a mesma paixão de Pfitzner. Mussorgsky foi o "maior compositor do povo russo" – apesar de Tchaikovsky – "com base nos mesmos critérios".[808] Quanto a Jean Sibelius (1856-1957), o jornal citou Heinz Drewes sugerindo que suas sagas sinfônicas eram provas de que, "embora o povo finlandês fosse racialmente considerado parte da tribo fino-húngara", por muitos séculos ele "felizmente se virou para o mundo alemão". Seus governantes russos nunca conseguiram eslavizá-los porque "ser vizinho dos alemães do Mar Báltico, da Prússia e da Pomerânia era muito mais importante".[809] Assim, o tratamento dado pelo *Völkischer Beobachter* aos compositores estrangeiros da virada do século, seja como inimigos raciais e culturais ou como potencialmente pertencentes a uma ampla esfera de influência cultural alemã, tem relações mútuas com as perspectivas geopolíticas que retrospectivamente validaram o envolvimento da nação na Primeira Guerra Mundial.

---

805 MAYER, Ludwig K. "Friedrich Smetana", *Völkischer Beobachter*, 12 de maio de 1934.
806 KÖHLER, G. "Kunstanschauung und Kunstkritik", p. 27.
807 WOLFFHUEGEL, Fritz. "Ein nordisch-nationaler Musiker: Zum 30. Todestag Eduard Griegs", *Völkischer Beobachter*, 4 de setembro de 1937.
808 BAUER, Erwin. "Der Russe Mussorgskij: Zum 100. Geburtstag des volksbewussten Komponisten", *Völkischer Beobachter*, 21 de março de 1939.
809 "Jean Sibelius 75 Jahre Alt", *Völkischer Beobachter*, 8 de dezembro de 1940.

# PARTE IV

## GUERRA "SANTA" E A "CRISE" DE WEIMAR

# 13

# Arautos da Experiência no *Front*

As duas experiências mais importantes da juventude de Hitler foram sua exposição à vida urbana e ao Modernismo em Viena depois de sua fracassada tentativa de entrar na escola de belas-artes e seus quatro anos de serviço na Primeira Guerra Mundial. Essas duas fases determinaram sua perspectiva cultural e política para o futuro. As consequências negativas de cada uma alimentaram seu ânimo antissemita e antimodernista, convencendo-o de que "não há a possibilidade de fazer pactos com os judeus; pode haver apenas o duro: ou isso ou...", motivando-o assim a "entrar na política".[810] Subentende-se que a primeira experiência tenha desencadeado seu ódio pela cultura moderna e pela influência judaica supostamente responsável por isso. Mas os historiadores podem ainda não ter considerado até que ponto a autoidentidade de Hitler estava envolvida em sua experiência como soldado do *front*. Embora o Mal de Parkinson e o estresse tenham cobrado seu merecido preço, resultando na imagem maníaca de Hitler em seu *bunker* final, nós erramos ao esquecer que sua autoimagem estava

---
810 HITLER, Adolf. *Mein Kampf*, p. 167.

provavelmente fixada em seu palco como um veterano endurecido das trincheiras. Elementar para sua perspectiva era a convicção de que o dever na Primeira Guerra Mundial foi seu teste mais profundo, pelo qual ele "agradeceu aos céus com um coração transbordando por me conceder a boa sorte de ter a permissão de viver nessa época".[811]

Como para muitos veteranos cujos esforços terminaram em derrota, Hitler foi incapaz de reconhecer que a causa alemã tinha sido perdida. Em homenagem aos seus camaradas mortos na guerra, a tocha – ou como nos rituais das convenções de Nuremberg, as bandeiras simbolizando cada uma das maiores ofensivas – tinham de ser erguidas como demonstração dos esforços renovados na retaliação. A idealização e a justificativa da experiência do *front* eram, portanto, componentes "inabaláveis" da cultura nazista desencadeada por ele: "milhares de anos podem passar, mas nunca será possível falar de heroísmo sem mencionar o exército alemão e a Primeira Guerra. Então do véu do passado a frente de ferro do capacete de aço cinza surgirá, decidida e inabalável, um monumento imortal".[812] Nisso, é claro, Hitler não estava sozinho: o nazismo coordenava com a apropriação da experiência do *front* em geral feita pela direita.[813] Como manifestado no caderno de cultura do *Völkischer Beobachter*, tomou a forma de engajamento com a literatura que vinha da história dos combates. Mesmo antes da controvérsia envolvendo *Nada de Novo no Front Ocidental*, o jornal considerou Walther Flex e Ernst Jünger verdadeiros "arautos da experiência do *front*". Então, quando o livro de Erich Maria Remarque apareceu – e, logo depois disso, o filme de Hollywood baseado nele –, o jornal tentou atrair toda a publicidade que podia da "batalha" resultante.

Ao escrever para o jornal, Erich Limpach, um poeta e escritor cujos aforismos continuam populares na cultura alemã contemporânea – apesar do fato de que já desde 1924 ele dedicava alguns de seus "Poemas da pátria" a Hitler[814] – escreveu uma resenha sobre três romances de guerra alemães escritos por Ernst Gläser (*Class of 1902*, 1928), Georg von der Vring (*Soldat Suhren*, 1928) e Ludwig Renn (*War*, 1928). Consistente com as interpretações da direita da história do *front*, Limpach

---
811 Idem.
812 Idem.
813 "A Alemanha, que sofrera uma derrota, enfatizou de modo especial que os soldados nunca morriam, mas sim ressuscitavam, continuavam a lutar não só em Walhalla, como também no coração de cada patriota. Os patriotas eram exortados não para ceder à derrota, mas para continuar lutando até que a própria nação ressuscitasse": MOSSE G. L. *Toward the Final Solution*, p. 175.
814 GASSERT, P.; MATTERN, D. S. (eds.), *The Hitler Library*, p. 192.

ficou decepcionado porque esses eram "livros de guerra, não de soldados". Em sua opinião, o soldado do *front* que lesse esses livros reconheceria que "espiões" estavam falsificando a experiência de guerra ao representá-la – "de modo camuflado e engenhoso" – como completamente negativa. Limpach admitiu que, embora todos esses escritos descrevessem de modo realista a guerra nos campos de batalha e no *front* doméstico como de fato era, com todos os apuros e feiura, por outro, os "pontos altos" da guerra, que "todo verdadeiro soldado do *front* vivenciou", foram "habilmente escondidos". Ele procurou em vão nessas obras por indícios de que a guerra não foi apenas destrutiva, mas que também permitia aos soldados sentir "coisas imperecíveis" – que ela era de fato uma fonte de força para todos aqueles que "a viveram profundamente". Na opinião dele, essa ausência de reconhecimento dos aspectos enobrecedores da guerra era o motivo pelo qual "Judá elogiava tanto essas obras": os romances foram "todos produzidos para suscitar exclusivamente pensamentos pacifistas", e por isso não conseguiram captar a "verdadeira e profunda experiência da guerra", nem "dar bases para a reconstrução depois dela".[815]

Limpach reclamou que tal escrita ofendia os "sentimentos mais sagrados de milhões de nós", enquanto selecionava a seguinte passagem sarcástica de *Class of 1902* de Ernst Gläser como particularmente ofensiva: "em 2 de agosto de 1914, enquanto olhávamos o *front* vermelho, branco e azul, cantando músicas patrióticas durante toda a noite festiva – incluindo 'We Step Before God the Just to Pray' –, eu fiquei bêbado pela primeira vez". Limpach considerou o livro de Gläser como uma das "mais perigosas construções judaicas" na literatura sobre a guerra, afetando a juventude alemã como um "veneno extremamente irritante". Ele admitiu que o livro incluía alguns *insights* psicológicos penetrantes, mas por trás dos poucos pontos altos "abria-se muito o abismo da conspiração judaica – para a qual nada é sagrado e que arrasta tudo que é grande e elevado para o bueiro". Limpach lembrou que havia leis contra tal imundície e lixo, mas ele sabia que tais leis só poderiam ser aplicadas corretamente quando o Estado estivesse em mãos nazistas.[816]

De acordo com Limpach, o mais objetivo desses livros foi *War*, de Renn, mas em sua opinião ele "ainda estava sob a sombra da resignação cansada que os judeus usam para seus próprios propósitos". Em todo caso, Renn "com certeza não era um nacional-socialista". Limpach

---

815 LIMPACH, Erich. "Neudeutsche Kriegsliteratur", *Völkischer Beobachter*, 16 de fevereiro de 1929.
816 Idem.

expressou descontentamento ao dizer que ele tinha procurado na grande imprensa por resenhas de obras que adequadamente personificassem o espírito nazista, mas os críticos pareciam não estar conscientes das obras de Ernst Jünger, Franz Schauwecker, Werner Beumelburg, Walter Flex, Ernst Röhm, ou qualquer outro que tenha conseguido representar a "verdadeira guerra" em seus escritos. "Os críticos não puderam ou não quiseram escrever sobre eles", ele reclamou, alertando os soldados alemães do *front* e os nacionalistas de que esses críticos "brincavam com o que você considera mais sagrado". Limpach então exortou os leitores a responder a "esses inimigos de nosso povo – aqueles que desrespeitam tudo o que é heroico", "comprando os livros de guerra dos nacionalistas alemães!" em vez disso. Ele apelou ao povo, dizendo que eles deveriam fazê-lo porque "a guerra era a guerra de seus pais; os olhos de milhões de irmãos mortos estão sobre você; o futuro do nosso povo está em suas mãos; e como a batalha é sua missão – é seu destino".[817]

Apesar dessa crítica, o jornal encontrou ocasionais indícios "graticantes" durante a República de Weimar de que os "efeitos espirituais" da experiência do *front* – "inicialmente renegada pelo público burguês temeroso" – gradualmente atraíram a atenção de alguns no mundo literário. Inicialmente, o "verdadeiro mensageiro" da guerra – o soldado do *front* – tinha de aguardar, balançando sua cabeça desamparado em função do "*kitsch* inexato, sentimental e patriótico de cervejaria que inundava mesmo enquanto o conflito mundial ocorria". Mas, com o tempo, a espiritualidade da experiência no *front* finalmente "entrou nos cérebros" dos críticos e eles não mais saudavam os "escritores do *front*" como Ernst Jünger e Franz Schauwecker com silêncio. Infelizmente, entretanto, os argumentos desses "defensores experientes na batalha por uma nova visão de mundo" costumavam ser desconsiderados como "políticos" com um encolher de ombros. Ao avaliar uma palestra no rádio sobre a Primeira Guerra Mundial em 1927 e a poesia, o *Völkischer Beobachter* considerou um passo adiante quando o "sedutor" romance de Henri Barbusse, *Under Fire* (1917) – a mais famosa das obras que representaram o lado negativo da experiência de guerra – não foi mais considerado como "o único livro elementar sobre a guerra", como costumava ser o caso entre os "especialistas" literários que pareciam não conhecer nada sobre as obras dos "soldados *alemães* do *front*". O jornal ficou aliviado ao ver que algumas das críticas incluíam "referências leais" a Jünger, Schauwecker e Flex, "homenageando-os como soldados e homens".[818]

---

817 Idem.
818 Bz., "Weltkrieg und Dichtung", *Völkischer Beobachter*, 4 de junho de 1927.

Contudo, o jornal achou que os "leitores burgueses" simplesmente não podiam conceber as "realidades terríveis, inflexíveis e perturbadoras do combate que faziam dos escritores do *front* mais filósofos do que poetas". Ele reconhecia que a maioria dos leitores terminaria tais livros "com um sentimento inconsolável" porque eles não eram "produzidos como histórias de aventuras, nem para consolar os corações burgueses". Em vez disso, pretendiam despertar sentimentos e pensamentos sobre o *front* em leitores da mesma opinião – isto é, da direita – que eram os "únicos em posição para entender as façanhas monumentais relatadas em cada página". As obras de Jünger, Schauwecker e Flex expressavam os horrores da guerra em uma "linguagem nascida no *front*". Todos os detalhes da gigantesca batalha tiveram de ser colocados dessa maneira antes que um grande poeta pudesse surgir e criar o épico que cativasse a opinião pública com "interpretações das experiências de guerra que abalam a visão de mundo e despertam o espírito".[819]

Na opinião de Phillip Witkop, especialista em história da literatura alemã, mais conhecido por editar coleções de cartas de guerra escritas por soldados alemães mortos em batalha, os escritos de Walter Flex (1887-1917) abordaram a meta de uma "grande poética para a Guerra Mundial". Witkop via Flex como a personificação da juventude no período de mobilização – os jovens de Langemarck – que ainda acreditava na "onipotência do coração e nas duras realidades da virilidade". "Permanecer puro e ainda assim tornar-se maduro, essa é a arte da vida mais difícil", Flex disse uma vez. Nesse espírito, ele e outros milhares de jovens alemães "permaneceram puros em meio à imundície e aos horrores da Guerra Mundial", e "tornaram-se maduros antes de suas mortes precoces entre sangue e corpos". Se os corações pesarem em função do pensamento de que tantos jovens morreram por esse idealismo, então as palavras do último discurso de Ernst Wurche – como relatadas em *Wanderer Between Two Worlds* (1916) de Flex – ofereciam consolo: "Ninguém viu tantos comportamentos desprezíveis, covardia, fraqueza, egoísmo e vaidade como nós vimos. Por outro lado, ninguém viu tanto valor e nobreza silenciosa da alma como nós".[820]

O historiador militar Herman Böhme também citou uma passagem de uma obra de Flex sobre "conhecer e amar a pátria" e depois perguntou aos leitores se essas palavras pareciam "retiradas diretamente de um discurso à nação de nosso *Führer* – um de seus discursos incendiários

---

819 Idem.
820 WITKOP, Phillip. "Walter Flex: ein deutscher idealist", *Völkischer Beobachter*, 5 de julho de 1937.

que apresentavam as verdades mais destruidoras". A visão de Flex estava se tornando realidade no movimento e no governo nazista pelo fato de que "de mãos dadas, o povo colocava como uma muralha atrás do *Führer*". A batalha era dura e difícil, mas a esperança de Flex, segundo Böhme, não era sem valor: ela "inspirava os corações ativos que triunfavam sobre a alma e o futuro do povo alemão". Flex exigiu o "sacrifício máximo, a última prova, até mesmo de si – de si em primeiro lugar!". Nesse espírito, ele cumpriu seu dever como algo natural, porque para ele a vida e o serviço ao povo e à pátria eram apenas uma mesma coisa. Flex correspondeu às suas próprias exigências, pois ele deu sua vida pela pátria: "ele foi um dos melhores e mais puros do povo e por isso tinha de morrer – por nós". Apesar de morto aos 30 anos, o que ele mais amou em sua vida curta foi a Alemanha. Como ele mesmo colocou, "cumprir seu dever como líder significa servir aos seus homens antes de a si mesmo: ser o primeiro a morrer é parte disso". Ou, como Flex escreveu em *A Grave in the East*:

> *Ele era um defensor do fogo,*
> *Puro e leal à Alemanha.*
> *Agora o halo de sua juventude brilha sobre a terra sangrenta*
> *Como uma chama de sacrifício no campo da honra.*

Böhme fechou com uma "oração solene" a Flex:

> *O eterno alemão vive em você e nos outros mortos da Guerra Mundial. O que era antes um mistério incompreensível, você nos revelou como vida; você bebeu por nós da* fonte purificante da alma *do Cristianismo. Mas o sofrimento do puro só nos serve se nós vivermos para ele: por favor, mantenha a vontade de fazê-lo viva em nós, irmãos mortos!*[821]

Sem dúvida, o autor da Primeira Guerra que o *Völkischer Beobachter* mais destacou foi Ernst Jünger (1895-1998). O jornal celebrou Jünger como o "mais poderoso arauto da experiência do *front*" – mestre de um estilo que desenvolveu sua "forma implacável e substancial nas batalhas da Guerra Mundial", e isso dava "expressão incomparável" aos "elementos demoníacos" da guerra mecânica moderna. A grandeza das obras de Jünger estava no "sentimento elementar" que as erguia "acima do jargão do partido, das memórias de guerra e da literatura de

---

821 BÖHME, Hermann. "Das ewige Deutsche: Walter Flex zum Gedächtnis", *Völkischer Beobachter*, 15 de outubro de 1933.

guerra – fazendo delas documentos de uma juventude alemã nascida entre o fogo e o sangue, na fornalha de um período cujas ramificações ainda têm de ser entendidas e publicadas". O jovem soldado da tropa de assalto nazista que ganhou uma condecoração *Pour le mérite* como um dos primeiros lutadores das trincheiras "entendeu e comprovou essas ramificações em seus escritos de intensa seriedade e profunda fé".[822] Como evidência da potência e relevância dos escritos de Jünger, o jornal trouxe citações reimpressas como: "não se deve abordar a guerra questionando para que tudo isso tinha ocorrido: aqui estava manifesta uma grandeza que se estendia além do domínio dos objetivos e fins – um feito imortal que independe de suas consequências e não é condicionado por elas".[823] Contra seus oponentes, o jornal lidou com a afirmação de Jünger que: "os pacifistas apresentam as cidades devastadas e o sofrimento pavoroso como seus motivos, como se nosso maior dever fosse evitar a dor: a vontade que não se esquiva da responsabilidade de sacrificar a vida e a propriedade, quando se trata de uma questão de perceber a grandeza do povo e suas ideias, é estranha a eles".[824]

De fato, o *Völkischer Beobachter* promoveu os escritos de Jünger do modo mais direto possível: ao publicar um artigo escrito por Jünger em apoio ao movimento nazista. Aparecendo no jornal apenas seis semanas antes da tentativa de golpe de Estado ocorrida em 1923, o *Putsch* da Cervejaria, o artigo, intitulado "Revolução e Ideia", foi o primeiro trabalho de Jünger de jornalismo político, depois da publicação de suas memórias, *Storms of Steel* (1920), um extenso ensaio sobre a guerra, *Combat as Inner Experience* (1922), e um ensaio curto, *Storm* (1923).[825] Nele, Jünger atacou a revolução de Weimar e lançou seu apoio à revolta "genuína" em nome da ideia "etnocêntrica", a ditadura e uma nova nação determinada pelo sangue.

Jünger argumentou que antes da guerra a palavra "revolução" tinha uma importância real para a juventude alemã. Apesar de viver em um Estado autoritário, eles estavam conscientes de que um governo poderia se tornar inaceitável para uma população. Eles previram grandes revoltas quando "a força opõe-se à compulsão – quando uma ideia

---

822 GOYDA, J. A. "Ernst Junger", *Völkischer Beobachter*, 25 de junho de 1927.
823 "Im Westen nichts Neues", *Völkischer Beobachter*, 16 de fevereiro de 1929.
824 Idem.
825 NEVIN, Thomas R. *Ernst Jünger and Germany: Into the Abyss, 1914-1945* (Durham, NC: Duke University Press, 1996), p. 81-82. Para mais sobre Jünger e o nazismo, ver NEAMAN, Elliot Yale, *A Dubious Past: Ernst Jünger and the Politics of Literature after Nazism* (Berkeley, CA: University of California Press, 1999) e MITCHELL, Allan, *The Devil's Captain: Ernst Jünger in Nazi Paris*, 1941-1944 (New York: Berghahn Books, 2011).

jovem nasce em barricadas entre o rufar dos tambores e bandeiras vermelhas". Apenas um prerrequisito parecia necessário: "uma ideia pela qual lutar". Por toda a história, grandes revoltas – incluindo a Reforma, a Revolução Francesa ou a Revolução Russa em progresso – foram marcadas por "sinais tempestuosos" intelectuais, como "a grande literatura produzida pelos profetas e mártires que sofreram e sangraram pela ideia, quer ela fosse falsa ou não".

Mas então, continuou Jünger, os alemães experimentaram algo de sua própria revolução. Cercada de inimigos fortíssimos, a nação "travou sua última e mais amarga batalha com tudo o que tinha", e isso não era apenas um governo em guerra: "o povo inteiro lutava por uma nova forma no mundo". No final, entretanto, a revolução que veio "não passava de um motim em um navio de guerra". Aqueles que pegaram o timão assumiram uma grande responsabilidade, mas a "história provou que eles não eram iguais a ela". A razão para isso, segundo Jünger, era que eles não batalhavam por uma ideia, mas atuavam apenas com base na ganância. Desde então, "até as mentes mais limitadas" reconheceram com relação à "chamada revolução de 1918" que o que realmente estava por trás dos *slogans* "não era renascimento, mas apenas um enxame de moscas pousando para se alimentar de um cadáver". "Que ideia foi percebida nessa revolução?", ele se perguntou. Em sua opinião, ela não oferecia nada de novo: "algumas estratégias russas foram copiadas, algumas frases de 1789 e 1848 foram emprestadas, alguns *slogans* marxistas há muito apodrecidos foram requentados". Sempre que algo novo fosse necessário, os líderes falhavam: "bem quando eles precisavam lutar por elas – eles se encontravam sem ideias". Como resultado, "o capitalismo cresceu mais forte do que nunca, a opressão política tornou-se sem limites e as liberdades da imprensa viraram piadas".

Um "punhado de marinheiros conquistou cidades; desertores e adolescentes destruíram a insígnia do antigo Estado". Havia apenas uma explicação para isso: "o velho sistema perdera sua vontade brutal de viver necessária em tempos como esse". Os meios de resistência estavam à mão, mas "não havia pulso capaz de lidar com eles". Então, desde 1918, a Alemanha "vivia sem ideias além daquelas de disputas do trabalho": nenhum "objetivo grande ou claro tinha sido estabelecido". Ela apenas seguia "um curso incerto de laceração interna e fraqueza em face de uma força externa". Além disso, por trás das fachadas dos governos e gabinetes em permanente mudança, a "pirataria dominava em sua forma mais explícita": a população foi reduzida a nada além de "saqueadores e saqueados". Quaisquer esforços para levar adiante "os ideais do povo" simplesmente pereceram; as forças do "materialismo em sua forma mais básica" – os aproveitadores, especuladores e usurários – estavam de fato no comando. A cultura política não era sobre nada além de "bens, ouro e lucro", e o Estado "cheirava a podridão" porque a revolução não "era o nascimento de novas ideias, mas sim a forma de podridão que assumiu um corpo agonizante".

O "espetáculo enfurecedor" já tinha durado tempo demais, Jünger reclamou. Mas semanas antes do esforço conduzido pelos nazistas de marchar a Berlim, ele foi otimista: a "verdadeira revolução ainda não tinha acontecido, mas ainda estava inexoravelmente marchando adiante" – completa com o prerrequisito que ele sentiu mais necessário: "sua ideia era a etnocêntrica, afiada a uma dureza ainda desconhecida; seu estandarte era a suástica; sua forma de expressão era a concentração da vontade em um único ponto – uma ditadura!". Essa revolução genuína e suas ideias "substituiriam palavras por feitos, tinta por sangue, frases por sacrifícios e canetas por espadas". Acima de tudo, o "dinheiro não seria sua força motriz, mas o sangue – cujas correntes misteriosas uniam a nação e que devia fluir em vez de ser escravizada". Sob essa revolução vindoura, o sangue traria novos valores; a liberdade do todo viria do sacrifício do indivíduo; ondas bateriam contra todas as fronteiras; influências danosas seriam eliminadas. Jünger fechou dizendo que aqueles eram "objetivos pelos quais valia a pena lutar nas barricadas".[826]

O apoio de Jünger ao partido nazista em 1923 confundiu alguns acadêmicos desde então, mas sua consciência dos componentes fundamentais de sua ideologia – incluindo o racismo radical – é inegável. Em troca, o *Völkischer Beobachter* estava feliz em promover suas obras e ideias. Por exemplo, ele relatou que o *Evening Chronicle* de Manchester tinha citado Lloyd George dizendo: "considero *Storms of Steel* de longe o melhor livro que já li".[827] Além disso, o jornal justapôs Jünger com o autor da Primeira Guerra Mundial que o jornal mais detestava, Erich Maria Remarque. "O poeta da Guerra Mundial, Ernst Jünger, é o que Remarque achava que fosse: um soldado do *front*. Deixe a sociedade burguesa encontrar sua experiência de guerra em Remarque, para que o verdadeiro guerreiro, 'o aristocrata do povo', permaneça nas mãos de Jünger".[828]

---

[826] JÜNGER, Ernst. "Revolution und Idee", *Völkischer Beobachter*, 23 de setembro de 1923.
[827] "Lloyd George über Ernst Jüngers Buch In Stahlgewittern", *Völkischer Beobachter*, 28 de dezembro de 1929.
[828] "Im Westen nichts Neues".

A resposta do *Völkischer Beobachter* à publicação de *Nada de Novo no Front Ocidental* de Remarque em 1929 constituiu um dos momentos fundamentais em sua campanha político-cultural. O romance de Remarque e o filme americano ganhador do Oscar no ano seguinte deram ao jornal nazista uma causa célebre conveniente em torno da qual ele direcionou muitas de suas principais armas contra a cultura e política de Weimar. Apenas a manchete de seu primeiro artigo que atacou o romance marcou a tamanha energia com que o jornal respondeu na oportunidade:

> *Nada de novo no front ocidental: O livro de guerra da "sociedade" – "Destroçada na guerra" – A desesperança da experiência de guerra pacifista – A renúncia de uma geração despedaçada – A verdadeira experiência do front – Erich Remarque ou Ernst Jünger?*[829]

Com essa manchete o jornal argumentou que Remarque (1898-1970) escreveu seu "chamado livro de guerra" apenas para a "sociedade" liberal burguesa: ele e seu grupo não "eram guerreiros por sangue", mas recrutados que permaneceram de fora da guerra verdadeira. Representantes da agonizante era liberal, eles já entraram moribundos na luta, "sem sangue suficiente" para realmente vivenciar os eventos. "O modo como o cidadão alemão liberal estava quando recrutado: cansado, velho e doente; foi assim que ele voltou da guerra: espiritualmente morto, esmagado pelo peso da experiência incompreensível da guerra". Essas pessoas tinham apenas um órgão restante – o cérebro – que tentavam usar para pensar sobre a guerra e elas ficaram muito orgulhosas quando um livro como o de Remarque apareceu. Por isso o liberal *Vossische Zeitung* e a editora Ullstein propagandearam seu "livro de guerra" intensamente. Da mesma maneira, poetas e políticos republicanos – Walther von Molo, Alfred Kerr, Ernst Toller, Erich Koch-Weser, entre outros – recomendaram-no pessoalmente. Por exemplo, Carl Zuckmayer escreveu que o livro "pertencia às mesas escolares, às salas de leitura, às universidades, às estações de rádio e tudo isso ainda não é o suficiente". Em sua opinião, ele deveria ter sido distribuído para "todo o povo – e o resto do mundo!". O liberalismo tinha finalmente o seu "livro de guerra humanista global e antiprussiano": a base para "conversas psicológicas profundas em todos os teatros, todos os concertos, bailes, encontros de sociedades e reuniões para o chá. A dedicatória de

---

829 Idem.

Remarque a "uma geração destruída pela guerra" era bem apropriada: a burguesia liberal tinha de apresentar seu livro dessa maneira, pois "eles e seu Estado morreram nas tempestades de aço da Guerra Mundial". Mesmo se eles ainda estivessem por aí, controlando as coisas, "os liberais estavam impotentes diante de uma nova raça que tinha nascido sob fogo cruzado, próxima a eles nas trincheiras e que agora dificultava as coisas para eles governarem".[830]

Remarque não tinha encontrado qualquer motivo para lutar na guerra e não concluiu nada dela depois, segundo insinuou o *Völkischer Beobachter*. Como o "burguês liberal estereotípico", Remarque não era "nem corajoso nem covarde, nem forte nem fraco, nem grande nem pequeno". Se ele tivesse caído, ele não saberia o porquê, mas ele também ficou intrigado em saber por que e para que tinha sobrevivido. Ele alegou ter sido destroçado pela guerra, mas o jornal não deixou de pensar que ele e seu grupo teriam sido destruídos mesmo sem a guerra por alguma força ou outra: por "uma mulher", ou "destino" ou "simplesmente a própria vida!".

Para Remarque, a guerra "não passava de um grande e monstruoso absurdo e pior: um fluxo constante de bestialidade". Duas grandes figuras do livro – o professor prussiano Kantorek e o oficial prussiano Himmelstoss – personificavam essas características. Depois de o primeiro motivar sua classe inteira a ser voluntária, Remarque diz: "enquanto tipos como Kantorek ainda falavam e escreviam, nós estávamos sendo feridos e assassinados; enquanto eles diziam que o serviço ao Estado era o bem maior, nós já sabíamos que o medo da morte é mais forte". Depois, os ex-alunos agora se vingaram dele, e Hilmmelstross foi punido de forma similar no campo. O jornal comentou "como essa perspectiva era desprezível", entremeado por "toda ordem de detalhes chocantes da guerra, que as almas frágeis e pacifistas sempre ressaltam": os choros repugnantes de homens e animais feridos; um homem ferido mortalmente cujas botas os companheiros logo disputam; fome; ratos e piolhos; o choque sentido no primeiro bombardeio; o oficial corrupto do hospital; o médico que "tratava os ferimentos de modo desajeitado"; um "garoto loiro com cicatrizes de duelo e um monóculo detestável"; pobres prisioneiros russos; um major de retaguarda que dificultava a vida dos soldados de licença; e, finalmente, o "professor alemão sempre presente que quer anexar o mundo todo". Um "fluxo constante de generalidades: isto é tudo, realmente tudo que Remarque sentiu e reteve da guerra". Como ele colocou: "cartuchos, nuvens de gás e flotilhas de

---

830 Idem.

tanques; triturando, erodindo, morte; disenteria, gripe, febre tifoide; engasgando, queimando, morte; sepulturas, hospitais militares, covas rasas – não existem outras possiblidades". De fato, para o jornal, essas linhas "continham a totalidade da experiência pacifista de guerra da burguesia alemã – "não havia outras possiblidades para Remarque e seu tipo".[831]

Em contrapartida, o *Völkischer Beobachter* citou mais uma vez a declaração de Jünger de que a guerra era um grande feito de que seus sobreviventes sempre estariam orgulhosos de participar, não importa o motivo dela; que o sacrifício da vida e da propriedade não podia ser evitado quando se tratava de perceber a grandeza do povo e de suas ideias e que:

> *Compreender o que de um nível de pensamento menos elevado possa parecer besteira e ser uma expressão da imperfeição humana é um dever sagrado que devemos aos mortos, bem como à geração seguinte, que deve seguir em frente. Porque será deixado a eles para terminar um dia o que não pudemos terminar: eles carregarão nos ombros seu legado com orgulho, se o núcleo eterno e maravilhoso dessa era, absolutamente alemã, sobreviver às nuvens da mesquinharia cotidiana.*[832]

O jornal castigou *Nada de Novo no Front Ocidental* violentamente por contradizer as visões de patriotas como Jünger: "isso é como um soco na cara de todos os verdadeiros soldados do *front* que carregam a memória da grande guerra como um legado sagrado, porque eles mesmos não se sentem destruídos pela guerra – mas sim purificados".[833] Em uma clara comparação, Remarque estava contaminado pelo pacifismo – "uma visão de mundo muito tolerante, na qual macacos moralizantes e porta-vozes egoístas da humanidade combinam uma piedade reconfortante com covardia agressiva". Quem afirmasse que a "guerra era o único fruto do mal e a paz resultado da boa vontade" não entendeu o processo político e a natureza do Estado como se desenvolveu por milhares de anos. Apesar de os "jornalistas judeus--marxistas" estarem embriagados com o espírito de Remarque, esse "civil em uniforme" deixou o problema da guerra e de seus soldados não resolvido. "Em nome de todos os soldados conscientes do *front*",

---
831 Idem.
832 Idem.
833 LIMPACH, Erich. "Neudeutsche Kriegsliteratur".

o *Völkischer Beobachter* enviou aos "transportadores de tochas do pacifismo" uma citação de Nietzsche, exigindo que eles a lessem com atenção em seu "caminho deplorável para o paraíso filisteu – do qual eles um dia seriam conduzidos com uma espada flamejante".[834]

> *Agora novas obrigações acenam; e se em tempos de paz há ainda uma coisa que permanece para nós daquele jogo selvagem da guerra, é o espírito heroico e ao mesmo tempo reflexivo, que, para minha surpresa, como uma bela e inesperada descoberta, encontrei frescor e vigor em nosso exército, cheio da antiga saúde germânica. Nós podemos confiar nisso: pode ser que ainda haja esperança! Nossa missão alemã ainda não acabou! Estou com um ânimo melhor do que antes (...) Ainda há coragem – e coragem alemã – entre a qual e o entusiasmo de nossos pobres vizinhos há uma diferença interna.*[835]

Outro ataque a Remarque tomou a forma de um artigo retransmitindo uma história supostamente enviada ao jornal por uma "mulher alemã" anônima que envolvia a autora norueguesa Sigrid Undset – criadora de grandes romances históricos passados na Idade Média e vencedora de um Prêmio Nobel da literatura em 1928. De acordo com esse artigo, em um evento social, Undset mencionou que ela tinha dado uma cópia de *Nada de Novo no Front Ocidental* de presente ao seu filho pelo seu aniversário. Ao ouvir isso, a "mulher alemã" gritou de repente: "eu nunca teria dado isso ao meu filho". Undset respondeu calmamente: "Mas esse homem estava quebrado e ele representa as coisas como se toda a geração tivesse sido destruída com ele na guerra". "Ah não, sra. Undset", a mulher alemã retrucou:

> *Não é verdade que a juventude alemã foi destruída e martirizada, porque então a Alemanha não estaria tão próspera, trabalhando duro e cheia de força. Certamente, os homens estavam devastados e desarraigados pela guerra, mas não a Alemanha inteira; não a juventude alemã inteira! Milhares de jovens morreram e eu, sra. Undset, recuso-me a aceitar representações de seu martírio sagrado pela pátria – por nossa liberdade e*

---

834 MAYR, Eduard A. "*Im westen nichts Neues*: Eine Bemerkung (franz. *remarque*) über das berühmtgemachte Buch von Remarque".
835 Nietzsche to Carl von Gersdorff de 21 de junho de 1871, in *Selected Letters of Friedrich Nietzsche*, traduzida por Christopher Middleton (Indianapolis, IN: Hackett, 1996), p. 80.

*nossos filhos – como uma destruição absurda e miserável. Sem essa muralha de corpos que o exército ergueu na França, os franceses e suas tropas de cor teriam trazido a morte e a destruição para o coração da Alemanha (...) O asfalto das ruas teria sido composto com os corpos de crianças.*

Essa mulher anônima acreditava que a acusação da guerra de Remarque vinha de um "coração sem coragem, uma alma que tinha caído vítima de um problema psicológico". Ela escreveu:

*Se tamanha amargura fosse direcionada às obrigações da guerra – se tanto sofrimento a serviço da pátria realmente tivesse sido a única experiência de cada soldado –, então a completa anarquia teria dado um fim à guerra. Então a Alemanha teria perdido a honra que seus heróis silenciosos salvaram e não teria valido a pena ser parte de um povo desse. O livro de Remarque é a experiência de um homem amargurado que se virou contra o espírito de um povo pelo qual ele não sentia qualquer ligação. É um livro sem honra militar, sem heroísmo, sem qualquer noção dos eventos eternos da história.*

Em resposta, segundo a história, a sra. Undset – "o arauto do heroísmo humano, da bravura diante de Deus e do mundo – olhou para mim, com seus grandes olhos azul-acinzentados brilhando e disse cordialmente: 'Você está certa. Você me convenceu'".[836] Entretanto, não está claro quanto Sigrid Undset estava convencida, uma vez que ela deixou a Noruega em 1940.

Embora o *Völkischer Beobachter* com certeza tenha encontrado o suficiente para reclamar da versão escrita de *Nada de Novo no Front Ocidental*, seu ataque a Remarque cresceu quando circularam notícias de que um filme hollywoodiano estava sendo produzido. Esse "zombador desprezível do soldado alemão do *front*" tinha recebido uma homenagem que não merecia: "fariam um filme baseado em seu romance chocante". O jornal então foi atrás do produtor do filme, identificando Carl Laemmle como "um judeu que emigrou de Württenberg e agora reside em Hollywood" e reclamou que ele "já tinha tido muita

---

[836] "Das Urteil einer deutschen Frau über Remarques Buch", *Völkischer Beobachter*, 13 de janeiro de 1931.

experiência repreendendo e denegrindo o exército alemão".[837] Um "judeu puro" com todas as "virtudes" de sua raça, continuou o jornal, Laemmle tinha produzido os "filmes de ódio antialemães mais abjetos" durante a guerra, entre os quais *The Kaiser: The Beast of Berlin*, *Mare Nostrum* e *The Riders of the Apocalypse* eram os mais célebres.[838] O ponto alto do "descaramento judaico" de Laemmle foi tentar lançar esses "filmes de ódio" na Alemanha. O mero fato de tais esforços de marketing terem um pouco de sucesso era um indício do "espírito" de muitos fãs de cinema "supostamente alemães". Mas, quando a notícia do acordo milionário para *Nada de Novo no Front Ocidental* saiu, o jornal previu que a produção seria o pior dos filmes de Laemmle: se houvesse uma lei na Alemanha para a proteção do povo, então tanto o livro quanto o filme teriam sido interrompidos. O jornal podia apenas imaginar que tipo de "filme abominável e politicamente provocativo" o "judeu dos filmes" faria desse livro. Se os alemães se tornassem os "servos do mundo, cuspidos e pisados em todo lugar", era em grande parte por causa dessas "propagandas sistemáticas das atrocidades judaicas". O jornal achava triste que "todo negro do Harlem e cada desprezível trabalhador chinês pudesse se divertir ao custo da nação alemã, representado na tela grande como o povo dos tolos, bárbaros e criminosos por um filme de um judeu como Carl Laemmle".[839]

Enquanto desprezava o povo e o exército alemães diante do mundo inteiro, esse filme seria produzido "exclusivamente pelo lucro", pois o autor e o produtor eram ambos basicamente aproveitadores da guerra. Laemmle, que "não desperdiçaria a chance de desgraçar a Alemanha", estava denegrindo o exército com o apoio dos "literatos do asfalto" e o "ouro de Ullstein". Um ataque desse ao soldado alemão do *front* – feito por um "bando de judeus por puro ganho financeiro" – poderia apenas incitar a raiva do povo: os patriotas alemães de Berlim ou Viena "não deveriam permitir tal difamação de 2 milhões de soldados alemães mortos".[840] Em outros filmes desse "judeu antialemão", os oficiais abusavam de seus subordinados com golpes na cabeça e até brandiam seus chicotes aos civis. Soldados rasos eram também insultados nesses filmes: sempre representados como desagradáveis e repulsivos, eles apareciam

---

837 MERTEL, Hans R. "Das Filmgeschäft mit Remarque", *Völkischer Beobachter*, 11 de março de 1930.
838 "Remarques Kriegsroman als deutschfeindlicher Hetzfilm", *Völkischer Beobachter*, 1º de abril de 1930.
839 MERTEL, Hans R., "Das Filmgeschäft mit Remarque".
840 Idem.

em uniformes rasgados com seus rostos profundos, pilhando palácios, maltratando os civis e estuprando mulheres em terras ocupadas. Em seus filmes, os soldados alemães "comiam e bebiam como animais, felizes e contentes só quando conseguiam matar ratos". Aumentando ainda mais o insulto na injúria, cães eram mostrados destroçando bandeiras alemãs com a Cruz de Ferro pendurada em suas coleiras.[841]

Ao reconhecer a influência potencialmente enorme do filme popular, o *Völkischer Beobachter* queria ser claro sobre o que a versão para o cinema de *Nada de Novo no Front Ocidental* significava realmente. Na versão de Laemmle, o jornal relatou, os soldados alemães apareciam como "bárbaros horríveis": alguns pilhavam lares franceses e belgas; oficiais ordenavam chicotadas; outro tenta estuprar a filha da casa onde está aquartelado; e outros atiram em um hospital de campanha marcado por uma bandeira da Cruz Vermelha. Com relação ao último, o jornal contestou que existia evidência de que apenas as tropas aliadas tinham atirado em hospitais de campanha e nesses casos os alemães eram as vítimas, mas o "judeu Laemmle alegremente distorceu a verdade e maculou os fatos". Além disso, da primeira à última página, Remarque trabalhou para representar o soldado alemão do *front* como um "covarde digno de pena que borra as calças assim que os cartuchos começavam a voar"[842] e o filme seguiu essa linha ao ressaltar o uivo deplorável e o choro dos voluntários sob o bombardeio, mostrando faces distorcidas pelo medo e acompanhadas pelo discurso vulgar e selvagem.[843] Não foi surpresa Laemmle ter apresentado o cabo Himmelstross de Remarque como um cabo comum, apesar de "certamente não haver um único Himmelstoss em todo o exército alemão". Só se poderia imaginar como a cena na qual ele força dois homens que urinam na cama a dormir em beliches, um sobre o outro, seria recebida no cinema. Isso não era uma piada, mas uma "representação consciente do exército do povo alemão como desprezível".[844]

Por que, o *Völkischer Beobachter* perguntou, o soldado alemão não era representado nesse filme com a dignidade que ele ganhou com o serviço incomparável na guerra? Como os exércitos americano e britânico apareciam em outros filmes de guerra? Havia cenas de horror nesses filmes, com certeza, mas até diante do maior perigo, o soldado americano era sempre mostrado como "mantendo uma certa superioridade serena, com um sorriso que fazia dele um modelo do soldado

---

841 "Das Verbot des Hetzfilmes", *Völkischer Beobachter*, 13 de dezembro de 1930.
842 MERTEL, Hans R. "Das Filmgeschäft mit Remarque".
843 "Das Verbot des Hetzfilmes".
844 MERTEL, Hans R. "Das Filmgeschäft mit Remarque".

tranquilo e corajoso". Em contraste, as façanhas dos soldados alemães na Guerra Mundial estavam sendo "rebaixadas diante dos olhos do mundo", e o jornal nazista queria "fazer uma queixa contra esse insulto".[845] Os nacional-socialistas tinham de liderar um protesto "contundente o suficiente para ter essa vergonhosa exibição proibida".[846]

O jornal contou que tudo isso deu origem a um debate no Comitê Educacional do *Reichstag*, onde o Ministério de Relações Exteriores relatou que eles tentavam em Hollywood "falsificar a essência" de *Nada de Novo no Front Ocidental*. De acordo com o Ministério, certas cenas dotadas de conteúdo marcadamente antialemão que não tinham nada a ver com o conteúdo original do livro estavam sendo produzidas para o filme. Em particular, o personagem Himmelstoss era a "manifestação de uma atitude não amistosa com a Alemanha". Segundo a reportagem, muitos filmes com personagens antialemães eram colocados no mercado depois de cortes em algumas cenas e mudanças no texto – para que pudessem ser exibidos sem causar escândalo. As últimas notícias vindas de Hollywood demonstravam a necessidade de ajustes na lei do cinema, que protegeria melhor a nação contra os filmes antialemães. Daqui em diante, os filmes estrangeiros importados para a Alemanha tinham de ser submetidos ao censor em seu formato original.[847]

O *Völkischer Beobachter* respondeu às notícias desses relatos ao afirmar que não era surpreendente pois: "a produção de filmes americanos há muito tinha se especializado em filmes de ódio antialemães". Mas, acrescentou, o "cavalheiro em Berlim" não tinha direito de se sentir indignado por isso; era o seu "espírito de atrofia nacional e influência maligna que criaram as condições para tais filmes de propaganda judaico-pacifista". Além disso, o *Völkischer Beobachter* não acreditava na "falsificação" de Remarque que irritou tanto o Ministério de Relações Exteriores. Segundo o jornal, esse "chamado romance de guerra" não precisava ser falsificado para que fosse visto como uma obra "completamente antissoldados" que "denegria a grandeza moral dos lutadores do *front*". O "judeu nascido na Alemanha e rei dos filmes americanos", Laemmle, tinha deixado isso ainda mais claro do que os políticos de Berlim podiam compreender, simplesmente ao decidir fazer um filme de Remarque em primeiro lugar. Ainda assim, o *Völkischer Beobachter* destacou que o *Bayerische Staatszeitung* – identificado como uma "gazeta das ruas de Munique publicada pela casa judaica Pflaum" – reagiu negativamente ao relato

---

845 "Das Verbot des Hetzfilmes."
846 MERTEL, Hans R. "Das Filmgeschäft mit Remarque".
847 "Remarques Kriegsroman als deutschfeindlicher Hetzfilm".

do Ministério de Relações Exteriores. Podia-se ver aqui, o *Völkischer Beobachter* comentou, como até o menor esforço para representar os interesses da Alemanha foi imediatamente sabotado pela "imprensa judaica que escrevia em alemão" sempre que a questão fosse relativa a alguém do "povo escolhido", considerado grande.[848]

Em dezembro de 1930, as manifestações nazistas contra o filme atingiram seu ápice e o jornal cobriu intensivamente esses eventos. Ele relatou que na noite de domingo, dia 7 de dezembro, um "grande protesto contra o filme vergonhoso", em exibição no cinema Mozartsaal, aconteceu na praça Nollendorf em Berlim. Tendo em vista essa "enorme manifestação", os diretores do cinema tiveram de perceber que "não valia a pena continuar com esse insulto a cada alemão pensante: esperançosamente todo dono de cinema na Alemanha reconsideraria participar dessa gozação".[849] Na noite seguinte, Goebbels fez um discurso na praça Wittenberg para uma "multidão de milhares". Ele declarou que o mero fato de um filme que "desgastava os melhores soldados de todos os tempos, os soldados alemães do *front*", pudesse ser exibido era "uma desgraça cultural que nenhum alemão e nenhum soldado do *front* poderia aceitar". Infelizmente, Goebbels observou, as pessoas se acostumaram com o fato de o governo alemão "servir ao seu povo esse tipo de desgraça cultural em vez de pão". Ele então afirmou que os "nacional-socialistas não aceitariam mais essa injúria". Finalmente, depois de palavras comemorativas para os mortos em batalha e cantando a primeira das quatro estrofes da *Deutschlandlied*, formaram uma parada e marcharam pelo lado oeste da cidade em sinal de protesto. "Até a polícia permaneceu inerte durante o protesto", o jornal relatou com alegria.[850]

O jornal também cobriu as ações tomadas durante aquela semana pela Organização dos Veteranos de Stahlheim. Como um grupo de soldados alemães do *front* "que não foram destroçados pela guerra", Stahlheim "protestou categoricamente contra essa ofensa" e exigiu que a exibição do filme fosse proibida por toda a Alemanha. Para eles, não era uma questão de gosto, mas uma questão de honra e dignidade alemãs. Eles não estavam mais esperando pelos "agradecimentos da pátria" prometidos a eles, mas resistiriam com todas as suas forças quando o "sofrimento e a morte de seus companheiros fossem desprezados em som e imagem sob a proteção das autoridades marxistas da Alemanha

---

848 Idem.
849 "Neue Kundgebungen gegen den Schandfilm Remarks", *Völkischer Beobachter*, 9 de dezembro de 1930.
850 "Schluss mit dem Remarque-Film!", *Völkischer Beobachter*, 10 de dezembro de 1930.

de Weimar". Por isso, a liderança nacional de Stahlheim prometia fazer "lobby para banir esse filme de ódio".⁸⁵¹

Na semana seguinte, o parlamento da Prússia deu um voto de confiança ao governo liderado pelos SPD [*Sozialdemokratische Partei*] do primeiro-ministro Otto Braun e do ministro do Interior Carl Severing, e a questão de *Nada de Novo no Front Ocidental* foi mais uma vez central para os procedimentos. De fato, o representante do Partido Nacional do Povo Alemão (DNVP), Ludwig Schwecht, pediu o voto primeiramente em resposta ao mau tratamento dado pelo governo ao filme. Em seu discurso, Schwecht sustentou que esse "filme de ódio" era um insulto terrível ao povo alemão. Em sua visão, as manifestações da praça Nollendorf foram completamente justificadas porque o escândalo real havia acontecido alguns meses antes, com o surgimento do livro de Remarque para começo de conversa. Ele destacou com repulsa que Remarque tinha conseguido tanto dinheiro com esse livro que conseguiu "comprar o título, Freiherr von Buchwald" e "erroneamente se apropriar da Cruz de Ferro, Primeira Classe". O segundo escândalo genuíno, de acordo com ele, foi que o "judeu Laemmle" fez da luta do povo alemão na guerra um objeto de seus "interesses de negócios judeus". De acordo com o *Völkischer Beobachter*, nesse ponto os marxistas no parlamento prussiano [*Landtag*] contra-atacaram ao gritar: "Laemmle não é um judeu – Laemmle é um alemão americano!". Mas Schwecht afirmou que as "visões judaicas" de Laemmle eram evidentes na versão americana do filme. Por exemplo, durante uma pausa na batalha um soldado afirmou: "Se conseguirmos voltar para casa, a primeira coisa que faremos será nos embriagarmos e então arrumar uma mulher". Além disso, o soldado Kaszinski berrou: "É sujo e abominável morrer por seu país!". Esse personagem deveria representar o soldado alemão do *front* "típico", mas tinha a aparência de um criminoso. Aqui Schwecht "respondeu a um contínuo berro marxista insistindo que a afirmação de Kaszinski tinha muito em comum com as palavras de um famoso social-democrata, Arthur Crispien, que afirmara: 'eu não conheço nenhuma pátria chamada Alemanha', no comício da USPD em dezembro de 1919".⁸⁵²

Embora o filme tenha "insultado a Alemanha e por isso devesse ser proibido por lei", continuou Schwecht, o governo de Braun, Severin e o presidente da Polícia de Berlim, Albert Grzesinsky, "tratava oficialmente

---

851 "Tut jetzt endlich auch Herr Wirth seine Pflicht und verbietet den Schandfilm?", *Völkischer Beobachter*, 11 de dezembro de 1930.
852 "Remarque-Debatte im Preussische Landtag", *Völkischer Beobachter*, 18 de dezembro de 1930.

essa mentira judaica com luvas de pelica". Em nenhum momento esses políticos pensaram na "crise de consciência" que alguns policiais deviam estar sentindo quando viram a necessidade de censurar essa "obra vergonhosa que manchava sua própria honra", mas não podiam. Apesar de ter afirmações indecentes como as mencionadas, Severing, o ministro do Interior, não vetou nenhuma cena. Schwecht fechou com a afirmação ameaçadora de que, nas lutas a favor e contra esse filme, a lacuna intransponível que torna duas visões de mundo irreconciliáveis tinha ficado clara: "o pacifismo neoprussiano moderno seria em última análise oposto pelo espírito de Frederico, o Grande – e essas duas visões de mundo se encontrariam em uma batalha decisiva".[853]

A história dos soldados servindo nas linhas do *front* durante a Primeira Guerra Mundial tinha se tornado gradualmente o foco dos escritores alemães durante a República de Weimar. Ainda assim, para os editores do *Völkischer Beobachter*, os romancistas e escritores de memórias que se angustiavam com os horrores da guerra representaram os piores relatos possíveis da experiência do *front*. Em vez disso, como vimos, o jornal promovia interpretações próprias da direita que enfatizavam as visões neorromânticas da guerra como sublimes e edificantes. Como Robert Wohl escreveu, seu "mito organizador era a força criativa e renovadora da experiência do *front*", segundo a qual as trincheiras tinham ensinado "o que a força era, o que o homem é e como é a vida". No final, a ascensão nacional-socialista ao poder "significou não a vitória da geração da guerra, como os nazistas alegaram, mas a vitória de uma parte da geração da guerra sobre seus oponentes e a imposição de uma interpretação da experiência de guerra dessa geração à população como um todo".[854] A crítica do *Völkischer Beobachter* à literatura de guerra – e os filmes baseados nela – constituía um chamado para uma batalha cultural em apoio às visões da direita sobre a experiência de guerra como sagrada.[855]

---

853 "Remarque-Debatte im Preussische Landtag."
854 WOHL, Robert. *The Generation of 1914* (Cambridge, MA: Harvard University Press, 1979), p. 55 e 80. Para saber mais sobre a literatura da Primeira Guerra na Alemanha, ver EKSTEINS, Modris, *Rites of Spring: The Great War and the Birth of the Modern Age* (Boston, MA: Houghton Mifflin, 1989); MOSSE, George L., *Fallen Soldiers: Reshaping the Memory of the World Wars*(Oxford University Press, 1991); BAIRD, Jay W., *To Die for Germany: Heroes in the Nazi Pantheon* (Bloomington, IN: Indiana University Press, 1992); e BAIRD, Jay W., *Hitler's War Poets: Literature and Politics in the Third Reich* (Cambridge University Press, 2008).
855 Ver MOSSE, George L. , *Fallen Soldiers*, p. 159-183.

# 14

# As Guerras Culturais de Weimar I: Defendendo o Espírito Alemão da "Circuncisão"

Por toda a energia voltada para definir o mérito e o valor dos artefatos culturais manufaturados com a experiência alemã na Primeira Guerra Mundial, da perspectiva do *Völkischer Beobachter*, esse conflito representou uma mera escaramuça em um choque maior entre duas visões de mundo, e é mais corretamente visto como continuação da reação etnocêntrica contra a modernidade e a cultura modernista que vinha desde a segunda metade do século XIX. Depois da Primeira Guerra, Hitler fez de dar voz aos prejudicados pelas invasões culturais e tecnológicas do modernismo na vida alemã sua missão pessoal. Como ele colocou: "teatro, arte, literatura, cinema, imprensa, pôsteres e vitrines devem ser purificados de todas as manifestações de nosso mundo degenerado e colocados a serviço da ideia moral, política e cultural. A vida pública deve ser libertada do odor asfixiante de nosso erotismo moderno, assim como deve ser libertada de toda hipocrisia afeminada e recatada".[856] Alinhado com essa tarefa, cada palavra da cobertura cultural do *Völkischer Beobachter* foi um tiro dado nas guerras culturais de Weimar. Mas era mais de imediato um ataque à própria república – não importando que formas culturais específicas fossem vistas como representantes da era.

Como veremos no capítulo 15, o ataque violento do jornal contra a cultura e a política de Weimar envolveram intensas investidas aos principais representantes da literatura contemporânea, arte e música. Mas, em sua campanha para se apropriar da alta tradição alemã para o nazismo, outro objetivo era de convencer os leitores de que as visões opostas não eram partes legítimas de seu legado. Este capítulo se concentrará em como o jornal insinuou que as grandes figuras do passado cultural teriam compartilhado suas atitudes críticas com as condições na Alemanha do pós-Primeira Guerra em particular e também como tentou demonstrar que os mestres alemães foram mal compreendidos ou difamados por autoridades culturais esquerdistas ou "judaicas" que supostamente controlavam a cultura da Alemanha de Weimar. Isso envolverá revisitar a cobertura feita pelo *Völkischer Beobachter* das figuras tratadas na Parte I, que mostrou como o jornal os relacionou com temas fundamentais da perspectiva nazista. Mas essa seção abordará as associações mais imediatas e contemporâneas que os colaboradores fizeram entre os heróis culturais e o contexto do tempo de Weimar, incluindo os relatos sobre as referências aos "mestres" em comemorações e convenções, organizados pelo NSDAP ou por outros grupos. A técnica da propaganda nacional-socialista envolvia a reiteração persistente; todavia, não era uma questão de mera repetição. As invocações feitas pelo *Völkischer Beobachter* dos heróis criativos funcionavam em mais de um campo simbólico. Veremos aqui, como também na Parte V, como as maiores figuras foram interpretadas com referência específica aos principais estágios da história do partido: sua "era de luta", depois da "tomada de poder" e em guerra.

Como vimos, foi fundamental para o estabelecimento da elevada legitimidade cultural do partido nazista sua associação com Goethe, considerado o epítome da tradição alemã de refinamento, ou *Bildung*. Entretanto, até 1933, o *Völkischer Beobachter* teve de lutar contra visões concorrentes de Goethe como profeta da democratização da sociedade alemã que ocorreu em 1918. Durante a República de

---

856 HITLER, Adolf. *Mein Kampf*, p. 50, 254-255

Weimar, o jornal engajou-se em debates implacáveis com aqueles que associavam o "ministro de um príncipe absoluto que atendia pelo nome de Wolfgang Goethe" com o republicanismo.[857] Aqueles que o jornal enxergava como tal, como o autor anônimo de um artigo de 1922 no *Münchener Post*, poderiam ser acusados de ter um "nariz torto muito desagradável" e de ter "circuncisado" as afirmações de Goethe.[858] Em resposta a esse artigo, o *Völkischer Beobachter* argumentou que a oposição tinha ignorado a afirmação de Goethe de que ele "não poderia ficar aguardando indiferente se alguém considerasse provocar *artificialmente* na Alemanha cenas semelhantes àquelas que ocorreram na França como resultado de grande necessidade".[859] O *Münchener Post* tinha omitido essa afirmação porque, a despeito de toda a sua "análise cabalística", o jornal não podia negar o fato de que a revolução alemã tinha sido alcançada "de modo artificial". Em vista desse "fato inegável" – de que a revolução alemã tinha sido liderada por "judeus e outras raças estrangeiras" –, os redatores do *Münchner Post* deveriam ter lido mais algumas linhas das conversas de Goethe com Eckermann, recomendou o *Völkischer Beobachter*, e, se eles tivessem feito isso, teriam ficado chocados quando Goethe opinou que "a única coisa boa para uma nação é aquela que se desenvolve a partir de sua *própria* essência e necessidade, sem imitar outra (...) Todas as tentativas de importar algum tipo de inovação estrangeira ['A Democracia Ocidental!' os editores do *Völkischer Beobachter* acrescentaram], para a qual a necessidade não está enraizada no coração da própria nação, são, portanto, tolas". Nesse diálogo com Eckermann, dizia o jornal nazista, Goethe previra o "único juízo correto da revolução de 1918-1919". Por fim, o *Völkischer Beobachter* achou interessante que o *Münchener Post* tenha emprestado material de "algum lugar que não fosse o Talmude", mas invocar Goethe como uma "testemunha do sistema de Weimar" era "risível".[860]

O jornal apresentou reclamações sobre a recepção de Goethe na Weimar republicana a partir de 1922, argumentando que os "pacifistas, judeus, democratas e republicanos" trabalharam com afinco desde o fim da Guerra Mundial para "carimbar o maior dos poetas alemães como um dos seus" e colocá-lo a uso de seus propósitos propagandísticos. "Os judeus sabiam como se apropriar de nomes e ideais estrangeiros para acobertar suas tramas internacionais" e eles se concentravam princi-

---

857 "Die Münchner Post und der Geheimrat Goethe."
858 Idem.
859 VON GOETHE, Johann W., in *Conversation with Eckermann*, 4 de janeiro de 1824.
860 "Die Münchner Post und der Geheimrat Goethe."

palmente no desvio dos pensamentos de Goethe sobre "a cidadania do mundo" para suas próprias metas. Mas o *Völkischer Beobachter* queria "deixá-lo falar por si mesmo: ele que viveu em um tempo em que a Alemanha não passava de uma noção geográfica; ele, que alguém tão prontamente associava com a coalizão de Weimar; ele, que era sempre colocado em competição com o Espírito de Potsdam". Sobre o "novo espírito de Weimar", o jornal sentia-se certo de que ele teria dito aos seguidores do partido: "vocês se assemelham àquele espírito, não eu".[861]

Ao elaborar sobre esse tema, o *Völkischer Beobachter* perguntou aos seus leitores o que Goethe teria dito a um povo que se submetia às condições que tinham sido "extorquidas pelo 'Tratado' de Versalhes?". O jornal decidiu que a resposta de Goethe podia ser encontrada em seu poema *Nem Isso Nem Aquilo*: "Se você fizer de si mesmo um bode expiatório, não culpe ninguém quando as coisas não forem bem!".[862] O jornal então perguntou: o que diria o "velho espírito de Weimar" sobre as novas políticas domésticas da Alemanha? A resposta de Goethe podia ser encontrada em sua carta para Friedrich von Müller:[863] "Não é apenas destruindo, mas também construindo algo, que a humanidade sente a pura alegria".[864]

Os editores do jornal consideraram o gênio de Goethe pronto para abordar uma variedade de questões modernas que os atormentavam. Como relatado pelo jornal, Goethe via os "reformadores mundiais" com sarcasmo, afirmando, segundo Houston Stewart Chamberlain, que "o mundo está se tornando um grande hospital, com todos tomando conta uns dos outros". Mais adiante, com relação à importância da tecnologia para a cultura da Europa e do mundo, ele reconheceu o valor das ferrovias, dos motores a vapor e dos telégrafos, mas "também percebia seus perigos"; ele descreveu o progresso de seu tempo como uma "faca de dois gumes, pois o ritmo da era moderna e o desenvolvimento desenfreado da era das máquinas aumentaram a sensação de perigo nele". Da mesma maneira, ele argumentou que a "tecnologia combinada com a falta de gosto era o pior inimigo da arte"[865] – uma linha na qual o jornal acrescentou a exclamação parentética: "Cinema!".[866]

---

861 "Was hat Goethe dem heutigen Deutschland zu sagen: Zu Goethes Todestag", *Völkischer Beobachter*, 23 de março de 1930.
862 Idem.
863 VON GOETHE, Johann W., carta a Friedrich von Müller, 12 de junho de 1825.
864 "Was hat Goethe dem heutigen Deutschland zu sagen: Zu Goethes Todestag."
865 VON GOETHE, Johann W. *Maximen und Reflexionen – Nachlaß Über Kuns und Kunstegeschichte*.
866 H. "Goethe: das Orakel seiner und unserer Zeit."

Como esses exemplos sugerem, os críticos do *Völkischer Beobachter* estavam certos de que Goethe teria compartilhado seu temor sobre a cultura de Weimar: "nós estamos longe de viver em uma época de Goethe", o jornal lamentou, "e nós não somos mais tipos goetheanos". Era, ao contrário, uma época de operetas baratas e "megafilmes". De fato, o megafilme que o jornal tinha em mente, uma adaptação de *Fausto* de 1926, era tão inadequado que exigiu alguém como "o vaidoso Gerhart Hauptmann, supostamente o maior poeta alemão", para escrever uma introdução: "algo de que ninguém deveria realmente precisar, mas com o que muitos aprendiam tudo o que sabiam sobre as obras de Goethe".867 Em contraste com tamanha vulgaridade, o jornal citou Goethe: "uma peça deve ser simbólica – isto é, toda cena deve ser significativa e apontar para algo ainda mais importante".868 Sobre essa fonte autorizada – ainda que obtida de modo tênue –, o jornal estava convencido de que Goethe teria concordado que deveria haver um "fim para as representações da vida noturna da cidade grande, os rabos de saia, a loucura e os suicídios", que pertenciam onde há "lamento e ranger de dentes" e não ao "templo da arte alemã".869

A crítica do *Völkischer Beobachter* da recepção de Goethe na República de Weimar atingiu seu clímax em 1932, nos cem anos de morte do poeta. Sem perder tempo, o jornal iniciou seu ataque em 1º de janeiro daquele ano, acusando os "modos materialistas e grosseiros com que os negócios judaicos, como o *Berliner Tageblatt*", preparavam-se para comemorar o Ano de Goethe [*Goethe-Jahr 1932*]. A frase "Goethe morto há cem anos", o *Völkischer Beobachter* advertiu, deveria ter colocado as pessoas em um péssimo humor em vez de um de celebração. Mas comemorações como essas tinham se tornado uma mera "forma de negócio" para a Editora Mosse, e eles prometeram um pouco mais do que "barulho vindo de corações vazios e, em grande parte, cabeças vazias". Para compreender a gravidade da ocasião, deveríamos entender que a vida das obras de Goethe parecia chegar a um fim; a morte de Goethe no sentido físico não tinha nada a ver com a força espiritual de suas criações. A morte de suas obras, por outro lado, significaria um "incomensurável empobrecimento espiritual" para o povo alemão, e tinha de ser evitado.

---

867 "Was hat Goethe dem heutigen Deutschland zu sagen: Zu Goethes Todestag", *Völkischer Beobachter*, 23 de março de 1930.
868 GOETHE, in *Conversation with Eckermann*, 26 de julho de 1826.
869 H. "Goethe: das Orakel seiner und unserer Zeit."

Se seu espírito realmente estivesse vivo, os alemães "abominariam a falta de bom gosto que os cercava por todo lugar": eles "não encontrariam prazer no mercado vulgar dos literatos vaidosos". Mas, "para a maioria, Goethe *estava* morto!". Ele foi exaurido pela "americanização de uma raça enfraquecida; a superficialidade de uma geração negligente; o pedantismo dos professores antiquados; os sons dos acadêmicos que apenas gostavam de se ouvir falar; a tagarelice dos judeus mimados e afetados; o equívoco das mentes acríticas". O fato de um "culto obsoleto a Goethe" surgir depois da guerra em seminários sobre literatura alemã, marcado por uma "forma críptica de discurso entendida somente pelos iniciados", não podia ocultar o fato de que suas obras não faziam "parte da vida dos membros de seu povo" o suficiente para que alguém pudesse referir-se a ele como se estivesse vivo. Ao contrário, o olimpiano dos alemães era "muito insultado" na sociedade de Weimar.[870]

Nesse contexto, então, disse o *Völkischer Beobachter,* o centésimo aniversário da morte de Goethe tinha vindo em uma era na qual "inúmeros camaradas do povo simplesmente não estavam aptos a cumprir com seus deveres culturais". Até *Fausto* não significava nada para aqueles cuja "fome o olhava nos olhos, consumidos por um sofrimento terrível". Os nacional-socialistas sabiam que fazer das obras de Goethe uma "propriedade comum do espírito popular" era um pré-requisito para constatar metas culturais verdadeiramente inspiradoras. Mas os nazistas não cooperariam com a áspera politização do *Goethe-Jahr*, o jornal declarou: "os camisas-marrons não fariam uma dança impertinente ao redor do altar oficial do jubileu, construído pelo ministro das Artes Edwin Redslob, e assistidos pelos sumos sacerdotes do sistema de Weimar". Em vez disso, os nazistas lutariam por seu "próprio Goethe".[871]

Olhando para a frente na direção do que poderia ser esperado em um Terceiro Reich, o *Völkischer Beobachter* supôs que uma era nazista consideraria as celebrações de 1932 – arranjada por "representantes de um sistema decrépito e agonizante" – como uma curiosidade, no máximo. O jornal observou que, infelizmente, mesmo na Turíngia, onde um governo nacionalista fanático estava no poder, não havia a possibilidade de um memorial "fortemente etnocêntrico": mesmo lá as autoridades "bajulariam os oradores estrangeiros, judeus, pacifistas e bolchevistas". E, de fato, não foi surpresa para o jornal nazista que o ponto central da semana foi uma série de palestras intituladas "Goethe e

---

870 S. "Zum Goethejahr", *Völkischer Beobachter*, 1º de janeiro de 1932.
871 Idem.

o mundo", pois um tema desse simbolizava a "natureza geral dos eventos comemorativos": não havia nada a esperar além do "habitual papo-furado sobre Goethe, o pioneiro cosmopolita, o bom europeu, o irmão de Loja e o apóstolo do humanismo".[872]

O jornal admitiu que Goethe poderia ser visto sob essa luz, reconhecendo (sem um traço de ironia) que não era "difícil encontrar provas para qualquer coisa nos 150 volumes que ele produziu; uma lista de todas as afirmações de Goethe que servisse aos seus propósitos contemporâneos poderia ser facilmente compilada". Mas, sem respeito aos verdadeiros valores etnocêntricos, tal exercício resultaria apenas na "coletânea de todas as linhas que fossem perecíveis". Essa coletânea de material, o jornal destacou, não fornecia provas para o motivo de Goethe ter permanecido famoso por um século, de modo que "os voluntários de 1914 marcharam para Langemarck com o *Fausto* em suas mochilas, e nós [nazistas] mantínhamos o legado de Weimar com grande apreço em nossos corações!". Em seu *The Myth of the Twentieth Century*, Alfred Rosenberg disse que Goethe "retratou em *Fausto* a essência de todos os alemães, o aspecto eterno que permanecia a base de sua alma comum, não importando quais novas formas pudesse tomar: Goethe era portanto o guardião e protetor da ordem nacional-socialista. Então, na celebração de seu aniversário, "apenas os nazistas podiam considerá-lo o guardião e protetor de seus modos". Para colocar Goethe em tal papel não se precisava concordar com os rumores de que o partido queria torná-lo um nacional-socialista; de fato, como explicado por Rosenberg, os nazistas rejeitavam a "tendência liberal-judaica de projetar o presente político do partido para o passado", apesar de que "não exigiria muito esforço para fazê-lo". Em vez disso, as alegações nazistas sobre o legado de Goethe se baseariam "no que *era*", não "no que poderia ser". Era uma verdade demonstrável que Goethe era um alemão sincero segundo sua natureza interna; que ele declarava sua germanidade; que suas criações provavam o valor poderoso que a germanidade tinha para todas as épocas; e que ele não estava muito longe do socialismo razoável do nazismo". Tratá-lo assim seria enfatizar os "elementos vivos e qualificadores de Goethe e ao mesmo tempo contra-atacar as negativas moribundas de que ele tinha sido cultivado" pelos outros partidos. Qualquer *slogan* além de "Goethe, o Alemão", era irrelevante em uma época em que "a essência etnocêntrica" estava sob risco, disse o *Völkischer Beobachter*. Depois de um colapso incomparável, o povo alemão tinha o direito de

---

872 S. "Die Goethe-Gedächtnis-Woche in Weimar und Wir", *Völkischer Beobachter*, 10 de fevereiro de 1932.

esperar uma ênfase em tal caráter étnico daqueles que representavam os interesses espirituais do povo. O jornal nazista, portanto, rejeitava quaisquer comemorações de Goethe que incluíssem como participantes "Thomas Mann, Walter von Molo, Gerhart Hauptmann ou qualquer acadêmico francês ou polonês", porque "nenhum deles podia expressar sua importância étnica".[873]

Dentre os principais palestrantes nas celebrações de Goethe em 1932, era Thomas Mann que o *Völkischer Beobachter* atacava de modo mais feroz. Hans Severus Ziegler noticiou o discurso comemorativo de Mann com sordidez *ad hominem* desenfreada. No princípio, ele afirmou que não se poderia esperar que o jornal pudesse lidar com Mann com objetividade, dado o caráter insensível com o qual o "político não político" tinha atacado o movimento nazista – "sobre o qual ele entendia tão pouco, pois, como um chamado europeu, com sangue português, ele nunca poderia entender conceitos como raça e etnocentrismo". Ziegler então se queixou dos "óculos negros da *intelligentsia*" que Mann usava quando veio ao púlpito na celebração oficial do Reich em Weimar. Ziegler de fato tinha pouco a dizer sobre a palestra, exceto observar que Mann tinha "mau gosto suficiente para misturar seus temas relacionados a Goethe com uma crítica medíocre dos eventos políticos contemporâneos". Isso não apareceu como surpresa para Ziegler, mas ele reclamou que, passada meia hora, a "maneira de falar monótona, e fria do intelectual" era tão difícil de acompanhar que "entediou o público a ponto de muitos tentarem sair antes de ter terminado".[874]

Hanns Johst também censurou Mann, salientando que nos preparativos das comemorações o primeiro passo deveria ter sido de eliminar qualquer indivíduo que tivesse "estreitado sua visão de mundo" ao esposar o liberalismo e renunciar à sua germanidade. "Como Mann e seu grupo poderiam se atrever a falar sobre Goethe?", Johst perguntou.[875] Mas o *Völkischer Beobachter* repreendeu Mann ainda mais em um artigo anônimo que trouxe de volta seus ataques à "Alemanha nacional-socialista que despertava". Segundo o jornal, essas visões antinazistas tinham como alvo tanto Goethe como o movimento. O sábio homem de Weimar nunca duvidou, nem por um instante, de que o povo alemão teria mais uma vez seu dia de glória. Então Mann deveria ter dito as mesmas coisas sobre Goethe que ele disse sobre os nazistas, pois eles "claramente pensavam em termos goetheanos". As coisas que ele dizia

---

873 S. "Die Goethe-Gedächtnis-Woche in Weimar und Wir."
874 ZIEGLER, Hans S. "Thomas Mann spricht", *Völkischer Beobachter*, 27 de março de 1932.
875 JOHST, H. "Aufblick zu Goethe", *Völkischer Beobachter*, 22 de março de 1932.

sobre os nacional-socialistas – que eles eram de uma "personalidade orgiástica, radicalmente anti-humana e de dinâmica frenética"[876] – aplicavam-se ao "grande" também. Afinal, atacar os nazistas era atacar Goethe. Assim, a despeito de sua reputação como um intérprete "perfeito" de Goethe, apenas esse exemplo mostrou Mann como sendo "incompetente e cheio de tolices". "Como Mann *poderia* entender Goethe?", o jornal perguntou: "os dois simplesmente não concordavam". Por um lado, Mann era um "pacifista fraco" que, preso à visão de mundo antiquada do Iluminismo pré-Goethe, disse que esperava "eliminar a guerra e o risível senso de heroísmo" por meio de "relações racionais". Por outro lado, Goethe criou o heroico Egmont, com seu *slogan*: "E para salvar aqueles que lhes forem mais caros, estejam prontos para seguir meu exemplo e cair com alegria".[877] Mann admirava o "grande experimento bolchevique do Oriente"; Goethe, o poeta "enraizado na etnia" que escreveu: "Apenas aquilo que vinha de seu próprio âmago era bom para a nação, não a imitação dos outros". Mann era um "filo-semita casado com uma judia" que o celebrava como uma "raça de qualidade dura e velha", enquanto ele rotulava os esforços etnocêntricos daqueles de sangue alemão como "falsos e injustos", "sem originalidade", "mal-educados" e "bárbaros"; Goethe, "o mais consciente", que se absteve de toda "simpatia aos judeus e seus camaradas", que "não tinha paciência com os professores universitários, artistas, poetas, cientistas, políticos, oficiais, juízes, burocratas, literatos ou jornalistas judaicos"; em suma, o jornal disse honestamente que "queria negar aos judeus qualquer pedaço da cultura alemã". Dito isso, o *Völkischer Beobachter* determinou que nenhum outro exemplo era necessário para demonstrar onde "a estreiteza de pensamento estava e onde a expressão nobre dominava".[878]

Em outra edição, Josef Stolzing resumiu a posição do jornal com relação às celebrações do ano de Goethe como um todo. Aqueles responsáveis por essa "ação de Goethe" eram os social-democratas, o Partido do Centro e outros que aprovavam o sistema – em uma colaboração intensa com "algumas pessoas de fora". Para Stolzing, esse grupo de

---

876 "Der Geist von Weimar einst und jetzt", *Völkischer Beobachter*, 10 de fevereiro de 1932. A última é uma referência à descrição de Mann do nazismo em seu discurso em 1930, "Um Apelo à Razão". MANN, Thomas. "An appeal to reason", in *Order of the Day*, traduzido por H. T. Lowe-Porter (New York: Alfred A. Knopf, 1942), p. 53-54.
877 VON GOETHE, Johann W. *Egmont*, ato 5, cena 4. Traduzido por Anna Swanwick (New York: P. F. Collier, 1909).
878 "Der Geist von Weimar einst und jetzt."

organizadores parecia mais um "comitê de emergência formado contra o nacional-socialismo" do que um povo unido. Isso ficou claro em um comunicado afirmando que "o nome Goethe significa uma mensagem de paz ao povo alemão". Isso, Stolzing repreendeu, parecia uma promessa de que, ao sussurrar uma "fórmula mágica da paz", todo o sofrimento passaria. Pior, da perspectiva nazista, os autores desse comunicado usaram Goethe para justificar a "liderança confusa" da República de Weimar – a despeito da crise que enfrentava em 1932 –, sugerindo, segundo Stolzing, que tudo o que o alemão médio precisava era "o Partido do Centro, que uma vez apoiou o trono, o marxismo com sua luta de classes e os outros partidos que respondiam aos judeus" chegassem a um "acordo libertador" que garantiria "a política de satisfação e as políticas do decreto de emergência". "Assim o espírito de Weimar triunfará?", Stolzing perguntou com ironia: esse espírito cooperativo foi despertado por nada além de noções de "Goethe, o Pacifista"? "Pobre Johann Wolfgang!" Stolzing concluiu: "Cem anos depois de sua morte você é, para a maior parte do povo, o poeta e pensador de pouco mais do que uma política de lamúrias. Senhor, isso é uma tragédia!".[879]

Além de reclamar sobre as invocações opostas em 1932, o *Völkischer Beobachter* também promoveu sua própria visão sobre Goethe como uma figura inspirativa para o movimento nazista durante a fase crucial de seu *Kampfzeit* [tempo de luta]. Hanns Johst justificou explicitamente a apropriação das passagens mais famosas de Goethe pelos nacional-socialistas para propósitos propagandistas. Johst começou seu raciocínio alegando que, apesar de um século ter passado desde a morte de Goethe, a luta pela nação alemã e sua forma ainda não tinha terminado: ao contrário, os extremos estavam ainda mais radicais e fanáticos que nunca. Sob essas condições de crise, os nacional-socialistas celebraram Goethe como o homem que viveu de acordo com a máxima que ele mais adorava: "ser um homem significa ser um lutador". Ainda mais importante, assim como ele livremente "traduziu o Antigo Testamento para sua amada língua alemã, rejuvenescendo-o de acordo com sua vontade", os nazistas podiam ser perdoados pela apropriação do evangelho de sua poesia, ao "nos apropriarmos de suas palavras e revigorá-las com nossos sinais tempestuosos!!".[880] Com isso, Johst reproduziu a passagem mais famosa de *Fausto*:

---

879 Dr. S., "Die eiserne Goethe-Front", *Völkischer Beobachter*, 27 de março de 1932.
880 JOHST, Hanns. "Im Anfang war die Tat", *Völkischer Beobachter*, 22 de março de 1932.

*'Está escrito: No começo era o Verbo!*
*Aqui agora tropeço! Quem me colocará em acordo?*
*É impossível apreciar o Verbo tão inacessível,*
*Devo traduzi-lo de outra maneira*
*Se eu for pelo Espírito ensinado.*
*'Está escrito: No começo era o Pensamento! ...*
*É então o pensamento que trabalha, criativo, hora a hora?*
*Assim ele deve estar: No começo era o Poder!*
*Mas, mesmo enquanto eu escrevo essa palavra, eu fraquejo,*
*Pois alguma coisa me adverte, isso eu também devo alterar.*
*O Espírito está me auxiliando! Agora vejo do que preciso*
*E escrevo, confiante: No início era a Ação!*[881]

Sem dúvida, a intenção de Johst era associar a ênfase de Fausto no "poder" e no "ato" com a ideologia de força e ação com a qual os nazistas contra-atacavam o apoio "racional" ao sistema republicano de Weimar. Em suas alegações sobre "Goethe e Nós" – retiradas para o *Völkischer Beobachter* de *The Myth of the Twentieth Century* –, Alfred Rosenberg concordou que Goethe representava a essência do nazismo no personagem de Fausto: "o eterno, que, depois de remodelar nossa alma, é inerente na nova forma". Como resultado, Goethe tornara-se o "guardião e preservador de nossa disposição".[882]

Mas não foi só nesses termos esotéricos que o *Völkischer Beobachter* alinhava Goethe com os planos políticos nazistas. Em um artigo intitulado "Goethe e Áustria" – baseado em uma palestra do professor universitário berlinense Franz Koch –, o jornal associou Goethe diretamente com as questões do pangermanismo, argumento que seu "espírito" unia a Alemanha com a Áustria e com os Sudetos. De acordo com Koch, Goethe era bastante consciente dos problemas enfrentados pelos pangermanistas do Leste: as dificuldades para amalgamar povos tão diferentes quanto os tchecos e os alemães sob uma coroa eram claras para ele. Portanto, seu espírito era um meio de unificação entre a "terra de Goethe" e a Áustria. Koch reconheceu que essa unidade espiritual entre as terras setentrionais, meridionais e orientais (Sudetos) não existia durante sua vida. Mas, desde então, "elas têm se tornado uma – precisamente no espírito de Goethe". Schiller disse que era "o espírito que

---

[881] VON GOETHE, Johann W. *Faust,* traduzido por George Madison Priest (New York: Covici, Friede, 1932).
[882] ROSENBERG, Alfred. "Goethe und Wir", *Völkischer Beobachter*, 22 de março de 1932. Citação de Rosenberg, *The Myth of the Twentieth Century*, Livro III, cap. 2, traduzido por James B. Whisker (Torrence, CA: Noontide Press, 1982).

construía o corpo". Sendo assim, os alemães tinham motivo para ter esperança: Koch sugeriu que era hora de fazer aquela unidade espiritual tornar-se física. Portanto, no *Völkischer Beobachter*, Goethe dava uma base cultural para as metas primárias da política externa de Hitler.[883]

Schiller apresentou uma causa similar para o jornal apoiar. Assim como o jornal criticou as interpretações de Goethe na era democrática, o jornal nazista percebeu na cultura de Weimar uma conspiração da recepção humanista de Schiller, na melhor das hipóteses, e, na pior, a indiferença. Respondendo a um artigo no jornal social-democrata *Vorwärts*, o *Völkischer Beobachter* alegou que os esquerdistas estavam "torturando Schiller no banco da tortura", dado que o "cérebro marxista congelado" simplesmente não podia entender o significado de seus poemas imortais. O *Völkischer Beobachter* estava particularmente irritado com a observação de *Vorwärts* de que os jovens na Alemanha não prestavam mais atenção aos clássicos de Schiller apenas porque eram obras "de outra época". Essas eram "observações fátuas" de uma "alma seca, patética e antiquada". Apesar de sua agitação revolucionária, os marxistas eram de fato os "filisteus mais perturbadores que se poderia imaginar: tal povo desalmado que pulverizava tudo o que era grande, belo e alemão sem perceber como pareciam ridículos ".[884] Eles esperavam "impor à força as ideias da humanidade, do humanismo e da liberdade democrática na juventude" com *Don Carlos* e outras obras de Schiller, escreveu Hans Severius Ziegler. Mas não havia motivo para temer: os jovens "facilmente perceberiam a diferença" entre o que Schiller queria e o que a "democracia gloriosa com sua visão de mundo judaica" oferecia.[885]

Até em uma "triste era de declínio" no teatro alemão, Josef Stolzing acrescentou – "bolchevizado e infiltrado pela cultura da perversão e sub-humanidade" –, as obras de Schiller não só continuaram relevantes, como estavam entre as mais encenadas. Desse modo, seu espírito "sobreviveu intacto" mesmo em uma época em que podiam ser ouvidas insolências como: "Nós não conhecemos nenhuma pátria chamada Alemanha". Mas o povo alemão poderia amar uma pátria que era um "grande quadro de miséria, graças à decadência do mundo burguês e o trabalho subversivo do marxismo na democracia?". Os problemas abordados por Schiller poderiam ser resolvidos somente por meio "da

---

[883] F. H. "Goethe und Österreich: Prof. Koch in der Münchner Goethe-Akademie", *Völkischer Beobachter*, 14 de julho de 1932.
[884] "Schiller auf der Streckfolter, oder: Die Eroberung der Poesie durch die Jugend", *Völkischer Beobachter*, 7 de maio de 1925.
[885] ZIEGLER, Hans, S., "Weimarer Schiller-Festspiele für die deutsche Jugend", *Völkischer Beobachter*, 5 de julho de 1927.

intensa persistência espiritual do povo alemão: uma resolução que podia e seria alcançada pelo nacional-socialismo". A visão de mundo de Schiller "só seria firmemente estabelecida no Terceiro Reich"; seu "domo cimentado com sangue e lágrimas da história do sofrimento alemão".[886]

O *Völkischer Beobachter* também reclamou das condições sob o governo republicano de Weimar ao especular sobre a natureza da relação de Beethoven com ele. Na "era de maior necessidade e desgraça da Alemanha", ele foi "um conforto para os exaustos e um Deus para os fiéis". Ele era como um "monumento gigantesco", mostrando "o caminho para o futuro – longe das 'façanhas' fracas de um tempo intelectual miserável".[887] Por exemplo, o jornal estava entusiasmado com um concerto de 1920 no *Wilhelmsgymnasium* em Munique nos 150 anos do nascimento de Beethoven. O coro escolar cantou *Hymne an die Nacht* e *Das Blümchen Wunderhold*; a orquestra tocou o primeiro e o terceiro movimentos da primeira sinfonia; e estudantes apresentaram o Quinteto em Mi bemol sustenido. A reportagem indicou que todo esse engajamento entre Beethoven e os jovens era bom, mas "a alegria da ocasião não estava clara". Os sons do quinteto mal tinham cessado quando um "professor Joachimsin (correção: Joachimsohn) subiu ao púlpito: "um judeu ia apresentar um discurso para celebrar a memória de Beethoven – o maior compositor alemão!". O jornal achou inacreditável que a "administração alemã de uma escola alemã" permitisse tamanha "nota desarmoniosa". Eles deviam saber como soava deplorável quando "de todos os povos um judeu fala sobre a vergonhosa paz de Versalhes e de nossa pátria arrasada, quando seus companheiros raciais foram aqueles cujos crimes foram responsáveis por todo o infortúnio". De acordo com o jornal, Joachimsin "regurgitava com sua nojenta voz de *castrato*, o que vários pasquins esquerdistas criticavam na comemoração". A celebração foi arruinada por essa "figura miserável tagarelando sobre a piedade de Beethoven" e esforçando-se para apresentar aos estudantes um retrato de sua grandeza titânica. Para os ouvidos nazistas não soava bem quando "um judeu falava da grandeza espiritual, da saudade, da esperança e da luta alemãs". Eles queriam "palavras alemãs sobre os alemães" e no futuro exigiriam da administração das escolas alemãs um "senso mais apurado pela personalidade ariana do que o que foi demonstrado ao soltar esse estranho para a plateia".[888]

---

886 STOLZING, J. "Schillers sendung als Dramatiker: Noch heute harren seine Probleme der Lösung durch das deutsche Volk", *Völkischer Beobachter*, 8 de maio de 1930.
887 M. "Beethoven, der Musiker", *Völkischer Beobachter*, 29 de janeiro de 1921.
888 "W. Beethovenfeier im Wilhelmsgymnasium", *Völkischer Beobachter*, 25 de dezembro de 1920.

Da mesma maneira o *Völkischer Beobachter* incluiu um ataque cruel a uma produção de *Fidelio* conduzida por Otto Klemperer, a quem o jornal se referiu como "O Músico Chefe Judeu [*der Obermusikjude*]. De acordo com Josef Stolzing, o "Músico Judeu ainda não estava preparado para se colocar no que era para ele uma arte completamente estranha: o mundo de sentimentos em Beethoven". Foi por isso que Kemplerer teve de ensaiar "infinitas vezes". Segundo Stolzing, nessa produção, o regente tinha feito talvez a "maior tentativa de assassinato já cometida contra a divinamente bela música de Beethoven". Ao manter seus sentimentos judaicos, ele tinha "cortado, moído, rasgado e a destroçado em pedaços".[889]

Acima de tudo, o *Völkischer Beobachter* reclamou das celebrações internacionais do centésimo *Todestag* [aniversário da morte] de Beethoven em 1927, consideradas uma "hipocrisia global". Todos respirariam mais aliviados quando a "propaganda global" sobre Beethoven chegasse a um fim. O solitário tinha sido vítima da "barganha digna de uma feira" que teria certamente enrugado sua testa. Era de se esperar, disse o jornal, que uma publicação democrática de Berlim se referisse ao criador da *Eroica* como um "porta-voz da democracia". Mas era chocante que os outrora inimigos na Guerra Mundial também fizessem suas alegações. Emile Vanderwelde, o ministro de Relações Exteriores belga, referiu-se à *Missa Solemnis* de Beethoven em um discurso ao povo alemão sobre a paz: "ao povo alemão de quem esse nojento marxista pregador da paz e os amigos de Wilson tomaram o ar, a luz e o espaço necessários para a vida!". Além disso, Charles G. Dawes, "ladrão de bancos e vice-presidente dos Estados Unidos", cuja avaliação "humanitária" estimava que 15 mil alemães com mais de 60 anos teriam cometido suicídio em 1926, demonstrou-se "feliz e orgulhoso de unir-se à Alemanha e às outras nações em homenagem ao Shakespeare da música". "Que comparação barata!", o *Völkischer Beobachter* lamentou: Dawes não celebrou Beethoven – ele o "violou!".[890]

Os nazistas expressaram seu asco pela recepção de Beethoven em 1927 ao zombar da cultura de Weimar em geral. O artista visual e crítico de arte Julius Nitsche relatou para o *Völkischer Beobachter* que ele a princípio ficou entusiasmado com os eventos do *Todestag* depois de comparecer a um concerto em Munique. Mas, então, ele e um amigo viajaram a Leipzig para participar das festividades. Lamentando o barulho e a confusão que inundaram as ruas modernas da cidade, os dois

---

889 STOLZING, Josef. "Der Piscator der Oper", *Völkischer Beobachter*, 24 de março de 1928.
890 "Die Weltheuchelei um Beethoven", *Völkischer Beobachter*, 8 de abril de 1927.

pararam em um café, leram os jornais e notaram que cada um deles continha artigos celebrando o compositor. "Beethoven estava em todo lugar", Nitsche relatou. Todo jornal, local ou estrangeiro, continha críticas favoráveis ao compositor. Ele se perguntou quando a memória de qualquer artista tinha sido celebrada dessa maneira: "todo partido político e todo tipo de credo o contavam como um dos seus: todos eles lutavam com unhas e dentes para demonstrar que ele pertencia exclusivamente ao seu círculo social". Ele perguntou também a que extremos essas apropriações poderiam levar?. Momentos depois ele encontrou sua resposta: o jornal de Leizig anunciou que *Jonny spielt auf* – a *Zeitoper* de Ernst Krenek destacando os ritmos de jazz e o líder da banda com a cara pintada de negro – abriria a noite. Para Nitsche, isso era um sinal de como a vida tornara-se degenerada na *System-Zeit* [era do sistema]. Era terrível demais que as pessoas fossem capazes de executar uma "opereta de negros" no dia da morte de Beethoven. A cultura de Weimar colocou "próximo ao mais puro, o mais sujo; próximo ao mais profundo, o mais raso; próximo ao mais espiritual, o que menos espírito tinha; e próximo ao que possui conteúdo eterno, o mais efêmero". Mesmo no dia de homenagear o criador da *Missa Solemnis* e da Nona Sinfonia, as pessoas estavam dispostas a apresentar um show cujo artista principal era um "negro endiabrado que tentava os corações de todas as mulheres e garotas". Na opinião dele, era uma "época completamente confusa".[891]

Mas nada convenceu mais os colaboradores do *Völkischer Beobachter* de que a "era dos sistemas" era mais "confusa" do que os esforços para erguer monumentos ao homem que eles consideravam a figura mais irritante da história cultural alemã: Heinrich Heine. De fato, a veemência do jornal contra os memoriais de Heine excedia aquela desencadeada por *Nada de Novo no Front Ocidental*. Noticiando os planos de celebrar Heine em Düsseldorf, o jornal comentou que judeus "supostamente alemães" estavam envolvidos mais uma vez, rufando os tambores por um monumento – esquecendo que eles tentaram isso antes da guerra, mas que "a personalidade nacional os freou na ocasião".[892] O jornal também lembrou seus leitores de que, quando Franz Liszt foi perguntado quanto à sua opinião sobre um monumento a Heine, todos

---

[891] NITSCHE, Julius. "Jonny neben Beethoven: Erinnerung an eine Jahrhundertfeier in wirrer Zeit", *Völkischer Beobachter*, 25 de março de 1937. Ver COOK, Susan, Opera for a New Republic: The Zeitopern of Krenek, Weill and Hindemith (Ann Arbor, MI: UMI Research Press, 1988), p. 85-105, 206-210, para uma sinopse e discussão da opereta de Krenek.
[892] "Ein Heinrich Heine-Denkmal", *Völkischer Beobachter*, 11 de janeiro de 1929.

ficaram surpresos quando ele expressou sua aprovação. Mas então, Liszt acrescentou: "Sim, mas façam-no de merda".[893] O jornal também reeditou um extenso excerto de uma carta que Houston Stewart Chamberlain tinha escrito contra os planos de Düsseldorf em 1906. "Seria de fato um monumento à infâmia. Que Deus proteja não só o Reich alemão, mas também aquela totalidade sagrada (...) a que nos referimos quando respeitosamente usamos o termo 'germanidade' a partir de uma coisa tão vergonhosa."[894]

Como se as visões de Liszt e Chamberlain ainda não fossem fortes o suficiente, o *Völkischer Beobachter* amontoou cada vez mais argumentos maliciosos para se posicionar contra a homenagem a Heine. Quando um memorial para Heine foi completado em Hamburgo em 1926, o jornal observou que Hamburgo agora tinha um "monumento judeu a Heine e Damasco", um sinal de que uma nova era tinha começado – "uma na qual judeus governavam!". O fato de "a ralé" ouvir a sua voz era um claro sinal de que a "nova era" tinha começado. Mas o *Völkischer Beobachter* continuaria a resistir: "a voz de Heine não é nossa – nós desejamos a ele e aos outros lutadores judeus um lugar no Nilo, não no Reno".[895] Enfurecido, o jornal também colocou o seguinte "poema", enviado por um de seus mais "caros apoiadores":

> *Pensar que nós alemães deveríamos dar um monumento a*
> *um judeu galego e que está no Reno para tirar vantagem!*
> *Nós esquecemos completamente quanto esse impudente,*
> *e presunçoso desgraçado arrastou os ancestrais de nosso imperador*
> *pelo excremento – e como ele mentiu?*
> *Ah, voltemos nossas costas a essa desgraça e tenhamos*
> *a coragem de dizer: Ele não é do nosso sangue!*
> *Você não vê o que eles desejam fazer? Os alemães têm de*
> *ver esse truque de cartas judeu, senão nós seremos os tolos.*[896]

Da mesma maneira, Alfred Rosenberg entrou na luta anti-Heine para reclamar sobre as convicções da chamada "burguesia nacional", cujos membros podem ter lido algo sobre as "virgens do mar e os fantasmas da lua" do escritor durante sua puberdade, mas que não sabiam

---

[893] "Ein Brief über Heinrich Heine", *Völkischer Beobachter*, 24 de setembro de 1927. Baldur von Schirach repetiu essa anedota em "Heinrich Heine der 'Dolmetscher' der deutschen Seele", *Völkischer Beobachter*, 21 de abril de 1928.
[894] "Ein Brief über Heinrich Heine."
[895] "Das Heinrich Heine-Denkmal in Hamburg."
[896] Idem.

nada sobre o verdadeiro Heine. Por isso os partidos do Centro, Democrático Alemão e Social-Democrata possibilitaram a construção de um monumento a "uma das maiores aberrações da história alemã – um espião franco-judeu". Rosenberg esperava que os nacional-socialistas do Reno protegessem a honra da cultura alemã deixando claro para a cidade de Düsseldorf que apenas uma forma de monumento era possível para Heine, "aquele que Franz Liszt já tinha sugerido: de merda!".[897] Seguindo a orientação de Rosenberg, o jornal intensificou seu ataque àqueles que apoiavam ou permaneciam indiferentes à questão. O fato de os líderes culturais de Düsseldorf estarem lutando por Heine era prova de que uma conspiração judaica havia alterado seus instintos etnocêntricos e sentimentos. O "Bolchevismo Cultural" era obviamente desenfreado naquela cidade. O jornal encerrou: "Ouçam, habitantes da Renânia, os companheiros do povo alemão querem mesmo erigir um monumento a um homem que abusou e traiu sua nação do modo mais abjeto possível?".[898] De sua parte, os nazistas não tinham nada a ver com esse "agitador comunista" – esse "poluidor de nossas coisas mais sagradas" – ou seus "amigos".[899]

Mas por mais que o *Völkischer Beobachter* tenha repreendido os habitantes da Renânia por baixarem sua guarda, ele considerou outras figuras muito mais responsáveis por sua situação hedionda. Na opinião do jornal, "Judá" estava particularmente ocupado com o "caso de Heine", tentando arrastar o mais pérfido de todos os poetas "judeus-alemães" para a Walhalla espiritual alemã. Como isso pôde acontecer à Alemanha? Por meio das "sociedades como a *Heine-Gesellschaft* e pessoas como Thomas Mann: o "literato de asfalto que frequentava círculos maçônicos e judeus em Paris; que exigia a censura de filmes que podiam danificar a relação entre as pessoas; que tinha uma novela publicada na França contendo representações perversas do incesto, insultava o povo alemão e corrompia o Cristianismo; e que chamava a Guerra Mundial de um 'abuso criminal de todas as potências'". De fato, Mann estava na primeira fila entre aqueles que advogavam a homenagem a Heine, porque – como ele – "[Heine] não tinha domínio da língua alemã". O jornal recomendou apenas olhar para os "3.712 erros gramaticais em seu *Os Buddenbrookz*". O jornal concluiu, porém, que não importa quanto esses "eminentes" tentaram, toda essa "baboseira barata sobre Heine" não daria em nada.

---

897 ROSENBERG, Alfred. "Der Fall Heine."
898 "Niemals ein Heine-Denkmal in Düsseldorf", *Völkischer Beobachter*, 23 de dezembro de 1930.
899 "Heinrich Heine als Kommunistenagitator."

Graças aos esforços dos acadêmicos literários favoritos dos nazistas, como Adolf Bartels e Josef Nadler, os alemães finalmente veriam depois todos os esforços desses senhores como nada além de "engano sobre Heine".[900] Em todo caso, não importa quanto eles tenham feito na República de Weimar, "o Terceiro Reich se certificaria de que esses monumentos à vergonha de Heine desaparecessem assim que possível".[901]

Dentre todas as figuras culturais, entretanto, até aquelas consideradas seus arqui-inimigos, o jornal estava mais preocupado sobre como a vida e as obras de Wagner eram tratadas na República de Weimar. Por toda sua recepção de Wagner, o *Völkischer Beobachter* estipulou que o "pensamento de Bayreuth" devia ser a base para educar o populacho alemão e especialmente sua juventude sobre os princípios e planos do movimento nazista. "Não havia outro caminho para o povo alemão seguir que não o de Parsifal: será que eles, como ele, têm a força e a vontade de seguir adiante, suportar as tentações e se sacrificar pela pureza mais sagrada e pela liberdade do povo?"[902] Otto Daube, presidente da Aliança da Juventude Alemã de Bayreuth, afirmou que a meta do "movimento de Wagner" era liderar os jovens alemães às "ideias de Bayreuth e formar assim uma nova geração de Bayreuth" – profundamente imersa nas obras de Richard Wagner – que "resistiria conscientemente à degeneração". Outro grupo, a Sociedade Richard Wagner em Berlim, dedicava-se a contra-atacar o "espírito moderno e materialista da metrópole" com uma "comunidade ideal orientada para o interior".[903] Na mesma linha, Margarethe Strauss, membro da Associação Richard Wagner de Mulheres Alemãs e autora de um livro sobre a "germanidade de Wagner", contribuiu com um artigo sobre o estabelecimento de uma fundação wagneriana que enviaria estudantes universitários de todos os campos em viagens de estudos para Bayreuth. Lá, eles seriam "expostos à germanidade que fortaleceria e aprofundaria seus sentimentos pela pátria". Ao assistir aos festivais, seus "sentimentos alemães se reacenderiam" e eles seriam preenchidos com orgulho de serem alemães.[904]

---

900 "Humbug und Heine", *Völkischer Beobachter*, 13 de novembro de 1921.
901 "Heinrich-Heine-Schandmäler in Deutschland", *Völkischer Beobachter*, 3 de janeiro de 1931.
902 F. G. von M. "Parsifal-Erinnerung eines Kindes", *Völkischer Beobachter*, 22 de maio de 1930.
903 DAUBE, Otto. "Die Wagner-Bewegung der Gegenwart", *Völkischer Beobachter*, 13 de setembro de 1927.
904 STRAUSS, Margarethe. "Die Richard Wagner-Stipendinstiftung: Deutsche Kunst dem deutschen Volke", *Völkischer Beobachter*, 19 de junho de 1930.

Entretanto, o jornal constantemente afirmava que quaisquer esforços eram impedidos por uma conspiração que tinha começado durante a vida de Wagner e estava em sua pior fase na República de Weimar. Sob manchetes como "Novas agitações judaicas contra Wagner", o jornal alegou que a imprensa alemã tentava "amaldiçoar" a obra de Wagner: "tropas bem armadas" sob uma "liderança unificada e voltada para seus objetivos" tentavam destruir a visão de mundo alemã de Wagner. Em resposta a isso, o *Völkischer Beobachter* publicou um "alerta".[905] Ao referir-se à República de Weimar como o "capítulo trágico da história cultural alemã", o jornal sustentou que os judeus trabalhavam onde pudessem para representar a personalidade de Wagner ao mundo insensivelmente. Aqui, "o materialismo nu estava contra o idealismo nu": os judeus "não podiam aguentar" o único espírito imortal alemão que tinha uma orientação etnocêntrica consciente; que muitas vezes ia para a batalha com eles diante do mundo inteiro; e quem, no decorrer dessa batalha cruelmente tirava a máscara de "humanitarismo" repetidas vezes de suas faces. Ainda mais chocante era o fenômeno da República de Weimar de "muitos alemães nativos de sangue" que olhavam estupidamente para o Mestre de Bayreuth com "repugnantes lentes judaicas" e depois disseminavam essa caricatura para o povo como "histórica" ou "autêntica".[906] De acordo com Paul Schwers, editor do *Allgemeine Musikzeitung* e um dos mais conhecidos redatores musicais da época, os primeiros sinais de "obscuridade direcionada a Wagner" apareceram logo antes da guerra, quando os radicais adotaram o grito "longe de Wagner" e tentaram reduzir o número de exibições de Wagner ou eliminá-las por completo.[907] O jornal alertou que atos como esses dos próprios alemães eram sinais do "descuido intelectual" e de uma "falta de instinto racial" que tinham de ser expostos sempre que ocorressem.[908]

Mas os supostos inimigos raciais do wagnerismo causavam ainda mais preocupação para o jornal. O "ódio talmúdico" dos judeus contra a visão de mundo de Wagner e sua obra só terminaria quando, como Heinrich Mann escreveu no *Berliner Tageblatt* na virada dos anos 1918-1919, "as heroicas figuras wagnerianas finalmente foram escorraçadas

---

905 B. B. R. "Neue Judenhetze gegen Richard Wagner", *Völkischer Beobachter*, 13 de agosto de 1927.
906 "Richard Wagner-Wauwau: Ein trauriges Kapitel deutscher Kulturgeschichte", *Völkischer Beobachter*, 6-7 de março de 1927.
907 SCHWERS, Paul. "Richard Wagners Werke in neuer Geltung", *Völkischer Beobachter*, 16 de julho de 1929.
908 "Richard Wagner-Wauwau: Ein trauriges Kapitel deutscher Kulturgeschichte."

dos palcos alemães". Wagner profetizou uma vez que seu filho Siegfried teria dificuldades de carregar seu nome adiante, e o *Völkischer Beobachter* acreditava que isso seria culpa de "elementos de sangue estrangeiro", cujos pensamentos e ações eram dedicados a "demolir o círculo cultural de Bayreuth e o povo alemão – ou ao menos falsificá-los quanto possível".[909] Tudo isso fazia parte de um esforço para reduzir a importância de Wagner para abrir caminho para "os incompetentes". A "imprensa judaica", sob o controle do educador musical e ministro da Cultura da Prússia, Leo Kestenberg, declarou uma "guerra cultural" contra Wagner, e esses ataques eram "representantes de um ódio semítico genuíno e mostravam como o Judaísmo era estranho para a sensibilidade alemã".[910]

Até quando os membros da "raça" supostamente dedicados à sua erradicação homenageavam Wagner com atenção acadêmica, comparecendo ou produzindo apresentações, o jornal encontrou motivo para atacar. Em agosto de 1923, o jornal reclamou que "visitantes estrangeiros" demais arruinavam as produções de *Die Meistersinger* em Munique e propuseram que os estrangeiros não deveriam ter sua entrada permitida no teatro durante os dois meses do festival. Ninguém, segundo o jornal, "exceto marxistas desesperados estúpidos", poderia negar que tal tática era uma questão de interesse nacional, dado que "praticamente nada foi deixado aos alemães, exceto sua arte sagrada".[911] De acordo com Josef Stolzing, essa questão afetava até as apresentações em Bayreuth: se alguém visse a enxurrada de humanidade no Festival Hill "com um olho crítico para a raça", poderita ter a impressão de que o nórdico predominava", mas ainda havia muitos estrangeiros por ali. Ele disse que, dentre as primeiras tarefas culturais da Alemanha nacional-socialista, não seria apenas restringir as apresentações de *Parsifal* para Bayreuth mais uma vez, mas "devolver o Festival de Bayreuth ao povo alemão – a partir de então, seu único público!".[912]

Ainda mais exasperante para o *Völkischer Beobachter* foram os eventos nos quais os "inimigos raciais alemães" estavam diretamente envolvidos com produções e apresentações. Simplesmente porque

---
909 STOLZING, Josef. "Bayreuther Bühnenfestspiele 1927: Parsifal", *Völkischer Beobachter*, 24 de julho de 1927.
910 Miss. "Alljudas Kampf gegen Richard Wagner", *Völkischer Beobachter*, 29 de dezembro de 1927.
911 STOLZING, Josef. "Die Münchner Festspiele", *Völkischer Beobachter*, 3 de agosto de 1923.
912 STOLZING, Josef. "Bayreuther Nachklänge", *Völkischer Beobachter*, 9 de agosto de 1930.

alguns dos porta-vozes eram judeus, o jornal descreveu uma noite de Wagner como uma "imitação burlesca": "o criador da *Meistersinger* teria considerado essa bagunça festiva como nada além de uma profanação de seu adorável trabalho".[913] Furiosos com uma versão "condensada" de *Die Walküre* conduzida por Otto Klemperer, eles a compararam com uma "circuncisão judaica", pois o regente inovador era judeu. Só a "completa falta de respeito entre os judeus" com o legado cultural alemão poderia cometer tal crime contra uma das obras imortais do Mestre de Bayreuth. Por isso, segundo a opinião do jornal, foi bom que uma coalização de grupos sobre Wagner (incluindo a Sociedade Acadêmica de Richard Wagner, A Aliança Bayreuth da Alemanha e a Sociedade Alemã Richard Wagner) emitiu um comunicado condenando a produção da Ópera Kroll. Esses grupos consideraram tais apresentações um "pecado contra o espírito de Wagner e uma distorção de sua vida e obra" que operava para "instilar falsas impressões" na juventude alemã. A coalizão condenou tamanha "difamação da memória de Richard Wagner" e afirmou que tais produções constituíam o "estupro de uma obra de arte".[914]

Em outra ocasião em que "regentes judeus" – dessa vez, Erich Kleiber (que não era judeu) e Leo Blech – se apresentaram em Bayreuth, o *Völkischer Beobachter* reclamou que essa era a confirmação de que "Judá" trabalhava com todos os meios possíveis para "destruir os últimos locais influentes da cultura alemã".[915] Em seguida, Hans Severius Ziegler denegriu a produção não convencional das óperas de Agner como parte de uma conspiração, rejeitando uma produção de *Götterdämmerung* criada por Maximilian Moris como uma das muitas "tentativas judaicas" de destruir o Festival de Bayreuth e enterrar a tradição wagneriana – tudo liderado pela "imprensa judaica" em Viena e Berlim. Ziegler ficou particularmente irritado com a representação da ária das Valquírias: era um "cenário para Hottentotes sem nenhum vestígio do Reno, sem romantismo e sem calor – apenas um primitivismo selvagem, infantil e asiático. Ziegler sentiu que teria sido mais apropriado "ler um poema dadaísta" diante dele do que cantar uma canção de Wagner. Ziegler terminou sua crítica com um chamado para todas as organizações alemãs de Wagner protegerem o mestre, até por meios legais, se necessário: enquanto os judeus dominassem o mundo das artes e

---

913 "Eine Meistersinger-Schändung in Berlin", *Völkischer Beobachter*, 2 de maio de 1928.
914 "Einspruch gegen Klemperers 'Holländer'", *Völkischer Beobachter*, 12 de fevereiro de 1929.
915 "Judas Kampf gegen Bayreuth", *Völkischer Beobachter*, 13 de fevereiro de 1927.

da música com seu dinheiro, os alemães estavam "condenados a sofrer tais atos arbitrários contra sua tradição".⁹¹⁶ Até quando o jornal admitiu muito a contragosto que um cantor de ascendência judaica fizera um bom trabalho ao cantar Wotan, ele acrescentou que essa exceção era "uma piadinha engraçada da história mundial" que pode levar alguém a acreditar que "até um judeu pode aprender algo – mas só por um momento".⁹¹⁷

Preocupado com as estatísticas de 1927 que mostravam que Verdi era mais apresentado nos teatros alemães do que Wagner, o jornal temeu que Wagner estivesse perdendo seu apelo junto ao público. Em seu esforço contínuo para "protegê-lo", o *Völkischer Beobachter* insistiu que o problema se devia ao fato de que as produções na República de Weimar eram "muito piores do que antes da guerra". Por que Wagner escreveu até rubricas nas óperas, se ninguém as seguiria? De acordo com o jornal, o partido nazista tinha planos para retificar essa situação: com medidas drásticas. O nacional-socialismo apresentaria as obras-primas em produções do maior calibre e "eliminaria todos aqueles que sistematicamente trabalharam para poluir as obras imortais dos alemães que – em razão de suas almas – eles nunca poderiam entender por si mesmos".⁹¹⁸

Além de defender Wagner contra seus inimigos, o *Völkischer Beobachter* relatou frequentemente como os nazistas incorporavam sua música em seus rituais e liturgia. Em 1922, quando o partido ainda desenvolvia sua representação cultural nos salões de cerveja de Munique, o jornal anunciou que Hitler falaria em um encontro na *Bürgerbräukeller*. Antes do discurso, o líder de banda, Jacob Peuppus, famoso por liderar bandas militares bávaras em turnês pelo mundo, liderou um grupo de artistas em apresentações de *Gralsritter-Marsch* de Parsifal, o prelúdio para *O Holandês Voador*, o *Chor der Friedensboten* de *Rienzi* e *Wotans Abschied und Feuerzauber* de *Die Walküre*. Outro exemplo antigo da incorporação nazista das músicas de Wagner em seus comícios e eventos de propaganda aconteceu em um Festival da Grande Alemanha, promovido pelo *Völkischer Beobachter* em 1º de abril de 1922. Antes de Hitler discursar sobre Bismarck, uma orquestra

---

916 ZIEGLER, Hans S. "Ein Protest gegen jüdische Wagnerinszenierung", *Völkischer Beobachter*, 30 de março de 1927.
917 STOLZING, Josef. "Bayreuther Bühnenfestspiele 1927: Der Ring des Nibelungen", *Völkischer Beobachter*, 24 de julho de 1927.
918 HESPE, Heinrich. "Eine unerhörte 'Parsifal'-Schändung", *Völkischer Beobachter*, 18 de dezembro de 1927.

apresentou o prelúdio a *Rienzi*, com a *Steuermannslied und Matrosenchor* de *O Holandês Voador*.[919] Então, em 1932, o NSDAP fundou uma orquestra do partido, a Orquestra Sinfônica Nacional-Socialista. Em seu primeiro concerto, como coberto pelo jornal, apresentou o prelúdio para a *Meistersinger* de Wagner.[920] Em sua turnê de abertura em cinco cidades bávaras, sob a direção de Franz Adam, ela apresentou um programa que incluía o prelúdio de *Tannhäuser*. De acordo com o *Völkischer Beobachter*, nesses concertos alguém poderia realmente perceber "como o efeito da música nobre era grande em camaradas simples do povo que não teriam a oportunidade de desfrutar da arte". O "sucesso artístico – mas não menos – propagandístico da primeira turnê de concertos foi poderoso porque qualquer um podia ver aqui que o movimento era, em grande medida, um movimento cultural – de fato, o principal movimento do povo alemão". Era acima de tudo o nacional-socialismo que "preencheria os corações dos companheiros do povo com o amor da arte alemã e personalidade".[921] Comprometido com a promoção da orquestra do partido, o *Völkischer Beobachter* encorajava os leitores a comparecer a uma subsequente Celebração Matinal de Richard Wagner, considerada uma parte importante da estratégia de campanha nazista em 1932. No meio da "gigantesca batalha eleitoral pela presidência do Reich do povo alemão", o jornal convidou leitores para esse evento porque o partido "incluiu as Musas em sua carruagem" – porque, para os nazistas, a música alemã não era apenas uma forma de entretenimento, mas pão diário para a alma: "Venham e comam, alemães, pois ficarão fortes para a batalha!".[922]

Esse era o "significado por trás de todas as apresentações" da Orquestra Sinfônica Nacional Socalista – a "importância de sua turnê de concertos por toda a Alemanha". No movimento nazista, os alemães deveriam "encontrar as harmonias do espírito alemão, a edificação dos mestres alemães, a unidade espiritual da germanidade!". Por isso "os companheiros do povo alemão" deveriam ir à Celebração Matinal e escutar os temas heroicos de *Siegfried*, *Lohengrin* e *Tristan*. Essas obras ressoariam com o que todos eles estavam "sentindo nesse tempo de eleição – a alegria da vitória e uma sensação de primavera". Nesse

---

919 "Wertheimer und Thomas Mann", *Völkischer Beobachter*, 13 de maio de 1931.
920 Ver DENNIS, D. B. "The Most German of all German Operas."
921 "Die erste Konzertreise des nat.-soz. Symphonie-Orchesters."
922 GATETTNER, Hans. "Auf zur Wagner-Morgenfeier!", *Völkischer Beobachter*, 24 de fevereiro de 1932.

espírito, os nazistas "se ergueriam e brilhariam na *Morgenfeier*"!⁹²³ Naturalmente, depois do evento, o jornal fez uma resenha crítica entusiasmada da apresentação: "O camarada Kapellmeister Franz Adam conseguiu o que parecia ser completamente impossível: lotar o Zirkus para uma *Morgenfeier* musical em uma época de fúria danosa e ódio". Sua "coragem e força conseguiram criar uma arma nacional--socialista que obteve uma grande e nobre vitória contra as tendências anticulturais e antialemãs na música".⁹²⁴ Além de propagandear esses triunfos, o jornal dedicou uma cobertura significativa dos eventos feitos pela *Kampfbund für Deutsche Kultur*. Seus programas, que muitas vezes incluíam músicas de Wagner, eram descritos como sendo "tão alemães quanto se possa imaginar". Esses eventos nazi-wagnerianos foram "passos importantes no caminho para uma cultura alemã genuína", porque mostravam que os alemães tinham o direito de "construir sua cultura em uma fundação milenar, entre o bolchevismo e a reação".⁹²⁵

A própria Bayreuth também ocupava os editores do jornal: o *status* e a natureza do festival eram uma preocupação central da política cultural nazista. Das fases iniciais do movimento, o *Völkischer Beobachter* defendeu o festival como uma instituição que exigia apoio estatal em face da conspiração dos inimigos raciais e políticos que pretendiam trabalhar para enfraquecê-lo por meios econômicos e editoriais. Quando o festival foi restabelecido depois da Primeira Guerra Mundial, o jornal trouxe um artigo comemorativo escrito por Otto Daube, observando que, apesar de todos os sinais externos de que a "convicção" tinha diminuído, a renovação do festival indicava que o povo alemão tinha, todavia, preservado sua fé interna: "Bayreuth continuava a viver na expressão da arte, do espírito e da alma alemães – e toda a Alemanha tinha de ser como Bayreuth!". Como Wagner tinha esperado quando o Reich moderno foi unificado pela primeira vez, os nazistas queriam – em um tempo em que o povo se fragmentava – reanimar um sentimento de comunidade alemã em Bayreuth: "Um povo, uma vontade, uma ação!". Daube pensou que a cidade deveria ter sido designada "A Cidade Tutora do Estilo Alemão".⁹²⁶

---

923 GATETTNER, Hans. "Auf zur Wagner-Morgenfeier!."
924 L. St. "Richard-Wagner-Morgenfeier des nationalsozialistischen Reichs-Symphonie-Orchesters", *Völkischer Beobachter*, 2 de março de 1932.
925 R. Tr. "Zweites Berliner Kampfbundkonzert".
926 DAUBE, Otto. "Bayreuth: Geleitwort für die Festspiele, 1925", *Völkischer Beobachter*, 27 de junho de 1925.

Herbert Mueller concordou que Bayreuth estava conseguindo funcionar como um refúgio do conservadorismo cultural, mas ainda se preocupava que estava sob ameaça. Wagner tinha visto os problemas implícitos na modernidade e construiu Bayreuth para resistir a eles. Mas tudo que ele temia e por que lutou estava perturbando a Alemanha pós-guerra: "o dique estava rompido; as águas estavam subindo; a Bayreuth renovada ainda podia entrar em colapso". Se isso acontecesse, a arte e cultura alemãs diminuiriam "sem a menor esperança de apoio ou salvação". Mas, pelo menos por ora, Mueller consolou os leitores do jornal, Bayreuth ainda era "a revelação do espírito alemão ante Deus e o mundo!" – todo ano de festival era uma "nova vitória".[927]

Em 1927, no 50º aniversário de sua fundação, Emma von Sichart afirmou que, sem o Festival de Bayreuth, a "vida espiritual da Alemanha seria inconcebível". Depois das conflagrações globais da Primeira Guerra Mundial e à medida que a luta para defender o espírito alemão ocorria, a importância de Bayreuth era "mais clara que nunca". Tudo aquilo que foi construído em terras alemãs "de dentro" poderia encontrar um "centro seguro" e uma "estrela fixa" lá. A obra da vida de Wagner continha uma "visão de mundo cristã e alemã" que fazia de todos os "egoístas que lutavam por migalhas" desnecessários. Bayreuth tornara-se um símbolo mais importante do que nunca: a partir do choque e da confusão da República de Weimar, os alemães estavam finalmente aprendendo a entender a poderosa tragédia do Anel. Era central, para Von Sichart, a "maldição do desejo pelo ouro": como ele possuía até o mais nobre, até Siegfried, o "culpado inocente" poderia tornar-se sua vítima – como Fasolt, Fafner, Mime, Gunther e Wotan – até que finalmente "o amor de uma mulher liberta o mundo de sua maldição e devolve o ouro para as donzelas do Reno e o elemento puro da água". Com seu festival, Bayreuth era o "ponto de encontro para todos aqueles que queriam lutar para superar as preocupações da vida cotidiana e as forças da ganância".[928]

De fato, o jornal considerava o Festival de Bayreuth o seu mais importante bastião contra a modernização na sociedade e cultura alemãs. De acordo com Mueller, os problemas do mundo moderno não podiam ser corrigidos apenas por "viagens oceânicas e recordes mundiais". Na era da tecnologia, algo mais era necessário: "acima de tudo, festivais

---

927 MUELLER, Herbert H. "Bayreuth – des deutschen Geistes Offenbarung", *Völkischer Beobachter*, 12 de agosto de 1926.
928 VON SICHART, Emma. "Bayreuther Eindrücker", *Völkischer Beobachter*, 29 de maio de 1927.

em Bayreuth!". Mas Bayreuth era sempre ameaçada por aqueles que queriam antecipar o "declínio intelectual, a desgermanização e a internacionalização". O festival foi o último foco de resistência "política de arte alemã pura", promovendo o mundo espiritual de Richard Wagner como o ponto inicial para o renascimento e a regeneração alemãs. Seria a "parteira de um renascimento" do povo alemão a partir do espírito do grande mestre. Com o voo transatlântico de Charles Lindberg em 1927, o prefeito de Berlim, Gustav Böss, disse que os alemães tinham de aprender com os americanos para que a cultura alemã pudesse ganhar mais uma vez o seu lugar no mundo. O *Völkischer Beobachter* discordou. O espírito moderno e internacional nunca seria capaz de salvar a Alemanha: "a fonte de saúde escorria apenas da colina verde de Bayreuth".[929] Em sua reportagem sobre o festival naquele ano, Josef Stolzing ecoou esses temas antimodernistas e antitecnológicos, reclamando particularmente da crescente presença de automóveis em Bayreuth: "cavalos e carroças perderam o acesso à rua, até lá!". Mas, em sua opinião, o próprio festival não havia mudado. Mais forte do que nunca, desde a saída desafortunada da Primeira Guerra Mundial e o colapso nacional, a ideia do Festival de Bayreuth provara-se uma "necessidade da vida": um dos "símbolos mais fortes da consciência cultural alemã". Para os nazistas, a Festspielhaus era o "templo da alma alemã" – sua "maior expressão cultural".[930]

Paul Pretzsche, editor do *Guia Oficial do Festival de Bayreuth* (bem como a correspondência entre Cosima Wagner e H. S. Chamberlain e as cartas de Chamberlain para o imperador Wilhelm II), teve de reconhecer que Wagner e Bayreuth eram cada vez mais ignorados nos tempos modernos. Um nadador do Canal da Mancha, um campeão mundial de boxe ou qualquer outro detentor de recorde mundial tinha mais popularidade do que os mestres da cultura. Bayreuth estava "cercada por uma muralha de inimizade e – até pior – indiferença". Ainda assim, ela vivia: pois "foi construída de dentro para fora". O festival foi "uma fortaleza de refúgio e resistência". Wagner tinha assumido sua posição em uma pequena cidade no coração da Alemanha, certamente consciente de que a natureza interna e a cidade grande eram opostas: "lá, distração; aqui dentro, reunindo as grandes experiências culturais,

---

929 MUELLER, Herbert H. "Bayreuths 25. Festspieljahr", *Völkischer Beobachter*, 7 de julho de 1927.
930 MUELLER, Herbert, H. "Uhurufe über Bayreuth", *Völkischer Beobachter*, 29 de novembro de 1927.

em volta das quais a vida cotidiana deveria revolver".[931] Paul Schwers acrescentou que, além disso, Bayreuth tinha feito mais para os interesses externos alemães desde a guerra – mais para "influenciar a mentalidade dos inimigos para sua vantagem" – do que uma dúzia de diplomatas de carreira medíocres poderiam ter feito. Os países estrangeiros invejavam esse templo da arte, então os alemães "tinham de combater todas as ameaças de enterrá-la sob crítica hostil e apatia".[932] Nesses termos, o jornal trabalhou com afinco posições defensivas – simbolicamente na "colina verde" na Bayreuth de Wagner – contra a apropriação cultural e a erosão social que temia do regime de Weimar e de suas políticas. Mas o *Völkischer Beobachter* simplesmente não se manteve nessa fortaleza de resistência: ao mesmo tempo ele lançou uma *Blitzkrieg* contra a "cultura de asfalto" que os nazistas tanto detestavam.

---

931 PRETSCH, Paul. "Was ist uns heute Bayreuth?", *Völkischer Beobachter*, 10 de agosto de 1928.
932 SCHWERS, Paul. "Richard Wagners Werke in neuer Geltung."

# 15

# As Guerras Culturais de Weimar II: Combatendo a "Degeneração"

Ao levantar sua feroz "defesa de Bayreuth", o *Völkischer Beobachter* comunicou com energia a inimizade nazista com a cultura e política de Weimar por meio de críticas do que o jornal enxergava como a inabilidade da república em entender por completo ou homenagear direito os grandes da tradição alemã. Mas em seu papel de "jornal de combate" nas guerras culturais entre modernistas e antimodernistas que ocorriam na Alemanha em 1918, ele também dedicou bastante espaço e energia para atacar diretamente as principais figuras da "cultura de Weimar". Como Alan Steinweis articulou:

> *Apesar de o Modernismo artístico ter feito importantes invasões na Alemanha antes de 1918, foi durante a República de Weimar que ele surgiu em sua força completa na literatura, pintura, escultura, arquitetura, música e teatro. Muitas das inovações artísticas atraíram a fúria de conservadores culturais*

*que ocupam o lado direito do espectro político. Eles condenavam o Modernismo artístico como excessivamente cerebral e internacional. Ele não correspondia com sua noção de "germanidade" autêntica.*[933]

A criatividade zombada como "degenerada" foi vilipendiada como um oposto à *Kultur* idealizada que podia proporcionar um senso de ordem ao presente e futuro alemães.[934]

Alguns dos alvos iniciais das agressões nazistas foram os escritores que eles associavam com os "literatos de asfalto", incluindo Stefan Zweig, Max Brod, Maximilian Harden, Alfred Döblin e Bertoldt Brecht. Zweig (1881-1942) apresentava-se como um alvo fácil, pois era judeu e não tinha servido no *front* durante a Primeira Guerra Mundial. O jornal afirmou que, para aqueles que "sofreram sem parar no campo de batalha", bastava saber que Zweig passou a guerra na Suíça; apenas esse fato invalidava quaisquer princípios morais oferecidos pelo "Judeu Zweig", porque "a grande lição humanitária da Guerra Mundial foi a permanência ao lado dos irmãos alemães sob tempestades de aço".[935] O jornal também foi atrás do "Judeu de Praga", Max Brod (1884-1968), não por seu envolvimento com Franz Kafka, mas sim por seu próprio romance, *Stefan Rott ou O Ano Decisivo* (1931), reclamando que o editor anunciara o livro como "um *Bildungsroman* [romance de formação] em seu melhor estilo, cheio de paixão, anseio e entendimento" e que o Partido do Centro "laureou" o "Judeu Brod". Em resposta a isso, o *Völkischer Beobachter* disse que o romance não passava de "um ignóbil ataque judeu à raça e à decência alemãs", e perguntou-se por que ninguém tinha solicitado sua censura segundo leis contra a obscenidade e a indecência. Então, como se levantasse obediente diante do chamado do dever, o *Völkischer Beobachter* anunciou que isso pedia, portanto, uma

---

933 STEINWEIS, A. E. "Anti-Semitism and the Arts in Nazi Ideology and Policy", p. 20.
934 Como Erin Michaud reforçou esse ponto, os ideólogos nazistas acreditavam que a arte contemporânea "abriu o caminho para os 'sub-humanos', incapazes de reprimir seus instintos destrutivos. Em meio a esse caos desenvolvia-se lá uma 'predileção infantil' pelos párias sociais e um 'desejo quase pervertido' pelas raças estrangeiras e seus comportamentos". O que "justificava a condenação da arte contemporânea era que, ao deixar o que era reprimido pela *Kultur* voltar à tona dentro dela, essa arte colocava o reprimido no lugar do ideal". Essa "erupção na arte do que costumava ser reprimido e sua substituição de ideal" era precisamente o que Hitler e Goebbels condenavam: MICHAUD, Eric. *The Cult of Art in Nazi Germany*, p. 151-152.
935 "Stefan Zweig", *Völkischer Beobachter*, 28 de janeiro de 1932. Sobre o tratamento dado a Zweig pelos nazistas, ver STEINWEIS, *Art, Ideology, and Economics in Nazi Germany*:, p. 52-53 e KATER, *Composers of the Nazi Era*, p. 223-257.

batalha contra tais "envenenadores judeus da cultura alemã" e que não descansaria até eles "desaparecerem ".[936]

O jornal também ficou enfurecido quando Walter von Molo (1880-1958) – a quem descrevia como um "colega ocupado" do *Berliner Tageblatt*, de propriedade de Mosse ("Porque os alemães compram mesmo esse panfleto, que é apenas uma questão familiar judaica?")[937] e um "membro da Associação Central dos Cidadãos Alemães de Fé Judaica" – ousou chamar a destruição de túmulos judaicos de um "crime infantil, insensível", comparado com o qual todos os outros eram "menores e perdoáveis ". O jornal sustentou que esse tipo de afirmação encobria uma longa lista de escândalos judaicos.[938] Em outra edição, o *Völkischer Beobachter* falou mal do escritor Maximilian Harden (1861-1927) ao chamá-lo de um dos "maiores parasitas entre todos os jornalistas judeus", que causava "dano incomensurável pela grande influência que ele exercia por seu estilo desesperadamente degenerado, particularmente em círculos de intelectuais burgueses".[939]

Na visão do jornal, talvez o mais flagrante *Asphaltliterat* foi Alfred Döblin (1878-1957): o criador de uma "terra completamente plana" na literatura contemporânea, que se manifestou com mais clareza em sua "peça bolchevique" *Marriage* (1930) e em seu "romance de categoria inferior", *Berlin Alexanderplatz* (1929). Segundo o jornal, nessas obras Döblin pretendia nada menos que provocar o "declínio no nível de cultivo [*Bildung*]". Mesmo entre tais obras degeneradas, o jornal reservou uma crítica especial para *A Ópera dos Três Vinténs*, a icônica "ópera de mendigo" da República de Weimar, de Berthold Brecht (1898-1956), e Kurt Weill (1900-1950)[940], com sua mais famosa balada de *Mack The Knife*. O *Völkischer Beobachter* simplesmente rotulou-a de a "coisa mais louca que a sociedade de Weimar produziu". Essa "tal ópera tinha o odor dos conteúdos das relações sexuais regulares", disse o jornal, destacando especialmente a história de Spelunkenjenny, a ex-namorada de Mack: "uma prostituta de cabo a rabo". O jornal também observou que essa "indecência inglesa" primeiro foi traduzida para o alemão por

---

936 ALIQUIS, "Komposition aus Unflat: Der Bucherfolg des Jahres 1931", *Völkischer Beobachter*, 28 de janeiro de 1932.

937 "Deutsche Kultur im Spiegel des Berliner Tageblatts", *Völkischer Beobachter*, 3 de maio de 1927.

938 "Der Geist von Weimar einst und jetzt", *Völkischer Beobachter*, 10 de fevereiro de 1932.

939 "Maximilian Harden-Witkowski", *Völkischer Beobachter*, 1º de novembro de 1927.

940 ALIQUIS, "Komposition aus Unflat: Der Bucherfolg des Jahres 1931", *Völkischer Beobachter*, 28 de janeiro de 1932.

uma "senhora(!) Elisabeth Hauptmann" e depois editada pelo "famosíssimo literato Bert Brecht", que "a tornou ainda mais suja" – e que a música foi escrita pelo "judeu Kurt Wrill: para uma orquestra de jazz, claro".[941]

O *Völkischer Beobachter* já tinha atacado Weill por *The Czar Has His Picture Taken* (que estreou em 18 de fevereiro de 1928), na qual ele e o dramaturgo Georg Kaiser "balbuciaram coisas sem sentido, que resultaram em uma judaização do público: uma em cada três pessoas sentadas no salão era um companheiro racial dos outros dois colaboradores – e mesmo um grande número de alemães contribuiu para o aplauso dessa horda asiática enfurecida".[942] Ainda assim, o jornal considerou a estreia de *A Ópera dos Três Vinténs* em agosto do mesmo ano ainda pior: "um dos momentos mais corrosivos da época; foi um evento completamente judeu. O "poeta judeu", Brecht, "encontrou uma antiga peça inglesa, colocou em sua cabeça como um chapéu velho e a decorou um pouco"; aí, "o judeu Kurt Weill adicionou alguma música mais ou menos terrível". Foi assim que uma peça de 300 anos tornou-se *A Ópera dos Três Vinténs*, "produzida para um público judeu em sua maioria".[943] "Modernista louco e cheio de meias medidas musicais", a de Weill não era a "escala nobra" que a música de ópera deveria ser, mas o "servo submisso que apenas responde às ações por vergonha, hostil a cada sinal de salubridade resultando de qualquer dissonância desolada".[944] Os judeus "tiveram facilidade demais para produzir tal pieguice: essa coisa inferior racialmente estava tocando toda semana enquanto os escritores alemães esperavam em vão pelas produções de suas obras".[945] A burguesia da Alemanha não deveria ter permanecido quieta sobre isso, o jornal reclamou: "a imprensa e o público tinham de protestar" contra tal conteúdo.[946]

Raramente exercitando restrições ao usar seus adjetivos no superlativo, o *Völkischer Beobachter* sentiu-se apto a afirmar que, ao menos

---

941 "Die Dreigroschen-Oper: Ein Bankenrott des Leipziger Spiessbürgertums", *Völkischer Beobachter*, 11 de janeiro de 1929.

942 HAUPTMANN, F. A., "Vom Leipziger Musikjudentum", *Völkischer Beobachter*, 24 de fevereiro de 1928. Sobre Kurt Weill nesse contexto, ver KATER, *Composers of the Nazi Era*, p. 57-85.

943 "Dreigroschenoper in Berlin", *Völkischer Beobachter*, 20 de setembro de 1928.

944 HAUPTMANN, F. A., "Verjüdung des Leipziger Musiklebens: Eine Neue und eine alte Judenoper", *Völkischer Beobachter*, 8 de fevereiro de 1929.

945 "Dreigroschenoper in Berlin", *Völkischer Beobachter*, 20 de setembro de 1928.

946 "Noch einmal Die Dreigroschenoper in Leipzig", *Völkischer Beobachter*, 15 de janeiro de 1929.

entre os *Asphaltliterat*, "Heinrich Mann era o pior". Como visto na Parte III, o jornal primeiro condenou Mann por seu realismo pré-guerra, especialmente seu romance *O Súdito Leal*, que considerou "de muitas formas a obra mais judaica da literatura moderna".[947] Entretanto, daquele ponto em diante, o envolvimento de Mann na política deu ainda mais oportunidades para o ultraje nazista. De acordo com o jornal, a atividade política de Mann "igualava-se às suas obras literárias em todos os sentidos". Durante a Primeira Guerra Mundial, ele estava associado intimamente a um jornal pacifista, *White Papers*, que Rene Schickele publicava na Suíça para promover o propósito de preparação para uma "comunidade europeia" – um esforço que conseguiu tamanho sucesso que a maioria das edições foi proibida pelo censor alemão. Assim, não foi surpresa quando depois Mann deu seu apoio para estabelecer o *status* de objetor consciente na Alemanha: "isso era o heroísmo, segundo ele". Depois disso, o jornal afirmou, ninguém recebia de bom grado a "traição dos partidos de novembro "com tanto entusiasmo" quanto "o bardo de 9 de novembro". Já em dezembro de 1918, ele falou sobre a "importância e a ideia da revolução"; depois, em janeiro de 1919, ele "formulou *slogans*" para o Departamento para a Desmobilização Econômica do Reich; e, no memorial à Kurt Eisner, ele "naturalmente se mostrou um filossemita apaixonado". Em suma: "ele era um criminoso de novembro da cabeça aos pés – e um pan-europeu por excelência". Sua afirmação dada ao *Berliner Tageblatt* – que depois da revolução os "tipos heroicos wagnerianos tinham deixado o palco" – expressava com perfeição suas "posições pan-europeias-pacifistas-filossemitas".

De mãos dadas com seu envolvimento antietnocêntrico, Mann "glorificou o inimigo mais amargo da Alemanha", a França, com palavras como "a França pré-guerra era a terra na qual a seriedade moral reinava, enquanto a Alemanha pré-guerra era o inferno – onde vaidade, arrogância, mentiras, ilusões, avareza e injustiça eram a ordem do dia". Repetidas viagens a Paris coroaram suas outras "ações novembrinas". Além disso, ele condenou o espírito de 1914 como um "espírito de conquista" e, fiel aos sonhos da aliança entre nações de interesse em comum, considerou a noção de Jacques Rivière de que "a ocupação do Ruhr foi um convite rude, mas muito claro, para que a Alemanha trabalhasse junto com a França" por mais "surpreendente, mas não paradoxal que isso parecesse". De fato, o *Völkischer Beobachter* achou "muito paradoxal" Mann dar sua opinião quando estava na presidência da

---

947 SCHMIEDER, Arno. "Thomas Manns Appell na die Vernünft", *Völkischer Beobachter*, 24 de dezembro de 1930.

Academia Prussiana de Escritores, mas isso "não foi tão monstruoso quanto sua declaração de que a pobreza e o sofrimento do povo alemão não eram o resultado dos insanos custos de reparação".

O jornal reclamou que Mann aparentemente "tinha compaixão por todos no mundo, menos os alemães patriotas". Sempre que a Cruz Vermelha precisasse de uma assinatura, Mann estava pronto para "servir aos comunistas subumanos". Se um "traidor judeu" fosse condenado a sete anos na cadeia pelo governo húngaro, ele – com os judeus Albert Einstein, Theodor Wolff, Ludwig Fulda, Arthur Schnitzler, Hugo von Hofmannstahl, Stephan Zweig, Felix Salten, Franz Werfel e Max Reinhardt – soltaria gritos estremecedores de fúria" no *Berliner Tageblatt*, no *Vossische Zeitung* e no *Frankfurter Zeitung*. Se fosse formado um comitê "para proteger os traidores, lá ele estaria, no Comitê Executivo – ao lado de Einstein, Georg Bernhard, dr. Feilchenfeld, dr. Goldschmitt, dr. Feuchtwanger, dr. Sally Friedländer, dr. Gumbel, dr. Kerr, dr. Lasker, Emil Ludwig Cohn, Paul Schlesinger, dr. Wolffstein, Arnold Zweig, Toller e Tucholsky".

Como estava supostamente claro pelos nomes dos associados, o filossemitismo de Mann "era incomparável", até, segundo o jornal, ele contribuir com "linhas clássicas" para publicações sionistas. Por exemplo, em uma ocasião, Mann escreveu que "o antissemitismo racial não percebeu as origens e os mecanismos da nova sociedade". Em resposta, o *Völkischer Beobachter* disse que esse "sábio profeta" deveria ter mantido sua boca fechada: na verdade, as coisas se desenvolveram de outro modo exatamente porque "o antissemitismo racial percebeu *com clareza até demais* as origens e os mecanismos de nossa sociedade, isto é, os de Ruth Fischer, Paul Cassirer, Mosse, Ullstein e os grandes bancos e mercados de valores". A "democracia filossemítica" se exauriria espiritualmente, então esse "presidente dos escritores gordos poderia ir embora e discursar nas sinagogas". O jornal disse que o tamanho da dívida desse "poeta" com o sistema político de Weimar estava claro na recepção "festiva" que ele teve na Academia de Artes de Berlim em seu 60º aniversário. O "Marxismo regente" confirmava assim que esse "intelectual de novembro" era um pioneiro e um arauto de suas visões. Por outro lado, as "energias decisivas" de uma Nova Alemanha seriam aplicadas de outra forma – "para algo que deveria ter sido feito há muito tempo: a eliminação de *literati* como Heinrich Mann da vida espiritual oficial como um todo".[948] Mais uma vez, medidas específicas estavam claras entre as mentes dos ideólogos culturais do *Völkischer Beobachter*.

---

948 "'Heldentum' wie Mann es versteht", *Völkischer Beobachter*, 19 de fevereiro de 1933.

Mas, é claro, Heinrich não era o único membro da família Mann que despertava a ira dos colaboradores do jornal nazista, a ponto de desejar que ele desaparecesse. Thomas Mann recebeu muitas críticas dos agressores enfurecidos por seu crescente apoio à República de Weimar. Apesar de a mudança de Mann de uma visão conservadora pró-guilhermina manifestada por ele em *Reflexões de um Homem Não Político* (1918) marcar a real diferença entre o ganhador do Nobel e os ideólogos nazistas, Josef Stolzing condenou sua obra sem qualquer cerimônia. Stolzing escreveu que, como romancista, Mann podia apenas ser considerado um "talento de segunda classe". Stolzing estava certo de que *Os Buddenbrookz* (1901) tinha sido "amplamente supervalorizada pelos críticos". Francamente, esse livro sofria da pior fraqueza que um romance pode ter: "ele é entediante". Stolzing achava que muito poucas pessoas leriam esse romance mais de uma vez e nada que Mann tenha escrito desde então alcançou o nível de sua primeira obra. Ele "nunca teve uma imaginação poderosa e criativa"; seu talento não servia para nada além de "colar retalhos"; nenhuma de suas obras envolvia inventar uma fábula emocionante ou organizar personagens fortes em uma linguagem "brilhante em espírito, humor e cor". Com Gerhart Hauptmann, ele foi "condenado a servir no cortejo funerário de uma época cultural que chegava ao seu fim e ele morrera junto com ela – mumificado na história literária". Na melhor das hipóteses, os escritos de Mann seriam um objeto obscuro para dissertações de estudantes de literatura alemã. Apesar disso, Stolzing reconheceu que toda a Alemanha percebeu quando ele produziu *Reflexões de um Homem Não Político* durante a guerra – "quando a sorte da batalha ainda sorria para a Alemanha", quando os alemães estavam "ainda certos da vitória". De acordo com Stolzing, as pessoas *achavam* que Thomas Mann era um patriota: "ele se aliou com seu povo enquanto este lutava por sua vida!". Mas o final foi diferente: "a velha Alemanha ruiu sob as mãos dos criminosos de novembro e tornou-se uma república". Depois disso, as *Reflexões* de Mann passaram a assombrá-lo, bloqueando seu caminho pela "*via triunfal* da democracia de novembro". Então, "ele teve de reescrever um pouco no espírito democrático", "retocando" todas aquelas passagens que apresentavam uma visão aristocrática da vida durante a guerra. Foi assim que ele fez sua mudança para o campo dos republicanos de novembro: por meio de "retoques" nas *Reflexões de um Homem Não Político* – e no próprio escritor – para "adequá-los melhor aos novos tempos". Tendo isso em vista, Stolzing perguntou se "alguém como Mann realmente merecia um Prêmio Nobel".[949]

O *Völkischer Beobachter* nunca perdoou Mann por sua transformação no pós-guerra, reclamando que, sempre que a "Democracia Vermelho-e-Preta" exigia, ele aparecia entusiasmado para festejar o sistema de Weimar e atacar o movimento etnocêntrico juvenil. Mas o jornal recordou que "houve um tempo em que Mann pensava de modo completamente diferente". Em suas "reflexões" no tempo de guerra, detrás do *front*, ele "efetivamente defendia a causa nacional": sua fé de que a vitória para a Alemanha do Kaiser era necessária o levou a condenar brutalmente os desarraigados *literati* da civilização" e as "frágeis ideias popular-democráticas". Para dar suporte a esse ponto, o jornal reproduziu uma série de passagens de *Reflexões* e convidou leitores para comparar o Mann de "ontem e hoje". Mann escreveu, por exemplo: "que a paz da Europa esteja no fato de que os mais educados, os mais justos, a nação mais sinceramente apaixonada pela liberdade é também a mais poderosa e dominante – [que a paz da Europa esteja] no poder do Reich alemão, que não pode ser maculado por quaisquer maquinações".[950] E mais: "ser um alemão inclinado ao conservadorismo não significa querer preservar tudo o que existe, mas querer manter a Alemanha alemã – nada mais".[951] Segundo um editorial do *Völkischer Beobachter*, de fato, embora muitas citações sobre a "inutilidade das ideias democráticas" sejam encontradas em *Reflexões*, até as poucas passagens que o jornal reproduziu seriam suficientes para mostrar que a visão de mundo de Mann havia mudado abruptamente entre 1917 e 1922. Ele tinha se tornado um "amigo íntimo" do próprio sistema da democracia alemã que tanto condenara por sua eficiência e natureza não alemã. Da perspectiva nazista, a ele faltavam o "instinto e a força espiritual" para reconhecer que a "fraternidade democrática" a que ele se associou na República de Weimar era idêntica à sua visão anterior da "pseudodemocracia". Em consequência disso, ele invalidou sua reputação fora dos círculos democráticos.[952]

---

949 STOLZING, Josef. "Thomas Mann als Nobelpreisträger", *Völkischer Beobachter*, 15 de novembro de 1929. Para as relações de Mann com a Alemanha nazista, ver FRIEDLÄNDER, Saul. *Nazi Germany and the Jews: The Years of Persecution, 1933-1939* (New York: HarperCollins, 1998), p. 11-14, 79, 108, 130, 300, 337.
950 STOLZING, Josef. "Thomas Mann als Nobelpreisträger", *Völkischer Beobachter*, 15 de novembro de 1929.
951 Idem.
952 BREHM, Ludwig. "Thomas Mann: der Bekenner", *Völkischer Beobachter*, 16 de janeiro de 1932.

Além de seu republicanismo no pós-guerra, o jornal censurou severamente o Mann "eurocosmopolita moderno" por um estilo de escrita que era simplesmente "complicado demais para acompanhar". Segundo afirma Stolzing, como Mann incorporou toda sorte de termos estrangeiros e neologismos em vez de "escrever em alemão", seu estilo podia ser comparado com a aparência de um "*poodle* raspado usando um suéter vermelho".[953] Outra voz nazista o descreveu como o autor de "peças da sociedade sobre a decadência e a podridão", cujas "sentenças invertidas" causavam problemas a todos.[954] Nem o *Völkischer Beobachter* hesitou em atacar a reputação de Mann entre os alemães inclinados ao etnocentrismo com sua arma mais contundente: a insinuação antissemita. Ao noticiar que "o escritor ficcional radicado em Munique" recebeu o Prêmio Nobel da Literatura em 1929, Stolzing primeiro afirmou que a mãe de Mann era portuguesa e que o escritor estava, portanto, "arraigado a uma mistura racial expressiva, com uma forte mácula de sangue judaico" e, segundo, que ele era casado com uma "meio judia, nascida Pringsheim".[955]

Elaborando sobre as insinuações de Stolzing para o jornal estava o professor universitário de orientação etnocêntrica Arno Schmieder – muito publicado em filologia, história literária, linguística e editor de um "dicionário nórdico". Schmieder escreveu que, apesar de ele não estar entre seus fãs mais entusiasmados, ele apreciava Mann como escritor e nunca tinha se preocupado com suas origens raciais. Mas, quando ele soube das opiniões de Mann sobre o "movimento alemão", Schmieder percebeu que "quem pensasse desse modo não poderia ser alemão". Então, ele leu o seguinte no livro de Adolf Bartels, *Jewish Origins and the Study of Literature* (1925):

> *Os próprios Mann contestam suas origens judaicas. Eles querem descender de uma antiga família mercante de Lübeck. Mas Heinrich e Thomas tinham uma mãe crioula. Eu devo confessar que ainda acredito que eles tenham algum sangue judeu, provavelmente via Portugal (...) Mas até se a família de Mann não tiver uma única gota de sangue judeu, ele é casado com a filha de Pringsheim, um professor universitário de*

---

953 T. F. "Mann über Liebermann", *Völkischer Beobachter*, 26 de julho de 1927.
954 R. "Thomas Mann und seine Sprößlinge", *Völkischer Beobachter*, 19 de agosto de 1928.
955 STOLZING, Josef. "Thomas Mann als Nobelpreisträger", *Völkischer Beobachter*, 15 de novembro de 1929.

*matemática judeu em Munique. Como aquelas criações de seu irmão Heinrich, elas não me parecem completamente alemãs.*

Como ele compartilhava do julgamento de Bartels sobre a "natureza espiritual" de Mann, Schmieder sentiu que ele não tinha razão para duvidar dessas afirmações sobre as origens do escritor. Em sua opinião, essa não era uma questão nem de "suspeita" nem de "degradação": era necessário simplesmente rejeitar as visões de Mann sobre o movimento nacionalista como "não alemão".[956]

Outros colaboradores do jornal sondaram as obras de Mann em busca de evidências de seu semitismo ou ao menos filossemitismo. Um artigo argumentou de modo obscuro que Mann demonstrou sua "atração espiritual pelo Judaísmo" em seu romance *A Montanha Mágica* (1924). O *Völkischer Beobachter* alegou que lá ele glorificava a "medonha tortura de animais" que fazia parte na matança segundo as leis dietéticas judaicas, ao mesmo tempo em que ridicularizava os métodos cristãos.[957] O jornal reproduziu a turbulenta passagem na qual Leo Naphta se lembra de observar seu pai fazendo tal ato.[958] Então o *Völkischer Beobachter* repreendeu Mann por representar incorretamente o ritual judaico como um "procedimento sagrado". Ao fazer isso, o autor estava claramente tentando favorecer os judeus em um tempo no qual "felizmente" grandes esforços eram feitos para proibir o procedimento.[959]

---

956 SCHMIEDER, Arno. "Thomas Manns Appell na die Vernünft", *Völkischer Beobachter*, 24 de dezembro de 1930.

957 De acordo com <http://en.wikipedia.org/wiki/Shechita>: "Shechita é o ritual de abate de animais mamíferos e aves segundo as leis dietéticas judaicas. O ato é desempenhado ao passar uma faca bem afiada pela garganta do animal, deixando o sangue escorrer. A lei islâmica possui um procedimento similar. A prática baseia-se na lei bíblica de que os homens não devem se alimentar do sangue dos animais, uma das sete leis de Noé que se aplicava a todos os filhos dele, não só aos judeus. O animal deve ser morto com respeito por um Shochet que tenha em mente a vida do animal à medida que ele corta o pescoço com a faca. O animal pode ficar em várias posições, por exemplo, deitado de costas – 'shechita munachas'. O objetivo é cortar os principais vasos sanguíneos no pescoço, provocando a queda quase imediata da pressão sanguínea no cérebro tão rápido quanto o trajeto do sinal de dor para o cérebro. Com o animal inconsciente, o coração deve continuar batendo para auxiliar a remoção do sangue do resto da carcaça. Por esses últimos motivos, atordoar o animal antes com um golpe humano ou outros métodos não são permitidos. O partido nazista proibiu a shechita na Alemanha em 1933".

958 Ver Thomas Mann, *The Magic Mountain,* traduzido por H. T. Lowe-Porter (New York: Alfred A. Knopf, 1939), p. 556-557.

959 "Thomas Manns Verherrlichung des Schächtens", *Völkischer Beobachter*, 28 de abril de 1927.

O que mais obviamente representou o filossemitismo de Mann foi o tratamento do romancista do tópico de José e seus irmãos do Antigo Testamento. Em 1928, o *Völkischer Beobachter* soube de comentários feitos por Mann em um "tabloide judaico berlinense", no qual ele descreve seu próximo romance como apenas um "romance que não dá para parar de ler".[960] O *Völkischer Beobachter* "resistia, acrescentando qualquer coisa a essa autocrítica", mas a escolha do tópico irritou os interesses do jornal. Ele analisou com cuidado as referências bíblicas às "atividades abençoadas" de José como governador do faraó egípcio e concluiu que o herói "pio" tinha feito muito pouco além de comprar excedentes de grãos egípcios em um período de abundância, apenas para vendê-los a "preços mais altos" mais tarde. Assim, ele tinha provado – em grande estilo – ser "o primeiro especulador de grãos judeu!". O *Völkischer Beobachter* achou engraçado o Antigo Testamento descrever um dos "maiores exemplos da usura de grãos" na história de modo tão seco e inocente, sem uma palavra de indignação direcionada ao homem que causou e foi o maior beneficiário do aumento nos preços dos grãos. Isso provava que os "judeus viam tais especulações como seu direito natural, não importa se as consequências fossem terríveis para as outras pessoas envolvidas". Para o jornal nazista, as "comparações com o presente" deveriam ter sido óbvias a todos os seus leitores. *José e Seus Irmãos* só apareceria em 1933, mas o *Völkischer Beobachter* "não podia esperar" para ver como o "romance que não dá para parar de ler" de Mann representaria seu herói judeu.[961]

Entretanto, antes disso, Mann tinha dado ao jornal mais substância semítica quando viajou à Palestina a fim de pesquisar para o romance em 1930. Antes de retornar, ele concedeu uma entrevista a um jornal semanal do movimento sionista alemão, o *Jüdische Rundschau*, dando suas impressões sobre a Palestina. O *Völkischer Beobachter* estava pronto a atacar. Mann disse que o que viu na Palestina era maravilhoso: "tudo era progressista, os judeus estavam fazendo um belo trabalho". Ele sentiu que aqueles em Tel Aviv eram "de alguma maneira diferentes dos judeus em todas as outras cidades do mundo; eles pareciam livres, alegres, alertas e fortes intelectualmente" e por isso ele acreditava em seu futuro lá. Mas alertou que eles tinham de proceder com cuidado, porque os árabes "estavam naquela terra havia mais de mil anos e também

---

960 Essa afirmação aparece em MANN, Thomas. *Gesammelte Werke*, vol. II (Frankfurt am Main: S. Fischer, 1960), p. 625, v. 14.
961 "Thomas Mann neuer Romanheld: Joseph von Agypten", *Völkischer Beobachter*, 5 de maio de 1928.

acreditavam em sua ligação histórica com ela e da mesma maneira tinham fundamentados seus direitos a ela. Judeus e árabes tiveram a oportunidade de viver em contato na Palestina e dedicar-se comumente ao desenvolvimento da terra. Ainda assim, no final, ele era a favor do sionismo e comparou muitas de suas metas e ideais com o movimento romântico alemão no século XIX, pois "ambos tinham raízes no desejo por sua própria libertação. O *Völkischer Beobachter* observou que se poderia ver nesse relato quanto Mann tinha "se apaixonado perdidamente pelos judeus". Quando ele comparou o sionismo ao Romantismo, ele provou como "se distanciara completamente da essência alemã". Dito isso, o jornal acrescentou, era "uma vergonha que tão poucos judeus sentiam a necessidade da liberdade espiritual" que Mann atribuía aos sionistas. Na opinião do diário nazista em 1930, uma emigração em massa dos judeus da Palestina em busca da "liberdade espiritual" teria sido uma ótima solução para a "questão judaica".[962]

Além de sua posição sobre essa questão, o *Völkischer Beobachter* censurou Mann por várias afirmações, publicações e ações que julgou irritantes. Em 1928, um redator do *Berliner Nachtausgabe* o atacou por fazer observações sobre o nacionalismo alemão que podiam ter surgido apenas de uma "profunda falta de consciência ou uma malícia igualmente profunda", e por isso merecia a "resposta mais incisiva". A autoproclamada "juventude nacionalista" do *Nachtausgabe* então acusou Mann de bajular Paris; usar clichês pegajosos e desgastados; sujar suas roupas feitas sob medida com excremento; e curvar-se diante dos ocupantes da Renânia para aumentar suas vendas de livros". Surpreendentemente, o *Völkischer Beobachter* reconheceu que Mann merecia se defender de tais acusações. Mas, na resposta publicada, Mann escreveu: "Com apenas alguns outros alemães, meu nome é celebrado em todo o mundo. Como eles se atrevem a recusar satisfação para o autor de *Reflexões de um Homem Não Político*?". Para o *Völkischer Beobachter,* isso já tinha ido longe demais: ele "de fato se atreveu", porque era um grande desgosto ler tal "suntuosa autoavaliação". Embora a fama contemporânea de Mann fosse inegável, o tempo determinaria sua duração. Como comparação, o jornal sugeriu que em sua época qualquer um poderia dizer que Mozart tinha "enfraquecido sua peça maravilhosa, *A Flauta Mágica*, com músicas pobres – mas a história claramente provou o contrário".

---

962 "Thomas Manns Verherrlichung des Zionismus", *Völkischer Beobachter*, 24 de abril de 1930.

Ainda assim, o jornal encontrou mais para criticar o que chamou "essa brincadeira de autoestima ferida". Ele considerou ainda mais "irritante e imprestável" a seguinte passagem na resposta de Mann:

> *O nacionalismo está ligado com a falta de talento na Alemanha; ele é incapaz de ter um espírito, não pode escrever e não pode fascinar em qualquer senso mais elevado, por ser apenas uma barbaridade. Uma maldição – uma censura metafísica – flutua sobre ela; é um pecado contra o espírito alemão, que não pode ser esquecido; o escritor que consente com isso decai de modo inexorável. Por exemplo, a arrogância étnica de Wagner era sua ruína póstuma.*

Em troca, o *Völkischer Beobachter* afirmou que, mesmo se supusermos que Mann estava apenas fazendo referência à bibliografia das últimas décadas, ele ainda ignorava as obras de pessoas como Heinrich von Treitschke, Paul de Lagarde, Julius Langbehn, Detlev von Liliencron, Bogislav von Selchow, H. S. Chamberlain e Dietrich Eckart, entre outros. Nesse caso, tal ignorância marcaria "deficiências significativas" na educação do "professor Thomas Mann". Por outro lado, se ele soubesse dessas obras e ainda afirmasse tais coisas, então "*ele* era o mentiroso maldoso e caluniador".[963]

Em 1928, Mann deu uma declaração que irritou o *Völkischer Beobachter* ainda mais – e desencadeou comentários recorrentes em suas páginas. Em abril daquele ano, o *Bremen* – uma aeronave Junkers do tipo W33 – fez o primeiro voo transatlântico partindo do leste com o piloto Hermann Köhl e o proprietário do avião, o barão Günther von Hünefeld, a bordo.[964] Depois disso, os aviadores foram festejados por toda a Alemanha. Enquanto visitavam Munique, Mann manifestou em um artigo do *Süddeutsche Zeitung* algum desdém pela adulação popular aos aviadores: "Eu escrevo [a vocês] no dia em que nossa boa, mas enganada, cidade honra os dois simplórios aviadores [*Fliegertröpfe*] que impressionaram os nacionalistas". O *Völkischer Beobachter* retrucou dizendo que o capitão Köhl e o barão von Hünefeld deveriam ser congratulados pelo fato de o autor estar "cheio de um instintivo desgosto por eles". O fato de ele ter insultado os aviadores ao chamá-los de simplórios era característico de um homem que se sentia "um tipo

---

963 LOBER, Dietrich. "Thomas Mann auf dem Markte", *Völkischer Beobachter*, 6 de março de 1928.
964 <http://en.wikipedia.org/wiki/Bremen_(aircraft)>.

muito alemão".⁹⁶⁵ Mais tarde, o jornal publicou entrevistas indignadas com pilotos em treinamento em uma base aérea próxima a Munique. O major Hailer, presidente da *Süddeutsche Lufthansa*, respondeu que Mann tinha insultado não só Köhl e Von Hünefeld, mas "todos aqueles que voaram pela pátria" na Primeira Guerra Mundial. Dessa perspectiva, Mann "não poderia ser um escritor se não entendesse a importância dos voos transatlânticos".⁹⁶⁶ Ao falar com "rancor tóxico" sobre a recepção que o povo de Munique dera aos grandes aviadores alemães como um "estandarte nacionalista", ele demonstrou que um "literato voltado para o mercado" como ele não tinha "qualquer senso do valor moral da verdadeira façanha".⁹⁶⁷

Em 1930, Mann deu um discurso com o seguinte título: "Um Apelo à Razão", e os nazistas ficaram consternados que ele foi posteriormente publicado, podia ser visto nas vitrines das livrarias e recebeu muita publicidade – incluindo "grande atenção" do diário da Associação Central dos Cidadãos Alemães de Fé Judaica. Nele apareciam as seguintes passagens que tratam do nacionalismo irracional, que o *Völkischer Beobachter* reproduziu:

> *Foi proclamada uma nova atitude mental para toda a humanidade, que não devia ter nada a ver com os princípios burgueses como a liberdade, justiça, cultura, otimismo, fé no progresso (...) A mente, simplesmente a mente intelectual, é colocada sob um tabu como destruidora da vida, enquanto prepara para a homenagem como a verdadeira interioridade da vida, a Mãe Ctônica, a escuridão da alma, o sacro e procriador submundo. Muita dessa religião-natureza, por sua própria essência de inclinação ao excesso orgiástico e de Baco, foi para o nacionalismo de nossos tempos, fazendo dele algo bem diferente do nacionalismo do século XIX, com sua casta burguesa, fortemente cosmopolita e humanitária. Isso é distinto em sua personalidade como um culto da natureza, exatamente por sua personalidade irrestrita, orgiástica, radicalmente anti-humana e de dinâmica frenética.⁹⁶⁸*

---

965 "Thomas Mann", *Völkischer Beobachter*, 3 de agosto de 1928.
966 "Flieger-Protest gegen Thomas Mann", *Völkischer Beobachter*, 18 de agosto de 1928.
967 Sch. W. "Thomas Mann in hochachtungsvoller Ergebenheit an (...) den Bolschewismus!", *Völkischer Beobachter*, 1º de julho de 1931.
968 MANN, Thomas. "An Appeal to Reason", in *Order of the Day*, p. 53-54, 55-57.

"O que poderia ser dito de tal bobagem?", o *Völkischer Beobachter* perguntou. Exceto pelo conteúdo, o jornal se perguntava como alguém poderia entender a "monstruosa verborreia" desse "escritor mundialmente famoso". Milhares de cópias das "sábias palavras" de Mann foram distribuídas pelo mundo: "Pensar que toda a humanidade – tanto educados quanto incultos – supostamente deveria escutá-los!". A "humanidade atordoada apenas deveria ser confundida por ele?". O jornal conjecturou que, se o alemão médio realmente tivesse entendido o discurso, ele teria se expressado com seus punhos" e os vendedores de livros atirariam sacolas com o discurso de Mann para a rua. "Do que a associação da *Fé Judaica* gosta nessa afirmação?" O jornal aventou a hipótese de que, provavelmente, sua mensagem de que "o movimento nazista era uma recaída em um culto bárbaro de adoração da natureza do qual o Judaísmo já tinha salvado com cuidado a humanidade". O *Völkischer Beobachter* declarou que era hora de resistir, quando esse "escritor pseudoalemão" apelava à razão, apesar de ele não mostrar qualquer sinal da "razão alemã".[969]

Os nazistas ficaram ainda mais enfurecidos quando Mann "apareceu em Paris" para dar discursos sobre a *reconciliação*. De acordo com o *Völkischer Beobachter*, ele tinha sido convidado por maçons e judeus que o celebravam como um "grande europeu" e um "republicano sincero". Claramente, tais avaliações eram "merecidas" porque ele "cantava hinos à democracia alemã e dizia aos parisienses pasmos que o povo desenvolvia uma atmosfera em que coisas como a liberdade, espiritualidade e cultura eram concedidas pela primeira vez – e que o resultado seria uma política de paz entre a Alemanha e a França".[970] Por um lado, em Paris, seu nome destacava-se "contra o antissemitismo e o nacionalismo alemão" e, por outro, por "cada forma de assédio cultural bolchevique".[971] Gradualmente, o jornal veio a associar Mann com a própria ameaça do comunismo. Em 1931, à medida que a competição entre o partido nazista e o comunista [KPD – *Kommunistische Partei Deutschlands*] se intensificava, o jornal afirmou que ele tinha recentemente descoberto um "novo amor" e que estava muito longe do "não político". Em um recente "suposto" discurso alemão, Mann tinha se referido à "cordialidade espiritual" das políticas culturais marxistas.

---

969 SCHMIEDER, Arno. "Thomas Mann als 'Politiker'", *Völkischer Beobachter*, 21 de novembro de 1930.
970 "Thomas Mann bei seinen Freunden in Paris: Sie feiern Ihn als den großen Europäer", *Völkischer Beobachter*, 13 de maio de 1931.
971 "Wertheimer und Thomas Mann", *Völkischer Beobachter*, 13 de maio de 1931.

Ao expressar assim sua "respeitosa devoção ao bolchevismo", esse "expoente de uma época liberal-burguesa há muito corrompida" tinha encontrado seu lar: Mann simbolizava a "capitulação de um mundo incapaz que há muito tempo estava submetido à dissecção psicoanalítica – e agora se submetia ao bolchevismo". Se ele podia dizer isso, então Mann com certeza simpatizava com os "ataques revolucionários dos criminosos bolcheviques".[972] Richard von Schaukal, um poeta e ensaísta nacionalista austríaco que mantinha uma correspondência regular com Mann, até que este rompeu a troca de cartas, concordou que a "única convicção ardente" de Mann era de que uma política de um "marxismo aqui, marxismo ali" traria a libertação do povo alemão.[973]

O ápice da perseguição do *Völkischer Beobachter* ocorreu depois de Mann deixar a Alemanha e iniciar sua série de transmissões antinazistas no período da guerra. Em resposta, o jornal fez uma carta aberta – assinada com o pseudônimo "Lanzelot" – que buscava resumir a frustração nazista com a crescente traição de Mann. Lanzelot reclamou que o novo público de Mann não sabia de todas as mudanças pelas quais sua personalidade política tinha passado, então não seria difícil para ele se distanciar da Alemanha. No conservador mundo anglo-saxão, os "ares refinados do estetismo" que ele sempre soube utilizar garantiram para ele a reputação de um "Santo do Espírito Europeu". Lá, eles "sorveriam o mel de seus lábios – apesar de na Alemanha ele sempre ser apenas: Thomas Mann".

Lanzelot admitiu que demorou algum tempo para os alemães reconhecerem a decadência que estava por trás de seus "apelos à humanidade", a presunção por trás de seus "falsos diálogos com os grandes expoentes do espírito alemão" e, finalmente, como o louvor da mídia harmonizava com a venda de seus livros ("o que eles chamaram de 'negócios' em seu recém-escolhido lar"). A princípio, "lágrimas escorreram até dos olhos dos aristocratas da Prússia oriental quando ele jurou lealdade ao conservadorismo de sua terra natal hanseática". Para os membros do centro religioso, ele produzia passagens que "podiam ser transformadas em música para a cantoria da congregação". Então, os liberais escutaram com emoção seus "cantos da sereia cosmopolitas" para a república de novembro: "sempre que houvesse algo podre naquele Estado anterior, ele aplicava sua mágica". Entretanto, depois

---

972 Sch. W. "Thomas Mann in hochachtungsvoller Ergebenheit an (...) den Bolschewismus!", *Völkischer Beobachter*, 1º de julho de 1931.
973 VON SCHAUKAL, Richard. "Thomas Mann oder deutsche Prosa auf Zeithöhe", *Völkischer Beobachter*, 24 de novembro de 1931.

disso as coisas ruíram para esse "camaleão político": imaginando estar seguro, Mann "tropeçou" ao atacar a juventude nacionalista da Alemanha em uma entrevista a uma revista francesa, usando isso como oportunidade para se promover na França, onde as pessoas ficaram muito felizes em ouvir os patriotas alemães repreendidos por um "eminente intelectual".

Mas o que Mann dizia nas ondas do rádio americanas em 1940 era ainda pior. As "nuvens de incenso nas quais Mann sempre flutuou obscureceram sua visão" e, com "animosidade desalmada", ele se recusou a dedicar "até um pensamento – que dirá seu coração – à batalha revolucionária do nacional-socialismo". Mal sabia ele que o povo alemão do qual ele tentou ser o mentor o tinha ignorado. Mas "ele não seria Thomas Mann" se tivesse conseguido resistir "a balançar seu rabo diante de um novo ídolo: Franklin Roosevelt". O presidente americano de fato adorava ser elogiado como o "líder moderno das massas" por esse "maduro vendedor no mercado da vaidade". Contudo, o resultado da vida inteira de Mann não foi nada além de um "pensamento vazio formado em um esplendor congelado". Ele tinha passado toda a sua carreira "dançando no gelo da política – escorregando pelo canto da história". Agora, tudo o que ele podia fazer era "cuspir por sobre a cerca" na Alemanha que ele tinha deixado para trás.[974]

Outra importante figura que o *Völkischer Beobachter* rejeitava por falta de contato com a realidade era Albert Einstein (1879-1955). Em um artigo de 1923, o jornal anunciou que explicaria a "verdade sem floreios" sobre o construtor da "suposta teoria" da relatividade. Infelizmente, da perspectiva nazista, os jornais e revistas científicas tinham espalhado seu "grande feito" pelo mundo, ainda que eles "não o entendessem". Einstein foi mais uma sensação de mídia que um pesquisador científico, e sua teoria – a despeito dos altos elogios que lhe foram concedidos – não tinha nada de valor: a única coisa nova de tudo isso era a fórmula matemática na qual "estava expressa sua futilidade". O modo de Einstein de "usar as artes matemáticas para fazer a ciência física era comparável a um cirurgião interessado apenas em estilo, sem se importar se seus pacientes viviam ou morriam".

Apesar desses problemas, os amigos e seguidores de Einstein sempre elogiavam seus ensinamentos como sendo as descobertas mais maravilhosas de todos os tempos. Mesmo as revistas científicas de física "o glorificavam a ponto de não publicarem qualquer crítica à sua teoria". O *Völkischer Beobachter* lamentou que isso fosse típico da

---

974 Lanzelot. "Thomas Mann!", *Völkischer Beobachter*, 10 de dezembro de 1940.

direção que a física tomava: os pesquisadores não estavam interessados na experimentação ou em como lidar com a realidade; eles queriam apenas trabalhar com "meditações matemáticas". O jornal argumentou que as teorias eram úteis apenas enquanto se baseassem em realidades experimentais. Mas infelizmente elas eram cada vez mais consideradas decisivas por si sós: supunha-se que teóricos como Einstein fizessem grandes contribuições, enquanto os pesquisadores experimentais – por todo o seu trabalho cuidadoso e sagacidade aguçada – eram vistos como nada além de "um bando de faz-tudo". De acordo com a crítica nazista, a história das ciências naturais demonstrou que o oposto era verdade: era o pesquisador que realmente seguia o curso natural dos eventos, enquanto a matemática era apenas uma ferramenta. Portanto, era estranho que o andamento da pesquisa de Einstein tenha se estabelecido e sido validado na Alemanha. Em resposta, o jornal argumentou que era "necessário preservar um lar para o espírito alemão que se esforçava pela verdade e pelo entendimento cristalino", recusando qualquer outro desdobramento desse "antiespírito árido e espectral" que não tinha "nada a ver com a verdadeira pesquisa científica".[975]

Como ficaria cada vez mais claro, a atitude do *Völkischer Beobachter* com Einstein tinha menos a ver com seu trabalho científico do que com seu engajamento com questões sociais e políticas da época. De fato, já em 1923 o jornal concluiu que a batalha pela Teoria da Relatividade tinha terminado porque "sua falsidade já tinha sido suficientemente enxergada. Para a física, "o sr. Einstein estava livre para se aposentar em silêncio". Ainda assim, com o título *Einstein como Judeu*, o jornal acreditava ser necessário colocar os pingos nos is "de uma vez por todas" porque "um tipo de culto a Einstein tinha surgido, aproximando-se de um fervor religioso". A "imprensa judaica" o apresentava como um exemplo e até os outros jornais diziam que Einstein merecia admiração. Para "domar um pouco dessa tolice", o *Völkischer Beobachter* quis "expor alguns fatos". Primeiro, ele lembrou os leitores de que, em 1914, "93 acadêmicos tiveram de se rebelar contra campanhas de destruição e mentiras lançadas pelos inimigos da Alemanha – o que era um passo natural em uma época de despertar nacional". Entretanto, com o professor Georg Nicolai, também do Departamento de Física da Universidade de Berlim, Einstein cometeu o "ato meritório" de emitir uma declaração pacifista contra as ações dos "93". Além disso, Einstein

---

975 MERKUR, "Einstein als Naturforscher", *Völkischer Beobachter*, 7 de abril de 1923. Para um histórico geral sobre a rejeição nacional-socialista das teorias de Einstein, ver FRANK, Phillip, *Einstein: His Life and Times* ( New York: Da Capo Press, [1947] 2002), p. 254 ff.

e Nicolai formaram uma organização – New Fatherland League [Liga da Nova Pátria] – com outros "pacifistas traidores", como Hellmut von Gerlach e Maximilian Harden. O *Völkischer Beobachter* explicou que a organização se dedicava a provar a responsabilidade da Alemanha pela guerra, aumentando o fardo da nação sob a forma do desarmamento e "agindo sem razão como informantes para as autoridades francesas, contando para elas que nossas políticas de desarmamento eram meras trapaças, dando-lhes justificativas para suas sanções".

Além disso, Einstein fez "excursões para beneficiar a causa sionista" nos Estados Unidos a fim de reunir fundos para uma universidade na Palestina. Segundo o jornal alegou, nessas viagens ele era levado de cidade em cidade em carreatas, "embora os proprietários de automóveis Ford não pudessem participar porque o fabricante desses carros, Henry Ford, era um antissemita". Então, enquanto os judeus americanos ficavam em posições de destaque, "prontos para a batalha", Einstein dava discursos nos quais ele "abusava da Alemanha que lhe deu abrigo e apoio". O *Völkischer Beobachter* via hipocrisia em todas as aparições de Einstein: quando ele estava "entre os seus", apresentava-se como um judeu sionista; mas, quando era útil, ele atuava como o representante e a personificação do acadêmico alemão: "primeiro, judeu sionista; depois judeu, internacional; então, alemão e, por fim, de volta ao suíço".

Seguindo essa tendência, o *Völkischer Beobachter* afirmou que o "auge" das proezas de Einstein foi uma viagem que ele realizou à França. Lá, ele fez uma excursão ao antigo *front*, para observar diretamente a destruição provocada pela guerra (causada, segundo o *Völkischer Beobachter*, principalmente por armas britânicas às quais as tropas alemãs resistiram gloriosamente). Einstein foi fotografado em lugares particularmente "interessantes", como no monumento à Joana D'Arc, as ruínas da catedral de Reims, um *bunker* alemão e uma vila destruída. Além disso, ele disse aos franceses: "Todos os estudantes alemães, todos os estudantes do mundo, devem vir aqui para ver como a guerra foi horrível". Aqui, o *Völkischer Beobachter* comentou que Einstein deveria ter dito que "os judeus devem visitar porque durante a guerra eles ficaram principalmente atrás das linhas e não viram nada disso". Sugeriu-se também que os judeus deviam fazer isso, porque, "como todos sabem, a sedução pérfida e a ganância de seus soberanos financeiros fomentaram a guerra".

Em todo caso, o jornal considerou toda essa empreitada uma farsa: "O que Einstein – que era 'um judeu e somente um judeu', como ele mesmo disse – poderia realmente sentir diante de uma catedral destruída?".

O sangue de cada ex-soldado do *front* tinha de ferver quando os "grandes objetivos pelos quais eles colocaram suas vidas em risco por anos" eram "canibalizados, arrastados pela imundície e usados contra a nação de modo verdadeiramente judeu por um estrangeiro como Einstein que desfrutou de todas as vantagens disponíveis para ele na Alemanha, assim como o fez durante a guerra". O jornal poderia explicar esse "comportamento malvado" apenas levando em consideração o "legado racial" de Einstein – um legado que o próprio Einstein descreveu em uma carta à Associação Central dos Cidadãos Alemães de Fé Judaica, supostamente afirmando que ele era "um judeu e somente um judeu", que "não tinha nada a ver com a germanidade" e que suas relações com os judeus do Oriente eram mais importantes para ele do que qualquer vínculo com a Alemanha".[976] Considerando tudo isso, o *Völkischer Beobachter* ficou chocado com a estupidez dos acadêmicos alemães não judeus que o colocavam na primeira categoria da ciência alemã só por causa do "brilho superficial" de sua "suposta teoria e alguns outros truques de cartas". "Deixe o sr. Einstein finalmente ir para a Palestina ou para qualquer terra distante", concluiu, "estamos cansados de gastar o dinheiro de nossos impostos em pessoas que se comportam assim em nossas universidades".[977]

Voltando-se para as artes visuais, o *Völkischer Beobachter* estava inclinado a tratar os principais artistas do período entreguerras como fixados na distorção, com a intenção de enfraquecer a ordem e a segurança e inspirados demais por influências sombrias baseadas na raça. Por exemplo, embora o jornal fosse surpreendentemente respeitoso com Pablo Picasso (1881-1973), especialmente em seus estágios iniciais, o jornal parecia contente em avaliar seu trabalho como meramente sintomático da ansiedade

---

[976] A carta de 5 de abril de 1920 que o *Völkischer Beobachter* parafraseou incorretamente dizia: "Se eu vislumbrar uma expressão como 'cidadãos alemães de fé judaica', eu não posso deixar de sorrir com certa tristeza. O que há para ser identificado nesse belo rótulo? O que é a fé judaica? Existe algum tipo de descrença em virtude da qual alguém deixa de ser um judeu? Não há. Mas tal rótulo sugere que as pessoas corretas acreditam em duas coisas: (1) eu não quero ter nenhum vínculo com meus pobres irmãos judeus (do Leste Europeu) e (2) eu não quero ser visto como filho de meu próprio povo, mas apenas como um membro da comunidade judaica. Isso é sincero? Podem os 'arianos' sentir qualquer respeito por esses sujeitos astutos? Eu não sou nem um cidadão alemão nem há nada em mim que possa ser dito como de 'fé judaica'. Mas eu sou um judeu e fico grato por pertencer ao povo judeu, mesmo que eu não o considere de qualquer maneira o povo eleito por Deus. Nós devemos deixar o antissemitismo para os não judeus e reter nosso amor pelas pessoas de nosso povo". EINSTEIN, Albert. apud CLARK, Ronald W. *Einstein: The Life and Times* (New York: HarperCollins, 1984), p. 461.

[977] KERBERUS, "Einstein als Jude", *Völkischer Beobachter*, 12 de junho de 1923.

moderna. O jornal relatou que aos 18 anos ele ainda pintava na Espanha, o país da ortodoxia – com todo o "seu pesar e sentimentalidade profunda simbolizados nas procissões fúnebres". Ele então se mudou para Paris e no início as coisas não foram bem; assim, a depressão o levou a pintar *O Bebedor de Absinto* (1901), "uma imagem do mais profundo desespero, aproximando-se do niilismo". Ele então mudou para retratos de grupos – "do Eu para o Nós" – em *A Tragédia* (1903), com figuras corroídas pela fome e pobreza. Depois vieram obras evocativas do "estatuário negro". Mas ele era "romano – um latino –, então a grande tradição clássica fervia em seu sangue", e em 1906 sua obra "gradualmente alcançou uma explosão" com *Menino conduzindo um Cavalo* (figura 15.1).

Entretanto, essa fase neoclássica surgiu junto das pinturas de um cubismo marcante, como *O Violino* (1912), em que "sombras grandes e pesadas ameaçam devorar formas contra as quais ele lutava". O que estava por trás da arte de Picasso, o *Völkischer Beobachter* explicou, era o "desejo de resistir a uma percepção mais calma com atos de violência". Fora por esse meio que os povos bárbaros foram apresentados ao mundo rico e simbólico de Roma. "As formas prosseguiam com urgência, enquanto as figuras humanas eram representadas como objetos: o paradoxo dominava tudo". A tragédia da nova era foi que ninguém sabia mais como resolver o paradoxo: "a humanidade não tinha mais controle sobre si; todos levavam vidas fragmentadas". Picasso foi um dos líderes no desenvolvimento de tal perspectiva: ele "iluminava as questões da pintura moderna e da mentalidade contemporânea, delineando nitidamente as asneiras dos estrangeiros de raça e sangue". O jornal reconheceu que ele era um homem de grande talento, e muitas de suas pinturas famosas estavam em coleções particulares alemãs. Mas suas "inconsistências" eram um sinal perturbador. Algumas eram fortemente cubistas, algumas neoclássicas, e essa variedade não era por seu desenho: era um "reflexo dos humanos tomados pelo medo da morte, com personalidades despedaçadas, sofrendo de ansiedade – tudo por causa da mistura de sangues e raças".[978]

A Bauhaus e seus arquitetos e artistas afiliados motivaram uma resposta diferente do *Völkischer Beobachter*. Sua crítica da arquitetura da Bauhaus correspondia a um ataque direto contra sua "insistência no que havia de mais moderno, construção econômica, padronização de prédios nos mínimos detalhes, uso racional do espaço" e "vários outros *slogans* com cores americanas". Como disse o jornal, a quintes-

---

[978] "Pablo Picasso und der Probleme der Malerei", *Völkischer Beobachter*, 25 de março de 1928.

Figura 15.1 Pablo Picasso, "Menino conduzindo um cavalo" (1906),
Museu de Arte Moderna de Nova York, Estados Unidos.

sência do modernismo da Bauhaus para as residências dos trabalhadores foi "a economia levada ao extremo, com uma prioridade ilimitada dada à função". Sem considerar que esses métodos eram apenas bons para projetos maiores e mais espaçosos, os projetistas da Bauhaus construíram casas de concreto e aço, e reduziriam o tempo de construção "arando o local" com as técnicas mais modernas. A *Sachlichkeit* [Objetividade] desses prédios falava por si mesma: segundo a lógica da Bauhaus, se alguém quisesse construir algo funcional e econômico, a "estética deveria vir em segundo lugar".[979]

---

979 "Der Dessauer Bauhausfilm", *Völkischer Beobachter*, 16 de junho de 1927.

Articulado com menos nitidez foi o tratamento dado pelo jornal ao artista visual mais eminente da *Bauhaus*, Wassily Kandinsky (1866-1944). Por exemplo, em um artigo relativo a uma exposição de desenhos de Kandinsky em 1932, em vez de adotar diretamente as palavras ditas pelo pintor, o jornal escolheu apenas caçoar de uma resenha crítica positiva de outro jornal. A crítica positiva dizia: "esses retângulos de papel transmitem memórias distantes de coisas observadas – em meias-luas, sóis rotativos, quadrados, corpos encaixotados, um tesouro considerável de sabedoria gráfica está preservado". Em resposta, o *Völkischer Beobachter* observou que as obras de Kandinsky, em vez disso, invocavam e lembravam instintivamente os tempos da escola e muitas "turvas memórias" do Teorema de Pitágoras ou da razão áurea. Quaisquer memórias que Kandinsky "selecionasse com sua sabedoria gráfica poderiam apenas ser explicadas por um psicanalista, como, por exemplo, Freud". Sobre uma obra descrita como "um quebra-cabeça misteriosamente cativante" com um "ângulo reto consistindo em cinco vezes quatro quadrantes em linhas largas no canto superior esquerdo e um pequeno retângulo de quatro vezes três quadrantes em leves pinceladas no canto inferior direito", o jornal alegou que poderia facilmente dar a solução: "20 quadrantes grandes mais nove pequenos eram iguais a 29 máquinas registradoras em um armazém judeu! Certo?". E contra a advertência que os cínicos poderiam fazer de que uma criança seria capaz de criar tais formas simples, o *Völkischer Beobachter* postulou sua crença de que as crianças normais tinham coisas mais saudáveis e razoáveis para desenhar: a coisa toda era "vinagre cabalístico", uma "mesa de multiplicação de bruxas" assentada em "solo arável hebraico".[980]

Comparável à grande controvérsia literária sobre *Nada de Novo no Front Ocidental*, a maior causa célebre do nazismo nas artes visuais foi o julgamento de George Grosz (1893-1959). Em 1928, Grosz foi considerado culpado da acusação de blasfêmia pelo conteúdo de uma série de 16 desenhos intitulados *Background*. Um juiz da corte de apelação depois reverteu as condenações, baseado no fato de que as obras tinham sido direcionadas aos militares em vez de ao Cristianismo. À medida que a controvérsia se arrastava, o *Völkischer Beobachter* atacou tanto Grosz quanto o juiz. Ele reclamou que o juiz de apelação, o *Landgerichtsdirektor* Siegert, feriu profundamente o sentimento religioso público com sua decisão. Não precisava de um "treinamento jurídico completo" para reconhecer a intenção de Grosz

---
[980] "Kandinsky als Zeichner", *Völkischer Beobachter*, 12 de março de 1932.

Figura 15.2 George Grosz, "A efusão do Espírito Santo" (1927).

de menosprezar os símbolos cristãos e a pessoa de Cristo; a absolvição ridicularizava o Cristianismo e "abria o caminho para qualquer lesma imunda" tirar sarro de Cristo e da fé. Os tribunais deveriam, ao contrário, trabalhar para "proteger o sentimento religioso popular das ofensas de tais pintores."[981][981]

Dentre os desenhos da série, o jornal destacou como particularmente odioso o desenho intitulado *A efusão do Espírito Santo* (1927) (figura 15.2), no qual um padre segura a Bíblia enquanto vomita granadas, canhões e rifles. Quando o caso veio à corte mais uma vez em 1930, o jornal publicou uma descrição detalhada do processo. De acordo com o *Völkischer Beobachter*, em resposta ao questionamento do juiz, Grosz admitiu que ele não tinha conhecido a guerra "diretamente, fisicamente, [ou] em pessoa", que ele era um membro do partido comunista e era contra a guerra. Com a série de desenhos, Grosz disse que ele "queria confrontar os clérigos que apoiavam a guerra". A corte então abordou um dos desenhos, *Maulhalten, weiterdienen* (1928), que representava Jesus em uma cruz, vestindo botas militares curtas. Ao defender a obra, Grosz deu a seguinte explicação:

> *Se Cristo voltasse à Terra, ele não teria tido outra escolha além de ir para as trincheiras. Então, ele teria sido equipado com um rifle e uma máscara de gás bem como eu o desenhei e alguém teria dito a ele como a qualquer outro soldado, "cale a boca e siga em frente!" [Maulhalten, weiterdienen], assim como eu escrevi sob o desenho.*[982]

Para o *Völkischer Beobachter* não havia dúvida de que Grosz e suas "infames imagens" eram culpadas de "macular o Cristo na cruz".[983] (figura 15.3).

Com sua perspectiva tão fortemente enraizada na tradição musical romântica alemã, porém, o que o *Völkischer Beobachter* achava mais detestável na cultura de Weimar era o refinamento do modernismo musical, o todo ao qual o jornal se referia como, "na melhor das hipóteses, uma imitação ridícula de um leiloeiro de feira vendendo

---

981 "Der ärgerniserregende Freispruch im Falle George Grosz", *Völkischer Beobachter*, 16 de abril de 1929. Para saber mais sobre o caso, ver LEWIS, Beth I. *George Grosz: Art and Politics in the Weimar Republic* (Madison, WI: University of Winconsin Press, 1971).
982 "Maulhalten, weiterdienen!", *Völkischer Beobachter*, 6 de dezembro de 1930.
983 "Niemals ein Heine-Denkmal in Düsseldorf", *Völkischer Beobachter*, 23 de dezembro de 1930.

uma tenda cheia de aberrações musicais"[984] e, na pior, "o terrorismo judaico na música".[985] O jornal manteve-se firme em sua rejeição às obras de "judeus e variados estrangeiros", como Weill, Milhaud, Janacek e Stravinsky[986] ou por alemães, como Paul Hindemith, que supostamente se associaram a "círculos judaicos internacionais".[987] E, previsivelmente, o jornal aplaudia "os bravos atos de resistência" contra o influxo do Modernismo, como quando um nazista solitário [*Hakenkreuzler*] se levantou e soltou uma vaia em um concerto de Schoenberg, Hindemith, Stravinsky e Bartók.[988]

O "estrangeiro musical" mais ridicularizado pelo *Völkischer Beobachter* foi Igor Stravinsky (1882-1971). Embora um ataque inicial o tenha identificado como um "Polack espiritual",[989] Fritz Stege descreveu Stravinsky como um "compositor russo com instintos semiasiáticos escondidos sob a proteção da civilização francesa", que simplesmente sabia como manipular a cabeça aberta dos frequentadores de concertos alemães como "objetos de especulação". Segundo Stege, nem um ano se passara, quando Stravinsky não viajou pela Alemanha "agindo como seu próprio chefe de propaganda e dando publicidade para suas obras deploráveis e vergonhosas". O pior de tudo isso foi que sua "música estéril de barulho sem qualquer ideia real, cheia de eclosões orquestrais histéricas e fortemente carnavalesca ou as sessões de jazz" encontraram um público entusiasmado entre os alemães.[990] Herbert Gerigk – editor de *Lexicon of Jews in Music* e editor-chefe de *Die Musik* quando este foi completamente nazificado –, perguntou-se como a música de Stravinsky ao *Rito da Primavera* conseguia comover as pessoas tão intensamente: sua popularidade era

---

984 SELA, "Schichtls musikalisches Raritätenkabinet oder Der tolle Nach-Fastnachtsspur", *Völkischer Beobachter*, 21 de fevereiro de 1923.

985 "Jüdische Terror in der Musik: Neue Musik – Paul Aron", *Völkischer Beobachter*, 6 de janeiro de 1929.

986 "Die Verjüdung u. Verfremdung unserer Opern Bühnen", *Völkischer Beobachter*, 1-2 de julho de 1928.

987 SELA, "Schichtls musikalisches Raritätenkabinet oder Der tolle Nach-Fastnachtsspur", *Völkischer Beobachter*, 21 de fevereiro de 1923.

988 "Jüdischer Terror in der Musik: Neue Musik – Paul Aron", *Völkischer Beobachter*, 6 de janeiro de 1929.

989 SELA, "Schichtls musikalisches Raritätenkabinet oder Der tolle Nach-Fastnachtsspur", *Völkischer Beobachter*, 21 de fevereiro de 1923. Ver EVANS, Joan. "Stravinsky's Music in Hitler´s Germany", in *Journal of the American Musicological Society*, 56(3), 2003, p. 525 e STEINWEIS, Alan E. *Art, Ideology, and Economics in Nazi Germany: The Reich Chambers of Music, Theater, and the Visual Arts*, p. 22.

990 STEGE, Fritz. "Eine neues Musikschandwerk: Eine Stravinsky 'Welt" – Uraussführung in Berlin", *Völkischer Beobachter*, 30 de outubro de 1931.

Figura 15.3 *Völkischer Beobachter*, artigo sobre Grosz e charge – Siegert: "'Você esteve pessoalmente envolvido na guerra?' George Grosz: 'Não!' *Cale a boca e siga em frente!"*, 12 de junho de 1930.

claramente uma "enorme sobrevalorização da arte de Stravinsky – a substância da qual era muito fraca".[991]

Entretanto, de todas as manifestações do modernismo musical na República de Weimar, o evento que recebeu mais atenção no *Völkischer Beobachter* foi a estreia da opereta de Ernst Krenek *Jonny spielt auf,* em 1927, que tinha como personagem principal um violinista negro de jazz americano (na verdade, um homem branco com a cara pintada de negro) trabalhando nas ruas de Paris.[992] Com a controvérsia em torno de *Nada de Novo no Front Ocidental* na literatura e no cinema e o julgamento por blasfêmia de George Grosz nas artes visuais, a comoção do *Völkischer Beobachter* sobre a *Zeitoper* de Krenek completou um tríptico da crítica nazista exagerada da cultura de Weimar. Em sua crítica da

---

[991] GERIGK, Herbert. "Die Wandlung der neuen Musik", *Völkischer Beobachter*, 27 de setembro de 1938.
[992] Mais uma vez, ver COOK, *Opera for a New Republic*, p. 85-105, 206-210, para mais informações sobre essa opereta. Para saber mais a respeito dos ataques nazistas a esse trabalho, ver KATER, *Composers of the Nazi Era*, p. 200-208.

opereta, o jornal encontrou uma oportunidade para dar voz a cada elemento principal de sua vingança contra a sociedade alemã pós-guerra e a política como um todo.

Ao escrever para o jornal, F. A. Hauptmann, um dos líderes das iniciativas culturais em Leipzig que estava na redação do *Völkischer Beobachter* a partir de 1925,[993] contou que estava envergonhado que a estreia tinha sido no Stadttheater de sua cidade natal "no coração da Alemanha". Recorrendo de imediato a uma visão racista do evento, Hauptmann escreveu que, "mesmo se ele não parecesse", o compositor Krenek (1900-1991) podia ser considerado um judeu "pois ele casou com a filha do judeu Gustav Mahler e estudou com o judeu Franz Schreker". Além disso, embora toda a música de Krenek fosse "suave e afeminada" e, portanto, "tipicamente judaica", *Jonny spielt auf* – na qual "um herói negro seduz mulheres brancas e rouba violinos valiosos" – era mais perturbadora. Cheia de jazz, tratava-de de uma ópera de jazz, e seu "significado profundo" era simplesmente que "a vida é um jogo: nós dançaremos e tropeçaremos durante ela, então deixemos que Jonny, o Crioulo, nos destrua".[994] O jornal até mesmo colocou na primeira página alguns trechos do livreto que enfureceu particularmente os nazistas. Aqui, Jonny elogia o "deus judeu", Jeová. Então, Jonny diz que ele conquistaria o mundo, inclusive a Europa, tirando vantagem da popularidade de dançar o jazz. Finalmente, a cena na qual ele seduz a protagonista branca, Yvonne.[995] "Imprestável e indigna do teatro alemão, essa opereta não fazia nada além de agravar as condições vergonhosas da época". Para Hauptmann, parecia desnecessário salientar quanto essa ópera simbolizava questões como a "aniquilação dos arianos pelos crioulos" e o "domínio de raças estrangeiras sobre a cultura alemã".[996]

Quando a obra foi produzida em Dresden, o *Völkischer Beobachter* a depreciou como uma "invenção monstruosa da insanidade", que provava que o "teatro judeu e a imprensa" tinham "roubado

---

993 Hauptmann filiou-se ao Partido Nazista em 1925 e fundou a *Kulturpolitische Abteilung der NSDAP Kreis Leipzig*; ele também foi um líder da *Kampfbund für deutsche Kultur* e da *NS-Kulturgemeinde Kreis Leipzig*: ver VON SALDERN, Adelheid e SEEGERS, Lu. *Inszeierte Stolz* (Stuttgart: Franz Steiner, 2005), p. 120, nº 26. Ver também KÖHLER, G. "Kunstanschauung und Kunstkritik", p. 27.
994 HAUPTMANN, F. A. "Die erste Jazz-Oper. Von einem tschechischen Juden. Uraufführung in Leipzig", *Völkischer Beobachter*, 19 de fevereiro de 1927.
995 "Jonny unantastbar", *Völkischer Beobachter*, 26 de junho de 1928.
996 HAUPTMANN, F. A. "Die erste Jazz-Oper. Von einem tschechischen Juden. Uraufführung in Leipzig."

o sentimento saudável" da alma alemã: "fazer barulho em vez de música é entediante; uma dança jazzificada era abominável".[997] Em dezembro, a "batalha contra Jonny" tinha se espalhado até o lar do jornal, na Baviera, e ele se questionava sobre o que o governo estadual faria sobre essa "suposta ópera que era na verdade uma apoteose da negritude" e era simbólica do "escândalo negro no Reno" (em referência à ocupação francesa de Renânia, apoiada por tropas africanas). O Estado bávaro estaria pronto para "banir essa porcaria, no interesse da luta contra a indecência e a imundície?".[998] De acordo com Hans Buchner, os defensores de Jonny e sua ópera de jazz eram os inimigos da música das óperas clássica e romântica. O gosto burguês entrou em colapso depois da catástrofe da Primeira Guerra Mundial: não havia mais força criativa, nem liderança cultural e nem vontade de resistir às novas tendências. Isso tudo, levava à "bolchevização das formas de vida e de seus conteúdos", à "ascensão da cultura negra", e (ainda que improvável) à "anarquia sistemática". O teatro, a música, o jornalismo e o cinema: todos foram afetados. As condições bolcheviques dariam origem ao "homem da massa", não a um povo. A música popular já tinha influenciado a ópera antes, mas Krenek não só incorporou o jazz, como também empregou um estilo modernista abrasivo. Para Buchner, *Jonny* "não era uma ópera – nem mesmo uma ópera de jazz". Um "espelho da época refletindo precisamente o mundo pós-guerra, estava destinado ao fracasso".[999] Para o jornal, a popularidade de Krenek era um sinal de fraqueza (não, nesse caso, *Völkstumlichkeit* [apelo popular]): os gênios eram entendidos apenas por seus semelhantes; aqueles a quem o público honrou eram apenas pseudogênios. Ir atrás de uma ideia sem preocupação com o dinheiro era "verdadeiramente alemão"; buscar o sucesso financeiro era "tipicamente judeu". A recepção de Wagner e Krenek marcava essa diferença: "Wagner teve de trabalhar para seu aplauso, enquanto Krenek, não".[1000]

Em janeiro de 1928, como o *Völkischer Beobachter* ficou contente em noticiar, na estria da apresentação no Viena *Staatsoper*, manifestantes acenderam bombas fétidas e espalharam pó de escória

---

997 BUROCK, Rud. "'Jonny spielt auf' auch in Dresden", *Völkischer Beobachter*, 19 de novembro de 1927.
998 "Der Kampf um 'Jonny'", *Völkischer Beobachter*, 11 de dezembro de 1927.
999 BUCHNER, Hans. "Krenek´s Jazzoper 'Jonny'", *Völkischer Beobachter*, 20 de dezembro de 1927.
1000 MISS. "Alljudas Kampf gegen Richard Wagner."

em volta da entrada.[1001] Porém, ficou decepcionado com a presença de oficiais da polícia de prontidão nas imediações do teatro para prender os que protestavam contra essa "desgraça judaica".[1002] Segundo o jornal disse, Krener atuou como se estivesse inspirado pelo hino "profundamente religioso" de Bach, *Jesus, meine Zuversicht*, mas ele "o transformou em um foxtrote" e depois escreveu uma ópera na qual "a raça negra é representada triunfando sobre os brancos".[1003] Apesar da defesa de Alfred Rosenberg de medidas legais contra a "ópera jazz negra", Jonny "ainda tocava em alto e bom som".[1004] Os negros "estupravam meninas e mulheres alemãs pelo Reno", enquanto as pessoas gritavam elogios a essa "cultura negra" – e quem resistisse a isso apanhava e era preso pela polícia que "protegia a aristocracia da Alemanha de novembro". Enquanto os pobres proletários eram meros espectadores, o "povo eleito" conduziria seus Citroëns, Chryslers e Chevrolets ao evento: "asiáticos gordos e corpulentos, com garotas alemãs loiras e magras ao seu lado porque eles as compraram com dinheiro". Se alguém resistisse à produção esticando seu braço direito e gritando, *Heil, Hitler! Heil, Deutschland!* – "o grito solitário dos corações atormentados, o grito dos lutadores alemães" – a polícia o perturbava. Se a Alemanha algum dia se levantasse mais uma vez, a totalidade do "sistema" de Weimar teria de ser "completamente abolida, com todos os seus líderes".[1005]

Wilhelm Weiss, um ex-oficial do Exército Imperial que substituiu Alfred Rosenberg como editor chefe do *Völkischer Beobachter* em 1928, contribuía às vezes com artigos para o caderno de artes antes e depois de assumir o novo cargo no jornal.[1006] Ele também contribuiu com o discurso bombástico contra *Jonny*. Havia pessoas lá, segundo ele, que viam esse "negro nova-iorquino – com seu "apetite primitivo e vitalidade exótica" – como o cumprimento do ideal modernista para a humanidade e o fazia "em reconhecimento de sua própria esterilidade e resignação diante da derrocada da Europa". Isso marcou o

---

1001 "Die Wiener Nationalsozialisten gegen 'Jonny'. Stinkbomben in der Wiener Staatsoper", *Völkischer Beobachter*, 29 de janeiro de 1928.
1002 "'Jonny spielt auf' unter polizeilichem Schutz", *Völkischer Beobachter*, 30 de janeiro de 1928.
1003 "Wer ist Krenek, der Komponist von 'Jonny spielt auf'?", *Völkischer Beobachter*, 13 de junho de 1928.
1004 ROSENBERG, Alfred. "Jonny", *Völkischer Beobachter*, 15 de junho de 1928.
1005 J. B. "Jonny spielt auf und die Polizei tanzt", *Völkischer Beobachter*, 19 de junho de 1928.
1006 KÖHLER, G. "Kunstanschauung und Kunstkritik", p. 24.

declínio e a queda da civilização ocidental? Não, Weiss escreveu, apenas o declínio e a queda de um período que tinha "confundido o *kitsch* negro com o ritmo da vida: *esse* mundo poderia ir para o inferno – até com proteção policial!".[1007]

O fato de que as autoridades alemãs permitiram a continuação das apresentações de *Jonny spielt auf* era uma fonte constante de irritação ao *Völkischer Beobachter*. O jornal reclamou que "Jonny rouba um violino, depois estupra uma mulher branca, então os cidadãos alemães de espírito alemão que veem isso como um enfraquecimento da moralidade popular esperam uma proibição de um governo [centrista] todo cristão", e ainda assim o governo nada faz. Em vez disso, a polícia protegia as entradas do teatro – "*ad majorem gloriam* Jonnys" – enquanto um povo "bastardo" "que tinha perdido todo o sentimento por sua raça berrava em aprovação lá dentro". Os nazistas assobiavam e vaiavam, mas os policiais intervieram "em nome da liberdade de expressão e da ordem".[1008] Baldur von Schirach escreveu um artigo descrevendo sua própria experiência ao ser preso por vaiar a apresentação da ópera.[1009] Von Schirach lembrou que uma vez Munique tinha um belo teatro, mas aí veio Jonny, um "meio símio venenoso, direto do bazar judeu de lixo artístico".[1010] Ainda assim, as autoridades não fizeram nada para deter essa "gozação dos alemães" e – ainda pior – os "judeus marxistas no topo" denunciavam os nacional-socialistas por lutar contra eles. O jornal exigiu que esse "escândalo negro" fosse pelo menos enxotado de Munique – e, de fato, o fracasso em fazê-lo seria um indício da total inépcia do governo bávaro.[1011] Mais tarde, quando noticiaram que o chanceler Wilhelm Marx, do amplamente católico Partido do Centro, comparecera a uma apresentação em Berlim, o *Völkischer Beobachter* usou Jonny como um catalisador para atacar a situação política em nível nacional. Os supostos defensores da moralidade cristã estavam protegendo e gostando de Jonny: um sinal de que "o centro estava trabalhando com os marxistas".[1012]

---

1007 WEISS, Wilhelm. "Jonny in München", *Völkischer Beobachter*, 19 de junho de 1928.
1008 Sch. W. "Die Polizei spielt auf", *Völkischer Beobachter*, 21 de junho de 1928.
1009 VON SCHIRACH, Baldur. "Ein Abend bei Jonny: Betrachtung eines 'Pfui' – Rufers", *Völkischer Beobachter*, 24 de junho de 1928.
1010 DIOGENES, "Fort mit Jonny! Jonny in Breslau", *Völkischer Beobachter*, 22 de junho de 1928.
1011 "Fort mit demJonny!", *Völkischer Beobachter*, 21 de junho de 1928.
1012 M. F., "Jonny, der neueste Heilige der Bayerischen Volkspartei: Die entlarven Patentchristen", *Völkischer Beobachter*, 24 de junho de 1928.

Finalmente, o escândalo espalhou-se para além das fronteiras alemãs. Ironicamente, o *Völkischer Beobachter* se viu concordando com a imprensa parisiense, que também era uma crítica da ópera. Ele interpretou tal alinhamento como prova de que ainda havia "alguns elementos raciais saudáveis" entre os parienses, que, apesar do "exército francês mestiço", rejeitava a "negrização da humanidade ocidental tanto quanto nós alemães".[1013] Sobre a estreia do show em Nova York, o jornal alegou que, como os americanos temiam protestos, os produtores escolheram um homem branco para representar Jonny, mitigando assim a questão.[1014] Ainda assim, Jonny estava tocando em todos os palcos, não apenas nos alemães, e isso demonstrava que a "negritude [estava] sendo glorificada em todo o mundo, onde quer que fosse habitado por brancos". Que a raça branca – e aqui o jornal estipulou que usava a palavra "apenas para descrever a cor da pele" – tolerasse essa ópera de jazz era uma justificativa clara para o pessimismo de Oswald Spengler referente à cultura do Ocidente. Na Alemanha e no exterior, não foi o povo, mas as "massas de judeus", aquelas com "laços familiares judaicos" e "arrivistas sem qualquer personalidade nacional", que dominavam o público dos teatros que se divertiam com Jonny.[1015] No final, o jornal podia explicar os sucessos de *Jonny Spielt auf*, *A Ópera dos Três Vinténs* e de produções similares que "glorificavam a subumanidade" apenas por apontar a existência de públicos com "uma consciência nacional surpreendentemente limitada". Na Alemanha, a cultura conspiratória de Weimar realizou isso: por meio da mídia moderna, "os marxistas encheram de gás os cérebros do público a um grau assustador".[1016]

Mas por toda a atenção dedicada à *Zeitoper* de Krenek, algo ainda mais enfurecedor aos críticos nazistas era o que Arnold Schoenberg (1874-1951) imaginava como politonalidade. Já em 1920, Hans Buchner fez uma reportagem sobre a presença cada vez maior da Segunda Escola de Viena nos programas alemães, referindo-se a Schoenberg como o "pioneiro da polifonia absoluta, a técnica de composição moderna que tinha sido inaugurada por outro compositor judeu: Gustav Mahler". Buchner reclamou que essa direção estilística, já parte da vida artística "marcadamente semítica" na Áustria,

---

1013 "Jonny auch in Paris ausgepfiffen", *Völkischer Beobachter*, 24 de junho de 1928.
1014 "Jonny in Neuyork durchgefallen", *Völkischer Beobachter*, 27 de janeiro de 1929.
1015 "Die Verjüdung u. Verfremdung unserer Opern Bühnen."
1016 "Arteigne und artfremde Musik", *Völkischer Beobachter*, 10 de novembro de 1931.

ganhava um sólido ponto de apoio na Alemanha.[1017] Alguns meses depois ele acrescentou que esse "movimento filossemita" supunha que Schoenberg tinha descoberto a pedra filosofal, que apresentava "fórmulas estéticas para todas as manifestações e possibilidades da música moderna". Especialmente depois do colapso do Segundo Reich, tais desenvolvimentos "constituíam uma ameaça significativa para a consciência etnocêntrica e enfraquecia as esperanças no futuro". Mas todos esses aparentes sucessos, insistiu Buchner, mostravam-se apenas "propaganda praticada por uma imprensa que era orientada por seus objetivos, cuja crítica cultural não se acanhava nem por demagogia velada ou clara, apesar de a oposição conservadora nunca ter se inclinado a tais métodos". Buchner alertou que demorariam anos de trabalho duro para reestabelecer a reputação mundial da música alemã, baseada na música julgada segundo "feitos e realizações em vez do modernismo filossemita de oferta e demanda".[1018] Dois anos depois, outro colaborador intrometeu-se para descrever Schoenberg como um "profeta que vagava desde Jerusalém; o arauto da era moderna; um apóstolo para quem nada que fosse sagrado poderia ser trivializado o suficiente; um filósofo e pensador sem uma cabeça; um produtor de limonada e açúcar que também pintava um pouco". O *Völkischer Beobachter* perguntou: "Alguém poderia levar um homem desses a sério?".[1019] Buchner, por exemplo, podia. Ele depois intensificou sua retórica no jornal ao argumentar que a "panelinha judeu-vienense" de Schoenberg estava cometendo "exorcismos musicais e estupros que estavam além do tênue".[1020]

Apesar das afirmações de que Schoenberg e seus seguidores não "davam em nada na história da música",[1021] o jornal foi obrigado a noticiar em 1926 que a *Accademia di Santa Cecilia* em Roma estava fazendo do "fundador da suposta música atonal – o judeu-vienense" – um membro honorário. Isso foi um choque para o *Völkischer Beobachter*, que achou notável que tal instituição tradicional adotasse em seus quadros o fundador do "bolchevismo musical" – o líder da "moda judaica internacional" – justamente quando o sentimento nacionalista italiano estava

---

1017 BUCHNER, Hans. "Bemerkungen zu den Münchner Festspielen", *Völkischer Beobachter*, 19 de agosto de 1920. Para saber mais sobre Schoenberg na era nazista, ver KATER, *Composers of the Nazi Era*, p. 183-210.
1018 BUCHNER, Hans. "Von zwei Welten in der Musik."
1019 SELA, "Schichtls musikalisches Raritätenkabinet oder Der tolle Nach-Fastnachtsspur".
1020 BUCHNER, Hans. "Elektra", *Völkischer Beobachter*, 24 de agosto de 1923.
1021 Idem.

em seu ponto mais alto sob Mussolini. O jornal teve de supor que tudo isso era obra da esposa do antigo enviado italiano a Viena, Luca Orsini-Baroni, "que era judia". Segundo o jornal, aceitar o "comandante supremo dos atonais barulhentos na Alemanha" como um membro do lar do *bel canto* poderia ter sido visto como uma piada hilária "se os judeus não estivessem por trás, como sempre".[1022] Ainda assim, o jornal tinha confiança de que, enquanto a reputação de um "verdadeiro alemão como Händel" vivesse por mais 200 anos, duvidava-se de que alguém dissesse ou ouvisse qualquer coisa sobre Schoenberg no ano de 2128.[1023]

Enquanto isso, em 24 de fevereiro de 1933, um mês depois da "tomada de poder" nazista, Schoenberg ainda estava disponível para dar uma palestra na Sociedade para Nova Música, e o *Völkischer Beobachter* reagiu de modo previsível. O jornal comentou que qualquer "pessoa com um pensamento saudável" considera simplesmente repulsivos os esforços "doentios e convulsivos" de Schoenberg – "para serem levados a sério, impressionar seu público com tiradas típicas dos dialetos judeus, cobrir o vazio interno e a instabilidade de suas ideias com uma enchente de palavras". Mas, para os nazistas, "o movimento espiritual que abria caminho naquele momento lhes dava motivo para ter a esperança de que a música não permaneceria sob sua influência destrutiva por muito mais tempo".[1024] De fato, cinco anos depois, o jornal achou que podia rememorar o modernismo musical como uma desagradável coisa do passado. Em retrospecto, estava claro que essas forças surgiram em um estado de crise, mas apontavam em direções que somente podiam levar ao "erro, degeneração e corrupção". Talvez outros povos e raças pensassem e sentissem em termos de tons dissonantes, mas aos alemães eles eram "estranhos". A atonalidade foi o "bicho-papão" daqueles dias: o "judeu Schoenberg a transformou em um princípio, e a destruição da forma naturalmente veio a seguir". Esse estilo era "sem dúvida degenerado, porque rompia com as fundações apropriadas para o gosto musical alemão". De fato, as próprias composições de Schoenberg davam a melhor evidência da futilidade de sua teoria: a combinação de muitos elementos que

---

1022 "Eine Italienische Ehrung Arnold Schoenbergs", *Völkischer Beobachter*, 31 de janeiro de 1926.
1023 HAUPTMANN, F. A. "Alcina von Händel: Uraufführung in Leipzig", *Völkischer Beobachter*, 24 de junho de 1928.
1024 "Musik-Auffassung von gestern: Vortrag Arnold Schoenbergs in der Gesellschaft für Neue Musik", *Völkischer Beobachter*, 24 de fevereiro de 1933.

"pareciam fascinantes nos anos pós-guerra, dominados por um tom de ruína, terminou em nada além de niilismo caótico".[1025] Em face da arte modernista de "ruína" de Schoenberg e do "niilismo" tão ostensivamente emblemático na República de Weimar como um todo, o *Völkischer Beobachter* insistia que uma grande mudança na história cultural alemã ocorria com a ascensão de Adolf Hitler e do partido nazista.

---

1025 MAYER, Ludwig K. "Musik in unserer Zeit", *Völkischer Beobachter*, 18 de dezembro de 1938.

# PARTE V

## SOLUÇÕES NAZISTAS

# 16

# "Honrai Vossos Mestres Alemães"

Este livro mostrou como os ideólogos nazistas trabalharam para demonstrar que seus ideais estavam arraigados no passado cultural ocidental. Como argumentou George Mosse, estabelecer a legitimidade baseada na tradição por meio da invocação das ideias e criações dos "mestres" históricos pretendia fazer os homens "sentirem-se em casa nesse mundo proporcionando-lhes uma realidade que não fosse a vida cotidiana em uma sociedade em processo de industrialização" – com "um mundo onde 'tudo estava em seu devido lugar'; um mundo onde alguém se sentisse 'em casa'". Em toda forma de representação artística e com relação a todos os tópicos, a cultura nazista abordou o "desejo pela permanência e pela referência a pontos fixos em um mundo em transformação".[1026]

Hitler estava inflexível quanto à necessidade de preservar tais pontos de referência através de cada faceta de sua cultura nacionalizada. Desde os primeiros estágios de sua carreira, ele tinha se dedicado a

---

1026 MOSSE, George L. *The Nationalization of the Masses*, p. 23 e 211.

aplicar as medidas necessárias para impedir a difamação da herança cultural alemã pela sociedade moderna:

> *A coisa mais triste sobre o estado de toda a nossa cultura do período pré-guerra era (...) o ódio com o qual a memória do passado superior foi difamada e apagada. Em quase todos os campos da arte, especialmente no teatro e na literatura, nós começamos por volta da virada do século a produzir menos do que era novo e significativo e a depreciar as melhores obras antigas e representá-las como inferiores e ultrapassadas (...) E desse esforço para remover o passado dos olhos do presente, a má intenção dos apóstolos do futuro podia ser vista com clareza e inconfundivelmente.*[1027]

Hitler então tentou anular as características definidoras do Modernismo – sua rejeição das hierarquias e tradições culturais recebidas –, projetando o Modernismo e seus apóstolos como uma força essencialmente destrutiva que tinha fracassado completamente ao tentar produzir alguma obra de valor durável. A expressão de tal impulso não tinha qualquer potencial. A base para uma cultura do futuro deve estar fundamentada em uma tradição cultural estável, não em sua denúncia. Desse modo, Hitler comprovou que "toda verdadeira renascença da humanidade pode começar com uma cabeça aberta para as boas realizações das gerações passadas; na verdade, isso pode torná-los apreciados pela primeira vez".[1028]

E, de fato, como os colaboradores do caderno de cultura do *Völkischer Beobachter* tanto afirmavam, a "renascença da humanidade" foi possibilitada pela ascendência do Terceiro Reich que pela primeira vez faria os alemães realmente apreciarem as realizações culturais do passado. Veremos abaixo como as críticas culturais do jornal cobriram algumas das figuras que eles aceitaram como criadores de uma nova tradição cultural nazista. Mas sua meta oculta em toda essa cobertura era demonstrar que somente por meio das interpretações, das políticas e das celebrações do nacional-socialismo a tradição ocidental alcançaria a consciência nas mentes alemãs. Então, retornemos agora à cobertura dos mestres históricos feita pelo jornal que foram "homenageados" pelos nacional-socialistas em oposição ao estilo de Weimar, tanto antes como depois da tomada de poder por Hitler, de maneiras que

---

1027 HITLER, Adolf. *Mein Kampf*, p. 261.
1028 Idem, p. 259.

sincronizavam com a liderança imediata do partido, com as políticas e as visões, em vez de apenas caçoar dos outros.[1029]

Por exemplo, de acordo com o *Völkischer Beobachter*, até a "tomada de poder" nazista em 1933 e a coincidência com o aniversário de 450 anos de Lutero, o componente antissemita do legado de Lutero tinha sido ignorado porque uma forma "liberal" e "objetiva" de Protestantismo dominava. Em particular, até o início do governo nazista, nenhum dos acadêmicos luteranos profissionais considerou importante olhar com atenção para a atitude dele relacionada à "Questão Judaica". Esse descuido, segundo o jornal, era típico de toda pesquisa "supostamente objetiva", que "desviava das questões essenciais para a sobrevivência nacional".[1030] Mas tal estado de coisas mudaria na era nazista: como nos tempos de Lutero, um "anseio profundo pela verdadeira renovação" circulava agora na Igreja Alemã; "sob o signo da revolução nacional, a vida interna da Alemanha será transformada pela vontade do reformador alemão".[1031] Nas palavras de Wilhelm Frick, o povo era "despertado de seu torpor, sacudido da indiferença para começar uma nova vida e chamado por Deus para uma ação renovada – assim como durante a grande transformação do século XVI".[1032]

As vozes da "nova" Igreja Protestante, "com a intenção de renovação segundo antigos princípios germânicos", receberam toda a atenção no *Völkischer Beobachter*. O *Landesbischof* [bispo] bávaro, Ludwig Müller, chefe da *Deutsche Christen*, sustentou que a mudança ocorreria dentro da Igreja Evangélica Alemã, que seria entendida apenas com referência à "experiência das revolta e revolução recentes". Em sua visão, o movimento nazista, "nascido da fé, confiança, lealdade e obediência", tinha um "forte componente espiritual". No Terceiro Reich, a Igreja e o Estado estariam intimamente vinculados, porque, segundo Müller, a Igreja Protestante tinha a missão de "sustentar a nova ordem de dentro".[1033] Karl Bornhausen também sentia que o crescente estatismo intensificaria a fé protestante, pois o "evangelho alemão"

---

[1029] "A ideologia da revolução nazista baseava-se no que se supunha ser as tradições germânicas; se por um lado a revolução olhava para o futuro, ela tentava recapturar um passado mítico e com isso as antigas tradições, que para muitas pessoas era a única esperança de superar o caos do presente": MOSSE, George L. *The Nationalization of the Masses: Political Symbolism and Mass Movements in Germany from the Napoleonic Wars through the Third Reich*, p. 195.
[1030] "Luther und die Judenfrage."
[1031] "Zum 450. Geburtstag Luthers", *Völkischer Beobachter*, 10 de novembro de 1933.
[1032] "Luthers Persönlichkeit ist eine Weltmacht geworden."
[1033] "Luther-Festtage in Wittenberg", *Völkischer Beobachter*, 12 de setembro de 1933.

de Lutero estava manifestado na "obediência, serviço e sacrifício". Os alemães não poderiam existir sem ideais de liberdade e dever, inspirando-os a "escolher livremente dar suas mãos e corações, vida e amor para seu país".

Além disso, Bornhausen acreditava que um Protestantismo nazificado, vinculado ao Estado, complementaria o espiritualismo intenso do novo regime. Para ele, cantar o hino, *A Mighty Fortress is Our God*, nas cerimônias da igreja da SA constituía uma "expressão completa da renovada vontade de viver alemã". Bornhausen olhou a era nazista para um senso maior de unidade nacional e religiosa, achando surpreendente que, na Alemanha nacional-socialista, Lutero fosse "saudado com entusiasmo e compreendido como um *Führer* alemão tanto por católicos como protestantes". À medida que o povo sentia seu "avanço para a unidade genuína", o jornal teve de reconhecer os agradecimentos que devia a Lutero. Com o governo nazista ficaria mais claro que "era possível aprender os termos fundamentais da visão de mundo nacional-socialista dele". Tinha demorado 400 anos para as almas alemãs amadurecerem: um século antes a língua alemã de Lutero tinha florescido em Herder, Goethe, Schiller e Schleiermacher; mas, então, "começou uma tempestade no campo e causou muita destruição". Apesar disso, com a ascensão de Hitler, "os alemães avançavam mais uma vez à colheita".[1034] Wilhelm Farnhorst, diretor da *Evangelischer Bund* [Liga Evangelista], anunciou o mesmo tema da unificação nacional e religiosa por meio da contemplação de Lutero: "o nacional-socialismo, uma visão de mundo nascida do povo, e o Protestantismo, uma fé nascida do povo, deviam permanecer juntos e inseparáveis". Enquanto o nacional-socialismo uniu a Alemanha politicamente, o Protestantismo "faria o mesmo com a religião".[1035]

August Jager, que liderou uma grande campanha contra pastores resistentes, fez as ligações mais diretas entre a reforma e o nazismo do jornal, mostrando poucas restrições em equiparar suas duas principais figuras. Ele estava certo de que não era por acidente que o 450º retorno do aniversário de Lutero acontecia no momento em que o povo alemão estava se reanimando e sentindo seu renascimento. Lutero e Hitler eram companheiros de trabalho para a salvação do povo alemão: o que Lutero começou na religião, "Hitler terminaria com sangue".[1036] Ambos eram "líderes que surgiram para os alemães em momentos de crise". Antes

---

1034 BORNHAUSEN, K. "Martin Luthers deutsche Sendung."
1035 "Luthers Persönlichkeit ist eine Weltmacht geworden."
1036 Idem.

de 1933, os alemães careciam de autodisciplina e de uma forte crença em um Lutero que "superou todos os demônios, como uma poderosa fortaleza".[1037] Mas então Lutero começou a reaparecer como um "herói alemão que fez seu próprio caminho com uma coragem pessoal incomparável resistindo a tudo com uma bravura inflexível" – o "primeiro grande *Führer* espiritual e político da sociedade alemã; o protótipo para o novo que estava a caminho".[1038] Em Lutero veio um líder cuja "força de vontade, inteligência, compromisso com a verdade, coragem e obstinação não podiam ser igualados".[1039] Ao identificá-lo como um super-herói corajoso, Bornhausen na verdade colocou em uma estrofe cheia do imaginário medieval de cavaleiros em armaduras reluzentes, aprovando a "missão alemã" de Lutero com alegria:

> *Ele brandiu sua espada*
> *Bem acima do dragão do dia.*
> *Com uma língua flamejante*
> *Ele imprimiu sua Palavra na eternidade.*
> *Ele compartilhou seu pão com os pobres.*
> *Ele socorreu os fracos.*
> *Pai, tenha piedade do povo,*
> *Permita à Alemanha levantar-se dos mortos!*[1040]

"O sonho de Lutero é nosso objetivo", era a manchete de um artigo no qual o *Völkischer Beobachter* afirmava enfaticamente que a história nazista fluía de Lutero a Hitler. Em uma época em que o sofrimento do povo ansiava por uma palavra de Deus, Lutero tornou-se o "líder da palavra", "mostrando a direção e dando a solução". A importância de Lutero estava em sua *Führertum* [liderança]: seu amor pelo povo dava-lhe uma "força quase sobre-humana para desafiar o mundo inteiro, o imperador e o papa". Ele liderava um movimento espiritual que podia apenas ser comparado à "grande experiência da revolução nazista". Não era culpa de Lutero que o "grande começo em direção à autoconsciência no povo", um objetivo pelo qual os nazistas ainda enfrentavam problemas, se desvanecera no século XVIII. Apenas o Estado prussiano adotou a mensagem do "Lutero político" como sua própria e começou a unificar a nação, apesar de mesmo Bismarck não poder formá-lo

---

1037 SCHULZE-LANGENDORFF, Friedrich. "Voraussetzungen für Luthers Reformation", *Völkischer Beobachter*, 6 de novembro de 1927.
1038 "Luthers Persönlichkeit ist eine Weltmacht geworden."
1039 SCHULZE-LANGENDORFF, Friedrich. "Voraussetzungen für Luthers Reformation."
1040 BORNHAUSEN, K. "Martin Luthers deutsche Sendung."

completamente. Mas Hitler herdou o legado de Lutero: estava claro que "a era nazista e sua incumbência estavam vinculadas à obra de Lutero".[1041]

Em pelo menos uma ocasião, tal coidentificação intensa dos dois *Führers* dificultou a determinação de qual o *Völkischer Beobachter* estava homenageando. Por exemplo, o seguinte poema comemorativo apareceu no centro de uma página cobrindo o dia de Lutero em 1933.

*Aqui fala um homem,*
*Que ama a honra de seu Povo*
*Com todo o seu coração.*
*Aqui fala um homem –*
*Lá, tremem os interesses*
*Preocupados apenas com seus negócios, riqueza e prazer.*
*Aqui fala um homem*
*Que deve liderar seus irmãos alemães*
*Para longe de um sofrimento sem precedentes ...*
*Aqui fala um homem*
*Que, forte, e lutando intensamente,*
*Pode levar a verdade ao inimigo.*
*Aqui fala um homem –*
*Lá, eles erram,*
*Atados a um círculo de desfalecimento por um pacto de vergonha.*
*Aqui fala um homem*
*Que sabe tudo sobre o poder do espírito*
*Com cada fibra de sua alma ...*
*Aqui fala um homem –*
*Enquanto organizações internacionais*
*Escondem-se com medo e gritam diante dos atos independentes.*
*Aqui fala um homem*
*Que audaciosamente se ergue*
*E pode triunfantemente berrar: Eu me atrevo a isso!*[1042]

Qualquer confusão que os leitores pudessem sentir ao tentar determinar de que homem estava falando e se atrevendo nesses versos deve ter sido satisfatório para os colaboradores do *Völkischer Beobachter*.

---

1041 Dr. OLMS, "Die deutsche Nation: Luthers Wunschbild ist unser Ziel", *Völkischer Beobachter*, 10 de novembro de 1933.
1042 ALBRECHT, W. "Hier spricht ein Mensch!", *Völkischer Beobachter*, 1º de novembro de 1933.

Os nazistas também destacaram o poderoso senso de fé representado na arte de Bach como central para o valor contemporâneo dele ao Terceiro Reich: "Hoje é mais uma vez hora para o grande chantre da *Thomaskirche*: o presente é mais uma vez um momento de uma grande transição. Nós nunca seremos fortes o suficiente [para dominá-la] sem fé e ninguém nos deu expressão musical tão clara para a fé quanto Bach".[1043] Uma abordagem das obras de Bach emocional em vez de "técnica" era fundamental para a estética musical nacional-socialista. De acordo com Hans Buchner, a nova Alemanha tinha de homenagear e cuidar da vida e obra de Bach: apenas desse modo o jornal poderia obter a força necessária na luta "para alcançar o grande ideal da arte étnica".[1044] Karl Grunsky concordou que a música de Bach era o modelo exemplar do qual se poderia "apreender o efeito coletivo do legado nórdico".[1045]

Ademais, o *Völkischer Beobachter* insistiu que a música de Bach merecia uma relevância renovada no contexto do desenvolvimento político alemão no século XX. Para Buchner, o "espírito combatente e o idealismo religioso sublime" das cantatas de coral, *The Lord God is a Sun and Shield* e *A Mighty Fortress is Our God*, podiam conjurar para a nova era a "força nacional do tempo em que Frederico, o Grande, estava no campo de batalha contra um mundo de inimigos". Como símbolo da Prússia, "lutando e conquistando no espírito de Lutero, bem como uma emergente Alemanha etnocêntrica", a arte de Bach tinha "profetizado o destino da pátria em sua luta presente, mais severa e etnocêntrica. Ao apresentar tais obras, os músicos contemporâneos poderiam suprir a energia necessária para "reconstruir a nação no espírito de Bach e seu tempo".[1046]

Por isso, o *Völkischer Beobachter* considerou a música de Bach um instrumento legítimo para a propaganda, observando com aprovação as apresentações de seu Concerto com Dois Violinos na ocasião do aniversário de Hitler em 1933[1047] e em vários festivais marcados pelos comentários dos líderes nazistas. O mais eminente desses foi o festival produzido em 1935 para homenagear os aniversários combinados de Bach, Händel e Schütz: de 250 anos dos dois primeiros e de 350 do último. Para essa celebração dos "Três Antigos Mestres da Música",

---

1043 "Das deutsche Bachfest in Bremen", *Völkischer Beobachter*, 11 de outubro de 1934.
1044 BUCHNER, Hans. "Joh. Sebastian Bach."
1045 GRUNSKY, Karl. "Weg zu Johann Sebastian Bach."
1046 BUCHNER, Hans. "Musikrundschau", *Völkischer Beobachter*, 19 de outubro de 1923.
1047 "Morgenfeier."

Goebbels falou como presidente da Câmara de Cultura do Reich na Filarmônica de Berlim, ladeado por faixas do partido. Em seu discurso, ele tocou em seus objetivos paradoxais de defender a tradição musical alemã enquanto iniciava uma música nova para o Terceiro Reich. Ele reconheceu que era impossível retornar a estilos determinados pelas condições dos séculos anteriores, mas os alemães tinham de trabalhar duro todos os dias para "restaurar as forças a partir das quais os grandes mestres criaram", enquanto ao mesmo tempo assentavam as fundações para "todo tipo de renascença artística e para todo tipo de desenvolvimento musical". Segundo Goebbels, os Três Antigos Mestres eram alemães "não só porque eles compartilhavam o sangue com o povo alemão", mas ainda mais porque eles lutaram suas vidas inteiras para "dominar as melhores forças da germanidade". Suas formas tinham se exaurido, mas seus espíritos ainda viviam; "as condições externas mudaram, mas a essência da germanidade permanecia constante enquanto o povo alemão vivesse – e era o dever de cada geração de alemães assegurar sua imortalidade".[1048]

Com as obras de Bach, a música de Händel também foi um componente regular dos concertos patrocinados pelo partido já desde 1922.[1049] Mas o ponto alto da recepção de Händel na era nazista foi o festival para os Três Antigos Mestres mencionados antes. Apoderando-se dos laços de Händel com a Grã-Bretanha, o *Völkischer Beobachter* também usou esse evento antes da guerra para articular uma política para aperfeiçoar as relações Alemanha-Grã-Bretanha – com base na afinidade racial. O historiador da arte Waldemar Hartmannn escreveu que muitas vezes a ligação baseada em uma "visão de mundo comum" podia ser destroçada pela "insanidade dos feudos fratricidas". Entretanto, apesar de toda a discórdia, percebia-se nos exemplos de Shakespeare e Händel que a "ligação de sangue tinha triunfado pelos séculos": "assim como a grandeza elevada do primeiro foi reconhecida na Alemanha, a criatividade do segundo recebeu seu primeiro reconhecimento no país que o hospedava". De acordo com Hartmann, as celebrações do aniversário de 250 anos de Händel eram particularmente adequadas para fortalecer os pensamentos de uma "unidade cultural nórdica". Ele estava certo de que a noção disso era forte não só no Terceiro Reich nacional-socialista, mas

---

1048 Citado em "Drei Altmeister der Musik: Reichsminister Dr. Joseph Goebbels über Bach, Händel und Schütz", *Völkischer Beobachter*, 31 de março de 1935.
1049 "Grosse deutsche Festfeier".

também em círculos britânicos.[1050] Mas, em 1936, quando a Câmara de Música do Reich encenou o oratório *Deborah* (1733) em uma produção que combinava nove coros de Berlim em um único com 1.300 cantores, os comentários do *Völkischer Beobachter* deixaram explícita uma interpretação política muito mais agressiva das obras de Händel. Alegava que o texto de *Deborah* tinha partes que podiam ter sido explicitamente escritas para os dias atuais, principalmente: "Dê ao nosso povo um *Führer* cujo nome é cheio de renome vitorioso e honra, cujo braço é fortalecido com um novo poder e que assassinará o inimigo que nos oprime".[1051]

Os agentes culturais nazistas também consideraram a música de Mozart como uma poderosa ferramenta para o partido e o Estado em ascensão. Hans Buchner insistiu que ela constituía um "símbolo político e uma fonte de esperança": assim como nos atos de um grande político ou líder militar, a "expressão do destino étnico" nas obras de Mozart era o que fazia delas "inestimáveis aos nazistas e sua época".[1052] Tocar nas "qualidades fatais do legado de Mozart" significava apresentar e interpretar suas criações em eventos partidários ou pelo menos politizar os concertos e as comemorações mais comuns. Em 1939, uma nova escola de música foi fundada dentro do *Mozarteum* em Salzburgo. A inauguração – marcada por uma apresentação da sinfonia *Jupiter* de Mozart – foi vista por muitos funcionários do governo e oficiais do partido nazista, incluindo o *Reichsminister* Bernhard Rust, o *Gauleiter* [chefe distrital] de Salzburgo Friedrich Rainer e oficiais da *Wehrmacht*. Declarações de um púlpito decorado com bandeiras do Terceiro Reich ligavam a vida e obra de Mozart com o regime. Rust falou do legado de Mozart como "o componente mais importante em um sistema educacional que almejasse uma cultura musical popular abrangente e verdadeira". O diretor da nova escola, o maestro Clemens Krauss, prometeu, "com todo o respeito pelas obras de Mozart", liderar a instituição "no espírito do grande artista e educador, Adolf Hitler". Dito isso, o colaborador Josef Klingenberg do *Völkischer Beobachter* relatou que a "cerimônia político-cultural" fechou com um cumprimento [*Heil-Gruss*] ao *Führer* e ao hino nacional.[1053]

---

1050 HARTMANN, W. "Georg Friedrich Händel und England: Ein Beitrag zur Geschichte nordischer Kulturverbundenheit."
1051 "Wie Händels 'Fest-Oratorium' entstand", *Völkischer Beobachter*, 11 de junho de 1936.
1052 BUCHNER, Hans. "Zum Münchner Mozartfest."
1053 KINGENBECK, Josef. "Salzburgs Sendung: Eröffnungsfeier der neuen Hochschule für Musik im Mozarteum", *Völkischer Beobachter*, 14 de junho de 1939.

Da mesma maneira, no aniversário dos 125 anos da morte de Schiller, o *Völkischer Beobachter* insistiu que seus escritos eram de grande valor para os nacional-socialistas – em vez de seus oponentes. "Dois lemas orgulhosos do espírito heroico desse poeta alemão continuavam a soar de sua tumba; dois gritos de guerra, brilhando com a mais esplêndida fé no povo alemão; duas declarações de que os nazistas precisavam para martelar em seus corações e mentes, para fazê-los acreditar que suas vidas eram mais felizes e esperançosas mesmo durante tempos difíceis". A primeira era: "Todo povo tem o seu dia na história, mas o dia dos alemães viria no outono de todos os tempos". A outra era: "O dia alemão virá quando o círculo do tempo se fechar". Segundo o *Völkischer Beobachter*, essas linhas provavam aos nazistas que Schiller era deles: "como ele, eles viam um Reich político em ruínas, mas, também como ele, viam que outro Reich, o Reich do espírito alemão, permanecia vivo e inconquistável". Na "tranquilidade de suas almas eles preservavam as posses mais nobres e eternas", como ele tinha exigido. Na República de Weimar de "ligações externas e sofrimento", os nazistas agarravam-se firme a eles, porque eles sabiam que "apenas eles os elevariam acima do mundo de violência e juntariam o grande povo: a língua, a cultura, a fé, a moral e o sangue alemães ligariam os alemães do mundo em uma totalidade unificada".[1054]

Schiller portanto serviu de inspiração para os planos nazistas de superação da crise nacional e o declínio por qualquer meio necessário, incluindo a violência. De acordo com o *Völkischer Beobachter*, "o caminho seria longo e difícil" e exigiria que eles "lutassem com a espada". Assim como os Países Baixos e a Suíça uma vez tiveram de lutar por sua liberdade, "a luta armada era a única saída da escravidão" para os alemães. Nesse momento, "depois de a lei eterna e a justiça sucumbirem", Schiller lideraria com suas palavras que "anunciavam a ação como o último recurso". *Guilherme Tell*, especialmente, poderia impelir os alemães a se unirem em um povo e tomar armas:

*O fardo cresce insuportável – ele alcança,*
*Com esperançosa coragem até os céus*
*E agarra para si seus eternos direitos ...*
*O estado primordial da natureza reaparece,*
*Onde o homem opõe-se ao seu semelhante –*
*Como último recurso, quando outros meios*
*São inúteis, a espada é dada a ele.*[1055]

---

1054 KRAUSE, H. "Schiller, ein *Führer* zum Neuen Reich."
1055 STAUFFACHER, in SCHILLER, Friedrich. *Wilhelm Tell*, ato 2, cena 2, traduzido por William F. Wertz (Washington, DC: The Schiller Institute, 1988).

Motivado pelas "criações poéticas que constituíam um chamado para a liberdade, as últimas barreiras entre as tribos alemãs seriam eliminadas e toda a Alemanha seria unida em uma única vontade" quando "milhões de lábios repetissem juramentos sagrados" que seu "cantor e profeta" apresentara em *Guilherme Tell*:

*Nós nos tornaremos uma única terra de irmãos,*
*Nem nos separaremos em perigo ou angústia.*
*Seremos livres, como nossos pais foram,*
*E logo morreremos, não viveremos na escravidão.*
*Confiaremos no Deus Supremo*
*E nunca temeremos o poder dos homens.*[1056]

E em *A Donzela de Orleans*:

*Virá então a hora que inicia uma nova era.*
*O caminho que devemos atravessar, estreito e íngreme.*
*Muitos vacilarão, mas o restante de nós deve continuar.*[1057]

"Direto da boca de Schiller", o *Völkischer Beobachter* proclamou, essas linhas exortavam os nazistas a "agir de modo varonil para a liberdade e a honra da pátria". As ordens de Attinghausen para os suíços, enquanto eles se armavam, de se livrarem de seus opressores carregava a mesma mensagem: "portanto, unam-se – rápido e sempre".[1058] Enquanto se armava para chegada de um novo Reich alemão, o NSDAP insistiu: "o nome de Schiller os levaria lá: o próprio grande poeta seria o *Führer* liderando-os nessa luta".[1059]

Hans Fabricius, que escreveria uma história oficial do movimento nacional-socialista, começou a articular mais especificamente por que os alemães podiam enxergar Schiller como "companheiro de armas de Hitler". Ao promover um livro que escreveu sobre o assunto,[1060] ele explicou em detalhes sua posição ao *Völkischer Beobachter*. Fabricius abriu dizendo que o grande Goethe merecia toda a honra, mas, em sua opinião, Schiller parecia "brilhar como um líder espiritual mais apropriado em tempos turbulentos". O povo tinha de aprender a entender esse poeta "de um novo modo". Alguns podem ter considerado "vulgar"

---

1056 ROSSELMANN, in SCHILLER, Friedrich. *Wilhelm Tell*.
1057 SCHILLER, Friedrich. *Die Jungfrau von Orleans,* ato 1, cena 5.
1058 ATTINGHAUSEN, in SCHILLER, Friedrich. *Wilhelm Tell,* ato 4, cena 2.
1059 KRAUSE, H. "Schiller, ein *Führer* zum Neuen Reich."
1060 FABRICIUS, Hans. *Schiller als Kampfgenosse Hitlers: Nationalsozialismus in Schillers Dramen* (Bayreuth: N. S. Kultur-Verlag, 1932).

da parte dele reivindicar Schiller para o nacional-socialismo, mas suas obras dramáticas eram todas "canções políticas". Era preciso apenas entender a política em um "sentido maior e sagrado" que o nacional-socialismo entendia. As "pessoas educadas" podem ter conseguido provar que as passagens da poesia, prosa e cartas de Schiller não eram compatíveis com o nazismo, mas isso não importava para Fabricius. Ele sabia que a princípio ele seria entendido somente por aqueles que já "eram nacional-socialistas e conheciam a visão de mundo nazista desde seu início". Mas ele esperava ajudar outros a "aprender a entender o nacional-socialismo pela primeira vez por meio de Schiller". Com base na "experiência interna", ele estava certo de que o espírito que falava a partir dos dramas de Schiller era o "mesmo que habitava todos os verdadeiros nacional-socialistas".

As grandes personalidades do passado germânico, continuou Fabricius, "falaram apenas àqueles alemães que estavam despertos; eles permaneceram mudos àqueles que estavam dormindo". Para aqueles que estavam pessoalmente sentindo o "despertar nacional-socialista", a própria vida tinha uma nova faceta: "pela primeira vez, suas vidas estavam repletas de significado profundo, e milhares de coisas e aparências que até então pareciam estranhas, indiferentes e mortas assumiram um significado completamente novo e vivaz". Além disso, o alemão desperto também sentia "uma renovação do esquecido Schiller". Para Fabricius, não era um exagero dizer que os alemães tinham se esquecido dele. No passado, eles estavam cientes da importância que ele tinha para o povo. Por exemplo, quando ele morreu, havia a intenção de erguer um monumento nacional em sua homenagem. Mas as "dificuldades amargas das guerras napoleônicas derrotaram esse plano". Daí seguiu um século no qual o "veneno dos erros liberais e materialistas" alimentava-se da alma alemã: a estima por Schiller diminuiu; o senso de sua grandeza morreu. Quanto mais os "poderes obscuros" enfraqueciam a "seriedade moral" do povo, menos ele entendia a poesia de Schiller. Os ideais alemães e os alvos de guerra que ele anunciou não mais ressoavam na "alma morta" do povo; o "entusiasmo inflamado" de suas palavras ficou "incompreensível e irrelevante aos alemães modernos"; o "arauto veemente da vontade alemã" foi difamado como um poeta de "frases bonitas". Não havia dúvida de que os "poderes que o envenenavam faziam tudo o que podiam – parte abertamente, parte em segredo – para deixar o povo enojado contra esse lutador". Eles viram nele um forte oponente, cujas ideias os ameaçavam sem parar, pensando: "nós precisamos abafar o espírito de Schiller ou falsificá-lo".

Fabricius insistiu que não faltaram tentativas para fazer as pessoas acreditarem que Schiller, principalmente durante um período de irresponsabilidade juvenil, tinha buscado "objetivos destruidores do povo, compartilhados com os modernistas humanitários". Os "chamados republicanos" evocaram *Fiesco* (1783), os "cosmopolitas maçônicos" invocados em *Don Carlos* (1787) e os comunistas trataram *Räuber Moor* (1782) como se fosse deles. Infelizmente, "poderiam fazer as massas ignorantes acreditar em qualquer coisa", pois o sistema capitalista os excluiu dos prazeres da herança cultural alemã. Filisteus superficiais que "tinham edições douradas de Schiller em suas prateleiras sem nunca as terem lido" podiam ser facilmente convencidos. Como Fabricius argumentou, o problema era que "certas frases nacionalistas" nas peças de Schiller já eram bem conhecidas entre os alemães. Então os "humanitários" sugeriam que Schiller tinha voltado em suas últimas obras: "com o tempo, ele decaiu de um realista para um ideólogo, de um republicano a um servo de príncipes, de cosmopolita para um nacionalista, de revolucionário para filisteu defensor do *status-quo*". Para sustentar essas "fábulas", eles então tiveram de assegurar que ninguém de fato leria suas obras. Os diretores de escola "escolhiam e mastigavam" tanto os poemas que eles não mais atraíam os alunos. Além disso, eles espalharam a opinião de que seu "*kitsch* elevado" era apropriado apenas para a juventude imatura. Schiller não era mais considerado de boa leitura: depois dos tempos de escola, um europeu civilizado "podia apenas pensar nele com um riso contido".

Para Fabricius, a cobertura da imprensa do aniversário de 170 anos de Schiller deixou claro que essa "explicação sistemática de Schiller como digno de desprezo" tinha sido bem aplicada aos alemães simplórios. Algum "jornal alemão particularmente bom e patriótico" publicou um tributo que culminou com a afirmação de que as peças do maior dramaturgo alemão tornaram-se "completamente sem valor". O autor descreveu os personagens de Schiller como "personagens teatrais superficiais" e a trilogia de Wallenstein como "mera ação teatral". Foi assim que esse jornal "nacional-burguês" revelou o "confuso estado de coisas": graças aos "inimigos venenosos do povo, a Alemanha tinha se esquecido de seu Schiller". Mas Fabricius podia confirmar com orgulho que a imprensa nacional-socialista ainda entendia a importância das obras de Schiller para a "luta futura" da Alemanha. "Os nacional-socialistas seriam os Despertadores de Schiller: eles despertariam aqueles que estivessem dormindo para que pudessem ouvir o poeta mais uma vez. Quanto mais cedo isso acontecesse, mais cedo eles conseguiriam chamar sua atenção e liquidar os inimigos do povo".[1061]

Bem depois do estabelecimento do novo Reich, o *Völkischer Beobachter* continuou a reclamar da suposta interpretação equivocada de Schiller como um humanista que predominou antes de o nacional-socialismo ter "despertado mais uma vez o *Führer* etnocêntrico dentro dele". Mas, segundo Robert Krötz relatou em novembro de 1934, as coisas mudaram, especialmente para a juventude da nação. Na República de Weimar, havia poucos traços de Schiller, exceto por "palestras de professores da escola secundária que passavam batido pelas cabeças do público e um monumento em Weimar que era efetivamente dominado por Goethe". Schiller foi esquecido porque "no limite, ele se tornou ídolo dos individualistas". Mas, contrárias a tais interpretações liberais, as ideias de Schiller enfatizavam valores populares e nacionalistas que "não deixavam espaço para o cosmopolitismo e a sentimentalidade lacrimejante do humanitarismo". Krötz disse que esse fato constituía a importância de Schiller para a mais nova geração nazista: essa geração não desempenharia o papel que uma "burguesia senil" tinha em mente para eles – de uma juventude arrogante que não tinha qualquer seriedade – mas seriam companheiros que "perceberam na história as fontes da percepção e conhecimento; acreditavam em seu tempo; e reconheciam o que era necessário: o trabalho bom e duro ".[1062]

Por toda a compreensão presumida de Schiller na batalha futura, o *Völkischer Beobachter* ainda via Goethe como tendo "olhado para o futuro" com os "olhos mais proféticos".[1063] Na hora de sua humilhação mais profunda, Goethe teve a perspicácia de dizer: "Sim, o povo alemão promete um futuro – tem um futuro. O destino dos alemães ainda não está completo!"[1064] Então, à medida que o regime avançou e colocou tais pensamentos em ação, as alusões do *Völkischer Beobachter* a Goethe como defensor de "trazer mais alemães ao lar para o Reich" tornou-se cada vez mais flagrante. Em 31 de março de 1938, só duas semanas e meia depois de o exército alemão cruzar a fronteira austríaca, o jornal publicou uma série de artigos detalhando o que os "grandes alemães" tinham para falar sobre uma "Alemanha maior". Aqui o jornal trabalhou

---

1061 FABRICIUS, Hans. "Schiller und die Volksverderber: Zum Todestage des Dichters", *Völkischer Beobachter*, 10 de maio de 1931.
1062 KRÖTZ, R. "Wir Jungen und Schiller: Zu seinem 175. Geburtstag."
1063 "Was hat Goethe dem heutigen Deutschland zu sagen: Zu Goethes Todestag."
1064 H. "Goethe: das Orakel seiner und unserer Zeit" apud *Conversations with Heinrich Luden*, 13 de dezembro de 1813.

mais para rejeitar a reputação de Goethe como "cidadão do mundo" e empregar suas palavras para justificar a *Anschluss* [a anexação da Áustria]. Por ele ser um escritor alemão, ele via "a germanidade pura e a *Grossdeutschland* como os maiores objetivos", dizendo a Eckermann: "Acima de tudo, que a Alemanha esteja em um só amor! E que ela sempre esteja contra o inimigo estrangeiro! (...) Que não ocorram mais conversas sobre 'interior' e 'exterior' entre os estados alemães!".[1065] O jornal concluiu que Goethe não era um homem de fantasias políticas, mas ele "definitivamente desejava a união de todos os alemães em um grande Estado – em uma Alemanha".[1066]

Embora a recepção de Goethe no Terceiro Reich o associasse fortemente com as políticas expansionistas, as interpretações de Beethoven feitas pelo partido revelaram um esforço para associar o compositor e sua música com a identidade do próprio movimento nazista. Como vimos na abertura deste livro, em sua contribuição à apoteose de Beethoven no *Völkischer Beobachter*, Alfred Rosenberg lembrou a todos os alemães que nenhum dia comemorativo poderia "liberar forças tão profundas" na vida alemã do que um que homenageasse a morte do compositor. Rosenberg disse que era um sentimento notável perceber que, durante um período no qual "todo o mundo louco apontava suas baionetas para a Alemanha", todas as nações e cidades que ainda alegavam ser cultas continuavam a reverenciar um dos "maiores de todos os tempos do mesmo povo alemão". Centenas de milhões ainda reconheciam sua grandeza – mesmo em lugares como Paris e Varsóvia – e por isso prestavam homenagens à cultura alemã, apesar de às vezes "com os dentes rangendo". Dentre as "grandes manifestações do Ocidente germânico", continuou o autointitulado filósofo nazista, dois tipos humanos se destacaram. O primeiro, personificado por Da Vinci, Descartes, Kant, Leibniz e Goethe, abordava os segredos da vida "cercando-os como uma fortaleza e tentando conquistá-los por todos os lados com uma estratégia universal". O outro, o "tipo germânico ocidental", personificado por Michelangelo, Rembrandt, Schopenhauer e Wagner, preferia buscar os segredos da existência com "o dobro da energia, mas apenas de um lado: eles queriam destruir a fortaleza e revelar seu conteúdo interno com um ataque frontal".

---

1065 *Conversations of Goethe, Recorded by His Friend Johann Peter Eckermann*, quinta-feira, 2 de outubro de 1828, p. 287.
1066 "Höchstes hast du vollbracht, mein Volk": Grosse Deutsche über Grossdeutschland: Johann Wolfgang von Goethe."

Beethoven pertencia ao segundo tipo, disse Rosenberg, pois ele "segurava o destino pela garganta". Consequentemente, sua "natureza demoníaca [*Dämonie*] era mais relevante em épocas de "luta mítico-política como a presente" do que em tempos de "existência contemplativo-pacífica". Na época presente, os valores antigos estavam se desintegrando e novos surgiam, e isso exigia uma "estratégia impulsiva e parcial" como a do compositor. Naturalmente, ele acrescentou, os participantes do movimento nacional-socialista aprenderiam o máximo dessa fonte de força. "Quem tivesse uma noção de que tipo de natureza dirigia seu movimento sabia que um impulso similar àquele que Beethoven personificava no mais alto grau vivia em todos eles": o "desejo de atacar as ruínas de um mundo decadente, a esperança pela vontade de remodelar o mundo, o forte senso de alegria que vem da superação do ardente pesar". Quando os nazistas triunfassem na Alemanha e pela Europa, Rosenberg sugeriu, eles reconheceriam que Beethoven tinha lhes passado a habilidade e a vontade da criação alemã: "vivendo na *Eroica* do povo alemão", os nazistas "queriam fazer uso dela".[1067]

Em uma resenha crítica das apresentações da Nona Sinfonia feitas pela orquestra da *Kampfbund für Deutsche Kultur* em 29 e 30 de janeiro de 1933 – a véspera da "tomada de poder" nazista –, o *Völkischer Beobachter* usou a música de Beethoven alegando que o evento significava que a transição para "uma Alemanha superior" já tinha começado. O jornal argumentou que o que tornava essas noites algo tão irresistível era "um senso de espírito comum que unia os espectadores". Se o coral final fosse menos desafiador, "todos os espectadores teriam se juntado na cantoria do Hino à Alegria: "*Freude, schöner Götterfunken!*". A ressonância entre o púlpito e o salão era a mesma como a "circulação de sangue comum que pulsava em suas veias": todo o evento foi "uma deliciosa degustação do que seria o Terceiro Reich!".[1068]

Notavelmente, a Nona Sinfonia não foi favorecida a princípio na cultura nazista: alguns nazistas a consideraram suspeita porque a ideia de todos os homens se tornarem irmãos não se adaptava bem à ideologia do partido.[1069] Quando ouvia o Hino à Alegria durante a República de Weimar, um colaborador do *Völkischer Beobachter* lembrou que a

---

1067 ROSENBERG, Alfred. "Beethoven", *Völkischer Beobachter*, 26 de março de 1927.
1068 "Die Neunte mit Havemann: Das Kampfbundorchester spielte", *Völkischer Beobachter*, 31 de janeiro de 1933.
1069 SCHRÖDER, Heribert. "Beethoven im Dritten Reich: Eine Material-sammlung", in LOOS, Helmut (ed.), *Beethoven und die Nachwelt: Materialen zur Wirkungsgeschichte Beethovens* (Bonn: Beethoven-Haus, 1986), p. 196.

"contradição entre o ideal e o real" comprovava que a humanidade "não era ainda digna de suas profecias". Mas, é claro, uma vez que os processos da "coordenação" nazista estivessem a caminho, os partidários considerariam a Alemanha de Hitler muito mais próxima de manifestar o sonho da Nona Sinfonia do que a república tinha sido: em 1935, o jornal pôde alegar que o povo alemão estava mais uma vez unido – "O ideal sublime de humanidade de Schiller e Beethoven começava a se concretizar; a banda da alegria estava mais uma vez envolvendo a nação".[1070]

Qual fosse o destino da Nona Sinfonia em particular, a música de Beethoven era descrita no *Völkischer Beobachter* acompanhando muitos eventos da vida do Terceiro Reich, incluindo as celebrações do aniversário de Hitler[1071] e a inauguração da Câmara de Cultura do Reich.[1072] Nas cerimônias de abertura das Olimpíadas de 1936 em Berlim, o jornal relatou que, enquanto a chama olímpica era acesa, um coro – formando um grande espaço branco contra as massas cinza-escuras que estavam na seção oposta àquela onde Hitler e os dignatários do partido estavam sentados – cantou uma das *Opferlied* ao mesmo tempo em que "bandeiras eram baixadas e jovens meninas da guarda de honra davam um passo adiante para colocar uma coroa de flores em cada uma".[1073] Além das fronteiras alemãs, os nazistas escolheram explorar a música de Beethoven como instrumento de propaganda internacional. Em setembro de 1937, a Câmara de Cultura do Reich preparou uma Celebração do Germanismo em Paris, coordenando-a com a Exibição Mundial, em que a comunidade cinéfila francesa aclamou o filme de Leni Riefenstahl, *Triunfo da Vontade*.[1074] A exposição alemã de nove dias teve seu clímax com um concerto da Nona Sinfonia de Beethoven pela Orquestra Filarmônica de Berlim, sob a batuta de Wilhelm Furtwängler. Quando a apresentação começou, os dignatários franceses assistiram a seus anfitriões se levantarem para saudar Hitler enquanto a *Deutschlandlied* e a *Horst Wessel Lied* eram tocadas como prelúdios à sinfonia de Beethoven. De volta à Alemanha, o *Völkischer Beobachter* anunciou o evento como uma

---

1070 "Beethovens Neunte Symphonie: Das zweite Konzert des Münchener Festsommers", *Völkischer Beobachter*, 23 de junho de 1935.

1071 "Morgenfeier" des nationalsozialistischen Reichs-Symphonie-Orchesters e STAHL, Heinrich. "Fidelio im Nationaltheater", *Völkischer Beobachter*, 22 de abril de 1941.

1072 "Die Reichs-Kultur-Kammer eröffnet: Der *Führer* bei der Feier in der Berliner Philharmonie."

1073 "Gewaltiger Ausklang der XI. Olympischen Spiele in Anwesenheit des *Führers*", *Völkischer Beobachter*, 17 de agosto de 1936.

1074 HINTON, David B. *The Films of Leni Riefenstahl* (London: Scarecrow, 1978), p. 58.

vitória importante de propaganda no exterior. O historiador de teatro e literatura Herbert A. Frenzel relatou que o concerto estava lotado e tinha causado um engarrafamento tamanho era o público. Frenzel estava certo de que tinha sido o "evento cultural mais poderoso e de sucesso" a ocorrer em Paris desde a Primeira Guerra Mundial. A percepção de que a arte e os artistas alemães tinham alcançado essa grande vitória sobre a cultura francesa enchia Frenzel de orgulho e alegria: "essa noite foi uma página importante na história das relações franco-germânicas".[1075]

Apesar do uso ostensivamente diplomático da música de Beethoven, quando a Alemanha nazista marchava, a música de Beethoven acompanhava: duas semanas depois da *Anschluss*, *Fidelio* foi apresentada em Viena, com a presença do marechal de campo Hermann Göring. Ao fazer a crítica da apresentação, o *Völkischer Beobachter* vinculou a ópera de Beethoven com a consolidação da Grande-Alemanha [*Grossdeutschland*] proclamando que *Fidelio* era uma profecia da fuga dessa porção meridional da nação alemã do "encarceramento por poderes internacionais"; seguindo o livreto, era possível "reviver as fases individuais e a vitória final da revolução nacional-socialista na Áustria". Segundo essa resenha, a produção de Viena era um "festival de libertação inspirador – uma cerimônia religiosa agradecendo ao Criador por conceder o gênio do *Führer* nesse povo pobre, pequeno e atormentado".[1076]

Mais conveniente aos nazistas foi a coincidência do aniversário de 50 anos da morte de Wagner com sua ascensão ao poder em 1933 e, por isso, o processo de *Gleichschaltung* (isto é, colocar a sociedade e a cultura alemãs nos trilhos) foi lubrificado com referências ao "mestre". De fato, na manhã seguinte ao fatídico 30 de janeiro, o *Völkischer Beobachter* publicou um artigo intitulado: "O Grande Ódio: Agitação Marxista no ano de Wagner". Como a "beleza nórdica, a obstinação, a honestidade e a perspicácia" eram terríveis a eles, "os jornalistas judeu-marxistas excederam-se em espalhar ódio, mentiras e infâmia insuperáveis em seu esforço contínuo para alienar o mestre de Bayreuth do povo alemão". Desse modo, eles esperavam "envenenar e falsificar o engajamento interno com o grande homem ao qual cada nova geração tinha um direito incontestável". Os inimigos de Wagner e do pensamento de Bayreuth tinham "rejeitado por estupidez" o que era "moralmente

---

1075 FRENZEL, Herbert A. "Beethovens 'Neunte' unter Furtwängler: Völkerverbindende Macht der Musik", *Völkischer Beobachter*, 9 de setembro de 1937.
1076 BAYER, F. "Generalfeldmarschall Göring in der Staatsoper: Fidelio, künstlerisches Symbol der Befreiung", *Völkischer Beobachter*, 28 de março de 1938.

animador e espiritualmente revigorante", porque eles não esperavam nenhuma vantagem do renascimento da Alemanha. Mas o jornal estava certo de que a "conspiração judaico-marxista" fracassaria agora que era confrontada com o "instinto infalível de uma geração etnocêntrica" – e um governo inclinado a impor suas visões por todos os meios necessários, incluindo a eliminação física dos ditos agitadores.[1077]

Uma vez que o NSDAP obteve controle, promoveu a associação mais direta de Wagner com o novo regime. Em 21 de março de 1933, cerimônias pelo Dia de Potsdam culminaram com uma apresentação de *Die Meistersinger* na *Staatsoper* de Berlim. Tendo comparecido a uma parada à luz de archote de tropas de assalto, veteranos de guerra e estudantes pela avenida *Unter den Linden*, Hitler e o restante de seu governo chegaram para o terceiro ato da ópera.[1078] O crítico do *Völkischer Beobachter* – Hugo Rasch, um compositor e crítico musical que liderou o ataque nazista ao jazz – cobriu esse evento de modo rapsódico. Quem testemunhasse como, durante o terceiro ato, o povo de Nurenberg "virou-se por instinto para o *Führer*", sentado nos assentos reais com todos os seus ajudantes e então como a eternamente bela *Wacht auf, es nahet gen den Tag* saiu do coro "para tocar cada um dos corações", sabia que "o momento da transformação da Alemanha tinha chegado". Uma conclusão mais valiosa para o Dia de Potsdam era inconcebível. Rach escreveu que, no final do discurso de Hans Sachs, quando tudo no salão tinha "alcançado um estado exaltado, com todos paralisados em profunda emoção" –, logo antes de uma "ovação tremenda" – ficou claro que esse público era constituído de forma muito diferente do que nos anos anteriores. Isso era uma "cena do mérito alemão, inesquecível para alguém que nunca tinha perdido seu sentimento pela *Gemeinschaft* [comunidade] alemã, até durante as últimas décadas de confusão". As mulheres alemãs, vestidas com bom gosto, "não ornadas com joias ou maquiagem erótica", e homens sérios em trajes formais ou vestindo uniformes marrons estavam todos "ligados por um sentimento íntimo de companheirismo e um senso de estar entre os seus que construíam pontes invisíveis permitindo a todos serem amigáveis uns com os outros". O espírito de uma "grande comunidade de destino – sempre presente até no menor dos encontros dos soldados – estava tão vivo aqui, a despeito das diferenças aparentes". Palavras cálidas de agradecimento saíram dos corações atormentados para "o salvador

---

1077 "Das grosse Hassen: Marxistische Hetze zum Wagner-Jahr", *Völkischer Beobachter*, 1º de fevereiro de 1933.
1078 "Der Festablauf am 21. März", *Völkischer Beobachter*, 21 de março de 1933.

que sentava acima, acompanhando a ópera com uma luz única em seus olhos e uma compreensão penetrante da apresentação". E mais, aqueles que olhassem pela janela durante o intervalo veriam colunas infinitas da parada à luz de archotes percorrendo a *Unter den Linden* – "uma vez proibida aos nazistas" – com uma multidão imensa de pessoas esperando pelo fim da ópera, com a esperança de um vislumbre do "alferes da nova Alemanha". Para Rasch, todos esses eram "eventos inesquecíveis, históricos".[1079]

Inesquecível também, para aqueles com um gosto pelo "romantismo de aço", foi um concerto em homenagem a Wagner com a presença de Hitler, realizado mais tarde no mesmo ano no castelo inspirado em Wagner de Ludwig II, Neuschwanstein, ao qual o *Völkischer Beobachter* se referiu como "O Wartburg bávaro". Depois de uma descrição detalhada do castelo e de suas cercanias, o jornal descreveu Hitler sentado próximo às pesadas tochas, inclinando-se para ouvir – "com seus olhos brilhando e sua cara séria". Em volta dele, seus leais seguidores foram da mesma maneira arrebatados pela música e pelas palavras do "destino alemão, do infortúnio e fidelidade". Então, Hitler fez sua saída, pausando dramaticamente diante dos homens da SA e da SS que delineavam seu caminho com as bandeiras nazistas.[1080] Em outro ponto, uma associação ainda mais importante da música de Weimar com o desenvolvimento da política cultural nazista ocorreu na cerimônia inaugural da Câmara de Cultura do Reich na Filarmônica de Berlim. Imediatamente depois do discurso inaugural de Goebbels, em meio a "apaixonados aplausos" para o ministro do Reich, soou o coro de *Wacht auf*. O *Völkischer Beobachter* descreveu o momento como um "despertar auspicioso" com, "como dr. Goebbels disse tão perfeitamente, música para marchar no futuro brilhante da cultura alemã".[1081]

Porém, o evento no qual o próprio Hitler mais expressou publicamente seu envolvimento pessoal com Wagner ocorreu durante o segundo ano do Terceiro Reich. Apenas alguns dias após assumir a posição de Chanceler do Reich, Hitler prometeu erigir um monumento a Wagner em Leipzig, a cidade do nascimento do compositor. Depois de uma competição entre artistas alemães, o escultor Emil Hipp de Stuttgart ganhou a incumbência. Conforme as noções tradicionais sobre os locais sagra-

---

1079 RASCH, Hugo. "Die Festvorstellung in der Staatsoper", *Völkischer Beobachter*, 23 de março de 1933.
1080 "Richard Wagner zum Gedächtnis", *Völkischer Beobachter*, 15 de agosto de 1933.
1081 "Die Reichs-Kultur-Kammer eröffnet: Der *Führer* bei der Feier in der Berliner Philharmonie".

dos nacionalistas alemães, os planos de Hipp requeriam um memorial em meio a um bosque de carvalhos. O altar seria moldado a partir de uma peça maciça de mármore com relevos esculpidos, comunicando os motivos fundamentais da criatividade wagneriana: mito, destino, amor e redenção. Em 6 de março de 1934, Hitler dedicou a pedra fundamental de Hipp a esse monumento nunca completado, afirmando que "uma nova geração alemã, castigada por décadas de erros e educada pela dor sem limites, tentava encontrar seu caminho para seu próprio grande mestre (figura 16.1). Essa nova geração não teria mais qualquer coisa em comum com aquele "tempo impensável" no passado, porque agora os desejos de um dos maiores filhos de nosso povo tinha sido colocado nos planos – "não só simbolicamente, como na realidade". Já no segundo ano do renascimento nacional, Hitler proclamou, essa geração já tinha encontrado o caminho para prestar em Leipzig "os mais profundos agradecimentos da nação aos pés de seu maior filho". Hitler então assentou a pedra angular do monumento a Wagner, santificando-a como um "testemunho das promessas solenes de viver à altura do desejo e vontade do mestre, continuar mantendo suas obras perpétuas com uma beleza sempre jovial e para atrair as gerações seguintes de nosso povo ao mundo maravilhoso desse poeta de tom poderoso". Como ele estava obviamente invocando, ou mesmo imitando, o poeta e *Meistersinger* Hans Sachs nessa ocasião, não deveria ser uma surpresa que a pedra fundamental trouxesse as seguintes palavras: "Honrai vossos mestres alemães!" (*Ehrt eure deutschen Meister!*),[1082] em referência não só a Wagner, mas à cultura nacional-socialista como um todo.

Três anos depois, e apenas 12 dias depois da *Kristalnacht* [Noite dos Cristais], o jornal publicou um artigo sobre "O Kremlin Musical". Nele, Otto Repp começou o ataque à "cultura musical judaica" com base em sua interpretação equivocada de Wagner. Aparecendo pouco depois de um dos primeiros atos de violência aberta à comunidade judaica da Alemanha, o artigo correspondia a uma justificativa histórico-cultural para a agressão. Repp admitiu que, embora muitos judeus idolatrassem Wagner, eles não o compreendiam em termos dos "aspectos profundamente trágicos ou redentores de seu mundo tonal". Foi apenas ligado "à produção, à postura teatral e ao grande gesto" que os judeus poderiam apreciar as obras do compositor. Nesse sentido, eles viam o estilo dramático de Wagner como um reflexo da personalidade judaica, uma tendência aparente quando alguém ouvia

---

1082 "Der *Führer* legt den Grundstein zum Nationaldenkmal Richard Wagners", *Völkischer Beobachter*, 7 de março de 1934.

Figura 16.1 Detalhe do cartão-postal oficial da colocação da pedra fundamental do monumento nacional a Richard Wagner em Leipzig, em 6 de março de 1934.

"jovens judeus imitando" passagens específicas de Wagner "de modo afetado". Sua "corrupção racial" e suas inclinações "antiprofissionais, egoístas e fundamentalmente neuróticas" "falsificavam a sensualidade e o erotismo em devassidão e frivolidade, a estética em um culto de feiura, a abstração em um vazio interior, a euforia em uma titilação física". Nelas, o conceito de felicidade acessível a toda a humanidade estava "reduzido a um triunfalismo selvagem – o sofrimento tornou-se hipocrisia; o humor tornou-se uma ironia derrisória; o orgulho tornou-se arrogância; a dor tornou-se doença; o amor tornou-se sentimentalismo ou luxúria". O culpado disso foi seu ego, como demonstrado pelo "bricabraque musical-naturalista" de Gustav Mahler, que "sempre estava inconscientemente no centro de um Universo em que Deus julga e pune apenas segundo os interesses dos judeus".[1083]

É claro, Wagner e Bayreuth eram indivisíveis. De acordo com Friedrich W. Herzog, o resgate de Bayreuth foi a primeira grande realização político-cultural do novo regime, e a posteridade "reconheceria a importância do momento desse ato histórico". Motivado por um respeito a Wagner que crescia a partir de uma "mais profunda unidade interna" com Bayreuth, Hitler dedicou-se a elevar a obra do mestre "para fora do lodo do discurso corriqueiro". Declarado um "tesouro nacional do povo alemão" e assim protegido, não era mais possível "abusar da obra de

---

1083 REPP, Otto. "Der musikalische Kramladen."

Wagner como a capa ou o pano de fundo para a autoexaltação ou uma propaganda tendenciosa", como tinha sido "prática comum" antes de 1933. No Terceiro Reich, Wagner seria sempre entendido exclusivamente como um dos "primeiros grandes lutadores pela renovação étnica, não deixando margens para outras interpretações esquerdistas".[1084] Hugo Rasch noticiou o primeiro Festival de Bayreuth que ocorreria depois da ascensão de Hitler ao poder em termos similarmente extáticos: "ele, que salvou a Alemanha de morrer no último segundo, estar presente na abertura deu-lhe uma significado particular". A presença de Hitler era um símbolo maravilhoso de que a Alemanha e as obras de Wagner ainda viviam. Se o *Führer* "não tivesse sido concedido à Alemanha, não mais haveria uma Bayreuth: sem ele, o caos". Rasch insistiu que todos precisavam ter a consciência de que a Festspielhaus poderia ter sido devastada, "talvez transformada em uma discussão comunista-parlamentarista, ou talvez pior". Os alemães tendiam a esquecer os problemas tão logo as coisas melhorassem de novo. Mas, especialmente nesse local de consagração e introspecção, eles tinham de "reconhecer sua dívida enorme com o *Führer*".[1085]

Bem no começo da guerra, essa relação próxima entre o *Führer* e Bayreuth permaneceu constante no *Völkischer Beobachter*. No aniversário de Hitler em 1939, Heinrich Stahl reproduziu uma série de trechos de *Mein Kampf* e falou que essas "observações fundamentais feitas pelo *Führer* sobre a ligação orgânica entre visão de mundo, cultura, arte e liderança do Estado – conhecidas na alma de cada nacional-socialista – deixaram claro que as batalhas de Adolf Hitler e de Richard Wagner eram unidas histórica e mundialmente". Stahl afirmou que, quando o *Führer* discutisse o mundo espiritual do mestre, o resultado era "uma brilhante afinidade eletiva". Quem tivesse a boa sorte de estar na Festspielhaus na Colina Verde e testemunhasse o *Führer* "regenerar seus poderes com a absorção intensa em uma produção artística", nunca perderia a fé no fato de que a "arte poderia com seriedade e efeito conduzir os homens no caminho do destino". Desde a ascensão ao poder, "surgira uma nova Bayreuth, de acordo com a vontade de Adolf Hitler: nem mesmo

---

1084 HERZOG, Friedrich W. "Richard Wagners revolutionäre Tat", *Völkischer Beobachter*, 17 de julho de 1937.
1085 RASCH, Hugo. "Bayreuther Festspiele 1933: Der *Führer* und Dr. Goebbels im Festspielhaus", *Völkischer Beobachter*, 25 de julho de 1933.

suas tremendas responsabilidades o impediriam de dar toda a sua alma para a obra do mestre e pensar sobre o desenvolvimento posterior de Bayreuth".[1086]

Começando no verão de 1939, a mais intensa manifestação da política nacional-socialista para Bayreuth tomou a forma de visitas ao festival por parte de trabalhadores alemães, e o *Völkischer Beobachter* deu uma atenção especial a esses eventos. O jornal reconheceu que, embora Bayreuth significasse um ponto alto na vida cultural alemã, antes não significava muito para o trabalhador alemão, porque o acesso às apresentações só podia ser pago por um "círculo especialmente rico". Mas, "seguindo a vontade da liderança do Reich", a organização "Força por meio da Alegria" funcionava para tornar os tesouros de Wagner acessíveis aos trabalhadores alemães. Apenas em 1939, ela possibilitou a 7 mil trabalhadores de todo o "Grande Reich Alemão" participarem do festival: estatísticas de uma única região (*Gau*) incluía 250 trabalhadores de colarinho-branco, 220 trabalhadores industriais, 80 datilógrafos, 20 enfermeiras, 15 artesãos, 15 donas de casa, nove estudantes, sete trabalhadores da *Autobahn*, quatro professores do jardim da infância e um fazendeiro. Mas a participação no festival não era, de forma alguma, um presente: os participantes tiveram de ganhar experiência das óperas de Wagner na Colina do Festival, que tinha se tornado "um local étnico sagrado". Séries de palestras especiais foram dadas aos "sortudos", realizadas por especialistas qualificados que enfatizavam que a compreensão das óperas vinha "não do conhecimento, mas do sentimento".[1087]

A menção de Wagner em associação com os assuntos internacionais foi outra maneira de o *Völkischer Beobachter* relacionar a vida e as obras de Wagner com a perspectiva e as políticas de Hitler. Conforme a diplomacia do Eixo, o jornal achou importante que Wagner "sempre desfrutou de admiração universal na Itália". Tal afeição multicultural estava evidente, por exemplo, em algumas páginas de *The Flame of Life* de Gabriele d'Annunzio (1900), que descrevia Wagner em sua convalescência e morte em Veneza, bem como na "grande recepção dada às óperas de Wagner, produzidas anualmente na capital". O jornal também se lembrou de um artigo de três colunas na *Tribuna* (Roma) na ocasião de uma apresentação de *Die Walküre*. Sobre ele, o *Völkischer Beobachter* noticiou

---
1086 STAHL, Heinrich. "Der *Führer* und Bayreuth", *Völkischer Beobachter*, 20 de abril de 1939.
1087 "Deutsche Arbeiter erleben Bayreuth", *Völkischer Beobachter*, 8 de agosto de 1939.

com alegria que o compositor e crítico musical Alberto Gaesco expressou o grande amor que os italianos tinham por Wagner: "As Valquírias retornaram para fazer mais uma vez os romanos felizes", Gaesco escreveu.[1088] Hellmut Ludwig, um compositor que produziria obras sobre a música *folk* (com ênfase no canto tirolês) depois da guerra, reiterou as fortes ligações culturais entre a Itália fascista e a Alemanha nazista. Como o povo alemão tinha se tornado um aliado da nação italiana, não havia mais motivo para discordar ou promover uma competição entre as virtudes de Wagner e Verdi. De fato, a cooperação entre Hitler e Mussolini "estabeleceu as condições para empreendimentos colaborativos" como o Festival Italiano em Munique. Ludwig sustentou que lá não havia mais competição – "sem mais drama musical alemão aqui, ópera alemã ali!". Em vez disso, havia apenas "o desejo de enriquecer um ao outro por meio do entendimento mútuo". Os grandes mestres italianos e alemães poderiam aparecer um ao lado do outro em pé de igualdade em programas de concertos tanto na Alemanha quanto na Itália, Ludwig concluiu. De fato, qualquer percepção das diferenças entre eles seria minimizada se o público alemão ouvisse e visse as óperas italianas "em produções apropriadas segundo seu espírito original".[1089]

Aspectos expansionistas do nazismo também estavam aparentes no discurso pré-guerra do jornal. Alguns meses após a *Anschluss* [anexação da Áustria], o *Völkischer Beobachter* fez uma resenha crítica do início do Festival de Salzburgo, ressaltando que dignatários nazistas estavam presentes, incluindo Goebbels. Ao entrar em detalhes sobre as implicações pangermânicas do evento, Hans Antropp concluiu que o fato de o festival abrir com *Die Meistersinger von Nürnberg* era "um programa, uma promessa e um símbolo, tudo em um". Era um programa porque "expressava de forma sublime" o principal propósito de um festival de música alemã: "apresentar a arte como uma experiência pública em que se espera eliminar os preconceitos baseados em riqueza, classe e instrução formal". Era uma promessa porque quem ouvisse essa versão de "Honrai vossos mestres alemães!" jamais esqueceria o "senso de esperança para o futuro que preenchia os corações que transbordavam". Finalmente, era um símbolo porque esses tons alegres indicavam como o "recém-criado

---

1088 M., "Wagner-Begeisterung in Rom", *Völkischer Beobachter*, 15 de janeiro de 1934.
1089 LUDWIG, Hellmut. "Deutscher und italienischer Opernstil", *Völkischer Beobachter*, 28 de agosto de 1938.

Festival Germânico de Salzburgo procederia daí em diante".[1090] Claramente, essa interpretação –, e outras conhecidas assimilações dos "mestres" produzidas pelo Terceiro Reich – devia ser vista como constituinte de um programa, de uma promessa e de um símbolo que juntos instalariam os fundamentos para a evolução de uma cultura alemã recém-nazificada.

---

1090 ANTROPP, Hans. "Festlicher Auftakt in Salzburg: Die Meistersinger unter Furtwängler in Anwesenheit von Dr. Goebbels", *Völkischer Beobachter*, 25 de julho de 1938.

# 17

# A "Renascença" Nazista

Provavelmente Hitler acreditava que, "por iniciar com uma predisposição a aceitar os grandes feitos das gerações anteriores", sua revolução traria uma "renascença da humanidade". Tendo estabelecido um bastião contra a erosão da tradição, ele afirmou que estava "convencido de que, depois de alguns anos sob a liderança nacional-socialista do Estado e da nação, os alemães produzirão mais e melhores obras no domínio cultural do que tem sido realizado durante as décadas do regime judaico".[1091] Vista da perspectiva do nazismo como movimento cultural – bem como um movimento político –, a tarefa de realizar essa renascença poderia ser considerada sua maior medida de sucesso. Que Goebbels apoiava essa visão foi revelado em seus comentários na ocasião da inauguração da Câmara de Cultura do Reich: "nenhuma repreensão nos afetava tão profundamente no passado", Goebbels disse, "quanto a afirmação de que o nacional-socialismo é uma forma de barbárie espiritual e está fadado à destruição final da vida cultural de nosso povo". Mas,

---

1091 HITLER, Adolf. "Speech at the Nürnberg rally of 1935", citado em SPOTTS, Frederic. *Hitler and the Power of Aesthetics*, p. 174.

ao contrário dessa afirmação, ele insistiu, "fomos *nós* que libertamos mais uma vez os poderes criativos da nação alemã, para que eles pudessem desenvolver desimpedidos e gerar ricos frutos na árvore de uma personalidade nacional renovada". Sob a liderança nazista, uma "nova arte nacional da Alemanha desfrutaria do respeito do mundo", e, assim, "dará provas de que o Grande Despertar Alemão não era puramente político, mas também cultural".[1092]

No entanto, não era claro qual a forma que essa nova arte nacional teria. Embora os críticos nazistas estivessem unidos em suas opiniões sobre a natureza pervertida e as inadequações grosseiras do Modernismo, eles estavam menos confiantes sobre o que especificamente eles teriam substituído. Essencialmente, eles se opunham à principal contradição implícita na construção de um "senso popular de avaliação" arraigada no passado cultural: esperava-se dos artistas contemporâneos que eles levassem adiante a tradição da *Kultur*, mas os "padrões e medidas" para a futura criatividade alemã estavam completamente baseados nas obras dos mestres mortos. Então até esses críticos encontraram poucos criadores vivos capazes de corresponder às expectativas das "bases de comparação e alvos para as façanhas".[1093] Goebbels enfim veio a reconhecer que os frutos da cultura nazista não foram tão fartos quanto ele esperava, reconhecendo que "você não pode fabricar um artista". Da mesma maneira, Göring admitiu que "é sempre mais fácil formar um nacional-socialista decente de um artista que formar um grande artista de um membro secundário do partido".[1094] Contudo, mesmo diante de sombrio estado de coisas como esse, relegados a conseguir com esforço próprio uma renascença a partir de seus copidesques, os críticos culturais nazistas persistiam em sua caminhada penosa, promovendo um cortejo de artistas e obras de arte de pouco mérito duradouro – muitos dos quais estavam no final de suas carreiras e até no fim de suas

---

1092 GOEBBELS J. "Die deutsche Kultur vor neuen Aufgaben", Berlim, Grosser Saal der Philharmonie, Eröffunung der Reichskulturkammer, 15 de novembro de 1933 in *Goebbels-Reden, Band 1: 1932-1939,* ed. Helmut Heiber (Düsseldorf: Droste Verlag, 1971), p. 138-139.

1093 Ver Köhler, "Kunstanschauung und Kunstkritik", p. 256-257, para declarações contemporâneas dessas "opiniões comuns". Michaud abordou a questão de modo indireto: "Como Baldur von Schirach disse: 'Na Alemanha não há nada mais vivo do que os nossos mortos'. O imenso esforço para a concretização que arrastava todo um povo em direção ao seu Terceiro Reich idealizado era certamente o contrário de uma obra de luto. Era o trabalho da reminiscência que se afirmava como fé no próprio poder para reanimar o objeto perdido (...) O objetivo do nazismo era invocar à realidade esse objeto decrépito, encontrado não só na *Wunschtraum*, o sonho e o desejo de ressuscitar o que estava morto": MICHAUD, E. *The Cult of Art in Nazi Germany*, p. 173.

1094 Citado em SPOTTS, F. *Hitler and the Power of Aesthetics*, p. 174.

vidas, quando foram colocados como modelos para um futuro cultural nazista. Para responder aos problemas do modernismo musical, o jornal apoiou compositores que pareciam defender os princípios do romantismo wagneriano, apesar de nenhum deles parecer verdadeiramente merecer o manto do próprio mestre de Bayreuth. Em sua cobertura literária, muito esforço foi gasto para melhorar a reputação dos escritores cujas obras são agora amplamente esquecidas. Na arte, além dos pouco conhecidos, Arno Breker recebeu atenção positiva por suas representações dos ideais marciais. O foco desse estudo é na manipulação, por parte do partido, da tradição ocidental duradoura, não na produtividade de alguns favoritos nazistas de menor importância, e por isso deve deixar de lado suposições sobre o porquê de a produção cultural no movimento e em torno dele ter sido tão pequena, além de lembrar que muitos artistas, compositores e escritores habilidosos deixaram o país como exilados políticos ou raciais e que – como a maior parte desse livro demonstra – o impulso da *Kulturpolitik* nacional-socialista esteve sempre direcionado a uma idealização do passado e por isso era inerentemente moribundo. Ainda assim, alguma atenção à sua renascença natimorta é necessária como registro de como o jornal tentou lhe dar vida.

Com relação à música, a prioridade do *Völkischer Beobachter* foi sempre de defender a grande tradição, mas depois disso – principalmente depois de Wagner – a tarefa de demarcar o devido escopo e direção da música séria permanecia sem solução. A desorientação do jornal era especialmente palpável em sua cobertura do preeminente compositor alemão da época, Richard Strauss (1864-1949). Em seus tempos mais remotos, o jornal publicou uma crítica negativa da estreia de *Die Frau ohne Schatten* (1918) de Strauss em Munique, referindo-se ao compositor como estando "nos anos minguantes de sua vida, um produto de sua era como nenhum outro e, portanto, representante de uma geração sofrendo de uma paralisia intelectual e moral".[1095] Para o *Völkischer Beobachter,* a *Elektra* de Strauss (1909) "marcou o fim do drama musical neoromântico",[1096] e *Ariadne auf Naxos* (1912) tinha sido "incompreensível".[1097]

---

1095 "Münchner Festspiele: Die Frau ohne Schatten", *Völkischer Beobachter,* 19 de setembro de 1920. Sobre as questões complexas relacionadas a Richard Strauss e o nacional-socialismo, ver Kater, *Composers of the Nazi Era*, p. 211-263, e POTTER, Pamela, "Strauss and the National Socialists: The Debate and Its Relevance", in GILLIAM, Bryan (ed.), *Richard Strauss: New Perspectives on the Composer and His Work* (Durham, NC: Duke University Press, 1992), p. 93-114.
1096 BUCHNER, Hans. "'Elektra' neu einstudiert", *Völkischer Beobachter*, 12 de outubro de 1927.
1097 "Theater: Ariadne auf Naxos", *Völkischer Beobachter*, 4 de setembro de 1923.

Mas muito da inimizade do jornal contra Richard Strauss originou-se com o próprio Alfred Rosenberg. Em fevereiro de 1926, o editor engajou-se em um ataque particularmente cruel que explicava as inadequações de Strauss com base em insinuações de que o compositor poderia ter ascendência judaica por um lado de sua família. Rosenberg abriu dizendo que, "quanto à questão sobre se Richard Strauss tinha sangue judeu em suas veias ou não, há indícios que tornam bastante duvidosa a ideia de que ele fosse de origem alemã pura". Sua mãe nasceu na família Pschorr, mas seu pai "realmente deve ter sido um judeu". Como prova disso, Rosenberg não tinha nenhuma evidência, exceto o "notável" fato de que, como membro da orquestra do Teatro Nacional, o Strauss pai fora o "principal agitador" contra uma apresentação de *Die Meistersinger* de Wagner em 1868. Além disso, continuou Rosenberg, "tudo o que foi criado por Richard Strauss revela o fato de que ele tem o sangue miscigenado". Talvez com a exceção de *Morte e Transfiguração* (1889), que ele criou enquanto sofria de uma doença nos pulmões e sentiu-se "muito próximo à morte", e de *Don Juan* (1889), onde ele "deu vazão a um forte caso de sensualidade erótica", todo o restante de suas composições eram apenas "ilusões – engenhosos arranjos matemáticos de notas". Rosenberg sustentou que em nenhum lugar sua música "pulsava com a batida da sensação real ou a fervilhante experiência de vida".

Além disso, por toda a sua carreira artística, não houve um "progresso consistente", como no caso de todos os grandes artistas alemães, mas apenas um "estranho processo de irregularidade", pois Strauss seguia a moda da ocasião. Quando era jovem, "como quase todos os compositores alemães no fim do século, ele se espelhava no gênio do mestre de Bayreuth", como está demonstrado em sua ópera *Guntram* (1894). Rosenberg não podia repreendê-lo por isso, mas em sua próxima ópera ficou claro que ele era "apenas um escravo do espírito dos tempos". Óperas de um único ato entraram na moda, então ele a seguiu com *Die Feuersnot* (1901). Depois veio o culto a Nietzsche, "ao qual devemos" *Also Sprach Zarathustra* de Strauss (1896). Pouco depois, Oscar Wilde criou uma sensação com *Salome* (1905) e Strauss "astutamente" a compôs para os palcos das óperas, tirando vantagem do "poder de atração" do "perverso" poema. O sucesso que Hugo von Hofmannstahl teve com suas "modernizações" dos dramas gregos posteriormente o motivou a produzir uma versão de *Elektra* para a música – em que ele "esgotou todas as possibilidades de efeitos sonoros externos". Mas então, de repente, o "mundo musical" pediu um "retorno à simplicidade da linguagem orquestral de Mozart", e Strauss "produziu em tempo reduzido" *Rosenkavalier* (1911) e *Ariadne auf Naxos*.

Além da inconsistência criativa de Strauss ser pautada pela moda, Rosenberg encontrou outro sinal do "componente judaico em seu sangue": ele era um excelente homem de negócios, o que "não era compatível com a verdadeira vocação artística alemã". Rosenberg reclamou que ele era tão rico que poderia construir tanto uma vila inteira em Garmisch como um palácio no bairro mais caro de Viena. Outro indício de seu tino para os negócios era a maneira como ele manipulava as leis de direitos autorais entre as editoras francesa e alemã. Além disso, Rosemberg salientou que a "imprensa judaica" tinha produzido "propagandas gigantescas" para obras como *Schlagobers* (1924) e *Intermezzo* (1924). Finalmente, o fato de que seu filho Franz casou-se com a filha de um banqueiro judeu "completava perfeitamente o quadro da personalidade de Strauss como um mestiço".

Rosenberg concluiu que a "raça" era uma "chave para a leitura da história mundial" e também fornecia um caminho para "julgar as criações de pessoas com um talento artístico". Strauss sem dúvida era talentoso, Rosenberg concluiu, mas faltava-lhe o "enraizamento em uma personalidade nacional racialmente idônea necessária para a grandeza". Como Ermanno Wolf-Farrari, Franz Schrecker e Erich Korngold, Strauss representava aquele "tipo internacional de compositor" cuja "expressão musical mais característica era de uma inspiração artística sem raça".[1098]

Seguindo a linha de Rosenberg, o especialista em Hugo Wolf, Heinrich Werner, criticou a publicação da correspondência entre Strauss e Hofmannstahl, em 1926. Werner achou "de mau gosto" publicar essas cartas enquanto eles estavam vivos. O único fundamento para fazê-lo era o egoísmo e a ganância dos dois correspondentes. Era a pior forma de autoexaltação para Strauss e Hofmannstahl pensar que suas cartas fossem tão interessantes: eles pareciam estar se colocando nos mesmos lugares de Schiller e Goethe, e Werner condenou essa comparação como "blasfêmia". Eles estavam provavelmente explorando seus nomes "para conseguir alguns trocados" e esse tipo de atitude marcaria a morte da verdadeira vocação artística: "os artistas devem criar, não se autopromover", Werner insistiu.[1099]

---

1098 ROSENBERG. Alfred. "Richard Strauss Judenstämmling?", *Völkischer Beobachter*, 7 de fevereiro de 1926.
1099 WERNER, Heinrich. "Zum Briefwechsel Richard Strauss-Hugo Hofmannstahl", *Völkischer Beobachter*, 21 de abril de 1926.

Quando a *Die ägyptische Helena* estreou em 1928, o *Völkischer Beobachter* mais uma vez atacou com suas críticas cruéis: a obra era reconhecível com muita facilidade como outro "hábil artifício de Strauss, o homem de negócios de primeira classe". Apesar de seu sucesso, o tempo mostraria quanto isso duraria: os membros do público que não conseguissem seguir o livreto não teriam qualquer ideia do que estava acontecendo, pois não havia um enredo de fato.[1100] Na visão do jornal, tudo o que Strauss fez foi "correr atrás do espírito da época", compondo o que estivesse na moda. Depois da *Salome* "à moda de Oscar Wilde", vieram trabalhos "ainda mais perversos" com Hofmannstahl: *Elektra* (1909) e *Der Rosenkavalier*. *Le Bourgeois gentilhomme* (1912) foi exemplo de "mimar o teatro francês por trazer as comédias de Molière de volta aos palcos alemães em face dos esforços de Wilhelm II para reconciliar-se com a França". Depois ele produziu *Die Frau ohne Schatten*, com um "misticismo obscuro que se encaixava bem com a ascensão do ocultismo", e depois da guerra, *Die ägyptische Helena*, que "traía o processo que já entrava em vigor no criador".[1101]

Contudo, em 1933, o tom adotado pelo jornal mudou abruptamente, seguindo a decisão de Goebbels de apontar Strauss como presidente da Câmara de Música do Reich. Em agosto, o *Völkischer Beobachter* referiu-se ao compositor como um dos "legítimos servos das grandes obras de arte".[1102] Com a indicação vieram recompensas como a oportunidade de reger seu *Festliches Präludium* (1913) para Goebbels e Hitler na abertura da Câmara de Cultura do Reich em novembro de 1933.[1103] Em março de 1934, o jornal cobriu a celebração do aniversário de 70 anos do compositor na Filarmônica de Berlim e citou das observações de Strauss na ocasião: "Dez anos atrás era um tempo difícil de desintegração interna e colapso, mas agora que Adolf Hitler conseguiu a unificação de todo o povo alemão, nós estamos mais uma vez nos esforçando para avançar; ele estabeleceu as condições para um novo zênite da arte alemã.[1104] Em sua cobertura da celebração, Max Neuhaus aproveitou a oportunidade para revelar

---

1100 "Richard Strauss: Die ägyptischen Helena", *Völkischer Beobachter*, 13 de junho de 1928.
1101 "Hugo von Hofmannstahl", *Völkischer Beobachter*, 18 de julho de 1929.
1102 RASCH, Hugo. "Festliche Tage in Bayreuth", *Völkischer Beobachter*, 6 de agosto de 1933.
1103 "Die Reichs-Kultur-Kammer eröffnet: Der *Führer* bei der Feier in der Berliner Philharmonie."
1104 NEUHAUS, Max. "Richard-Strauss-Feier der Philharmoniker", *Völkischer Beobachter*, 11 de março de 1934.

a avaliação fundamentalmente revisada do jornal do mérito artístico do compositor. Conhecido como um rebelde em seu passado, Strauss "levou com ousadia novos pensamentos e formas" além daquelas de Richard Wagner, e ele o fez com "efeito positivo, não destrutivo". Seu estilo de compor era "novo e surpreendente, na verdade, especialmente para aqueles que, por uma necessidade de conforto, isolaram seu espírito da reforma". Mas o aspecto revolucionário do jovem Strauss "não passava de uma expressão de independência interior, sem a qual o valor artístico é inconcebível". Como toda personalidade engenhosa, Strauss era a manifestação de um "processo orgânico de desenvolvimento que operava segundo as leis inerentes da vida". Seu primeiro drama musical, *Guntram*, seguiu a técnica de Wagner tão de perto que ela tinha de ser vista como "imitativa e vazia, sem seu próprio vigor". Mas, como parte desse processo, ele descobriu um modo único e pessoal de expressão artística enquanto mantinha uma "recusa rude das correntes modernas", e isso dava à sua criação um grande valor. Nem a crítica nem a resistência de "certos círculos internacionais" o tiraram de seu caminho. A despeito de tudo o que alguns possam ter dito contra ele, sua "essência era verdadeira e alemã". Acima de tudo, seu apoio à liderança de Hitler sobre a arte alemã era "claro, sem ambiguidades e emocional", e estava "no mesmo espírito" que Neuhaus e o jornal enviou-lhe "um caloroso feliz aniversário".[1105]

Entretanto, nem todos os redatores do *Völkischer Beobachter* aderiram completamente. Herbert Gerigk criticou *Dafne* (1938), reclamando que ela exigia uma "educação humanista" para compreendê-la: "se você não entendesse o pano de fundo da alegoria, não conseguiria acompanhar as densas palavras e pensamentos da canção, mesmo nas melhores produções". Como tal, *Dafne* não repercutia as "exigências intelectuais fundamentais" da nova era. Nessa ópera, como Gerigk previu, os oponentes de Strauss poderiam "mais uma vez encontrar o que contestavam no passado". Gerigk foi de alguma forma mais positivo com *O Dia da Paz* (1936), chamando-a de um "ponto alto significativo" na obra de Strauss que "falava aos nazistas diretamente". Mas ele ainda sentia que Strauss estava "desacostumado a gerenciar" o conteúdo heroico da obra.[1106]

---

1105 NEUHAUS, Max. "Richard Strauss zum 70. Geburtstag", *Völkischer Beobachter*, 11 de junho de 1934.
1106 GERIGK, Herbert. "Die neue Strauss-Oper 'Daphne'", *Völkischer Beobachter*, 18 de outubro de 1938.

Não obstante as preocupações de Gerigk, o Terceiro Reich prestou todas as homenagens a Strauss em seu aniversário de 75 anos em 1939, com cerimônias e concertos em Berlim, Viena e Bad Reichenhall.[1107] De acordo com a cobertura do *Völkischer Beobachter*, Hitler compareceu a uma apresentação de *O Dia da Paz*[1108] e Goebbels foi o anfitrião de um café da manhã em tributo, agradecendo Strauss em nome do *Führer*: "Em uma vida de luta atarefada, você ajudou a sustentar o prestígio global da música alemã, defendendo-a muitas vezes contra um mundo hostil. Hoje você é o maior representante de nossa música alemã".[1109] Heinrich Stahl então, com base nos pronunciamentos oficiais, elaborou um artigo sobre a "alegre vida" do compositor, no qual o crítico tentou dissociar Strauss das tendências modernas que ele tinha certamente seguido. Stahl afirmou que aconteceu um "milagre" no caso de Strauss: com o tempo, o "revolucionário" tornara-se um "classicista". Stahl argumentou que isso não se devia a qualquer mudança no compositor, mas na verdade foi o resultado do fato de que seus contemporâneos finalmente reconheceram que o que pareceu primeiro ser provocativo em suas obras era realmente o resultado de um "desenvolvimento orgânico". Nada poderia ter redimido Strauss mais efetivamente do que a corrupta República de Weimar, com sua "produção musical tecnológica" e "mistura de notas vazias", que eram "apenas sinais de sua orientação política e visão de mundo". Em meio a isso tudo, Strauss aderiu decididamente "à forma completamente treinada, à estrutura tonal, à melodia *volkstümlich* [popular] cheia de sentimento" e, de fato, teria sido impossível para ele "cortar seu coração alemão e o alegre amor à vida dos bávaros". Talentoso de modo fenomenal na técnica vocal e instrumental, ele usou esse talento "para cantar os louvores da vida": assim, ele transcendeu "fracotes lamentavelmente impotentes que não tinham sentimentos e vieram para dominar o reino dos tons". A "obra radiante, meditativa e intoxicante" de Strauss era uma linguagem tonal independente que trazia inovações corajosas com referência a um sistema interno que se conformava à "ordem sagrada da forma pura e tonalidade estabelecida pelos classicistas e românticos". Então, Strauss não se tornou um "líder dos elementos destrutivos", mas, ao contrário, tornou-se seu "adversário vitorioso" que anunciava uma "alegria de viver refinada, possibilitada pelo engenhoso talento fundamentado no mundo de sons, melodias e ritmos de dança da Alemanha meridional".[1110]

---

1107 "Richard Strauss zu Ehren", *Völkischer Beobachter*, 13 de junho de 1939.
1108 BAYER, Friedrich. "Strauss' 'Friedenstag'", *Völkischer Beobachter*, 12 de junho de 1939.
1109 "Dr. Goebbels ehrt Richard Strauss", *Völkischer Beobachter*, 12 de junho de 1939.
1110 STAHL, Heinrich. "Symphonie des heiteren Lebens: Richard Strauss zum 75. Geburtstag", *Völkischer Beobachter*, 11 de junho de 1939.

E assim foi. Em 1942, Friedrich Bayer escreveu que por décadas os alemães sabiam o que eles possuíam nesse "clássico musical contemporâneo", mas "nem sempre queriam admitir". Durante os "anos desesperançosos do pós-guerra, de aberração e confusão espiritual, cultural e artística", o "flagelo da atonalidade judaico-internacional puniu a Alemanha de novembro por sua falta de instinto". Naquela época, a "estrela brilhante" da música de Strauss parecia pálida comparada à "luz penetrante dos cometas mais novos". A "música saudável, natural e direta" de Strauss era considerava convencional e clichê, enquanto os "métodos de composição artificial e os sistemas tonais forçados foram proclamados superiores". Então, como ele rejeitava as extravagâncias desses "modernistas", eles tiveram de combater o mestre – "movidos por sentimentos de inferioridade".[1111] O *Völkischer Beobachter* deixou claro que esse menosprezo de Strauss terminou com a ascensão da cultura política nazista: em seu aniversário de 80 anos, em 1944, Strauss continuou a ser promovido no jornal como "um músico de importância mundial". Ironicamente, esses elogios vieram até quando seu filho e sua nora judia foram ameaçados de prisão pela Gestapo.[1112]

O *Völkischer Beobachter* entrava menos em conflito com o contemporâneo de Strauss, Siegfried Wagner (1869-1930), durante sua vida e depois de sua morte em meio ao *Kampfzeit* [tempo de luta] nazista. Mais do que qualquer outro artista, o jornal trabalhou para colocar Siegfried Wagner na constelação dos mestres alemães e para defender a qualidade e a importância de sua produção, embora fosse aparente que ele estava bem longe de igualar-se ao seu pai. O jornal insistiu, por exemplo, que um único trabalho de Siegfried – como seu *Commandment of the Stars* (1908) – era mais importante do que "qualquer uma das três óperas de Puccini". Ademais, a crítica à música do filho não se baseava no mérito artístico das obras, mas fazia parte da conspiração contra Richard Wagner e o mundo de Bayreuth como um todo.[1113]

Herbert H. Mueller argumentou que, ao explorar o mundo dos contos de fadas alemães e "escapar das modas atuais", as óperas *völkstumlich* [populares] do mais jovem Wagner "concediam algo para todo o povo alemão" e, ao fazê-lo, estendiam a tradição estilística iniciada por

---

1111 BAYER, Friedrich. "Richard Strauss: Ein Musikerbildnis", *Völkischer Beobachter*, 28 de dezembro de 1942.

1112 VOELSING, Erwin. "Ein Musiker von Weltrang: Zum achtzigsten Geburtstag von Richard Strauss", *Völkischer Beobachter*, 13 de junho de 1944.

1113 ZIEGLER, Hans S. "Deutsche Festspiele in Weimar", *Völkischer Beobachter*, 30 de julho de 1926. Sobre Siegfried Wagner e os nazistas, ver KATER, *Twisted Muse*, p. 34-38.

Carl Maria von Weber.[1114] Sobre sua comédia, *Blame It All on a Little Hat* (1915), o jornal observou que Siegfried sabia como "disfarçar suas criações em formas genuinamente alemãs", que expressavam a vitória de um coração puro sobre a dor de "maneiras simples, mas convincentes". Em sua linguagem tonal, ele evitou a ornamentação importuna e, por meio de instrumentação simples, criava um "mundo orquestral belo de contos de fadas de profundidade e serenidade".[1115] Da mesma maneira, Emma von Sichart lembrou aos leitores que Wagner era uma pessoa "a quem toda a Alemanha deveria agradecer".[1116] No aniversário de 60 anos do compositor, Herbert H. Mueller produziu uma discussão longa de Wagner como "o poeta tonal do povo alemão".[1117] O jornal exclamou: "Isso é alemão!" na estreia de sua *Sacred Linden Tree* (1927) e explicou que a "arte real e pura de tais mestres verdadeiramente alemães como Siegfried Wagner" poderiam salvar o povo de seu declínio. Ele poderia se recuperar caso se alinhasse com espíritos poderosos como o dele, em vez de "cambalear com manias semirreligiosas depois de cada fogo-fátuo e falso profeta". Graças a Deus, declarou o jornal, as "forças positivas", como Siegfried Wagner, ainda atuavam: permanecendo "inacessíveis a todas as influências internas", ele "batalhava simplesmente e com lealdade para o renascimento da alma alemã". Todos os alemães tinham de "nutrir sua *Sacred Linden* para que ela pudesse crescer forte e deliciosa a partir da ignomínia e os problemas da época, como uma nova Alemanha operando em uma harmonia alegre com seu povo".[1118]

Contudo, estava implícita em todos esses esforços de exaltação de Siegfried como um mestre alemão – para provar que ele era mais do que um compositor de "óperas de contos de fada"[1119] – a sensação de que a causa estava perdida e o esforço era em vão. Avaliando a lista das novas óperas produzidas em 1932, o *Völkischer Beobachter* estava furioso por haver tantos "*shows* de saias, óperas de negros e musicais judaicos", mas nada de gente como Julius Bittner, Hans Pfitzner, Engelbert Humperdinck ou Siegfried Wagner. Suas "obras valiosas" estavam

---

1114 MUELLER, Herbert H. "Siegfried Wagner. Zu seinem Geburtstag am 6. Juni", *Völkischer Beobachter*, 5 de junho de 1927.

1115 "Siegfried Wagners Märchen-Oper 'An allem ist Hütchen schuld' im Bayerischen Rundfunk", *Völkischer Beobachter*, 15 de julho de 1932.

1116 VON SICHART, Emma. "Jung-Bayreuth", *Völkischer Beobachter*, 29 de junho de 1928.

1117 MUELLER, Herbert H. "Siegfried Wagner, ein Tondichter des deutschen Volkstums: Zu seinem 60. Geburtstage am 6. Juni", *Völkischer Beobachter*, 5 de junho de 1929.

1118 "Siegfried Wagners 'Heilige Linde'", *Völkischer Beobachter*, 11 de julho de 1929.

1119 MUELLER, Herbert H. "Siegfried Wagner: Das Flüchlein, das jeder mitbekam", *Völkischer Beobachter*, 20 de novembro de 1929.

sendo esquecidas e o jornal podia apenas esperar por uma "programação de óperas mais *alemãs*" no futuro.[1120] Depois da morte de Siegfried em 1930, Josef Stolzing escreveu que a vida do compositor tinha sido "difícil", em parte por causa de sua personalidade meiga – especialmente quando comparada à de seu pai –, mas também por causa de forças anti-Bayreuth que trabalhavam contra ele. Stolzing disse que Siegfried "cumpriu sua missão artística como um fiel guarda do legado de Bayreuth", mas ele "não ganhou satisfação com sua vocação como compositor criativo". Isso não foi culpa dele, pelo contrário, era uma circunstância de seu tempo, que "rejeitava e destruía a cultura alemã". Ele estava condenado a viver em um período de transição em que as influências estrangeiras "penetravam profundamente no povo e o alienava de si mesmo". A missão de Siegfried como compositor de obras verdadeiramente alemãs poderia "apenas ser completada na posteridade – se os tesouros de sua força criativa fossem finalmente reconhecidos pela raça que o Terceiro Reich da Grande Alemanha Nacional-Socialista geraria".[1121]

O *Völkischer Beobachter* não foi tão compreensivo com outro compositor bávaro: Carl Orff (1895-1982). Ao escrever sobre a estreia de *Carmina Burana* (1937), Herbert Gerigk reclamou que a peça era "defeituosa por uma série de problemas", sendo o principal o fato de que os textos musicais estavam no "latim de monges e em alemão do século XIII". Consequentemente, "ninguém podia entender uma palavra". Gerigk achava que quem quisesse ouvir uma canção iria querer acompanhar as palavras, ou então "poderia só usar chinês ou apenas cantar vogais arbitrárias". Tal incompreensibilidade "bloqueava o caminho para sua obra ter qualquer efeito *völkstumlich* [popular]". Além disso, o estilo musical de Orff era "lapidário": ele "só colocava as melodias uma ao lado da outra; seus únicos meios de desenvolvimento formal eram a repetição e a associação rítmica; e as melodias muitas vezes pareciam canções infantis". Ademais, continuou Gerigk, apesar do "estado primitivo intencional", havia lugares onde formas culturais "sofisticadas" evidentemente surgiam: "às vezes, ouvia-se uma linguagem musical inteiramente elementar e, em outras, uma atmosfera de jazz". No final, se *Carmina Burana* marcava o ponto de início para uma nova direção musical era "uma questão de política cultural e visão de

---

1120 "Neue Opern und vergessene Komponisten", *Völkischer Beobachter*, 11 de janeiro de 1933.
1121 STOLZING, Josef. "Siegfried Wagners künstlerische Sendung", *Völkischer Beobachter*, 2 de agosto de 1930.

mundo". Gerigk concluiu que, apesar de difícil de acompanhar, os textos "respiravam a alegria da vida, celebravam a primavera, a bebida e os maus hábitos dos padres (já no século XIII!)". Contudo, mais "testes práticos" eram necessários, Gerigk concluiu, para ver se essa obra "teria qualquer efeito em um público ingênuo – no povo".[1122]

O jornal supôs que menos desafiante para os ouvintes do povo eram as obras de Paul Graener (1872-1944), incluindo sua suíte para orquestra *Die Flöte von Sanssouci* (1930) e sua ópera *Friedemann Bach* (1931). Mesmo antes de ele se tornar o diretor da seção dos compositores da Câmara de Música do Reich, o jornal escreveu de modo positivo sobre Graener como um "músico alemão romântico". Ludwig K. Mayer estabeleceu que Graener nunca seguiu as tendências contemporâneas a ele – aqueles "atalhos não artísticos para o sucesso" –, então demorou mais tempo do que seus contemporâneos para conseguir o reconhecimento. Mas esse era um caso em que coisas boas vieram para aqueles que esperaram: Graener criou "apenas de sua própria natureza, que amadureceu com a indolência nórdica – tornando-o particularmente estável". Seu desenvolvimento pessoal podia ser visto como um exemplo para a vida de todo o povo na era contemporânea. Nesse sentido, Graener estava "atualizado" na melhor e mais profunda forma: nele "a revolução nazista tinha um mestre musical vinculado à grande essência íntima do povo e suas experiências emocionantes".[1123] Quando Graener assumiu sua posição oficial no regime, ele falou sobre os "deveres do compositor alemão" em modos que repercutiam as visões do *Völkischer Beobachter*. "A criação de uma nova música para as festividades nacionais apresentam tarefas dos mais belos tipos tanto para as musas sérias quanto as alegres", Graener discursou: "o Terceiro Reich precisa de uma música solene com a característica de culto para comícios, coros de grandes proporções e canções para a cantoria popular; canções sobre a vida do povo, que representassem os próprios alemães, que celebrassem as maravilhosas paisagens alemãs, sobre o artesanato e, finalmente, músicas baseadas em antigas canções folclóricas".[1124]

---

1122 GERIGK, Herbert. "Carl Orffs Carmina Burana", *Völkischer Beobachter*, 16 de junho de 1937. Sobre Orff na era nazista, ver KATER, *The Twisted Muse*, p. 188-202 e Kater, *Composers of the Nazi Era*, p. 111-143.
1123 MAYER, Ludwig K. "Paul Graener: Zur Erstaufführung der Oper 'Friedemann Bach'", *Völkischer Beobachter*, 18 de dezembro de 1932.
1124 "Eine Rede Paul Graeners: Pflichten des deutschen Komponisten", *Völkischer Beobachter*, 3 de setembro de 1935.

Max von Schillings (1868-1933) foi outro compositor que o jornal nazista sustentava como tragicamente subestimado. O musicólogo e comprometido membro do partido Erich Roeder exaltou a "notável crônica de guerra". De acordo com Roeder, "embora o homem de 46 anos esteja acima da idade do serviço em 1914, ele se alistou com seu filho de 17 anos e os dois voluntários marcharam na frente das tropas alemãs no avanço de Ludendorff em Liège, feito pelo qual ele recebeu a Cruz de Ferro". Mas, em 1925, o ministro da Educação e Cultura social-democrata, Carl Becker, supostamente retirou o compositor da diretoria da Ópera Estadual de Berlim: "não havia mais lugar para Schillings na Alemanha", e o compositor teve de ir para o exterior. Célebre na Espanha, Itália e nos Estados Unidos como um grande maestro de Wagner, ele se tornou um "arauto da arte alemã". Foi só com a "revolução nacional-socialista" em 1933 que ele finalmente recebeu a homenagem que merecia: o jornal observou que "no governo do *Führer*" "Schillings recebeu todas as indenizações". Mas foi apenas alguns meses depois que Schillings morreu, e, com sua morte, os nazistas estavam "obrigados a cuidar fielmente de seu legado", como a "remuneração por tudo que ele fez e sofreu por eles".[1125] Como colocado por L. Biagioni, esse artista alemão nunca se recuperou da "demissão sem aviso prévio" que ele recebeu do governo socialista e, "quando o movimento nacional-socialista se empenhou pelo mestre, já era muito tarde para dirimir tal injustiça".[1126] Da mesma maneira, Heinz Steguweit contou Schillings entre aqueles que "sabiam como servir sua arte nacional eterna, mas que, como resultado disso, se tornaram vítimas da batalha: abatidos, moídos e cada vez mais amargos". Por ter falecido bem quando o povo se erguia, ele foi "mais um dos solitários que simbolizavam a observação de Schopenhauer de que a solidão é o fardo de todos os espíritos extraordinários".[1127]

O *Völkischer Beobachter* enfrentou desafios similares em localizar, definir e estabelecer evidências para uma renascença na literatura nacional-socialista. De fato, dentre os vários escritores que o jornal promoveu com mais energia, muitos – até durante a existência do jornal – já estavam mortos e agora são bem esquecidos. Aqueles cujos

---

1125 ROEDER, Erich. "Max von Schillings: Zum 75. Geburstage des Komponisten", *Völkischer Beobachter*, 18 de abril de 1943.
1126 BIAGIONI, L. "Max von Schillings in der Selbstkritik", *Völkischer Beobachter*, 23 de julho de 1943.
1127 STEGUWEIT, Heinz. "Letzte Begegnung mit Max von Schillings: Ein Gedenkblatt zum 70. Geburtstag des Komponisten", *Völkischer Beobachter*, 19 de abril de 1938.

nomes permanecem reconhecíveis limitam-se ao norueguês Knut Hamsun (1859-1952), que o jornal identificou como um "classicista nórdico"[1128] e o sempre popular Karl May (1842-1912), que o jornal festejou em retrospectiva. Professor escolar e colaborador do *Völkischer Beobachter* desde 1927,[1129] Karl Muth-Klingenbrunn estava feliz em relatar, fazendo referência a May, que, "com o movimento de Hitler, o velho Shatterhand desfrutava de uma ressurreição triunfante". May tinha "ido às alegres áreas de caça no céu, mas a morte, que lhe tomara seu revólver de prata, sua faca e sua inesgotável pena, não tinha qualquer poder sobre ele". Ele viveria no "centro do foco de uma renascença". Mesmo assim, alguns "intérpretes pseudopsicológicos" reclamavam da renomada popularidade de May: "especialistas" testemunhavam as imprecisões e fraquezas em seus romances; houve tentativas de retirá-lo das bibliotecas escolares. Então, Muth-Kingenbrunn pensou "que algumas coisas tinham de ser ditas no jornal de Hitler: nessa guerra literária, os nazistas lutariam pelo ressurgimento de May".

De acordo com Muth-Klingenbrunn, os oponentes de May o consideravam culpado do "terrível crime" de usar a licença poética em suas descrições de viagens e aventuras, "enfraquecendo assim o saudável senso de realidade da juventude alemã, desviando-o de suas obrigações e conduzindo-o para a fantasia e a aventura". Na opinião de Muth-Klingenbrunn, a juventude alemã nunca tinha sofrido pela exposição ao escritor, ou, pelo menos, não "as crianças saudáveis, normais". Ele lembrou que, em seus tempos de escola, ele e seus colegas eram todos leitores entusiasmados de Karl May, exceto alguns "capachos de professores superinteligentes". Mas ninguém fugia para os desfiladeiros dos Bálcãs ou para Kentucky depois de ler Karl May; ninguém era reprovado por causa de Karl May; nenhuma mente foi danificada por ler Karl May".

"Sua geração foi menos treinada física e moralmente na escola do que a presente? Seriam eles menos capazes espiritual e psicologicamente? Seriam eles menos normais do que a juventude contemporânea?" Muth-Klingenbrunn achava que não: antes "raramente havia um suicídio de um estudante ou crimes sexuais entre a juventude, da mesma maneira que não havia loucuras esportivas ou salas de cinema". Foi então que May se tornou uma "fonte de experiências vigorosas e alegres, verdadeiramente inesgotável". Como as "abelhas retiram o

---

1128 FÜRSTENBURG, Hilde. "Der Klassiker des hohen Nordens", *Völkischer Beobachter*, 4 de agosto de 1938. Sobre Hamsun, ver ŽAGAR, Monika, *Knut Hamsun: The Dark Side of Literary Brilliance* (Seattle, WA: University of Washington Press, 2009).
1129 Ver KÖHLER, "Kunstschauung und Kunstkritik", p. 26.

mel das flores", Muth-Klingenbrunn disse que seus colegas de escola tiravam planos para batalhas, listas de trilhas para caça, métodos para cruzar ribeirões, maneiras de subir em árvores, aulas de natação e instruções para a produção de fogo e fortes das histórias de May. Contudo, quando não estavam brincando, todos eles ficavam sentados na sala de aula "revigorados, com boas maneiras e sujeitando-se de modo disciplinado a cada pensamento que os professores, com benevolência, mas rigor, exigiam deles". Muth-Klingenbrunn sentia que quem entendesse algo sobre a educação tinha de concluir que havia "algo em Karl May para cada menino normal, saudável e ainda não corrompido – um antídoto saudável, pedagogicamente bem-vindo para as impressões entediantes, confusas e tentadoras da muito elogiada 'cultura' da velocidade, tecnologia, filmes e esporte – a cultura do complexo e do politizado com sua sentimentalidade feminina infinita que enfraquecia a geração vindoura". Para colocar de modo sucinto, Muth-Klingenbrunn declarou: "os nazistas estavam a favor de Karl May!".[1130]

Além de sentimentalizar as histórias do velho Shatterhand e Winnetou, o *Völkischer Beobachter* promoveu alguns escritores, incluindo o ex-oficial de submarinos austríaco Franz Wolfram Scherer (1862-1932),[1131] que escreveu romances "românticos" e "históricos" em Salzburgo, e Ernst Friedrich – que publicou seu romance antissemita *The Jewish Girl from Sosnowitz* (1920) em fascículos.[1132] Outro autor recém--falecido cujas obras o jornal publicava muitas vezes em fascículos era Ludwig Thoma (1867-1921).[1133] Hellmuth Langenbucher concedeu a

---

1130 MUTH-KLINGENBRUNN, Karl. "Karl May", *Völkischer Beobachter*, 4 de fevereiro de 1929. Para o significado de Karl May na literatura popular alemã, ver MOSSE, George L., *Masses and Man: Nationalist and Fascist Perceptions of Reality* (Detroit, MI: Wayne State University Press, 1987), p. 52-68.
1131 SCHULZE-LANGENDORFF, Friedrich. "Franz Wolfram Scherer: Zu seinem 60. Geburtstag", *Völkischer Beobachter*, 12 de junho de 1927.
1132 FRIEDRICH, Ernst. "Das Jüdenmadel aus Sosnowice", *Völkischer Beobachter*, 5 de agosto de 1927. O jornal promoveu este livro como "descrevendo de modo emocionante o destino de uma bela garota judaica, que veio do Oriente para a Alemanha, onde ela conseguiu ganhar respeito e riquezas com o uso astuto de seu charme e com a especulação hábil no mercado de valores. Do mesmo jeito que os judeus cobiçam as mulheres loiras e arianas, as judias cobiçam os loiros homens arianos. A garota judia atrai para sua rede os loiros e consegue importantes segredos militares de um oficial alemão, os quais ela vende à Rússia. É impressionante a descrição de todo o metiê judeu que o autor consegue apresentar": *Völkischer Beobachter*, 13 de julho de 1927 apud LAYTON, "*Völkischer Beobachter*", 1925-33, p. 248.
1133 THOMA, Ludwig "Der Klient", *Völkischer Beobachter*, 25 de agosto de 1931; THOMA, Ludwig. "Unser guter, alter Herzog Karl", *Völkischer Beobachter*, 25 de setembro de 1931; THOMA, Ludwig. "Der Lindenmann", *Völkischer Beobachter*, 21 de outubro de 1931.

Thoma uma "*Weltanschauung* [visão de mundo] etnocêntrica", apesar de ele ter morrido jovem demais para ver os "resultados de seus esforços no pós-guerra para reconstruir o povo política e espiritualmente". Ele escreveu sátiras sociais e políticas, mas, depois de um tempo com *Simplizissimus*, "recusou-se a virar um segundo Heine" – escrevendo que, "enquanto seus avós se apaixonaram pelos gracejos sarcásticos de um Heine, seus contemporâneos eram sérios demais para esse tipo de coisa". Sua crítica às autoridades era uma "oposição nacional", não motivada pelo ódio ou cinismo, mas pelo amor ao povo e à terra natal [*Heimat*]. Além disso, as obras de Thoma eram "enraizadas em solo arado": ele redescobriu no que Dürer e Riemenschneider já tinham se deleitado. Langenbucher disse que o título de sua primeira obra, *Agricola* (1897), poderia servir de cabeçalho de toda a sua obra – se alguém traduzisse do latim como "fazendeiros alemães". Embora Thoma representasse a decadência da vida no campo em suas histórias, ele "o fez por amor a ela e por sua preocupação com o solo alemão". Os nazistas podiam, portanto, ler esses livros como um alerta, pois Thoma mostrava que era "apenas com a manutenção do fazendeiro alemão que a raça alemã poderia ser preservada".

A falta de resposta que as obras de Thoma receberam do "complacente povo de seu tempo" o levou temporariamente aos braços dos "literatos judeus e da Boêmia estéril". Como resultado, ele brevemente "velejou nas águas da democracia e do pacifismo". Mas suas raízes estavam no solo da pátria, então não demorou muito para o "poderoso núcleo de sua essência arquialemã romper as correntes do europeísmo mentiroso". Em 1908, ele escreveu sobre a "necessidade ocasional de guerra"; durante a Crise do Marrocos em 1911, ele "criticou os intimidadores franceses"; e, com a eclosão da guerra em agosto de 1914, "seu amor pelo povo alemão foi inflamado". Como resultado disso, ele finalmente virou as costas para a democracia e o pacifismo e voltou à posição de que "sua choupana de fazendeiro era preferível ao prédio do *Reichstag*". Nesse espírito, ele "cantou" o poema, *1º de agosto de 1914*:

> *Preparem-se para a luta! Movam-se pelos bosques!*
> *Tomem os campos, com as armas empunhadas!*
> *Para proteger a pátria!*
> *O povo avança, esticando seus membros.*
> *Não tenham medo – venha o que vier! ...*
> *Um viva para Germânia, a mãe de todos nós!*

Mais tarde, a entrada da Grã-Bretanha na Primeira Guerra Mundial extraiu de Thoma a seguinte *Song of England*:

*Estamos preocupados agora? Não!*
*Não escolhemos nossos inimigos.*
*Não escolhemos nosso fardo.*
*Nós devemos ser alemães.*
*Sempre olhando adiante!*
*Apesar de um fraco amigo nos trair,*
*O bom senso e as ações*
*Determinarão nosso destino.*

Langenbucher disse que, desse modo, "Thoma, o Germânico" mais uma vez se encontrou e depois da guerra ele sabia qual era seu lugar na luta pelo povo alemão. Perturbado pelo caos político resultante, ele declarou que seu sangue "fervia pela Alemanha e estava cheio de ódio aos franceses e socialistas". Lutando contra cada obstáculo que estava no caminho da reconstrução alemã com "as mais contundentes armas à sua disposição", ele atacou até o *Simplizissimus* com o qual ele tinha contribuído, referindo-se a ele como nada além de um "teatro de marionetes". Em 1921, a morte "o arrancou de sua obra para os fazendeiros alemães, a pátria, o povo alemão, a essência alemã e para a grandeza alemã". Mas Langenbucher quis invocar as duas últimas estrofes da *Englandlied* de Thoma, "sempre que o povo alemão sofresse uma grande angústia interna":

*Coragem.*
*Mesmo aqueles que nos odeiam entendem*
*Que o melhor da humanidade caíra junto conosco.*
*Mais uma vez o mundo admirará*
*Como o poder alemão passa pelo teste do perigo.*

Langenbuchner estava certo de que essas linhas serviriam aos nazistas como "uma fonte de força e consolo" à medida que a "batalha pelo povo alemão esquentava mais uma vez".[1134]

O *Völkischer Beobachter* também deu atenção a alguns escritores vivos que estavam diretamente envolvidos com o movimento. Apesar de não noticiar a mais conhecida obra de Joseph Goebbels, *Michael*

---

[1134] LANGENBUCHER, Hellmuth. "Ludwig Thomas Weg zur völkischen Weltanschauung", *Völkischer Beobachter*, 25 de agosto de 1931.

(1929),[1135] o jornal cobriu uma produção de sua peça em poesia, *The Wanderer*.[1136] Dietrich Eckart, um dos primeiros partidários de Hitler e do NSDAP, ganhou homenagens diretas de Alfred Rosenberg, discussões de seu relacionamento com o *Führer* e referências a ele como o "Poeta da Revolução Alemã".[1137] O jornal também reproduziu obras como um poema no qual Eckart sugere que Caim fora "O Primeiro Antissemita!".

> *O primeiro homem que reconheceu o judeu,*
> *O primeiro homem que ficou enfurecido,*
> *E que acertou o bastardo sorrateiro,*
> *Foi Caim.*
> *Você reconhece a fraude "virtuosa"?*
> *Apesar de alguma relutância,*
> *O próprio Jeová teve de dizer:*
> *"Quem matar Caim,*
> *Federá até o mais alto céu".*[1138]

O jornal deu seu apoio a Hanns Johst (1890-1978) antes mesmo de Johst completar sua homenagem ao "mártir" nazista *Albert Schlageter*,[1139] e tornou-se presidente da Câmara de Literatura do Reich. Johst destacava-se como um dos "raros desenvolvimentos positivos entre os jovens dramaturgos da época, pertencendo aos poucos que estavam realmente comprometidos com um novo conteúdo para a vida". Um poeta verdadeiramente alemão, segundo o *Völkischer Beobachter*, Johst era uma "grande esperança" em uma época na qual a literatura estava "dominada por judeus estrangeiros". Embora, naturalmente, o jornal

---

1135 Ver MOSSE, *Nazi Culture*, p. 94-95, para uma discussão geral e uma tradução de *Michael* de Goebbels.

1136 M. B. [?], "Der Wanderer auf der Nationalsozialistischen Volksbühne", *Völkischer Beobachter*, 31 de outubro de 1929.

1137 "Der *Führer* ehrt den Dichter der Deutschen Revolution", *Völkischer Beobachter*, 31 de outubro de 1933.

1138 ECKART, Dietrich. "Der erste Antisemit", *Völkischer Beobachter*, 5 de maio de 1928.

1139 "Albert Leo Schlageter ocupa um lugar próprio na galeria de heróis nazistas. Como um dos primeiros nazistas, ele caiu em batalha lutando contra os franceses em 1923, e o epílogo para uma edição de suas cartas é um bom exemplo das homenagens feitas a ele. Schlageter, como todos os heróis nazistas, simbolizava o "novo homem". A conversa entre seu amigo August e o pai dele mostra claramente a exaltação do "novo homem" – a jovem geração. Hanns Johst, o mais famoso entre os dramaturgos que escreveram para o Terceiro Reich, tinha poder dramático e sua peça *Schlageter* foi apresentada muitas vezes, especialmente nos primeiros dias do regime": MOSSE, *Nazi Culture*, p. xxviii.

admirasse os tributos diretos feitos por Johst a Hitler e Himmler,[1140] ele também estava particularmente empolgado com a peça de Johst de 1927, *Thomas Paine*, na qual o autor de *The Rights of Man* é retratado como "o líder espiritual do movimento de independência dos Estados Unidos".[1141] Por mais improvável que pareça, Johst convenceu o *Völkischer Beobachter* de que Paine poderia ser associado ao destino do nazismo: "tanto líder como ameaça, ele era cheio de paixão, ansiedade, humildade e coragem excessiva; tanto as lágrimas de Thomas Paine como as lágrimas derramadas por causa dele eram lágrimas sobre o povo – sobre seus triunfos e fracassos pessoais –, e eles poderiam cantar seus elogios como tendo tido uma vida grande e maravilhosa"![1142]

Além de citar por repetidas vezes sua interpretação etnocêntrica de "especialista" da tradição literária alemã, o jornal também exaltou os esforços criativos de Adolf Bartels, dizendo aos seus leitores que "todos deveriam comprar seus livros porque ele não pode viver apenas de homenagens". O jornal achava que, como poeta durante "tempos decadentes", Bartels "protegia a pátria, o povo, a personalidade alemã saudável e os direitos dos grandes". Ele despertou a consciência alemã para resistir "ao demônio da estupidez" – o "espírito da fraude em cada área da vida". Ainda assim, sua principal contribuição intelectual foi seu "serviço incomparável à história literária e à crítica estética". Lá, ele "sempre trabalhou a partir do *Volkstum* [folclore] alemão: avaliando sempre os criadores e as obras com base em sua importância para o povo e para a pátria". Karl Berger disse que Bartels estava sozinho, porque ele foi o primeiro a organizar a história literária "de acordo com raça e sangue" sem reduzir o valor profissional de sua obra. Ele seguia o caminho que sabia ser o correto, sem temer favoritismo ou ódio, apesar da resistência de todos os principais poderes da época. Um lutador precoce pelos ideais étnicos, ele era um "agitador inexaurível, um arauto, e alguém que dava os alertas". Uma figura que permaneceu "enraizada em solo alemão", apesar das mudanças de estilos e tendências, ele era

---

1140 GATETTNER, Hans. "Der deutsche Dichter nach dem Sieg: Die beispielgebende Persönlichkeit Hanns Johst", *Völkischer Beobachter*, 7 de julho de 1940. Sobre JOHST, ver também BARBIAN, Jan-Pieter, "Literary Policy in the Third Reich", in CUOMO (ed.) *National Socialist Cultural Policy*, p. 60-175.
1141 "Hanns Johsts Flucht", *Völkischer Beobachter*, 7 de abril de 1927.
1142 JOHST, Hanns. "Thomas Paine", *Völkischer Beobachter*, 27 de junho de 1928. Para saber mais sobre a peça de Johst sobre Thomas Paine, ver Hugh Frederick GARTEN, *Modern German Drama* (New York: Taylor & Francis, 1964), p. 228 e LONDON, *Theatre under the Nazis*, p. 96-110.

um "desbravador para o poderoso novo movimento da liberdade e do ressurgimento". Ele podia fazer isso

*porque ele permanecia vinculado à verdadeira natureza do povo; porque ele permanecia ligado a todos os bons espíritos do passado e do presente; porque mesmo em tempos turbulentos sob condições quase desesperadoras, ele permanecia fiel ao princípio: "Não se desespere: trabalhe"; e pelo fato de ele nunca ter parado de acreditar no poder indestrutível do povo nativo e em sua vitória final sobre o espalhafatoso e presunçoso mal.*

Saudando-o, o jornal tinha a esperança de que Bartels "visse a obra de sua vida completada, bem como o resultado total do movimento de Hitler".[1143] Como Bartels viveu até março de 1945, alguém poderia dizer que a esperança do jornal foi concretizada.

Nas artes visuais, o *Völkischer Beobachter* também tentou iluminar um número de artistas que considerava serem subvalorizados como Hans Thoma (1839-1924), em cujas obras "podia-se ver com clareza como o sangue e o solo estavam manifestados na arte e na raça",[1144] e o "artista bávaro mundialmente famoso" Max Slevogt (1868-1932).[1145] Tirando esses talvez mais dúbios dignatários, o jornal investiu pesado no mais monumental escultor nazista da época, Arno Breker (1900-1991), cujos nus acadêmicos eram vistos como personificadores do ideal heroico nazista. Wilhelm Rüdiger chegou até a alegar que as figuras de Breker eram "superiores à escultura dos gregos antigos durante o período de Péricles", do qual, ele reconhecia, elas derivavam. Na era moderna, Rüdiger concluiu, não havia mais qualquer "expressão de empatia íntima para o recôndito da humanidade". Era apenas uma época de um "jogo escultural". Mas então "saiu uma intimação para Arno Beker: a nova era emitiu uma ordem para sua arte; suas capacidades ricas e autossuficientes eram direcionadas para uma meta – uma tarefa sublime e magnífica: criar uma imagem plástica e ideal do povo jovem, forte, combativo e resoluto da nova era". A primeira dessas novas criações exaltadas pelo jornal foram as "figuras atléticas" do *Decatleta* e da *Deusa da Vitória* localizadas no *Reichssportfeld* em preparação para os jogos olímpicos de 1936. Nelas, "a forma ficou tensa: tudo que antes era

---

1143 BERGER, Karl. "Dem völkischen Literaturhistoriker", *Völkischer Beobachter*, 14 de novembro de 1931.

1144 EBERLEIN, Kurt K. "Der deutsche Maler Hans Thoma: Zu seinem 10. Todestag", *Völkischer Beobachter*, 7 de novembro de 1934.

1145 "Max Slevogt 60 Jahre alt: Ein weltberühmter bayerischer Meister", *Völkischer Beobachter*, 10 de outubro de 1928.

confuso se tornou resiliente e metalicamente cristalino". Então, "para a arquitetura monumental berlinense do *Führer*, torsos de figuras saíam sinuosamente das áreas dos relevos" enquanto, "próximo aos prédios novos e festivos, a juventude heráldica e evocadora tornou-se maior que a vida – gigantesca". Embora as pernas e a postura dessas figuras fossem similares aos modelos eternos dos gregos, seus gestos e expressões "pertenciam exclusivamente à era nazista", explicou Rüdiger. Pois elas não tinham "o sorriso e a autoconsciência onírica" da escultura ática do período de Péricles. Seus "traços e gestos imperiosos expressavam a sabedoria, os feitos, as metas e a autoconfiança daqueles convocados aos feitos maiores". Com uma tocha em mãos e uma espada no braço estendido, esses jovens heróis eram "emblemas vivos" do "partido nazista e das forças armadas alemãs na Corte de Honra da nova chancelaria do novo Reich (figura 17.1). Nelas, a virtude grega mais sublime – "forma e beleza" – estava novamente unificada e personificada.[1146]

Werner Rittich, um historiador da arte e da arquitetura que promoveu a estética nazista em publicações como a *Arte no Reich Alemão* [*Die Kunst im Deutschen Reich*], uma revista editada por Alfred Rosenberg e Albert Speer, também se gabou do escultor nazista estrelado, alegando que Breker era apreciado não só na Alemanha, mas também na Paris ocupada, onde os nazistas produziram uma exposição de seu trabalho em 1944. Sua resenha calorosa insistiu que a mostra de Breker em Paris era um "sinal convincente de que desenvolvimentos culturais significativos tinham ocorrido no Terceiro Reich e eram celebrados não só dentro como fora das fronteiras alemãs". Rittich alegou que o público olhava com particular interesse as "proezas baseadas na força" de Breker e reconhecia que aqui "algo novo no mundo das artes plásticas crescera a partir do presente alemão – enquanto também indicava seu futuro". Todas as suas obras demonstravam que ele era um criador apto a "simbolizar a estatura heroica": Breker "resumiu o criador monumental". Todas as suas figuras, relevos, retratos e esculturas animais representavam "a unidade da postura interna e da forma exterior, da dignidade interna da humanidade baseada em uma disciplina rígida e em uma ligação entre um passado orgulhoso e o futuro". Uma grande parte dessas obras foi comissionada por Albert Speer, na incumbência do arquiteto como inspetor geral de Construções de Berlim.

---

1146 RÜDIGER, Wilhelm. "Der Bildhauer Arno Breker: Zum 40. Geburtstag des Künstlers", *Völkischer Beobachter*, 19 de julho de 1940. Sobre Breker e o racismo, ver Johnathan PETROPOULOS, "From Seduction to Denial: Arno Breker's Engagement with National Socialism", in ETLIN (ed.), *Art, Culture, and Media under the Third Reich*, p. 205-229.

Quanto às esculturas de Breker, o ministro do Reich Speer escreveu no guia da exposição que o "gênio criativo que se manifestava em Breker se desenvolveria ainda mais à medida que os alemães seguissem sem vacilar a vontade do *Führer* sob circunstâncias difíceis e assim cumprissem suas obrigações enquanto trabalham para um fim vitorioso na guerra". Speer afirmou que, tendo em vista a situação do *front* na época, as "esculturas poderosas, mas ao mesmo tempo dignificadas internamente [de Breker], dariam a força interior para buscar uma conclusão triunfante da guerra". Rittich e o *Völkischer Beobachter* sustentaram que, portanto, podia-se esperar que as obras de Breker tivessem um "efeito fortalecedor na vida íntima dos alemães, tanto no *front* quanto em casa, pelos dias decisivos que estão adiante".[1147] Essas expectativas, manifestadas depois no conflito, serviam como indícios de que mesmo para a liderança nazista estava claro que a renovação artística prometida pelo regime ainda não havia chegado completamente e podia ser concretizada apenas depois do sucesso militar, visto como o primeiro passo necessário para o projeto cultural do Terceiro Reich.

---

1147 RITTICH, Werner. "Der Lyriker Arno Breker: Zu einer Ausstellung von neuen Werken des Künstlers", *Völkischer Beobachter*, 16 de junho de 1944.

Figura 17.1 Arno Breker, "O Exército" (1939).

# 18

# *Kultur* em Guerra

É claro que o *Völkischer Beobachter* não se limitou a apresentar exemplos de arte contemporânea como os rígidos atletas de Breker como meios para "fortalecer a vida íntima dos alemães" antes e durante a Segunda Guerra Mundial. De fato, os propagandistas nazistas listaram toda a tradição cultural ocidental, como percebida em termos nacional-socialistas, para servir à sua causa beligerante. Justo quando os exércitos alemães invadiam a Polônia, Joseph Goebbels falou em um encontro anual conjunto da Câmara de Cultura do Reich [*Reichskulturkammer*] e a organização "Força pela Alegria" em 27 de novembro de 1939, com um discurso sobre a "Vida Cultural Durante a Guerra" que tornou clara a dimensão cultural do conflito, como previsto pela liderança nazista. A atividade cultural contínua para o povo alemão foi "uma das pré-condições mais importantes" para garantir a "constância e a perseverança de toda a nação" durante sua "batalha do destino" (*Schicksalskampf*). "O que poderia ser mais apropriado para cultivar os espíritos e refrescar a alma do povo" – elevar "nossos soldados e nossos trabalhadores" a um estado elevado de otimismo – "do que a arte?", Goebbels perguntou. Ele prosseguiu, dizendo que os nazistas "nunca tinham reservado a arte apenas para os tempos de paz: para nós, a noção de que, quando o chamado às armas ecoa, as musas se silenciam, não tem validade". Ao contrário, "sempre mantivemos a posição de que é precisamente em tais momentos" que as musas "precisam usar seus poderes". Porque "quanto mais penosos os tempos, mais as pessoas exigirão uma animação interna e encorajamento por meio da arte", e isso, Goebbels sustentou, era "uma parte da personalidade do povo alemão mais do que de qualquer outro povo".

Segundo Goebbels, as forças que se reuniram nesse encontro das organizações culturais do Terceiro Reich durante os estágios iniciais da batalha queriam "demonstrar diante de todo o mundo que a arte não é uma mera diversão para os tempos de paz, mas uma contundente arma espiritual para a guerra". Sob a liderança de Hitler, os nazistas colocaram essa "arma espiritual nas mãos do povo" para manejá-la, enquanto a "nação alemã estava se alinhando para a batalha por sua própria existência". Armado desse modo, o arquipropagandista concluiu, "nós alemães estamos não só protegendo o nosso espaço vital [*Lebensraum*], o nosso pão diário e nossas máquinas contra as potências plutocráticas hostis; nós estamos também protegendo a nossa cultura alemã e com isso as grandes bênçãos que ela pode conceder a todo o povo". Unidos pela "fé no *Führer*" e com a confiança sobre "nosso grande futuro nacional", os alemães já eram "um povo". Agora eles queriam "ser um povo mundial" [*Weltvolk*]; e isso seria alcançado pela conquista militar, em parte no interesse do avanço da *Kultur* alemã.[1148]

Sabendo da completa devastação que tinha infligido, nós rejeitamos a promoção nacional-socialista da guerra como condutora para um futuro de avanço cultural alemão.[1149] Ainda assim, devemos reconhecer que a propaganda nazista não apresentou a guerra como um fim em si, mas como um meio para reestabelecer a Alemanha como uma *Kulturnation* – revivida nas formas estéticas sugeridas pela seção

---

1148 GOEBBELS, Joseph. "Das Kulturleben im Kriege", Rede zur Jahrestatung der Reichskulturkammer und der NS-Gemeinschaft "Kraft durch Freude", 27 de novembro de 1939, in GOEBBELS, Joseph. *Die Zeit ohne Beispiel: Reden und Aufsätze aus den Jahren 1939/40/41* (Munique: Zentralverlag der NSDAP, Franz Eher Nachf., 1944), p. 219-223.

1149 Nas fortes palavras de Saul Friedländer: "A coisa mais importante é a constante identificação entre o nazismo e a morte; não a morte real em seu horror cotidiano e banalidade trágica, mas uma morte ritualizada, estilizada e estética, uma morte que deseja ser a portadora do horror, decrepitude e monstruosidade, mas que enfim aparece definitivamente como uma apoteose venenosa". O nazismo, ele continuou, era uma força que: "não chegava a nada, depois de ter acumulado um poder extraordinário, desencadeou uma guerra sem paralelo, cometeu crimes até agora além da imaginação – uma força que talhou o mundo em pedaços de modo a afundar na inexistência": FRIEDLÄNDER, Saul. *Reflections of Nazism*, p. 43, 58.

cultural do *Völkischer Beobachter*, entre outras fontes de propaganda.[1150] Nessa empreitada, eles fracassaram. O resultado final foi, na verdade, a redução de seu país a um estado de ruína muito mais hediondo do que aquele que Albert Speer tinha projetado em planos para as estruturas que ele e seu mestre imaginaram[1151] – não depois de mil anos, mas apenas após 12 anos de terror e seis de carnificina. Finalmente, a culminância da "cultura nazista" foi a própria guerra; de fato, essa era sua "obra-prima" vazia. Apesar disso, para ver como o partido comandava uma "mobilização das humanidades em tempos de guerra" voltada para a criação de uma "nova ordem espiritual",[1152] devemos estudar como o jornal nazista expôs a proposição de que as maiores figuras culturais do Ocidente e suas obras poderiam estar associadas com o conflito – à medida que este se aproximava, ficava mais violento e terminava. Este material mostrará como a trajetória temática do caderno de cultura do *Völkischer Beobachter* seguia de perto a experiência de guerra desde seus primeiros momentos, passando pelo fiasco de Stalingrado até os dias finais do regime. Mesmo assim, à medida que o "novo Reich" ruía sob os pés deles, os editores do jornal continuavam a dedicar espaço para artigos que apresentavam uma hegemonia cultural nacional-socialista – definitivamente vazia.

---

1150 "A guerra não era um fim em si mesma; para o nacional-socialismo, a guerra permanecia, da mesma maneira que a propaganda, a arte e a política, 'um meio para um fim'. A guerra era muito mais diretamente identificada com o processo que conduziu à 'percepção da ideia', para que na visão de mundo nazista ela tivesse a mesma função que todas as suas outras 'batalhas'. Da mesma maneira que a 'batalha pela arte', a 'batalha no *front* dos nascimentos' e a 'batalha pela produção' eram partes e divisões da 'batalha pela vida' que deveria levar à concretização da essência do povo germânico": MICHAUD, Eric. T*he Cult of Art in Nazi Germany*, p. 206-207.
1151 Michaud reproduz a explicação de Speer da "teoria da ruína do valor" como se segue: "Ao usar materiais especiais e aplicar certos princípios de estatística, nós devemos conseguir construir estruturas que mesmo em um estado de decomposição, depois de centenas ou (pois, esses eram nossos cálculos) milhares de anos, lembrariam mais ou menos os modelos romanos. Para ilustrar minhas ideias, eu tenho um desenho romântico preparado. Ele mostrava o que a posição revisionista no campo do Zeppelin pareceria depois de algumas gerações negligentes, tomado por heras, com suas colunas caídas, seus muros desmoronando aqui e ali, mas os contornos ainda estavam claramente reconhecíveis'. Encantado pela 'lógica luminosa' desse esboço, Hitler deu ordens para que, no futuro, os prédios mais importantes do Reich fossem construídos de acordo com a 'lei das ruínas'. Speer tinha acertado na mosca ao responder 'ao desejo do *Führer*' desse modo e, em nome dele, antecipou o momento em que os 'homens se silenciaram'. Aquele momento viria muito depois dos movimentos dos lutadores da comunidade terem sido congelados e imobilizados em pedra e quando a história finalmente os reconhecesse como um povo de artistas e pioneiros da cultura que tinham construído seu próprio monumento": MICHAUD, Eric. *The Cult of Art in Nazi Germany*, p. 212.
1152 RABINBACH e BIALAS (eds.), *Nazi Germany and the Humanities*, p. xxbc.

Muito antes do início das hostilidades, o jornal buscou sinais de que os heróis criativos tivessem naturezas "combativas" (*kämpferisch*). Ao estipular que os principais artistas, escritores e músicos tinham sido patriotas e nacionalistas, segundo suas circunstâncias históricas, a implicação disso sempre tinha sido que eles lutavam por vontade própria por tais causas. O jornal achou, por exemplo, que o caso de Albrecht Dürer dava lições adequadas para uma cultura em preparação para a guerra. Ao concluir que sua "reputação como um dos mestres da proporção e da perspectiva" correspondia a apenas "um aspecto de sua carreira", o *Völkischer Beobachter* ficou muito interessado em sua vida em uma "era violenta de guerra constante" e no fato de que ele "gastou muita energia em temas marciais e até tecnologia militar". Alinhar Dürer com os valores militares do nacional--socialismo nessas bases era uma grande preocupação do jornal. Por exemplo, da perspectiva de Wilhelm Rüdiger, era perturbador que os 400 anos da morte de Dürer fosse celebrado "sem referências suficientes para sua insistência franca em representar a profissão do infante e da vida do soldado".[1153]

O *Völkischer Beobachter* comprometeu-se em corrigir esse registro. Consistente com a noção de um artista nórdico como "ativo", Fritz Wiedermann insistiu que a cultura marcial era mais próxima a ele do que alguém poderia supor: ele viveu em uma época arrasada pela guerra, que "ressoava com chamados para a batalha". Além disso, seu "melhor amigo", o coronel Wilibald Perkheimer, que liderou uma tropa de Nuremberg contra os suíços em 1499, visitava-o regularmente e sempre trocava correspondências com ele enquanto lutava com suas tropas. Então, os "temas de guerra" eram familiares a Dürer. Wiedermann escreveu que, dadas tais circunstâncias, as imagens de Dürer refletiam bem a vida do soldado. Em particular, duas "pinturas de cerco" representavam detalhes militares "com grande precisão": seus desenhos do cerco de Hohenasperg, com suas "belas xilogravuras" representando o bloqueio de outra fortaleza, apresentavam "um detalhe tão exato que podiam funcionar como um livro didático de perspectiva estratégica" (figura 18.1). Além disso, sua série de xilogravuras, *O Arco Triunfal* (1515) (figura 18.2), representava "como os soldados acampavam e seus modos de ataque".

---

1153 RÜDIGER, Wilhelm. "Albrecht Dürer und die Soldaten", *Völkischer Beobachter*, 18 de agosto de 1928.

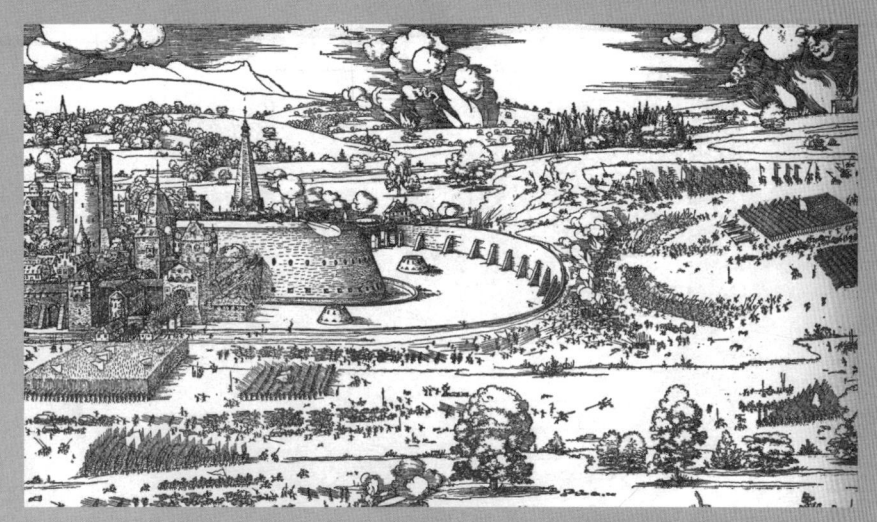

Figura 18.1 Albrecht Dürer, "Fortaleza sitiada" (1527).

Figura 18.2 Albrecht Dürer, "O encontro de Maximiliano I e Henrique VII (do arco do triunfo de Maximiliano) (1515).

Figura 18.3 Albrecht Dürer, "A morte e o Landsknecht" (1510).

Wiedermann escreveu que os nazistas deviam ser gratos ao artista por essa abundância de versões de soldados que registraram suas características com tamanha "precisão histórica".[1154] Além disso, em muitos desenhos Dürer representou "o esplendor dos uniformes e a pompa do veludo e da seda – seu *Landsknecht* era um modelo do soldado elegante" (figura 18.3). Da mesma maneira, ele registrou "a vida feliz no acampamento com seus trotes sadios e bebedeiras; mesmo as bebidas e os dados estavam presentes em suas imagens". Apenas alguém que tinha "mergulhado na personalidade de um mercenário ou que se sentia

---

1154 WIEDERMANN, "Albrecht Dürers Bedeutung als Festungs-Baumeister".

Figura 18.4  Albrecht Dürer, "São Jorge no cavalo" (1508).

um pouco como um soldado em seu coração poderia ter capturado esses detalhes particulares".[1155]

Além disso, ele representou a infantaria e os cavaleiros em marcha e em combate: "avançando a passos largos com bandeiras tremulantes, conquistando os portões da cidade e atacando os fortes". Seus retratos de *São Jorge* (1501-1504) (figura 18.4), com *Cavaleiro, Morte e o Diabo* (1513) – "o mais belo monumento à cavalaria já criado" – revelaram quanto um "senso do guerreiro e a compreensão das virtudes dos soldados eram parte dele".

---

1155 RÜDIGER, Wilhelm. "Albrecht Dürer und die Soldaten."

*Que ousadia de pensamento, que nobilidade de espírito brilha das faces dos dois guerreiros! Onde uma valentia mais provocadora e uma consciência orgulhosa da vitória encontrariam expressão além daqui? Quem quisesse indagar o valor dos soldados alemães de todos os tempos, dos estágios iniciais dessa história ao passado mais recente, poderia obter informações completas sobre essas duas reproduções.*[1156]

Apesar de tais habilidades, o *Völkischer Beobachter* sustentou que Dürer não era "um mero representador de soldados": ele era também um engenhoso "teórico de fortalezas e arquitetura urbana", apesar de esse lado de sua carreira ser pouco conhecido. Ele escreveu quatro livros didáticos sobre a construção de fortificações, incluindo *Underweysung der Messung mit dem Zirckel und Richtcheyt* (1525) e *Etliche Underricht zu Befestigung der Stett, Schloß und Flecken* (1527). Com uma "capacidade surpreendente", ele calculou o desempenho balístico da artilharia, desenvolveu teorias de ataque e defesa e mediu as quantidades corretas de rações e munições. Em suma, ele "lidou com os problemas difíceis do conflito fortificado como um antigo soldado e comandante de campo".

De acordo com o jornal, até Frederico, o Grande, estudou os estratagemas de Dürer: "o grande rei prussiano tirou deles suas ideias sobre a construção de obras independentes na frente da linha de defesa". Isso foi "uma confirmação clara de sua relevância". Ainda assim, seus ensinamentos sobre fortificações eram quase totalmente desconhecidos aos modernos; então o jornal julgou ser necessário homenagear esses "enteados" esquecidos. Parecia que todos tinham com Dürer uma dívida de gratidão. Os artesãos o viam como "um dos seus", assim como os artistas e os pintores. Os soldados do *front* também quiseram celebrá-lo, "por causa de seu amor pela profissão deles". Mas eles quiseram homenageá-lo a seu modo, enfatizando sua identificação com a vida do soldado, "tão facilmente esquecida nos tempos modernos". Para eles, Dürer merecia o "título de soldado honorável", além de sua reputação como um grande artista. Os leitores nazistas podiam então aprender com ele que "o calibre dos soldados não se baseia apenas no uniforme, mas deve ser provado pelo espírito e pela energia" e "um soldado engloba um coração corajoso e uma mente desobstruída". Nesse sentido, o jornal lembrou, o próprio Dürer escreveu: "para defender uma fortificação como essa, o seguinte será necessário: boas armas, suprimentos suficientes e,

---

1156 Idem.

Figura 18.5 Albrecht Dürer, Ilustrações de luta de "*Ring- und Fechtbuch*" (1512).

acima de tudo, pessoas leais e másculas que sejam boas usando armas. Nenhuma fortificação resistirá sem tudo isso".[1157]

Que o *Völkischer Beobachter* continuamente dava suporte às obras de Dürer para inspirar uma atividade "leal e máscula" era ainda mais aparente em um artigo posterior, que apresentava o artista e seu colega pintor e produtor de gravuras Lukas Cranach como "especialistas em luta greco-romana". Ele explicou que o primeiro "livro sobre luta-livre" impresso apareceu por volta de 1500 d.C., mas em 1512 – "no auge da luta greco-romana alemã na época da Reforma" – Dürer publicou o seu próprio: "um dos maiores artistas de todos os tempos também produziu um livro sobre a luta", o jornal exclamou. Nesse tratado, os movimentos e as defesas da luta greco-romana foram "capturados com carinho"

---

1157 RÜDIGER, Wilhelm. "Albrecht Dürer und die Soldaten" e WIEDERMANN, "Albrecht Dürers Bedeutung als Festungs-Baumeister".

em imagens que indicavam o "alto nível de habilidade técnica no estilo de luta alemão antigo" (figura 18.5). Mesmo as escolas mais modernas "não poderiam produzir melhores resultados".[1158]

Os nazistas também achavam Friedrich Schiller útil para articular o que seria esperado de um jovem alemão em particular. Que a cultura nazista cooptou o poeta para preparar os jovens para a morte em batalha ficou claro na cobertura dos eventos em Weimar que comemoraram o aniversário de 175 anos de Schiller em 1934, realizada pelo *Völkischer Beobachter*. O jornal relatou que, vindos de toda a Turíngia, "jovens reuniram-se em Weimar para representar toda a juventude alemã" para homenagear "o seu Schiller – o jovem Schiller". Ao acompanhar os espetáculos de *Guilherme Tell* e *Maria Stewart*, Fritz Wächtler – envolvido com a política educacional nazista em várias posições – falou diante do monumento de Goethe e Schiller. Lá, ele comparou as palavras de Schiller: "Quem a vida venceria, deve estar disposto a morrer!"[1159] com o clamor de Hitler: "Você não é nada, seu povo é tudo!". O jornal comentou que estes eram "*slogans* brilhantes" para os jovens alemães.[1160] Como uma "juventude afetada pelo destino", a última geração supostamente "amava Schiller por instinto" como um "homem de vontade valentão" que, em uma "luta constante com o sofrimento que o atacava, desenvolveu uma disposição para morrer e uma indiferença diante da morte dos mais altos níveis".[1161] A comemoração de Schiller tinha então se transformado em um ritual de celebração da morte com o autossacrifício para o Estado.

É claro, a propaganda belicosa também tinha como alvo o famoso amigo e colaborador de Schiller. Estabelecer que Goethe compartilhava da opinião de que a meta de uma Alemanha unida deveria ser buscada por todos os meios necessários, sem excluir a força militar, significava opor-se diretamente ao que os nacional-socialistas chamaram de uma "tradição pacifista de interpretação". O *Völkischer Beobachter* aceitou o desafio de modo agressivo. Já em 1922, o jornal observou que uma "geração incontrolável de poetas e escritores deleitava-se em usar cita-

---

1158 SEPP, Hengl. "Dürer und Lucas Cranach als Ringsportspezialisten", *Völkischer Beobachter*, 23 de outubro de 1942.
1159 SCHILLER, Friedrich. *Wallenstein's Camp,* (trad.) James Churchill (Boston, MA: F. A. Niccolls, 1902).
1160 "Schiller-Festwoche in Weimar", *Völkischer Beobachter*, 10 de novembro de 1934.
1161 ADAM. "Das Faustische und das Heroische: Ein Gespräch vor 140 Jahren und der Freundschaftsbund zwischen Goethe und Schiller."

ções de Goethe para defender seu pacifismo impotente".[1162] Mas, Adolf Dresler rebateu, rotular Goethe como um "herói espiritual da visão de mundo pacifista" estava completamente equivocado. Dresler insistiu que o poeta tinha a ambição de, se não se tornasse um "Homero alemão", ao menos ser "homérico": de fato, ele queria compor um *Aquiles*. Ele não passou da primeira canção, mas ela incluía os seguintes versos, que "certamente não podiam ser chamados de pacifistas":

> *A sabedoria tem suas virtudes;*
> *Fidelidade, dever e amor universal também as têm;*
> *Mas nenhuma é tão universalmente honrada,*
> *Quanto a bravura que, em vez de definhar diante da morte,*
> *Corajosamente incita a violência na batalha.*

Essas eram certamente palavras bem diferentes das frases "colocadas em sua boca por aqueles que se consideravam admiradores de Goethe sob a república – em um esforço para encobrir sua própria debilidade, Dresler criticou".[1163]

Em 1930, o jornal alegou que Goethe "conclamou os nazistas" no "verdadeiro espírito da antiga Weimar", particularmente em linhas como: "A Alemanha está unida contra o inimigo externo!" e "Permaneçam armados juntos e ninguém será páreo para vocês!". Essas palavras davam provas de que Goethe teria concordado com os planos nazistas de militarização da sociedade e educação alemãs. No mesmo espírito, ele escreveu em *As Afinidades Eletivas* (1809) que "os homens deviam usar uniformes desde sua juventude, porque eles devem aprender a trabalhar juntos, a perder-se, a trabalhar em grupos e a trabalhar para a coletividade". Apesar de sábio, o Goethe do *Völkischer Beobachter* não era "nenhum mandrião" e por isso se arrependia de não ter servido: "Se as guerras de libertação tivessem ocorrido quando eu tinha 20 anos, eu certamente não teria sido deixado para trás".[1164]

As noções da filosofia de Schopenhauer como de ação agressiva em vez de um "pessimismo silencioso" receberam bastante atenção no *Völkischer Beobachter*, apesar de não sem alguma controvérsia. Alfred Bäumler – o principal nietzscheano nazista – afirmou que havia uma "tensão germânica no pessimismo de Schopenhauer", pois "o pensamento alemão nunca seria otimista no sentido de uma ilusão humanitária: sempre

---
1162 "Goethe und die *Sudd. Presse*", *Völkischer Beobachter*, 15 de março de 1922.
1163 DRESLER, A. "Goethe und der nationale Gedanke."
1164 "Was hat Goethe dem heutigen Deutschland zu sagen: Zu Goethes Todestag", *Völkischer Beobachter*, 23 de março de 1930.

seria realista e olharia a vida diretamente nos olhos", e a "prontidão para lutar com o lado escuro da existência" de Schopenhauer consistia nisso. Mas Bäumler também alertou contra o "quietismo perigoso" para o qual o pensamento de Schopenhauer podia levar: o desejo pela "paz absoluta – pela redenção – era niilista". Acima de tudo, o "quietismo estético" de Schopenhauer podia levar diretamente ao "fatalismo político". Então, Bäumler concluiu, quando os nazistas olhavam para Schopenhauer, eles o faziam "em homenagem à sua coragem destemida, em admiração ao seu espírito e com uma gratidão profunda pelo que ele fez como mestre da prosa alemã". Entretanto, ao mesmo tempo, eles "claramente sentiam a distância que o separava de seu século": o alemão da era nazista estava "longe de qualquer filosofia quietista porque se sentia um membro de uma geração que estava mais uma vez confiante em seu poder de dominar seu destino histórico".[1165]

Contrapondo tais qualificações sobre a utilidade de Schopenhauer para a causa militar alemã, o jornalista de Stuttgart Karl Grunsky reconheceu que, de acordo com Schopenhauer: "esse é o pior de todos os mundos concebíveis, mantidos em movimento pela vontade cega, a batalha incessante e o poder mental dos homens, simplesmente para lançar luz à sua própria ausência de valor". Os leitores não tinham de compartilhar dessa visão, mas Grunsky acreditava que "ela de fato trazia atributos do sofrimento e do mal à consciência" e por isso fortalecia seu senso do trágico". Além disso, o que Schopenhauer "exigia do comportamento humano" era um "objetivo nobre que podia inspirar o entusiasmo" entre os nazistas. Podiam-se relacionar as "antigas atmosferas indígenas" que Schopenhauer adorava com as "noções alemãs de heroísmo" que o pensador também elogiava: "se o objetivo de Schopenhauer era de tirar a culpa da existência, então os nazistas podiam tentar fazer isso em uma batalha em vez de por meio de um modo passivo".[1166]

Josef Stolzing também achou que as ideias de Schopenhauer poderiam influenciar o "renascimento do povo com o nacional-socialismo: viver significava lutar e apenas desse modo os nazistas entendiam a resistência heroica ao destino, o desafio à morte, que era tão característica dos alemães". No fim, Stolzing pressionou, a filosofia de Schopenhauer "era para ser entendida nesses termos".[1167]

---
1165 BÄUMLER, Alfred. "Schopenhauer und das 19. Jahrhundert: Zum 150. Geburtstag des Philosophen", *Völkischer Beobachter*, 22 de fevereiro de 1938.
1166 GRUNSKY, Karl. "Ein urwüchsiger deutscher Denker: Zum 75. Todestage Arthur Schopenhauers."
1167 STOLZING, Josef. "Leben heisst kämpfen", *Völkischer Beobachter*, 22 de fevereiro de 1938.

Um conhecido inimigo da França, de acordo com as interpretações nazistas, Beethoven, figurava do mesmo modo na propaganda pré-guerra do *Völkischer Beobachter* como um lutador [*Kämpfer*]. Por exemplo, Ludwig Schiedermair compilou para o jornal uma coleção de histórias e citações que pretendia estabelecer o *status* de Beethoven como um "lutador de grande força de vontade".[1168] Os nazistas também repetiram uma lenda sobre os sentimentos de Bismarck em relação à *Appassionata Sonata* – "se eu ouvisse essa música muitas vezes, eu seria sempre muito corajoso" – para deixar subentendido que a música de Beethoven devia servir como inspiração a todos os alemães a serem corajosos em situações políticas e militares.[1169] O jornal repetiu a história em 1929,[1170] e mais uma vez em 1935, com o seguinte comentário: "para o Chanceler de Ferro, a música de Beethoven era o símbolo sônico do heroísmo humano; depois de ouvir essa música heroica e passional, ele sentia que as mais altas virtudes do guerreiro tinham se manifestado ".[1171]

Voltada para o mesmo fim, Josef Stolzing publica de novo uma história da Primeira Guerra Mundial sobre o sobrinho-neto de Beethoven. O artigo, "Landsturmmann Beethoven: uma memória dos tempos de guerra", relatou a história de um oficial alemão que treinou o desafortunado neto de Karl e concluiu com o seguinte embelezamento sentimental: "ao dispensar minha esquadra, eu apertei a mão de Beethoven com sentimentos sinceros. Lágrimas rolaram de seus olhos. Seis meses depois ele não estava mais entre os vivos. Ele morreu em um hospital da guarnição de septicemia causada por um ferimento na perna ao qual ele não deu a devida atenção. O triste fim do *Landsturmmann* Beethoven: o último descendente do criador da Nona!".[1172] Implícita nessa reportagem está a noção de que Beethoven teria lutado na Primeira Guerra como seu parente distante e poderia, portanto, ser considerado um porta-estandarte simbólico nas batalhas futuras.

Quando ofensivas começaram, o tom militarista do caderno de cultura do jornal aumentou gradativamente. Em 1938, apenas alguns dias depois de as tropas alemãs invadirem a Tchecoslováquia, o *Völkischer*

---

1168 SCHIEDERMAIR, Ludwig. "Beethoven und das 'Schicksal'", *Völkischer Beobachter*, 21 de outubro de 1925.
1169 "Goethe und Bismarck über Beethoven", *Völkischer Beobachter*, 26 de março de 1927.
1170 "Die Macht der Musik", *Völkischer Beobachter*, 7 de maio de 1929.
1171 RIESSNER, Friedrich. "Bismarck und die Musik", *Völkischer Beobachter*, 15 de agosto de 1935.
1172 "Landsturmmann Beethoven", *Völkischer Beobachter*, 26 de março de 1927.

*Beobachter* cobriu os concertos da "Orquestra do *Führer*", de Gustav Havemann, apresentados nas cidades sudetas de Rumburg e Schoenlinde. O jornal noticiou que multidões os saudavam, aplaudindo e gritando: "Nós agradecemos ao nosso *Führer*". Então, nas apresentações, a "expressão dramática" do terceiro prelúdio da *Leonore* de Beethoven "surgiu dos tons de abertura à alegria triunfante do resgate" – tudo o que parecia "imediato de modo constrangedor" sob tais circunstâncias. Finalmente, de acordo com a resenha, a "linguagem tonal comovente" da Quinta Sinfonia "despertou nas almas dos ouvintes profundamente comovidos um sentimento pelo credo filosófico do mestre, que era particularmente importante em vista dos grandes eventos nacionais dos últimos dias: 'a alegria pelo sofrimento'".[1173] A recepção do *Völkischer Beobachter* da Nona Sinfonia assumiu conotações ainda mais fortes nos tempos de guerra, quando Heinrich Stahl argumentou, logo depois da invasão da Polônia em 1939, que Beethoven pretendia que seu "chamado ébrio de fogo" por unidade fraterna fosse "um sinal de que ele tinha virado as costas de forma indigna para o conquistador Napoleão". Depois de fundir assim a história da Nona (que estreou quase uma década depois da derrota de Napoleão) com a Terceira Sinfonia de Beethoven, Stahl terminou afirmando que, "como os leitores reconheciam mais do que nunca na luta presente pelo povo", a percepção dessa esperança por uma Europa unificada apenas viria depois da "vitória alemã final".[1174]

No ataque de Hitler ao Ocidente em 1940, o *Völkischer Beobachter* usou a história da Guerra dos Cem Anos entre a França e a Inglaterra como munição histórico-cultural. Trabalhando no *front* menos de uma semana depois da capitulação francesa, ele publicou uma reportagem enviada da cidade de Reims, começando com uma descrição da catedral da cidade e da estátua de sua grande heroína, Joana D'Arc. O ponto do artigo não era expor aos leitores na Alemanha um registro de viagens do *front*, mas, na verdade, à medida que mapeava o território conquistado, o jornal representava as tropas alemãs e seu líder como sensíveis defensores do passado histórico da arte medieval. Apenas porque a catedral de Reims tinha sido "hermeticamente fechada por ordem do próprio Hitler, para protegê-la dos danos da guerra", o *Völkischer Beobachter* insistiu, tais descrições ainda eram possíveis. O *Führer* estava comprometido com a proteção do legado gótico da tradição ocidental, e, na verdade, até a França conquistada tinha de agradecer por isso.

---
1173 "Das 'Orchesters des *Führer*s' zurückgekehrt."
1174 STAHL, Heinrich. "Das Kampfethos des deutschen Genius", *Völkischer Beobachter*, 30 de outubro de 1939.

Entretanto, havia mais potencial propagandístico nas referências a Reims sob a ocupação alemã. Enquanto aludia ao papel de Joana D'Arc na unificação da França em 1429, o *Völkischer Beobachter* abordou a situação militar e política imediata. Os britânicos tinham acabado de fugir do campo de batalha de Dunkirk e a Batalha da Grã-Bretanha estava prestes a começar. Considerando essa situação, o *Völkischer Beobachter* exortou os franceses a se juntar ao esforço alemão contra a pérfida Albion de Churchill, fazendo referência à memória de Santa Joana. O jornal perguntou: "a mudança da história que a espada alemã tinha trazido" não ensinaria, finalmente, aos franceses "que da mesma maneira dos tempos da virgem [de Orleans] representada na nave superior da velha catedral em Reims, ninguém podia ser amigo da egoísta Inglaterra; que a Europa não podia voltar à paz e ao trabalho sossegado e abençoado até que a Inglaterra estivesse de joelhos?". Se os franceses não percebessem logo que eles "tinham virado as costas para esse amigo traiçoeiro e seus ideais democrático-plutocráticos falsos, nem mesmo a virgem [guerreira] conseguiria mais ajudá-los".[1175]

O *Völkischer Beobachter* encontrou outra fonte de pretensa justificação para os movimentos alemães no Ocidente nas obras de Rembrandt. Richard Biedrzynski noticiou que o autor etnocêntrico Gustav Steinbömer discutiu o esboço de Rembrandt de *O Acordo do Estado* (figura 18.6) em sua *Politische Kulturlehre* (1933). De acordo com Steinbömer, a obra costumava ser considerada uma alegoria política que celebra a "vitória contra um inimigo estrangeiro com o esforço unificado das províncias, cidades e corporações holandesas". Mas ele não se sentia desse modo, e Biedrzynski defendeu a nova posição de Steinbömer. Datado de 1640 ou 1641, oito anos antes da Paz de Westphalia por meio da qual a Holanda se tornou independente, a presença da coroa e do trono vazio nessa imagem era "particularmente digna de nota". Ao incluí-los, Rembrandt parecia estar "fazendo um chamado para uma afiliação da Holanda ao Reich alemão", como se o trono devesse ser assumido por alguma autoridade imperial alemã em vez de pelos holandeses.[1176] Como Simon Schama destaca: "a densidade complicada demais da alegoria torna muito difícil decifrar *O Acordo do Estado*",[1177] mas, à medida que as forças nazistas ocupavam

---

1175 H. B. L. "Jeanne D'Arc ein Symbol? Das unversehrte Reims unter deutschem Schutz", *Völkischer Beobachter*, 28 de junho de 1940.
1176 BIEDRZYNSKI, Richard. "Rembrandt und das Reich: Notizen zu einer niederländischen Reise", *Völkischer Beobachter*, 17 de dezembro de 1942.
1177 SCHAMA, Simon. *Rembrandt's Eyes* (New York: Alfred A. Knopf, 1999), p. 482-483.

Figura 18.6 Rembrandt, "O Acordo do Estado" (1640-1641), Museu Boijmans van Beuningen, Rotterdam, Holanda.

a Holanda, o *Völkischer Beobachter* estava inclinado a dar a entender que Rembrandt teria aprovado essa situação.

Em julho de 1940, enquanto a Alsácia era "reconectada ao Reich", Friedrich W. Herzog aproveitou a oportunidade para refletir sobre a recepção de Goethe em Estrasburgo. Argumentando que os franceses "apoderaram-se indevidamente de Goethe" antes da guerra, Herzog relatou suas memórias do ano de Goethe em 1932, quando houve uma exposição na cidade disputada que abordou as relações do poeta com a Alsácia, acompanhada de palestras de notórios professores franceses de literatura. Herzog lembrou-se de que um desses professores, um amigo do ex-primeiro-ministro, Raymond Poincaré, "compreendia o movimento nazista como um contraditor de Goethe". O palestrante francês argumentou que apenas com um retorno ao "conservadorismo" de Goethe a Alemanha conseguiria restaurar a paz. Herzog escreveu que tal visão do "conservadorismo de Goethe" era um emprego incorreto do poeta para a propaganda francesa, pois sugeria que Goethe teria desejado que a região permanecesse sob a "proteção gálica". Em contraste, Herzog salientou que outro festival ocorria ao mesmo tempo na cidade vizinha de Sesenheim. Dedicada a Goethe e Frederike Brion – que o poeta cortejou naquela cidade –, essa celebração tinha sido uma "verdadeira *Volksfest* [festa popular]": a "Sesenheimer cantou canções populares de Goethe e fez um brinde para o bem-estar do maior escritor de todos os tempos". Recordações desse evento lembraram Herzog em 1940 que, "mesmo durante as décadas de sua divisão da pátria, os habitantes da Alsácia nunca desistiram de sua ligação com a grande terra natal". Mas Herzog concluiu que seu suplício tinha terminado com a invasão da França: "Estrasburgo, onde o escritor se transformou em uma espiritualidade independente e de grandeza, e Sesenheim, onde ele descobriu seu coração, eram mais uma vez território alemão".[1178]

Apesar dos sucessos militares até esse ponto, os alemães logo receberam uma prévia dos violentos ataques aéreos que viriam. O *Völkischer Beobachter* noticiou em 18 de agosto de 1940 que "pilotos ingleses em grande número" tinham atacado a "capital da Gau Weimar" com outros lugares na Turíngia. "Criminalmente", o jornal observou, os britânicos tentaram soltar bombas na estação da Cruz Vermelha claramente demarcada na Belvedere Allee, mas a fonte de ultraje verdadeira para o jornal estava no ataque à cultura alemã. O jornal relatou que eles "nem mesmo evitaram" bombardear o *Gartenhaus im Park* de Goethe – um lugar "diante do qual o mundo inteiro se curvava em respeito". As bombas caíram entre 23 e 30 metros nas adjacências, onde muitas cargas com detonadores que não explodiram foram encontradas mais tarde. Então, tratava-se de um milagre que o prédio não tivesse sofrido mais dano do que sofreu. "Com a Lua brilhando intensamente, o chão podia ser visto com precisão e a Gartenhaus podia ser reconhecida claramente, então não há dúvida de que esse terrível feito foi um ato consciente". Em sua marcha para o oeste, "as tropas alemãs aceitaram dificuldades estratégicas para poupar cultural e artisticamente os edifícios valiosos. Entretanto, levados por sua agitação destrutiva, os aviadores britânicos "não fizeram nada para evitar atacar um lugar que era sagrado para o mundo

---

1178 HERZOG, Friedrich W. "Auf Goethes Spuren im Elsass", *Völkischer Beobachter*, 8 de julho de 1940.

inteiro, onde um dos maiores escritores e pensadores produziu obras de grandeza incomparável". A Grã-Bretanha mostrou assim que toda a sua pregação sobre lutar uma "guerra pela cultura à luz da verdade" não passava de hipocrisia.[1179]

O caderno de cultura do *Völkischer Beobachter* fez sua parte para punir os britânicos hipócritas com um artigo em 1941 intitulado "O martírio de Händel na Inglaterra". Além de minimizar as ligações de Händel com a Grã-Bretanha, esse artigo foi produzido para associar o compositor com os alemães contemporâneos, que viviam em terras estrangeiras, mas que estavam agora, durante o conflito, movimentando-se para "voltar à pátria". Friedrich Baser exclamou que, "com milhões que agora retornavam ao Reich, há apenas um que não queremos esquecer – um que caiu depois de uma heroica e longa batalha de meio século em seu posto avançado perdido da cultura alemã ". Em todo aspecto de sua obra, vida e "luta", segundo Baser, ele era um alemão legítimo, apesar das dificuldades de suas circunstâncias. Infelizmente, ele podia "apenas saudar a aurora *Friederizianische*" (isto é, a ascensão de Frederico II) de uma grande distância. Mas, em 1941, finalmente era hora de rebater os mitos sobre o segundo lar escolhido por Händel. Em poucas palavras, Baser insistiu que seria mais preciso chamá-lo de seu "estado" de escolha, porque nunca um artista de tal brilhante e indisputável grandeza teve de lutar sua vida inteira contra tanto mal premeditado quanto Händel lutou em Londres, até o desespero".[1180]

Dada sua inclinação para a tradição musical alemã, não é surpresa que o *Völkischer Beobachter* também se referisse com frequência a Mozart, Beethoven e Wagner nos anos da guerra. De fato, uma das melhores oportunidades nos tempos de guerra para os políticos culturais do Terceiro Reich explorarem Mozart veio com os 150 anos da morte do compositor em 1941. Uma síntese do *Völkischer Beobachter* das comemorações planejadas para o Ano de Mozart anunciou que "tudo tinha sido preparado de acordo com a vontade do ministro de Propaganda do Reich, dr. Goebbels". Concertos, cerimônias e, principalmente, transmissões de rádio foram organizadas por toda a Alemanha. Como observado pelo jornal, essa celebração "cruzou as fronteiras nacionais mesmo durante os tempos de guerra" com, gabando-se, "quase toda nação

---

1179 "Goethes Gartenhaus in Weimar bombardiert", *Völkischer Beobachter*, 18 de agosto de 1940.
1180 BASER, F. "Händels Martyrium in London."

europeia considerando o chamado para prestar tributos ao gênio de um dos maiores homens no domínio da música". As comemorações em regiões aliadas recebiam interesse especial do *Völkischer Beobachter*: o jornal enfatizou que, como um "belo gesto de solidariedade cultural íntima", a Itália fascista organizou uma série de produções de Mozart em La Scala em Milão.[1181] O *Völkischer Beobachter* também aproveitou a oportunidade durante o Ano de Mozart para discutir a "missão" do compositor quanto às mudanças das relações entre a Áustria (*Ostmark*) e os territórios do nordeste (*der deutsche Nordostraumes*) em ligação com produções de óperas a caminho para o novo *Reichsgautheater* em Posen. Para o jornal, essas produções claramente simbolizavam políticas de ocupação em vez de cooperação: em Mozart, "ligado pelo sangue ao interior da região do Danúbio", podiam-se ver "poderes nacionais nórdicos fundindo-se com a graça e a cordialidade do sul". Além disso, o jornal argumentou que o "despertar nacional" iniciado por ele levava a uma "dominação mundial incontestável pela Alemanha na questão da música", insinuando que os feitos musicais de Mozart de alguma maneira justificavam o movimento da Alemanha para o domínio em outras áreas.[1182]

No aniversário de Hitler em 1941, o jornal anunciou que o próprio *Führer* marcaria o sesquicentenário de Mozart patrocinando uma nova e completa edição de sua música, que seria completada no Instituto Central para a Pesquisa em Mozart, do Mozarteum. Além disso, o *Todestag* de 1941 também marcava o centenário do próprio Mozarteum, e essa ocasião deu ao ministro da Educação do Reich, Bernhard Rust, e aos seus camaradas outro motivo para se reunir nesse local. Em seu discurso no evento, Rust observou que os anos recentes de reviravolta política e militar intensificaram o reconhecimento de que o "apogeu da música não ocorreu exclusivamente em períodos criativos e focados", pois a base de inspiração mais importante para a criatividade musical era o "talento natural do próprio povo, que estava sempre presente"[1183] – mesmo em tempos de guerra, evidentemente. Em maio de 1941, o *Völkischer Beobachter* noticiou uma exposição de documentos de Mozart no *Stadtmuseum* de Munique, com mais eventos comemorativos que foram preparados na Áustria e especialmente em Viena. Baldur von Schirach –

---

1181 "Das Mozartjahr", *Völkischer Beobachter*, 27 de janeiro de 1941.
1182 "Kleist und Mozart im deutschen Osten", *Völkischer Beobachter*, 22 de março de 1941.
1183 "Die 100-Jahr-Feier des Mozarteums", *Völkischer Beobachter*, 26 de abril de 1941.

então *Reichsleiter* [líder nacional] e *Reichsstaathalter* [governador do Reich] em Viena – anunciou uma variedade de eventos, incluindo a Semana de Mozart em Viena, que, mais uma vez, tinha sido organizada "sob o apoio do ministro do Reich Goebbels". Entre os eventos anunciados estavam produções das principais óperas, um congresso universitário, uma exposição na Biblioteca Nacional, a coloração... de uma coroa de flores no monumento de Albertinaplatz, encerrando com uma apresentação do *Réquiem* pela Orquestra Filarmônica de Viena.[1184] Todas as cerimônias austríacas foram representadas no *Völkischer Beobachter* como sinais da grande cultura alemã: com o "retorno de *Ostmark* ao Reich alemão", ele afirmou, "uma grande lacuna foi preenchida e todos os traços do passado dividido em breve desapareceriam". O nome de Mozart, que tinha sido usado antes como uma "mera propaganda para o festival de Salzburgo", mais uma vez "emitiu um brilho puro e autêntico" – para uma nação totalmente unificada.[1185]

Quanto ao festival de Salzburgo, uma importância especial dos tempos de guerra foi vinculada a ele em 1941. Segundo o jornal, essa edição do festival não foi "como qualquer outra", porque foi produzida a princípio para os membros da *Wehrmacht*: "para dar aos heróis da batalha histórica e mundial algum descanso e algo edificante". De acordo com relatos, quando Goebbels – acompanhado pelo *Gauleiter* Friedrich Rainer, o *Regierungspräsident* Albert Reitter e o intendente geral do Festival de Salzburgo, Heinz Drewes – colocou uma coroa de flores no cômodo onde o mestre tinha nascido, as ruas foram "muito marcadas pela presença dos uniformes". O *Völkischer Beobachter* achou que esses rituais desencadeavam pensamentos e humores que mal se poderia expressar: "Mozart, Salzburgo; uma guerra em meio à paz de uma grande tradição; a paz do eterno talento artístico em meio a uma guerra de transição mundial: mas eles uniram todos que cumpriam com suas obrigações tanto no campo de batalha quanto em casa em uma comunidade profunda".[1186]

No dia exato da morte de Mozart, em 5 de dezembro de 1941, Goebbels compareceu à principal cerimônia comemorativa na *Staatsoper* de Viena. Na abertura, a Orquestra Filarmônica de Viena

---

1184 "Erste Vorschau auf die Reichs-Mozartwoche in Wien", *Völkischer Beobachter*, 12 de maio de 1941.
1185 HERZOG, Friedrich W. "Von Bayreuth nach Salzburg", *Völkischer Beobachter*, 16 de julho de 1941.
1186 "Beginn der Salzburger Festspiele", *Völkischer Beobachter*, 4 de agosto de 1941.

tocou o prelúdio de *La Clemenza di Tito,* e então Goebbels deu um discurso que o *Völkischer Beobachter* publicou por inteiro, com o seguinte título: "O soldado alemão também protege a Música de Mozart". Goebbels reconheceu que era questionável se uma função oficial marcando o *Todestag* de Mozart era apropriada, à luz dos "eventos brutais da época". Mas ele respondeu de modo afirmativo, pois a música de Mozart "pertencia a todas aquelas coisas que os soldados alemães defendiam de ataques". A música de Mozart ainda "reinava" nos teatros e nas salas de concerto e servia como símbolo para a criatividade espiritual e cultural do povo. Mais forte do que qualquer outra obra de arte, a música de Mozart tinha "passado para a posse das grandes massas do povo". Portanto, não havia contradição entre "o mundo do som, no qual ele vivia e trabalhava, e o duro e ameaçador mundo que os alemães vivenciavam – o caos que eles queriam transformar em disciplina e ordem". Como quase nenhum outro artista, Mozart concretizava a maior missão da arte: "elevar os espíritos de uma humanidade atormentada e removê-la para um mundo melhor". Goebbels encerrou ressaltando as qualidades etnocêntricas de Mozart: sua importância não se restringia ao fato de que ele era um mestre da forma musical perfeita, para ser apreciada apenas pelas classes privilegiadas e os especialistas nas artes musicais; ao contrário, "muitas de suas árias passaram para a posse do povo; o espírito étnico desenvolvia-se em toda a sua música; ele era um artista do povo no sentido mais verdadeiro da palavra".[1187]

No dia seguinte a essa cerimônia, outro ritual em Viena também chamou a atenção dos dignatários nazistas. Em frente da Catedral de S. Stephan, representantes de 18 nações reuniram-se com a liderança da *Grossdeutschland* [Grande Alemanha] para colocar outra coroa de flores. Como relatado pelo *Völkischer Beobachter*, "por ordem do *Führer* e comandante supremo da *Wehrmacht*", o *Reichstaathalter* de Viena, o *Reichsleiter* Baldur von Schirach, apresentaou uma coroa de louros nos pés do carrinho fúnebre e da chama memorial, "expressando a reverência que o povo alemão tinha por Mozart". Göring, Goebbels, Von Ribbentrop e Von Schirach colocaram a coroa juntos, enquanto o som dos sinos da igreja em Viena soavam pela cidade "em louvor a um imortal nacional". Então, enquanto os vienenses se reuniam sob as "bandeiras nacionais" na Stephanplatz, fanfarras de *Die Zauberflöte* soavam. Assim, segundo o jornal, "o

---

1187 GOEBBELS, Joseph. "Auch Mozarts Musik verteidigt der deutsche Soldat", *Völkischer Beobachter*, 6 de dezembro de 1941.

povo cumprimentava Mozart". A reportagem concluiu que a Semana de Mozart de 1941 "mais uma vez provava a importância atemporal das obras de Mozart, mesmo em meio à guerra".[1188]

Ao mesmo tempo, em Salzburgo, o *Gauleiter* local, Gustav Scheel, deixou clara a importância internacional do legado de Mozart, ao menos da perspectiva nazista. O discurso de Scheel, feito também no concerto com os sinos da cidade, primeiro lembrou aos ouvintes que o *Führer* tinha explicado como era importante preservar a memória de Mozart, tanto como modelo quanto como fonte de inspiração. Mozart deveria ser celebrado não só como músico de validade europeia, mas também como um lembrete de que a Alemanha, "que travava naquele momento uma batalha pela Europa, tinha de adotar um papel de liderança e organização no mundo cultural". Na "grande luta para a preservação da Europa e pela preservação de sua cultura", esse dia seria marcado em silêncio e de modo profundo, que "apesar disso fortalecia a resolução pela batalha, pois Mozart os lembrava dos valores da vida e da cultura pelos quais eles lutavam".[1189]

Em janeiro do ano seguinte, enquanto rememorava o Ano de Mozart em 1941, Heinz Drewes resumiu a "universalidade da personalidade artística de Mozart" e sua importância para uma Europa fascista. Em uma declaração que o *Völkischer Beobachter* então veiculou, o presidente do Mozarteum afirmou que o compositor era amado para além de todas as fronteiras culturais por causa de seu "comando exemplar da forma e da doçura de suas fontes de imaginação superabundantes". Ele personificava a "graça única, a intimidade espiritual, a precisão controlada e a ternura poderosa – todas as características que os inimigos invejosos comumente negavam eram partes da constituição alemã". Durante as comemorações de Mozart do Terceiro Reich, a "unidade espiritual-musical absoluta da Nova Europa viria à tona pela primeira vez, sob o signo de Mozart".[1190]

Ao lado de Mozart, a vinculação do nome de Goethe com um expansionismo alemão também aumentou no verão de 1941. Menos de uma semana antes do início da Operação Barbarossa, a Convenção Anual Cultural do Reich [*Reichskulturtagung*] da juventude hitlerista

---

1188 "Ein Kranz des *Führers* zum Gedenken Mozarts", *Völkischer Beobachter*, 7 de dezembro de 1941.

1189 "Gauleiter Dr. Scheel bei den Salzburger Mozart-Feiern", *Völkischer Beobachter*, 7 de dezembro de 1941.

1190 JACOBI, Johannes. "Der Widerhall des Mozart-Jahrs in Europa", *Völkischer Beobachter*, 13 de janeiro de 1942.

ocorreu em Weimar. O ponto central da Convenção foi um discurso no Teatro Nacional Alemão de Rainer Schlösser, editor do caderno de cultura do *Völkischer Beobachter* depois de 1932,[1191] que era o então diretor da Divisão do Teatro do Ministério para o Esclarecimento Popular e Propaganda, e o jornal resumiu seu discurso. Para o público daquela época, muitos dos quais estavam sem dúvida fadados a participar da invasão da Rússia, Schlösser primeiro reconheceu que o tempo de Goethe e Schiller ficou marcado pelo declínio da Prússia e da queda do sacro império romano-germânico. Entretanto, ele sustentou que as obras desses escritores tinham o "poder inerente de superar seu tempo e espaço" e "carregavam a mensagem étnica da era seguinte, constituindo um desafio para o futuro que preenchia corações e mentes com a glória de um Reich revivido". Schlösser contestou dizendo que Weimar, portanto, não era só um local de meditação, como também "uma forja imensa, onde a lâmina de arado e a espada do espírito alemão eram forjadas". Ninguém deveria aceitar que Goethe era "apenas alguma coisa impressa em papel para que pudesse acumular pó nas prateleiras". Nem a ideia de que Goethe estava preso às "noções esquematizadoras de um autor clássico e olímpico". Não só como escritor, mas também como ministro, jurista, naturalista, gerente de teatro e artista educacional, Goethe "agia". Acima de tudo, ele alimentava em si mesmo a "ideia do espaço pangermânico como conceito unido: ele entendia a cultura, a história, a paisagem e o povo alemães como parte de toda a Alemanha, compreendendo assim todas as áreas que foram restituídas ao Reich pelo *Führer*". Em conclusão, Schlösser enfatizaou ao seu jovem público que a unificação do "grande espaço alemão determinado por sangue e solo" podia apenas ser alcançado por aqueles que "sentiram as famosas lutas dos soldados do passado alemão bem como o poder e os efeitos do espírito alemão como um chamado para o dever da unificação política". Assim, as políticas educacionais "simbolizadas por Potsdam e Weimar" serviam para incutir nos jovens nazistas a consciência de que "para onde a Grande Alemanha marchasse, a cultura alemã – isto é, em grande medida, Goethe – também marchava".[1192]

O poeta romântico Heinrich von Kleist também foi colocado entre as fileiras que marchavam nesse estágio de batalha. "Quem respondia à incursão napoleônica na Alemanha mais diretamente do que ele?", o jornal se questionou. "Quem sentiu mais profundamente o dificultoso

---

1191 KÖHLER, G. "Kunstanschauung und Kunstkritik", p. 24-25.
1192 DIDIER, Friedrich. "Über Goethe und das Reich: Dr. Rainer Schlösser sprach auf der Reichskulturtatung der Hitler-Jugend", *Völkischer Beobachter*, 16 de junho de 1941.

destino da pátria do que ele?" As obras de Kleist, *Hermann's Battle* e *The Prince of Homburg*, acima de tudo "simbolizavam a essência alemã enquanto passava por bons e maus momentos". Mais importante, expressavam a "natureza de soldado" dos alemães. Ele nasceu cem anos cedo demais, mas a história tinha mostrado que Kleist estava certo: ele "consumia-se com o desejo de que seu povo marchasse na dianteira das nações".[1193] Assim, era principalmente uma imagem de Kleist na dianteira das formações de batalha que o jornal invocou no período de guerra.

Durante a guerra, o partido continuou sua tradição de celebrar o aniversário de Hitler com transmissões das músicas de Beethoven e, em 19 de abril de 1942, pouco depois de Hitler assumir o comando direto das forças no Oriente, Goebbels preparou uma celebração especial. Seu auge foi a apresentação da Nona Sinfonia e no discurso que a acompanhou Goebbels ditou o que ele esperava que os ouvintes absorvessem do evento, e o *Völkischer Beobachter* publicou sua declaração:

> *Se em algum momento a nação alemã se sentiu unida em um pensamento e uma vontade, então é no pensamento de servir e obedecer [Hitler]. Os sons das músicas mais heroicas dos titãs que já fluíram de um coração fáustico alemão deviam elevar essa percepção a uma altura séria e devocional. Quando, ao final de nossa celebração, as vozes e os instrumentos atingirem a estrondosa nota final da Nona Sinfonia, quando os sons alegres do coral exultarem-se e carregarem um sentimento pela grandeza desses tempos em cada uma das cabines alemãs, quando o hino [de Beethoven] ressoar sobre todos os países distantes onde os regimentos alemães montam guarda, então quereremos que todos, sejam homens, mulheres, crianças, soldados, fazendeiros, trabalhadores ou funcionários públicos, estejam igualmente conscientes da seriedade do momento e sintam a tremenda felicidade de estar apto a testemunhar e tomar parte disso, a maior época histórica de nosso povo.*[1194]

Entretanto, como tinha feito de modo proveitoso a serviço de muito de sua cobertura cultural, quando buscava fontes para exemplificar o ali-

---

1193 MEUNIER, E. "Heinrich von Kleist: Zu seinem 130. Todestag."
1194 "In Dankbarkeit und Treue: Ansprache von Reichsminister Dr. Goebbels in der Feierstunde der NSDAP am Vorabend des Geburtstages Adolf Hitlers", *Völkischer Beobachter*, 20 de abril de 1942.

nhamento entre a criação artística e o esforço de guerra nazista, o jornal colocava sua mais forte ênfase no favorito de Hitler, Richard Wagner. Por exemplo, em novembro de 1940, o texto expansionista subjacente que alguns nazistas perceberam no último ato de *Die Meistersinger* foi trazido à tona na cobertura do *Völkischer Beobachter* de uma apresentação em Salzburgo – o coração da recém-recuperada Alsácia-Lorena. De acordo com Erwin Bauer, a primeira produção de *Die Meistersinger* na "Alsácia libertada comoveu os corações como uma poderosa experiência de uma tempestade". Na atmosfera política imediata, o palco parecia para Bauer "como se transformado em uma cena que representava os últimos acontecimentos" especialmente quando o cantor que representava Hans Sachs "fez o alerta poderoso de sua fala de encerramento com um efeito emocional comovente, enquanto se virava diretamente para o público da Alsácia". Isso foi, para Bauer, um momento que "permitia a todos reviver profundamente em seus corações o que tinha acontecido nos últimos meses e um lembrete de que eles tinham todo o direito de celebrar naquele momento". O "deleite irresistível" do coro de Wagner parecia uma expressão de "alegria desenfreada em resposta a esses acontecimentos". Aos olhos do observador nazista, o público da Alsácia "participou desse final como se eles fossem o próprio povo de *Festwiese*, agradecendo por todos esses sentimentos de felicidade a um mestre alemão que se tornara um símbolo dos mais ricos e valorosos aspectos da existência alemã".[1195]

Além de associar Wagner com o revanchismo antifrancês, o jornal nos tempos de guerra enfatizou o desgosto que o compositor tinha pelos ingleses. Erich Lauer, um compositor ativo durante a época nazista que produziu *Farmers Cantata* e uma *German Suite* para uma orquestra de câmara, reproduziu para o *Völkischer Beobachter* citações de cartas escritas por Wagner em Londres, nas quais ele expressou tédio com a cena cultural da capital inglesa. "Eu não tenho nada para fazer", ele escreveu para Otto Wesendonck: "a verdadeira arte é algo completamente estranho a eles". Para Liszt, ele escreveu longas passagens articulando como ele estava desconfortável no mundo inglês. Primeiro, em uma carta não datada (c. março de 1855): "Toda a minha existência aqui é uma anomalia perfeita. Eu estou em um elemento estranho e em uma posição inteiramente falsa (...) a tarifa, a obstinação e a estupidez religiosamente tratada são aqui protegidas com muralhas de ferro; ape-

---

1195 BAUER, Erwin. "Die Meistersinger von Nürnberg", *Völkischer Beobachter*, 18 de novembro de1940.

nas um patife e um judeu podem ter sucesso aqui".¹¹⁹⁶ E mais uma vez em 16 de maio de 1855:

> *Eu vivo aqui como uma das almas perdidas no Inferno. Nunca pensei que pudesse afundar a tal profundidade. A miséria que sinto em ter de viver nessas cercanias nojentas vai além da descrição e eu agora percebo que era um pecado, um crime, aceitar esse convite de Londres (...) Por esse inferno, meu estudo de Dante, ao qual eu não pude me dedicar antes, me acompanhou. Eu passei por esse Inferno, e agora estou diante do portão do Purgatório.*¹¹⁹⁷

Essas observações, segundo Lauer, davam aos alemães "uma chave para muito do que parecia retrógrado, incompreensível e inconcebível no povo do outro lado do canal". Ele achava que a coisa mais notável era que o "antiquado mundo britânico agia como se quisesse supervisionar o jovem mundo moderno". Lauer escreveu que os leitores poderiam agradecer que já na metade do século XIX Wagner tivesse dado esse "testemunho pungente" sobre os ingleses.¹¹⁹⁸

O recurso mais útil de Wagner que o *Völkischer Beobachter* podia colocar a seu serviço em sua propaganda antibritânica foi seu conto *Uma Peregrinação por Beethoven*. Escrito em 1840 para a *Gazette Musicale* em Paris, Wagner retratou um jovem – bem parecido com ele mesmo na época – que viaja para visitar o mestre em Viena. No caminho, o herói é constantemente contrariado por um inglês rico que tem o mesmo plano. Willibert Dringenberg escreveu que quem lesse esse conto "perceberia porque os britânicos tinham estabelecido um bloqueio contra as obras de Wagner" no início da guerra. O britânico na história era um "esnobe inglês", que era, em todos os sentidos, "o oposto do que é culto e civilizado". Para Dringenberg, não poderia haver uma representação melhor da "natureza mecânica da alma inglesa", especialmente quando contrastada com a "humildade e modéstia do músico alemão". No final, como explicado por Dringenberg, o inglês não consegue se encontrar com Beethoven porque a "vontade de cultura" não era o que o impulsionava, "como fazia ao jovem alemão". Em vez disso, o britânico estava motivado apenas pela "falta de respeito típica de um dândi culto". Como esse personagem,

---
1196 *Correspondence of Wagner and Liszt*, vol. 2, Francis Hueffner (trad.) (London: Grevel, 1888), p. 78.
1197 *Correspondence of Wagner and Liszt*, p. 84.
1198 LAUER, Erich. "Richard Wagner über die Engländer: Einige Zeugnisse aus seinen Briefen", *Völkischer Beobachter*, 16 de junho de 1939.

Dringenber extrapolou, os ingleses contemporâneos eram conduzidos por uma "excessiva necessidade de reunir, de cobiçar – um desejo instintivo de posse, seja de ouro, relevos gregos ou múmias egípcias; terra lucrativa, deserto ou oceano; servos de cor escura, *poilus* franceses ou navios neutros". Sua "doença espiritual – seu tédio – era o desejo de ser dono de tudo: esse desejo não conhecia fronteiras e também nenhum estilo estético", e "foi desse tédio que a impertinência, a arrogância, o gosto por dar ordens, a soberba, a restrição e a coercitividade inglesa se desenvolveram". Dringenberg escreveu que Wagner "observou por intuição essas fundações da alma inglesa" e "representou deliberadamente o plutocrata inglês como o oponente do indívíduo alemão culto". Deixe os ingleses odiarem Wagner, Dringenberger encerrou, pois "seu ódio aumenta seu renome e o orgulho alemão".[1199]

Mais tarde, no verão de 1941, só oito dias depois de as tropas alemãs invadirem a União Soviética, o *Völkischer Beobachter* transferiu sua atenção da batalha de Wagner contra os britânicos para associações que podia traçar entre seus dramas musicais e o novo *front*. De acordo com Heinrich Stahl, seu *Götterdämmerung*, o último dos ciclos dos anéis, poderia ser interpretado como um presságio do final positivo da campanha Barbarossa: "o ritmo tempestuoso e os eventos poderosos do conflito aproximavam o povo alemão cada vez mais para reconhecer os profundos significados do anel – das ligações entre a grande arte e a guerra étnica de libertação". No ciclo dos anéis, Wagner "moldou a inevitável progressão histórica de um mundo antigo e corrompido para uma autoimolação em um símbolo cultural gigantesco: a queda dos deuses de Walhalla não era uma catástrofe, mas sim um grande processo de purificação – aliviando o mundo de uma culpa enorme".[1200] Stahl não poderia saber que ele estava pressagiando inadvertidamente o *Nazidämmerung* – um ato de sacrifício que finalmente levaria à queda dos deuses nacionais, incluindo Hitler e Wagner, e o pagamento por crimes enormes cometidos contra a humanidade.

O uso mais extremo da cultura de Wagner para as metas propagandísticas da Alemanha nazista em guerra manifestou-se em uma série de festivais na época da guerra em Bayreuth. Como Frederic Spotts escreveu:

---

1199 DRINGENBERGER, Willibert. "Richard Wagner durchschaut die Engländer", *Völkischer Beobachter*, 21 de maio de 1940.
1200 STAHL, Heinrich. "Die neue Götterdämmerung", *Völkischer Beobachter*, 1º de julho de 1941.

*A determinação de Hitler para manter as casas de óperas e os teatros do país abertos tinha a intenção de demonstrar a dedicação inalterada do Terceiro Reich à cultura. Mas, no caso de Bayreuth, Hitler tinha um motivo muito especial: enfim ele conseguiria satisfazer sua paixão em fazer os outros – de fato, agora, dezenas de milhares de outros – comparecerem às óperas de Wagner. Começando com a temporada de 1940, Hitler instituiu o que foram chamados de Festivais de Guerra, abertos não mais ao público, mas sim às pessoas conhecidas como "convidados do* Führer*". Esses convidados eram membros do exército e trabalhadores nas indústrias da guerra que, como recompensa por seu serviço patriótico, deveriam ser levados a Bayreuth com todas as despesas pagas.*[1201]

Durante a guerra, o *Völkischer Beobachter* dedicou uma cobertura intensiva a essas manifestações bizarras das políticas culturais nazistas. Em 21 de julho de 1940, o jornal noticiou com alegria que 1.350 soldados e operários nas indústrias de armamentos tinham chegado a Bayreuth, e Winifried Wagner – com altos oficiais do partido e da *Wehrmacht* – veio à estação de trem para recebê-los.[1202] Dentre os que compareceram estavam enfermeiras, oficiais, trabalhadores e marinheiros. De acordo com a reportagem, podia-se "ler em seus rostos a alegria profunda que eles sentiram ao receber os presentes do *Führer*, proporcionando-lhes uma experiência sem paralelo das obras de Richard Wagner". O jornal refletiu que as pessoas se sentiam diferentes nesses festivais em meio à guerra, "como se fossem recém-nascidos!". Soldados e trabalhadores "absorviam com voracidade e atenção os grandes pensamentos de poesia e música que abrangiam toda a humanidade, com uma consciência profundamente comovente, e revelações frequentes que os atingiam como um raio". Na visão do jornal, esse "grande feito nacional-socialista" resultaria em efeitos culturais claros, aumentando a experiência comum da grande arte por todo o Reich.[1203]

Mais importante, do ponto de vista do jornal, era que o próprio Hitler "compartilhava da empolgação" da apresentação do *Götterdämmerung*

---

[1201] SPOTTS, Frederic. *Bayreuth: A History of the Wagner Festival* (New Haven, CT: Yale University Press, 1996), p. 189.
[1202] "Winifried Wagner begrüsst Soldaten und Arbeiter", *Völkischer Beobachter*, 19 de julho de 1940.
[1203] "Festlicher Beginn des 'Rings' in Bayreuth", *Völkischer Beobachter*, 21 de julho de 1940.

com seus "trabalhadores soldadescos no *front* e nas indústrias de armamentos". Que todos estavam cheios de um sentimento de "eterna gratidão pelo maravilhoso presente" podia ser ouvido na "exultação incessante" que soava do centro da cidade para a colina do Festival, à medida que Hitler descia o boulevard sob as bandeiras decorativas que liam "*Führer*: você é a Alemanha!". Então, no corredor, enquanto ele entrava e tomava seu lugar próximo a Winifried, "jovens e velhos camaradas do povo cujo valor tinha sido reconhecido podiam se questionar sobre o inequívoco fato de que a arte não deve recuar em face das duras necessidades militares e das questões políticas". Nos intervalos, o *Führer* cumprimentava os convidados "com cordialidade", enquanto grupos de crianças locais "chamavam-no sem parar em cânticos rimados deliciosos", como "Caro *Führer*, olhe para fora, para fora da Casa do Festival!" (*Lieber Führer, schau heraus, aus dem grossen Festspielhaus!*). O *Völkischer Beobachter* gabou-se de como era "incomensuravelmente grande" a "cura interna e o fortalecimento que esse evento proporcionava!". Nele, a "missão artística, nacional e social de Richard Wagner – sua mensagem cultural como um todo – parecia estar completamente concretizada!".[1204]

Um ano depois, três semanas após o início da Operação Barbarossa, o festival continuava, e a retórica do *Völkischer Beobachter* sobre sua importância em tempos de guerra se intensificou. De fato, à medida que aumentava o risco do conflito, crescia também o ímpeto do jornal em associar a arte de Wagner ao militarismo nacionalista de Hitler. De acordo com Friedrich Herzog, a arte também era um "campo de batalha de privação e imortalidade": o verdadeiro poeta era, nas palavras de Wagner, um profeta "capacitado pela mais profunda e comovente simpatia com uma grande associação que batalhava pelos mesmos fins". Herzog afirmou que com a nova ofensiva o povo alemão "sentia um senso de unidade que encontrava sua expressão única no amor ao *Führer*": Hitler tinha "aberto o caminho para a ideia de Bayreuth de Richard Wagner para o povo". Ao fazer do Festival um presente para os soldados e os trabalhadores da indústria armamentista, Hitler "concretizou o legado do mestre de Bayreuth, cujos pensamentos e criações sempre foram direcionados para o povo e não para uma classe em particular".

Herzog lembrou que Houston Stewart Chamberlain disse uma vez que a *Festspielhaus* e Bayreuth eram "um signo de batalha – um estandarte

---

1204 "Götterdämmerung vor Soldaten und Arbetern Mainfrankens", *Völkischer Beobachter*, 25 de julho de 1940.

– em volta do qual aqueles que permanecessem verdadeiros se reuniriam, armados para a guerra", e essa "profecia" estava sendo realizada no Festival, durante a guerra. Herzog questionou-se sobre o que era o *Anel dos Nibelungos* além de um "poderoso sermão contra o mamonismo – um drama medonho sobre a maldição do ouro?". No esboço original do *Jovem Siegfried*, o anão Mime – que forjou o anel na ordem de Alberich – vestia um chapéu vermelho em sua cabeça desguarnecida, e sua desonestidade e traição "não conheciam limites". Portanto, quando o jovem Siegfried assassina o anão covarde, "quem não poderia enxergar os paralelos com os eventos dos ataques aos sorrateiros Reds na Rússia?". Quem sentiu o Anel em Bayreuth entenderia na hora por que o *Führer* "assumiu pessoalmente a questão de Bayreuth e a elevou ao patamar de um símbolo nacional". De fato, foi "nesse espírito [que Herzog] saudou o Festival de Verão para os Trabalhadores e Soldados Alemães" – e, com isso, a invasão da Rússia – com as palavras de Wagner: "Começai!" [*Fanget an!*].[1205] Complementando os cumprimentos de Herzog havia uma descrição dos soldados e dos trabalhadores que chegavam em Bayreuth preparada por Hermann Killer, autor de obras sobre as óperas de Mozart e do compositor Albert Lortzing: "Aqui, a experiência artística passou a ser uma de educação geral" e, portanto, era um "ato social no qual o povo inteiro participava". Killer pensou que o evento era "também um lado da guerra que marcava a grande lacuna entre os oponentes: para os alemães, era uma clara confirmação de que a vitória final era certa".[1206]

Uma semana depois, logo abaixo de fotos de batalhas no *front* oriental, o jornal nazista publicou uma extensa declaração sobre a importância da vida cultural incessante, especialmente o Festival de Bayreuth, enquanto a guerra ocorria. "Essa série abundante" de eventos culturais, como a Semana do Festival em Bayreuth, a Exposição da Grande Arte alemã em Munique e o Verão de Arte de Salzburgo, ser "preparadas e sentidas durante a guerra era um sinal da vontade de vida incontrolável do povo e do sentimento de anseio para retornar aos seus valores nacionais característicos pela arte que a guerra concedeu aos alemães". O povo, portanto, podia ficar "mais orgulhoso do que um dia foi". Estava claro que foi apenas com o "progresso dramático da história alemã recente sob Adolf Hitler e com a guerra que eles tinham realmente aberto seus olhos e corações mais uma vez para os antigos mitos alemães". Somente assim eles mais uma vez desenvolveram um "senso

---

1205 HERZOG, Friedrich W. "Von Bayreuth nach Salzburg."
1206 KILLER, Hermann "Volkserlebnis Bayreuth", *Völkischer Beobachter*, 16 de julho de 1941.

por Siegfried, um senso por Wotan, um senso pelo mundo mágico de Richard Wagner – só então eles se tornariam verdadeiros alemães". O jornal disse que por isso era mais fácil do que antes falar com os visitantes no Festival de Bayreuth sobre as obras de Wagner. Todos eles tinham "ouvidos mais sensíveis do que antes", porque suas próprias "experiências tremendas os aproximaram da grandeza de suas criações". Quando, do "sossego misterioso do grande espaço", no qual não seria possível ouvir uma agulha que caísse, os "sons redentores subissem pelos pilares e os muros caíssem em uma sensação de sonho, pareceria que os alemães estavam parados lá por milhares de anos em uma corrida de que – como Siegfried – não tinham medo porque brandiam a Nothung, a espada que eles mesmos forjaram na bigorna da inveja mundial e da inimizade mais obscura". Conceder aos soldados e aos trabalhadores esse "prazer inesquecível" era um feito que poderia apenas ter ocorrido em um lugar do mundo, "o Reich de Adolf Hitler". Os "judeus, lá nas terras da plutocracia [inglesa] e do bolchevismo [soviético], podiam se empanturrar mais do que os alemães, mas eles eram tolos tão miseráveis que, mesmo com todo o ouro do mundo, não conseguiam criar o mínimo de cultura". A "operação artística" da Alemanha [*künstlerisches Einsatz*] foi um ato de guerra [*Kriegstat*] – "assim como todas as obras criativas da nação, era uma pedra fundamental para a vitória". Dessa perspectiva, os convidados do *Führer* no Festival "aprenderam a conhecer a Grande Alemanha: a Alemanha que não só lutava por sua existência e sua validade global com armas, mas que, nos primeiros séculos e milênios, era chamada para espalhar seu legado cultural através das fronteiras e era um modelo para os outros povos".[1207]

Para marcar o Festival de 1942, Herzog continuou a vociferar contra a "cabala judaica e esquerdista" que tinha estragado as coisas para Wagner durante a República de Weimar, e que as forças alemãs estavam supostamente no processo de erradicar de uma vez por todas a guerra na Rússia. Os "beneficiários da Revolução de Novembro de 1918" estavam unidos em sua rejeição e escárnio do pensamento de Bayreuth. Para eles, Bayreuth era apenas uma rejeição final. Mas aqueles "cavalheiros" não tinham ideia de que ela tinha se desenvolvido em um "bastião do pensamento nacionalista", pois, caso contrário, eles teriam aplicado medidas ainda mais pesadas contra Bayreuth e Haus Wahnfried. Mas o alcance da corrupção da opinião pública na República de Weimar ficou claro na prontidão com a qual os jornais dos social-democratas e dos democratas tinham "engolido o lodo dos bolcheviques moscovitas"

---

1207 "Schau vom Festspielhügel", *Völkischer Beobachter*, 23 de julho de 1941.

depois que o "czar cultural judeu", Anatoly Lunacharsky – o primeiro comissário de esclarecimento do povo soviético, responsável pela cultura e educação – tinha "certificado o Siegfried de Wagner para os marxistas". Ao corrigir essa interpretação, Herzog rebateu dizendo que a vida e as visões culturais da Alemanha nazista eram "mundos separados desses ideais culturais bolcheviques" e "nenhuma ponte de entendimento poderia cobrir essa distância". Com a "tomada de poder, o *Führer* tinha colocado Bayreuth sob a proteção do Reich e assim estabeleceu as condições para um processo de restauração que não sofria com preocupações materiais", e isso foi definitivamente para o benefício das obras de Wagner. Para ele, Bayreuth não era um "centro da luxúria cultural moderna", mas, ao contrário, era um "local para o povo, a quem chamava para se juntar a ele em esforços indispensáveis". Desde o começo, o povo estava incluído nessa obra; seus personagens "exigiam efeitos públicos e de coesão popular". Era nesse sentido que as obras de Wagner "ligavam-se à visão de mundo nacional-socialista".[1208]

O jornal também relatou em 1942 que o líder da Liga dos Professores e *Gauleiter* de Bayreuth, Fritz Wächtler (que seria executado pela SS por "derrotismo" em 1945), organizou um fórum de educação musical sobre "Richard Wagner e as escolas alemãs". Na ocasião, Wächtler emitiu "um chamado a todos os professores da Grande Alemanha" para "homenagear a personalidade total de Wagner como um engenhoso artista de personalidade alemã, um lutador por grandes ideias políticas, um profeta político do renascimento alemão, um arauto do modo de vida alemão e como um porta-voz de uma visão de mundo alemã; em suma, como uma das fontes mais poderosas de forças para o povo". Segundo Wächtler, nos três primeiros anos da guerra a Alemanha tinha sentido a "grandeza e importância do efeito de Bayreuth" quando ele influenciou o povo alemão enquanto este travava suas "mais difíceis e decisivas batalhas por seu destino". Dezenas de milhares de soldados alemães e companheiros das indústrias armamentistas vieram sentir os festivais de guerra como convidados do *Führer*. Disso, eles tinham derivado "um amor novo e orgulhoso pela Alemanha, um entusiasmo intensificado e poderes fortalecidos para a batalha travada por eles para proteger a nação e a cultura alemã". Portanto, os Festivais de Guerra de Bayreuth fizeram mais do que conceder valor simbólico, pois eles "levaram as obras de Richard Wagner para o povo". Dito isso, conclui Wächtler, os festivais não eram um fim em si mesmo, mas o "começo

---

1208 HERZOG, Friedrich W. "Bayreuth, Hüter der Idee", *Völkischer Beobachter*, 14 de agosto de 1942.

de uma grande missão político-cultural". Os alemães estavam no início de uma "nova operação", sob as ordens do *Führer* a toda a nação em seu discurso cultural no comício de Nuremberg em 1933: "apenas alguns poucos indivíduos dados por Deus, durante a história, perceberam o objetivo de realmente criar algo novo e perdurável; era serviço da nação educar as pessoas para homenagear tais grandes o suficiente, porque eles eram a manifestação dos maiores valores de um povo".[1209]

Em 1943, quando o coro do Festival teve de ser fortalecido, porque seu quadro estava diluído pelo esforço de guerra, com vozes da juventude hitlerista, da Liga de moças alemãs e da SS Standarte Wiking, o tom do *Völkischer Beobachter* permaneceu resoluto, mas a discussão dos soldados e dos trabalhadores no festival começou a enfatizar temas de "resistência" em vez de triunfo. Erwin Völsing escreveu que, para o assombro do restante do mundo, apesar dos "duros esforços da guerra, por causa de sua inabalável confiança na vitória, o povo ainda era capaz de uma profunda introspecção em reverência aos gênios alemães" como Wagner, que davam um "poder inconquistável de superação das dores e dos sacrifícios exigidos pela batalha por seu destino". Mesmo as declarações em coletivas de imprensa do presidente da Frente Trabalhista Alemã (*Deutsche Arbeitsfront, DAF*), Robert Ley, deram a entender que a nação alemã enfrentava forças esmagadoras: "Esses Festivais de Guerra únicos revitalizavam uma crença sagrada na pátria e na vontade inflexível de promover a vida de nosso povo, enquanto os criminosos e os inimigos bárbaros se aventuravam a destruir os mais veneráveis monumentos culturais e até as áreas residenciais pacíficas de muitas cidades alemãs em uma política de aniquilação cultural sem precedentes".[1210]

Como as imagens mais desagradáveis dessas declarações de 1943 em Bayreuth revelavam, as referências à tradição alemã, na música e em outras áreas continuavam a aparecer no *Völkischer Beobachter* enquanto a sorte mudava de lado, mas em tons cada vez mais graves. Dentre esses, o relato mais pungente foi publicado em 31 de janeiro de 1943, durante o último estágio da batalha por Stalingrado, sob o título: "O músico de Deus". Ao mesmo tempo que a capitulação do Sexto Exército de Von Paulus, Günther M. Greif-Bayer, que acabara de terminar de escrever um "guia turístico" da Praga ocupada, afirmou

---

[1209] "Richard Wagner und de Deutsche Schule", *Völkischer Beobachter*, 13 de setembro de 1942.
[1210] VOELSING, Erwin. "Die Meistersinger von Nürnberg", *Völkischer Beobachter*, 7 de agosto de 1943.

que a música de Mozart encontrou sua maior repercussão na população alemã, transmitindo uma "experiência artística que tirava dos horrores da vida diária para a luz e para as alturas abençoadas".[1211] Pode-se questionar se declarações como essa, que pretendem consolar aqueles que tinham perdido pessoas amadas no *front* oriental, teriam qualquer efeito redentor, visto que a única menção posterior da rendição em Stalingrado a aparecer no *Völkischer Beobachter* foi um breve anúncio de Goebbels dizendo que, como um gesto memorial, os teatros e as salas de concerto estariam fechados entre 4 e 6 de fevereiro.[1212]

Em abril de 1943, a visão preestabelecida da obra de Schiller como "poesia da disposição para morrer" estava ainda mais explicitamente manifestada nas páginas do *Völkischer Beobachter*. Supostamente falando pelos soldados alemães, que na ocasião estavam cada vez mais na defensiva no *front* oriental e na África setentrional, o jornal afirmou que o "povo dos irmãos unificados" que Schiller previra – de fato, o povo "ao qual o brilho de seu coração quente pertencia" – o via como um dos "heróis mais nobres da liberdade patriótica para a qual ele dedicava suas últimas forças: fiel até a morte".[1213] Da mesma maneira, o jornal enfatizava cada vez mais os retratos tardios feitos por Rembrandt como representando os indivíduos superando sofrimentos pessoais enormes, como os alemães tiveram de fazer no tempo da guerra. Em junho de 1943, Ludwig Thoma escreveu sobre as "dificuldades tardias" de Rembrandt e o "esforço nórdico" para superá-las: "Agora, enquanto tudo cai, enquanto tudo é destruído em pequenos pedaços, apareceu o maior de todos. Agitado pela força do destino nas alturas e profundezas da experiência humana, Rembrandt finalmente mudou de direção (...) indo aonde ninguém antes ou depois pisou, tateando em direção ao reino mais elevado do qual apenas os maiores pensadores chegaram perto".[1214]

Alusões a Goethe no *Völkischer Beobachter* mudaram da mesma maneira em direção a uma ênfase em sua experiência dos rigores da batalha e o impacto da guerra na população civil. Apresentando no Ano-Novo um "Goethe para 1944", Heinz Steguweit, um crítico

---

1211 GREIF-BAYER, Günther M. "Der Musikant-Gottes", *Völkischer Beobachter*, 31 de janeiro de 1943.
1212 "Theater und Unterhaltungsstäten bis 6. Februrar geschlossen" *Völkischer Beobachter*, 4 de fevereiro de 1943.
1213 SCHULTZ, F. O. H. "Schillers Weg zur deutschen Freiheit."
1214 THOMA, Ludwig. "Ein Gedenkblatt für Rembrandt", *Völkischer Beobachter*, 21 de junho de 1943.

político-cultural e líder regional da Câmara de Literatura do Reich da *Gau* Köln-Aachen, lembrou aos leitores que até a "bela poesia [de Goethe] foi escrita em tempos violentos" e que ela tinha de ser entendida dessa maneira nas condições atuais. Certamente, o passado era mais despreocupado e fácil do que o presente, mas os leitores tinham de admitir que "em tempos de paz eles pensavam menos sobre as questões do destino". Antes da guerra, eles cometeram muitas vezes o erro de pensar que lidar com aborrecimentos cotidianos constituía uma luta pela existência. Da mesma maneira, muitos podem ter absorvido os escritos do "grande alemão" sob a hipótese equivocada de que os tempos de Goethe eram perfeitamente idílicos. Mas isso era incorreto. Steguweit afirmou que quem tiver se prestado a observar os anos nos quais ele viveu e trabalhou chegaria ao "reconhecimento surpreendente" de que os dias de Goethe foram também "cheios de dificuldades e preocupações". Steguweit então resumiu os desafios que as nações alemãs enfrentavam durante a vida de Goethe: a Guerra dos Sete Anos "comoveu os corações até a paz de Hubertusburg", e na época napoleônica "o povo tinha de se provar pela luta, porque não havia qualquer outro caminho". A batalha perto de Jena foi perdida, os "oficiais Schillschen caíram diante de Wesel no Reno, sob os cartuchos de armas estrangeiras", o "sol de Austerlitz não parecia se pôr para o corso". Além disso, para a unidade alemã as coisas estavam piores do que nunca, porque "muitos príncipes da terra formaram uma união em favor do opressor". Esse, "meus leitores", era o tempo de Goethe, disse Steguweit. Foi um tempo amargo para a nação e de fato seus ancestrais tinham "muitos motivos para não ter tanta esperança quanto os alemães em 1944". Ainda segundo o artigo, refletindo sobre as circunstâncias enfrentadas por Goethe durante sua vida, os alemães podiam obter uma sensação de confiança, senão de conforto: "a batalha de Leipzig chegou em 18 de outubro de 1813, depois veio a primavera de 1814, o imperador da Europa teve de renunciar e as regiões outrora ansiosas da Alemanha ressoaram com gritos de vitória pelas ruas e montanhas". Ainda mais, o marechal de campo Blücher foi – estranhamente, poderia parecer em 1944 – "chamado a Londres com seu rei, onde os agora britânicos tão pérfidos queriam acolhê-lo como o conquistador do tirano". Steguweit sustentou que os alemães do tempo atual deveriam se ater a essas memórias e "permanecer orgulhosos, corajosos e confiantes nelas" porque não era apenas a "fé do povo" durante o tempo de Goethe que se relacionava com 1944, mas também "o poeta que iluminava uma era tão difícil, com suas canções, deu-lhe uma alma e por isso continuava a iluminar o caminho para o objetivo final". Da mesma maneira, Steguweit concluiu que os nazistas não deveriam pensar que os versos de Goethe poderiam ser cantados apenas durante tempos idílicos. Ele sentiu que, em 1944, eles tinham de reconhecer e apreciar a grandeza das batalhas que travavam, "pois ninguém luta sem o conhecimento profundo da sacralidade da libertação futura".[1215] Ver as experiências de guerra de Goethe e os versos sob a luz atual dos julgamentos de 1944 era, nas páginas do *Völkischer Beobachter*, um meio de manter a fé na causa.

A arte renascentista também foi vinculada com o cada vez mais difícil esforço de guerra alemão quando Richard Biedrzynski glorificou Leonardo da Vinci na primavera de 1944 como o "Fausto italiano" – em termos bem militaristas. De acordo com Biedrzynski, Da Vinci era a pessoa mais universal da Renascença, com uma "insatisfação ilimitada" que lhe dava uma personalidade fáustica. Embora suas pinturas abordassem o espiritual – ou místico – como na *Mona Lisa*, que "posava e resolvia ao mesmo tempo o misterioso quebra-cabeça da existência feminina", era o lado prático de Da Vinci "o inventor", que Biedrzynski celebrou no jornal durante a guerra. Para os nazistas, ele era mais do que um criador de "alguns trabalhos fragmentários e lendários que desapareciam em função de seus próprios erros". Especialmente em meio à Segunda Guerra Mundial era a luta de Da Vinci com as forças militares e políticas da Renascença Italiana que mais repercutia nas páginas do *Völkischer Beobachter*. Similar, talvez, aos cientistas que trabalharam em dependências subterrâneas como Peenemünde, Da Vinci "colocou seu conhecimento prático nas mãos dos líderes políticos enérgicos de seu tempo" e batalhou também com algumas das mesmas questões referentes à ética científica. Quando Da Vinci recomendou a si mesmo para o duque de Milão, ele prometeu ao tirano – "como todas as naturezas inquietas do Renascimento, talentosas e de sangue-frio, cruéis e brilhantes, tudo em um" – uma variedade de armas e ferramentas de guerra, incluindo pontões, trincheiras subterrâneas, tanques, morteiros, catapultas de pedra, minas rolantes, foguetes e lançadores de gás. Depois, Da Vinci repetiu sua oferta a Cesare Bórgia, prometendo paraquedas, aviões e barcos submarinos com os quais seria possível "atingir navios abaixo da linha da água".

Biedrzynski destacou que os desenhos de Da Vinci representaram inovações que anteciparam as "possibilidades mais implacáveis de tecnologia em suas consequências mais destrutivas", enquanto, ao mesmo tempo, reconhecia que Da Vinci tinha dúvidas sobre disponibilizar a

---

1215 STEGUWEIT, Heinz. "Goethe für 1944", *Völkischer Beobachter*, 12 de janeiro de 1944.

Figura 18.7 Leonardo da Vinci, "Um dilúvio" (cerca de 1515), Biblioteca Real, Windsor, Reino Unido.

tecnologia a um senhor de guerra enlouquecido de ira. De fato, quando Bórgia revelou que queria devastar Veneza, "enchendo as lagoas com os destroços de barcos e a Praça de São Marcos com cadáveres", Da Vinci escondeu suas invenções dele. Para impedir um "crime horrendo", ele respondeu às exigências de Bórgia afirmando que "Deus reservou o ar para si mesmo, os anjos e os pássaros". Mas apesar dessas reservas, foram os "inventos mágicos e mecânicos e as construções magníficas, especialmente a insanidade de suas máquinas de guerra", que Biedrzynski ofereceu como prova de que a natureza de Da Vinci era essencialmente "fáustica", exibindo uma vontade de conhecimento e poder, em que a "pesquisa impaciente" contribuiu com a mecanização do conflito mesmo ao custo do abandono dos atributos mais espirituais desse homem prototípico do Renascimento.

À luz das referências de Biedrzynski aos receios de Da Vinci sobre o potencial para os crimes hediondos sob a liderança de Bórgia, a seção final de seu artigo pode sugerir que, enquanto a experiência de guerra alemã piorava, a crítica cultural do *Völkischer Beobachter* também tinha algumas dúvidas sobre seguir um tirano cruel e de sangue-frio até o fim. Ele concluiu com uma discussão dos desenhos de Da Vinci de *Um Dilúvio* (figura 18.7) e admitiu que essas visões tardias de Da Vinci foram trágicas: nessas "imagens de enchente" o artista esboçou "enormes desastres naturais com águas violentas, rochas explosivas, montanhas que exalavam fogo e tempestades furiosas". Mas, como se recuasse de sua própria visão do abismo, Biedrzynski recuperou sua linha propagandística do tempo de guerra, insistindo que dessa maneira o artista-cientista "não apenas lembrou a atmosfera ameaçadora e frenética das danças medievais da morte, mas antecipou a força dramática do Shakespeare que escreveu *Lear*, bem como a violência nórdica de Rembrandt".[1216] De acordo com o *Völkischer Beobachter*, então, quando diante de uma loucura bestial, a alma fáustica – incluindo a de Da Vinci – sempre responderia com força e violência.

Como amplamente mostrado anteriormente, o *Völkischer Beobachter* trabalhou muito para destacar os mais componentes agressivos – "de aço" – da cultura alemã da era romântica. O desejo de militarizar a tradição cultural ocidental também envolveu a leitura da importância do tempo de guerra nas artes visuais produzidas durante esse período. Até obras relativamente menores, como algumas pinturas de Phillip Otto Runge (1777-1810), foram analisadas detalhadamente em busca dos indícios de seu valor para o esforço de propaganda durante a guerra. Em abril de 1944, o jornal argumentou que duas dessas obras, *Os Pais do Artista* (1806) e *As Crianças Hülsenberg* (1805-1806), "mereciam cada vez mais atenção em um sentido artístico-sociológico". O *Völkischer Beobachter* afirmou que nelas "os indícios da época empolgante, política e intelectualmente, eram palpáveis". O "pathos" manifesto nessas imagens era o "substrato histórico da era revolucionária, do imperialismo napoleônico e das Guerras de Libertação alemãs". As pessoas daquele tempo "resistiam à pressão excessiva das forças que se levantavam do elementar histórico", e eles responderam a isso com as "obras gigantescas de forma desproporcional".

No retrato dos pais de Runge, feito em 1806 (figura 18.8) – "o ano do destino da Prússia " –, o pai de Runge "foi uma figura na qual uma

---

[1216] BIEDRZYNSKI, Richard. "Der italienische Faust: Zum 425. Todestag Leonardo da Vincis", *Völkischer Beobachter*, 30 de abril de 1944. Para uma análise mais aprofundada das interpretações nacional-socialistas de Da Vinci, como faustiano, ver MICHAUD, *The Cult of Art in Nazi Germany*, p. 131.

Figura 18.8 Phillip Otto Runge, "Os pais do artista" (1806), Kunsthalle, Hamburgo, Alemanha.

vontade contida manifestava-se com uma seriedade quase excessiva; um homem que podia se levantar contra Napoleão como o Michael Kohlhaas de Kleist ou o [herói alemão de guerra] Joachim Nettelbeck".[1217] O jornal sustentou que, com isso em vista, "via-se a monumentalidade, sentia-se a grandeza, a vontade superior e se saberia que uma dificuldade entrara esse mundo, que elevava o burguês ao heroico – socos poderosos de vontade batiam para dentro, mas externamente tudo permanecia contido em uma espera ocupada e ativa; sabia-se que reuniam força para responder às grandes demandas".

Entretanto, segundo acreditava o *Völkischer Beobachter*, "entrava-se no futuro" apenas com o retrato das crianças (figura 18.9). Raramente

---
1217 Joachim Nettelbeck foi um herói alemão na batalha de Kolberg em 1807.

Figura 18.9 Phillip Otto Runge, "As crianças Hülsenbeck" (1805-1806), Kunsthalle, Hamburgo, Alemanha.

as crianças eram pintadas dessa forma, que "tocava a grandeza". As duas crianças mais velhas foram modeladas na "arte de construção do mármore de um pilar e foram preenchidas com força interior". Das "cordas do chicote que o garoto ergue como uma colheita do comandante", o "ar é rasgado como se pelo navio de uma ordem". Não dava para captar o sentimento, perguntou o jornal, de que esse "jogo infantil de adultos expressava o mesmo espírito de guerra no qual gerações das guerras de libertação cresceram?". Sim, "alguém se pega pensando em um símbolo pintado, um exorcismo intencional: no outono de 1806, o exército prussiano – já então o núcleo militar da Alemanha – tinha sucumbido diante de Napoleão. Foi nesse momento que o quadro foi pintado: quase dá para ouvir seu chamado para o futuro", como Kleist tinha chamado quando escreveu:

*Às armas! Às armas! ...*
*Com a lança, com a vara*
*Para o vale da batalha!*[1218]

Assim uma "pintura confessional" veio à vida, na qual o "tom daquele momento foi captado e passado adiante para as gerações futuras" – especialmente a presente, que agora persistia na "guerra total".[1219]

Na invasão da "Fortaleza Europa" pelas forças aliadas pela Normandia, Richard Biedrzynski voltou a atenção do *Völkischer Beobachter* aos autorretratos de Rembrandt, dessa vez como manifestações iniciais de temas que depois foram transmitidos na *Eroica* de Beethoven, outro símbolo da resistência contra as forças do destino. Para Rembrandt, disse Biedrzynski, as obras maduras da idade avançada tornaram-se uma questão de "autodefesa". No "retrato de um velho sorridente", ele enfim se revelou como um cínico quanto ao seu azar, como alguém que desafiava o mundo – como "nórdico" (figura 18.10). Os alemães sentiam-se da mesma maneira enquanto a guerra se virava contra eles? Nas palavras do historiador da arte Wilhelm Pinder, que estava profundamente envolvido na pilhagem de arte pelas autoridades nazistas durante a guerra, permaneceu leal ao regime até a rendição alemã e morreu pouco depois de ter sido aprisionado como um colaborador, Biedrzynski encontrou sua resposta: nessa autoimagem, as "máscaras das musas trágicas e felizes estavam fundidas em uma só; a figura sorri com a reverência zombeteira de um palhaço triste, fantasmagórica e cativante, esmagando-nos com a tristeza e, ao mesmo tempo, com uma risada que nos infectaria se não sentíssemos as lágrimas escondidas na garganta". Lá, a careta de Rembrandt tornou-se um "símbolo da rebeldia nórdica, como se todas as contradições do ser tivessem sido combinadas em uma única bola que ele atira em nossos rostos".[1220]

Algumas semanas depois, para a celebração dos 275 anos da morte do artista, em outubro de 1944, Biedrzynski reiterou sua visão de que as pinturas de Rembrandt constituíam a *"Eroica* de uma vida que supera todas as decepções, injustiças e incredulidade do mundo: quanto mais fundo ela quer forçá-lo ao chão, mais insensivelmente calmo ele se tornava". A paixão de seu "colapso burguês apenas o elevava ao trono de

---

1218 VON KLEIST, Heinrich. *Germania an ihre Kinder, in Gesammelte Schriften*, (ed.) Ludwig TIECK (Berlim: G. Reimer, 1826), p. 398.
1219 "Phillip Otto Runge und Kleist: Gegenwärtiges über zwei Gemälde der Befreiungszeit", *Völkischer Beobachter*, 23 de abril de 1944.
1220 BIEDRZYNSKI, Richard. "Programm der Programmlosigkeit: Zu einem Buch über die Selbstbildnisse Rembrandts", *Völkischer Beobachter*, 25 de agosto de 1944.

Figura 18.10 Rembrandt, "*Autorretrato como Zeuxis*" (cerca de 1662), Museu Wallraf-Richartz, Colônia, Alemanha.

sua singularidade artística – de uma sabedoria invulnerável que está acima de todas as coincidências do destino". Acima de tudo, *A vigia noturna* (1642) (figura 18.11) simbolizava o "mesmo ponto de ruptura trágica em sua vida" que Hamlet representou na biografia de Shakespeare. Como Hamlet, de acordo com Biedrzynski, Rembrandt "tomou o caminho da paixão trágica" em sua pintura, um processo que fez suas pinturas posteriores os "monólogos elevados de uma alma aflita". Como um "trabalhador silencioso, inesgotável, sério e prático, ele nos olha fixamente dos autorretratos nórdicos" do último período "com um olhar afiado e inexorável que enxerga através de todas as vaidades do mundo".[1221] Assim o *Völkischer Beobachter* apresentou Rembrandt também como um sofredor quando a fogueira das vaidades nazista começou a queimar.

Nesse estágio da guerra, o espaço do *Völkischer Beobachter*, estranhamente, também discutiu as obras de um não alemão: Francisco

---

1221 BIEDRZYNSKI, Richard. "Eroica eines Lebens: Zum 275. Todestag Rembrandts."

Figura 18.11  Rembrandt, "A vigia noturna" (1642), Museu Rijks, Amsterdã, Holanda.

Goya (1746-1828). Em novembro de 1944, Freiherr von Merck apresentou uma análise extensa de Goya como um "artista da guerra profundamente político e antifrancês". Von Merck recomendou que qualquer um em busca de uma "perspectiva mais equilibrada sobre a experiência da guerra" deveria olhar para Goya, que expressou com tinta a mesma percepção sobre a situação europeia que seu contemporâneo, Goethe, quando escreveu: "A menos que domine isso – esse morrer e tornar--se –, você é apenas um sombrio convidado na terra escura".[1222] Von Merck disse que nada podia dizer mais sobre a guerra do que *Batalha de Rua em Puerta del Sol, 2 de Maio de 1808* (figura 18.12) de Goya. Nessa pintura, os granadeiros napoleônicos atacaram e, pegos no fogo cruzado de suas armas, insurgentes espanhóis caíam ao chão com "ferimentos escancarados, contorções furiosas e rostos hostis". De seus lábios vinha "o desafiador *España!*, que eles gritaram contra os seus executores franceses" – que, acrescentou Von Merck, "soava mais

---

1222 VON GOETHE, Johannes W. "Selige Sehnsucht", in *Westöstlicher Divan* (1819).

Figura 18.12 Francisco Goya, "Batalha de rua em Puerto del Sol, 2 de maio de 1808" (1814), Museu do Prado, Madri, Espanha.

uma vez a partir da infantaria de Franco enquanto ela se atirava contra as brigadas internacionais do bolchevismo apenas há alguns anos". A Maçonaria e "os débeis procedimentos burgueses" com os revolucionários franceses levaram à abdicação do rei da Espanha diante de Napoleão em Bayonne. Entretanto, em 2 de maio de 1808, os cidadãos de Madri levantaram-se e morreram resistindo "contra sua subjugação, contra a entrega cega da Espanha ao vizinho francês e contra os ensinamentos subversivos e revolucionários de 1789" – enquanto Goya, no sótão de sua casa em Puerto del Sol, pintou a sangrenta batalha de rua que ocorria abaixo dele.

Então, em 3 de maio de 1808, ele rastejou ao local da execução na linha de frente francesa e captou as execuções na tela (figura 18.13). Von Merck sugeriu que era como se Goya quisesse "pendurar essas duas pinturas abomináveis e realistas como recordações sobre a cama

Figura18.13 Francisco Goya, "Três de maio" (1814), Museu do Prado, Madri, Espanha.

do rei que abdicou no conforto real de seu palácio em Bayonne". Para o nazista que escrevia no final de 1944, a obra-prima de Goya era um exemplo forte de como as pinturas do passado podiam permanecer atuais, como elas continuavam a "falar conosco em nossos tempos". Os espanhóis de 1808 reagiram contra a entrega de sua terra ao imperialismo estrangeiro "como alguns povos tinham feito recentemente, quando seus governos, direta ou indiretamente, entregaram seus países para o bolchevismo". As pessoas de uma nação "reconheceram por instinto", melhor do que seus "políticos pacifistas", que é impossível negociar com imperialistas agressivos. Havia uma "lição fascinante a ser aprendida" ao comparar as reações contra o "liberalismo de exportação decorado de forma imperial" de Napoleão com as reações à "burguesia endinheirada do comunismo de exportação de hoje".

18.14 Francisco Goya, "Isso é pior", da coleção *Horrores da Guerra* (1810-1815).

O rei Carlos IV era um representante dos "colaboradores que informam erroneamente simples e fiéis cidadãos", dizendo a eles que "seria melhor desistir de algo de modo a não perder tudo". Essas não eram as mesmas frases "usadas pelos políticos do presente com respeito ao bolchevismo e seus cúmplices?", perguntou Von Merck. Essas figuras deveriam ter considerado a linguagem poderosa de Goya antes de 1944, disse Von Merck, e deveriam ser guiados por "percepções europeias masculinas" de suas pinturas. Sua série de gravuras, *Horrores da Guerra* (figura 18.14), tratava-se de "reproduções impressionantes da guerra ibérica contra Napoleão" e permanecia "estranhamente oportuna" em 1944. Os sonhos terríveis de Goya pareciam os "pesadelos que hoje assombram todos os humanos de nosso continente, se pensarem na vitória do bolchevismo".

Além disso, continou Von Merck, o retrato de Goya de Carlos IV e sua família (figura 18.15), com sua "assembleia chocante de cabeças estúpidas e maliciosas", era um "chamado profético pela superação da decadência no espírito do 2 de maio de 1808". Em 1944, essa "pintura monumental de fracotes" teve o efeito de homenagear, por contraste,

Figura 18.15 Francisco Goya, "A família de Carlos IV" (1800), Museu do Prado, Madri, Espanha.

"os fortes que são dignos de reinar e lutar". Goya tinha vivido em um ponto crítico para o mundo moderno, e os alemães modernos estavam sentindo outro momento "decisivo". Referindo-se a Hitler e seus generais, Von Merck estava certo de que "nossa liderança não se jogaria ao chão diante do colosso oriental tempestuoso com covardia; ela nunca iria para Bayonne". Um retrato de "nossa liderança mostraria faces de soldados endurecidas, decididas e seria uma contrapartida absoluta à pintura gigante de Goya no Prado: então sabemos com certeza que o futuro será nosso!". Quanto ao presente, entretanto, no "outono escuro" de 1944, a Europa estava em meio a uma "dor assustadora" e tinha de "se defender com sangue mais uma vez". Com seus "sentimentos e valores em cascalho e ruínas, com as catedrais e outros símbolos de sua cultura", ela não podia se dar ao luxo de ser sentimental. Era necessário "fazer a correspondência entre a vida física e psicológica da Europa com a dura realidade de seu conflito". Para fazê-lo, poderia olhar para as pinturas de Goya por inspiração, pois "a guerra era a mãe de todas as coisas para Goya". Encerrando, Von Merck concluiu com niilismo que a Segunda Guerra Mundial tinha de "tornar-se o pai da Europa, ou a Europa não mais existirá" e "Goya para sempre falará aos seres humanos que não mais o entendem".[1223]

Em fevereiro de 1945, com Hitler em seu *bunker* e a Europa deixando de estar em seus planos, o *Völkischer Beobachter* recorreu à reprodução em fascículos da descrição de Friedrich Schiller da batalha de Lutzen tirada da terceira parte de sua *História da Guerra dos Trinta Anos*. Sem dúvida, a descrição de Schiller da batalha e de seus efeitos – incluindo passagens como a seguinte – ressoavam com as condições na Alemanha e no restante da Europa na época:

> *Seguiu-se um conflito homicida. A proximidade do inimigo não deixou espaço para armas de fogo, a fúria do ataque não deixou tempo para carregá-las; era um confronto homem a homem, o inútil mosquete era trocado pela espada e pela lança, e a ciência abriu o caminho para o desespero. Subjugado pelos números, os suecos desgastados finalmente recuaram para trás das trincheiras; e a bateria capturada foi mais uma vez perdida na retirada. Mil corpos estraçalhados já se espalhavam pela planície, e como ainda nem mesmo um passo do chão fora conquistado (...) A planície inteira de Lutzen ao Canal estava repleta de feridos, os agonizantes e os mortos (...) A história não conta nada dos prisioneiros; mais uma prova da animosidade dos combatentes, que não concederam nem conquistaram território.*[1224]

Era sensato se questionar se, ao publicar tais passagens, o jornal estava de certo modo comentando sobre as atuais experiências daqueles envolvidos na luta final. Mas tal interpretação possível dos motivos dos editores não mitiga o simples fato de que, nas páginas do jornal nazista, "O Poeta da Liberdade" foi transformado em um cronista da morte.

O jornal também sugeriu paralelos entre as experiências de Goethe na guerra e o destino da Alemanha nazista, quando, em 2 de março de

---

1223 VON MERCK, Freiherr, "Mit den Augen Goyas", *Völkischer Beobachter*, 19 de novembro de 1944.
1224 SCHILLER, Friedrich. "Die Schlacht bei Lützen", *Völkischer Beobachter*, 23-24 de fevereiro de 1945. Citação de Friedrich Schiller, *The History of the Thirty Years' War*., trad. A. J. W. Morrison (Boston, MA; F. A. Niccolls, 1901).

1945, publicou um longo artigo sob o título "As experiências de guerra de Goethe", no qual W. B. Von Pechmann, autor de literatura militar como *U-Boat Operations and their Success* (1918), reviu as observações de Goethe durante os últimos estágios do cerco de Mainz em 1793. "Toda a hora estava carregada de problemas", Goethe relatou:

> *Preocupavam-se sempre com seu venerado monarca e seus mais valiosos amigos, esquecendo-se de pensar em sua própria segurança. Atraído pelo perigo desenfreado como se pelos olhos de uma cascavel, apressavam-se em se colocar em posições fatais, passando pelas trincheiras e através delas, deixando as granadas Haubitz voarem por sobre as cabeças, destroçando ruínas por todo lugar: alguns dos feridos queriam ser poupados de sua miséria, e você não teria desejado a vida para alguns daqueles que estavam mortos.*

Depois de escapar desses horrores, contou Von Pechmann em sua resenha, Goethe fugiu para um castelo caindo as pedaços sobre ruínas e crateras, das quais ele via a cidade "com pináculos erguidos, tetos com buracos, fogueiras fumegantes – uma visão chocante!". Depois Goethe olhou para a fortaleza de Mainz que "provocou nele a impressão mais lastimável ". Ele relatou pilhagens, muros altos que ameaçavam cair, torres balançando: muito do que tinha sido construído pelos séculos desmoronava em "cascalho e ruínas". Sua alma ficou "confusa sobre se essa devastação era mais dolorosa e triste do que teria sido se a cidade tivesse sido incendiada por acaso". O *Völkischer Beobachter* apresentar essa extensa coleção de observações de guerra de Goethe em março de 1945 poderia sugerir que ele tinha a intenção de dar algum consolo cultural para seus leitores, pois o poeta tinha testemunhado visões e passado por suplícios semelhantes àqueles que os alemães sentiam nas ruas das cidades destruídas no final da guerra de Hitler. Mas a última afirmação do artigo de Von Pechmann eliminou a possibilidade de tal interpretação: ele escreveu que as observações de Goethe "o levaram a enxergar os atos heroicos da guerra – o papel do soldado – sob a luz do brio honrável, corajoso e de autossacrifício".[1225] Desse modo, a recepção do *Völkischer Beobachter* associou Goethe com o tema da resistência [*Durchhaltung*] até o fim amargo como propaganda de guerra .

---

1225 W. B. Von Pechmann, "Goethes Kriegserlebnisse", *Völkischer Beobachter*, 2 de março de 1945.

Figura 18.16  Matthias Grünewald, "Retábulo do altar de Isenheim" (entre 1510-1516), Museu Unterlinden, Colmar, França.

Em 14 de março de 1945, com as tropas soviéticas aproximando-se de Berlim e um "ataque popular" [*Volksturm*] de recrutas mal treinados preparando-se para uma defesa fútil, o caderno de cultura do *Völkischer Beobachter* publicou um longo artigo sobre a "Coragem de Aceitar a Dor: As Obras-primas Alemãs para Nossos Tempos" – um título que dispensava comentários. Nele, a "voz" da "cultura nazista" marcou sua última posição, ainda reclamando seu lugar na tradição ocidental, mesmo – ou especialmente – *in extremis*. Falando em nome do jornal e do partido, Richard Biedrzynski sustentou que acima de tudo a "coragem [alemã] de aceitar a dor" era o tema que melhor simbolizava a superioridade cultural da nação. Na verdade, Da Vinci e Michelangelo não deixaram a dor para fora de suas criações, e a inclusão de sinais de sofrimento é parte do que fazia de sua arte faustiana – até "nórdica". Porém, como os mestres do Renascimento das terras alemãs devidamente "estenderam a tradição da emotividade gótica", os artistas setentrionais tinham de ser considerados ainda melhores "pintores da dor". Que outro povo além daquele de [Matthias] Grünewald podia produzir o retábulo de Isenheim?, ele se perguntou (figura 18.16). A "expressão profunda da arte do Renascimento alemão" incluía as "representações mais poderosas da alma em sofrimento" – e isso era o que marcava a *Kultur* até o doloroso presente. Os alemães que sentiam o impacto da guerra moderna compartilhavam a experiência de um profundo sofrimento que percorria a sua tradição desde a era medieval: "A Pietà alemã [de Grünewald], nascida em meio à dor e baseada em representações góticas da dor de uma mãe depois da morte de seu filho, também pertence a nós?". Quem ficar diante do altar, insistiu Biedrzynski, tinha de admitir de que "expressão forte e passional o alemão é capaz, cheio de grandeza chocante e destemida, quando ele precisa olhar para um mundo cheio de crueldade". As imagens de Grünewald (c. 1470-1528), "tremendas em sua piedade revolucionária, incofundivelmente germânicas, com a força de feitiços antigos, dizem que até em tempos de consternação e em uma atmosfera desconcertante, nossa arte sempre tem a força de lidar com os extremos, e assim conquistar".

Biedrzynski então propôs que toda a geração romântica era "indescritivelmente destemida e propensa a aceitar seu destino". *Parents* de Phillip Otto Runge era uma manifestação visual de uma cultura que exigia o "autossacrifício" acima de tudo. Como os poetas românticos Novalis e Kleist, Runge "ansiava por uma morte precoce" enquanto pintava "poemas-pinturas orgiásticos e semelhantes a contos de fadas". Mas ele também foi o criador de "uma imagem na qual vemos toda a violência terrível da Guerra de Libertação futura". O retrato de seus pais "não foi apenas a confissão de uma personalidade de classe média da Alemanha setentrional, lacônica, sincera e enérgica", mas também "manifestava a vontade de ferro e a virtude inflexível que viriam adiante sob a pressão de uma época violenta e inexorável e derrotariam o subjugador da Alemanha, Napoleão". Como se "vertidos do ferro", os personagens de Runge "caminham diante de nós em um manto fabricado do destino que está diante deles, como um traje militar". Um escultor, em vez de um pintor, "parece ter pretendido para essas pessoas uma forma metálica, que significa ao mesmo tempo a clareza de sua personalidade e a vontade blindada da resistência [alemã]".

Além de Runge, Biedrzynski incluiu o escultor Andreas Schlüter entre os "artistas visuais políticos importantes" do martírio em nome da defesa nacional. Ele perguntou: "Será que qualquer outro povo daria conta dessa 'Ilíada do Norte' criada por Schlüter em suas máscaras de guerreiros agonizantes na *Zeughaus* de Berlim?". Para Biedrzynski, cada uma dessas máscaras indicava "um instante em que aqueles que caem em batalha estão entre a vida e a morte" – "a última face antes de atravessar a fronteira para a escuridão". Nelas, a "vontade de poder que era base para a missão da Prússia" encontrou sua expressão, com a "coragem de aceitar o autossacrifício e a dor, sem os quais o poder não seria sincero, mas apenas força bruta". Schlüter compartilhava da mesma sinceridade" que Kleist tinha, "sem recuar diante da verdade da vida que inclui a morte". Por causa de sua "disposição ao autossacrifício, a jovem nação será recompensada com a capacidade de resistir a tudo". Biedrzynski concluiu – à medida que o tempo acabava para o Terceiro Reich – que o "ego examinado sempre se liberta dessa maneira e descobre os valores indestrutíveis que o tornam firme e tranquilo". Aqui, "aquela zona é atravessada, onde a infelicidade e o destino cruel se esgotam e viram expectativa", como Hölderlin expressou quando escreveu que "uma nova bênção se eleva ao coração para resistir e aguentar o pesar".

Portanto, continuou Biedrzynski, com essas imagens, os alemães também podiam "pensar em Friedrich Hölderlin" sob as atuais circunstâncias. Frases como "ele, que está assentado em sua miséria, eleva-se" expressavam uma atitude de brio extremo, que estava "longe tanto da indiferença insensível quanto do choramingo insistente". Essas palavras não apenas deram conforto em meio às dificuldades e o sofrimento de nossa própria situação". Elas também manifestaram o heroísmo real concedido apenas àqueles que se tornaram mais fortes na "sala de testes do destino" – capazes de ter um "relacionamento criativo com a dor que os encontrava". O povo alemão sempre teve essa atitude "quando seus valores essenciais eram colocados à prova: nunca um grande ganho é possível sem uma grande renúncia; nunca a profundidade é alcançada sem os problemas e as preocupações da dúvida". "Hoje" os alemães estavam aprendendo a entender as obras dos mestres que "davam de ombros para sua própria dor" para identificar e articular o destino empolgante de sua época. Esses artistas tornaram-se "mestres do destino" não por permanecerem observadores distantes, mas como testemunhas altamente sensíveis". Delicadamente e com suavidade, mas também invulnerável e incondicionalmente", eles sentiram as palavras do místico alemão do século XVII, Jakob Böhme: "O corcel que nos leva mais rápido à perfeição chama-se sofrimento". Toda a geração de Hölderlin era desse tipo: o autossacrifício era "indescritivelmente destemido". Aqui a "infelicidade e o destino cruel transformaram-se em esperança". Hölderlin expressou que "a canção da vida do mundo" podia "soar mais uma vez".[1226] Assim, Biedrzynski e o *Völkischer Beobachter* continuavam a projetar ideais nazificados de um passado cultural alemão para o futuro, até enquanto meninos e velhos eram levados para iniciar o ataque final contra o governo de Hitler.

E, ainda assim, dez dias depois, o *Völkischer Beobachter* mais uma vez se apoiou em Hölderlin, possivelmente o mais sonhador de todos os românticos alemães, como inspiração para um ataque de aço imaginado, capaz de resistir contra o inevitável. Em 24 de março de 1945, Friedrich Wilhelm Hymmen escreveu para o jornal que "apenas em anos turbulentos" Hölderlin aproximou-se dos alemães, e por isso eles tinham apenas "recentemente se tornado maduros o suficiente" para entender completamente e reconhecê-lo como um deles: "Mas que desenvolvimento na alma de nosso povo!". Hölderlin conhecia muito bem a "fertilidade da dor – certo de que ela continha tudo o que era grande e celeste". Ele também sabia "como o que o homem chama de felicidade era duvidoso". Em *Hyperion*, ele escreveu: "Felicidade! É como se eu tivesse uma papa e água morna na boca quando eles me falam sobre a felicidade. Tão insípido e tão desesperado é tudo pelo qual vocês, escravos, se desfazem de suas coroas de louro, sua imortalidade!". No mesmo romance, Hölderlin escreve: "Quem está em sua miséria, fica mais alto" e "a vida alimenta-se da dor". Nessas linhas, "encontramos o Hölderlin varonil – e que equívoco foi vê-lo como um fraco!". Por "toda delicadeza de seu estilo, ele é ainda tão radiante; em toda palavra, podem-se sentir o poder e a certeza de que todos nós desejamos e precisamos hoje". O conforto que ele proporciona "não faz com que ninguém adormeça, mas, na verdade, leva adiante", como em suas declarações que, "quanto mais alguém sofre de modo incomensurável, da mesma maneira incomensuravelmente poderoso ele se torna" e que "quem sofre mais é o mais correto". Essas falas referiam-se não só aos indivíduos, disse Hymmen, mas a todo o povo: "nós nos sentimos chamados" por frases como "Apenas a guerra traz a alma à vida" e "Romper correntes é o que dá à humanidade sua juventude". Pois, como colocado por Hölderlin, um "povo onde o espírito e a grandeza não produzem mais espírito e grandeza (...) não tem mais direitos". Desse modo, Hölderlin alertou os alemães, mesmo antes da eclosão das Guerras de Libertação: "Apenas pela bandeira ninguém deve reconhecer

---

1226 BIEDRZYNSKI, Richard. "Der Mut zum Schmerz: Deutsche Meisterwerke für unsere Zeit."

nosso povo futuro; ele deve tornar-se rejuvenecido em todos os sentidos; ele deve ser inteiramente diferente, cheio de seriedade no desejo e alegria no trabalho! Nada, nem mesmo as menores coisas, as mais mundanas, sem espírito e os deuses!", Hymmen concluiu que poucos tinham a coragem poética que Hölderlin exigia, mas "que é o que nós pedimos da poesia contemporânea" – quando todas as outras defesas nazistas tinham caído – "para a blindagem interna".[1227]

Mas, por toda a "postura final" de linguagem bombástica do jornal nazista, seria um erro pensar que o fim realmente veio sem qualquer "choramingo insistente", como Biedrzynski teria entendido. Nos últimos anos da guerra, à medida que as falhas do "gênio" militar de Hitler ficavam cada vez mais aparentes, as tentativas de reforçar a "blindagem interna" também implicavam invocar o filósofo que era mais tradicionalmente associado com essa vontade de superar a dor. Até certo ponto, as últimas referências do *Völkischer Beobachter* a Friedrich Nietzsche compendiaram os últimos estágios da evocação cultural nacional-socialista. Como o jornal cobriu, em um evento de 1944 que marcou o aniversário de 100 anos de Nietzsche, Alfred Rosenberg fez um discurso associando Nietzsche diretamente com o conflito do século XX. Rosenberg afirmou que o "espírito alemão" que inspirava Nietzsche "despertou da escuridão da traição ocorrida em 1918 – para a surpresa de todos – no espírito do partido nazista". Nesse ponto, "uma nova ideia da vida" veio à luz: "uma vontade de viver que não estava satisfeita em estudar e aprender, mas que formava um poder político contra todas as forças inimigas". Como ela tomava uma "forma histórico-mundial", disso seguiria "uma reação de todos aqueles que viam esse poder como um ataque à sua própria existência incompleta"; isto é, por aqueles "que entendiam que com o surgimento de uma verdadeira comunidade, aristocrática, mas popular, vinha o perigo para os grandes lucros dos reis do ouro e seus cúmplices". A Segunda Guerra Mundial era o resultado.

O movimento nacional-socialista, continuou Rosenberg, "permanecia como uma totalidade unificada contra o restante do mundo, assim como Nietzsche permanecia um indivíduo contra as forças violentas de seu tempo". O impacto de um "mundo inteiro de financistas desprezíveis e seus escudeiros, a paixão excitada por milhões de bolcheviques, o trabalho destrutivo impulsionado pela fúria do submundo judeu, tudo isso apareceu pouco antes da enorme onda de purificação que começou a fluir do coração da Europa". Agora, "o império pangermânico

---

1227 HYMMEN, Friedrich W. "Zurufe eines Unsterblichen Zum 175. Geburtstag Friedrich Hölderlins."

Figura 18.17  Max Klinger, "*Esboço para escultura de Nietzche*" (1902).

nacional-socialista era um bloco de determinação de 90 milhões em meio a essa enorme luta, servindo com toda a consciência a necessidade de uma grande vida – a necessidade de um destino europeu". No tempo de guerra, continuou Rosenberg, os "nacional-socialistas sentiam os efeitos das forças que tinham se tornado um poder perigoso e destrutivo no século XIX e continuavam a ameaçar a Europa" na forma de um "surto da mais horrível doença". Rosenberg concluiu que, em meio a essa luta, "Nietzsche permanece conosco e nós o cumprimentamos como um parente próximo na formulação de uma visão de mundo tolerante; como um irmão na batalha pelo renascimento da grande espiritualidade alemã; como um arauto da unidade europeia; e como um promotor da vida criativa em nosso antigo, mas ainda – com uma grande revolução – continente rejuvenescido".[1228]

Ao mesmo tempo, Alfred Bäumler escreveu no jornal que, em 1944, o povo que tinha produzido Nietzsche "era o único que via o maior de todos os perigos que ameaçavam a humanidade". Aqueles que lutavam contra a Alemanha "insultavam o grande pensador". Mas, nesse momento, os nazistas "lembravam-se do homem que extraiu uma imagem nova e pura do homem a partir da confusão e degradação". Ele "previu e adorou a ideia que estamos protegendo – de um homem cuja semente mais recôndita é a bravura, a mãe de todas as virtudes; o homem que acredita: 'O que não nos mata, fortalece-nos'".[1229]

Contudo, menos de seis meses depois, em março de 1945, Bäumler falou na Universidade de Berlim sobre o tema da "Vontade de Potência de Nietzsche", enquanto a batalha que supostamente deveria fortalecer os alemães pulverizava o país em volta dele. Sob essas circunstâncias, ele mudou seu tom de modo significativo. Ele não mais enfatizava a bravura militar como a essência da ideologia de Nietzsche; de fato, em uma retratação no último minuto de sua interpretação dos tempos de guerra, ele criticou a imagem de Nietzsche como um "lutador nórdico endurecido". Bäumler começou sua reversão ao discutir uma escultura de 1902 por Max Klinger (1857-1920) (figura 18.17), que, segundo ele, representava o grande filósofo como "uma única e cerrada vontade". Apesar de o busto ser "sem dúvida uma obra-prima", Bäumler achou que essa caracterização externa tinha colocado o ensinamento de Nietzsche sob uma "luz completamente equivocada". A interpretação de Nietzsche "como um homem poderoso e violento estava totalmente incorreta. Quando estava escrevendo *A Vontade de Poder*, Nietzsche considerou outros títulos para o livro. Dentre os potenciais nomes, "A inocência do devir" chegou mais perto da essência de seus ensinamentos, Bäumler concluiu recentemente. "Inocência do devir tinha para Nietzsche o mesmo significado que vontade de poder", e isso indicava quanto o infame conceito de Nietzsche "de fato contrastava com a noção comum de poder". A batalha pela verdade

---

1228 ROSENBERG, Alfred. "Friedrich Nietzsche", *Völkischer Beobachter*, 17 de outubro de 1944.
1229 BÄUMLER, Alfred. "Friedrich Nietzsche: Zu seinem 100. Geburtstag", *Völkischer Beobachter*, 13 de outubro de 1944.

tinha de ser incluída na noção da luta pelo poder, que, conduzida no plano individual, tratava-se de uma batalha espiritual e mental, não de uma física". O busto de Klinger representava "o lutador que se defendia até o fim – um homem de violência, mas também de heroísmo nobre". Muito embora o que lhe faltasse era "o olhar profético do pensador que compreendeu a natureza das coisas, que a reconhecia como uma luta enorme e dinâmica", e viu que a principal batalha era "contra a noção quantitativa desalmada do pensamento materialista para a hierarquia ética da existência". Então, no fim, Bäumler – o nietzscheano do nazismo – via a batalha alemã para aplicar sua vontade de poder como nada mais do que um processo inocente de tornar-se um ser espiritual em um universo caótico.[1230] A recepção de Nietzsche no *Völkischer Beobachter*, com sua interpretação da tradição ocidental como um todo, seguia, portanto, a trajetória temática da ideologia nazista à sua ruína – terminando não com estrondo, mas com lamúria.[1231]

---

1230 GATETTNER, H. "Eine Nietzsche-Revision: Zu einem Vortrag Prof. Bäumlers."
1231 Como muitos outros, pouco tempo depois de dar esse discurso, Bäumler negou cumplicidade com o regime diante dos tribunais de Nuremberg: ele declarou sua associação com o nazismo "um erro e uma loucura", dizendo que nunca tinha sido o "Filósofo do Nacional-Socialismo" – embora ele fosse amplamente reconhecido como tal nas décadas de 1930 e 1940: ver SLUGA, Hans D., *Heidegger's Crisis: Philosophy and Politics in Nazi Germany* (Cambridge, MA: Harvard University Press, 1993), p. 241.

# Conclusão

Em setembro de 1937, depois de um verão no qual o regime nazista formalizou sua política contra a arte moderna com as duas exposições de arte "Degenerada" e "Grande Alemanha" em Munique, o partido fez sua convenção anual em Nuremberg. Nessa época, a convenção de Nuremberg de 1937 era a apoteose refinada do ritual nazista e foi marcada pelo que muitos ainda consideram ter sido o mais "sublime" espetáculo nascido na cultura nazista: a chamada "catedral de luz" (figura C.1). Albert Speer projetou seu efeito ao cercar o gigantesco Campo Zeppelin com 152 holofotes anti-aéreos, treinando-os para iluminarem primeiro verticalmente e depois em um ponto convergente por sobre o local.[1232] Debaixo desse "domo de luz" [*Lichtdom*], enquanto os membros do partido olhavam para cima, eles viam uma gigantesca representação do ambiente ordenado que era prometido pela "visão de mundo" nazista.

Durante sua visita à convenção, os participantes também podiam comprar lembranças de sua experiência nazista intensificada na forma

---

[1232] Ver JAMES-CHAKRABORTY, Kathleen, "The Drama of Illumination: Visions of Community from Wilhelmine to Nazi Germany", in ETLIN (ed.), *Art Culture, and Media under the Third Reich*, p. 181, para detalhes sobre o Lichtdom – um atributo das convenções de 1934 a 1938.

Figura C.1 "Catedral de Luz", reunião em Nuremberg (1937).

de quinquilharias familiares a qualquer um que compareça a um evento de massas moderno. Dentre os itens à venda estava um cartão-postal projetado para captar a totalidade idealizada da experiência da convenção (figura C.2). O cartão-postal tinha uma imagem reluzente do castelo imperial de Nuremberg [*Kaiserbug*], construído e reconstruido para os imperadores do sacro império romano-germânico entre os séculos XI e XVI, que pairava sobre o centro da cidade. Brotando de forma proeminente de uma das torres do castelo estava a bandeira do nacional-socialismo. Sobreposta ao castelo e dominando a composição, estava uma águia nazista monumental, derivada do simbolismo nacional alemão e que agora agarrava uma brilhante suástica envolta em louros. No fundo, havia uma representação estilizada do padrão vertical formado pelos feixes dos holofotes do *Lichtdom* que atravessavam o céu noturno.

De várias maneiras, os elementos de imagens que juntos constituíram a composição desse cartão-postal da convenção de Nuremberg de 1937 correspondem aos temas que surgem do material neste livro. Como é o caso de todos os artigos publicados no caderno de cultura do *Völkischer Beobachter*, o cartão-postal da convenção foi produzido em escala industrial para um grande público de membros comuns do partido e de alemães em geral, e não apenas para altos oficiais ou representantes da elite cultural. Além disso, o uso da imagem de Kaiserbuurg – e mais especificamente da bandeira nazista plantada em sua torre – assemelhava-se à apropriação nacional-socialista da tradição cultural alemã e ocidental como um todo. Acima de todo o restante, a gigantesca águia estilizada e a suástica circundada de forma clássica expressavam um vigoroso senso de segurança, clareza e missão que os nazistas procuravam obter de suas interpretações cuidadosamente estruturadas do passado. Ademais, as linhas perfeitamente retas do domo luminoso de luz espelhavam a clareza de perspectiva relativa proporcionada pelos temas rigorosamente repetidos da ideologia nazista que o jornal infatigavelmente promovia.

A mensagem predominante desse cartão-postal e da reportagem cultural do *Völkischer Beobachter* foi que, apesar de conhecermos os desastrosos resultados do governo de Hitler e percebermos as falácias de suas políticas culturais, seus criadores consideravam as visões do partido e suas práticas como totalmente justificadas. Para compreender completamente a grandeza da experiência nazista e aprender as lições que ela traz, devemos resistir ao desejo de recusar a reconhecer, apesar de nosso choque ou aversão, que "qualquer um poderia ter acreditado em tudo isso" e admitir que os promotores do nazismo com firmeza – ou, em suas próprias palavras, inabalavelmente – pensavam que eles realizavam uma revolução, uma conquista cultural e ordem espiritual.

Pois nem para os que produziram, nem para os que consumiram tais produtos, os principais conceitos e temas da história cultural nazificada pareceriam chocantes ou mesmo novos. Os principais acadêmicos provaram que os pilares fundamentais da *Kulturpolitik* nazista baseavam-se em tensões preexistentes e cada vez mais populares da história intelectual alemã que remontavam ao menos de meados do século XIX. Era inegável também o fato de que a exploração nazista da tradição ocidental não precisou da fabricação de inverdades a respeito de escritores, artistas e compositores que seus propagandistas exploraram. Embora os relatos construídos após 1945 nas universidades das nações liberais do Ocidente geralmente desconsiderassem tais fatos, podemos encontrar indícios nos relatos literários, musicais e da história da arte de que alguns artistas compartilhavam das ideias autoritárias, militaristas e intolerantes de sua respectiva época.

Como no caso de qualquer regime ou movimento político ou cultural, a articulação da história pelo *Völkischer Beobachter* foi manufaturada por meio de um processo de seleção e omissão e de ênfase e diminuição, que estava alinhada com suas perspectivas e preconceitos, e isso era um processo que raramente exigia ou envolvia uma desonestidade total. Dada sua adesão aos conceitos demonstrados por Hitler e seus funcionários imediatos, cada um dos colaboradores do *Völkischer*

Figura C.2 Cartão-postal da convenção de Nuremberg de 1937.

*Beobachter* tentou acrescentar detalhes e nuanças no relato histórico-cultural que relacionassem seus favoritos com os ideais do partido. Vinda de muitas direções, ocupações e campos de atuação, essa complexa empreitada constituiu uma versão histórico-cultural do que Ian Kershaw descreveu como o fenômeno de "trabalhar pelo *Führer*". Nas páginas diárias do *Völkischer Beobachter*, o processo acarretava em buscar maneiras de coordenar as biografias dos criadores e as interpretações críticas com as opiniões compartilhadas pelo movimento.[1233]

Composta dessa maneira, de baixo para cima, em vez de imposta a partir do topo, a versão resultante da história cultural ocidental como foi apresentada no *Völkischer Beobachter* era incompleta e por vezes inconsistente. Por exemplo, é surpreendente que o jornal tenha dado tão pouca atenção à Roma imperial, pois ela podia ter servido tão bem como um exemplo clássico para a ordem autoritária e a proeza militar. Inesperada, também, é a carência de referências à Idade das "Trevas" ou Média que foram apreciadas por alguns pensadores etnocêntricos como as origens contralatinas da sociedade e arte "germânicas". O material clássico e medieval recebeu atenção, mas a cobertura cultural do *Völkischer Beobachter* começou de fato com as épocas da Renascença e da Reforma, nas quais seus colaboradores viram as raízes mais explícitas do pensamento antissemita e germânico. Outra mudança de trajetória notável ocorre na cobertura feita pelo jornal do barroco dos séculos XVII e XVIII, que – descontada a cobertura dos compositores Gluck, Händel e Bach – recebeu muito menos atenção do que podia se esperar, considerando o interesse pessoal de Hitler na arquitetura dessa época. Além disso, certas inconsistências discordantes sobressaíam; por exemplo, alguns colaboradores escreviam positivamente sobre Sócrates, enquanto outros geralmente negavam a importância de seu racionalismo.[1234]

---

1233 Para uma discussão sobre a relevância do conceito de Kershaw para os acadêmicos e artistas, ver RABINBACH e BIALAS (eds.), *Nazi Germany and the Humanities*, p. xv e REMY, Steven P. "'We Are no Longer the University of the Liberal Age': The Humanities and National Socialism at Heidelberg" in RABINBACH e BIALAS (eds.), *Nazi Germany and the Humanities*, p. 25.

1234 Wolin ofereceu a seguinte explicação sobre as inconsistências contidas nas apropriações culturais nazistas: "Como em muitos outros casos, na esfera da educação superior os nazistas frequentemente valorizavam as observações de estabilidade sobre a absoluta retidão ideológica – cujos termos se provaram difíceis para definir em todas as ocasiões. Portanto, 'em vez de uma instituição [central] capaz de declarar certas posições [ideológicas] mandatórias, apresentando aos acadêmicos conformistas diretrizes claras, uma contínua e extensa nazificação da pedagogia e da academia era dificilmente concebível', [Citação de GRÜTTNER, Michael, 'Wissenschaft', in *Enzyklopädie des Nationalsozialismus*, ed. W. Benz (Stuttgart: Klett-Cotta, 1997), p. 144.] Essa 'zona cinza' ideológica maleável era especialmente característica das ciências do espírito [*Geistes wissenschaften*], em que 'as

Dito isso, é possível que algumas lacunas menores possam ser atribuídas ao pesquisador em vez de aos editores do jornal. Acredito ter avaliado todos os principais artigos que o jornal publicou sobre esses assuntos. Mas é possível que no processo de analisar cada página do jornal diário durante seus 25 anos de existência, principalmente por microfilme, eu possa não ter observado algum conteúdo relevante.[1235] Nessas considerações, acredito que possamos atribuir a maioria das discrepâncias representadas nos excertos destacados nessa pesquisa aos produtores do jornal e ao seu modo de produção. E, dada tal falta de coesão, devemos provavelmente continuar a tomar cuidado quanto a julgar os termos gerais de interpretação apresentados no jornal como reflexo de grandes tramas ou intrincados debates entre os políticos culturais nazistas. Entretanto, algumas tendências são claras e merecem mais comentários. Primeiro, a tremenda ênfase do jornal na música; segundo, a falta de referências do jornal às mulheres.

Dos artigos que reuni e estudei, 1.009 foram dedicados à música e seus compositores. No geral, uma média de 40 artigos por ano foram dedicados às questões de música "clássica", enquanto apenas uma média de 14 por ano lidaram com os "mestres" de todas as outras artes. Digna de nota também é a discrepância entre o mais alto número de artigos dedicados às principais figuras nas letras e artes – Goethe (59), Nietzsche (20), Schiller (20), Dürer (18), Heine (16), Thomas Mann (16) e Lutero (13) – e aqueles sobre os músicos – Wagner (243), Beethoven (116), Mozart (107), Bruckner (47), Bach (43) e Schubert (35). É claro que – especialmente com relação ao período romântico – a tradição musical germânica era de fato o legado cultural que os colaboradores culturais nazistas mais queriam alegar ser "deles". Nas páginas do *Völkischer Beobachter*, a música era inquestionavelmente considerada "a mais alemã das artes". Ademais, também é surpreendente que, embora Bach, Mozart e Beethoven fossem componentes importantes da propaganda nacional-socialista, Richard Wagner tenha recebido de longe mais atenção do jornal.

Está claro que Wagner era a figura histórica central nas visões culturais e musicais dos nazistas. O aspecto mais intrigante, por ser controverso, dessa prática era como os nazistas se referiam ao antissemitismo de Wagner em seu próprio contexto. Baseado no discurso do *Völkischer Beobachter*, fica claro que os escritos de Wagner sobre os judeus e, em menor medida, seus próprios dramas musicais eram fontes essenciais

---

fronteiras entre uma orientação tradicional, nacional-conservadora, com sua inclinação ao nacionalismo e sua propensão ao '*Deutschtümelei*' e uma inequívoca orientação nacional--socialista permaneciam fluidas": WOLIN, *The Seduction of Unreason*, p. 94.

de pensamentos e atitudes antissemitas aos quais o jornal constantemente fazia referências. A veneração por Wagner manifesta no jornal desmente os argumentos de que era apenas Hitler entre os nazistas que o adorava e demonstra que os colaboradores do *Völkischer Beobachter* em geral recebiam um senso de legitimidade histórica e cultural por constantemente demonstrar que os "maiores mestres alemães" aparentemente tinham opiniões sobre judeus e outros "inimigos nacionais" coerentes com as suas próprias.

Ademais, em sua cobertura musical, de longe a maioria dos artigos no *Völkischer Beobachter* abordou a vida e obras dos compositores que já estavam mortos; em outras palavras, os "mestres alemães". Dos 20 compositores que mais apareceram, apenas sete ainda estavam vivos quando os artigos sobre eles foram escritos. Embora os propagandistas nazistas estivessem interessados nas questões da nova música (ou, de forma mais direta, na resistência aos desenvolvimentos nas composições, mais bem representados pela segunda escola de Viena, e no estabelecimento da "música para o Terceiro Reich", derivada aproximadamente dos modelos românticos), essa questão era menos importante aos colaboradores do *Völkischer Beobachter* que a associação de seu movimento e governos com as figuras históricas da tradição alemã.

Entretanto, ainda menos representadas no *Völkischer Beobachter* do que os compositores modernos foram as mulheres criadoras. Além disso, quando as mulheres eram mencionadas nessse contexto, era quase exclusivamente em um papel: o de mãe. Isso era, é claro, para a manutenção do *status* geral das mulheres na ideologia nacional-socialista. Em um discurso proferido ao Congresso de Mulheres Nacional-Socialistas em 1935, Hitler deixou claro os princípios por trás do programa do partido para as Crianças, Igreja e Cozinha [*Kinder, Kirche, Küche* ou "*KKK*"], afirmando que "a mulher tem seu próprio campo de batalha. Com todo filho que ela traz ao mundo, ela luta pela nação. O homem defende o povo, exatamente como a mulher defende a família".[1235] Um ano depois, Rudolf Hess seguiu o exemplo e proclamou que:

> *Nós queremos mulheres em cujas vidas e trabalho preservam o que é caracteristicamente feminino. Mulheres que possamos amar. Nós concedemos ao restante do mundo o tipo ideal de mulher que desejar, mas o restante do mundo deve gentilmente nos conceder a mulher mais adequada para nós. Ela é*

---

1235 HITLER, Adolf. "Speech to the National Socialist Women's Congress in 1935", relatado no *Völkischer Beobachter* em 15 de setembro de 1935, in ADAM, *Art of the Third Reich*, p. 140.

*uma mulher que, acima de tudo, está apta a ser uma mãe (...) Ela se torna uma mãe não somente porque o Estado assim o quer, ou porque seu marido assim deseja, mas porque ela está orgulhosa em trazer crianças saudáveis ao mundo e criá-las para a nação. Desse modo ela também exerce seu papel na preservação da vida de seu povo.*[1236]

Nada no tratamento dado pelo *Völkischer Beobachter* às mulheres nas artes contrariava essas exigências. As referências mais comuns à imagem das mulheres nos principais artigos do caderno de cultura do jornal eram alegorias como a "Mãe Germânia" ou "Mãe Natureza". Essas incluíram discussões da *Alma Mater* de Edvard Munch como portadora das "características típicas de uma esposa rural da Turíngia", os poemas de Hölderlin como revivendo a "Mãe Natureza da legítima cultura germânica", e "Viva a Mãe Germânia, a mãe de todos nós" de Ludwig Thoma. Outras imagens de mães discutidas no jornal eram aquelas da Virgem Maria: nas pinturas de Dürer, um retrato da "melhor mãe do mundo"; e, no altar de Grünewald, um emblema gótico da "dor de uma mãe depois da morte de seu filho".

Com relação ao impacto das mulheres na história das artes, as únicas contribuições reconhecidas pelo jornal foram para a herança racial e genética dos artistas homens, com os esforços para criá-los. A mãe de Mozart deu ao compositor uma "herança sanguínea bávara e de Salzburgo", e, felizmente, "alegria pela vida, compreensão, entusiasmo, profundidade de sentimentos, disposição, eficácia, ar pensativo, diligência, tenacidade, poder de observação, franqueza, um senso de humor tranquilo e sarcástico, imparcialidade, autoconfiança e clareza de concepção". A mãe de Liszt o arraigou em origens germânicas, não húngaras. Enquanto combatia o alcoolismo de seu pai em termos genéticos, Johanna van Beethoven também cuidava da cozinha e era basicamente a "melhor amiga" do compositor. A terra natal suábia de Hölderlin também tinha o "sempre carinhoso cuidado de sua mãe". De sua mãe Brahms recebeu o sangue que lhe deu "muito do amargor e acidez que continuavam um componente de sua personalidade artística e temperamento" e "acentuavam sua indubitável essência nórdica". Entre as desvantagens, ao menos uma mãe tinha um efeito genético negativo: o fato de a mãe de Heinrich e Thomas

---

1236 HESS, Rudolf. "Meeting of the Women's Association", citado em *Völkischer Beobachter*, de 27 de maio de 1936, in ADAM, *Art of the Third Reich*, p. 149.

Mann ser portuguesa e por isso "procedia de uma raça particularmente misturada com uma forte mescla de sangue judeu", o que talvez tenha contribuído para o problema que o jornal tinha com seus filhos.

Além das mães e de suas imagens, o jornal mencionou apenas algumas figuras femininas, incluindo a Jessica de Shakespeare, que "não podia realmente ser de origem judaica, pois ela era leal, nobre e bela"; a Fricka e a Brunnhilde de Wagner, supostas vítimas da "depravação" de Heinrich Heine; Cosima Wagner; e a "mulher alemã que denunciou *Nada de Novo no Front Ocidental* como um "livro sem honra militar, sem heroísmo". Com as últimas duas, a mulher que recebeu o melhor da imprensa nazista no contexto cultural foi a esposa de Max Reger, cuja autobiografia foi considerada "um livro não só para os amantes da música, mas um tipo especial de livro sobre o papel das mulheres", porque "simbolizava as mulheres amáveis como uma companheira de vida emocional e espiritualmente relacionada a um artista que funciona em esferas mais elevadas: ao abrir caminho para ele, ao ficar ao lado dele, ajudando-o e confortando-o, dando a ele força e alegria no processo de criação e administrando lealmente seus negócios, mesmo depois de sua morte. Além das óbvias razões ideológicas para que essas fossem as principais imagens das mulheres na cobertura cultural do jornal nazista, outra explicação clara está no fato de que apenas 4% dos escritores que contribuíram com artigos estudados aqui eram mulheres. Estas, e os outros 96%, atribuídos sem dúvida ao "*KKK*" – orientavam as práticas do partido, bem como ao restante de seus princípios fundamentais.

Voltando-se à maioria dos colaboradores do *Völkischer Beobachter*, vale a pena considerar, tanto quanto plausível, os passados daqueles que formularam a cobertura cultural do jornal. Se por um lado meu foco foi no próprio discurso, tentei identificar os autores sempre que possível. Dos artigos citados no texto, 50% foram escritos por um ou outro dos 159 autores que eu consegui investigar. A outra metade foi escrita por um autor anônimo (32%) ou por autores os quais eu não pude colocar (18%). Dentre os autores que identifiquei, apenas 11% eram editores-chefes, editores ou colaboradores regulares.[1237] Logo, 89% dos autores identificados eram "colaboradores

---

1237 Gerhard Köhler identificou Alfred Rosenberg, Wilhelm Weiss, Josef Stolzing, F. von Leoprechting, Rainer Schlösser e Adolf Dresler como editores atuantes antes de 1933. Ele listou dez dos autores representados como colaboradores regulares [Mitarbeiter]. Entre eles, temos: Erwin Bauer, Wolfgang Gottrau, Florentine Hamm, F. A. Hauptmann, Franz

ocasionais" que forneciam artigos com uma regularidade que variava de um único até dezenas durante a vida do jornal.[1238] Supondo que quase todos os artigos escritos por anônimos ou por autores não identificados também podem ser inclusos nessa categoria, poderemos então concluir que mais de 90% dos artigos analisados aqui foram escritos por tais "colaboradores ocasionais". Do total daqueles identificados, 12% eram jornalistas ou críticos que também escreviam para outros jornais. Dentre esses, 60% eram críticos musicais. Dezesseis por cento do total eram escritores ou poetas criativos e, dentre eles, mais de 25% eram autores de "ficção histórica", além de seu trabalho para o *Völkischer Beobachter*. Oito por cento do total tinha sua reputação de "pensador etnocêntrico" ou "especialista racial", enquanto os oficiais e funcionários do partido nazista verificáveis compunham 8% do total. Compositores ativos e artistas visuais constituíam 4% dos colaboradores, e, por fim, 9% devem ser categorizados como tendo "outras" ocupações.

O indício mais significativo dessas estatísticas é que a maior porcentagem dos colaboradores identificados (41%) do caderno de cultura do *Völkischer Beobachter* eram "acadêmicos", identificados como notáveis professores ou ao menos filiados a alguma instituição acadêmica. Dentre estes, 40% eram musicólogos ou historiadores da música; 28% estavam em estudos literários ou no estudo da literatura; 15% eram historiadores da arte; 12% eram historiadores; e 5% estavam nos departamentos de filosofia. Estatisticamente, então, minha pesquisa confirma o que tem sido uma revelação perturbadora em todas as áreas da história cultural alemã: muitos acadêmicos colaboraram ativamente na politização, nacionalização e nazificação das artes.[1239] Tal conluio era especialmente verdadeiro entre os musicólogos, historiadores da música e críticos musicais. Mas a mesma dinâmica operava em contribuições de alguns dos principais historiadores da arte, especialistas em literatura, historiadores e professores de filosofia – muitos dos quais continuariam suas carreiras nas academias da Alemanha oriental ou ocidental. Entretanto, o número de escritores identificados até o presente corres-

---

Hofmann, Otto Keller, Max von Millenkovich-Morold, Wilhelm Rüdiger, Heinrich Stahl e Norbert Wiltsch. Ver KÖHLER, "Kunstanschauung und Kunstkritik", p. 23-29.

1238 Köhler listou 14 daqueles que escreveram artigos discutidos aqui como "Gelegenheitsberichterstatter" ou "colaboradores ocasionais", como indicado acima (ibid.). Mas, claramente, todos os outros autores tinham relações similares com o jornal.

1239 Para avaliações importantes sobre a colaboração de acadêmicos de todas as áreas, ver RABINBACH e BIALAS (eds.), *Nazi Germany and the Humanities*, p. ix-xiv; STEINWEIS, *Studying the Jew*, passim; WOLIN, *The Seduction of Unreason*, p. 90-93; e MICHAUD, *The Cult of Art in Nazi Germany*, p. 30-33, 41-45.

ponde pelo menos ao número de autores sem maiores informações ou que contribuíram de forma anônima. Alguém podia apenas supor que muitas dessas contribuições eram de escritores *freelancers* ou de jornalistas que submetiam cópias que de algum modo "trabalhavam para o *Führer*" e assim conseguiam para eles um lugar no jornal nazista, por quaisquer remunerações – financeira ou de outro tipo – que pudessem. É também possível que alguns artigos fossem resultados da colaboração e, portanto, não foram atribuídos individualmente aos autores que receberam os créditos e responsabilizados aqui, e alguns desses colaboradores simplesmente escolheram não ser listados como autor para alguns artigos em particular.[1240]

Restava então a questão mais importante, apesar de definitivamente ainda não respondida, com relação a esse material: que efeito a cobertura histórico-cultural do *Völkischer Beobachter* teve em seus leitores contemporâneos? Ao estudar a recepção da arte, literatura e música, avançamo-nos na análise das intenções de seus criadores para determinar como as obras foram percebidas e atribuídas de significado pelos membros do público. A investigação dos registros de interpretações que chegaram a ser impressos, em publicações acadêmicas, e – aqui – na imprensa popular, é um passo nessa empreitada. Dos tributos de jornais, podemos aprender o que acadêmicos, jornalistas e ativistas do partido acreditavam ser as lições das grandes obras, muitas vezes de acordo com seus princípios ideológicos e metas propagandísticas.

É evidente que aqueles que tinham essas interpretações da cultura ocidental não as concebiam como apenas "reflexivas" da ideologia nazista ou ferramentas instrumentais para a política nazista, mas como componentes nucleares do pensamento nazista. Eles não consideravam que as maiores figuras culturais e obras simplesmente justificavam ou validavam suas opiniões, mas, ao contrário, eram fontes delas. De sua perspectiva, a *Kulturpolitik* nacional-socialista não era uma manipulação cínica ou um abuso da história cultural, mas uma leitura mais precisa, genuína e autêntica que a centro-esquerda não viu, porque *ela* era

---

1240 Huener e Nicosia abordam a "conformidade catastrófica" que caracterizava muito da arte e do mundo acadêmico na Alemanha nazista, argumentando que os participantes estavam "motivados em grande parte" pelas "considerações de carreira e oportunismo político" que "quase sempre superavam as considerações morais, pois muitos não tinham mais coragem civil do que a vasta maioria dos cidadãos alemães regulares". Tanto acadêmicos quanto artistas "optaram pela conformidade com as políticas gerais do regime, adaptando às circunstâncias para preservar seus próprios interesses": HUENER e NICOSIA (eds.), *The Arts in Nazi Germany*, p. 5.

ideologicamente preconceituosa por causa do Iluminismo.[1241] Portanto, trata-se de um erro pensar que os autores desses artigos não acreditavam piamente que suas interpretações estavam corretas. Se assim fizermos, perderemos a possibilidade de apreender completamente porque eles e muitos de seus leitores foram persuadidos a acreditar que as políticas e ações nazistas consistiam em valores e ideais da tradição ocidental – em outras palavras, como Claudia Kroonz tão bem mostrou, porque sua consciência estava limpa.[1242]

Todas as celebrações dos heróis culturais feitas pelo *Völkischer Beobachter* tinham essa função motivadora. Nas palavras de Hitler, com tais lembretes do valor criativo e espiritual do povo, "o senso geral de autoconfiança foi aumentado, bem como as capacidades dos indivíduos".[1243] A recitação constante das exortações de Richard Wagner para que os líderes criativos do passado fossem lembrados – "Honra teus mestres alemães!" – era, de fato, sobre o presente e o futuro, não apenas relacionada à memória.[1244] "Por honrar esse eterno gênio nacional", Hitler proclamou, "nós convocamos a força criativa do passado para o presente".[1245] Uma homenagem respeitosa aos mestres culturais era inspiração para o que seria a Nova Alemanha; como Baldur Von Schirach declarou: "os artistas perfeitos Michelângelo e Rembrandt, Beethoven e Goethe não representam um apelo para o retorno ao passado, mas nos mostram o futuro que é nosso e ao qual pertencemos".[1246] É isso que os tributos do *Völkischer Beobachter* basicamente conseguem: eles indicam um destino alemão que manifestaria ideais baseados no passado, enquanto, ao mesmo tempo, eles categorizavam outros como obstáculos para a concretização desse futuro – rotulando-os assim como maus e marcando-os para serem destruídos. Infelizmente, há pouca evidência indicando como os leitores respondiam a tais afirmações. O público

---

1241 Como via Mosse: "O nacional-socialismo erigido sobre o desenvolvimento do culto nacional que ocorria mais de um século antes da fundação do movimento. Esse desenvolvimento é vital para um entendimento do estilo político nazista; sem isso, o nacional-socialismo, como movimento de massa, não pode ser devidamente analisado": MOSSE, *Nationalization of the Masses*, p. 183.

1242 Na poderosa frase de Claudia Kroonz: "O caminho à Auschwitz foi pavimentado com a retidão": KROONZ, *The Nazi Conscience*, p. 2.

1243 HITLER, Adolf. *Bei der Kulturtagung des Reichsparteitages*.

1244 Michaud refere-se ao *slogan* baseado no Meistersinger como "uma recomendação para lembrar seu passado e para construir seu futuro no modelo ideal daquele passado": MICHAUD, *Cult of Art in Nazi Germany*, p. 86.

1245 HITLER, Adolf. *Bei der Kulturtagung des Reichsparteitages*.

1246 Citado em MICHAUD, *The Cult of Art in Nazi Germany*, p. 101.

leitor do jornal era amplo e variado. Podemos supor que incluía membros comprometidos e oficiais do partido, mas também leitores gerais que olhavam o jornal por curiosidade ou para obter notícias políticas, culturais, econômicas e de esportes. Como artigos específicos que apareceram na seção cultural teriam causado impacto nessa faixa de leitores permanece uma questão aberta sobre a qual podemos apenas propor algumas hipóteses. Voltando à imagem da "Catedral de Luz" na convenção de Nuremberg, o apelo predominante da linha histórico-cultural do jornal deve ter sido sua repetição de um jogo de temas que de fato promoviam "opiniões coletivas sobre os eventos do mundo" com "claros parâmetros e medidas, bases de comparação e metas para as realizações". Mais uma vez, Hitler ordenou em *Mein Kampf*, a propaganda nazista deveria "restringir-se a apenas alguns pontos e repeti-los muitas vezes" até que "criasse uma convicção geral com relação à realidade de algum fato". Explorar esses argumentos, ou pelo menos sentir a força da linguagem usada nesses conceitos repetidos, ajuda-nos a entender – melhor, sentir – como essas ideias podiam ter munido os leitores de um senso de ordem e clareza em tempos confusos.

Depois de ser exposto a algumas centenas de páginas como essas, até um leitor moderno pode se tornar entorpecido às suas insinuações com base somente na crescente familiaridade: "É claro, fulano era um ariano, um nacionalista, um antissemita e um militar – mas todos eles eram, não eram?". Francamente, pode não ser tão importante se os contemporâneos liam os artigos com cuidado ou não. Examinar os títulos a cada manhã, cheios de frases como "A Arte Nórdica de Albrecht Altdorfer", "Shakespeare e os Judeus", "A Batalha de Lutero contra os Judeus", "Goethe e os Judeus", "O Ideal de Goethe do *Führer*", "Beethoven e Higiene Racial", "Os Assassinos da Música: a Profanação Judaica de Beethoven e Wagner", "Heinrich Heine, o Agitador Comunista", "Nietzsche como Revelador do Perigo Judaico", "A Batalha de Judá contra Bayreuth", "A Luta de Richard Wagner pela Ideia Popular", "O Ethos Militar da Engenhosidade Alemão" ou "O Terror Judaico na Música" teria tido um efeito similar aos *slogans* de propaganda moderna, que era a meta primária da "guerra de propaganda" de Hitler desde o começo. Se a maioria dos leitores regulares entendia ou mesmo lia as justificativas culturais elevadas que se seguiam ou não, eles poderiam deduzir da publicação diária dessas mensagens no jornal a convicção de que essas noções eram óbvias, provadas e historicamente confirmadas.

O ponto de investigar esses argumentos agora não é abordar sua validade – precisamos de mais provas de que a ideologia de Hitler estava "errada"? –, mas reconhecer que, como quer que ela tenha sido recebida, esses termos deram a aparência de legitimidade cultural, histórica e acadêmica para a crueldade nazista. Ao trabalhar incansavelmente para estabelecer que a tradição ocidental consistia em oposições entre elementos aceitáveis e forças inimigas, o *Völkischer Beobachter* esforçou-se para acostumar os leitores à ideia de que, se a Alemanha se levantasse mais uma vez, todo o "sistema" de Weimar teria de ser "completamente arrancado de sua raiz, com todos os seus líderes". Ou que as "energias decisivas" de uma Nova Alemanha se aplicariam a "algo que deveria ter sido feito há muito tempo: a eliminação de literatos como Heinrich Mann da vida espiritual oficial de todas as maneiras". Ou que o partido nazista estava forçando uma batalha contra os "judeus envenenadores da cultura germânica" e que não descansariam antes de eles "desaparecerem". Nesse sentido, a história cultural como propaganda condenava todos aqueles que estavam fora de seus parâmetros e medidas.

A formulação nazista de uma tradição ocidental de desumanidade com os inimigos nacionais, políticos, sociais, culturais e, especialmente, raciais certamente contribuiu para a transformação de alguns alemães comuns em assassinos. Pela insistência nesses preconceitos no decorrer de um quarto de século por meio de uma retórica culta e sofisticada – com outras formas mais populares –, é completamente possível que muitos alemães teriam se convencido de que os "feitos criativos" do "engenho nacional" produzidos para "espalhar sua herança cultural para além das fronteiras e permanecerem como modelo para outros povos" incluíam as "operações artísticas" conduzidas pelos nazistas [*künstlerisches Einsätze*], "atos de guerra [*Kriegstaten*] e mesmo as cruéis "operações especiais" [*Sondereinsätze*] que eles fizeram até o fim.

# Índice Remissivo

## A

Abraão 148
Adam, Albrecht 84
Adler, Emma 305
Adler, Victor 305
Alexandre, o Grande 180, 187
Altdorfer, Albrecht 74, 75, 111, 136, 575
Amann, Max 25
Aníbal 191, 192, 194
Antissemitismo 145
Aquino, Tomás de 132
Arndt, Ernst Moritz 164, 239, 240-242
Arnim, Bettina von 143
Ascher, Saul 244
Aschheim, Steven 323
August, Karl 109

## B

Bach, Johann Sebastian 52, 53, 461
Baer, E. von 333

Bahr, Hermann 304, 305, 306
Band, Lothar 360
Barbusse, Henri 372
Bartels, Adolf 141, 208, 209, 294, 406, 425, 499
Baser, Friedrich 55, 113, 522
Baudissin, Wolf von 51
Bauer, Erwin 56, 270, 354, 358, 365, 529, 571
Bauhaus 437, 438, 439
Bäumler, Alfred 186, 323, 334, 515, 560
Bayer, Friedrich 217, 489
Becker, Carl 493
Beethoven, Johanna van 570
Beethoven, Johann van 61, 62
Beethoven, Ludwig van 19, 61, 115
Benjamin, Walter 87
Benz, Richard 183
Berger, Karl 83, 499
Beumelburg, Werner 372
Biedrzynski, Richard 49, 200, 519, 540, 545, 554
Birt, Theodore 71
Bismarck, Otto von 170, 311
Bittner, Julius 281, 490
Bizet, Georges 363
Blech, Leo 409
Blessinger, Karl 158, 363
Böcklin, Arnold 76, 312-316
Böhme, Jakob 556
Bórgia, Cesare 540
Börne, Ludwig 159, 168
Bornhagen, Adalbert 202
Brahms, Johannes 347, 348, 349, 350
Braun, Otto 387
Brecht, Berthold 419
Breker, Arno 483, 500-503
Brentano, Clemens 253, 254
Brod, Max 418
Bruckner, Anton 351
Buchner, Ernst 73, 135
Buchner, Hans 52, 57, 63, 82, 102, 150, 215, 267, 269, 346, 350, 356, 362, 364, 445, 448, 461, 463
Bülow, Paul 254
Burgkmair, Hans 72
Burte, Hermann 258
Buschbeck, Erhard 302

Busse, Hermann Eris 251

## C

Cassirer, Paul 422
Cato 193
César Augusto 72
Chamberlain, Houston Stewart 43, 141, 156, 206, 335, 338, 339, 341-343, 392, 404, 533
Classicismo 179, 183, 184, 187
Claudius, Hermann 250
Clauss, Ludwig Ferdinand 59
Corinth, Lovis 99
Courbet, Gustave 299
Cranach, Lukas 513
Crispien, Arthur 387
Cromwell, Oliver 221

## D

Damian, Erwin 303
d'Annunzio, Gabriele 478
Daube, Otto 273, 406, 412
da Vinci, Leonardo 20, 44, 45, 72, 540, 541
Dawes, Charles G. 402
Debussy, Claude 364
*Deutschlandlied* 90, 91, 106, 275, 386, 471
Dickens, Charles 295, 297
Dillmann, Alexander 364
Döblin, Alfred 23, 30, 418, 419
Dresler, Adolf 110, 182, 222, 515, 571
Drewes, Heinz 365, 524, 526
Dringenberg, Willibert 530
Dühring, Eugen 206
Dürer, Albrecht 73, 77, 78, 80, 81, 97, 98, 100, 101, 111, 181, 308, 508, 509, 510, 511, 513

## E

Ebner, Hans 235
Eckart, Dietrich 25, 429, 498
Eckermann, Johann Peter 109, 113, 223, 224, 226, 469
Eigruber, August 354
Einstein, Albert 422, 433
Eisner, Kurt 421

Erckmann, Rudolf 293

## F

Fabricius, Hans 465
Falckenberg, Otto 159
Farnhorst, Wilhelm 458
*Fausto* 45, 111, 112, 259-262, 299, 393-395, 398-540
Festival de Bayreuth 408, 409, 413, 414, 477, 534, 535
Feuerbach, Anselm 309
Fichte, Johann Gottlieb 230, 232
Fischer, Ruth 422
Flex, Walter 372, 373, 374
Ford, Henry 435
Förster, Bernhard 333
Franz, Robert 164
Frenzel, Herbert A. 472
Freytag, Gustav 295, 297, 298
Frick, Wilhelm 94, 457
Friedländer, Saul 42, 129, 175, 506
Friedrich, Ernst 495
Friedrich II 235
Friedrich Wilhelm III 166
Friedrich Wilhelm IV 166
Fritsch, Theodore 174

## G

Galileu 199
Geibel, Emanuel von 163
Gerigk, Herbert 442, 487, 491
Gerstner, Franz 132
Gervais, Otto 244
Geyer, Ludwig 66, 67
Gläser, Ernst 370, 371
Gluck, Christoph Willibald 104
Goebbels, Joseph 66, 88, 462, 497, 505
Goethe, Johann Wolfgang von 20, 23, 28, 44, 46, 52, 65, 84, 100, 104, 109, 110-113, 121, 141, 143-146, 148, 168, 182-184, 198, 205, 222-227, 229, 244, 253, 257, 259, 260, 262, 296, 299, 327, 340, 341, 343, 390-400, 458, 465, 468, 469, 485, 514, 515, 517, 520, 521, 526-540, 547, 553, 568, 574, 575
Göring, Hermann 472
Gottrau, Wolfgang 105, 359, 571
Goya, Francisco 546, 548-551
Greif-Bayer, Günther M. 537

Grieg, Edvard 365
Grillparzer, Franz 121, 122, 146, 147, 255
Grimm, Wilhelm Karl 147, 254, 255
Groener, Maria 148, 315
Grosz, George 30, 439, 440, 441, 443
Grothe, Heinz 304
Grunertus, Eduard 330
Grünewald, Matthias 554
Grunsky, Karl 52, 56, 63-66, 107, 148, 269, 351, 354, 461, 516
Grzesinsky, Albert 387
Günther, Hans F. K. 59, 321

# H

Hamsun, Knut 317, 494
Händel, Georg Friedrich 53-55, 82, 463
Hanslick, Eduard 348, 353
Harden, Maximilian 418, 419, 435
Hartmann, Hermann 199
Hartmann, Waldemar 54
Hauptmann, F. A. 444, 571
Hauptmann, Gerhart 23, 272, 292-294, 393, 396, 423
Havemann, Gustav 518
Haydn, Joseph 105, 107
Hebbel, Friedrich 244, 252
Hebel, Johann Peter 251
Heine, Heinrich 20, 23, 160-175, 255, 295, 296, 403-406, 441, 496, 568, 571, 575
Henckel, Heinz 209
Herder, Johann Gottfried 233
Herf, Jeffrey 24, 34, 130
Herwig, Franz 97
Herz, Henriette 143, 159
Herzl, Theodor 305
Herzog, Friedrich Wilhelm 361, 363
Hess, Rudolf 569
Hindemith, Paul 442
Hindenburg, Paul von 341
Hipp, Emil 474
Hitler, Adolf 19, 186, 230, 254, 281, 306, 326, 332, 341, 343, 451, 463, 477, 486, 534, 535
Hitzig, Julius 244
Hitzig, Wilhelm 102
Hoffmann, E. T. A. 253
Hofmann, Franz 309, 571

Hofmannstahl, Hugo von 422, 484, 486
Hofmüller, Rudolf 51, 100, 183, 256
Hohlbaum, Robert 121, 146
Hölderlin, Friedrich 185, 257, 259, 556
Homero 144, 181-183, 312, 515
Horácio 71, 72, 195
Hösel, Adolf 95, 234, 336
Humboldt, Wilhelm von 230, 234
Humperdinck, Engelbert 490
Hünefeld, Günther von 429
Hymmen, Friedrich Wilhelm 185, 557

## I

Ibsen, Henrik 291, 292, 317
Iluminismo 44, 143, 180, 184, 197, 198, 200, 202, 208-211, 214, 220, 233-235, 397, 574
Impressionismo 299, 300, 364

## J

Jacó 148
Jager, August 458
Joachim, Joseph 349
Joana D'Arc 203, 519
Johst, Hanns 111, 144, 225, 396, 398, 498, 499
*Jonny spielt auf* 281, 403, 443-447
José 218, 427
José II 218
Jünger, Ernst 370, 372, 374, 375, 377, 378
Junk, Viktor 82, 108, 214

## K

Kaiser, Georg 420
Kandinsky, Wassily 439
Kanetsberger, K. 325
Kant, Immanuel 165, 211-213
Karkosch, Konrad 232, 256
Kassner, Rudolf 46
Kehrer, Hugo 99
Kellermann, Hans 63
Keller, Otto 158, 572
Kerr, Alfred 378
Kershaw, Ian 567

Kestenberg, Leo 408
Kierkegaard, Søren 29, 321
Killer, Hermann 534
Kleiber, Erich 409
Kleist, Heinrich von 242-244, 246, 247, 250, 321, 527, 528
Klemperer, Otto 402, 409
Klingenbeck, Josef 103, 159, 270
Klinger, Max 559, 560
Klöber, Friedrich August 61
Koch, Franz 141, 399
Koch-Weser, Erich 378
Köhler, Gerhard 31, 571
Köhl, Hermann 429
Kokoschka, Oskar 308
Körner, Theodor 164
Krause, H. 228
Krauss, Clemens 463
Krenek, Ernst 281, 403, 443-446, 448
Krötz, Robert 84, 85, 468
Kulz, Werner 123
Kuntze, Paul 330

# L

Laemmle, Carl 382, 383
Lagarde, Paul de 124, 335-337, 429
Langbehn, Julius 335, 336, 338, 339, 429
Langenbucher, Hellmut 245
Lange, Walter 126
Langheinrich, Franz 90
Lauer, Erich 529
Leibl, Wilhelm 299
Leibniz, Gottfried Wilhelm 198
Lenau, Nikolaus 164
Lenbach, Franz von 309-311
Lenz, Fritz 62
Leoprechting, Freiherr von 67, 150
Ley, Robert 537
Liebermann, Max 300
Limpach, Erich 370
List, Friedrich 267
Liszt, Adam 63
Liszt, Franz 63-66, 351, 403, 405
Lívio 93, 191

Loeben, Graf Heinrich von  163
Lortzing, Albert  534
Lucke, Hans  244
Ludendorff, Erich  341
Luden, Heinrich  109, 110, 468
Ludwig, Hellmut  479
Ludwig I  166, 311
Ludwig II  153, 166, 311, 474
Lunacharsky, Anatoly  536
Lutero, Martinho  20, 28, 76, 94-96, 99, 133-135, 343, 457-461, 568, 575

# M

Macketanz, Günter  213
Mahler, Gustav  361, 362, 363, 444, 448, 476
Mann, Heinrich  294, 298, 307, 407, 421, 422, 576
Mann, Klaus  307
Mann, Thomas  20, 27, 33, 328, 361, 396, 405, 411, 423-427, 429-433, 568, 571
Maquiavel, Nicolau  93
Marcial  195
Marcus, Ernst  212
Marx, Karl  168
Mass, Konrad  205
Maximiliano I  98, 509
Mayer, Ludwig K.  82, 348, 365, 492
May, Karl  494, 495
Mayr, Eduard  57
Meinecke, Friedrich  94
Mendelssohn, Felix  157, 158, 210, 272
Menzel, Adolf  309
Merck, Freiherr von  547
Meunier, E.  246
Meyerbeer, Giacomo  157
Michaud, Eric  37, 69
Michelangelo  20, 44, 46-48, 72, 330, 469, 554
Modernismo  342, 345, 369, 417, 418, 442, 456, 482
Moessmer, Ferdinand  58, 215
Molière  184, 243, 486
Molo, Walter von  396, 419
Montesquieu  220, 221
Morgenroth, Alfred  360
Mörike, Eduard  164
Morold-Millenkovich, Max  354
Moser, Hans Joachim  275

Moser, Julius 161
Mosse, George L. 16, 21
Mozart, Wolfgang Amadeus 55
Muchanoff, Marie 152
Mueller, Herbert H. 273, 489, 490
Müller, Albert 204
Müller, Herbert 255
Müller, Ludwig 457
Müller, Wilhelm 257
Música 150, 152, 157, 160, 247, 263, 268, 272, 345, 355, 360, 450, 461, 463, 486, 492, 525, 575
Mussorgsky, Modest 365
Muth-Klingenbrunn, Karl 494

# N

*Nada de Novo no Front Ocidental*, filme 29, 370, 378, 380-385, 387, 403, 439, 443, 571
Nadler, Josef 163, 170, 406
Neuhaus, Max 52, 486
Newton, Isaac 199
Nickell, Ernst 325
Nicolai, Georg 434
Nietzsche, Friedrich 29, 317, 319, 328, 330, 333, 381, 558, 560
Nitsche, Julius 402
Nobbe, Uwe Lars 55, 248
Nordraak, Rikard 365
Novalis 555

# O

*Ópera dos Três Vinténs, A* 419, 420, 448
Orff, Carl 491
Orsini-Baroni, Luca 450

# P

Paine, Thomas 499
Paradopoulos, M. 181
Pastor, Ludwig 48
Pastor, Willy 99
Paulsen, Rudolf 300, 302, 338
Perkheimer, Wilibald 508
Persich, Walter 266
Pesch, Edmund 271

Pestalozzi, Johann Heinrich 230
Petrônio 195
Peuppus, Jacob 410
Pfitzner, Hans 59, 358, 359, 360, 361, 490
Picasso, Pablo 436, 437, 438
Pinder, Wilhelm 545
Posch, Franz 219
Primeira Guerra Mundial 25, 29, 55, 190, 191, 195, 239, 266, 277, 281, 285,
    293, 295, 365, 369, 370, 372, 377, 388, 389, 412-414, 418, 421, 430, 445,
    472, 497, 517
Puccini, Giacomo 364

# R

Raabe, Wilhelm 295, 296
Radoux, Leopold 60
Rafael 72, 97
Rainer, Friedrich 463, 524
Rasch, Hugo 67, 473, 477
Rassy, Gustav Christian 105, 252, 272
Rathje, Arthur 327
Realismo 291
Redslob, Edwin 394
Rée, Paul 324
Reger, Max 59, 355, 356, 357, 358, 571
Reinhardt, Max 219, 422
Reinmoeller, Lore 157, 349, 362
Reitter, Albert 524
Remarque, Erich Maria 370, 377
Rembrandt 20, 28, 49, 50, 51, 72, 99, 336, 338, 340, 469, 519, 520, 538, 542,
    545, 546, 547, 574
Renn, Ludwig 370
Repp, Otto 361, 475
Revolução Francesa 28, 58, 113, 180, 197, 198, 200, 208, 219, 221-223, 225,
    227, 228, 229, 231, 232, 234, 241, 376
Richter, Jean Paul 252
Riefenstahl, Leni 471
Rilke, Rainer Maria 46, 302, 303
Rimbaud, Arthur 301, 302
Ripley, William Z. 322
Rittich, Werner 501
Rivière, Jacques 421
Roeder, Erich 493
Romantismo 28, 42, 179, 181, 183, 185, 187, 201, 214, 217, 218, 233, 237, 238,

242, 248, 252, 253, 255-257, 269, 271, 291, 296, 309, 327, 428
Roosevelt, Franklin  433
Rosenberg, Alfred  19, 25, 44, 96, 165, 336, 395, 399, 404, 446, 469, 484, 498, 501, 558, 571
Rückert, Friedrich  163
Rüdiger, Horst  257
Rüdiger, Wilhelm  76, 300, 500, 508, 572
Runge, Phillip Otto  542-545, 555
Rust, Bernhard  463, 523

## S

Saint-Saëns, Camille  363
Saphir, Moritz  147
Schama, Simon  519
Schaukal, Richard von  432
Schauwecker, Franz  372
Scheel, Gustav  526
Schember, Z. L.  93
Scherer, Franz Wolfram  495
Schickele, Rene  421
Schiedermair, Ludwig  61, 229, 517
Schiller, Friedrich  83, 84, 226, 514, 552
Schillings, Max von  493
Schindler, Anton  60
Schirach, Baldur von  51, 76, 140, 268, 296, 404, 447, 482, 523, 525
Schlegel, August Wilhelm  51
Schlösser, Rainer  527, 571
Schlüter, Andreas  200, 201, 555
Schmieder, Arno  425
Schmitz-Herzberg, Marlies  46
Schnitzler, Arthur  422
Schoder, Thilo  316
Schoenberg, Arnold  302, 448
Schopenhauer, Arthur  118
Schott, Georg  259, 340, 342
Schreker, Franz  215, 444
Schrempf, Claus  116
Schrumpf, Ernst  111
Schubert, Franz  265
Schultz, F. O. H.  227
Schumann, Robert  272
Schünemann, Georg  216
Schütz, Heinrich  270

Schwecht, Ludwig 387
Schwers, Paul 407, 415
Seeliger, Hermann 125, 153, 163
Severing, Carl 387
Seyss-Inquart, Arthur 354
Shakespeare, William 100
Sibelius, Jean 365
Sichart, Emma von 123, 413, 490
Skowronnek, Fritz 298
Slevogt, Max 500
Sócrates 20, 181, 209, 322, 567
Spanner, Werner 309
Speer, Albert 501, 507, 563
Speihmann, Hans 191
Spengler, Oswald 448
Spinoza, Baruch 198
Sprengel, Johann Georg 89
Srbik, Heinrich Ritter von 58
Stahl, Friedrich 53, 216, 270, 477, 488, 518, 531, 572
Stege, Fritz 124, 442
Steguweit, Heinz 493, 538
Steinbömer, Gustav 519
Stein, Charlotte von 109
Stein, Heinrich, von 235
Steinweis, Alan 130, 417
Stenzel, Herman 332
Stern, Fritz 21, 69, 197, 335
Stiefenhofer, Theodor 232
Stöcker, Adolf 124
Stolzing, Josef 58, 63, 66, 108, 127, 206, 212, 245, 249, 266, 272, 275, 285, 293, 306, 328, 330, 340, 351, 397, 400, 402, 408, 414, 423, 491, 516, 517, 571
Storm, Theodor 295, 296, 297
Strauss, Johann 345, 346
Strauss Jr., Johann 346
Strauss, Margarethe 406
Strauss, Richard 82, 307, 483, 484-489
Stravinsky, Igor 442
Strobl, Karl Hans 109
Sturm, H. 124, 239

## T

Thoma, Hans 299, 500
Thoma, Ludwig 495, 538, 570

Ticiano 72, 310, 314
Tieck, Ludwig 51, 545
Toller, Ernst 249, 378
Trede, Theodor 194
Treitschke, Heinrich von 124, 163, 429

## U

Undset, Sigrid 381, 382

## V

Valentin, Erich 105, 109, 123, 359, 364
Vanderwelde, Emile 402
Venedey, Jacob 167
Verlaine, Paul 301
Villon, François 301
Virgílio 72, 195
Voelsing, Erwin 83, 269
Vogelweide, Walther von der 89, 91
*Völkischer Beobachter* 19, 20, 23-37, 42, 44-46, 48-67, 69, 71-73, 76, 79, 82-86, 89-124, 126, 127, 129, 130, 132-136, 140-173, 175, 179-187, 189-191, 194, 195, 197-220, 222-237, 239-247, 249-259, 262, 263, 265-276, 281, 282, 284, 285, 289, 291-314, 316, 317, 319, 323-365, 369-375, 377-415, 417-451, 455-466, 468-475, 477-480, 483-502, 505, 507, 508, 512, 514-540, 542-545, 547, 552-555, 557, 558, 560, 563, 565, 567-570, 572-576
Voltaire 58, 202-204, 207, 220, 227
von der Vring, Georg 370

## W

Wächtler, Fritz 514, 536
Wagner, Cosima 65, 414, 571
Wagner, Richard 28, 41, 65, 66, 67, 85, 86, 102, 115, 122-127, 150-154, 156, 160, 209, 210, 214, 217, 218, 271, 273, 275, 282, 324, 333, 347, 352, 358, 364, 406-409, 411, 414, 445, 474, 476, 477, 487, 489, 529, 530-533, 535-568, 574, 575
Wagner, Siegfried 346, 489, 490
Wagner, Winifried 532
Watzlik, Hans 111
Weber, Carl Maria von 67, 111, 218, 268, 490
Wedekind, Franz 306
Weill, Kurt 419, 420
Weinheber, Josef 46
Weiss, Karl Friedrich 120

Weiss, Wilhelm  25, 446, 571
Welch, David  32
Werfel, Franz  422
Werner, Heinrich  485
Westphal, Wilhelm  230
Wiedermann, Fritz  508
Wilde, Oscar  484, 486
Wilhelm I  167, 349
Wilhelm II  278-280, 285, 295, 414, 486
Wiltsch, Norbert  346, 572
Winckelmann, J. J.  182, 201
Witeschnik, Alexander  265
Wohl, Robert  16, 388
Wolf-Farrari, Ermanno  485
Wolffhuegel, Fritz  356, 365
Wolf, Hugo  164, 355, 485
Woltmann, Ludwig  43
Wundt, Max  185
Würzbach, Friedrich  328

## Z

Zander, F. L.  136
Zelter, Carl Friedrich  158
Ziegler, Hans Severus  247, 347, 396
Zola, Émile  306
Zschorlich, Paul  64, 106
Zuckmayer, Carl  378
Zweig, Stefan  418

# MADRAS® Editora
## CADASTRO/MALA DIRETA

*Envie este cadastro preenchido e passará a receber informações dos nossos lançamentos, nas áreas que determinar.*

Nome _____
RG _____ CPF _____
Endereço Residencial _____
Bairro _____ Cidade _____ Estado ____
CEP _____ Fone _____
E-mail _____
Sexo ❏ Fem. ❏ Masc.   Nascimento _____
Profissão _____ Escolaridade (Nível/Curso) _____

Você compra livros:
❏ livrarias  ❏ feiras  ❏ telefone  ❏ Sedex livro (reembolso postal mais rápido)
❏ outros: _____

Quais os tipos de literatura que você lê:
❏ Jurídicos  ❏ Pedagogia  ❏ Business  ❏ Romances/espíritas
❏ Esoterismo  ❏ Psicologia  ❏ Saúde  ❏ Espíritas/doutrinas
❏ Bruxaria  ❏ Autoajuda  ❏ Maçonaria  ❏ Outros:

Qual a sua opinião a respeito desta obra? _____
_____

Indique amigos que gostariam de receber MALA DIRETA:
Nome _____
Endereço Residencial _____
Bairro _____ Cidade _____ CEP _____

Nome do livro adquirido: **Desumanidades**

Para receber catálogos, lista de preços e outras informações, escreva para:

**MADRAS EDITORA LTDA.**
Rua Paulo Gonçalves, 88 – Santana – 02403-020 – São Paulo/SP
Caixa Postal 12183 – CEP 02013-970 – SP
Tel.: (11) 2281-5555 – Fax.:(11) 2959-3090
www.madras.com.br

Este livro foi composto em Times New Roman, corpo 11,5.
Papel Offset 75g
Impressão e Acabamento
Orgráfic Gráfica e Editora — Rua Freguesia de Poiares, 133 —
Vila Carmozina — São Paulo/SP — CEP 08290-440 —
Tel.: (011) 2522-6368 — orcamento@orgrafic.com.br